365 DAYS IN GOD'S WORD

DAILY FIRE DEVOTIONAL

REINHARD
BONNKE

365일 하나님의 말씀

매일의 불씨

라인하르트 본케 지음 | 김진호 옮김

믿음의말씀사

Daily Fire Devotional:
365 Days in God's Word
(Previously published as *Mark My Word*.)

Harvester Services, Inc.
740 Florida Central Pkwy
Suite 2028
Longwood, Florida 32750
www.ReinhardBonnke.com

ISBN: 978-1-62911-553-5
Printed in the United States of America
Copyright © 2015 by Reinhard Bonnke

Whitaker House
1030 Hunt Valley Circle
New Kensington, PA 15068
www.whitakerhouse.com

Korean, Korea Edition Copyright
© 2022 by The Word of Faith Co.
All rights reserved.

매일의 불씨

발행일   2022. 12. 27 1판 1쇄 인쇄
         2022. 12. 30 1판 1쇄 발행

지은이   라인하르트 본케
옮긴이   김진호
발행인   최순애
발행처   믿음의말씀사
2000. 8. 14 등록 제 68호
(우) 16934 경기도 용인시 기흥구 신정로301번길 59
Tel. 031) 8005-5483 Fax. 031) 8005-5485
http://faithbook.kr

ISBN 979-11-981352-0-9 03230
값 25,000원

본 저작물의 저작권은 '믿음의 말씀사' 가 소유합니다.
저작권법에 의해 보호를 받는 저작물이므로 무단 전재와 복제를 금합니다.

서문

어느 날 십 대의 한 청년이 나에게 와서, 성경은 너무 오래되었고, 오늘날 현대에는 더 이상 의미가 없다고 말했습니다. 나는 그에게 아침의 밝은 태양을 가리키면서 "태양이 그 힘을 잃었습니까? 태양이 빛을 내며 따뜻한 온기를 지구에 보내고 있지 않습니까? 태양이 오래 되었기 때문에 차갑다고 말하겠습니까?"라고 물었습니다.

디모데후서 3장 16~17절은 우리에게 이렇게 말하고 있습니다. "모든 성경은 하나님의 영감으로 된 것으로서 교훈과 책망과 바르게 함과 의로 교육하기에 유익합니다. 성경은 하나님의 사람을 유능하게 하고, 그에게 온갖 선한 일을 할 수 있게 하는 것입니다."(딤후 3:16~17) 성경 전체가 하나님의 영감으로 되었기 때문에 거룩한 성경은 사람들에게 너무나 강력하게 영향을 끼칩니다. 성경은 도덕적 원리를 모아 놓은 것 이상이며, 좋은 책 이상이며, 영감을 받은 기록물로서, 하나님의 책입니다. 선지자들은 그들이 보고 들은 것을 사람의 언어로 이야기했지만, 그들의 메시지는 하나님으로부터 직접 온 것이었습니다. 그러므로 당신은 성경의 말씀 하나하나를 표시하고 그 말씀대로 살 수 있습니다!

무엇보다도 나는 복음 전도자이며 영혼 구원자입니다. 하나님께서는 나의 마음에 꺼지지 않는 타오르는 불을 주셨습니다. 그러므로 내가 보는 삶은 항상 이 불이라는 필터를 통과합니다. 같은 종류의 불이 당신의 뼈 속에서 타오르기를 원한다면, 당신은 바른 책을 찾았습니다! 이 책은 아침에 당신에게 일종의 달콤한 기분을 주는 매일 묵상집 훨씬 이상입니다. 이 책은 날마다 잃어버린 영혼들에 대한 열정에 불을 붙여서 당신의 하루와 당신의 일생 동안 동기를 부여하게 될 것입니다!

나와 나의 스탭들은 의도적으로 이 책을 빠르고 강렬하게 매일의 공부로 계획하여, 당신이 주 예수 그리스도께 초점을 맞추는 데 도움이 될 것이며, 그리스도인으로서 우리의 가장 중요한 일은 잃어버린 영혼에게 복음을 전하는 것임을 지속적으로 상기시켜 줄 것입니다. 이것들이 하나님의 "능력 발전기들"입니다:

- 갈보리의 십자가
- 예수 그리스도의 부활
- 성령님의 침례

일상생활의 실제적인 문제를 다루는 동안에도 가능하면 자주 이 "능력 발전기들"에 관해서 생각하십시오. 그러면 당신은 당신의 삶에 대한 하나님의 목적으로 불어 넣어지게 되고, 하나님께서 당신에게 주신 사역을 성취하도록 격려를 받게 될 것입니다.

라인하르트 본케

역자 서문

그리스도 교회의 21세기는 오순절운동으로 시작되었습니다. 특별히 미국 로스앤젤레스의 아주사 스트리트 부흥은 이 운동을 세계로 전파하였습니다. 망하고 있는 나라 조선에서도 평양의 부흥이 있었습니다. 두 차례의 세계대전이 끝나자 과학과 의학의 발달에 힘입어 인구는 폭발적으로 증가하고 경제도 크게 발전하였습니다. 세계 선교도 활발해졌지만 특별히 오순절 운동은 아시아, 아프리카, 남미로 더욱 확산되었습니다. 한국 교회는 선교 100년 만에 인구의 거의 20%가 복음화 되었을 뿐만 아니라 미국 다음으로 선교사를 많이 파송하는 나라가 되었습니다. 한때는 세계의 십 대 교회의 절반 이상이 한국 교회였던 적도 있었습니다.

교통과 미디어의 발달로 지난 백 년 동안 많은 사람들의 전도 사역이 눈에 띄지만 조용기 목사님과 복음 전도자 라인하르트 본케가 있습니다. 한국전쟁 후에 순복음중앙교회를 세운 조용기 목사는 영혼을 구원하여 역사상 최대 교회를 세움으로써 21세기를 마무리를 하였습니다. 복음 전도자로서 빌리 그레이엄은 인류 역사 최초로 백만 명이 여의도 광장에 모이는 집회를 하였습니다. 빌 브라이트는 대학생 선교로, 로렌 커닝햄은 청년들을 선교사로 파송하는 일들을 했습니다. 그러나 일평생 전도집회를 통하여 영혼을 구원하는 데 집중한 본케 목사님은 인류 역사상 최고의 숫자를 기록했습니다. 본케 목사님의 집회 현장의 사진 한 장은 모든 것을 말해 줍니다. 문자 그대로 사람의 바다를 이룬 모습은 장관입니다.

그는 독일의 한 작은 오순절 교회를 섬기던 목사의 아들로 자라면서 어려서 아프리카 선교사로 부름받아 헌신하였습니다. 영국의 성경학교에서 훈련을 받고, 20대 초반에 결혼하여 아프리카 선교사로 파송되었습니다. 그는 남아공에 있는 레소토의 거리에서 어린이들을 모아 놓고 아코디언을 연주하며 찬양하고 복음을 전하였습니다. 이어서 성경 통신학교를 시작했지만, 하나님은 그에게 아프리카 대륙이 피로 물드는 비전을 보여주셨습니다. 믿음으로 그는 큰 스타디움을 빌려서 전도집회를 시작했습니다. 그 후로 그의 야외 전도집회에는 많은 사람들이 모여들어 기독교 역사의 신기록을 세웠습니다. 세계 최대의 천막을 제작하는 것도 부족하여 나중에는 야외에 플랫폼과 스피커만 설치하고 수십만 명이 설교를 들을 수 있도록 하였습니다. 이렇게 수십 년 영혼을 구원하여 그의 모토대로 "지옥을 텅텅 비우고 천국을 가득 채우는" 역사는 지속되었습니다.

그는 CFAN Christ For All Nations을 통하여 전도집회를 지속하며 경험했던 놀라운 성령의 역사를 중심으로 좋은 책들을 썼습니다. 그가 전했던 단순하고 순수한 복음은 물론 깨달은 영적 원리와 진리에 관한 좋은 책으로 성도들을 축복하였습니다. 이어서 젊은 후임자를 잘 세워서 아프리카 전도집회 사역을 넘겨주고 마지막 십여 년 동안에는 미국에 거주하면서 그가 전했던 메시지와 가르침을 전문적인 영상물로 제작하는 일에 집중하였습니다. 그는 6백 페이지가 넘는 자서전까지 출판한 후 2019년 말 주님께로 가셨습니다. 그의 자서전은 한 사람의 그리스도인이 소명을 일찍 발견하고 전적으로 헌신할 때 하나님께서 얼마나 잘 사용할 수 있는지를 보여주고 있습니다. 존 웨슬리 이래로 이렇게 사명을 위해 열정의 불로 타오른 삶을 산 사람이 누가 있을까요! 복음 전도자로서 그를 사용하신 하나님의 성령의 역사는 "이보다 큰 일도 하리라"라고 하신 주님의 말씀 그대로였습니다. 그가 구원한 영혼들은 이 땅에서 자신들의 삶을 통해 하나님께 영광을 돌리며 살 것입니다. 그러나 그가 자신을 사용하신 하나님의 일을 기록한 자서전은 오는 세대의 새로운 그리스도인들에게 사명의 불을 붙이는 불씨가 될 것입니다.

좀 더 오래 사셨다면 얼마나 더 많은 은혜를 끼쳤을까 아쉬운 마음이 너무나 컸지만, 자서전을 읽고 나서는 그분의 삶이 이미 충분히 기독교 역사에 큰 유산이 되었음을 깨닫고 위로를 받았습니다. 이렇게 두꺼운 책은 번역하기도 힘들지만 요즘 젊은 세대가 과연 이런 책을 읽을까 생각을 하며 영어를 잘 하는 세대이므로 원서로 읽으면 충분할 것이라고 생각하였습니다. 그러던 차에 2022년 이 책을 구해서 한 해 동안 아침마다 읽기 시작했습니다. 늘 그렇듯이 좋은 책을 읽고 은혜를 받을수록 함께 나누고 싶어서 결국은 번역해서 페이스북에 올리기 시작했습니다. 연말을 앞두고 나머지를 번역하여 성탄절과 새해를 맞이하며 새로운 각오를 다지고 축복하는 좋은 선물로 사용할 수 있도록 이 책을 펴내게 되었습니다.

이렇게 날마다 조금씩 그가 남겨 놓은 책과 메시지에서 핵심을 뽑아 엮은 것을 읽으면, 열 권이 넘는 그의 책이나, 자서전을 읽지 않은 사람들은 물론, 읽은 사람들도 새롭게 은혜를 받을 수 있을 것입니다. 복음의 진리를 확신하고 구령의 열정에 불을 붙이면 날마다 뜨겁게 타오르며 보람된 한 해를 살게 될 것입니다. 본케 목사님처럼 복음 전도자로서 일생을 바치지는 않더라도, 우리는 각자가 자신의 삶에서 내게 보내 주신 영혼에게는 내가 하나님의 마지막 대안이란 믿음으로 살기 원합니다. 그들을 사랑하고 섬기는 영혼 구원자가 될 때 그 열매와 기쁨을 누리는 삶을 살 수 있을 것입니다.

참고로 성경 말씀 인용은 젊은 세대를 위해서 "새번역"을 사용하였으며, 성도들에게 아주 익숙한 말씀은 개역개정을 사용하고 표시하였습니다. 끝으로 원문대조와 교정으로 한 해 동안 수고하신 이십 년 문서 사역의 동역자 박은주 집사님께 깊은 감사를 드립니다. 표지를 디자인해 주신 심유정 집사님, 예사랑의 신기진 대표님의 수고로 연말까지 책을 낼 수 있게 되어 감사드립니다. 새해 한 해 동안 날마다 이 책을 읽으면서 구령의 열정에 불을 붙여서 영혼 구원자의 열매와 기쁨이 풍성하기를 기도합니다. 잃어버린 양을 찾으시는 우리들의 목자이신 주님께서 날마다 함께 하시기를 주의 이름으로 축복합니다!

2022년 12월 5일

김 진 호 목사
새로운 피조물 미니스트리 대표

소개

하나님은 우리에게 그분의 말씀인 성경을 주셔서, 우리가 그분을 더 잘 이해할 수 있고, 우리의 믿음이 강하게 자라도록 하셨습니다. 당신이 성경을 정기적으로 읽기 시작하면, 성경이 생명줄이자 완벽한 지침서라는 것을 금방 발견하게 될 것입니다.

하나님의 말씀은 고소하는 자를 침묵시키며 의심의 뿌리를 파헤칩니다! 많은 사람들은 자신의 느낌에 근거하여 믿음을 가질 수 있다고 생각합니다. 문제는 그들의 느낌이 추락하고 그들의 믿음도 함께 내려간다는 것입니다! 그리스도인의 믿음은 당신의 느낌보다 훨씬 더 단단한 것에 근거하고 있습니다. 그것은 예수님께서 우리를 위해서 그분의 탄생, 삶, 죽음과 부활을 통해서 이룩하신 것에 근거하고 있습니다. 요한복음 1장 14절이 "말씀이 육신이 되어 우리 가운데 거하셨다"라고 하셨을 때 이것을 너무나 분명하게 선포하였습니다.

하나님의 귀한 말씀을 통해서 이렇게 됩니다.
- 당신의 믿음은 강화되고 닻을 내리게 됩니다.
- 당신의 발걸음은 인생의 어두운 시기에 그분의 빛을 받습니다.
- 당신의 영이 아래를 내려다 보고 패배감을 느끼도록 유혹을 받을 때에도 당신의 세계관은 긍정적이며 위를 향하게 됩니다.
- 당신이 주님과 매일 동행하는 것은 그분의 말씀을 당신의 삶에 적용할 때 개인적이고 관계성이 있게 됩니다.

성경은 당신에게 하나님과 당신 자신에 대해서 진리를 말해주므로 당신이 완전히 의지할 수 있는 책입니다. 성경은 하나님의 말씀을 담고 있는 것이 아니라 성경은 당신을 위한 하나님의 말씀입니다! 예수님이 말씀하셨습니다. "하늘과 땅은 없어질지라도, 나의 말은 결코 없어지지 않을 것이다."(마 24:35)

하나님은 그의 사랑, 용납, 치유, 용서, 매일의 공급을 재확인하게 하시려고 두 증거를 우리에게 주셨습니다. 이 두 증거는 이것입니다:

1. 하나님의 말씀(성경)
2. 하나님의 영

매일 당신이 이 책을 읽는 동안, 당신을 위한 나의 진심 어린 기도는 사도 바울이 에베소 성도들을 위해 기도한 말씀에서 찾을 수 있습니다. 나는 이렇게 구합니다:

"여러분의 마음의 눈을 밝혀 주셔서, 하나님의 부르심에 속한 소망이 무엇이며, 성도들에게 베푸시는 하나님의 영광스러운 상속이 얼마나 풍성한지를, 여러분이 알게 되기를 바랍니다. 또한 믿는 사람들인 우리에게 강한 힘으로 활동하시는 하나님의 능력이 얼마나 엄청나게 큰지를, 여러분이 알기 바랍니다."(엡 1:18~19)

도움이 되는 지침들

　매일의 글들을 소리 내어 읽으십시오. 말씀을 보고 듣는 것은 당신의 심령에 진리를 깊이 심도록 하여서, 매일 조용한 시간에 당신에게 목적과 능력과 동기를 부여해 줍니다.

　당신이 그날의 글을 읽을 때 하나님께서 당신에게 말씀하시는 부분에 노트를 하고 밑줄을 그으십시오. 그분의 말씀을 통하여 당신을 인도하시고 안내하시는 데 하나님께서 실제로 사용하시는 방법 중에 하나는, 당신에게 말씀하셨거나, 당신이 개인적으로 주를 달아 놓았던 특별한 메시지를 당신에게 끊임없이 생각나도록 하는 것입니다. "너희는 이 술[개인적인 노트]을 볼 수 있게 달도록 하여라. 그래야만 너희는 주의 모든 명령을 기억하고, 그것들을 실천할 것이다."(민 15:39)

　매일 읽을 분량은 몇 개의 주요 부분으로 되어 있습니다.
- 라인하르트 본케 자신이 쓴 매일의 주석/가르침
- 오늘의 말씀 – 그날에 관계된 구절
- 오늘의 불씨! – 당신을 강하게 해주는 강력한 진리의 문장
- 한 해 성경 읽기 계획을 충실하게 따르면, 당신은 신약성경과 시편을 두 번 읽고 일 년 안에 성경을 다 읽게 될 것입니다!
- 당신이 더 공부할 수 있도록 나의 말씀 표시 상호 참조 안내서에 표시하십시오. 매일 읽을 것을 위한 성경적인 기초는 관련 구절과 함께 더 자세하게 읽을 수 있습니다.

성령의 바람은 우리를 식히는 것이 아니라,
우리의 불꽃이 더 일어나게 하는 바람입니다.

하나님을 잠잠히 기다리는 것은 구약의 개념입니다.
마지막으로 기다렸던 사람들은 다락방의 120명이었습니다.
지금은 하나님께서 우리를 기다리십니다. 초록색은 가라는 뜻입니다.

신호등이 초록색으로 바뀌면, 당신은 교통부 장관의 허락이 필요 없습니다.
그냥 앞으로 가십시오.

우리는 예수님을 위해
탈진하지 말고, 계속 불타올라야 합니다.

하나님 먼저
God First

1월 1일

새해를 시작하면서 당신의 삶에 하나님을 최고 우선순위로 두겠다고 새롭게 헌신하는 것보다 더 좋은 방법이 어디 있겠습니까? 하나님을 우선으로 한다는 것은 간단해 보이지만 우리 삶의 압력은 하나님을 밀어내려고 매우 애를 씁니다. 그래서 가끔 우리는 어떤 어려운 곳에 처한 자신의 모습을 발견하고 멈추어서 우리의 삶을 재평가해보고 가장 중요한 첫사랑을 잃어버렸다는 것을 깨닫게 됩니다.

> 그러므로 형제들아 내가 하나님의 모든 자비하심으로 너희를 권하노니 너희 몸을 하나님이 기뻐하시는 거룩한 산 제물로 드리라 이는 너희가 드릴 영적 예배니라 너희는 이 세대를 본받지 말고 오직 마음을 새롭게 함으로 변화를 받아 하나님의 선하시고 기뻐하시고 온전하신 뜻이 무엇인지 분별하도록 하라(롬 12:1~2, 개역개정)

예수님은 열두 살의 어린아이인데도 우선순위에 대한 감각을 나타내셔서 "내가 내 아버지 집에 있어야 될 줄을 알지 못하셨나이까"(눅 2:49, 개역개정)라고 말하므로 부모님을 놀라게 했습니다. 후에 그분의 사역 중에서도 주님은 다시 반복해서 말씀하셨습니다. "나는 나를 보내신 이의 일을 해야 한다."(요 9:4) 예수님의 첫 번째 우선순위가 자신의 아버지를 기쁘시게 해드리는 것임에는 의문의 여지가 없습니다. 물론 첫 번째 계명은 이렇습니다. "너는 나 외에는 다른 신들을 네게 두지 말라"(출 20:3, 개역개정) 과거 모세시대에는 하나님을 최우선으로 하는 것을 배우는 것은 필수적이었습니다. 두 번째 계명은 하나님께서 우리의 삶에 함께 하시는 것이 얼마나 중요한 지를 더 깊이 나타내고 있습니다. "너를 위하여 새긴 우상을 만들지 말고 … 그것들에게 절하지 말며 그것들을 섬기지 말라 나 네 하나님 여호와는 질투하는 하나님인즉"(출 20:4~5, 개역개정) 경력, 재정적인 성취, 심지어 사람과의 관계나 그 어떤 것이라도 하나님보다 앞에 두는 것은 그것을 우상으로 만드는 것입니다. 우리의 질투하는 하나님께서는 그것에 대해 엄격하게 경고하십니다.

바로 지금 하나님과 언약을 맺으십시오. "주님, 항상 내 삶에서, 내가 하는 모든 일에서 하나님을 최우선으로 두기를 원합니다. 당신의 성령으로 내가 이 선택을 의식할 수 있도록 해 주십시오. 감사합니다!" 이 기도가 당신의 심령에서 바로 나왔다면 하나님 편에서 하실 일은 그분의 힘과 능력으로 당신에게 응답하시는 것입니다.

말씀	"너희는 먼저 하나님의 나라와 하나님의 의를 구하여라. 그리하면 이 모든 것을 너희에게 더하여 주실 것이다."(마 6:33)
불씨	오늘 그분이 나를 떠나지도 버리지도 않겠다고 하신 하나님의 약속 위에 섭니다. 그러므로 나는 전심으로 주님을 신뢰합니다.
참고성경	출 20:1~17, 수 1:5, 8, 마 6:25~34, 눅 2:49, 요 9:4, 롬 12:1~2, 계 2:1~7
성경읽기	아침 – 창 1, 마 1 / 저녁 – 스 1, 행 1

1월 2일

사는 이유
Reason for Living

복음을 전하는 것이 내가 살아가는 이유이기 때문에 내가 가장 좋아하는 주제이기도 합니다. 전도자는 두 마음을 가진 사람이 아니라, 긴급하게 일을 추진하는 사람입니다. 이 땅에 어떤 것도 복음만큼 중요한 것은 없습니다. 명예, 돈, 이 땅의 쾌락, 삶 자체보다도 중요합니다. 예수님은 비참한 사람들에 대하여 완전한 매력을 가지고 계셨습니다. 그것은 그를 십자가로 인도했습니다. 주님은 다른 어떤 것이 아니라 그의 구원과 치유의 손길을 모든 상처 입은 사람들에게 가져다주셨습니다.

나는 죄, 구원, 치유, 제자도에 대해 말하는 복음이라는 직설적인 메시지를 선포하는 것을 믿습니다. 부흥을 가져오는 하나님의 말씀을 선포하는 일을 가슴으로 느끼는 확신을 가지고 합니다.

> 하나님의 말씀은 진리니이다(요 17:17, 개역개정)
> 진리를 알지니 진리가 너희를 자유케 하리라(요 8:32, 개역개정)
> 여러분도 그리스도 안에서 진리의 말씀 곧 여러분을 구원하는 복음을 듣고서 그리스도를 믿었으므로(엡 1:13, 개역개정)
> 우리가 너희를 위하여 기도할 때마다 하나님 곧 우리 주 예수 그리스도의 아버지께 감사하노라 이는 그리스도 예수 안에 너희의 믿음과 모든 성도에 대한 사랑을 들었음이요 너희를 위하여 하늘에 쌓아 둔 소망으로 말미암음이니 곧 너희가 전에 복음 진리의 말씀을 들은 것이라(골 1:3~5, 개역개정)

공격적인 복음 전파 없이는 부흥이 없었습니다. 구원 초청에 응답하여 수천 명이 앞으로 달려 나오는 것을 처음 보았을 때, 하나님께서 나의 눈을 열어 주셔서, 나는 실제로 보이지 않는 강력한 성령의 권능의 물결이 경기장에 도착한 것을 보았습니다(아프리카에서 있었던 일입니다). 많은 위대한 기적과 함께 성령 안에서 대규모 침례가 일어났습니다. 나는 어린 소년처럼 울었고, 주님께 순종하는 마음으로 아프리카 전역을 가로질러서 이 비전을 이루겠다고 맹세했습니다. 하나님께서 만 명에게 이렇게 하실 수 있다면 그분은 4억 5천만 명에게도 하실 수 있다고 생각했습니다. 천국을 가득 차게 해서 지옥을 텅 비우자! heaven full; hell empty!는 나의 단순한 목표는 복음 전파를 완전하게 묘사하고 있습니다.

하나님이 나와 당신과 함께 계신 이유는 우리가 큰 믿음을 가져서가 아니라 하나님께서 돌이킬 수 없는 일을 우리에게 맡기셨기 때문입니다. 믿음은 가능한 것만을 위한 것이 아닙니다. 이런 것은 전혀 믿음이 아닙니다. 우주에서 가장 강력한 자원은 하나님의 팔입니다. 추수의 주인께서 당신과 나를 포함한 그분의 일꾼들을 보내실 것입니다.

말씀	"나의 양식은, 나를 보내신 분의 뜻을 행하고, 그분의 일을 이루는 것이다."(요 4:34)
불씨	대사명은 내가 주님의 복음 전도자가 되도록 능력을 주십니다. 나는 주님의 뜻을 이루는 데 헌신합니다.
참고성경	막 16:15~20, 요 4:34~38, 8:32, 17:17, 엡 1:13, 골 1:3~5
성경읽기	아침 – 창 2, 마 2 / 저녁 – 스 2, 행 2

완벽하게 확실한
Perfectly Certain

1월 3일

새해를 시작하는 또 다른 좋은 방법은 구원의 확신을 갖는 것입니다. 당신이 구원을 받았다면 당신은 자신이 구원받은 것을 알아야 마땅합니다. 그렇지 않다면 어떻게 그리스도의 증인이 될 수 있겠습니까? 성경은 분명하고 긍정적으로 말합니다. 더듬거리지 않습니다. 성경을 읽을 때 당신은 확신하게 됩니다. 마틴 루터는 이렇게 말했습니다. "성령님은 회의주의자가 아닙니다." 성령님은 의심의 여지가 없습니다. 하나님의 약속은 '예' 와 '아멘' 이지 '아마도' 가 아닙니다. 복음의 나팔 소리는 흔들리지 않습니다.

빌립보 감옥에 지진이 나서 거기 있는 모든 사람들과 감옥을 뒤흔들었을 때 간수는 이렇게 소리 질렀습니다. "내가 어떻게 하여야 구원을 받으리이까?" 바울은 "글쎄요, 당신은 어떻게 생각합니까? 무슨 좋은 생각이 있습니까?"라고 대답하지 않았습니다. "주 예수를 믿으라 그리하면 너와 네 집이 구원을 받으리라."(행 16:30~31) 복음은 하나님의 메시지이지 그리스도인의 의견이 아닙니다. 오늘 복음은 당신의 것입니다!

하나님이 행하신 가장 위대한 두 가지 일은 무엇일까요? 성경은 우리에게 하나님께서 하늘과 땅을 창조하셨다고 말씀하고 있습니다. 바다와 산과 강 그리고 하늘을 가득 채우고 있는 별들, 우리가 살고 있는 놀라운 세상과 같은 것이 있을 수 있겠습니까? 실제로 하나님께서는 훨씬 더 어려운 것을 하셨습니다. 우리는 이를 "속량 사역 the work of redemption" 이라고 부릅니다. 창조에는 하나님께서 어떤 값도 지불하지 않으셨지만, 두 번째 일을 위해 하나님께서는 모든 것을 지불하셨습니다.

창조의 시기에 하나님은 생명의 에너지로 우리를 축복하셨습니다. 그런 다음 그분은 우리의 평범한 삶에 새로운 생명을 더해서 속량의 선물로 복을 주셨습니다. 전 세계 수백만 명의 사람들이 이 속량을 누리고 있습니다. 그들은 승리감에 넘쳐 있습니다. 그들은 "나는 속량받았습니다!"라고 소리치며 노래합니다. 그들은 하나님이 주신 이 놀라운 선물에 대해서 침묵하고 있을 수 없습니다. 그러므로 나의 친구여, 오늘 당신의 구원을 기뻐하기를 바랍니다.

말씀	"주 예수를 믿으시오. 그리하면 그대와 그대의 집안이 구원을 얻을 것입니다."(행 16:31)
불씨	하나님의 말씀을 읽는 것은 구원의 확신에 대한 끊임없는 원천이며 나는 내가 구원을 받은 것을 알고 있습니다. 하나님의 말씀이 말하고 있습니다. 하나님은 사람이 아니므로 거짓말을 하실 수 없습니다(민 23:19).
참고성경	민 23:19, 행 16, 고전 1:17~20
성경읽기	아침 - 창 3, 마 3 / 저녁 - 스 3, 행 3

1월 4일

구원은 추측하는 것이 아닙니다
Salvation Is Not Speculation

최초의 전기 발전기를 만든 천재 마이클 패러데이는 모든 과학의 대가일 뿐만 아니라 그리스도인이었습니다. 1867년 그가 죽어가고 있을 때 그의 친구들은 그에게 사후 삶에 대해서 어떻게 추측하는지 물었습니다. "추측이라니! Speculations" 그는 놀라서 물었습니다. "추측이라고? 나는 아무것도 추측하지 않네. 나는 확신 안에 안식하고 있다네!" 패러데이가 가장 좋아하는 성경 구절은 "그러므로 나는 이런 고난을 당하면서도 부끄러워하지 않습니다. 나는, 내가 믿어 온 분을 잘 알고 있고, 또 내가 맡은 것을 그분이 그날까지 지켜 주실 수 있음을 확신합니다."(딤후 1:12)였습니다. 그는 성경의 진리에 대해서 조금의 의심도 없었습니다.

어떤 사람들은 우리가 구원받았다고 선언하는 것은 주제넘은 일이라고 주장하지만, 이러한 많은 성경적 증거들에 비추어 볼 때 이런 주장을 하는 것은 그릇된 겸손입니다. 당신의 필요에 대한 질문을 가지고 그리스도께서 당신을 대면하실 때, 당신은 이렇게 대답해서는 안 됩니다. "당신의 질문에 대한 대답과 구원에 대한 나의 관점을 말씀드리기 원합니다." 그 대신 당신은 회개하고 믿어야 합니다! 구원을 받는 것은 우연한 경험이 아니며 당신은 거의 알아차리지 못할 것이지만 당신이 회개하고 믿고 주와 구원자이신 예수 그리스도께 나올 때, 주님은 당신을 영접하시고 당신은 주님의 보배로운 피로 깨끗이 씻깁니다!

> 베드로가 이르되 너희가 회개하여 각각 예수 그리스도의 이름으로 침례를 받고 죄사함을 받으라 그리하면 성령의 선물을 받으리니 이 약속은 너희와 너희 자녀와 모든 먼 데 사람 곧 주 우리 하나님이 얼마든지 부르시는 자들에게 하신 것이라 하고(행 2:38~39, 개역개정)

예수님께서 말씀하신 이 두 말씀을 받아들이십시오. "아버지께서 내게 주시는 자는 다 내게로 올 것이요. 내게 오는 자는 내가 결코 내쫓지 아니하리라"(요 6:37, 개역개정). "인자가 온 것은 잃어버린 자를 찾아 구원하려 함이니라"(눅 19:10, 개역개정). 즉, 당신이 그분의 구원의 선물에 대하여 그리스도를 신뢰할 때 그분은 당신의 믿음을 존중해 주신다는 말씀입니다.

말씀	"그러므로 나는 이런 고난을 당하면서도 부끄러워하지 않습니다. 나는, 내가 믿어온 분을 잘 알고 있고, 또 내가 맡은 것을 그분이 그날까지 지켜주실 수 있음을 확신합니다." (딤후 1:12)
불씨	내가 회개하고 믿으며 주와 구원자이신 예수 그리스도께 나올 때 주님은 나를 받아들이시며 나는 주님의 귀한 피에 깨끗이 씻깁니다.
참고성경	눅 19:10, 요 6:37, 행 2:38~39, 딤후 1:12
성경읽기	아침 – 창 4, 마 4 / 저녁 – 스 4, 행 4

영적 필요
Spirtual Need

1월 5일

사람들은 복음이 필요하고 그들의 필요는 하나님의 심령에 필요를 만들어냅니다. 하나님은 우리에게 복음을 보내셔야 합니다! 하나님은 우리가 거듭나야만 한다는 것을 알고 계시면서 그냥 그분의 보좌에 앉아서 이에 대하여 아무것도 하지 않을 수 없으셨습니다. 이것은 하나님께서 행하신 모든 것과 완전히 상반됩니다.

> 누구든지 주의 이름을 부르는 자는 구원을 받으리라 그런즉 그들이 믿지 아니하는 이를 어찌 부르리요 듣지도 못한 이를 어찌 믿으리요 전파하는 자가 없이 어찌 들으리요 보내심을 받지 아니하였으면 어찌 전파하리요 기록된 바 아름답도다 좋은 소식을 전하는 자들의 발이여 함과 같으니라 … 그러므로 믿음은 들음에서 나며 들음은 그리스도의 말씀으로 말미암았느니라(롬 10:13~15, 17, 개역개정)

하나님은 우리의 필요를 아시고 그 필요를 채우시지 않을 수 없으셨습니다. 이와 같이 하나님의 형상대로 만들어진 우리가 이 세상의 굶주림을 알고 있다면 우리도 이에 대하여 무엇인가를 해야 할 필요가 있습니다. 세상의 필요는 우리 안에 도움의 필요를 창조합니다. 당신과 내가 풍족할 만큼 넉넉히 가진 것이 있다면 우리는 그냥 우리의 이웃이 굶어 죽어가는 것을 구경하며 서있을 수는 없습니다. 영적인 양식도 마찬가지입니다. 우리의 영적 필요는 하나님의 심령 안에 강력한 갈망이 있게 합니다. 다른 사람에 대한 우리의 태도도 이와 같아야 합니다.

하나님의 심령에 있는 그 필요를 채우기 위해서 우리가 해야 할 것은 무엇입니까? 예수님께서 하신 것과 똑같은 일입니다. 이는 또한 이사야의 예언을 성취한 것입니다.

> 주 여호와의 영이 내게 내리셨으니 이는 여호와께서 내게 기름을 부으사 가난한 자에게 아름다운 소식을 전하게 하려 하심이라 나를 보내사 마음이 상한 자를 고치며 포로된 자에게 자유를 갇힌 자에게 놓임을 선포하며 여호와의 은혜의 해와 우리 하나님의 보복의 날을 선포하여 모든 슬픈 자를 위로하되 무릇 시온에서 슬퍼하는 자에게 화관을 주어 그 재를 대신하며 기쁨의 기름으로 그 슬픔을 대신하며 찬송의 옷으로 그 근심을 대신하시고 그들의 의의 나무 곧 여호와께서 심으신 그 영광을 나타낼 자라 일컬음을 받게 하려 하심이라(사 61:1~3, 개역개정)

말씀 | "우리는 나를 보내신 분의 일을 낮 동안에 해야 한다. 아무도 일할 수 없는 밤이 곧 온다." (요 9:4)

불씨 | 나의 소원은 하나님께서 내 심령 가운데 두신 강력한 갈망을 이루는 것입니다. 즉 복음을 듣지 못한 사람들을 찾아가고, 복음을 듣지 못한 사람들에게 복음을 전하고, 예수 그리스도의 복음으로 섬기는 것입니다.

참고성경 | 사 55:1, 61:1~3, 눅 4:18, 요 9:4, 롬 10:13~17

성경읽기 | 아침 – 창 5, 마 5 / 저녁 – 스 5, 행 5

1월 6일

세상의 필요
The World's Need

아브라함이나 모세 혹은 모하메드나 붓다가 갑자기 과거에서 돌아온다면 세상에 어떤 일이 일어날까요? 글쎄요. 그들 중 아무도 다시 돌아올 수 없기 때문에 생각해 볼 가치도 없습니다. 우리는 지금 세 번째 천 년을 살고 있지만 수백만 명의 사람들은 여전히 훌륭한 글로벌 리더를 찾고 있습니다. 사람들은 별들에게 자문하며 인종 간의 화합과 국가 간의 평화를 가져다주고, 가난한 사람들을 돌보는 부자를 가져올 초인의 지배 아래 새로운 시대가 도래할 것을 기다리고 있습니다. 이것은 단지 감상적인 환상일 뿐입니다.

이런 소원은 흔한 것 같습니다: "오, 제멋대로 행동하는 통치자들을 다스릴 전능한 지도자인 위대한 우주적인 왕!" 항상 어디인가에는 전쟁과 불의, 억압받고 죽임당하는 사람들이 있습니다. 지혜와 번영의 길로 나라를 안내하는 단 한 사람이 있어야 한다는 느낌은 우리가 무엇인가 잃어버린 본능 같은 것입니다.

시대가 지나면서 위대한 사람이 권력을 잡고 정치적인 조종과 군사적인 무력을 통해 그들의 철학적 영향을 행사하려고 하지만 유혈 사태와 경제적 파멸, 부패와 폭정만 남겨놓고 다시 실패할 뿐이었습니다. 인본주의자들은 그들이 인류의 필요에 대한 답을 가지고 있다고 생각하지만, 그들은 사람의 심령 속에 있는 "하나님의 형상을 한 공간 God~shaped space"이란 필수적인 요소를 간과하고 있습니다. 이 공간을 부, 명예, 쾌락, 권력이란 대안으로 채운다면 사람은 여전히 공허하고 만족하지 못한 상태로 남아 있을 것입니다.

인생의 큰 경험들은 성경에 너무나도 정확히 나와 있습니다. 아무 의미 없이 읽으라고 있는 것이 아닙니다. 사사기는 지도자가 없는 나라를 묘사하고 있습니다. 이스라엘이 약속의 땅에 정착하게 되었을 때 두 세기에 걸친 혼란과 무정부 상태와 내란이 있었습니다. 사사기는 그 이유를 설명하고 있습니다. "그때에 이스라엘에 왕이 없으므로 사람이 각기 자기의 소견에 옳은 대로 행하였더라"(삿 21:25, 개역개정). 이 말은 오늘날에도 너무나 익숙하지 않습니까? 오늘 우리는 수천 년 전에 이스라엘의 자녀들이 저질렀던 똑같은 실수를 반복할 위험에 처해 있습니다. 우리 모두 항상 진정한 왕이신 예수 그리스도를 왕좌에 앉히도록 노력합시다!

말씀	"내가 너와 세우는 언약은, 나와 너 사이에 맺는 것일 뿐 아니라, 너의 뒤에 오는 너의 자손과도 대대로 세우는 영원한 언약이다. 이 언약을 따라서, 나는 너의 하나님이 될 뿐만 아니라, 뒤에 오는 너의 자손의 하나님도 될 것이다."(창 17:7)
불씨	삶에 대하여 내가 알아야 할 모든 것은 하나님의 생명책에 이미 기록되어 있습니다.
참고성경	창 17:7, 삿 17:6, 18:1, 19:1, 21:25
성경읽기	아침 – 창 6, 마 6 / 저녁 – 스 6, 행 6

오직 예수
Only Jesus!

1월 7일

예수님! 어떤 사람도 감히 "생수"를 주겠다고 놀라운 약속을 한 적이 없었으며 더구나 그렇게 하신 분은 없었습니다(요 7:38). 그분은 창조가 시작된 곳에 영광으로 올라가셔서 모든 것들의 질서를 바꾸셨습니다. 이전에 알려지지 않았던 것이 하늘로부터 땅으로 들어왔습니다. 그분은 이를 "아버지께서 약속하신 것"(행 1:4)이라고 하셨습니다. 이 약속은 오늘 당신을 위한 것입니다!

그 약속 – 하나님의 말씀에는 8천 개가 넘는 약속들이 있습니다. "그 약속The Promise"이라고 지명함으로써 특별히 의미심장한 약속임을 나타냅니다. 그리스도께서는 이 약속을 자신의 약속으로 만드셨습니다. 침례 요한이 말한 것처럼 아버지께서 그리스도께 주신 선물은 아버지께서 우리에게도 주신 것입니다.

> 나도 그를 알지 못하였으나 나를 보내어 물로 세례를 베풀라 하신 그가 나에게 말씀하시되 성령이 내려서 누구 위에든지 머무는 것을 보거든 그가 곧 성령으로 세례를 베푸는 이인 줄 알라 하셨기에 내가 보고 그가 하나님의 아들이심을 증언하였노라 하니라.(요 1:33~34)

이 약속을 받으려면 우리가 치러야 할 값이 있는데 이는 비용만큼 가치가 있으며 예수께서 우리의 생명을 위해 지불하신 값은 그 값을 비교할 수가 없습니다. "그리고 예수께서 제자들과 함께 무리를 불러 놓고 그들에게 말씀하셨다. '나를 따라오려고 하는 사람은 자기를 부인하고 자기 십자가를 지고 나를 따라오너라.' (막 8:34) 나중에 주님의 제자들이 주님의 영광을 함께 나누는 것에 대하여 제자들이 주님께 물었을 때 주님은 이렇게 대답하셨습니다. "너희가 구하는 것을 너희가 알지 못하는 도다. 내가 마실 잔을 너희가 마실 수 있으며 나를 잠기게 한 그 침례로 침례를 받을 수 있느냐? 하시니 그들이 그분께 이르되, 우리가 할 수 있나이다."(마 20:22, 킹흠정역)

예수를 우리의 삶 안으로 허락하면 주님은 우리 안에서부터 겉으로 새롭게 만드십니다. "그런즉 누구든지 그리스도 안에 있으면 그는 새로운 창조물이라. 옛 것들은 지나갔으니, 보라, 모든 것이 새롭게 되었도다."(고후 5:17, 킹흠정역) 주님의 사랑, 기쁨, 힘이 당신의 심령 가장 깊은 곳까지 내려가도록 오늘 그 생수가 당신 안으로 스며들도록 허락하십시오.

말씀	"성령이 너희에게 내리시면, 너희는 능력을 받고, 예루살렘과 온 유대와 사마리아에서, 그리고 마침내 땅끝에까지 이르러 내 증인이 될 것이다"(행 1:8)
불씨	아버지께서 예수님께 주신 선물은 나에게도 주신 것입니다!
참고성경	마 20:22, 막 8:34, 10:39, 눅 24:44~53, 요 1:1~37, 7:38, 행 1:1~14, 고후 5:17
성경읽기	아침 – 창 7, 마 7 / 저녁 – 스 7, 행 7

1월 8일

예수님은 결코 변하지 않습니다
Jesus Never Changes

예수님은 수많은 사람들을 고치셨으며 이는 주님의 사명이었습니다. 주님은 구원할 뿐만 아니라 치유하기 위해서 오셨습니다. 주님은 역사상 그 시대에 살아 있었던 사람들만을 위해서 영광에서 땅으로 오신 것이 아닙니다. 주님은 단지 수천 명의 사람들을 도와주려고 오신 것이 아닙니다. 그것은 시작에 불과했습니다.

> 예수께서 각종 병이 든 많은 사람을 고치시며 많은 귀신을 내쫓으시되 귀신이 자기를 알므로 그 말하는 것을 허락하지 아니하시니라 … 예수께서 다시 바닷가에서 가르치시니 큰 무리가 모여들거늘 예수께서 바다에 떠 있는 배에 올라 앉으시고 온 무리는 바닷가 육지에 있더라 이에 예수께서 여러 가지를 비유로 가르치시니 (막 1:34, 4:1~2, 개역개정)

성경은 그것을 예수님이 시작하셨던 것이라고 말하고 있습니다. "예수께서 행하시며 가르치기를 시작하심부터"(행 1:1, 개역개정) 그분은 우리가 하기 바라는 것을 우리에게 보여 주심으로써, 그분이 어떤 분이셨으며, 지금도 그런 분임을 우리가 알 수 있게 하셨습니다. 그분은 사람들을 고쳐 주셨으므로 당신도 고칠 수 있습니다.

예수님이 지상 사역을 하고 있을 때 살던 사람들은 아마도 예수님을 무엇보다도 치유자로 생각했을 것입니다. 그분은 치유하러 나가셨습니다. 예수님은 이런 분이셨습니다. 그분은 아픈 사람이 오기를 기다리지 않고, 자주 그들에게 가셨습니다. 사도 베드로는 실제로 예수님이 바로 이 목적을 가지고 돌아다니셨다고 말했습니다. 치유는 그분의 사역의 주된 일이었으며, 예수님은 하나님께서 자신을 바로 이런 일들을 하도록 보내셨다고 말씀하셨습니다.

의사가 되려면 8년 이상을 공부해야 하고, 공부를 마치면 그는 수술실을 열고 아픈 사람들을 치료할 것입니다. 의사가 될 자격을 갖추려고 그런 노력을 들이고도 결국 개업을 하지 않는다면 어리석은 일이 될 것입니다. 마태복음에는 이렇게 기록되어 있습니다. "그는 몸소 우리의 병약함을 떠맡으시고, 우리의 질병을 짊어지셨다."(마 8:17) 이 말씀은 십자가 처형에 대해서 선지자 이사야가 한 말을 인용한 것입니다. 그리스도께서는 십자가 위에서 자신의 몸으로 당신의 고통과 죄를 짊어지셨습니다. 예수님께서 당신을 위해 죽으셨다면, 그분이 당신을 고칠 것을 기대하는 것은 결코 큰 일이 아닙니다.

말씀 | "예수께서 온 갈릴리를 두루 다니시면서, 그들의 회당에서 가르치며, 하늘나라의 복음을 선포하며, 백성 가운데서 모든 질병과 아픔을 고쳐주셨다."(마 4:23)

불씨 | 예수님의 지상의 목적에 나의 치유를 포함하셨다는 것을 알기 때문에, 감사함으로 그분의 선물을 받습니다.

참고성경 | 마 4:23, 8:17, 막 1:34, 4:1~9, 요 5:17, 9:3~4, 행 1:1~9, 10:38

성경읽기 | 아침 – 창 8, 마 8 / 저녁 – 슥 8, 행 8

믿음 요인
The Faith Factor

1월 9일

성경은 진정한 믿음이 없는 사람들을 위해 기록되었습니다. 믿음은 우리가 진리가 아닌 것을 믿는 것도 아니고 아무 증거도 없는 것을 믿는 것도 아닙니다. 그것은 어리석은 일입니다.

그러나 우리가 믿음이 없어도 성경을 읽으면 믿음이 생깁니다. 우리에게 어떤 믿음이 있다면 같은 방법으로 더 큰 믿음을 가질 수 있습니다. 믿음에는 어떤 신비한 것이 있는 것이 아닙니다. 우리는 태어날 때부터 믿는 사람들입니다. 매일 우리의 의사와 은행가, 우리의 배우자와 직장 상사를 믿습니다. 이러한 자연적인 믿음이 없다면 우리는 살아갈 수 없습니다. 당신을 포함해서 믿음은 누구에게나 가능합니다!

당신의 뇌는 의심하는 상자입니다. 물론 사람들은 이렇게 말합니다. "보는 것이 믿는 것이다." 만일 당신이 증명할 수 있다면 믿음은 필요 없습니다! 보이지 않는 것은 믿지 않는 이유가 되지 않습니다. 아무도 방사능을 보지 못하지만 그 효과를 알고 있습니다. 아무도 하나님을 보지 못하지만 수백 만의 사람들이 자신들의 삶에서 그분이 영향을 끼치는 것을 알고 있습니다. 믿음은 결단입니다. 오늘 취소할 수 없는 그 결단을 하십시오!

믿음은 전선과 같이 힘을 운반하지만 힘 자체는 아닙니다. 믿음은 우리를 힘의 근원인 하늘의 하나님과 연결시켜 줍니다. 많은 사람들은 수천 개의 이론과 방법을 통해서 능력을 추구합니다. 어떤 그리스도인 신자들은 너무나 오랜 시간 기도하거나 성스러운 유물을 만지거나 하는 모호한 방법으로 하나님의 능력을 추구합니다. 그러나 신비한 영역은 제자들이 능력을 발견했던 곳이 아닙니다. 능력은 땅 위에 있습니다. 그리스도의 죽음과 부활은 우리에게 필요한 하나님의 모든 능력을 사용할 수 있도록 해주었습니다. 능력을 나타내는 것은 어떤 신비한 영성이 아니라 그리스도를 접촉하는 보통 사람의 단순한 믿음이었습니다. 그리스도께서는 말씀하셨습니다. "내가 곧 길이요, 진리요, 생명이니 나로 말미암지 않고는 아버지께로 올 자가 없느니라"(요 14:6, 개역개정) 그리스도는 하나님과 사람 사이에 유일한 중재자이며, 이 일을 위해서 주님은 무한한 값을 지불하셨습니다. 당신의 믿음의 능력을 결코 낮게 평가하지 마십시오.

말씀	"너는 나를 보았기 때문에 믿느냐? 나를 보지 않고도 믿는 사람은 복이 있다."(요 20:29)
불씨	나를 포함해서 믿음은 누구에게나 가능합니다!
참고성경	요 14:6, 20:24~30, 딤전 2:5
성경읽기	아침 – 창 9~10, 마 9 / 저녁 – 스 9, 행 9

1월 10일

믿음의 퓨즈
The Faith Fuse

믿음은 부피도 무게도 없습니다. 그것은 당신이 행하는 것입니다. 예수님은 "겨자씨 한 알과 같은 믿음"에 관하여 말씀하시며(마 17:20) 작지만 대단한 잠재력을 가진 것을 언급하셨습니다. 오늘날이라면 주님은 믿음을 퓨즈로 비유하셨을지도 모릅니다. 아주 작지만 퓨즈는 발전소에서 만들어낸 엄청난 전력을 우리의 집으로 전달합니다. 퓨즈가 없으면 모든 전자 제품은 그 전력을 사용할 수 없기 때문에 소용이 없습니다. 우리의 믿음은 우리가 생각하기에 아무리 작아 보여도 큰일들을 성취할 수 있습니다.

> 또 비유를 들어 이르시되 천국은 마치 사람이 자기 밭에 갖다 심은 겨자씨 한 알 같으니 이는 모든 씨보다 작은 것이로되 자란 후에는 풀보다 커서 나무가 되매 공중의 새들이 와서 그 가지에 깃들이느니라(마 13:31~32, 개역개정)

믿는 사람으로서 우리는 우리가 무엇을 믿으며 누구를 믿는지 압니다. 믿음은 우리를 시험합니다. 하나님의 말씀을 그대로 믿고, 말씀의 하나님의 권세를 받아들이는 것은 우리가 바로 그 근원에 플러그를 꽂는 것입니다! 믿음은 없어서는 안 되는 연결고리입니다. 믿음으로 하늘의 에너지가 세상으로 들어오고 당신의 삶으로 흘러 들어옵니다. "주 예수를 믿으라 그리하면 너와 네 집이 구원을 받으리라"(행 16:31, 개역개정).

하나님의 위대하심과 그리스도의 역사와 하나님의 말씀은 퓨즈처럼 작은 믿음이 없다면 나타나지 않습니다. 회로가 고장났어도 일단 연결되기만 한다면 퓨즈 자체는 도움이 될 수 없지만 자신을 통해 엄청난 전력의 효과를 나타낼 수밖에 없습니다. 전기는 가열시킵니다! 믿음은 우리를 역동적이게 하고, 활력이 넘치게 하고, 흥분시킵니다! 오늘 당신의 삶에서 믿음의 퓨즈가 활성화되도록 하십시오.

> 내 형제들아 만일 사람이 믿음이 있노라 하고 행함이 없으면 무슨 유익이 있으리요 그 믿음이 능히 자기를 구원하겠느냐 … 이와 같이 행함이 없는 믿음은 그 자체가 죽은 것이라 어떤 사람은 말하기를 너는 믿음이 있고 나는 행함이 있으니 행함이 없는 네 믿음을 내게 보이라 나는 행함으로 내 믿음을 네게 보이리라 하리라(약 2:14, 17~18, 개역개정)

말씀	"내가 진정으로 너희에게 말한다. 너희에게 겨자씨 한 알만한 믿음이라도 있으면, 이 산더러 '여기에서 저기로 옮겨가라!' 하면 그대로 될 것이요, 너희가 못할 일이 없을 것이다."(마 17:20)
불씨	오늘 나는 하나님의 말씀을 그대로 믿습니다. 말씀에 하나님의 권세가 있음을 받아들이고 바로 생명의 근원에 연결합니다.
참고성경	마 13:31~32, 17:14~21, 눅 17:5~10, 행 16:31, 약 2:14~18
성경읽기	아침 – 창 11, 마 10 / 저녁 – 스 10, 행 10

예수님의 손
The Hands of Jesus

1월 11일

　예수님이 이 땅에 살면서 사탄에게 눌린 사람들을 구출하셨을 때 그 옛날 속이는 자는 예수님을 지켜보았습니다. 시각장애인이 보고, 지체장애인이 걸었습니다. 그리스도께서는 조직적으로 마귀의 일을 멸망시켰습니다. 사탄은 화가 나서 이를 갈며 주 예수 그리스도를 멸망시키기로 하였습니다. 그는 그리스도를 십자가에 못 박으려고 악한 사람들을 부추겼습니다. 그들이 주님의 놀라운 자비의 손에 못을 박을 때 그는 고소해 했습니다. "저 손은 이제 나를 더 괴롭힐 수 없을 것이다"라고 그는 생각했습니다. "모든 것은 끝났다!" 사탄은 정말 큰 실수를 했습니다. 사탄이 흘리게 한 피가 모든 곳에 있는 남자와 여자들 특히 나와 당신을 잡고 있던 사탄의 손아귀를 지금 부러뜨리고 있습니다!

> 촛대 사이에 인자 같은 이가 발에 끌리는 옷을 입고 가슴에 금띠를 띠고 … 내가 볼 때에 그의 발 앞에 엎드러져 죽은 자 같이 되매 그가 오른손을 내게 얹고 이르시되 두려워 하지 말라 나는 처음이요 마지막이니 곧 살아있는 자라 내가 전에 죽었었노라 볼지어다 이제 세세토록 살아있어 사망과 음부의 열쇠를 가졌노니(계 1:13, 17~18, 개역개정)

　한번은 어떤 무신론자가 텔레비전 프로그램에서 나에게 이렇게 도전한 적이 있습니다. "나는 예수의 피에 어떤 능력이 있다고 믿지 않습니다. 예수의 피는 2천 년이 넘도록 있었습니다. 당신이 주장하듯이 예수의 피에 어떤 능력이 있었더라면 세상은 이렇게 유감스러운 상태로 있지 않았을 테니까요."

　나는 이렇게 대답했습니다. "선생님, 세상에는 충분한 비누가 있지만 많은 사람들은 아직도 더럽습니다. 비누가 있다는 사실만으로 비누가 사람들을 깨끗하게 하지 않습니다. 심지어 당신이 비누 공장에서 일하고 있다고 해도 말입니다. 비누가 어떤 일을 할 수 있는지 알고 싶으면 당신은 비누를 집어서 개인적으로 자신에게 사용해야 합니다. 그러면 무슨 일이 일어나는지 알게 될 것입니다! 예수의 피도 이와 마찬가지입니다. 피에 대해서 알고 있거나, 노래하거나, 설교를 해도 충분하지 않습니다. 내가 선생님에게 도전합니다. 예수의 피를 당신의 죄악된 삶에 적용하십시오. 그러면 '어린 양의 보배로운 피에 기적을 행하는 능력이 있도다'라고 노래하는 온 세상의 수억 명의 사람들과 함께 하게 될 것입니다."

말씀	"하물며 영원한 성령을 힘입어 자기 몸을 흠 없는 제물로 삼아 하나님께 바치신 그리스도의 피야말로, 더욱더 우리들의 양심을 깨끗하게 해서, 우리로 하여금 죽은 행실에서 떠나서 살아계신 하나님을 섬기게 하지 않겠습니까?"(히 9:14)
불씨	예수의 피는 사탄이 내 삶에 영향을 끼치려고 하는 모든 손아귀를 깨뜨려 버렸습니다.
참고성경	히 9:14, 요일 1:7, 계 1:9~20
성경읽기	아침 - 창 12, 마 11 / 저녁 - 느 1, 행 11

1월 12일 예수님은 정말로 계십니다
Jesus Is Real

　예수님이 계시는데 왜 우리는 그분이 존재하지 않는 것처럼 살고 있을까요? 하늘 아버지가 계시는데 왜 우리는 고아처럼 행동합니까? 구원자가 계시는데 왜 우리는 두려움과 고통에 움츠러듭니까? 치유자가 계신데 왜 우리는 그분께 치유를 구하지 않습니까? 그리스도께서 자신의 삶 전부를 바치셨는데 왜 우리는 닭처럼 흙을 파헤치고 쪼아 먹습니까? 예수님은 "두려워하지 말고 믿기만 하라"라고 말씀하셨습니다(막 5:36). 일이 잘못되어도 그들은 올바로 갈 수 있습니다! 마귀가 효과적으로 일한다면 하나님은 얼마나 더 효과적으로 일하시겠습니까! 믿음은 절실히 필요할 때 그 가치를 발휘하도록 되어 있습니다. 너무나 많은 신자들은 정확하게 그 순간에 서서히 멈추어 버립니다. 그들에게 믿음은 오직 축복받은 그리스도인들의 집회 안에서 일합니다. 비유로 말하면 그들은 배 위에 있을 때만 구명조끼를 입고 배에서 떨어지면 즉시 구명조끼를 벗어버립니다. 어떻게 이렇게 어리석을 수 있습니까? 오늘 우리의 삶에서 살아계신 예수 그리스도의 실재를 받아들입시다.

　믿음은 아래와 같은 과정을 거칩니다.
1. 어떤 것을 믿는 것이 참입니다 true.
    하나님이 계시다는 것을 믿는 것만으로는 충분하지 않습니다. 마귀도 이것은 믿습니다. 그러나 이것은 시작입니다.
2. 어떤 사람을 믿는 것이 진짜입니다 genuine.
    많은 사람들이 예수님이 좋은 사람이었다고 믿습니다. 그러나 주님은 더 큰 것을 주장하셨는데 바로 세상의 구원자라고 하셨습니다.
3. 하나님의 능력을 믿습니다.
    많은 사람들이 그리스도의 치유의 능력을 믿었지만 그리스도를 구원자와 주님으로 삼지는 않았습니다.
4. 믿는 것은 신뢰하는 것입니다.
    신뢰는 믿음을 개인적인 것으로 만들어 줍니다. 우리는 우리를 버리지 않을 것이라고 느끼는 사람을 신뢰합니다.
5. 그리스도를 믿습니다.
    이것이 진짜 믿음입니다. 믿음은 주님께 완전히 복종하는 것입니다. 당신의 삶의 모든 분야를 그분께서 다스리도록 허락하십시오.

말씀	"그리스도 예수 안에서 생명을 누리게 하는 성령의 법이 당신을 죄와 죽음의 법에서 해방하여 주었기 때문입니다."(롬 8:2)
불씨	나는 예수 그리스도의 충만함 가운데 살 것이며 그리스도를 통하여 나는 이기는 자입니다.
참고성경	막 5:36, 롬 8:1~17, 갈 4:1~7, 약 2:19
성경읽기	아침 - 창 13, 마 12 / 저녁 - 느 2, 행 12

하나님의 보편적 건강 보험
God's Univeral Health Plan

1월 13일

　예수 그리스도는 밤낮으로 일하시는 위대한 의사입니다. 그분의 수술실은 문을 닫지 않으며 미리 약속할 필요도 없습니다. 혼의 질병이나 육체의 고통, 사회적인 고통이나 당신이 겪을 수 있는 모든 어려움에 관한 전문의입니다. 그뿐만 아니라 치료비도 받지 않습니다. 건강할 때 우리는 모두 좋은 건강을 누립니다. 불행히도 너무나 많은 사람들이 아침에 일어날 때 피곤을 느낍니다. 그들은 하루를 이미 지친 상태에서 시작하는데, 이것은 결코 하나님의 뜻이 아닙니다. 나는 당신이 이런 사람이 아니라고 믿습니다. 예수 그리스도의 복음은 땅 위의 모든 나라를 위한 "보편적 건강 제도universal health scheme"이며 성경은 그 교과서입니다. 어떤 사람은 하나님이 우리가 돌보기만 한다면 평생 동안 건강한 몸을 가질 수 있도록 하셨다고 말했습니다.

　치유는 우리의 생각이 아니라 처음부터 하나님의 뜻이었습니다. 아무도 이런 것들을 생각해 본 적 없었던 성경의 시작에서도 하나님은 사람들을 치유하셨으며 이것은 4천 년 전의 일입니다. "아브라함이 하나님께 기도하매 하나님이 아비멜렉과 그 아내와 여종을 치료하사 생산케 하셨으니"(창 20:17, 개역개정). 아무도 하나님께 치료해달라고 말씀드리거나 구걸하지 않았습니다. 치유하는 것은 하나님의 본성이기 때문에 치유하셨습니다. 그분은 치유하시는 것을 좋아하십니다.

　당신이 싫어하는 것이 있다면 당신은 그것에 대해 언급하지 않습니다. 그러나 취미나 스포츠처럼 당신이 즐기는 것이 있다면 당신은 시간을 할애하고 대개는 이에 관해 이야기도 합니다. 하나님은 치유에 관하여 침묵하지 않으시고 그럴 수도 없었습니다. 하나님의 심령은 동정심으로 가득했습니다. 하나님은 치유에 관하여 말씀만 하실 뿐만 아니라 치유도 아주 잘 하십니다.

　성경의 첫 페이지는 이렇게 말씀합니다. "하나님이 그 지으신 모든 것을 보시니 보시기에 심히 좋았더라 저녁이 되며 아침이 되니 이는 여섯째 날이니라"(창 1:31, 개역개정). 성경의 마지막 페이지는 "모든 눈물을 그 눈에서 닦아 주시니 다시는 사망이 없고 애통하는 것이나 곡하는 것이나 아픈 것이 다시 있지 아니하리니 처음 것들이 다 지나갔음이러라"(계 21:4, 개역개정)라고 말씀하고 있습니다. 더 이상 고통이 없게 될 것입니다. 모든 것은 아주 잘 시작되었고 좋게 끝날 것입니다. 당신도 오늘 선택하십시오.

말씀	"나는 주 곧 너희를 치료하는 하나님이다."(출 15:26)
불씨	예수 그리스도는 밤낮으로 일하시는 나의 위대한 의사이십니다. 내가 부르면 그분은 내 말에 귀를 기울이시고 대답을 하신다는 것을 나는 알고 있습니다.
참고성경	창 1:1~31, 20:17, 출 15:26, 계 21:1~7
성경읽기	아침 – 창 14, 마 13 / 저녁 – 느 3, 행 13

1월 14일

사막에 있는 강물
Steams in the Desert

명절 끝날 곧 큰 날에 예수께서 서서 외쳐 이르시되 누구든지 목마르거든 내게로 와서 마시라 나를 믿는 자는 성경에 이름과 같이 그 배에서 생수의 강이 흘러나오리라 하시니(요 7:37~38, 개역개정).

"생수의 강." 병에 담긴 물이 아니라, 신선하고, 활기차고, 물방울이 샘솟는, 풍성한, 끊임없는 시내입니다. 어떤 사람들은 물병의 물을 마시며 살지만 예수님은 당신이 신선하고, 생기가 넘치는 "강물"을 경험하기 원하십니다. 텔레비전은 수백만 명의 사람들에게 인생의 멋진 장면들을 보게 해줌으로써 사람들은 다른 사람들의 삶을 그냥 구경하거나, 자기도 그렇게 사는 것처럼 생각하게 해주거나, 심지어 어린이들까지 노는 방법을 잊어버릴 정도로 만들어 줍니다.

기억하십시오, 사람들은 항상 이런 때가 되면 "정말 내가 원하는 대로 살아야지"라고 합니다. 즉 그것이 무엇이든지, 어떤 환경이 된다면, 일을 마치면, 돈을 벌면, 결혼하면, 은퇴하면, 휴가를 가면과 같은 때를 기다립니다. 예수님은 당신이 지금 삶을 잘 살도록 도우시기 위해 오셨습니다. 기다릴 필요가 없습니다. 당신이 어디에 있든지, 무엇을 하고 있든지 말입니다. 그분은 삶을 잘 살 수 있도록 해 주십니다.

새 물, 새 포도주:

새 포도주를 낡은 가죽 부대에 넣는 자가 없나니 만일 그렇게 하면 새 포도주가 부대를 터뜨려 포도주가 쏟아지고 부대도 못쓰게 되리라 새 포도주는 새 부대에 넣어야 할 것이니라(눅 5:37~38, 개역개정)

하나님께서는 40년이라는 너비의 칠판에 이스라엘을 위한 광야의 계획을 쓰셨습니다. 이스라엘 사람들은 고인 물이나 가죽 부대에 담은 물을 마실 필요가 없었습니다. 주님은 그들에게 바위를 열어서 솟아나는 신선한 물을 마시게 하셨습니다. 성전에서 물을 부어 드리는 전제는 이 사막의 물을 기억하고 축하하는 헌물로서 성령님이 부어짐을 상징하는 것입니다. 이 상징은 오늘 하나님께서 당신이 신선하고, 활기가 넘치고, 반짝이고, 풍성하고, 끊임없는 생기를 회복하게 하는 물을 당신에게 공급하셨다는 것을 기억하게 합니다. 이 강물이 오늘 당신 안에 흐르게 하십시오!

말씀	"나는 양들이 생명을 얻고 또 더 넘치게 얻게 하려고 왔다."(요 10:10)
불씨	하나님께서 당신이 신선하고, 활기가 넘치고, 반짝이고, 풍성하고, 끝없는 생기를 회복하게 하는 물을 당신에게 공급하셨습니다.
참고성경	출 17:1~7, 민 20:1~13, 눅 5:37~38, 요 4:3~30, 7:37~38, 10:9~11
성경읽기	아침 - 창 15, 마 14 / 저녁 - 느 4, 행 14

하나님을 찾는 것
Finding God

1월 15일

우리는 진실로 하나님을 원할 때만 하나님을 찾을 수 있습니다. 성경에서 하나님은 이렇게 말씀하십니다.

> 나를 사랑하는 자들이 나의 사랑을 입으며 나를 간절히 찾는 자가 나를 만날 것이니라(잠 8:17, 개역개정)
>
> 보라 네가 알지 못하는 나라를 네가 부를 것이며 너를 알지 못하는 나라가 네게로 달려올 것은 여호와 네 하나님 곧 이스라엘의 거룩하신 이로 말미암음이니라 이는 그가 너를 영화롭게 하였느니라 너희는 여호와를 만날 만한 때에 찾으라 가까이 계실 때에 그를 부르라(사 55:5~6, 개역개정)

뿐만 아니라 주님은 이런 변하지 않는 약속을 하셨습니다:

> 여호와의 말씀이니라 너희를 향한 나의 생각을 내가 아나니 평안이요 재앙이 아니니라 너희에게 미래와 희망을 주는 것이니라 너희가 내게 부르짖으며 내게 와서 기도하면 내가 너희들의 기도를 들을 것이요 너희가 온 마음으로 나를 구하면 나를 찾을 것이요 나를 만나리라(렘 29:11~13, 개역개정)

우리에게 가장 절실히 필요한 때에 예수 그리스도의 좋은 소식은 작동하기 시작합니다! 예수님은 자신의 사명을 구원하는 것으로 보셨습니다. 주님은 자신이 오신 이유를 "인자가 온 것은 잃어버린 자를 찾아 구원하려 함이니라"(눅 19:10)라고 말씀하셨습니다. 주님은 자신의 죽음이 우연히 일어난 일이 아니라고 하셨는데 왜냐하면 그분은 죽으려고 오셨기 때문입니다. "인자가 온 것은 섬김을 받으려 함이 아니라 도리어 섬기려 하고 자기 목숨을 많은 사람의 대속물로 주려 함이니라"(막 10:45, 개역개정).

평안이 우리에게 가장 절실하게 필요합니까? 아닙니다. 주님께서 평안도 주셨습니다. "평안을 너희에게 끼치노니 곧 나의 평안을 너희에게 주노라 내가 너희에게 주는 것은 세상이 주는 것과 같지 아니하니라 너희는 마음에 근심하지도 말고 두려워하지도 말라." (요 14:27, 개역개정)

우리는 예수 그리스도의 복음이 가장 절실하게 필요합니다. 모든 불안과 모든 상심과 외로움, 모든 고통과 절망, 모든 죄와 부패는 복음으로 대체되었습니다. 우리의 모든 필요가 만족되는 주님과의 바른 관계가 바로 하나님께서 우리를 위해 가지고 계신 계획입니다.

오늘 당신이 항상 그리스도와 올바른 관계에 있는 것을 당신의 가장 강한 욕망으로 만드십시오. 왜냐하면 그렇게 될 때 당신은 세상을 바꿀 수 있기 때문입니다!

말씀 "너희를 두고 계획하고 있는 일들은 오직 나만이 알고 있다. 내가 너희를 두고 계획하고 있는 일들은 재앙이 아니라 번영이다. 너희에게 미래에 대한 희망을 주려는 것이다. 나 주의 말이다. 너희가 나를 부르고, 나에게 와서 기도하면, 내가 너희의 호소를 들어주겠다. 너희가 나를 찾으면, 나를 만날 것이다. 너희가 온전한 마음으로 나를 찾기만 하면, 내가 너희를 만나 주겠다."(렘 29:11~13)

불씨 매일 나의 목표는 그리스도와 바른 관계를 유지하는 것입니다.

참고성경 잠 8:17, 사 55:5~6, 렘 29:11~13, 막 10:45, 눅 19:10, 요 14:27

성경읽기 아침 - 창 16, 마 15 / 저녁 - 느 5, 행 15

1월 16일

하나님의 정체성
God's Identity

하나님의 정체성이 사람과 연결되어 있다는 것은 놀라운 일입니다. 그는 처음으로 "아브라함의 주 하나님"으로 불림으로써 아브라함의 삶을 통하여 알려졌습니다(창 28:13). 하나님에 관한 세상의 생각은 처음으로 아브라함이 어떤 사람인지를 보는 것으로 생겼습니다. 그의 삶은 그의 하나님을 나타냈으며 하나님을 추천하는 역할을 했습니다.

야곱이 처음으로 집을 떠나 에서의 살인 위협으로부터 도망칠 때, 그는 "아브라함의 하나님, 내 아버지 이삭의 하나님"이라고 언급합니다. 그들의 하나님께서 그들의 삶을 어떻게 형성해 왔는지가 야곱이 하나님을 아는 방법이었습니다. 이 생각은 그에게 하나의 경외심을 가져다 주었습니다. 그는 그날, 그들의 하나님을 자신의 하나님으로 섬기기로 결단을 했습니다. 그는 자신의 삶이 자신의 하나님을 나타낼 때까지 이것이 실재가 될 수 있다는 것을 느끼지는 못했습니다. 야곱은 자기 이름이 자기 선조들의 하나님과 관계되어 있다면, 그는 하나님의 평판을 유지하기를 원했습니다.

예를 들면 어떤 사람들은 "나는 내 어머니의 하나님을 믿습니다."라거나 "나는 바울의 하나님을 믿습니다."라거나 "나는 아무개의 하나님을 믿습니다."라고 말합니다. 사람들은 아주 간결하게 한마디로 복음을 제시하는 것에 관해 말합니다만, 복음은 오직 한 사람을 통해 제시될 수 있습니다. 복음은 죽은 후에 하늘나라에 가도록 하는 공식, 그 이상입니다. 복음은 단순한 생명 벨트life belt가 아니라 생명을 제공합니다. 복음 전파의 정수는 하나님이 어떤 분이신지를 보여 주는 것입니다.

> 그러나 너희는 택하신 족속이요 왕 같은 제사장들이요 거룩한 나라요 그의 소유가 된 백성이니 이는 너희를 어두운 데서 불러내어 그의 기이한 빛에 들어가게 하신 이의 아름다운 덕을 선포하게 하려 하심이라(벧전 2:9, 개역개정)

오늘 이 말씀을 당신의 심령으로부터 나오는 갈망의 부르짖음으로 만드십시오: "하나님, 나는 그리스도 예수 안에서 사는 삶에 이르는 길을 가리키는 주님의 담대한 복음 전도자가 되기 원합니다."

말씀	"우리는 이런 소망을 가지고 있으므로, 아주 대담하게 처신합니다."(고후 3:12)
불씨	나는 복음 전파의 본질이 하나님이 어떤 분이신지를 보여주는 것임을 믿습니다. 내 인생의 모든 날, 나는 주님의 능력과 긍휼을 통하여 나의 최선의 능력으로 주님을 나타냅니다.
참고성경	창 28:10~22, 32:9, 행 4:13~31, 고후 3:12, 벧전 2:9
성경읽기	아침 - 창 17, 마 16 / 저녁 - 느 6, 행 16

부흥은 일이다
Revial Is Work

1월 17일

우리가 신약성경에 나타난 부흥을 원한다면 우리는 기대하는 것을 확실하게 이루게 해주는 신약의 패턴을 공부할 필요가 있습니다. 사도행전을 참된 이상으로 여긴다면 사도행전 또한 공식을 나타내고 있습니다. 복음을 전파하는 것 이외에 다른 방법은 없다는 것은 절대적으로 분명합니다. 이는 고린도전서 1:21에 분명하게 나타나 있습니다. "하나님의 지혜에 있어서는 이 세상이 자기 지혜로 하나님을 알지 못하므로 하나님께서 전도의 미련한 것으로 믿는 자들을 구원하시기를 기뻐하셨도다"(개역개정). 그들은 기도하고 하나님께서 그들의 복음 전파를 축복해 주시기를 구했지, 하나님께서 그들에게 하라고 주신 일을 하나님께서 행하시라고 요구하지 않았습니다.

사람들은 이렇게 기도하고 있습니다. "주여, 다시 한번 행하시옵소서." 그러나 우리가 바로 초대교회 그리스도인들이 했던 일을 다시 해야 합니다. 우리도 그들이 했던 대로 한다면 그들이 가졌던 것을 가지게 될 것입니다. 그들은 부흥이 전적으로 자기들에게 달린 것처럼 복음을 선포했으며, 증거했으며, 일했습니다. 그들은 하나님을 의지하였고 하나님은 그들을 의지하였습니다. 오, 그 하나님께서 당신과 나를 의지하실 수 있습니다!

초대교회 그리스도인들은 증거하기를 그치지 않았습니다. "그들이 날마다 성전에 있든지 집에 있든지 예수는 그리스도라고 가르치기와 전도하기를 그치지 아니하니라"(행 5:42, 개역개정). 에베소에서 바울이 한 증거는 온 도시가 폭동을 일으키도록 하였다는데, 이는 당연한 일입니다! 그는 말했습니다. "유익한 것은 무엇이든지 공중 앞에서나 각 집에서나 거리낌이 없이 여러분에게 전하여 가르치고"(행 20:20, 개역개정). "그러므로 여러분이 일깨어 내가 삼 년이나 밤낮 쉬지 않고 눈물로 각 사람을 훈계하던 것을 기억하라"(행 20:31, 개역개정). 심지어 노예들까지도 그리스도를 선포할 방법을 찾아냈습니다. 디모데는 오늘날 감독으로 보이지만 바울은 그에게 부흥을 위해 기도만 하지 말고 전도자의 일을 하라고 말했습니다.

부흥은 마음의 상태이지 어떤 한 해의 한때를 가리키는 것이 아닙니다. 부흥은 하나님을 향한 갈망이 너무나 간절하여, 매일 개인적으로 그들의 하나님에 대한 열정을 다른 사람들에게 전하는 사람들을 통하여 옵니다. 특별히 "그 사람이 달라진 이유가 무엇일까? 그는 내가 가지고 있지 않은 무엇을 가졌을까? 나도 그것이 필요한데."라고 궁금해 하는 사람입니다. 오늘 부흥의 마음가짐mindset을 가지십시오!

말씀	"너희는 온 세상에 나가서, 만민에게 복음을 전파하여라."(막 16:15)
불씨	나는 기도와 재정을 통해서 뒤에서 후원할 뿐만 아니라, 나도 직접 세상에 그리스도를 전하는 일에 자신을 헌신합니다.
참고성경	막 16:15, 행 5:42, 20:20, 31, 고전 1:21
성경읽기	아침 – 창 18, 마 17 / 저녁 – 느 7, 행 17

1월 18일

조용한 별
The Silent Planet

왜 우리는 기도가 필요할까요? 태초에 아담과 하와는 우리 대부분이 오늘날 알고 있는 의미의 기도는 하지 않았습니다. 하나님과 사람은 거의 가족과 같이 열린 관계를 누렸던 것 같습니다.

> 하나님이 자기 형상 곧 하나님의 형상대로 사람을 창조하시되 남자와 여자를 창조하시고 하나님이 그들에게 복을 주시며 하나님이 그들에게 이르시되 생육하고 번성하여 땅에 충만하라, 땅을 정복하라, 바다의 물고기와 하늘의 새와 땅에 움직이는 모든 생물을 다스리라 하시니라 … 여호와 하나님이 동방의 에덴에 동산을 창설하시고 그 지으신 사람을 거기 두시니라 여호와 하나님이 그 땅에서 보기에 아름답고 먹기에 좋은 나무가 나게 하시니 동산 가운데에는 생명 나무와 선악을 알게 하는 나무도 있더라 … 여자가 그 나무를 본즉 먹음직도 하고 보암직도 하고 지혜롭게 할 만큼 탐스럽기도 한 나무인지라 여자가 그 열매를 따먹고 자기와 함께 있는 남편에게도 주매 그도 먹은지라 … 그들이 그날 바람이 불 때 동산에 거니시는 여호와 하나님의 소리를 듣고 아담과 그의 아내가 여호와 하나님의 낯을 피하여 동산 나무 사이에 숨은지라(창 1:27~28, 2:8~9, 3:6, 8, 개역개정)

이런 하나 됨은 깨어졌습니다. 관계는 긴장되고 멀어졌습니다. C.S. 루이스는 이런 세상을 "조용한 별the silent planet", 즉 하늘나라를 향하여 침묵한다고 표현했습니다. 지구는 아무 빛도 발하지 않는 공간에 영적인 블랙홀처럼 떠 있습니다. 시편 기자는 이렇게 말했습니다.

> 여호와께서 하늘에서 인생을 굽어살피사 지각이 있어 하나님을 찾는 자가 있는가 보려 하신즉 다 치우쳐 함께 더러운 자가 되고 선을 행하는 자가 없으니 하나도 없도다(시 14:2~3, 개역개정)

우주를 창조하신 전능하신 창조주께서 우리의 심령에 무슨 일이 일어나고 있는지 조금이라도 관심을 가지고 있다고 왜 믿어야 할까요? 왜냐하면 성경이 이를 상당히 강조하며 말씀하고 있기 때문입니다. "너는 기도할 때에 네 골방에 들어가 문을 닫고 은밀한 중에 계신 네 아버지께 기도하라 은밀한 중에 보시는 네 아버지께서 갚으시리라."(마 6:6, 개역개정) 하나님께 중요하기 때문에 기도는 성경에서 하나의 큰 주제입니다. 오늘 기도가 당신의 삶에서 중요한 부분을 차지하도록 헌신하십시오.

말씀	"예수께서 배에서 내려서 큰 무리를 보시고, 그들이 마치 목자 없는 양과 같으므로, 그들을 불쌍히 여기셨다. 그래서 그들에게 여러 가지로 가르치기 시작하셨다."(막 6:34)
불씨	말씀은 하나님께서는 기도를 통해서 나를 만나도록 초청하신다고 말하고 있습니다. 그러므로 나는 기도하는 사람이 되기로 작정합니다.
참고성경	창 1:26~28, 2:8~10, 3:6~8, 시 14:2~3, 마 6:6, 막 6:34
성경읽기	아침 – 창 19, 마 18 / 저녁 – 느 8, 행 18

우리는 모든 다른 사람들과 예수의 피만큼 다릅니다
Blood Different From All Others

`1월 19일`

우리의 피는 평범하지만 예수의 피는 거룩한 피입니다. 지금까지 살았던 어떤 사람도 예수님과 같은 피를 가진 사람이 없었기 때문에 예수의 피에는 능력이 있습니다. 성경이 예수의 피는 귀한 피라고 부르고 있기 때문에 예수의 피는 거룩합니다. 그러나 다른 흥미 있는 사실도 있습니다. 모든 사람은 잉태되는 순간 혈액형을 물려받지만 예수님은 그러지 않으셨습니다. 일반적으로 혈액 검사는 특별한 그 사람이 한 아이의 아버지인지 아닌지를 증명할 수 있습니다. 어린아이의 혈액을 통해 그의 진짜 아버지를 과학적으로 유전적 연결을 검사해 볼 수 있습니다.

예수님은 이 땅의 아버지가 없는 새로운 상황이었습니다. 예수님의 피는 유일하기 때문에 어떤 그룹에 속할 수 없었습니다. 예수의 피는 어떤 유전적 유산으로부터도 독립되어 있습니다. 예수님의 아버지는 하늘에 계신 아버지였습니다. 성경은 이것을 매우 조심스럽게 설명하고 있습니다.

> 마리아가 천사에게 말하되 나는 남자를 알지 못하니 어찌 이 일이 있으리이까 천사가 대답하여 이르되 성령이 네게 임하시고 지극히 높으신 이의 능력이 너를 덮으시리니 이러므로 나실 바 거룩한 이는 하나님의 아들이라 일컬어지리라(눅 1:34~35, 개역개정)

이 피는 얼마나 경이롭습니까! 그 안에서 그의 피를 통하여 속량과 그분의 은혜의 풍성하심을 통하여 우리는 죄사함을 받았습니다. 그리고 다시 그의 피를 통하여 우리는 그 안에서 속량, 즉 죄사함을 가지고 있습니다.

말씀	"하나님의 영으로 인도함을 받는 사람은, 누구나 다 하나님의 자녀입니다."(롬 8:14)
불씨	어린 양의 보배로운 피에는 이적을 행하는 능력이 있습니다.
참고성경	눅 1:34~35, 롬 8:14, 엡 1:7, 골 1:14, 4:14
성경읽기	아침 - 창 20, 마 19 / 저녁 - 느 9, 행 19

| 1월 20일 |

하나님의 혈액형
Divine Blood Type

마리아와 요셉은 약혼은 했지만 남편과 아내로 함께 하지는 않았습니다. 처녀로서 마리아는 하나님의 기적 가운데 한 아기를 임신하게 되었습니다. 그러므로 그리스도께서는 요셉이나 요셉의 조상들로부터 어떤 피의 인자를 받지 않았습니다. 예수 그리스도는 하나님 아버지가 낳으신 독생자이셨습니다. 마리아의 혈액형에 관해서 여자는 자신의 피와는 전혀 함께 할 수 없는 완전히 다른 혈액형에 속한 아이를 잉태할 수 있다는 것을 우리는 알고 있습니다. 어머니의 피는 탯줄을 통해서 태중의 아기에게 영양분을 공급해 주는데, 탯줄은 어떤 장애가 발생하여 흘러 들어가지 않는 이상 어머니의 피가 아기에게 들어가지 못하도록 보호해 줍니다. 예수님의 피는 자기 자신만 가진 하나님의 피였는데 이것이 이 피의 능력의 비밀입니다!

유전적으로 받지 않는 피를 가진 유일한 다른 한 사람이 있었는데 첫 사람 아담이었습니다. 그는 "하나님으로부터 난of God" 존재라고 언급되었는데 이는 조상이 없이 특별하게 창조되었다는 말입니다(눅 3:38). 성경은 예수님을 "마지막 아담"(고전 15:45)이라고 부릅니다. 첫 아담의 피와 같이 그분의 피는 성경이 말하고 있는 것처럼 특별하게 준비되었습니다. 하나님께는 불가능한 것이 없기 때문에 하나님께서는 마리아가 일반적인 생물학적으로 필요한 것들이 없이 아들을 잉태할 수 있게 하셨습니다.

염소와 송아지의 피로 하지 아니하고 오직 자기의 피로 영원한 속죄를 이루사 단번에 성소에 들어가셨느니라 염소와 황소의 피와 및 암송아지의 재를 부정한 자에게 뿌려 그 육체를 정결하게 하여 거룩하게 하거든 하물며 영원하신 성령으로 말미암아 흠 없는 자기를 하나님께 드린 그리스도의 피가 어찌 너희 양심을 죽은 행실에서 깨끗하게 하고 살아 계신 하나님을 섬기게 하지 못하겠느냐?(히 9:12~14, 개역개정)

당신의 영적 '혈액형'은 무엇입니까? 하나님으로부터 태어난 거듭난 자녀로서 당신도 역시 하늘 아버지께 입양된 상속자로서 믿는 자의 속량적인 혈액형을 주장할 수 있습니다.

말씀	"여러분이 전에는 하나님에게서 멀리 떨어져 있었는데, 이제는 그리스도 예수 안에서 그분의 피로 하나님께 가까워졌습니다."(엡 2:13)
불씨	예수의 피는 나의 하늘 입양heavenly adoption의 비밀입니다.
참고성경	마 19:26, 눅 3:38, 요 1:14, 고전 15:45, 히 9:12~14, 10:5
성경읽기	아침 - 창 21, 마 20 / 저녁 - 느 10, 행 20

증명된 표적
Proven Signs

1월 21일

그리스도인들은 그리스도의 재림을 바라며 기다리고 있습니다. 어느 날, 우리의 기도가 응답될 것을 우리는 알고 있습니다. 왜 우리는 확신할까요? 성경이 우리에게 그렇다고 말하기 때문입니다!

그리스도께서 처음 오실 때는 성경이 예언한대로 정확하게 오셨기 때문에 두 번째 오실 때도 성경이 말하고 있는 대로 확실하게 오실 것입니다. 성경은 미래를 예언하였던 유일한 책이며, 예언이 정확하다는 것을 증명하였습니다. 주님께서는 "여호와께서 내게 이르시되 네가 잘 보았도다 이는 내가 내 말을 지켜 그대로 이루려 함이라 하시니라"(렘 1:12, 개역개정)라고 말씀하셨습니다.

그리스도께서 처음 나타나심으로써 성경의 예언은 최대한 이루어졌습니다. 동방박사들은 수백 마일을 여행하여 정확하게 성경에서 말하고 있는 베들레헴에 있는 예수를 찾아냈습니다. 성경의 예언자들은 그분이 어떻게 태어나서, 살며, 죽을 것인지를 미리 말했습니다. 그의 손은 찔려 구멍이 나고, 그의 옷을 놓고 제비뽑기를 할 것이며, 그의 무덤은 "악인들과 함께 있었으며 그가 죽은 후에 부자와 함께 있었도다"(사 53:9, 개역개정)라고 죽음을 예언하였습니다. 오직 한 사람, 침례 요한만 성경으로부터 메시아에 관해서 알았으며 그가 곧 나타나리라는 것을 알았습니다. 예수님께서 공적인 삶을 시작하시기 전에 요한은 그분을 알아보았습니다. "그가 전파하여 이르되 나보다 능력 많으신 이가 내 뒤에 오시나니 나는 굽혀 그의 신발 끈을 풀기도 감당하지 못하겠노라 나는 너희에게 물로 침례를 베풀었거니와 그는 너희에게 성령으로 침례를 베푸시리라"(막 1:7~8, 개역개정).

그분의 초림에 관한 이 모든 명백하고 증명된 표적들과 함께 우리는 그분이 실제로 그분의 약속을 이루실 것이란 완전한 확신을 가지고 그분의 재림에 대한 성경적인 표적들을 볼 수 있습니다! 우리가 할 일은 그분이 오실 때까지 추수를 계속하는 것입니다!

> 예수께서 이르시되 나의 양식은 나를 보내신 이의 뜻을 행하며 그의 일을 온전히 이루는 이것이니라 너희는 넉 달이 지나야 추수할 때가 이르겠다 하지 아니하느냐 그러나 나는 너희에게 이르노니 너희 눈을 들어 밭을 보라 희어져 추수하게 되었도다 거두는 자가 이미 삯도 받고 영생에 이르는 열매를 모으나니 이는 뿌리는 자와 거두는 자가 함께 즐거워하게 하려 함이라.(요 4:34~36)

말씀	"낫을 대어 거두어들이십시오. 땅에 있는 곡식이 무르익어서, 거두어들일 때가 되었습니다."(계 14:15)
불씨	나는 깨어 있어 그리스도의 재림을 기다리고 있으며, 그분이 자기의 약속을 이루실 것을 완전히 확신합니다.
참고성경	사 53:9, 렘 1:12, 막 1:7~8, 요 4:34~36, 계 14:15
성경읽기	아침 – 창 22, 마 21 / 저녁 – 느 11, 행 21

[1월 22일]

기적의 영역
Miracle Territory

　신약성경의 신자들은 기적을 얻기 위해 찾아 헤매지 않았습니다. 그들은 기적의 영역에서 살았습니다! 그들은 하나님의 나라에 있었으며 그들은 모든 환경에서 기적을 행하시는 하나님의 손을 인식했습니다. 기독교는 처음부터 끝까지 철저하게 기적이란 것을 매일 이해하고 있었습니다. 이 주제는 사도 바울의 편지에서도 흔히 볼 수 있습니다.

　교회가 시작된 첫날부터 기적은 넘쳤습니다. 구원의 기적들(당신이 섬기는 교회가 갑자기 단 하루에 3천 명의 새 성도를 수용해야 한다고 상상해 보십시오), 치유의 기적들, 교제의 기적들(종들과 주인들이 서로를 껴안고, 모든 소유를 함께 나누는 것을 지켜보는 것이 구경꾼들에게는 도무지 설명할 수 없는 것으로 보였음에 틀림없습니다), 재정의 기적들, 그 외에도 더 많은 기적들이 있었습니다. 매일 어떤 기적들이 일어났는지 확인하려면 사도행전을 처음 다섯 장만 읽어 보십시오.

　기적은 권위주의자들의 주의를 끌었으며 그들을 두려워하게 만들었습니다. 왜냐하면 그들은 어떻게 이런 일이 있을 수 있는지 이해할 수 없었기 때문입니다. "이 사람들을 어떻게 할까 그들로 말미암아 유명한 표적 나타난 것이 예루살렘에 사는 모든 사람에게 알려졌으니 우리도 부인할 수 없는지라"(행 4:16, 개역개정). 그들이 아무리 싫어하고, 벌을 주고, 부정해도 그들은 하나님의 능력이나 사도들의 담대함을 멈출 수 없었습니다.

　안타까운 것은 그때는 정상이던 것이 이제는 더 이상 정상이지 않다는 것입니다. 기적에 대한 새로운 방법만을 너무나 강조하다 보니 기적에는 마치 심오한 비밀이 있는 것 같이 들립니다. 나는 이런 신비를 제거하고 그리스도 안에 있는 단순함으로 돌아가기를 바랍니다. 우리는 기적을 살펴보고 더 위대한 것을 볼 것입니다! 그 후에 여러분과 나는 우리의 삶에 있는 기적을 보도록 할 것입니다!

말씀	"여러분이 아시는 바와 같이, 나사렛 예수는 하나님께서 기적과 놀라운 일과 표징으로 여러분에게 증명해 보이신 분입니다. 하나님께서는 그를 통하여 여러분 가운데서 이 모든 일을 행하셨습니다."(행 2:22)
불씨	믿는 자로서 나는 다른 사람들에게 예수 그리스도를 가리키는 표적인 기적들로 매일의 나의 삶이 채워지게 될 것을 받아들입니다.
참고성경	행 2:22, 4:16, 5:12~14, 6:8, 8:13, 9:11, 15:12, 고후 11:3
성경읽기	아침 – 창 23, 마 22 / 저녁 – 느 12, 행 22

기적의 조건
Miracle Condition

1월 23일

마태복음 14장에서 우리는 기적이 어떻게 일어나는지 이해할 수 있는 놀라운 기적에 대해 읽을 수 있습니다. 첫째 기적의 조건은 베드로가 아직도 배에 타고 있는 동안에 시작된 것을 알 수 있습니다. 갑자기 그는 달라졌습니다. 한순간 겁에 질려 머리가 바짝 섰던 사람이, 그 다음 순간에는 보통 사람은 아무도 시도해 본 적이 없는 일에 감히 도전합니다.

> 제자들이 그가 바다 위로 걸어오심을 보고 놀라 유령이라 하며 무서워하여 소리 지르거늘 예수께서 즉시 이르시되 안심하라 나니 두려워하지 말라 베드로가 대답하여 이르되 주여 만일 주님이시거든 나를 명하사 물 위로 오라 하소서 하니(마 14:26~28, 개역개정)

믿음으로 행했을 때 베드로는 다른 것을 발견했습니다. 어떤 사람들은 단지 사물을 있는 그대로 받아들이고 그것에 대해 아무 일도 하지 않습니다. 그러나 우리는 그리스도께서 어떤 상황에 개입하시면 그 상황은 바뀔 수 있다는 것을 알고 있습니다.

> 오라 하시니 베드로가 배에서 내려 물 위로 걸어서 예수께로 가되 바람을 보고 무서워 빠져 가는지라 소리 질러 이르되 주여 나를 구원하소서 하니 예수께서 즉시 손을 내밀어 그를 붙잡으시며 이르시되 믿음이 작은 자여 왜 의심하였느냐 하시고 배에 함께 오르매 바람이 그치는지라 배에 있는 사람들이 예수께 절하며 이르되 진실로 하나님의 아들이로소이다 하더라(마 14:29~33, 개역개정)

이 이야기를 자세히 읽어 보면 우리는 베드로의 상황이 바뀐 것보다 더 큰 것을 보게 됩니다. 바다는 똑같았습니다. 그러나 베드로는 변했습니다. 그의 시선을 주님께 고정시키자 여전히 파도가 치고 있었지만 베드로는 파도 위를 걸었습니다. 예수님은 우리와 우리 집과 우리 주변의 것들을 구원하십니다. 기적은 당신 안에서 시작해서 당신 주변에 영향을 끼칩니다. 바다는 그를 삼키려고 거품을 품은 입을 열고 베드로를 위협했지만, 예수님께서 그를 오라고 부르셨을 때 그는 그것을 열린 길로 만들었습니다. 오늘 당신의 심령으로 그 음성을 들으십시오. 그분께서 당신에게 무엇을 하라고 부르시는 음성을 듣거든, 순종하여 당신의 배에서 나가 그분을 향해 움직이십시오. 당신이 걸어갈 수 있도록 길은 깨끗하게 준비되어 있으므로 당신은 할 수 있습니다.

말씀	"예수께서 그들을 눈여겨보시고 말씀하셨다. '사람은 이 일을 할 수 없으나, 하나님은 무슨 일이나 다 하실 수 있다.'"(마 19:26)
불씨	나는 하나님과 그분의 말씀에 일치하며 내 삶에 기적이 일어나는 것을 보는 변화를 선택합니다!
참고성경	마 14:22~33, 19:26
성경읽기	아침 - 창 24, 마 23 / 저녁 - 느 13, 행 23

1월 24일 아픈 것은 하나님의 계획이 아닙니다
Sickness Is Not God's Plan

하나님의 선한 세상에서 아픈 것은 밀 사이에 자라는 잡초와 같습니다. 그렇다고 하나님께서 밀밭에 잡초를 뿌리셨다고 생각하면 안 됩니다. "원수가 이렇게 하였구나."(마 13:28) 하나님은 예수님을 세상에 보내셨습니다. "하나님이 나사렛 예수에게 성령과 능력을 기름 붓듯 하셨으매 그가 두루 다니시며 선한 일을 행하시고 마귀에게 눌린 모든 사람을 고치셨으니 이는 하나님이 함께 하셨음이라"(행 10:38, 개역개정). 마귀가 하나님의 사역을 방해하는 것에 대항하여 창조주가 하신 일이었습니다.

하나님은 자연 가운데 치유를 계획해 놓으셨고, 이는 의학적인 연구를 통해 계속 발견되고 있습니다. 이런 치료법은 오늘 우리를 위한 것입니다. 그러나 하나님은 자연적인 치유뿐만 아니라 초자연적인 방법으로도 치유하십니다. 성경은 질병이 하나님의 뜻이라는 것을 거절하고, 치유를 하나님께서 하시는 일로 여깁니다. 오늘도 하나님의 손은 사람들이 알고 있는 것보다 훨씬 많은 사람들을 만지고 계십니다. "예수 그리스도께서는 어제나 오늘이나 영원히 한결같은 분이십니다."(히 13:8)라는 것을 증명하면서, 전 세계에 걸쳐서 많은 초자연적인 치유가 매년 일어나고 있습니다.

예수님은 오셔서 사람들을 치유하셨습니다. 우리는 요한복음에서 그분이 특별히 구하지도 않았는데 기적을 행하신 이야기를 읽습니다. 아무도 제안을 하지도 않았어도 주님은 수백 명의 아픈 사람들이 있는 베데스다 연못가로 가셨습니다. 주님은 전신이 마비된 한 사람에게 다가가서 그가 낫기를 원하는지 물어보셨습니다. 그는 "예"라는 말 한마디도 하지 않았는데 예수님은 그를 고쳐 주셨습니다. 나중에 눈먼 사람을 만났을 때는 그에게 보기를 원하느냐고 묻지도 않으시고 그의 시력을 회복시켜 주셨습니다. 이 모습은 어제 즉, 지난날의 예수님의 모습입니다. 그리고 그것은 오늘의 예수님입니다!

예수님은 약의 중요성도 강조하셨습니다. "건강한 자에게는 의사가 쓸데없고 병든 자에게라야 쓸 데 있느니라"(막 2:17, 개역개정). 그리고 나서 즉시 사람들을 치유하기 시작하셨습니다! 자신의 치유를 위해 하나님과 함께 일하는 것을 배우려면, 주님께서 의사들을 통하여 치유하시든지, 하나님의 능력만으로 치유하시든지, 당신은 주님께서 얼마나 당신을 사랑하고 있으며, 얼마나 진심으로 "네 영혼이 잘 됨 같이 네가 범사에 잘되고 강건하기를"(요삼 1:2, 개역개정) 바라시는 지를 이해하십시오.

말씀	"하나님께서 나사렛 예수에게 성령과 능력을 부어 주셨습니다. 이 예수는 두루 다니시면서 선한 일을 행하시고, 마귀에게 억눌린 사람들을 모두 고쳐 주셨습니다. 그것은 하나님께서 그와 함께 하셨기 때문입니다."(행 10:38)
불씨	나는 원수와 파괴의 씨앗들을 거절합니다. 나는 내 혼이 잘 됨 같이 내 육체도 건강한 가운데 살기를 바라시는 하나님의 계획을 받아들입니다.
참고성경	마 13:24~30, 막 2:17, 요 5:1~47, 9:1~41, 행 10:34~48, 히 13:1~25, 요이 1:3
성경읽기	아침 - 창 25, 마 24 / 저녁 - 에 1, 행 24

과거의 실수를 피하십시오
Avoid Past Mistakes

1월 25일

 이스라엘의 왕은 결코 그분의 백성을 위한 하나님의 계획이 아니었습니다. 하나님은 그의 백성들이 그들의 심령에 있는 하나님의 법에 의해 다스려지기 원하셨고, 오직 하나님께만 책임을 지기를 원하셨습니다. 그분은 백성들을 돕기 위해서 재판관들과 제사장들을 세우셨습니다. 그러나 그들은 주변의 왕들과 왕자들을 가진 그들의 이웃 나라들을 보고 내적 지식보다는 밖으로 보이는 것을 더 좋아했습니다. 이는 오늘 우리가 살고 있는 사회와 같이 친숙하게 들리지 않습니까? 우리는 조용하고 진실한 지도자보다는 잘생기고 사람들을 즐겁게 해주는 지도자를 기대합니다. 현대 통계학에 따르면 역사적으로 볼 때 키가 제일 큰 정치 후보가 일반적으로 선거에서 이겼다고 합니다. 좋은 성품과 리더십의 자질이 진정한 문제인데, 이런 것이 가치 있는 기준이 됩니까?

 약속의 땅에 들어가 오랜 세월이 지난 후에, 이스라엘 사람들은 왕을 가지게 되었으며, 나라는 강력해지고 풍요로워졌습니다. 그러나 왕의 배신자 아들에 의해 왕은 망명길로 쫓겨났습니다. 그 아들은 죽임을 당했고 왕좌는 비어 있었습니다. 다시 무정부 상태가 된 것입니다. "이스라엘 백성은 지파마다 서로 의논이 분분하였다."(삼하 19:9) 그들은 쓰디쓴 과거를 통하여 교훈을 배웠으며 그 해답도 알고 있었습니다. "그러니 이제 우리가 다윗 왕을 다시 왕궁으로 모셔 오는 일을 주저할 필요가 어디에 있는가?"(삼하 19:10)

 성경의 이 이야기는 본디오 빌라도 앞의 그리스도를 가리킵니다. 빌라도가 예수님께 물었습니다. "그러면 당신은 왕이오?" 예수께서 대답하셨다. "당신이 말한 대로 나는 왕이오. 나는 진리를 증언하기 위하여 태어났으며, 진리를 증언하기 위하여 세상에 왔소."(요 18:37) 빌라도가 유대인들에게 말했습니다. "보시오, 당신들의 왕이오." 그러나 그들은 외쳤습니다. "없애 버리시오! 없애 버리시오! 그를 십자가에 못 박으시오! … 우리에게는 황제 폐하밖에는 왕이 없습니다."(요 19:14~15) 볼 눈이 없는 그들은 외국의 압제자인 로마 황제Caesar, 시저를 선택하고는 예수, 즉 그리스도는 처형대(십자가)에 처형되도록 하였습니다. 로마 황제는 국가로서의 이스라엘을 멸망시켜버렸습니다.

 우리는 지금도 또 다른 이런 압제적인 리더가 정권을 잡고 경제와 정부와 우리의 삶 자체를 다스리려고 하는 위험에 처해 있지 않습니까? 성경은 우리에게 그렇다고 대답하고 있습니다! 예수 그리스도께서 다시 오실 것입니다!

말씀	"죽임을 당하신 어린 양은 권세와 부와 지혜와 힘과 존귀와 영광과 찬양을 받으시기에 합당하십니다."(계 5:12)
불씨	나의 삶에는 전능하신 하나님이 낳으신 유일한 아들, 주 예수 그리스도 오직 한 왕만 있습니다.
참고성경	삼하 13~19, 마 27:11~26, 요 18:37, 19:14~15, 계 5:12
성경읽기	아침 – 창 26, 마 25 / 저녁 – 에 2, 행 25

| 1월 26일 |

아멘. 오십시오, 주 예수님!
Even So, Come Lord Jesus!

세상에는 왕이 없고 오직 전쟁을 하는 지도자만 있습니다. 이스라엘도 그랬습니다. "사람들은 저마다 자기의 뜻에 맞는 대로 하였다."(삿 21:25) 이사야는 이렇게 말했습니다. "우리는 모두 양처럼 길을 잃고, 각기 제 갈 길로 흩어졌으나"(사 53:6) 우리는 모두 "불순종의 아들들"입니다(엡 2:2). 스스로를 의롭다고 여기는 사람들은 "그렇지만 나는 그렇게 큰 죄의 짓지 않았는데요!"라고 항의합니다. 성경은 이렇게 대답합니다. "그들은, 이와 같은 일을 하는 자들은 죽어야 마땅하다는 하나님의 공정한 법도를 알면서도, 자기들만 이런 일을 하는 것이 아니라, 이런 일을 저지르는 사람을 두둔하기까지 합니다."(롬 1:32) 낙태를 허락하는 법을 제정하거나, 정치와 교회의 분리라는 말의 참된 의미에 대한 이해를 왜곡하여서 공적인 장소에서 기도를 못하게 하거나, 노인들이 저축해 놓은 것을 사용하여 낭비함으로써 그들을 합당하게 존중하지 않거나, 동성애에 반대하는 사람들에 대하여 악담을 하거나, 그 외에도 너무나 많은 사회적인 이슈를 통해 죄를 짓도록 조장하는 정부를 우리가 용납하게 될 때 우리는 로마 제국과 많은 다른 위대한 문명의 몰락을 가져온 똑같은 덫으로 빠져들게 됩니다. 타협은 멸망의 문입니다.

세속 권세들과 마찬가지로 세계의 종교 지도자들은 우리 스스로 어떻게 발전할 것인가에 대해서만 말을 합니다. 우리는 우리가 무엇을 해야 하는지는 알고 있지만 그것을 행하는 것은 별개의 문제입니다! 우리는 충고가 아니라 힘을 원합니다. 종교들은 교리와 규칙을 더함으로써 짐을 더해 줍니다. 우리는 구출해 주는 왕, 구원자를 원합니다. 예수님은 규칙을 더하지 않고 자신의 삶을 내려놓았습니다. 우리는 우리 스스로를 구원할 수 없지만, 그리스도는 세상을 속량하신 분입니다! 새로운 시대에는 새로운 사람들이 필요하고 그리스도께서는 "새로운 피조물"을 창조하셨습니다! 성경의 이야기는 다윗이 자기의 왕좌를 다시 차지하였듯이 예수 그리스도께서도 왕좌를 차지하실 것을 보여주고 있습니다. 그리스도께서는 자신이 돌아오시겠다고 선언하셨으며 그분은 다시 오실 것입니다! 그분이 하신 모든 말씀은 진리이며 이 약속 하나만 진실이 아니라는 것은 불가능합니다. 2천 년 동안 수천만의 그리스도의 교회들은 주님이 돌아오실 것을 기대했었습니다. 이 교리는 여러 가지 모양을 띠지만, 성경은 땅 위에 몸을 가지신 분이 눈에 보이는 그리스도의 임재를 가르치고 있습니다. 이것은 모든 그리스도인의 신앙의 열쇠가 되는 소망입니다. 성경의 마지막 기도는 "아멘. 오십시오, 주 예수님!"입니다. 이 기도를 오늘 당신의 것으로 만드십시오.

말씀	"성령과 신부가 '오십시오!' 하고 말씀하십니다. 이 말을 듣는 사람도 또한 '오십시오!' 하고 외치십시오. 목이 마른 사람도 오십시오. 생명의 물을 원하는 사람은 거저 받으십시오."(계 22:17)
불씨	매일 예수님을 따라감으로써 나는 영광에서 영광으로 변화됩니다.
참고성경	삿 21:25, 사 53:6, 눅 1:17, 롬 1:32, 고후 5:17, 엡 2:2, 계 22:17
성경읽기	아침 – 창 27, 마 26 / 저녁 – 에 3, 행 26

황금 선물
The Golden Gift

1월 27일

그리스도를 믿는 것은 다른 어떤 종류의 믿음과는 다릅니다. 믿음이라는 단어는 구약에서는 찾을 수 없습니다. 신약성경에서 믿음은 "그리스도 안으로 믿는 것believing into Christ"을 의미하며 이는 움직이는 것을 암시합니다.

그리스도를 믿는 것Faith in Christ은 사랑으로 신뢰하면서 그분께로 가까이 나가는 것을 의미합니다. 그것은 껴안는 것embracing으로서 주님은 오늘 당신을 향하여 팔을 뻗고 계십니다.

인간과 그의 창조주 사이에 이러한 사랑의 포옹은 오직 그리스도를 통해서만 가능합니다. 구약성경이 기록된 시기에는 이런 것은 아무도 상상하지 못했습니다. 하나님은 영이셨고, 또 다른 종류의 존재이며, 두려움과 떨림이 없이 가까이 하기에는 너무나도 경외의 대상이었습니다.

> 참되게 예배를 드리는 사람들이 영과 진리로 아버지께 예배를 드릴 때가 온다. 지금 이 바로 그때이다. 아버지께서는 이렇게 예배를 드리는 사람들을 찾으신다. 하나님은 영이시다. 그러므로 하나님께 예배를 드리는 사람은 영과 진리로 예배를 드려야 한다.(요 4:23~24)

이 새로운 경험의 핵심을 건드리는 구약성경의 말씀이 있으니 바로 노래 중의 노래(아가)인데, 모든 최고의 사랑의 언어를 모은 사랑 노래로서, 한 절 안에 "오, 나는 내 임의 것, 내 임은 나의 것!"(아 6:3, 쉬운말)이라고 하였습니다. 그리스도께서 오실 때까지는 아무도 이해하지 못했던 하나님에 대한 태도였습니다. 하나님께서 얼마나 당신을 사랑하시는지를 완전히 이해하고 살아갈 수 있다는 것이 기쁘지 않습니까?

하나님의 실재를 대면하게 되자 복음 안에서 보통 사람들도 갑자기 그가 구원자임을 알았으며, 그들은 즉시 완전한 헌신을 하도록 깨닫게 되었습니다.

> 그러나 그분 곧 진리의 영이 오시면, 그가 너희를 모든 진리 가운데로 인도하실 것이다. 그는 자기 마음대로 말씀하지 않으시고, 듣는 것만 일러주실 것이요, 앞으로 올 일들을 너희에게 알려 주실 것이다. 또 그는 나를 영광되게 하실 것이다. 그가 나의 것을 받아서, 너희에게 알려 주실 것이기 때문이다.(요 16:13~14)

구약성경에서처럼 이제 믿음은 더 이상 몇 사람을 위한 것이 아닙니다. 시내산에서 경외스럽게 나타나셨던 것으로 할 수 없었던 것을 갈보리에서는 나타내셨습니다. 예수님은 위대한 믿음의 창조자이십니다. "나를 거치지 않고서는, 아무도 아버지께로 갈 사람이 없다."(요 14:6) 예수님은 한 길을 가리키시지 않으셨습니다. 그분이 바로 그 길입니다!

말씀	"예수께서 그에게 말씀하셨다. '나는 길이요, 진리요, 생명이다. 나를 거치지 않고서는, 아무도 아버지께로 갈 사람이 없다.'"(요 14:6)
불씨	나는 믿음으로 그리스도께서 얼마나 나를 사랑하는지를 완전히 아는 가운데 살며 걸어갈 것입니다.
참고성경	아 2:4, 6:1~3, 요 4:23~24, 14:1~21, 16:13~14
성경읽기	아침 – 창 28, 마 27 / 저녁 – 에 4, 행 27

1월 28일

현재 시제의 믿음
A Present-Tense Faith

신약성경에 나오는 한 나병환자는 그리스도에 대해 다른 사람들이 보지 못하는 것을 보았습니다.

> 예수께서 산에서 내려오시니, 많은 무리가 그를 따라왔다. 나병환자 한 사람이 예수께 다가와 그에게 절하면서 말하였다. "주님, 하고자 하시면, 나를 깨끗하게 해주실 수 있습니다." 예수께서 손을 내밀어서 그에게 대시고 "그렇게 해주마. 깨끗하게 되어라"하고 말씀하시니, 곧 그의 나병이 나았다.(마 8:1~3)

예수님을 만나자 이 나병환자는 말했습니다. "주님, 하고자 하시면, 나를 깨끗하게 해주실 수 있습니다." 이것은 "하실 수 있으면, 나를 깨끗하게 해주실 수 있습니다."가 아니라 "하고자 하시면, 나를 깨끗하게 해주실 수 있습니다."입니다. 성경은 우리 모두가 다 알고 있는 전능하신 하나님께서 무엇을 할 수 있는지를 우리에게 말하려고 쓰인 책이 아니라, 하나님께서 무엇을 하실 것인지를 우리에게 말하고 있습니다.

오래전에 하나님께서 하신 일을 믿는 것은 쉽습니다. 그러나 과거 시제의 믿음은 오늘을 위한 현재 시제의 믿음이 되지 않으면 헛된 것입니다. 요한은 과거, 현재, 미래의 믿음에 관하여 썼습니다.

"나 요한은 아시아에 있는 일곱 교회에 이 편지를 씁니다. 지금도 계시고 전에도 계셨고 또 앞으로 오실 분과, 그의 보좌 앞에 있는 일곱 영과, 또 신실한 증인이시요 죽은 사람들의 첫 열매이시요 땅 위의 왕들의 지배자이신 예수 그리스도께서 내려 주시는 은혜와 평화가, 여러분에게 있기를 빕니다. 예수 그리스도께서는 우리를 사랑하시며, 자기의 피로 우리의 죄에서 우리를 해방하여 주셨고"(계 1:4~5) 앞으로도 계실 분은, 지금 계시고, 항상 계셨습니다!

"예수 그리스도께서는 어제나 오늘이나 영원히 한결같은 분이십니다."(히 13:8) 치유는 그분의 본성의 한 부분이었습니다. 그러므로 자신과 일치하시기 위해서도 그분은 치유하실 것입니다. 그렇다면 이제 문제는 우리의 믿음이 있느냐 없느냐(의심이라고 알려진)가 됩니다. "조금도 의심하지 말고, 믿고 구해야 합니다. 의심하는 사람은 마치 바람에 밀려서 출렁이는 바다 물결과 같습니다. 그런 사람은 주님께로부터 아무것도 받을 생각을 하지 마십시오."(약 1:6~7) 그러므로 당신이 하나님의 본성에 대하여 알고 있는 것에 의심이 끼어들지 못하게 하십시오!

우주를 창조하신 하나님께서는 그 일을 마치신 후에 은퇴하지 않으셨습니다. 그때 하나님께서 하신 것은 그분이 지금도 어떤 분이신지를 보여 주고 있으며, 앞으로도 항상 창조적이고, 활동적이며, 선하신 분이시라는 것입니다. 창조는 모든 기적 중에 처음이자 가장 위대한 기적입니다. 그렇다면 하나님께서 들리지 않는 귀나 보이지 않는 눈을 치유하시는 것이 무엇이 문제입니까? 그럼에도 불구하고 너무나 많은 사람들은 아직도 "예전"의 하나님, 즉 지난 역사에 닻을 내리고 있습니다.

우리는 현재 시제의 하나님을 가지고 있으며, 그분은 우리에게 현재 시제의 믿음을 주셨습니다.

말씀	"지금도 계시고 전에도 계셨고 앞으로 오실 전능하신 주 하나님께서 '나는 알파요 오메가다' 하고 말씀하십니다."(계 1:8)
불씨	나는 현재 시제의 하나님을 가지고 있으며 그분은 내게 현재 시제의 믿음을 주셨습니다.
참고성경	마 8:1~3, 히 13:8, 약 1:6~7, 계 1:4, 8
성경읽기	아침 - 창 29, 마 28 / 저녁 - 에 5, 행 28

성령님의 여러 면
Aspects of the Holy Spirit

1월 29일

성령의 침례("루아흐 하코데쉬"로, 잠기게 되다: 유대인 성경)에 대한 다양한 표현들이 있습니다: 거룩한 불에 잠기게 되다("침례"로 번역되어야 마땅함, "세례"가 아님), 능력으로 옷을 입다, 하나님의 기름으로 기름부음을 받다, 성령 안에 잠기다, 성령 안에서 걸으며, 기도하며, 살고 있다. 우리의 몸은 성령이 계시는 지성소이기 때문에 그리스도 자신 이외에 또 다른 보혜사를 갖는 것입니다. 이런 표현들은 스케치일 뿐이며 색깔이나 세부적인 묘사가 더해져야 합니다. 성경은 성령님의 활동에 대한 그림을 전시하는 그림 전시회와 같습니다: 각 그림들은 표적, 기이한 역사, 기적… 마치 예수와 함께 있었던 사람처럼 보이는 사람들… 온 세상을 뒤집어 놓다… 사람들이 주님을 알려고 나아오다, 새로운 경험을 즐기다 등이 있습니다. 단순한 종교적 열광주의에 빠지거나, 교회에 다니는 사람들이 아니라, 역동적인 믿음을 가진 새로운 종족입니다. 이런 믿음이 당신 안에서 부글부글 끓고 있는 것을 즐기지 않을 수가 있겠습니까!

바울은 이렇게 말했습니다. "범죄로 죽은 우리를 그리스도와 함께 살려 주셨습니다. 여러분은 은혜로 구원을 얻었습니다."(엡 2:5) 그 결과 우리는 이렇게 살 수 있다고 말했습니다. "하나님의 영광의 권능에서 오는 모든 능력으로 강하게 되어서, 기쁨으로 끝까지 참고 견디기를 바랍니다."(골 1:11) 주 예수 그리스도께서는 우리가 능력을 받게 될 것이라고 약속하셨습니다. 나는 성령 침례를 전기 코드가 장착된 가전제품에 비유합니다. 당신이 플러그를 전원에 꽂지 않으면 그 기구는 작동하지 않습니다. 모든 잠재력은 다 있습니다. 유명한 상표를 달고 있어도, 그 기구를 사용하려면 반드시 전원과 연결되어야 합니다. 구원이라는 하나님이 거저 주신 선물을 받은 사람으로서 우리는 하나님의 자녀들로서 "브랜드 네임"을 가지고 있습니다. 그러므로 이제 자기 자신만을 의지하거나, 두려워서 머뭇거리고 있는 골방에서 벗어나, 성령님께서 그분의 능력으로 우리에게 에너지로 충만하게 하시도록 허락하십시오.

거듭난 그리스도인인 당신은 특별한 사람입니다. 주님의 눈에 당신은 거룩한 성도이며, 성령 침례는 당신을 위한 것입니다. 죽으시고, 살아나시고, "지극히 높으신 분의 우편에 앉아 계심"(히 1:3)으로써 오직 예수님 한 분께서만 성령 침례를 가능하게 하셨습니다. 얼마나 대단한 선물인가요! 오늘 그 선물을 받으십시오! 당신은 다시는 이전과 같은 사람으로 살지 않을 것입니다.

말씀	"너희가 악할지라도 너희 자녀에게 좋은 것들을 줄줄 알거든, 하물며 하늘에 계신 아버지께서야 구하는 사람에게 성령을 주시지 않겠느냐?"(눅 11:13)
불씨	오늘 나는 내 삶에 성령님을 환영하고, 나에게 능력을 주시고 나를 강하게 하셔서 나를 모든 진리 가운데로 인도하시도록 허락합니다.
참고성경	마 3:11, 눅 3:16, 11:13, 요 14:16~17, 행 1:8, 롬 8:26, 고전 6:19, 갈 5:25, 엡 2:5, 5:18, 골 1:11, 히 1:3
성경읽기	아침 – 창 30, 막 1 / 저녁 – 에 6, 롬 1

1월 30일

하나님의 무한한 피
God's Infinite Blood

　첫 아담은 마지막 아담과 크나큰 차이가 있습니다. "첫 사람은 땅에서 났으므로 흙으로 되어 있지만, 둘째 사람은 하늘에서 났습니다."(고전 15:47) 예수의 피는 거룩합니다. 하나님이 영이신데 어떻게 그럴 수가 있습니까? 영은 살과 피가 없습니다. 답은 간단합니다. "태초에 '말씀'이 계셨다. 그 '말씀'은 하나님과 함께 계셨다. 그 '말씀'은 하나님이셨다 … 그 말씀은 육신이 되어 우리 가운데 사셨다."(요 1:1, 14)

　마리아의 자궁 안에서 하나님됨Godhood과 사람됨manhood이 하나가 되셨습니다. 예수 그리스도의 피는 "하나님의 아들"의 피입니다. 한 사람의 피는 다른 사람을 대신하여 합법적으로 흘려줄 수 없습니다. 그러나 하나님의 무한하심이 관여하시기 때문에 예수 그리스도의 피는 이런 제약이 없습니다. "하나님의 아들"의 피는 온 세상의 죄를 덮는 은혜를 가지고 있습니다.

　이스라엘이 이집트를 떠날 때 하나님은 엄청난 피의 능력을 보여 주셨습니다. 이스라엘 사람들은 유월절 어린 양을 죽이고 먹어야 했습니다. 그러나 가족이 너무 작은 경우는 어린 양을 다른 가족과 함께 나눌 수 있었습니다. 이것은 한 가정에 비해 너무 큰 하나님의 어린 양인 예수 그리스도에 대한 아름다운 그림입니다. 주님은 마지막 만찬을 제자들과만 나누기에는 너무나 위대하신 어린 양이었습니다. 요한은 그 후에 이렇게 기록했습니다. "그는 우리 죄를 위한 화목제물이시니, 우리 죄만 위한 것이 아니라 온 세상을 위한 것입니다." (요일 2:2) 그 후에 또 그는 환상 가운데 "아무도 그 수를 셀 수 없을 만큼 큰 무리, 모든 민족과 종족과 백성과 언어에서 나온 사람들"을 보았습니다(계 7:9). 그들은 "어린 양이 흘리신 피에 자기들의 두루마기를 빨아서 희게 하였습니다."(계 7:14)

　"하나님께서 빛 가운데 계신 것과 같이, 우리가 빛 가운데 살아가면, 우리는 서로 사귐을 가지게 되고, 하나님의 아들 예수의 피가 우리를 모든 죄에서 깨끗하게 해주십니다." (요일 1:7) 이 말씀에 우리는 얼마나 감사합니까. 죄 사함과 함께 은혜의 새 언약이 따라옵니다. "이것은 죄를 사하여 주려고 많은 사람을 위하여 흘리는 나의 피, 곧 언약의 피다." (마 26:28)

말씀	"또 우리에게 약속하신 분은 신실하시니, 우리는 흔들리지 말고, 우리가 고백하는 그 소망을 굳게 지킵시다."(히 10:23)
불씨	나는 율법 아래 있지 않고 은혜 아래 있으므로 죄가 나를 주관하지 못할 것입니다.
참고성경	출 12:4, 마 14:33, 26:28, 요 1:1, 14, 4:24, 롬 6:14, 고전 15:47, 히 10:23, 요일 1:7, 2:2, 계 7:9, 14
성경읽기	아침 – 창 31, 막 2 / 저녁 – 에 7, 롬 2

하나님을 아는 것
Knowing God

1월 31일

그 무엇보다도 주님을 아십시오. 우리에게 필요한 것을 엉뚱한 사람에게 묻기는 매우 쉽습니다! 우리는 보통 배관공에게 약을 달라거나 의사에게 수도관을 고쳐 달라고 하지 않습니다. 하나님이 누구신지 아십시오!

> 아버지께서 그분의 영광의 풍성하심을 따라 그분의 성령을 통하여 여러분의 속사람을 능력으로 강건하게 하여 주시고, 믿음으로 말미암아 그리스도를 여러분의 마음속에 머물러 계시게 하여 주시기를 빕니다. 여러분이 사랑 속에 뿌리를 박고 터를 잡아서, 모든 성도와 함께 여러분이 그리스도의 사랑의 너비와 길이와 높이와 깊이가 어떠한지를 깨달을 수 있게 되고, 지식을 초월하는 그리스도의 사랑을 알게 되기를 빕니다. 그리하여 하나님의 온갖 충만하심으로 여러분이 충만하여지기를 바랍니다.(엡 3:16~19)

그가 누구인지 그가 어떻게 반응할지 아무것도 모르는 상태에서 성층권 위에 어딘가에 살고 있는 막연한 어떤 존재에게 말을 하지 마십시오. 하나님을 "장방형의 희미한 어떤 존재a kind of oblong blur"라고 생각하는 자유주의 설교자나, "알지 못하는 신에게"라는 제단을 만들어 놓았던 아테네 사람들처럼 되지 마십시오. 어떤 사람들은 "알지 못하는 것을 찾아서"라고 말하기조차 합니다. 이런 신비주의적이고 터무니없는 생각은 마치 지나가는 아무에게나 구걸하면서 억만장자를 만나기를 희망하는 것과 같습니다. 억만장자를 개인적으로 알고 있는 것이 훨씬 좋은 일입니다! 하나님이 정말 어떤 분이신지를 인식하는 것은 항상 우리가 더 지적이고 효과적인 기도를 하도록 격려해 줍니다. 하나님은 우리의 아버지이십니다.

우리가 하나님을 "장방형의 희미한 어떤 존재"로 대하면서 어떤 반응을 기대할 수 있겠습니까? 전능하신 하나님께서는 하나님 자신의 아들까지 보내시면서 자신에 관하여 우리에게 말씀하시려고 전능한 노력을 하셨습니다. 하나님이 말씀하시는 것을 무시하는 것은 우리 스스로 고의적으로 위험하고 무지한 상태로 남아있기로 결정하는 것으로써 이것은 마귀가 우리에게 영향력을 행사하고 있을 때 정확하게 우리에게 기대하는 것입니다. 계시된 가장 위대한 영적인 지식을 옆으로 제쳐두는 것은 자살행위입니다! 그러면 하나님 자신조차도 우리를 위하여 더 이상 할 일이 아무것도 없습니다. 사람들은 이렇게 묻습니다. "전능하다면서 하나님은 이런 일이나 저런 일을 하지 않는가?" 그러나 하나님은 전능하실 뿐만 아니라, 그분은 전적으로 지혜로우시고, 거룩하시고, 공의로우십니다. 더구나 그분은 자신의 사전 계획을 가지고 있는데 이 계획들은 우리의 충동으로 바뀔 것 같지 않습니다. 우리는 수술을 할 수 있는 외과의사에게 나를 위해 차를 한 잔 준비해 달라고 주문하지 않습니다. 적어도 우리는 하나님이 흘러가시는 물줄기와 같은 방향으로 흘러가야 합니다. 오늘 바로 당신 안에 살아계신 그리스도의 실재 안으로 뛰어드십시오!

말씀	"하나님이 모세에게 대답하셨다. '나는 곧 나다.' 너는 이스라엘 자손에게 이르기를, '나라고 하는 분이 너를 그들에게 보냈다' 고 하여라."(출 3:14)
불씨	하늘에 계신 나의 아버지는 모든 지혜와, 모든 지식과, 모든 능력과, 모든 사랑과, 거룩하고, 공정하고, 동정심이 있으신 하나님이시며, 그분은 그리스도 안에서 하늘에 속한 온갖 신령한 복을 내게 주셨습니다.
참고성경	출 3:13~14, 행 17:22~23, 엡 1:3, 3:14~21
성경읽기	아침 - 창 32, 막 3 / 저녁 - 에 8, 롬 3

하나님의 느낌표를 구부려서 의문표로 바꾸는 것은 범죄 행위입니다.

잃어버린 영혼을 구원하지 않는 교회는 자신도 버려진 것입니다.

이것들이 하나님의 능력의 발전기입니다:
갈보리의 십자가!
예수 그리스도의 부활!
성령님의 침례!

능력의 원리들
The Principles of Power

2월 1일

기독교가 발전하려면 우리는 하나님의 방법을 따라야만 합니다. 그리스도는 세상이 확장될 것을 아셨습니다. 지금은 그분이 이 땅에 계실 때보다 60배나 더 많은 사람들이 살고 있습니다. 그분은 평범한 광고 방법이 아니라 그분의 능력에 의해서 아주 오래 전에 이름 없는 로마의 한 지역에서 하셨던 조용한 말씀을 온 세상이 듣게 될 것을 기대하고 계십니다. 세상은 영적인 죽음과 생명 사이에서 맴돌고 있기 때문에, 소중한 사람들의 운명을 보장할 수 있는 것에 모든 관심을 기울여야만 합니다.

광야에서와 마찬가지로 성령으로 충만함을 받으셨을 때 예수님은 하나님의 능력을 잘못 사용하도록 유혹을 받으셨습니다. 다른 사람들도 이와 같이 시험을 받을 수 있습니다. 유혹은 교만에서 나오는데, 교만은 하나님의 은사에 대한 우리의 진지한 동기를 부패시키고, 건방진 행동과 이기적인 과시를 합니다. 예수님은 사탄으로부터 성전 꼭대기에서 뛰어내리도록 유혹을 받았습니다. 마음에 새겨야 할 한 가지는 초자연적인 것은 항상 세상을 놀라게 하는 것이 아니라는 것입니다. 우리가 가진 은사로 사람들의 감탄을 이끌어 낼 수도 있지만 우리가 할 일은 그들의 눈을 예수님께로 돌리는 것입니다. 루스드라에서 사람들이 바울과 바나바에게 제사를 하려고 할 때, 그들은 깜짝 놀라서 그들이 신이 아님을 주장하려고 사람들 가운데 뛰어 들어가서 소리를 질렀습니다(행 14:11~18).

> 모세가 광야에서 뱀을 든 것 같이, 인자도 들려야 한다. 그것은 그를 믿는 사람마다 영생을 얻게 하려는 것이다 … 그러므로 예수께서 그들에게 말씀하셨다. "너희는, 인자가 높이 들려 올려질 때에야, '내가 곧 나'라는 것과, 또 내가 아무것도 내 마음대로 하지 아니하고 아버지께서 나에게 가르쳐 주신 대로 말한다는 것을 알게 될 것이다."(요 3:14~15, 8:28)

예수님은 이 세대가 표적을 구한다고 말씀하셨습니다. 세상을 놀라게 하는 일을 항상 좋아하는 사람들이 있습니다. 우리는 상황이나 하나님의 은사를 이용하여 우리 자신의 유익을 추구할 수 있습니다. 마술사 시몬은 자기의 위신을 높이려고 성령님을 원했습니다. 웃사는 주제 넘게 증거궤 위에 손을 얹음으로써 죽었습니다. 어떤 사람이 "나는 치유의 은사를 받고 싶다."고 한다면, 바른 반응은 "왜?"라고 묻는 것입니다. 동기가 가장 중요합니다.

당신의 동기가 확실히 그리스도 중심이 되도록 하십시오.

말씀	"모세가 광야에서 뱀을 든 것 같이, 인자도 들려야 한다. 그것은 그를 믿는 사람마다 영생을 얻게 하려는 것이다."(요 3:14~15)
불씨	초자연적인 것이 항상 세상을 놀라게 하지는 않습니다. 우리가 할 일은 사람들이 예수님을 바라보도록 하는 것입니다.
참고성경	대상 13:10, 마 4:1~11, 12:39, 요 3:14~15, 8:28, 행 8:9, 19, 14:8~18
성경읽기	아침 - 창 33, 막 4 / 저녁 - 에 9~10, 롬 4

2월 2일

하나님의 명령
The Divine Imperative

하나님은 자신이 어떤 존재인지 what He is 그대로 행하십니다. 그분은 사랑이시기 때문에 사랑하셔야 합니다. 그분은 구원자이시기 때문에 구원하셔야 합니다. 그분은 자신을 치유자로 계시하셨기 때문에 치유하셔야 합니다.

요한복음에서 이것은 예수님의 명령 안에서 드러나고 있습니다. 예수님께서 "너희는 거듭나야 한다"(요 3:7, 개역개정)라고 하셨을 때, 그분은 자신이 우리를 위해서 그 일을 하셔야만 했습니다. 우리는 스스로 거듭날 수 없습니다. 오직 하나님만이 이런 일을 하실 수 있습니다. "자기의 뜻을 따라 진리의 말씀으로 우리를 낳으셨느니라"(약 1:18, 개역개정)라고 사도 야고보는 선언했습니다. 복음, 즉 진리의 말씀으로만 사람은 다시 태어날 수 있습니다. 그들이 복음을 들어야만 거듭날 수 있다면 누군가가 복음을 전해야만 합니다. 이것이 여러분과 나에게 하신 명령입니다.

속량은 창조와 마찬가지로, 아무도 생각하지 못한 하나님의 일이었습니다. 속량은 어떤 사람도 생각해 본 적이 없었으며, 이 세상에 살았던 가장 지혜로운 사람들조차 생각하지 못했습니다. 세상에는 많은 종교가 있지만 어떤 종교도 속량을 제공하지 못했습니다. 사람들은 서로 다른 많은 신들을 믿고 있지만 어떤 신도 속량자는 아니었습니다. 세상에는 거룩하게 여기는 많은 책들이 있지만 어떤 책도 속량의 기쁜 소식을 우리에게 전해주는 성경 같은 책은 없습니다.

어떤 종교는 평화를 장려하고, 또 다른 종교는 부와 은총을, 또 다른 종교는 자기개발을 독려하지만 "죽은 후에는 어떻게 되는가?"라는 궁극적인 질문을 다루지 않기 때문에 모두 공허한 약속입니다. 오직 하나님만이 그분의 아들을 통해서 대답하셨습니다. "하나님께서 세상을 이처럼 사랑하셔서 외아들을 주셨으니, 이는 그를 믿는 사람마다 멸망하지 않고 영생을 얻게 하려는 것이다."(요 3:16) 예수 그리스도는 영원한 생명을 주시는 속량자입니다. 우리의 책임은 이 속량의 기쁜 소식을 잃어버린 세상에 전파하는 것입니다.

말씀	"'주님의 이름을 부르는 사람은 누구든지 구원을 얻을 것입니다.' 그런데 사람들은 자기들이 믿은 적이 없는 분을 어떻게 부를 수 있겠습니까? 또 들은 적이 없는 분을 어떻게 믿을 수 있겠습니까? 선포하는 사람이 없으면, 어떻게 들을 수 있겠습니까? 보내심을 받지 않았는데, 어떻게 선포할 수 있겠습니까?"(롬 10:13~15)
불씨	내 인생의 모든 날에 내가 주장할 수 있는 것 하나는 예수 그리스도가 나의 치유자라는 것입니다.
참고성경	요 3:7, 16, 롬 5:8, 10:13~15, 약 1:18
성경읽기	아침 – 창 34, 막 5 / 저녁 – 욥 1, 롬 5

빛의 반사경들
Light Reflectors

2월 3일

"그리스도인들의 본업은 전도입니다."라는 말은 전도가 우리의 사업이라는 뜻입니다. 전도를 중요하게 여기는 것이 중요합니다. 나라들에 복음이 전파되는 것도 중요하고 나라들이 복음을 전하는 것도 중요합니다.

바울이 드로아에 있을 때 그는 밤을 새워 복음을 전했습니다. 유두고라는 청년이 창문에서 떨어졌지만 바울은 그를 살렸습니다. "우리가 모인 위층 방에는, 등불이 많이 켜져 있었다."(행 20:8)라고 기록된 것을 읽었습니다. 맞습니다. 우리 가운데는 많은 등불이 있습니다 … 그렇게 나는 믿습니다. 신랑의 비유에서 처녀들은 모두 등불(그리스어로는 lampas로서 영어와 똑같은 단어)을 가지고 있었지만, 반이나 되는 등불들은 꺼졌습니다. 이 말은 그 등불들이 약하게 불붙어 있었다는 말이 아닙니다. 이 말은 등불의 절반은 켜져 있지도 않았다는 말입니다!

> 그런데, 하늘나라는 저마다 등불을 들고 신랑을 맞으러 나간 열 처녀에 비길 수 있을 것이다. 그 가운데서 다섯은 어리석고, 다섯은 슬기로웠다. 어리석은 처녀들은 등불은 가졌으나, 기름은 갖고 있지 않았다. 그러나 슬기로운 처녀들은 자기들의 등불과 함께 통에 기름도 마련하였다 … 그런데 한밤중에 외치는 소리가 났다. '보아라, 신랑이다. 나와서 맞이하여라.' 그때에 그 처녀들이 모두 일어나서, 제 등불을 손질하였다 … 미련한 처녀들이 기름을 사러 간 사이에 신랑이 왔다. 준비하고 있던 처녀들은 신랑과 함께 혼인 잔치에 들어가고, 문은 닫혔다. 그 뒤에 나머지 처녀들이 와서 '주님, 주님, 문을 열어 주십시오.' 하고 애원하였다. 그러나 신랑이 대답하기를 '내가 진정으로 너희에게 말한다. 나는 너희를 알지 못한다.' 하였다.(마 25:1~4, 25:6~7, 25:10~12)

우리는 반쯤 빛날 수 없습니다. 우리는 빛나거나 그림자 조각이거나 둘 중에 하나입니다. 그리스도인들 중에 빛나는 사람들은 평균 50대 50쯤 되지 않을까요? 처녀들 중 절반은 잠들어 있었고 준비되어 있지 않았습니다. 유두고도 마찬가지였는데, 그에게 어떤 일이 일어났는지 보십시오! 현장에서 졸던 사람, 기름이 없어서 그들의 등불이 꺼져 있던 사람, 이런 사람들은 실패할 수밖에 없습니다! 아마도 그래서 우리는 이런 말씀을 읽고 있는지도 모릅니다. "잠자는 사람아, 일어나라. 죽은 사람 가운데서 일어서라. 그리스도께서 너를 환히 비추어 주실 것이다."(엡 5:14) 오늘은 당신의 삶이 깨어 있는지 확인하고 하나님이 당신을 위해 준비하신 모든 것들을 준비하기에 좋은 날입니다!

말씀	"네 온 몸이 밝아서 어두운 부분이 하나도 없으면, 마치 등불이 그 빛으로 너를 환하게 비출 때와 같이, 네 몸은 온전히 밝을 것이다."(눅 11:36)
불씨	아버지, 나의 등불은 아버지의 영으로 가득 채워져 있음으로써 오늘 나의 세상에서 아버지의 빛을 나타내는 사람이 되기를 기도합니다.
참고성경	마 25:1~13, 눅 11:36, 행 20:7~12, 엡 5:1~21
성경읽기	아침 – 창 35~36, 막 6 / 저녁 – 욥 2, 롬 6

2월 4일

열려져 있는 문들
Unlocked Doors

가장 유명한 탈출 예술가escape artist : 동아줄 등을 빠져나가는 곡예사는 쇼 비즈니스의 스타였던 해리 후디니Harry Houdini였습니다. 경찰이 독방에 그를 가두고 가버리면 그는 바로 나와서 경찰 뒤를 따라갔습니다. 그는 단 몇 초 만에 자유롭게 되었습니다. 단 한 번을 제외하고는! 반 시간이 지났지만 후디니는 자물쇠를 놓고 화를 내고 있었습니다. 그때 한 경찰관이 와서 간단하게 그 문을 밀어서 열어버렸습니다. 그 문은 잠겨져 있지 않았습니다! 후디니는 잠겨져 있지도 않은 문을 열려고 함으로써 스스로 속은 것입니다.

이와 같이 그리스도께서는 거대한 절망의 성을 바로 통과해 지나가셨습니다. 주님은 "음부와 사망"의 열쇠들을 가지고 계시며(계 1:18), 대문들을 열어 버리셨습니다. 그런데 왜 수백만의 사람들은 자기들의 나쁜 습관과 속박을 벗어나려고 온갖 꾀를 쓰면서 땀을 흘리고 있을까요? 그들은 새로 생긴 이단 종파나, 케케묵은 오래된 야만 종교에 참여하거나, 새로운 이론들에 귀를 기울이고, 정신과 의사를 찾아갑니다. 아니, 왜 그러지요? 예수님은 사람을 자유하게 하십니다. 자유롭게 하시는 것이 항상 그분의 일이었습니다.

자신이 영적 상담가라고 하는 한 남자가 기억납니다. 그러나 그는 예수 그리스도가 하나님의 아들이라는 것과 성경이 하나님의 말씀이라는 것을 믿지 않았습니다. 그러므로 나는 소위 상담가라는 사람이 어떻게 누군가를 도왔는지 궁금했습니다. "사람들이 당신을 찾아 왔다가 상심한 마음으로 떠나갑니까?"라고 내가 그에게 물었습니다. "아, 아닙니다." 그는 내게 장담했습니다. "나는 그들을 그냥 조용히 타일러 보냅니다." 나는 그의 눈을 똑바로 쳐다보며 이렇게 말했습니다. "선생님, 물에 가라앉고 있는 배를 타고 있는 사람에게는 진정제 이상이 필요합니다. 그를 진정시키지 마십시오. 그는 이미 가라앉고 있습니다. 파산한 배를 만났을 때 예수님은 그에게 진정제를 던져 주고 "편안하게 가라앉으라."라고 말씀하지 않으셨습니다. 주님은 못 자국이 난 그의 손을 뻗어서, 그를 붙잡아서, 들어 올리고 나서, 그에게 이렇게 말씀하셨습니다. "내가 살아 있으니 너도 역시 살아 있을 것이다."(요 14:19) 이것이 선포되어야만 하는 예수 그리스도의 복음입니다. 예수님은 우리가 살고 있는 세상의 구원자입니다. 이 메시지는 우리의 영과 혼과 몸에 생명과 평안과 건강입니다. 오늘 복음을 담대하게 말하십시오.

말씀	"그것은 내가 살아있고, 너희도 살아있을 것이기 때문이다. 그 날에 너희는, 내가 내 아버지 안에 있고, 너희가 내 안에 있으며, 또 내가 너희 안에 있음을 알게 될 것이다." (요 14:19~20)
불씨	예수 그리스도의 복음은 선포되어야만 한다.
참고성경	요 14:19-20, 마 18:18, 계 1:18
성경읽기	아침 - 창 37, 막 7 / 저녁 - 욥 3, 롬 7

무서운 진실
Terrible Truth

2월 5일

병원에서 한 의사가 환자를 만나고 있었습니다. 의사는 그에게 말해 줄 나쁜 소식이 있었습니다. 그는 몇 주밖에 살지 못합니다. 성경에도 이와 비슷한 소식이 있습니다. 성경은 나쁜 소식부터 시작하여 우리에게 좋은 소식과 나쁜 소식을 모두 가지고 있습니다.

고통과 악의 문제는 TV 화면에만 머물러 있지 않습니다. 뉴스에 나오는 이야기를 보고 "오늘날 세상의 문제는 바로 저것이라니까!"라고 지적하기는 쉽습니다. 사실 그 문제는 우리 가정에 훨씬 가까이 있습니다. 실제로 문제는 우리들의 심령에 있습니다.

성경은 세상에서 인간이 받는 고통과 악에 대해서 솔직할 뿐만 아니라 우리 스스로에 대해서도 솔직하도록 우리를 강요합니다. 주님은 이렇게 이 사실을 지적하셨습니다. "그러나 입에서 나오는 것들은 마음에서 나오는데, 그것들이 사람을 더럽힌다. 마음에서 악한 생각들이 나온다. 곧 살인과 간음과 음행과 도둑질과 거짓 증언과 비방이다."(마 15:18~19) 우리에게 무엇이 잘못되었는지를 묘사하기 위해서 예수님은 오래된 단순한 단어를 사용하셨는데, 바로 죄란 단어입니다.

원래 죄라는 단어는 궁수들이 그가 쏜 화살이 과녁의 중심을 맞지 않았을 때 무엇이 잘못되었는지를 설명하기 위해 사용했습니다. "죄를 짓다"라는 말은, '우리를 향한 하나님의 의도'라는 과녁의 중심을 맞히지 못한 것을 의미합니다. 성경은 이렇게도 말씀하고 있습니다. "모든 사람이 죄를 범하였습니다. 그래서 사람은 하나님의 영광에 못 미치는 처지에 놓여 있습니다."(롬 3:23) 이 말이 맞습니다. 우리는 모두 우리가 부끄러워하는 짓들을 저질렀습니다. 우리는 모두 다른 사람들에게 상처를 입히고 우리 자신도 상처를 입었습니다.

그러나 성경은 그보다 더 깊이 들어갑니다. 성경은 죄를 부정적인 편향, 즉 끊임없이 우리의 최선의 목적을 망치게 하는 힘이라고 말합니다. 죄는 단지 우리가 때때로 저지르는 잘못이 아니라 속 깊은 곳에 문제가 있는 것입니다. 우리를 망치는 암과 같은 것입니다. 질문은 죄, 즉 암을 어떻게 고칠 수 있느냐하는 것입니다. 해답은 하나님의 말씀에서 나옵니다. 치유는 오직 예수 그리스도의 흘리신 피를 통해서만 가능합니다. 그래서 옛날 찬송가를 지었던 한 사람은 "내 죄를 씻을 수 있는 것은 예수의 피밖에 없네. What can wash away my sin? Nothing but the blood of Jesus!"라고 했습니다. 오늘 깨끗하게 씻어 버리는 그 물줄기에 푹 잠겨서 사십시오!

말씀	"모든 사람이 죄를 범하였습니다. 그래서 사람은 하나님의 영광에 못 미치는 처지에 놓여 있습니다."(롬 3:23)
불씨	내 심령의 죄는 이미 예수의 정결케 하는 피로 해결되었습니다. 나의 죄를 회개할 때마다 나는 그 보혈을 사용할 수 있습니다.
참고성경	마 15:18~19, 막 7:20~22, 롬 3:22~24
성경읽기	아침 - 창 38, 막 8 / 저녁 - 욥 4, 롬 8

2월 6일

성경을 읽으십시오
Read the Bible

하나님을 알고, 그분의 길ways, 방법, 그분의 조언counsel, 그분의 성품character을 아십시오! 그분의 모든 속성들은 그분의 말씀 안에 펼쳐져 있습니다. 말씀을 읽으십시오! 이것은 그 많은 그리스도인들이 말씀을 통해서 하나님께로 가는 놀라운 믿음과 확신을 가지게 된 비결입니다.

> 우리 가운데서 일하시는 능력을 따라, 우리가 구하거나 생각하는 것 이상으로 더욱 넘치게 주실 수 있는 분에게, 교회 안에서와 그리스도 예수 안에서, 영광이 대대로 영원무궁하도록 있기를 빕니다. 아멘.(엡 3:20~21)

하나님을 아는 것을 배우십시오. 하나님은 이미 당신을 알고 계십니다.

> 안 보이는 곳에 간직된 보화와 감추어 둔 보물을 너에게 주겠다. 그때에 너는, 내가 주인 줄을 알게 될 것이고, 이스라엘의 하나님이 너를 지명하여 불렀다는 것을 알게 될 것이다 … 네가 비록 나를 알지 못하였으나, 내가 너에게 영예로운 이름을 준 까닭이 바로 여기에 있다. 나는 주다. 나밖에 다른 이가 없다. 나밖에 다른 신은 없다.(사 45:3~5)

대부분 기도에 관하여 말하고 있는 사도 야고보의 서신은 항상 태양처럼 빛나는 하나님의 선하심에 관하여 말하고 있습니다. "온갖 좋은 선물과 모든 완전한 은사는 위에서, 곧 빛들을 지으신 아버지께로부터 내려옵니다. 아버지께는 이러저러한 변함이나 회전하는 그림자가 없으십니다."(약 1:17) 우리는 야고보가 태양의 이동을 그림자로 표시하는 해시계를 묘사하고 있는 것을 알고 있습니다. 태양이 정점에 있으면 그림자를 드리우지 않기 때문에 그림자가 없으면 정오입니다. 하나님은 항상 정점에 계시기 때문에 그림자를 드리우지 않습니다. 하나님은 본질이 바뀌거나 변하지 않으며 약해지지 않습니다. 누구에게나 그분은 항상 기도에 응답하시는 하나님이십니다.

어떤 사람들은 성경으로 기도하는 법을 배웠습니다. 이것은 풍성한 말씀을 읽고서 그 말씀을 그들의 개인 기도로 삼는 것입니다. 예를 들면 이렇게 기도할 수 있습니다. "나는 내 안에서 인내력을 충분히 발휘하여, 조금도 부족함이 없이 완전하고 성숙한 사람이 되도록 할 것입니다. 나는 지혜가 부족할 때는 모든 사람에게 아낌없이 주시고 나무라지 않으시는 하나님께 구할 것입니다. 그리하여 나는 지혜를 받을 것입니다."(약 1:4~5을 보십시오.) 하나님의 말씀과 당신의 기도를 합하는 것은 당신이 사용할 수 있는 가장 강력하고 효과적인 무기입니다!

말씀	"조금도 의심하지 말고, 믿고 구해야 합니다. 의심하는 사람은 마치 바람에 밀려서 출렁이는 바다 물결과 같습니다."(약 1:6)
불씨	나는 날마다 하나님을 점점 더 알고 싶은 갈망이 있습니다. 그러므로 나는 하나님의 본성과 성품이 분명하게 기록된 그분의 말씀인 성경에서 그분을 찾을 것입니다.
참고성경	사 45:3~5, 엡 3:20~21, 약 1:4~7, 17
성경읽기	아침 - 창 39, 막 9 / 저녁 - 욥 5, 롬 9

하나님의 핵심 관심사
The Heart-interest of God

2월 7일

　알프레드 테니슨 경Alfred, Lord Tessyson이 "이 세상이 꿈꾸는 것보다 더 많은 일들이 기도로 이루어진다."라고 한 말은 진리의 반쪽만 말한 것입니다. 나머지 반쪽은 이 세상이 꿈꾸는 것보다 더 많은 일들이 기도만으로 이루어지지는 않는다는 것입니다. 우리는 많은 중요한 것들을 기도하지 않고 내버려 두며 위험하게 살고 있습니다. 응답받지 않은 기도란 것들은 대개 한 번도 기도한 적도 없는 것들입니다. "지금까지는 너희가 내 이름으로 아무 것도 구하지 아니하였으나 구하라 그리하면 받으리니 너희 기쁨이 충만하리라"(요 16:24, 개역개정). 이 말씀은 하나님의 가장 중심에 있는 관심사를 다루고 있습니다.

　하나님, 우리에게 은혜를 베풀어 주시고, 우리에게 복을 내려 주십시오. 주님의 얼굴을 환하게 우리에게 비추어 주시어서, 온 세상이 주님의 뜻을 알고 모든 민족이 주님의 구원을 알게 하여 주십시오. 하나님, 민족들이 주님을 찬송하게 하시며 모든 민족들이 주님을 찬송하게 하십시오. 주님께서 온 백성을 공의로 심판하시며, 세상의 온 나라를 인도하시니, 온 나라가 기뻐하며, 큰소리로 외치면서 노래합니다.(시 67:1~4)

　나의 친구여, 바로 지금, 이 회개와 신념을 새롭게 하는 기도를 하십시오:
　"하늘에 계신 나의 아버지, 당신의 마음을 느끼고, 당신의 눈으로 보는 것을 보고 오늘날 내가 살고 있는 세상에서 잃어버리고 죽어가고 있는 사람들에 대해 더 불쌍히 여기기를 열망합니다. 잃어버린 사람들을 위해 매일 중보기도하는 것을 가볍게 여기고 무관심하고 생각이 없었던 저를 용서해 주십시오. 제가 받은 귀한 은사인 하나님의 구원의 불, 그 불을 내 안에서 새롭게 하여 주시고, 영혼에 대한 열정에 새롭게 불을 붙여주셔서 제가 무릎 꿇고 기도할 수 있게 해주십시오. 이것이 아버지의 마음인 것을 나는 알고 있습니다. 나도 이제 이 마음을 가지게 해주십시오. 나의 주요 구원자이신 예수 그리스도의 이름으로 기도합니다. 아멘."
　성령님께서 당신의 가슴 뜨거운 기도를 오늘 들으시고 속히 응답해 주실 것을 압니다. 그 어느 때보다 오늘 더 중보기도자가 되십시오!

말씀	"그리스도 예수는 죽으셨지만 오히려 살아나셔서 하나님의 오른쪽에 계시며, 우리를 위하여 대신 간구하여 주십니다."(롬 8:34)
불씨	열방의 구원을 위해 중보기도를 하는 것은 하나님 관심을 감동시킵니다. 그것이 내가 내 마음을 두기로 선택한 것입니다.
참고성경	시 67:1~7, 요 16:24, 롬 8, 요일 5:14
성경읽기	아침 - 창 40, 막 10 / 저녁 - 욥 6, 롬 10

[2월 8일]

우리는 구원자가 필요합니다
We Need a Deliverer

이스라엘은 그들의 가장 위대한 아들이며 진정한 왕을 거절하였으며, 세상도 마찬가지입니다. 오늘날 이 세상은 지도자도 목자도 왕도 없습니다. 우리는 어떤 곳에 살고 있습니까? 진정한 권세를 찾아 세상은 어디로 향해야 합니까? 하나님께서 우리의 삶을 다스리지 않으시면 우리 각 사람은 마귀가 다스릴 것입니다. 온 세상이 마귀에게 이끌리고 있다고 선언하셨을 때 성경은 이 분명한 사실을 간단하게 말하고 있습니다. 우리는 구원자가 필요합니다!

그리스도께서 그분의 흔적을 남기셨습니다. 그러나 이것은 마치 망명 중인 왕과 같습니다. 세상은 자기들이 자기의 일을 관리하고 싶어합니다. 세상 사람들에게 그리스도는 "부재중인 주인"이십니다. 사람들은 사람들이 그들을 돕기를 원합니다.

이 세상 창조 때로부터, 하나님의 보이지 않는 속성, 곧 그분의 영원하신 능력과 신성은, 사람이 그 지으신 만물을 보고서 깨닫게 되어 있습니다. 그러므로 사람들은 핑계를 댈 수가 없습니다. 사람들은 하나님을 알면서도, 하나님을 하나님으로 영화롭게 해드리거나 감사를 드리기는커녕, 오히려 생각이 허망해져서, 그들의 지각없는 마음이 어두워졌습니다. 사람들은 스스로 지혜가 있다고 주장하지만, 실상은 어리석은 사람이 되었습니다. 그들은 썩지 않는 하나님의 영광을, 썩어 없어질 사람이나 새나 네발짐승이나 기어다니는 동물의 형상으로 바꾸어 놓았습니다.(롬 1:20~23)

예수님께서 수도 예루살렘에 공식적으로 입성하셨을 때, 그분은 이렇게 말씀하시며 눈물을 흘리셨습니다. "예루살렘아, 예루살렘아, 네게 보낸 예언자들을 죽이고, 돌로 치는구나! 암탉이 병아리를 날개 아래 품듯이, 내가 몇 번이나 네 자녀들을 모아 품으려 하였더냐! 그러나 너희는 원하지 않았다. 보아라, 너희 집은 버림을 받아서, 황폐하게 될 것이다." (마 23:37~38) 그리스도의 위대한 사도인 바울은 이를 이렇게 단순하게 묘사했습니다. "사람들이 하나님을 인정하기를 싫어하므로, 하나님께서는 사람들을 타락한 마음자리에 내버려 두셔서, 해서는 안 될 일을 하도록 놓아 두셨습니다."(롬 1:28) 우리 모두 지혜롭게 우리의 구원자를 선택합시다!

말씀	"예수께서 다가와서, 그들에게 말씀하셨다. '나는 하늘과 땅의 모든 권세를 받았다. 그러므로 너희는 가서, 모든 민족을 제자로 삼아서, 아버지와 아들과 성령의 이름으로 침례를 주고, 내가 너희에게 명령한 모든 것을 그들에게 가르쳐 지키게 하여라. 보아라, 내가 세상 끝날까지 항상 너희와 함께 있을 것이다.'" (마 28:18~20)
불씨	예수 그리스도는 나의 구원자이십니다.
참고성경	마 23:37~38, 28:18~20, 롬 1:20~32
성경읽기	아침 – 창 41, 막 11 / 저녁 – 욥 7, 롬 11

왕이신 예수님
Jesus the King

2월 9일

예수님께서 다시 오시면 무엇을 하시겠습니까? 우리는 그분이 처음 오셨을 때를 통해 판단할 수 있습니다. 그분이 오셔서 나라들의 운명을 바꾸셨습니다. 그분의 재림은 이 모든 것에 더하여 많은 일을 하실 것입니다. 그분은 평화의 왕이십니다. 처음에 오셨을 때 그분은 세상에 알려지지 않고 이름 없이 사셨으며, 책 한 권도 쓰신 적 없이, 겉으로 보기에는 정치적인 모함에 의한 희생자로 죽으셨지만, 아무도 그분처럼 세상에 영향을 끼친 분은 없습니다. 다음에 오실 때는 보잘것없는 어린 아기로 나타나지 않으실 것입니다. 그분은 "능력과 큰 영광" 가운데 오실 것이라고 선언하셨습니다(눅 21:27). 그분의 재림은 세상을 흔들고 새롭게 만들 것입니다.

그때에 나는 보좌에서 큰 음성이 울려 나오는 것을 들었습니다. '보아라, 하나님의 집이 사람들 가운데 있다. 하나님이 그들과 함께 계실 것이요, 그들은 하나님의 백성이 될 것이다. 하나님이 친히 그들과 함께 계시고, 그들의 눈에서 모든 눈물을 닦아 주실 것이니, 다시는 죽음이 없고, 슬픔도 울부짖음도 고통도 없을 것이다. 이전 것들이 다 사라져 버렸기 때문이다.' 그때에 보좌에 앉으신 분이 말씀하셨습니다. '보아라, 내가 모든 것을 새롭게 한다.' 또 말씀하셨습니다. '기록하여라. 이 말은 신실하고 참되다.' (계 21:3~5)

예수 그리스도를 우리의 왕으로 알게 되면 우리의 삶은 매우 달라집니다. 그분을 따르는 사람이 된다는 것은 갑자기 보통 사람들보다 훨씬 더 높은 차원에서 사는 초인이 되는 것이 아닙니다. 오히려 그분을 따르는 사람이 되는 것은 우리 자신을 부인하고 우리의 십자가를 짊어지고 그분을 따르며 사람을 낚는 어부가 되는 것입니다.(마 4:19, 16:24을 보십시오.)

세상의 제국들은 흥하고 망하며, "전쟁과 전쟁의 소문들"(마 24:6)이 있고, 기술과 사회도 발전하며 어떻게 변하든지, 당신과 나는 바로 이 크나큰 확신을 가지고 있습니다. 즉 우리의 왕, 주 예수 그리스도는 오늘 우리의 심령 안에 살고 있을 뿐만 아니라, 그분의 나라는 영원한 왕국이라는 것입니다! 이것은 엄청난 진리입니다. 그렇지 않습니까?

그의 옷과 넓적다리에는 '왕들의 왕 군주들의 군주KING OF KINGS AND LORD OF LORDS'라는 이름이 적혀 있었습니다.(계 19:16)

말씀	"또 자기 십자가를 지고 나를 따르지 않는 사람도 내게 적합하지 않다. 자기 목숨을 얻으려는 사람은 목숨을 잃을 것이요, 나를 위하여 자기 목숨을 잃는 사람은 목숨을 얻을 것이다." (마 10:38~39)
불씨	나의 왕이신 주 예수 그리스도의 발자취를 따르기 때문에 나는 왕국의 자녀입니다.
참고성경	슥 9:9, 마 4:19, 10:38~39, 16:24, 21:5, 눅 21:27, 계 21:1~8
성경읽기	아침 – 창 42, 막 12 / 저녁 – 욥 8, 롬 12

2월 10일
돌파하는 믿음
Breakthrough Faith

불신은 오늘의 기적을 의심의 눈으로 봅니다. 사람들은 성경의 기적들은 실제이지만 오늘날의 기적은 거짓이며, 오늘날의 방언은 오순절날의 방언과 같을 수 없다고 생각합니다. 하나님은 그때는 기도에 응답하셨지만 지금은 우연의 일치일 뿐이라고 생각합니다. 이런 비관주의에 대하여 예수님은 어떻게 대답하셨을까요? "네가 믿으면 하나님의 영광을 보게 되리라고, 내가 네게 말하지 않았느냐?"(요 11:40) 합리화는 가장 큰 변명들 중에 하나입니다. "그는 처음부터 아프지는 않았습니다." 혹은 "약이 효과가 있었고 약을 먹은 결과가 그때 나타난 것입니다." 혹은 "그녀는 병이 차도가 있을 뿐입니다."라고 합니다. 성경은 하나님의 진리의 말씀으로 눈이 열리기까지는 모든 사람이 "영적으로 눈이 멀었다."라고 우리에게 말씀하고 있습니다. 이 기적의 순간을 흔히 구원이라고 부릅니다.

우리의 복음이 가려 있다면, 그것은 멸망하는 자들에게 가려 있는 것입니다. 그들의 경우를 두고 말하면, 이 세상의 신이 믿지 않는 자들의 마음을 어둡게 하여서, 하나님의 형상이신 그리스도의 영광을 선포하는 복음의 빛을 보지 못하게 한 것입니다 … "어둠 속에 빛이 비쳐라"하고 말씀하신 하나님께서, 우리의 마음속을 비추셔서, 예수 그리스도의 얼굴에 나타난 하나님의 영광을 아는 지식의 빛을 우리에게 주셨습니다.(고후 4:3~4, 6)

사람들은 흔히 "주님, 저를 사용해 주십시오"라고 기도하고는 아무 일도 하지 않습니다! 믿음이 느껴질 때까지 당신은 기다릴 수 없습니다. 믿음은 느낌이 아닙니다. 하나님이 당신을 돕지 않으시면 성공할 수 없다는 것을 알 때 당신이 해야 할 일은 단순히 행하는 것입니다. 성경 전부는 불신앙을 무너뜨리고 하나님에 대한 우리의 신뢰를 세우기 위해서 기록되었습니다.

여러분은 이 시대의 풍조를 본받지 말고, 마음을 새롭게 함으로 변화를 받아서, 하나님의 선하시고 기뻐하시고 완전하신 뜻이 무엇인지를 분별하도록 하십시오.(롬 12:2) "아브라함이 하나님을 믿으니, 하나님께서 그것을 아브라함의 의로움으로 여기셨다"고 한 성경말씀이 이루어졌고, 또 사람들이 그를 하나님의 벗이라고 불렀습니다.(약 2:23) 나는 아직 그것을 붙들었다고 생각하지 않습니다. 내가 하는 일은 오직 한 가지입니다. 뒤에 있는 것은 잊어버리고, 앞에 있는 것을 향하여 몸을 내밀면서, 그리스도 예수 안에서, 하나님께서 위로부터 부르신 그 부르심의 상을 받으려고, 목표점을 바라보고 달려가고 있습니다.(빌 3:13~14)

우리는 큰 믿음을 가졌던 신자들에 관해 이야기합니다만, 어떤 사건이 그들에게 영감을 주고 격려가 되었습니다. 그들은 그들에게 온 기회를 잡았으며 자신들의 태도를 바꾸고 믿었습니다. 믿음은 어둠 속으로 뛰어드는 것이 아니라 빛 가운데로 뛰어 들어가는 것입니다. 예수님은 사람을 칭찬하신 적이 없으십니다. 그분은 사람들의 믿음을 칭찬하셨습니다. 믿는 사람이 되십시오!

말씀	"예수께서 마르다에게 말씀하셨다. '네가 믿으면 하나님의 영광을 보게 되리라고, 내가 네게 말하지 않았느냐?'"(요 11:40)
불씨	믿기 때문에 나는 내가 하나님의 영광을 보게 될 것을 알고 있습니다.
참고성경	요 11:17-44, 롬 12:2, 고후 4:3~4, 6, 빌 3:13~14, 약 2:23
성경읽기	아침 – 창 43, 막 13 / 저녁 – 욥 9, 롬 13

실제적인 믿음
Down-to-Earth Faith

2월 11일

하나님께서는 우리가 살고 있는 세상의 악과 고통에 대해서 무언가 하신 일이 있습니다. 2천여 년 전, 그분은 자기 아들을 세상에서 가장 문제가 많은 지역인 팔레스타인으로 보내셨습니다. 그분은 자라면서 목수가 되어 외국 군대가 점령하고 있는 한 나라에 살았습니다.

폭력과 가난과 질병에 둘러싸인 예수님은 하나님의 사랑을 보통 사람들에게 전하는 데 자신의 삶을 바쳤습니다. 그분은 아픈 사람을 고쳐주시고 그들을 미워하는 사람들을 사랑하라고 가르치셨습니다. 그는 하나님께서 얼마나 사람들을 사랑하는지를 보여 주셨습니다. 그분은 사람들의 삶의 마이너스를 영광스러운 플러스로 바꾸어 주셨습니다. "하나님께서 나사렛 예수에게 성령과 능력을 부어 주셨습니다. 이 예수는 두루 다니시면서 선한 일을 행하시고, 마귀에게 억눌린 사람들을 모두 고쳐 주셨습니다. 그것은 하나님께서 그와 함께 하셨기 때문입니다."(행 10:38)

그러나 예수님은 아주 강력한 적도 만드셨습니다. 결국 정치인들이 예수님을 대신해서 이를 해결했습니다. 주님은 구속되어 채찍에 맞으시고 임무를 수행하는 군인들에게 넘겨졌습니다. 그들은 주님을 그 지역의 사형 집행 장소로 끌고 가서 죽였습니다. 그 당시에 만일 TV가 있었더라면 이 사건은 저녁 뉴스에 나왔을 것입니다. "우리는 예수께서 유대 지방과 예루살렘에서 행하신 모든 일의 증인입니다. 사람들이 그를 나무에 달아 죽였지만"(행 10:39)

어떤 사람들은 그리스도인들의 믿음은 현실성이 없다고 말합니다. 그러나 예수님의 삶과 죽음은 이 말이 맞지 않다는 것을 간단히 보여 주고 있습니다. 실제real 예수님이 실제 나무에 실제 못에 박혔으며, 실제 피를 흘리셨습니다. 십자가 처형대는 무섭고 피가 낭자한 사형 집행이었습니다. 이는 가장 실제적인 일이었다고 할 수 있습니다. "하나님께서 그를 사흘날에 살리시고, 나타나 보이게 해주셨습니다 … 이 예수께서 우리에게 명하시기를, 하나님께서 자기를 살아있는 사람들과 죽은 사람들의 심판자로 정하신 것을 사람들에게 선포하고 증언하라고 하셨습니다."(행 10:40, 42)

그리스도교는 인간의 고통을 못 본 척하지 않으십니다. 우리가 뉴스에서 보는 속보처럼 예수님이 십자가 위에 못 박혀 죽은 것은 인류에게 무언가가 크게 잘못되었다는 것을 보여주고 있습니다. 그러나 뉴스와는 달리 십자가 위의 처형은 또한 우리에게 해결책도 보여 주고 있습니다. 하나님께서 이 모든 것을 바꾸시려고 무언가를 하셨다는 것을 우리에게 말해 주고 있습니다! 이것이 바로 오늘날 여러분과 제게 하신 그분의 약속입니다.

말씀	"나는 하늘과 땅의 모든 권세를 받았다. 그러므로 너희는 가서, 모든 민족을 제자로 삼아서, 아버지와 아들과 성령의 이름으로 침례를 주고, 내가 너희에게 명령한 모든 것을 그들에게 가르쳐 지키게 하여라. 보아라, 내가 세상 끝날까지 항상 너희와 함께 있을 것이다." (마 28:18~20)
불씨	실제 예수님이 실제 나무에 실제 못에 박혔으며, 실제 피를 흘리셨습니다. 예수님은 나를 위해서 이 모든 일을 하셨습니다.
참고성경	마 27~28, 행 10:38~42
성경읽기	아침 - 창 44, 막 14 / 저녁 - 욥 10, 롬 14

2월 12일

부흥의 비밀
The Secret of Revival

초대교회는 살아있고 생동력이 있으며 항상 행동했습니다. 이것이 바로 그들에게는 "사망에서 옮겨 생명으로" 들어갔다는 의미였습니다(요일 3:14). 그들은 부흥의 시대에 살았습니다! 진정한 부흥의 비밀은 말씀 안에 있습니다. "주의 말씀이 나를 살리셨습니다."(시 119:50) 사람들은 과거의 부흥과 지난 세기의 특별한 시기를 연구함으로써 부흥이 무엇인지 배우려고 노력합니다. 우리가 이런 사건들을 부흥이라고 부르기로 선택한 것입니다. 그리고 그들을 보며 이것이 부흥이라고 합니다. 이것은 돌고 도는 이야기입니다. 신약성경을 점검해 보는 것이 훨씬 안전한 일입니다.

모든 부흥은 기도에서 나온다는 말이 있습니다. 분명히 이 말은 그리스도인들은 기도하기 때문에, 그들은 어떤 부흥이든지 이전에 그들이 기도했음에 틀림이 없다고 가정한 것입니다. 그러나 실제로 신약성경에는 부흥을 위해서 누군가가 기도했다는 증거가 전혀 없습니다. 유명한 기도인 "여호와여 주는 주의 일을 이 수년 내에 부흥하게 하옵소서O LORD, revive Your work."(합 3:2)는 구약성경의 기도입니다. 그럼에도 불구하고 하나님은 응답하셔서 그의 일을 부흥하게 하셨습니다. 이 기도에 대한 응답은 예수님과 오순절이었습니다. 첫 번째 오순절 집회에서 베드로가 복음을 선포했을 때, 그는 이 땅에서는 이전에 한 번도 본 적이 없던 것을 보았습니다. 그날 무슨 일이 일어났습니다. 즉 엘리야도 이사야도 예레미야도 본 적이 없었던 3천 명이 회개하고 구원을 받게 되는 일이었습니다. 부흥된 사람만이 부흥 기도를 할 수 있고, 죽은 사람은 죽은 기도를 합니다. 부흥은 부흥된 사람들, 즉 부흥을 경험한 사람들을 통해서 옵니다. 당신은 부흥된 사람 중에 한 사람입니까?

각 사람에게 거저 받은 선물인 은혜가 주어졌으며 … 이렇게 하신 후에 주님은 각 사람을 교회 안에 심으십니다. 하나님은 선물(은사)을 받은 사람만 교회에 주십니다. 주님께서 우리 안에서 일하시기까지 우리는 아무것도 아닙니다. 누구나 선물(은사)을 가지고 있기 때문에 누구나 선물(은사)입니다. 씨 뿌리는 자의 비유는 "뿌리는 자는 말씀을 뿌리는 것이라"라고 말합니다(막 4:14). 주님은 세상에 심기 원하는 것을 당신 안에 심으십니다.

말씀	"주님, 이제 그들의 위협을 내려다보시고, 주님의 종들이 참으로 담대하게 주님의 말씀을 말할 수 있게 해주십시오. 그리고 주님께서 능력의 손을 뻗치시어 병을 낫게 해주시고, 주님의 거룩한 종 예수의 이름으로 표징과 놀라운 일들이 일어나게 해주십시오."(행 4:29~30)
불씨	오 하나님, 주님의 부흥이 나를 통해 오도록 해 주십시오.
참고성경	시 68:18, 119:50, 합 3:2, 막 4:14, 요 5:24, 행 4:29~30, 엡 4:7, 요일 3:14
성경읽기	아침 – 창 45, 막 15 / 저녁 – 욥 11, 롬 15

그 빛에 대한 증인
A Witness to the Light

2월 13일

어둠을 쫓아내는 데는 어둠과 논쟁하는 것이 아무 의미가 없습니다. 단지 불이 들어오도록 스위치를 올리면 됩니다! 격렬한 논쟁은 진리와 성령님을 대신할 수 없습니다. 아무리 큰 어둠도 촛불 하나의 빛을 끌 수 없습니다.

나는 요한복음에서 흥미로운 것을 하나 발견했습니다. 예수님은 요한이 타오르며 빛나고 있는 등불이었다고 말씀하셨습니다. 요한복음 앞부분에서 우리는 이런 말씀을 읽을 수 있습니다. "빛이 어둠에 비치되 어둠이 깨닫지 못하더라 하나님께로부터 보내심을 받은 사람이 있으니 그의 이름은 요한이라 그가 증언하러 왔으니 곧 빛에 대하여 증언하고 모든 사람이 자기로 말미암아 믿게 하려 함이라"(요 1:5~7, 개역개정)

그 빛이 이미 비치고 있다면 왜 요한이 필요했는가 생각해 보았습니다. 해가 뜨면 우리 모두는 그것에 대해 알기 때문에 누구에게도 낮이라고 증거할 필요가 없습니다. 해답은 "그는 이 빛이 아니요 이 빛에 대하여 증언하러 온 자라"(요 1:8, 개역개정)입니다. 증인이 필요합니까? 이 말은 하나님께서 당신과 내가 필요하다는 뜻일까요? 그렇습니다!

> 너희는 세상의 빛이라 산 위에 있는 동네가 숨겨지지 못할 것이요 사람이 등불을 켜서 말 아래에 두지 아니하고 등경 위에 두나니 이러므로 집 안 모든 사람에게 비치느니라 이같이 너희 빛이 사람 앞에 비치게 하여 그들로 너희 착한 행실을 보고 하늘에 계신 너희 아버지께 영광을 돌리게 하라(마 5:14~16, 개역개정)

이어서 주님은 우리의 빛이 선하다는 것을 확신하라고 격려하십니다.

> 눈은 몸의 등불이니 그러므로 네 눈이 성하면 온 몸이 밝을 것이요 눈이 나쁘면 온 몸이 어두울 것이니 그러므로 네게 있는 빛이 어두우면 그 어둠이 얼마나 더하겠느냐(마 6:22~23, 개역개정)

오늘 당신의 좋은 빛을 비추십시오!

말씀	"'어둠 속에 빛이 비쳐라' 하고 말씀하신 하나님께서, 우리의 마음속을 비추셔서, 예수 그리스도의 얼굴에 나타난 하나님의 영광을 아는 지식의 빛을 우리에게 주셨습니다."(고후 4:6)
불씨	나는 어둠 속에 불타고 있는 하나의 등불입니다. 하나님의 빛이 나를 통하여 비치고 있기 때문에 나는 어떤 사람도 끌 수 없는 빛입니다.
참고성경	삼하 22:29, 마 5:14~15, 6:22~23, 요 1:1~14, 5:35, 고후 4:6
성경읽기	아침 – 창 46, 막 16 / 저녁 – 욥 12, 롬 16

2월 14일

빛 대 어둠
Light Versus Darkness

빛에 대한 증거는 무엇일까요? 맑은 밤에 하늘을 쳐다보면 달이 빛나고 있습니다. 사람들은 달에 가봤지만 달은 스스로 빛을 내지 않는 것을 알고 있습니다. 또한 달 주위의 공간은 칠흑 같은 어둠 속에 있습니다. 물론 우리 모두는 달이 태양으로부터 나오는 빛만을 반사한다는 것을 알고 있습니다. 햇빛이 우주를 통과하여 달에 이른다면 왜 달 주위의 하늘은 모두 어두울까요?

해답은 유명한 탐정 셜록 홈즈가 "그야 기초적인 것이지, 친애하는 왓슨!"이라고 말할 만합니다. 빛은 볼 수 없습니다. 빛이 물체를 비출 때만 당신은 빛이 거기 있다는 것을 압니다.

공간은 완전히 비어 있습니다. 달에 닿을 때까지는 태양으로부터 나오는 빛을 붙잡을 것이 아무것도 없습니다. 사실 우주는 빛으로 가득하지만 어둡게 보일 뿐입니다. 이 우주는 하나님으로 가득 차 있습니다.

그분은 "빛들의 아버지"이며(약 1:17), 모든 빛은 그분으로부터 나옵니다. 그렇지만 수많은 사람들은 깊은 어둠 속에서 살고 있습니다. 어떻게 그럴 수 있을까요? 온 우주가 하나님의 빛에 잠겨있는데 어떻게 사람들은 영적인 어둠 속에서 살 수 있을까요?

> 눈은 몸의 등불이니 그러므로 네 눈이 성하면 온 몸이 밝을 것이요 눈이 나쁘면 온 몸이 어두울 것이니 그러므로 네게 있는 빛이 어두우면 그 어둠이 얼마나 더하겠느냐(마 6:22~23, 개역개정)

예수님은 우리에게 이렇게 명령하셨습니다: "이같이 너희 빛이 사람 앞에 비치게 하여 그들로 너희 착한 행실을 보고 하늘에 계신 너희 아버지께 영광을 돌리게 하라"(마 5:16, 개역개정). 후에 사도 바울은 우리에게 이렇게 상기시켜 주었습니다. "우리가 다 수건을 벗은 얼굴로 거울을 보는 것 같이 주의 영광을 보매 그와 같은 형상으로 변화하여 영광에서 영광에 이르니 곧 주의 영으로 말미암음이니라"(고후 3:18, 개역개정). 우리 모두 어두운 세상에서 하나님의 빛의 반사체가 되기로 합시다.

말씀	"예수께서 다시 그들에게 말씀하셨다. '나는 세상의 빛이다. 나를 따르는 사람은 어둠 속에 다니지 아니하고, 생명의 빛을 얻을 것이다.'"(요 8:12)
불씨	내 삶에 그리스도가 없으면 나는 빛이 없습니다. 그러나 그분이 그분의 빛을 내게 불어넣어 주시기 때문에 나는 그분의 빛을 반사할 뿐만 아니라, 내 주변의 어두운 세상에서 나는 빛과 생명의 근원이 될 수 있습니다.
참고성경	마 5:16, 6:22~23, 요 5:19, 8:12, 고후 3:18, 약 1:17
성경읽기	아침 - 창 47, 눅 1:1~38 / 저녁 - 욥 13, 고전 1

성령님은 누구인가?
Who Is the Holy Spirit?

2월 15일

우리가 원하는 만큼 주님은 자신이 누구인지를 알리려고 하늘나라의 편지를 우리에게 보내지 않으십니다! 주의 성령님이 하시는 일들은 지상에서 볼 수 있습니다. 성령님은 한 인격체로서A Person 행동하시는 하나님이십니다. 창조는 이렇게 되었습니다. "땅이 혼돈하고 공허하며, 어둠이 깊음 위에 있고, 하나님의 영은 물 위에 움직이고 계셨다."(창 1:2)

하나님께서 자신의 종들을 선택하실 때 성령님의 능력이 그들 위에 머물렀습니다. "모세가 이스라엘 자손에게 말하였다. "주님께서 유다 브살렐을 지명하여 부르셔서 … 그에게 하나님의 영을 가득하게 하시고, 지혜와 총명과 지식과 온갖 기술을 갖추게 하셨습니다 … 또한 주님께서는 남을 가르치는 능력도 주셨습니다."(출 35:30~31, 34) "주님께서 이스라엘 자손 가운데서 한 구원자를 세우셨는데 … 주님의 영이 그에게 내리니, 옷니엘은 이스라엘의 사사가 되어 전쟁터에 싸우러 나갔다."(삿 3:9~10)

이 사사들 후에, 선지자 사무엘은 평생 동안 온 나라를 인도하였습니다. 어떻게 그렇게 할 수 있었을까요? "하나님의 사람들이 성령의 감동을 받아서 한 것입니다."(벧후 1:21) 미가 선지자는 이렇게 증거했습니다. "그러나 나에게는, 주님께서 주님의 영과 능력을 채워 주시고"(미 3:8)

이것이 성령님의 모습입니다. 이것이 그리스도께서 약속하셨던 성령, 즉 창조적이고, 능력을 부어주고, 능력과 확신과 미덕의 영으로서 치유하는 영인 지혜와 지식의 영입니다. 우리의 하늘 아버지께서는 우리와 함께 있게 하시려고 성령님을 보내십니다. 성령님은 결코 우리를 떠나지 않으시는 분입니다. "내가 아버지께 구하겠다. 그리하면 아버지께서 다른 보혜사를 너희에게 보내셔서, 영원히 너희와 함께 계시게 하실 것이다. 그는 진리의 영이시다. 세상은 그를 보지도 못하고 알지도 못하므로, 그를 맞아들일 수가 없다. 그러나 너희는 그를 안다. 그것은, 그가 너희와 함께 계시고, 또 너희 안에 계실 것이기 때문이다. 나는 너희를 고아처럼 버려두지 아니하고, 너희에게 다시 오겠다."(요 14:16~18)

하나님의 능력은 이미 대단한 인격과 추진력을 타고난 사람들을 더 강력하게 하는 것이 아니라, 약한 사람들과 알려지지 않은 사람들 같이 능력이 필요한 사람들을 위한 것입니다. 당신의 삶에 이런 능력이 활발하다면 대단한 일입니다!

말씀	"피곤한 사람에게 힘을 주시며, 기운을 잃은 사람에게 기력을 주시는 분이시다."(사 40:29)
불씨	나는 기쁨과 성령이 충만한 주 예수 그리스도의 제자입니다.
참고성경	창 1:2, 출 35:30~34, 삿 3:9~10, 사 40:29, 미 3:8, 요 14:16~18, 벧후 1:21
성경읽기	아침 - 창 48, 눅 1:39~80 / 저녁 - 욥 14, 고전 2

| 2월 16일 |

그리스도의 비밀 무기
Christ's Secret Weapon

    2천 년 전의 세계는 험한 곳이었습니다. 피를 흘리고, 통제되지 않은 열정과 광신적인 증오가 있는 곳이었습니다. 세상의 최고 쾌락은 부도덕, 우상숭배, 사치와 무엇보다도 최악은 잔인함이었습니다. 군중들은 고문을 당하며 죽어가는 사람의 비명 소리를 듣는 것을 멋진 하루의 외출로 여겼습니다. 제자들은 그 세상에 복음을 전해야 했으며, 예수님께서 고통받으신 잔인함이 복음의 중심이었습니다. 또한 세상은 배울 것이 많은 곳이었습니다. 위대한 그리스의 사상가들의 영향력은 강력했으며, 그들은 새로운 아이디어를 열정적으로 추구했습니다. 제자들은 급진적인 새로운 아이디어가 아니라 단지 십자가에 못 박혀 죽은 메시아의 이야기만 전했습니다. 베드로, 야고보, 요한, 시몬과 도마는 세련되지 못했으며 정식 교육도 받지 못했습니다. 더구나 그들은 갈릴리 사람들의 억양으로 말했습니다! 그들은 도시의 우아함과 정반대였습니다. 서로 시기하며 의심이 가득했으며, 거친 손에, 정식으로 교육을 받지 못한 몇 명의 어부들에게 맡겨진 기독교에 무슨 희망이 있었겠습니까? 그러니 이 사람들과 그들이 살았던 세상을 생각한다면 복음은 시작부터 실패할 운명처럼 보였습니다. 이전에 이스라엘 밖으로 여행한 적이 한 번도 없는 이 지역 사람들은 로마의 정복군을 정복하고, 황제의 왕좌를 흔들고, 로마의 국경 지대의 야만 종족들을 그리스도인으로 바꾸려고 로마 제국 전체로 들어가야만 했습니다.

    베드로가 열한 사도와 함께 일어나서, 목소리를 높여서, 그들에게 엄숙하게 말하였다. '유대 사람들과 모든 예루살렘 주민 여러분, 이것을 아시기 바랍니다. 내 말에 귀를 기울이십시오. 이 사람들은, 여러분이 생각하듯이 술에 취한 것이 아닙니다 … 이 일은 하나님께서 예언자 요엘을 시켜서 말씀하신 대로 된 것입니다. '하나님께서 말씀하신다. 마지막 날에 나는 내 영을 모든 사람에게 부어 주겠다 … 그러나 주님의 이름을 부르는 사람은 구원을 얻을 것이다.' (행 2:14~17, 21)

    예수님께서 이 열두 사람이 세상의 세력이 될 것을 예상하신 것은 의심의 여지가 없지만, 주님은 몇 사람은 거의 농부였고, 노동자들이었던 열두 명이 자기 자신과 앞으로 나타난 강력한 교회를 연결하는 첫 번째 연결 고리를 제공할 것을 믿으셨습니다. 그리스도의 비밀은 오순절날에 성령님에 의해 능력을 부여받는 것the empowerment이었습니다. 자, 당신은 무엇을 두려워하고 있습니까? 당신은 성령님에 의해 이미 권능을 부여받았습니다 empowered!

말씀	"그들은 베드로와 요한이 본래 배운 것이 없는 보잘것없는 사람인 줄 알았는데, 이렇게 담대하게 말하는 것을 보고 놀랐다. 그리고 그들은 그 두 사람이 예수와 함께 다녔다는 사실을 알았지만,"(행 4:13)
불씨	"힘으로도 되지 않고, 권력으로도 되지 않으며, 오직 나의 영으로만 될 것이다."(슥 4:6)
참고성경	슥 4:6, 행 2:14~21, 4:1~31, 17:1~34, 고전 4:1~21
성경읽기	아침 – 창 49, 눅 2 / 저녁 – 욥 15, 고전 3

흔치 않은 기적의 조건
Unusual Miracle Conditions

2월 17일

마태복음 14장의 기적 이야기에서 제자들을 그들이 있던 곳에 두신 분은 그리스도 자신이셨습니다. 주님은 제자들로 하여금 배에 타게 하시고, 그분보다 먼저 건너편으로 가도록 하셨습니다.

> 예수께서는 곧 제자들을 재촉하여 배에 태워서, 자기보다 먼저 건너편으로 가게 하시고, 그동안에 무리를 헤쳐 보내셨다. 무리를 헤쳐 보내신 뒤에, 예수께서는 따로 기도하시려고 산에 올라가셨다. 날이 이미 저물었을 때에, 예수께서는 홀로 거기에 계셨다. 제자들이 탄 배는, 그 사이에 이미 육지에서 멀리 떨어져 있었는데, 풍랑에 몹시 시달리고 있었다. 바람이 거슬러서 불어왔기 때문이다.(마 14:22~24)

바람이 거스르기 때문에 배는 파도에 시달렸습니다. 그러므로 우리가 하나님의 명백한 일을 하고 있을 때에도(혹은 심지어 하나님의 일을 하고 있기 때문에) 어려움이 있을 수 있지만, 우리는 하나님께 시간을 드리고 하나님께서 모든 것이 합하여 선을 이루도록 하시게 해야 합니다. 이것은 당신과 나에게도 맞는 말입니다.

실제로 예수님께서 책임지고 계셨습니다. 산기슭에 계시는 동안 주님은 그들이 갈릴리 바다에서 힘들어하는 것을 보셨습니다. 염려하지 마십시오. 주님은 시력이 좋으십니다! 하나님은 우리에게 늘 잔잔한 바다나 순조로운 항해를 보장하지 않으셨습니다. 바울도 세 번이나 파선을 당했습니다. 하나님께서 원하시는 곳에 있었다는 바로 그 이유 때문에 제자들은 느릿느릿 움직이는 작은 배 안에서 악천후와 싸우고 있었습니다! 많은 사람들은 바로 이런 일로 실망을 합니다. 그들은 바른 것을 하고 있지만 그것 때문에 고통을 받습니다. 그렇지만 우리는 걱정할 필요가 없습니다. 하나님께서 우리를 있도록 하신 곳에 나타나는 어려움은 기적을 만드는 과정에 있는 것입니다! 갈릴리의 파도를 일으키는 바람은 베드로와 그와 동행했던 사람들을 위한 기적의 첫 번째 구성 요소였습니다.

왜 우리는 살아있는 그리스도인이 드리는 예배와 같은 최적의 조건들 안에서만 기적이 일어야 한다고 생각합니까? 대개는 가장 절박한 문제에 부딪쳤을 때 기적이 필요합니다! 하나님께서 기적의 능력으로 당신의 삶을 만질 수 있는지에 관하여 하나님을 제한하지 마십시오!

말씀 | "그러므로 우리는 믿음으로 의롭다 하심을 받았으므로, 우리 주 예수 그리스도로 말미암아 하나님과 더불어 평화를 누리고 있습니다. 우리는 또한, 그리스도로 말미암아 지금 서있는 이 은혜의 자리에 믿음으로 나아오게 되었으며, 하나님의 영광에 이르게 될 소망을 품고 자랑을 합니다."(롬 5:1~2)

불씨 | 예수님께서 내 삶을 책임지고 계시며, 그분은 항상 나와 함께 하십니다.

참고성경 | 마 14:22~36, 막 6:45~52, 롬 5:1~4

성경읽기 | 아침 – 창 50, 눅 3 / 저녁 – 욥 16~17, 고전 4

2월 18일 우리는 모두 기적이 필요합니다
We All Need Miracles

어려움이, 언제나 우리가 하나님의 뜻을 행하고 있음을 나타내는 것은 아닙니다. 때때로 그것은 우리가 우리 자신의 뜻대로 행하고 있다는 것을 보여주기도 합니다. 우리가 스스로 문제를 일으킨 것입니다. 이에 대해서 이런 말씀이 있습니다. "인간이 고난을 타고 태어나는 것은, 불티가 위로 나는 것과 같은 이치이다."(욥 5:7) 우리가 살고 있는 이 타락한 세상에서 이는 자연스러운 일입니다. 또한 이 세상에는 마귀도 있습니다.

그 상황이 우리의 잘못이든지 아니든지, 우리는 모두 때때로 기적이 필요합니다. 건강, 직업, 결혼, 가정과 같은 삶의 다른 분야에서 우리 모두에게 어려움은 생깁니다. 어떤 사람들은 마치 옷장에서 해골들이 나올 것 같이 죄와 실패가 그들 뒤에서 덜컹거리는 것을 발견합니다! 배 안의 제자들처럼, 우리도 뇌리를 떠나지 않는 유령들을 불러내며 걱정의 파도 한가운데에 앉아 있을 수도 있습니다. 예수님께서 갑자기 나타나신 것도 제자들에게는 두려움 중에 하나였습니다! 다른 어떤 것도 소용이 없고 그들은 기적이 필요했습니다!

하나님께서는 그분의 자녀들이 그분의 책의 지침 안에서 살기를 원하시므로, 우리가 그렇게 산다면 우리는 우리의 문제를 도와줄 기적이 필요하지 않을 것입니다. 그러나 우리가 가진 인간의 본성은 죄로 가득 차있기 때문에 우리 자신의 완고한 교만은 너무나 만연하고 우리의 적은 우리를 방해하려고 최선을 다하기 때문에, 우리는 초자연적인 개입이 너무나 필요합니다. 예수님께서 우리를 속량하려고 오셨습니다. 그분의 속량으로 우리에게는 하나님의 능력이 허용되었으며, 우리는 기적에 대한 권리를 가지게 되었습니다!

> (하나님께서 말씀하신다.) 그가 나를 간절히 사랑하니, 내가 그를 건져 주겠다. 그가 나의 이름을 알고 있으니, 내가 그를 높여 주겠다. 그가 나를 부를 때에, 내가 응답하고, 그가 고난을 받을 때에, 내가 그와 함께 있겠다. 내가 그를 건져 주고, 그를 영화롭게 하겠다. 내가 그를 만족할 만큼 오래 살도록 하고 내 구원을 그에게 보여 주겠다.(시 91:14~16)

하나님께서 우리가 기적이 없이 살아가는 삶을 원하지 않으셨다는 것에 감사드립니다. 그분의 맨 처음 계획은 당신의 필요를 채우려면 당신이 최선을 다한 후에도 여전히 그분을 의지하도록 한 것입니다.

말씀	"하나님을 사랑하는 사람들, 곧 하나님의 뜻대로 부르심을 받은 사람들에게는, 모든 일이 서로 협력해서 선을 이룬다는 것을 우리는 압니다."(롬 8:28)
불씨	내가 하나님의 뜻을 행하고 있을지라도 어려움은 있을 수 있다는 것을 나는 알고 있습니다. 그러나 나는 모든 것이 합력하여 그분의 영광과 선을 이루도록 그분을 의지합니다.
참고성경	욥 5:7, 시 91:14~16, 막 6:47~48, 롬 8:28
성경읽기	아침 – 출 1, 눅 4 / 저녁 – 욥 18, 고전 5

하나님을 갈망하는 것
Longing for God

2월 19일

인간이 존재하기 시작할 때부터 인간에게는 가려진 것이 없는 실체로서 하나님이 자신을 나타내어 주기를 바라는 자연스러운 갈망이 있었습니다. 하나님에 대한 일반적인 요청은 그분이 하나님인 것을 온 세상에 확신시켜 달라는 것이었습니다.

> 어찌하여 뭇 나라가 술렁거리며, 어찌하여 뭇 민족이 헛된 일을 꾸미는가? 어찌하여 세상의 임금들이 전선을 펼치고, 어찌하여 통치자들이 음모를 함께 꾸며 주님을 거역하고, 주님과 그의 기름 부음 받은 이를 거역하면서 이르기를 … 하늘 보좌에 앉으신 이가 웃으신다. 내 주님께서 그들을 비웃으신다. 마침내 주님께서 분을 내고 진노하셔서, 그들에게 호령하시며 이르시기를 … 그러므로 이제, 왕들아, 지혜롭게 행동하여라. 세상의 통치자들아, 경고하는 이 말을 받아들여라. 두려운 마음으로 주님을 섬기고, 떨리는 마음으로 주님을 찬양하여라. 그의 아들에게 입 맞추어라. 그렇지 않으면 그가 진노하실 것이니, 너희가 걸어가는 그 길에서 망할 것이다. 그의 진노하심이 지체없이 너희에게 이를 것이다. 주님께로 피신하는 사람은 모두 복을 받을 것이다.(시 2:1~2, 4-5, 10-12)

심지어 하나님을 섬기지 않는 자들도 하나님의 확실한 증거를 요구하면서 이렇게 비웃습니다. "하나님은 분명하지 않습니다." 악한 사람은 스스로 이렇게 말합니다. "하나님은 모든 것에 관심이 없으며, 얼굴도 돌렸으니, 영원히 보지 않으실 것이다."(시 10:11) "여호와여 어찌하여 멀리 서시며 어찌하여 환난 때에 숨으시나이까"라고 질문하였던 시편 기자도 비슷한 상황으로 괴로워하였습니다(시 10:1). 실제로 하나님께서 자신을 증명해 주시기를 바라는 것은 많은 시편들에 암시되어 있으며, 자주하는 간청이었습니다. "하나님이 일어나실 때에, 하나님의 원수들이 흩어지고, 하나님을 미워하는 자들은 하나님 앞에서 도망칠 것이다."(시 68:1)

하나님께서 자신을 나타내주시기를 바라는 희망은 문화와 그 시대의 모습과 밀접하게 연관되어 있었습니다. 작고 포위되었던 나라인 이스라엘은 하나님을 그들을 위해 싸우러 오는 강력한 전사로 상상했습니다. 그리스도인의 시대에도 하나님이 어떻게 세상으로 하여금 하나님에 대한 경외감을 갖도록 하게 하실까 하는 생각은 상당히 다양했습니다. 하나님을 나타내기 위해서 그리스도인들이 무엇을 해야 하는지에 대한 생각들도 마찬가지였습니다.

그리스도인의 시대 전체를 통해서도 다양한 경우에 교회에 부흥이 있었지만, 부흥은 다른 모양을 띠었으며, 어떤 부흥은 낯설어 보였습니다. 사람들은 미국의 역사는 종교적 부흥의 역사라고 말했습니다. 그러나 복음주의자들이 나타날 때까지 지난 1700년 동안 하나님은 활동하시지 않은 것이 아닙니다. 예수님은 "내가 나의 교회를 세울 것이다."라고 말씀하셨습니다. 이 말씀을 하신 이래로 일어난 모든 일들에도 불구하고 주님은 꾸준히 교회를 세우는 일을 지속해 오셨습니다(마 16:18). 오늘 그리스도의 교회가 되십시오!

말씀	"어리석은 사람은 마음속으로 "하나님이 없다"하는구나 … 하나님, 시온에서 나오셔서, 이스라엘을 구원하여 주십시오! 주님께서 당신의 백성을 그들의 땅으로 되돌려 보내실 때에."(시 14:1, 7)
불씨	나는 하나님의 교회를 세우고 왕국에 거주하는 군대의 일원입니다. 우리의 모토는 천국을 가득 채우고 지옥을 텅 비우는 것입니다!
참고성경	시 2:1~12, 10:1~18, 14:1~7, 68:1, 마 16:18
성경읽기	아침 – 출 2, 눅 5 / 저녁 – 욥 19, 고전 6

2월 20일

왕과 그의 왕국
The King and His Kingdom

우리는 급진적인 정치인들에 대해서 듣고 있지만, 물질주의와 불경건한 세상의 방식을 뒤바꾼 정치인은 아직 없었습니다. 그런데 바울과 실라가 데살로니가에 갔을 때 믿지 않는 유대인들은 이렇게 말했습니다. "세상을 거꾸로 뒤집어 놓은 그 사람들이 여기에도 나타났습니다."(행 17:6, 영문 직역) 불신앙이 그들의 시력을 손상시켰습니다. 왜곡된 관점을 가지고 있지 않았다면, 바울과 실라가 오기 훨씬 전에 그들은 이미 이 세상이 거꾸로 되어있다는 것을 알았을 것입니다. 거꾸로 된 세상을 바로 뒤집어 놓으려고 그들이 온 것입니다.

> 무엇 때문에 여러분 가운데 싸움이나 분쟁이 일어납니까? 여러분의 지체들 안에서 싸우고 있는 육신의 욕심에서 생기는 것이 아닙니까? … 세상과 벗함이 하나님과 등지는 일임을 알지 못합니까? 누구든지 세상의 친구가 되려고 하는 사람은 하나님의 원수가 되는 것입니다.(약 4:1, 4)

세상과 친구가 되는 것은 하나님의 원수가 되는 것임에도 불구하고 우리는 세상에 너무나 익숙해져 있습니다. 세상의 기준은 하나님께서 원하는 모든 것과 정반대입니다. 그 첫 번째가 돈입니다. 돈을 가진 사람이 맨 위에서 특권층을 이루고 있습니다. 그 아래 사람들은 비굴한 행동을 하며 살아갑니다. 대기업은 보통 사람들을 짓밟습니다. 다른 사람들의 어깨를 짓밟으며 올라가 크게 성공하면, 사람들이 여러분을 부러워하고 존중할 것입니다. 보통 사람들이 겪는 시련은 세상에서 잘나가는 사람들을 건드리지 않습니다.

그러나 하나님의 왕국은 이러한 세상의 원리들과 우선순위를 뒤집습니다. 예수님은 이렇게 말씀하셨습니다. "그러나 첫째가 꼴찌가 되고 꼴찌가 첫째가 되는 사람이 많을 것이다."(막 10:31) 주님은 세상에서 첫째를 꼴찌에 두셨습니다. 하나님의 왕국에서 첫째는 심령이 가난한 사람이지, 큰 수익이 났다고 싱글벙글하며 은행으로 가고 있는 사람이 아닙니다. 그 다음은 슬퍼하는 사람이지 늘 가짜로 웃는 얼굴을 하고 다니는 사람이 아닙니다. 다음으로 축복받은 사람의 순서는 온유한 사람이지 남보다 앞장서기 위해서 다른 모든 사람들을 짓밟고 가는 사람이 아닙니다. 겸손한 사람이 교만한 사람을 앞지르게 될 것입니다. 의에 주리고 목마른 사람이 복이 있지 표를 얻기 위해 정치를 바꾸는 사람들이 아닙니다. 긍휼히 여기는 자가 복이 있지 복수하고 앙갚음을 하는 사람이 아닙니다. 심령이 가난한 사람이 복이 있지 정직하지 못한 사람이 아닙니다. 이어서 화평하게 하는 자이지 전쟁을 일으키는 자가 아니며, 핍박을 받는 자이지 타협하는 자가 아닙니다. 당신의 삶이 하나님의 왕국으로 모셔들이는 도구가 되게 하십시오.

말씀	"주님 앞에서 자신을 낮추십시오. 그리하면 주님께서 여러분을 높여주실 것입니다."(약 4:10)
불씨	겸손과 주님을 경외하는 것이 삶의 진정한 부요함입니다.
참고성경	잠 22:4, 막 10:31, 행 17:6, 약 4:1~10
성경읽기	아침 - 출 3, 눅 6 / 저녁 - 욥 20, 고전 7

당신의 낙하산을 사용하기

_{2월 21일}

Using Your Parachute

두 사람의 스카이다이버가 만5천 피트 상공의 비행기에서 뛰어내립니다. 두 사람 모두 낙하산을 지고 있습니다. 한 사람은 낙하산을 펼치는 줄을 무시한 채 팔짱을 끼고 이렇게 혼잣말을 합니다. "낙하산 때문에 나는 완전히 안전해." 그는 시속 100마일이 넘는 속도로 땅에 떨어져서 백만 조각이 나서 부딪칠 때까지 이런 말을 하고 있습니다. 또 다른 스카이다이버는 자기가 무엇을 해야만 안전한지를 알고 있습니다. 그는 펼치는 줄을 당겨서 안전하게 착지합니다.

당신과 나는 그리스도인의 믿음에 관하여 알고 있을지 모릅니다. 당신과 나는 예수님을 존경하고, 그분이 십자가 위에서 하신 일은 우리의 가장 깊은 필요에 대한 해답이라는 것에 동의합니다. 그러나 당신과 내가 실제로 그분의 도움을 요청하고, 우리의 삶을 그분께 맡기기까지 이것은 마치 접혀진 낙하산을 지고 떨어지는 것과 마찬가지입니다. 우리는 긴급하게 행동할 필요가 있습니다. 아직 시간이 있을 때 우리는 펼치는 줄을 잡아당겨야 합니다.

낙하산을 펼치는 줄은 이것입니다. "주 예수를 믿으라 그리하면 너와 네 집이 구원을 받으리라"(행 16:31, 개역개정). 이것 이외에 당신과 내가 할 수 있는 일은 아무것도 없습니다. 우리는 스스로 우리를 구원할 수 없습니다. 우리는 예수님께서 십자가 위에서 우리를 위해서 이루신 것 위에 우리 자신을 던질 수 있을 뿐입니다. 그분은 우리가 필요한 모든 것을 하셨습니다. "다른 이로써는 구원을 받을 수 없나니 천하 사람 중에 구원을 받을 만한 다른 이름을 우리에게 주신 일이 없음이라"(행 4:12, 개역개정).

어떻게 이것이 진실인 줄을 우리가 아느냐고요? 우리는 성경에서 우리에게 주신 약속 위에 우리의 생명에 대한 권리를 주장할 수 있으며, 수억 명의 그리스도인들이 실제 삶에서 이것을 증명하였습니다:

> 주님은 넘어지는 사람은 누구든지 붙들어 주신다.(시 145:14)
> 여러분을 넘어지지 않게 지켜 주시고, 여러분을 흠이 없는 사람으로 자기의 영광 앞에 기쁘게 나서게 하실 능력을 가지신 분(유 1:24)
> 그는 자기를 통하여 하나님께 나아오는 사람들을 완전하게 구원하실 수 있습니다. 그는 늘 살아 계셔서 그들을 위하여 중재의 간구를 하십니다.(히 7:25)

당신의 삶이 통제를 벗어나서 바쁘게 돌아가는 것처럼 느껴질지라도 성령님은 당신의 다음 기도보다 결코 더 멀리 계시지 않는다는 확신을 얻을 수 있습니다.

말씀	"여러분을 넘어지지 않게 지켜 주시고, 여러분을 흠이 없는 사람으로 자기의 영광 앞에 기쁘게 나서게 하실 능력을 가지신 분, 곧 우리의 구주이시며 오직 한 분이신 하나님께 영광과 위엄과 주권과 권세가 우리 주 예수 그리스도로 말미암아 영원 전에와 이제와 영원까지 있기를 빕니다. 아멘."(유 1:24~25)
불씨	"나는 주 너의 하나님이다. 내가 너의 오른손을 붙잡고 있다. 내가 너에게 말한다. 두려워하지 말아라. 내가 너를 돕겠다."(사 41:13)
참고성경	시 145:14, 사 41:13, 행 4:12, 16:31, 히 7:25, 유 1:24~25
성경읽기	아침 – 출 4, 눅 7 / 저녁 – 욥 21, 고전 8

2월 22일

확신의 충만함
Riches of Assurance

많은 사람들은 구원의 확신을 그들의 감정으로 느끼기를 원합니다. 이것은 종종 비참한 결과를 가져오는 흔한 실수입니다. 하나님은 감정이 구원을 테스트할 것이라고 말씀하신 적이 없습니다. 확신은 우리 혼이 아니라 그분의 영원한 말씀에 달려 있습니다. 사람의 혼은 창조의 걸작품이기는 하지만, 심지어 구원을 받은 후에도 마음의 상태에 따라, 기쁘거나 슬프거나, 오르락내리락하는 것을 받아들이며, 마음의 경험을 따라 오르내리도록 되어 있습니다. 구원받은 사람들은 플라스틱 마스크처럼 늘 웃는 얼굴을 하고 있지 않습니다. 그들은 그들의 삶을 위한 하나님의 원래의 계획 안으로 들어갔으므로, 그들이 구원을 받았는지 못 받았는지를 결정하기 위해 그들의 감정과 상의할 필요가 없습니다.

구원은 영원한 말씀의 반석에 장착되어 있습니다. 예수님은 이렇게 말씀하셨습니다. "하늘과 땅은 없어질지라도, 나의 말은 결코 없어지지 않을 것이다."(마 24:35) 사탄이 의심을 가지고 우리를 공격해 오면 이것이 언제나 우리가 피할 "바위 틈cleft of the rock"입니다(출 33:22). 하나님의 말씀이 우리가 구원받았다고 말하고 있기 때문에 우리는 구원받았습니다. 내가 무엇을 느끼든지 나의 확신은 흔들리지 않고 그대로 있습니다.

초기 그리스도인들은 불확실하지 않았습니다. 성경은 그들이 "소망이 차고 넘쳤abound in hope"으며(롬 15:13), "넘치는 은혜abundance of grace"를 받았으며(롬 5:17), "기쁨이 넘쳤습니다abundance of joy."라고 했습니다(고후 8:2). 넘친다는 말은 예수님께서 5천 명을 먹이고도 열두 바구니의 음식이 남은 것처럼, 어느 정도의 잉여가 발생할 만큼 충분히 가지고 있다는 말입니다. 구원의 확신은 마귀가 의심을 속삭이는 순간에 영혼을 가득 채우는 깊고 안정된 평안이지 과신하는 것이 아닙니다.

바울은 골로새에 있는 그리스도인들이 "충만한 확신의 모든 풍요all riches of the full assurance"(골 2:2)를 가지고 있다고 묘사했습니다. 확신의 충만함! "충만함riches"이라는 원래 그리스어는 플루토스ploutos로서, 자신의 부를 통해서 다스리는 사람을 나타내는 플루토크라트plutocrat라는 단어의 어원입니다. 나는 하나님 안에서 기꺼이 확신이 충만한 영적인 플루토크라트가 되겠습니다. 히브리인들에게 쓴 편지는 "충만한 확신full assurance"을 말하고 있으며, 데살로니가에서 그들은 "큰 확신much assurance", 즉 문자적으로는 많은 충만함을 가지고 있다고 하였습니다. 이것이 바로 하나님을 향한 믿음에 부요한, 즉 참된 충만함입니다.

말씀	"주님의 제사장들이 의로운 일을 하게 해주시고, 주님의 성도들도 기쁨의 함성을 높이게 해주십시오."(시 132:9)
불씨	나는 그리스도 예수께서 나를 모든 죄에서 깨끗하게 하시고 그분의 의로 옷을 입혀주셨다는 확신으로 충만합니다.
참고성경	출 33:22, 시 132:9, 마 14:15~21, 24:35, 롬 5:17, 15:13, 고후 8:2, 골 2:2, 살전 1:5
성경읽기	아침 – 출 5, 눅 8 / 저녁 – 욥 22, 고전 9

일과 함께 오는 능력
The Power Comes with the Task

2월 23일

우리는 하나님의 능력이 필요하고 하나님은 사람의 능력이 필요합니다. 일반적인 비율은 99%의 하나님의 능력과 1%의 사람의 능력입니다. 여호수아가 정복될 온 땅의 경계에 섰을 때, 하나님은 "내가 너와 함께 하겠다."라고 말씀하셨습니다(수 1:5). 일이 맡겨지면 일을 완수할 방법도 역시 주어집니다. 하나님의 능력, 지혜, 권능을 값없이 사용할 수 있게 됩니다.

우리는 할 능력이 있는 것만을 할 수 있습니다. 하나님께서 우리의 능력 이상으로 더 하라고 하시면 하나님께서 그 모자라는 부분을 채우십니다! 우리는 우리가 할 수 있는 것을 하고 하나님은 우리가 할 수 없는 것을 하십니다. 이 땅에서는 우리가 무엇을 하든지 가용한 능력으로만 할 수 있습니다. 옛날에는 몸의 근육의 힘뿐이었습니다. 그들은 피라미드를 건축하고 수에즈와 파나마 운하를 팠으며, 체력만으로 산맥을 통과하는 도로를 건설하였습니다. 세계의 7대 불가사의는 체력의 본보기입니다. 지금 우리는 야생의 힘이 아닌 새로운 동력에 의해 존재하게 된 수천 개의 현대의 불가사의를 가지고 있습니다. 바른 동력을 사용한다면 불가능한 것이 없습니다. "그러나 성령이 너희에게 내리시면, 너희는 능력을 받고 … 땅끝까지 이르러 내 증인이 될 것이다."(행 1:8) 교회는 너무나 자주 학문, 박식함, 천재성, 이론과 철학을 신뢰했습니다. "하나님께서는 세상의 어리석은 것들을 택하셨습니다."(고전 1:27) 우리는 지적인 방법으로는 세계를 복음화할 수 없습니다. 수 세기 동안 시도했던 것입니다. 그러나 진정한 교회 성장은 각계각층의 사람들에게 감동을 주는 복음의 단순한 메시지에 의해 이루어졌습니다.

하나님께서는 너무 많은 짐을 우리에게 지우지 않을 것이라고 약속하셨으며, 하나님의 도움으로 할 수 있는 것 이상의 일을 우리에게 요구하지도 않으실 것입니다. 당신의 말뿐만 아니라 – "내가 입을 열 때에, 하나님께서 말씀을 주셔서 담대하게 복음의 비밀을 알릴 수 있게 해 달라고 하십시오."(엡 6:18~19) 그러므로 오늘 그분이 당신을 인도하는 대로 행하는 사람이 되십시오!

말씀	"우리는 그리스도 때문에 어리석은 사람이 되었지만, 여러분은 그리스도 안에서 지혜 있는 사람이 되었습니다. 우리는 약하나, 여러분은 강합니다. 여러분은 영광을 누리고 있으나, 우리는 천대를 받고 있습니다."(고전 4:10)
불씨	"주님, 내 입술을 열어 주십시오. 주님을 찬양하는 노래를 내 입술로 전파하렵니다." (시 51:15)
참고성경	수 1:5, 시 51:15, 행 1:8, 고전 1:27, 엡 6:18~20
성경읽기	아침 – 출 6, 눅 9 / 저녁 – 욥 23, 고전 10

2월 24일

약속된 능력
The Promise of Power

마태복음 10장과 누가복음 9장에는 예수님께서 아직 지상에 계실 때 시범적으로 열두 제자에게 제한된 임무를 주어 보내신 것을 봅니다. 이것은 오순절날 능력을 받은 후에 이어질 완전한 규모의 일이 어떻게 될 것인지를 예로 보여주는 축소된 프로젝트였습니다.

> 예수께서 열두 제자를 부르셔서, 더러운 귀신을 제어하는 권능을 주시고, 그들이 더러운 귀신을 쫓아내고 온갖 질병과 온갖 허약함을 고치게 하셨다 … 예수께서 이들 열둘을 내보내실 때에, 그들에게 이렇게 명하셨다. "이방 사람의 길로도 가지 말고, 또 사마리아 사람의 고을에도 들어가지 말아라. 오히려 길 잃은 양떼인 이스라엘 백성에게로 가거라. '하늘나라가 가까이 왔다' 고 선포하여라. 앓는 사람을 고쳐 주며, 죽은 사람을 살리며, 나병환자를 깨끗하게 하며, 귀신을 쫓아내어라. 거저 받았으니, 거저 주어라 … 너희를 맞아들이는 사람은 나를 맞아들이는 것이요, 나를 맞아들이는 사람은 나를 보내신 분을 맞아들이는 것이다.(마 10:1, 5-8, 40)

누가복음 9장도 이 처음 파송에 대한 비슷한 이야기를 하고 있습니다. "하나님 나라를 선포하며 병든 사람을 고쳐주게 하시려고 그들을 내보내시며"(눅 9:2) 누가복음 10장은 72명을 파송하는 이야기가 다시 나옵니다. "그들에게 말씀하셨다. '추수할 것은 많으나, 일꾼이 적다. 그러므로 추수하는 주인에게 추수할 일꾼을 보내 달라고 청하여라. 가거라, 내가 너희를 보내는 것이 양을 이리 가운데로 보내는 것과 같다.'"(눅 10:2~3) 그 후에 말씀은 이렇게 그 결과를 보고하고 있습니다. "일흔 사람이 기쁨에 차서, 돌아와 보고하였다. '주님, 주님의 이름을 대면, 귀신들까지도 우리에게 복종합니다.' 예수께서 그들에게 말씀하셨다. '사탄이 하늘에서 번갯불처럼 떨어지는 것을 내가 보았다. 보아라, 내가 너희에게 뱀과 전갈을 밟고, 원수의 모든 세력을 누를 권세를 주었으니, 아무것도 너희를 해하지 못할 것이다. 그러나 귀신들이 너희에게 굴복한다고 해서 기뻐하지 말고, 너희의 이름이 하늘에 기록된 것을 기뻐하여라.'"(눅 10:17~20)

예수님께서 그들과 함께 계시는 동안에 그들은 능력을 가지고 있었지만, 그분이 떠나셨을 때, 그들은 다른 돕는 분과 능력의 원천인 성령님이 계셨습니다. 성령님은 오늘도 똑같이 능력의 근원이십니다!

말씀	"너희의 이름이 하늘에 기록된 것을 기뻐하여라."(눅 10:20)
불씨	나의 끊임없는 능력의 근원으로서 당신의 성령의 선물을 내게 주셔서 감사합니다!
참고성경	마 10:1, 5~8, 40, 눅 9:2, 10:2~3, 17~20
성경읽기	아침 – 출 7, 눅 10 / 저녁 – 욥 24, 고전 11

왕의 행동
The Acts of the King

2월 25일

만일 그리스도 예수께서 지상에 처음 나타나셨을 때 하셨던 일을 계속하기만 하셨더라면 얼마나 더 행복한 세상이 되었을까요! 예수님을 개인적으로 알고 있던 한 사람은 이렇게 말했습니다. "하나님께서 나사렛 예수에게 성령과 능력을 부어 주셨습니다. 이 예수는 두루 다니시면서 선한 일을 행하시고, 마귀에게 억눌린 사람들을 모두 고쳐 주셨습니다. 그것은 하나님께서 그와 함께 하셨기 때문입니다."(행 10:38) 이 말은 예수님은 아무도 하지 않던 일을 하셨다는 뜻입니다. 군중들 가운데 그분이 계시기만 해도 용서와 치유가 나타났습니다. 그분은 넘어진 사람을 일으켜 세워주시고, 귀신 들린 사람을 구출해 주셨으며, 눌린 사람들을 위해 싸우셨습니다. 그분의 은혜와 이해심은 사람들을 사로잡았으며, 그분의 말씀은 놀라움을 불러 일으켰습니다.

사람들은 그분께 모여들었으며 그분을 왕으로 삼기 원했습니다. 그렇지만 그분은 그의 적들이 자신을 십자가 처형대에 못 박아 죽이도록 내어 주었습니다. 그분은 구원자Savior로 오셨지 왕Caesar으로 오시지 않았습니다. 그분은 속량자였지 반란 지도자가 아니었습니다. 그분은 가장 특별한 삶을 살았으며 사람들이 선한 삶을 살도록 영감을 주셨습니다. 그의 적들은 그분이 십자가 형틀에서 죽으셨을 때 끝이라고 생각했습니다. 그러나 사실 그분의 죽음은 시작이었습니다! 그들은 이전에 아무도 만난 적이 없었던 한 분을 다루고 있었습니다. 그분은 죽음을 정복하셨습니다. 그분은 무덤에서 일어나, 불멸로 옷을 입으시고, 하나님께로 올라가시고, 모든 눈이 그분을 다시 보게 될 것이라는 약속을 남기셨습니다.

사역을 시작하실 때부터 그분은 자기가 하실 일을 사람들에게 말씀하셨습니다.

> 예언자 이사야의 두루마리를 건네받아서, 그것을 펴시어, 이런 말씀이 있는 데를 찾으셨다: '주님의 영이 내게 내리셨다. 주님께서 내게 기름을 부으셔서, 가난한 사람에게 기쁜 소식을 전하게 하셨다. 주님께서 나를 보내셔서, 포로 된 사람들에게 해방을 선포하고, 눈먼 사람들에게 눈 뜸을 선포하고, 억눌린 사람들을 풀어 주고, 주님의 은혜의 해를 선포하게 하셨다.' … 예수께서 그들에게 말씀하셨다. '이 성경말씀이 너희가 듣는 가운데서 오늘 이루어졌다.' 사람들은 모두 감탄하고, 그의 입에서 나오는 그 은혜로운 말씀에 놀랐다.(눅 4:17-19, 21~22)

그분은 모든 예언과 모든 약속을 다 이루셨습니다. 나중에 그분은 자기 사람들에게 다시 돌아오겠다고 약속하셨습니다. 그분은 이 약속도 이루실 것입니다. 이분이 우리의 왕이신 예수님입니다!

말씀 "예수께서 온 갈릴리를 두루 다니시면서, 그들의 회당에서 가르치며, 하늘나라의 복음을 선포하며, 백성 가운데서 모든 질병과 아픔을 고쳐 주셨다. 예수의 소문이 온 시리아에 퍼졌다. 그리하여 사람들이, 갖가지 질병과 고통으로 앓는 모든 환자들과 귀신 들린 사람들과 간질병 환자들과 중풍병 환자들을 예수께로 데리고 왔다. 예수께서는 그들을 고쳐 주셨다."(마 4:23~24)

불씨 그리스도 예수께서 내 안에 살고 있으므로, 나는 그리스도께서 하셨던 것과 똑같은 일들을 할 수 있습니다.

참고성경 사 61:1~2, 마 4:23~24, 눅 4:17~22, 행 10:34~48

성경읽기 아침 - 출 8 , 눅 11 / 저녁 - 욥 25~26, 고전 12

2월 26일

그분의 능력의 최고봉
The Peak of His Power

"예수 그리스도는 어제나 오늘이나 영원토록 동일하시니라"는 말씀이 있습니다(히 13:8). 예수님은 살아계시며 그 어느 때보다도 치유하실 준비가 되어 있습니다. 주님은 달처럼 어두운 부분을 보여주지 않습니다. 그분은 "치료하는 광선을 비추는 공의로운 해 The Sun of Righteousness"입니다(말 4:2). 과거의 예수님이 어떤 분이셨든지, 그분은 지금도, 앞으로도 똑같으십니다. "나 여호와는 변하지 아니하나니"(말 3:6)

기적은 예수 그리스도의 복음의 본질적인 부분이며, 후에 추가된 어떤 것이 아닙니다. 그분은 "가난한 자에게 복음을 전파"하러 오셨다고 말씀하셨습니다. 그분은 그렇게 하셨으며 그분은 그 당시에 가난한 사람들에게 매우 인기가 있었습니다(부자들과 지배 계층의 사람들에게는 대체로 인기가 없었습니다). 그분은 "포로된 자에게 자유를 선포하려고" 오셨다고 말씀하셨습니다. 그분은 질병의 멍에와 심지어 죽음의 멍에로부터 풀어놓아 주셨습니다. 그분은 "눈먼 자를 보게 하려고" 오셨다고 말씀하셨습니다. 그분은 여러 번 육체의 눈이 먼 자들을 치유하시고, 하나님의 진리에 대해 영적인 눈을 뜨게 해주셨습니다. 그분은 "눌린 자를 자유케 하려고" 오셨다고 말씀하셨습니다. 그분은 귀신 들린 사람을 구출해 내심으로써 이런 일을 하셨습니다.(눅 4:18을 보십시오.)

기적적인 치유에서부터 삶을 변화시키는 가르침에 이르기까지 그분은 자신이 하시겠다고 하신 모든 일들을 하셨습니다. 처음부터 끝까지 기독교는 초자연적이며 부활의 생명과 능력으로부터 시작됩니다. 치유는 기독교의 본질적인 진리를 보여주며, 예수님이 실제로 어떤 분이신지를 우리에게 보여줍니다. 돌이켜보면, 그때의 예수님이 지금도 그러하다는 것을 알 수 있습니다.

우리가 앞을 내다본다면, 과거의 그분과 같이 그분이 앞으로도 그럴 것을 알고 있습니다. 그분은 위대해지는 것이 아니라 위대하십니다! 그분은 지금 가장 위대한 상태로 계십니다. 그분은 현재나 미래에나 항상 치유자이자 구원자이십니다. 예수 그리스도는 우리의 위대한 속량자이십니다!

말씀	"예수 그리스도께서는 어제나 오늘이나 영원히 한결같은 분이십니다."(히 13:8)
불씨	나는 나의 주요 구원자이신 예수 그리스도 안에서 기뻐합니다. 그분은 성경 시대와 똑같이 오늘도 살아계시며 그분은 나를 치유하는 주님이십니다.
참고성경	출 15:26, 말 3:6, 4:2, 눅 4:18, 히 13:8
성경읽기	아침 – 출 9, 눅 12 / 저녁 – 욥 27, 고전 13

하나님의 깃발
The Banner of God

2월 27일

로마 군인들은 전투에서 신호를 보내기 위해 깃발을 사용했으며 때때로 기름으로 향수를 뿌리고 꽃으로 장식했습니다. 유대인들은 이 깃발들을 영적인 도전으로 여겼습니다. 오늘날 우리들은 수 세기 전에 로마인들이나 유대인들처럼 이런 행사에 사용하는 도구들에 공감이나 혐오감을 갖지는 않습니다. 그렇지만 성경 시대에 사람들이 깃발을 어떻게 존중했는지 이해함으로써 많은 것을 배울 수 있습니다. "주를 경외하는 자에게 깃발을 주시고 진리를 위하여 달게 하셨나이다(셀라)"(시 60:4, 개역개정).

히브리인들이 이집트에 살고 있는 동안에 그들에게는 어떤 깃발도 없었습니다. 그들은 아무 특별한 것도 없고, 알려지지도 않았고, 조직되어 있지도 않았습니다. 종이었으므로 그들은 어떤 신분도 깃발도 권리도 없었습니다. 마침내 탈출했을 때에도 그들은 난민과 같았고 단지 두려움에 휩싸여 있었습니다. 모세와 아론만이 그들을 함께 지켰으며 그나마도 그들 중 일부는 그를 종교적인 광신자로 의심을 했을 것입니다. 가족들로 이루어진 지파들이 돕기 위해서 서로 함께 했습니다. 처음 며칠은 매우 중요했습니다. 사람을 죽이는 아말렉 족속 약탈자들의 무리는 그들의 양 측면을 괴롭히기 시작하여 낙오자들을 붙잡아 그들이 가진 허접한 소지품마저 **빼앗았습니다**. 여호수아는 그가 할 수 있는 한 사람들과 무기를 모아야 했습니다. 그들을 함께 불러 모으기 위해서 장대 위에 달아 올릴 헝겊 같은 것도 없었습니다. 그러나 모세는 하늘의 하나님을 향하여 들어 올릴 자신의 맨손이 있었습니다. 그리하여 아말렉 사람들은 궤멸되었습니다. "모세가 제단을 쌓고 그 이름을 여호와 닛시라 하고 이르되 여호와께서 맹세하시기를 여호와가 아말렉과 더불어 대대로 싸우리라 하셨다 하였더라"(출 17:15~16, 개역개정).

하나님은 이스라엘에게 이름과 국가를 주셨지만 국가적 상징물은 주시지 않았습니다. 모세는 여호수아의 이스라엘 군대를 조사해 보았습니다. 그들은 원시적이었지만 승리하였고, 하나의 펄럭이는 깃발이나 징표에 의해 구별되지도 않았습니다. 그 후에 모세는 "야훼 닛시-주님은 나의 깃발이시다"라고 말했습니다. 그는 문장紋章을 실제로 바꿨습니다. 나중에 이스라엘 지파들은 각자 고유한 표준을 채택하였습니다. 여호수아가 가나안 땅에서 이스라엘의 최초의 실제 군대를 하나로 만들어 놓았을 때 여호수아가 도전하려고 시도한 강력한 인물이 그와 대적하였습니다. "나는 여호와의 군대 대장으로 지금 왔느니라"(수 5:14, 개역개정). 그 하늘의 총사령관은 어떤 깃발도 필요하지 않았으며 전쟁에서 진 적이 없습니다! 오늘 그분이 당신의 최고 상관입니다.

말씀	"또 주님께서는 칼이나 창 따위를 쓰셔서 구원하시는 것이 아니라는 것을, 여기에 모인 이 온 무리가 알게 하겠다. 전쟁에서 이기고 지는 것은 주님께 달린 것이다. 주님께서 너희를 모조리 우리 손에 넘겨주실 것이다."(삼상 17:47)
불씨	내 위에 있는 그분의 깃발은 사랑입니다.
참고성경	출 17:15~16, 수 5:14, 시 60:4
성경읽기	아침 - 출 10, 눅 13 / 저녁 - 욥 28, 고전 14

2월 28일

참된 깃발
The True Banner

이스라엘이 국가를 나타내는 상징을 보여 주었다면 그것은 민수기 21:8-9에 묘사된 사건들이라고 말할 수 있을 것입니다. "여호와께서 모세에게 이르시되 불뱀을 만들어 장대 위에 매달아라 물린 자마다. 그것을 보면 살리라. 모세가 놋뱀을 만들어 장대 위에 다니 뱀에게 물린 자가 놋뱀을 쳐다본즉 모두 살더라"(민 21:8~9, 개역개정). 사실 이것은 이상한 기준이었습니다. 그러나 광야를 방황하는 동안 하나님의 참된 깃발이 처음으로 나타났습니다. 오늘날 이것은 세상에서 가장 위대한 상징인 십자가입니다. 이것과 십자가의 연결은 신약성경에 분명하게 나타나 있습니다. "모세가 광야에서 뱀을 든 것 같이 인자도 들려야 하리니"(요 3:14, 개역개정). 이사야는 이렇게 말했습니다. "만민을 위하여 기치를 들라. 여호와께서 땅끝까지 선포하시되 너희는 딸 시온에게 이르라 보라 네 구원이 이르렀느니라"(사 62:10~11, 개역개정).

> 모세가 놋뱀을 만들어 장대 위에 다니 뱀에게 물린 자가 놋뱀을 쳐다본즉 모두 살더라(민 21:9, 개역개정)
> 모세가 광야에서 뱀을 든 것 같이 인자도 들려야 하리니 이는 그를 믿는 자마다 영생을 얻게 하려 하심이니라(요 3:14~15, 개역개정)

바울이 "예수 그리스도께서 십자가에 못 박히신 것이 너희 눈앞에 밝히 보이거늘"(갈 3:1, 개역개정)이라고 썼을 때는 이런 것들을 생각하면서 쓴 것 같습니다. 그는 그리스어로 "쓰다"나 "새기다"라는 뜻을 가진 "그라포grapho"에 기초한 단어를 사용하고 있습니다. 이 단어는 "현수막을 붙이다to placard"라고도 번역되었습니다. 그리스도의 십자가 처형대는 역사의 광고판 위에 전능하신 하나님에 관해 기록한 간판입니다. 우리의 깃발은 단지 임의로 만든 예술적인 디자인이 아니라 주님께서 몸소 저 나무 장대에 고정시켜 못 박히셨습니다. 이는 모든 사람에게 보이며, 그분의 거리낌 없는 사랑을 영원히 전시하고 있는, 죽어가는 구원자의 살아있는 깃발입니다. 그분을 통하여 우리도 정복하는 십자가에 못 박히셨던 분을 앞세웁니다. 오늘 우리는 그리스도를 대신하여 가서 정복합니다!

말씀	"내가 땅에서 들려서 올라갈 때에, 나는 모든 사람을 내게로 이끌어 올 것이다."(요 12:32)
불씨	예수 그리스도의 십자가는 희망과 구원과 치유의 영원한 상징입니다.
참고성경	신 21:8~9, 사 62:10~11, 요 3:14~15, 12:32, 갈 3:1
성경읽기	아침 – 출 11~12:21, 눅 14 / 저녁 – 욥 29, 고전 15

각 세대에게
To Each Generation

2월 29일

그리스도의 대사명Christ's Great Commission은 수 세기 전부터 날아와 우리 발길에 차인 종이 쪼가리가 아닙니다. 영원히 그분의 교회 가운데 서서 "가라 … 볼지어다. 내가 너희와 함께 있으리라"(마 28:19-20, 개역개정)라고 말씀하고 계신 분은 예수님입니다. 예수님께서 당신에게 개인적으로 이 말씀을 하셨다면 이 말씀에 더 주의를 기울이겠습니까? 요한이 밧모섬에서 경험한 것처럼 당신의 교회에서 주님의 환상을 보았다고 상상해 보십시오. 또는 예수님께서 모든 사람들에게 이렇게 말씀하시는 것을 상상해 보십시오. "너희는 온 세상에 가서 모든 피조물에게 복을 선포하라 … 그러면 이런 표적들이 믿는 사람들에게 따라 올 것이다."(막 16:15, 17) 당신은 어떻게 하겠습니까? 여느 때와 다름없는 태도로 살아가겠습니까? 그리스도를 증거하기 위하여 좀 더 긴박하게 열심을 내겠습니까?

이 대사명이 오늘 우리에게도 관계가 있는 것인지 궁금해 하는 사람이 있다면, 밭을 갈고 씨앗을 뿌리는 것이 추수와 관계가 있는지, 침대에서 나오는 것이 관계가 있는 것인지도 질문해 보아야 할 것입니다! 관련이 있다는 말은 정확한 말이 아닙니다. 임무는 긴급합니다. 이것이 바로 우리 존재입니다! 그리스도인이란 이름은 이 말이 신자들을 쉽게 나타내도록 발전되었기 때문입니다. 그들은 늘 그리스도에 대해서 말하는 사람들이었습니다. 그리스도인들의 사업business은 바쁜 것busyness이 아니라 증인witness이 되는 것입니다.

성경에 있는 기록된 그리스도의 명령들은 그분이 개인적으로 환상 가운데 나타나셔서 당신에게 말씀하신 것처럼 즉각적인 것입니다. 이 위대한 명령은 우리의 권한이며 이 임무를 수행하는 것은 선택 사항이 아닙니다. 주님은 "너 나를 좀 도와줄 수 있겠니? 나는 너를 초청하고 싶단다."라고 묻지 않으십니다. 주님은 이렇게 말씀하십니다. "너희가 나를 택한 것이 아니요 내가 너희를 택하여 세웠나니 이는 너희로 가서 열매를 맺게 하고 또 너희 열매가 항상 있게 하려 함이라"(요 15:16, 개역개정). 주님은 구원받도록 초청하고 계신 것이 아니라, 섬기라고 부르고 계십니다. 우리는 우리 마음대로 섬기지 않습니다. 이 대사명은 우리가 한번 고려해 보라고 제안하는 것이 아니라 소집 영장과 같습니다. 우리는 그냥 가기 위해 가는 것이 아니라 예수님에 의해 보내심을 받기 위해 가는 것입니다. 사실 예수님의 명령은 이보다 더 중요합니다. 예수님은 우리를 증인으로 만드십니다. 그분은 우리 안에 계신 성령으로 말미암아 우리의 본성을 바꾸십니다. 주님은 "가서 증거하라"라고 하지 않으시고 "증인이 되라!"라고 하셨습니다. 이 말은 창조적인 단어입니다. 주님은 당신을 선택하신 후에 당신이 빛을 지니고 다니는 사람으로 만드셨습니다.

말씀	"네 온 몸이 밝아서 어두운 부분이 하나도 없으면, 마치 등불이 그 빛으로 너를 환하게 비출 때와 같이, 네 몸은 온전히 밝을 것이다."(눅 11:36)
불씨	대사명은 우리가 고려할 수 있는 제안이 아니라 행동할 수 있도록 권세를 주고 허락하는 것입니다.
참고성경	마 28:16~20, 막 16:15~17, 눅 11:36, 요 15:16
성경읽기	롬 1:16을 묵상하세요. "나는 복음을 부끄러워하지 않습니다. 이 복음은 유대 사람을 비롯하여 그리스 사람에게 이르기까지, 모든 믿는 사람을 구원하는 하나님의 능력입니다."

당신이 스위치를 켤 수 있으려면, 먼저 전원에 연결되어 있어야만 합니다.

우리가 어떤 사람이라서 예수님이 우리를 선택하신 것이 아니라,
그분이 우리를 어떤 사람으로 만드실 것이므로 선택하셨습니다.

왜 하나님은 한 사역자를 다른 사람보다 더 쓰실까요?

당신이 하나는 뜨겁고 다른 하나는 차가운 두 개의 스토브를 가지고 있다면
차 한 잔을 만들려면 어떤 스토브를 사용하겠습니까?

21세기의 죄
Sin in the 21st Centrury

3월 1일

죄에 대한 치료약을 찾으려면 우리는 질병이란 것을 이해해야만 합니다. 우리가 사는 세상에서 죄는 무슨 일을 하고 있습니까?

> 그러므로 한 사람으로 말미암아 죄가 세상에 들어오고 죄로 말미암아 사망이 들어 왔나니 이와 같이 모든 사람이 죄를 지었으므로 사망이 모든 사람에게 이르렀느니라 … 그러나 아담으로부터 모세까지 아담의 범죄와 같은 죄를 짓지 아니한 자들까지도 사망이 왕 노릇 하였나니 아담은 오실 자의 모형이라 … 한 사람의 범죄를 인하여 많은 사람이 죽었은즉 더욱 하나님의 은혜와 또한 한 사람 예수 그리스도의 은혜로 말미암은 선물은 많은 사람에게 넘쳤느니라(롬 5:12, 14~15, 개역개정)

19세기 말에 이르러 인본주의자들은 인류가 마침내 성년이 되었다고 믿었습니다. 우리는 너무나 성숙해서 전쟁도 하지 않을 것이며, 과학적 발전은 인류를 위해서 놀랍고 평화로운 미래를 보장할 것이라고 말했습니다. 핵심은 인간은 본질적으로 선하다는 것입니다. 우리는 "적자생존the survival of the fittest"을 보장하는 진화의 법칙에 따라 정글에서부터 발전하여 더 고차원적인 존재로 진화하였다는 것입니다.

그러나 이런 종류의 인류의 진보에 대한 낙관주의와 믿음은 몇 가지의 심각한 차질을 불러 일으켰습니다. 1867년 스웨덴의 한 화학자인 알프레드 노벨은 그가 "다이너마이트"라고 이름 지은 새로운 고성능 폭발물을 발명하였습니다. 다이너마이트가 다시 전쟁을 하기에는 너무나 끔찍하게 만들었다고 그는 확신했지만 곧바로 그는 이 새로운 폭발물의 구매자가 부족하지 않다는 것을 발견했습니다. 결국 이 발명품으로 말미암아 그는 막대한 재산을 모았습니다. 그의 생애가 끝날 무렵, 그는 이 수익으로 노벨상을 만들어 후원하도록 재산을 남겼습니다. 이 상에는 고성능 폭탄을 판매해서 지불하는 노벨 평화상도 포함하고 있습니다! 성경이 "그들은 평화의 길을 알지 못한다."(롬 3:17)라고 말씀하고 있는 것과 똑같습니다.

예수 그리스도를 통하여 오직 하나님으로부터 오는 "완전한 평화perfect peace"를 떠나서는 인간의 모든 기발한 재주로는 평화를 만들지도, 찾을 수도, 알 수도 없습니다. "주께서 심지가 견고한 자를 평강하고 평강하도록 지키시리니 이는 그가 주를 신뢰함이니이다"(사 26:3, 개역개정). 오늘 그리스도의 평강이 당신을 감싸도록 하십시오.

말씀	"나는 평화를 너희에게 남겨 준다. 나는 내 평화를 너희에게 준다. 내가 너희에게 주는 평화는 세상이 주는 것과 같지 않다. 너희는 마음에 근심하지 말고, 두려워하지도 말아라." (요 14:27)
불씨	내 심령은 이 말씀으로 기뻐합니다. "말씀이 육신이 되어 우리 가운데 거하시매 우리가 그의 영광을 보니 아버지의 독생자의 영광이요 은혜와 진리가 충만하더라"(요 1:14)
참고성경	사 26:3, 요 1:14~17, 14:27, 롬 3:17, 5:12~15
성경읽기	아침 – 출 12:22~51, 눅 15 / 저녁 – 욥 30, 고전 16

3월 2일

세계에 만연한 죄
Worldwide Sin

제1차 세계 대전은 인류의 진보에 대한 많은 사람들의 낙관론을 깨뜨려버렸지만, 어떤 사람들은 여전히 "모든 전쟁을 끝내기 위한 전쟁"이었다고 부르며 낙관주의를 버리지 못했습니다. 그러나 20세기는 역사상 가장 살인적인 세기가 되었습니다. 아돌프 히틀러는 "적자생존의 법칙"이란 단어까지 사용하여 홀로코스트를 합리화했는데 그것은 생존할 가치가 없다고 생각하는 사람들을 학살하는 것이었습니다.

> 내가 이집트 사람들을 부추겨서, 서로 맞서 싸우게 하겠다. 형제와 형제가, 이웃과 이웃이, 성읍과 성읍이, 왕권과 왕권이, 서로 싸우게 하겠다. 그래서 이집트 사람들의 기를 죽여 놓겠다. 내가 그들의 계획을 무산시켜 버리면, 그들은 우상과 마술사와 신접한 자와 무당을 찾아가 물을 것이다.(사 19:2~3)

히틀러, 스탈린, 폴 포트 같은 사람들에 의해 야기된 전쟁과 대량학살은 인간의 선함이나 인류의 미래에 대한 모든 낙관론을 죽였습니다. 낙관주의가 쪼그라들면서 우리는 미래에 대해 믿을 것이 아무것도 남아 있지 않았습니다.

> 난리와 난리 소문을 듣겠으나 … 민족이 민족을, 나라가 나라를 대적하여 일어나겠고 곳곳에 기근과 지진이 있으리니(마 24:6~7, 개역개정)

이것은 20세기 동안 죄가 얼마나 세상을 파괴하였는지를 엿볼 수 있는 것에 지나지 않습니다. 그러면 이런 것이 개인적으로 우리에게는 어떤 영향을 끼쳤을까요! 우리는 세상에 만연한 죄만 생각해서는 안 됩니다. 우리는 각자가 자신의 심령을 들여다보고 죄가 기본적인 인간의 선함의 어떤 부분을 약화시켰는지를 살펴봐야 합니다. 우리는 우리의 죄의 뿌리를 뽑아내고 깨끗하고 신선하게 씻겨져 세상을 위해 기여할 좋은 것을 가져야만 합니다!

당신의 삶을 예수 그리스도께 맡김으로써 당신의 죄많은 본성을 그분의 순결함과 맞바꾸는 것은 당신이 할 수 있는 최선의 결단입니다. 이제 오늘부터 이 결단의 충만함 속에 살아가십시오!

말씀	"나를 씻어 주십시오. 내가 눈보다 더 희게 될 것입니다."(시 51:7)
불씨	나의 죄악된 본성을 예수 그리스도의 순결함과 맞바꾸는 것은 내가 하는 가장 좋은 선택이 될 것입니다.
참고성경	시 51:1~19, 사 19:1~4, 마 24:6~7
성경읽기	아침 – 출 13, 눅 16 / 저녁 – 욥 31, 고후 1

세상은 우리에게 달렸습니다
The World Depends on Us

3월 3일

누군가가 그것을 붙잡아 보여주기까지 사람들은 눈에 보이지 않는 사물의 빛을 볼 수 없습니다. 태양 광선도 대기 중에 있는 먼지, 습기와 같은 입자들을 통해 퍼져 나올 때까지는 지구에서 보이지 않습니다. 태양은 수백만 마일을 빛으로 채웁니다. 그러나 빛이 반사되기까지는 어떤 흔적도 없습니다. 달은 보이지 않는 태양빛 가운데 운행하면서 우리의 길을 밝힐 수 있도록 충분한 빛을 우리에게 비추어 줍니다.

사도 바울은 "영원하신 왕 곧 썩지 아니하고 보이지 아니하는" 왕에 대하여 말하고 있습니다(딤전 1:17). 하나님의 빛은 변함이 없고, 찬란합니다. 끊기는 법이 없습니다. 그러나 누가 그것을 봅니까? 사람들은 어둠 속에서 걷고 있습니다. 그들이 볼 수 있는 유일한 빛이 반사된 빛이라는 것은 엄연한 사실입니다. 요한이 "타오르고 빛나는 등불burning and shining lamp", 그 빛에 대한 증인이었던 것처럼 믿는 자들도 마찬가지입니다. 우리는 "빛 가운데 걸어가도록" 명령을 받았습니다. 우리가 빛 가운데 걷지 않으면 거기에는 아무 빛도 없을 것이기 때문입니다. 세상은 빛을 반사하는 사람인 당신과 나를 의지하고 있습니다! 우리의 복음이 감추어져 있다면, 이는 잃어버린 자들에게 감추어진 것입니다.

시편 기자는 "빛 가운데 걷는다."는 것이 무엇을 의미하는지 알았습니다. "주께서 내 생명을 사망에서 건지셨음이라. 주께서 나로 하나님 앞, 생명의 빛에 다니게 하시려고 실족하지 아니하게 하지 아니하셨나이까?"(시 56:13) 예수님은 제자들이 빛 가운데 걷도록 인내하라고 격려하셨습니다. "'아직 얼마 동안은 빛이 너희 가운데 있을 것이다. 빛이 있는 동안에 걸어 다녀라. 어둠이 너희를 이기지 못하게 하여라. 어둠 속을 다니는 사람은 자기가 어디로 가는지를 모른다. 빛이 있는 동안에 너희는 그 빛을 믿어서, 빛의 자녀가 되어라.' 이 말씀을 하신 뒤에, 예수께서는 그들을 떠나서 몸을 숨기셨다."(요 12:35~36) 빛 가운데 걷는 것은 능동적이지만, 하나님을 기다리는 것은 수동적입니다. 그분의 빛이 우리 위에 비칠 때까지 하나님을 기다리는 것은 옛 언약의 개념입니다. 마지막으로 기다렸던 사람들은 다락방에 있었던 120명이었습니다. 이제는 하나님께서 우리를 기다리십니다. 초록색은 "가라"라는 뜻입니다! 초록색으로 바뀌면 당신은 교통부 장관으로부터 허가를 받을 필요가 없습니다. 이 명령을 기억하십시오! "너희는 말씀을 행하는 자가 되고 듣기만 하여 자신을 속이는 자가 되지 말라"(약 1:22, 개역개정).

말씀	"어떤 이들이 생각하는 것과 같이, 주님께서는 약속을 더디 지키시는 것이 아닙니다. 도리어 여러분을 위하여 오래 참으시는 것입니다. 하나님께서는 아무도 멸망하지 않고, 모두 회개하는 데에 이르기를 바라십니다."(벧후 3:9)
불씨	주님, 저를 침례 요한처럼 만들어 주십시오. 끊임없이 타오르는 등불이 되게 하시고, 어둠 속을 걷고 있는 사람들을 밝혀주는 증인이 되게 하여 주십시오.
참고성경	시 56:13, 요 5:35, 12:35~36, 고후 4:3~6, 딤전 1:17, 약 1:22, 벧후 3:9, 요일 1:7
성경읽기	아침 – 출 14, 눅 17 / 저녁 – 욥 32, 고후 2

3월 4일

그치지 않는 빛
Ceaseless Light

출애굽기와 고린도후서에서 우리는 모세의 얼굴이 하나님의 영광으로 빛났지만 그의 얼굴은 수건으로 가렸다는 것을 배웠습니다. 모세가 얼굴을 수건으로 가린 것은 겸손해서가 아니라(그는 겸손했습니다), 그 영광이 사라질 것이고 미신적인 이스라엘 사람들이 영광이 사라지는 것을 보는 것은 나쁜 일이 될 것임을 알았기 때문입니다. 약해지는 영향력을 봄으로써 그들은 잘못된 결론을 낼 것입니다. 그래서 그는 자신의 얼굴 전부를 가려서 하나님께서 그를 백성들 앞에 세울 때마다 그의 얼굴이 빛나는지 아닌지를 알 수 없도록 했습니다.

> 그러나 모세가 여호와 앞에 들어가서 함께 말할 때에는 나오기까지 수건을 벗고 있다가 나와서는 그 명령하신 일을 이스라엘 자손에게 전하며 이스라엘 자손이 모세의 얼굴의 광채를 보므로 모세가 여호와께 말하러 들어가기까지 다시 수건으로 자기 얼굴을 가렸더라(출 34:34~35, 개역개정)
> 우리는 모세가 이스라엘 자손들에게 장차 없어질 것의 결국을 주목하지 못하게 하려고 수건을 그 얼굴에 쓴 것 같이 아니하노라(고후 3:13, 개역개정)

바울의 요점은 기독교 시대에 하나님의 빛, 즉 그분의 영광은 영원히 사라지지 않는다는 것입니다. 우리는 사람들이 우리 안에 있는 하나님의 영광을 볼 수 있도록 세상을 향해 얼굴을 가리지 않습니다.

야고보도 비슷한 말을 하였습니다. "온갖 좋은 은사와 온전한 선물이 다 위로부터 빛들의 아버지께로부터 내려오나니 그는 변함도 없으시고 회전하는 그림자도 없으시니라"(약 1:17, 개역개정). 해는 움직이면서 그림자를 생기게 하고 그림자는 이동합니다. 우리는 이것을 해시계를 통해 볼 수 있으며 이로써 우리는 시간을 알 수 있습니다. 그림자가 없을 때는 태양은 바로 머리 위에 있습니다. 사실 하나님은 항상 정점에 계시기 때문에 전혀 이동하는 그림자를 드리우지 않으십니다. 그분은 바로 그 완벽한 자리에서 움직이지도 않으십니다. 하나님의 빛은 그치지 않고, 일시적이지 않으며, 항상 최대로 빛나고 있습니다. "내 이름을 경외하는 너희에게는 공의로운 해가 떠올라서 치료하는 광선을 비추리니 너희가 나가서 외양간에서 나온 송아지 같이 뛰리라"(말 4:2, 개역개정).

말씀	"그에게서 생명을 얻었으니, 그 생명은 사람의 빛이었다."(요 1:4)
불씨	나는 세상에 얼굴을 보이므로 말미암아 사람들이 내 안에 있는 하나님의 영광을 볼 수 있도록 합니다.
참고성경	출 34:35, 말 4:2, 요 1:1~4, 고후 3:13, 약 1:17
성경읽기	아침 – 출 15, 눅 18 / 저녁 – 욥 33, 고후 3

피의 능력
The Power of the Blood

3월 5일

  예수 그리스도의 피에는 모든 사람을 위한 속량과 능력이 있습니다. 한 불교 신자는 어떻게 그럴 수 있는지 이해할 수가 없다고 내게 말했습니다. "아마도 한 사람이 많아야 천 명, 아니면 백 명을 위해서 죽을 수는 있을지 몰라도 모든 인류를 위해서는 아니지요."라고 그녀는 말했습니다.

  불교뿐만 아니라 많은 종교인들도 예수의 피를 통한 용서라는 가르침을 혁명적이라고 여깁니다. 사람들은 일반적으로 현재나 다른 세상에서 자신들의 죄에 대하여 값을 지불할 것을 기대합니다. 그리스도인들의 계시는 예수님께서 모든 죗값을 지불하셨다는 영광스러운 사실에 있습니다. 우리의 의심은 그리스도의 깨끗하게 하는 피의 능력을 증명하지 못하게 하는 반역자입니다.

> 내가 그리스도와 함께 십자가에 못 박혔나니 그런즉 이제는 내가 사는 것이 아니요 오직 내 안에 그리스도께서 사시는 것이라 이제 내가 육체 가운데 사는 것은 나를 사랑하사 나를 위하여 자기 자신을 버리신 하나님의 아들을 믿는 믿음 안에서 사는 것이라 내가 하나님의 은혜를 폐하지 아니하노니 만일 의롭게 되는 것이 율법으로 말미암으면 그리스도께서 헛되이 죽으셨느니라(갈 2:20~21, 개역개정)

  진정한 용서는 그리스도께서 용서를 사신 십자가만큼 중요한 것입니다. 경험을 통해서 배우기 전에는 우리 가운데 누구도 용서를 이해할 수 없습니다. 용서의 기쁨을 전달할 수만 있다면, 어떤 사람들은 진실이라고 믿기에는 너무나 놀라운 일이라고 여길 것입니다. 그러나 당신은 하나님의 용서는 동화나 희망사항이 아니라는 것을 확신해도 좋습니다. 용서는 예수 그리스도의 속량적인 희생이라는 역사적 사실에, 바위처럼 단단한 기초를 두고 있습니다. "의인으로서 불의한 자를 대신하셨으니 이는 우리를 하나님 앞으로 인도하려 하심이라"(벧전 3:18, 개역개정). 십자가는 꾸며낸 이야기가 아닙니다. 실제 피가 실제 땅에 떨어졌습니다. 이 실제 피는 실제 죄인인 당신과 나를 실제로 깨끗하게 하고 그 외에도 많은 일을 합니다.

말씀	"그러나 우리가 아직 죄인이었을 때에, 그리스도께서 우리를 위하여 죽으셨습니다. 이리하여 하나님께서는 우리들에 대한 자기의 사랑을 실증하셨습니다."(롬 5:8)
불씨	예수 그리스도의 피에는 모든 사람들을 위한 속량과 능력이 있으므로, 예수 그리스도의 피에는 나를 위한 속량과 능력도 있습니다.
참고성경	행 13:38, 롬 5:9, 갈 2:20~21, 벧전 3:18
성경읽기	아침 – 출 16, 눅 19 / 저녁 – 욥 34, 고후 4

[3월 6일]

호소력 있는 확신
Ringing Confidence

신약성경 전체는 호소력 있는 확신을 줍니다. 예루살렘에서 복음을 선포할 때 베드로는 적극적으로 말했습니다. "그런즉 이스라엘 온 집은 확실히 알지니 … 이 예수를 하나님이 주와 그리스도가 되게 하셨느니라"(행 2:36, 개역개정). 나중에 이방인들의 회심에 관한 소식을 전하면서 그는 이렇게 말했습니다. "하나님께서는 … 그들에게도 성령을 주셔서, 그들을 인정해 주셨습니다."(행 15:8) 에베소에 있는 사람들도 그들의 영적인 기업에 대한 계약금(보증금)을 받고 성령으로 인침을 받았습니다. 조심스러운 망설임과 얼마나 대조가 됩니까!

고린도 사람들에게는 이렇게 말했습니다. "우리는 세상의 영을 받은 것이 아니라, 하나님께로부터 오신 영을 받았습니다. 그것은, 하나님께서 우리에게 은혜로 주신 선물들을 우리로 하여금 깨달아 알게 하시려는 것입니다."(고전 2:12)

영혼 구원에 대해 추측하게 만드는 모든 교리는 신약성경과 완전히 일치하지 않습니다. 바울은 아테네의 회의론자들에게 이렇게 말했습니다. "그것은, 하나님께서 세계를 정의로 심판하실 날을 정해 놓으셨기 때문입니다. 하나님께서는 자기가 정하신 사람을 내세워서 심판하실 터인데, 그를 죽은 사람들 가운데서 살리심으로, 모든 사람에게 확신을 주셨습니다."(행 17:31) 당신의 부주의로 말미암아 당신의 구원이 혹시 사라질 것처럼 구원을 지킬 필요가 없습니다. 주님께서 당신의 영혼을 지켜주십니다! 당신의 구원을 의심하기를 바라는 유일한 자는 그의 악한 손에서 당신을 잃어버리고 구경하며 서있는 사탄뿐입니다! 더 많은 증거가 필요하면 요한이 쓴 서신서들을 읽어보십시오. 한 짧은 편지에서 요한은 일반적으로 "알다"로 번역되는 그리스어 동사를 무려 42번이나 사용하고 있습니다.

> 우리가 하나님의 계명을 지키면, 이것으로 우리가 하나님을 참으로 알고 있음을 알게 됩니다 … 이것으로 우리가 하나님 안에 있고, 또 하나님이 우리 안에 계시다는 것을 우리는 압니다 … 하나님의 아들이 오셔서, 그 참되신 분을 알 수 있도록, 우리에게 이해력을 주신 것을 우리는 압니다. 우리는 그 참되신 분 곧 하나님의 아들 예수 그리스도 안에 있습니다. 이분이 참 하나님이시요, 영원한 생명이십니다.(요일 2:3, 4:13, 5:20)

그렇다고 해서 그리스도인들이 모든 것을 알게 되는 것은 아닙니다. 구원은 당신의 지성이나 추상적인 신학적인 개념의 분석에 달려있지 않습니다. 사실 예수님께서는 하늘에 계신 아버지께 이렇게 말하실 수 있어서 기뻐하셨습니다. "그때에 예수께서 이렇게 말씀하였다. '하늘과 땅의 주님이신 아버지, 이 일을 지혜 있고 똑똑한 사람들에게는 감추시고, 어린아이들에게는 드러내어 주셨으니, 감사합니다.'"(마 11:25) 하나님은 당신에게 이런 것들을 계시해 주셨습니다.

말씀	"우리가 하나님의 계명을 지키면, 이것으로 우리가 하나님을 참으로 알고 있음을 알게 됩니다."(요일 2:3)
불씨	나의 하늘의 기업은 하나님의 성령에 의해 보장되어 있습니다.
참고성경	마 11:25, 행 2:36, 15:8, 17:31, 고전 2:12, 엡 1:13~14, 4:30, 요일 2:3, 4:13, 5:20
성경읽기	아침 – 출 17, 눅 20 / 저녁 – 욥 35, 고후 5

선두주자
The Forerunner

3월 7일

군중들은 예수님께서 왕이 되셔서 유대인의 땅에서 많은 미움을 받는 로마 점령군을 정복해 주시기를 여러 번 원했지만 주님은 거절하셨습니다. 그분의 종들은 그분을 이 땅의 주님으로 만들기 위해서 싸우지 않았습니다. 주님은 새로운 방법을 가지고 계셨습니다! 못 박히신 무기력한 예수님은 형을 집행하는 임무를 맡은 한 무리의 병사들을 책임지고 있던 로마의 지휘관을 정복하셨습니다. 그 후 3백 년이 채 되기 전에, 군화 신은 군대의 무력이 아니라 십자가 처형대에 달리셔서 피흘리는 예수의 발에 의해 로마 자체가 정복당했습니다. 마지막 이교도 황제 줄리안은 지나간 신들의 숭배를 회복시키려고 하였지만, 그리스도의 죽음으로 말미암아 풀려진 조수의 물결은 너무나 강력해서 줄리안은 고통스러워하면서 이렇게 외쳤습니다. "오, 갈릴리 사람이여, 당신이 정복했구료!" 십자가는 "영혼의 닻 anchor of the soul"으로 튼튼히 서있습니다. 히브리서는 이렇게 표현하였습니다. "우리에게는 이 소망이 있으니, 그것은 안전하고 확실한 영혼의 닻과 같아서, 휘장 안에까지 들어가게 해줍니다. 예수께서는 앞서서 달려가신 분으로서, 우리를 위하여 거기에 들어가셔서, 멜기세덱의 계통을 따라 영원히 대제사장이 되셨습니다."(히 6:19~20)

여기 그 옛날 항해 사진이 있습니다. 배는 항구로 들어오지만 어둠 속에서는 해변에 너무 가까이 배를 댈 수가 없습니다. 이때 "선구자"라 불리는 선원이 배와 닻을 연결하는 줄을 가지고 작은 배를 타고 갑니다. 그가 노를 저으면 배와 닻을 연결한 줄이 제 역할을 합니다. 마침내 선구자의 배가 해변에 도달하면, 그는 닻을 땅에 고정시킵니다. 아침에는 배에 돛이 필요하지 않습니다. 배 안에 있는 선원들은 닻에 연결되어 있는 줄을 감아올리기만 하면 됩니다. 그렇지만 배를 움직이는 것은 닻이 아닙니다. 천천히 배는 해변을 향하여 선회합니다.

당신의 선구자는 휘장을 통과하셔서 당신의 닻을 튼튼하게 하신 예수님입니다. 당신의 구원은 선원들은 볼 수 없는 해변에 내려진 닻과 같이 확보되어 있습니다. 그리스도는 더 이상 당신에게 보이지 않습니다. 그분은 영광의 해변에 계시고, 당신은 믿음으로, 그분에 의해 영광에 연결되어 있습니다. 하루 또 하루 그 줄은 짧아지면서 당신을 선구자에게 점점 더 가까이 끌어당기고 있습니다. 마침내 당신은 천국의 해변에 이르게 될 터인데 거기서 누구를 뵙겠습니까? 당신의 선구자가 당신을 맞으려고 기다리고 계실 것입니다. 왜냐하면 그분이 계신 곳에 당신 또한 있게 될 것이기 때문입니다. 믿음은 이미 당신을 연결시켜 놓았으며 마침내 그분께로 당신을 데려다 줄 것입니다. 그 믿음이 당신의 확신입니다.

말씀	"우리에게는 이 소망이 있으니, 그것은 안전하고 확실한 영혼의 닻과 같아서, 휘장 안에까지 들어가게 해줍니다."(히 6:19)
불씨	"보고 믿는다."라는 말은 예수께서 나를 포함해서 모든 사람을 위해 죽음을 맛보신 것을 보는 것입니다.
참고성경	요 14:3, 히 6:19~20
성경읽기	아침 – 출 18, 눅 21 / 저녁 – 욥 36, 고후 6

3월 8일

전략적 무기
Strategic Weaponry

하나님을 위해서 그리스도인들이 되찾고 회복해야 할 세상이 있습니다. 적은 막대한 파괴와 죽음과 악을 가져 왔습니다. 기도는 우월한 무기로 하나님의 무기고를 엽니다. 기도할 필요가 없다고 생각하고 있다면 우리가 대적할 적을 우리는 모르고 있는 것입니다! 우리의 힘으로 할 수 있다고 생각한다면 우리는 스스로 마귀의 웃음거리가 되는 것입니다. 기도하지 않는 것은 무방비 상태라는 뜻입니다. 현명함과 과학은 탱크를 상대하는 깃털 먼지 털이에 지나지 않습니다. 우주적인 악을 상대하기 위해서는 십자가의 무한한 위대함이 필요합니다.

기도와 중보기도는 국경을 넘어서 들어와 참호에 있는 적을 쫓아내고, 우리의 잃어버린 영토를 탈환합니다. 마귀는 이런 종류의 기도를 싫어합니다. 여기서 기도라 함은 "멈추어 조용히 묵상하며 호흡하는" 기도가 아닙니다. 이 기도는 하늘의 전투와 같습니다. 이 기도는 기도문을 중얼거리는 것이 아니라, 높은 도high C음의 혼의 비명 같은 부르짖음입니다! 기도는 온갖 사탄의 저항을 이기도록 하나님께서 우리의 손에 쥐어 주신 다목적 공격 무기입니다. 기도하는 사람은 인간의 한계를 극복해 냅니다. 신자들은 초인간적인 자원을 공급 받기 위해 하늘의 보급품 창고에 갈 권한을 받았습니다.

강하신 하나님은 당신도 강하기를 바라십니다. 그러므로 주인께서 당신을 위해 마련해 두신 모든 것, 최고의 재료로 잘 만들어진 무기들을 취하십시오. 이것들을 사용하면 마귀가 당신을 공격하는 모든 것들을 대적할 수 있을 것입니다. 이것은 몇 시간 지나면 잊어버리고 마는 방과 후 운동 경기가 아닙니다. 이것은 마귀와 그의 모든 천사들을 대항하여 끝까지 지켜야 할 생사가 걸린 싸움입니다. 오랫동안 열심히 기도하십시오.

여기의 정신적인 이미지는 겸손하게 손을 모으고 있는 노인의 것과는 너무나 거리가 멀고, 주님의 이름으로 전투를 하려고 잘 무장되고 훈련되고 준비된 전사를 보는 것과 훨씬 더 비슷합니다! 오늘 그런 식으로 당신을 상상해 보십시오. 잘 무장하고 장비를 갖추고 주님의 이름으로 전투를 할 준비가 되어있습니다!

말씀	"너희는 기도할 때에, 이방 사람들처럼 빈말을 되풀이하지 말아라. 그들은 말을 많이 하여야만 들어주시는 줄로 생각한다. 그러므로 그들을 본받지 말아라. 하나님 너희 아버지께서는, 너희가 구하기 전에, 너희에게 필요한 것이 무엇인지를 알고 계신다."(마 6:7~8)
불씨	내가 기도할 때, 나는 인간으로서의 한계를 초월합니다.
참고성경	마 6:1~15, 엡 6:10~13, 18
성경읽기	아침 – 출 19, 눅 22 / 저녁 – 욥 37, 고후 7

새로운 산 길
The New and Living Way

3월 9일

그리스도의 오심은 마귀에게는 종말의 시작이었습니다. 영적인 전진은 오늘날에도 계속되고 있습니다. 하나님의 군대는 남자와 여자로 이루어진 새로운 종족, 즉 거듭난 거룩한 나라를 형성하여 믿음과 능력으로 하나님의 말씀을 제시합니다.

> 그러므로 하나님이 주시는 무기로 완전히 무장하십시오. 그래야만 여러분이 악한 날에 이 적대자들을 대항할 수 있으며 모든 일을 끝낸 뒤에 설 수 있을 것입니다. 그러므로 여러분은 진리의 허리띠로 허리를 동이고 정의의 가슴막이로 가슴을 가리고 버티어 서십시오. 발에는 평화의 복음을 전할 차비를 하십시오. 이 모든 것에 더하여 믿음의 방패를 손에 드십시오. 그것으로써 여러분은 악한 자가 쏘는 모든 불화살을 막아 꺼버릴 수 있을 것입니다. 그리고 구원의 투구를 받고 성령의 검 곧 하나님의 말씀을 받으십시오. 온갖 기도와 간구로 언제나 성령 안에서 기도하십시오. 이것을 위하여 늘 깨어서 끝까지 참으면서 모든 성도를 위하여 간구하십시오.(엡 6:13~18)

그리스도 예수를 통하여 "새로운 산 길a new and living way"(히 10:20)로 말미암아 우리는 하나님께로 나아가는 새로운 출구, 새로운 기능 방법, 새로운 권세를 가지게 되었습니다! 승리는 확실합니다! "그것은 곧 피조물도 썩어짐의 종살이에서 해방되어서, 하나님의 자녀가 누릴 영광된 자유를 얻으리라는 것입니다… 우리는 이 소망으로 구원을 얻었습니다."(롬 8:21, 24) 왜 주님과 말을 하며 사는 관계가 아닌 것처럼 살아갑니까? 그분은 우리와 함께 살고 계십니다. 우리는 벽돌로 된 벽을 두고 사는 그런 이웃이 아닙니다. 주님께서 중간에 막힌 담을 허셨습니다. 우리는 "그리스도의 피로 가까워졌습니다."(엡 2:13) 그리스도인으로 사는 것은 모든 것이 하나님을 중심으로, 하나님을 지향하며, "하나님과 함께 하는 삶life with God"입니다. 성령님은 우리에게 하나님께로 나아갈 수 있는 "발설utterance"을 주십니다.

그리스도의 본이 되는 기도는 "나라와 권세와 영광이 아버지께 영원히 있사옵나이다."로 끝납니다(마 6:13). 하나님의 능력은 우리의 기도입니다. 기도는 단지 "좋은 것"이 필요한 것이며, 기도는 방정식의 중요한 부분입니다. 선지자 에스겔은 성령의 흐름을 헤엄칠 물처럼 묘사합니다. 주님은 물을 공급하시고 수영은 여러분이 합니다. 기도하지 않으면 당신은 전혀 "수영하고 있는" 것이 아닙니다! 그러므로 오늘 어서 물로 뛰어 들어가십시오. 물이 흐르고 있습니다. 그리고 하늘로부터 응답이 오고 있는 중입니다!

말씀 | "우리의 동료들은 어린 양이 흘린 피와 자기들이 증언한 말씀을 힘입어서 그 악마를 이겨 냈다. 그들은 죽기까지 목숨을 아끼지 않았다."(계 12:11)

불씨 | 나는 거룩한 나라, 거듭나서, 믿음과 능력으로 하나님의 말씀을 제시하는 남녀의 새로운 종족의 한 부분으로서 하나님의 군대의 일원입니다.

참고성경 | 겔 47, 마 6:13, 행 2:4, 롬 8:21~25, 엡 2:13, 6:13~18, 히 10:20

성경읽기 | 아침 - 출 20, 눅 23 / 저녁 - 욥 38, 고후 8

3월 10일

시간의 절정
The Climax of Time

그리스도의 재림은 모든 시대의 절정입니다. 역사가들은 과거의 사건에서 패턴을 발견할 수 없었다고 말했습니다. 그러나 있습니다. 역사를 바로 보는 진정한 방법은 성경을 통해서입니다. 성경은 모든 것을 합하여 하나로 모으고 모든 것을 이해할 수 있는 계획을 가리키고 있습니다! 그리스도는 돌아오십니다!

예수님께서 지상을 떠나는 바로 그 순간, 하나님께서는 천사들을 전달자로 보내셔서 자신이 영원히 가버린 것이 아니라는 것을 그를 따르던 사람들에게 깊이 각인시켜 주셨습니다. "갈릴리 사람들아, 어찌하여 하늘을 쳐다보면서 서 있느냐? 너희를 떠나서 하늘로 올라가신 이 예수는, 하늘로 올라가시는 것을 너희가 본 그대로 오실 것이다."(행 1:11)

이 약속은 성경 전체를 통하여 종소리처럼 울려 퍼지고 있으며, 20세기 동안이나 교회에 울려 퍼졌습니다. 우리가 이 생에서 하나님을 섬기는 동안 우리는 "하나님께서 죽은 사람들 가운데서 살리신 그 아들이 … 하늘로부터 오시기를 기다려야" 한다고 사도 바울은 말했습니다(살전 1:10).

신약성경 시작부터, 처음 세 권의 책인 마태복음, 마가복음, 누가복음은 그리스도가 오시는 것과 그분의 왕국을 가리키고 있습니다. 이는 이야기들과 마태복음 24-26장, 누가복음 21장, 마가복음 13장 전체를 포함하여 쉬운 가르침을 통하여 강조되었습니다. 그리스도께서는 그의 유명한 산상수훈에서 이에 관하여 기도하라고 우리에게 가르치셨습니다. "그 나라를 오게 하여 주시며, 그 뜻을 하늘에서 이루심 같이, 땅에서도 이루어 주십시오."(마 6:10) 그리스도인들을 위한 다섯 번째 책인 사도행전은 우리에게 기독교가 어떻게 퍼졌는지 말하고 있으며, 그리스도의 재림의 진리를 선포한 사도들의 설교가 포함되어 있습니다.

이 모든 것은 한 오래된 책으로부터 나온 사실 그 이상입니다. 이것들은 그 책이 말한 대로 그가 처음으로 오셨을 뿐만 아니라 그분께서 말씀하신 그대로 그리스도께서 다시 오실 것입니다! 당신과 나를 위한 얼마나 대단한 약속입니까!

말씀	"그때에 사람들은 인자가 큰 권능과 영광을 띠고 구름을 타고 오는 것을 볼 것이다. 이런 일들이 일어나기 시작하거든, 일어서서 너희의 머리를 들어라. 너희의 구원이 가까워지고 있기 때문이다."(눅 21:27~28)
불씨	주 예수님, 나는 당신의 재림을 큰 기쁨으로 기다리고 있습니다!
참고성경	마 6:7~15, 눅 21:27~28, 행 1:11, 살전 1:10
성경읽기	아침 – 출 21, 눅 24 / 저녁 – 욥 39, 고후 9

되사다
Bought Back

3월 11일

성경은 우리가 "그리스도의 귀한 피로 … 대속 받은" 존재라고 말하고 있습니다(벧전 1:18, 19). 이 말은 우리가 예수에 의해 "되산 혹은 물린" 바 되었다는 뜻입니다. 사탄과 죄를 따라 인간은 자신을 마귀에게 팔았고 구속을 받아야만 했습니다. 예수님께서 자신의 귀한 피로 우리를 속량하시려고 값을 지불하셨을 때 이 값을 사탄에게 지불했다는 뜻입니까? 절대로 아닙니다!

우리의 구원을 위한 값은 히브리서 9장이 말씀하고 있는 것처럼 하나님의 공의의 법정에 지불된 것입니다.

> 율법에 따르면, 거의 모든 것이 피로 깨끗해집니다. 그리고 피를 흘림이 없이는, 죄를 사함이 이루어지지 않습니다. 그러므로 하늘에 있는 것들의 모형물은 이런 여러 의식으로 깨끗해져야 할 필요가 있지만, 하늘에 있는 것들은 이보다 나은 희생 제물로 깨끗해져야 합니다. 그리스도께서는 참 성소의 모형에 지나지 않는, 손으로 만든 성소에 들어가신 것이 아니라, 바로 하늘 성소 그 자체에 들어가셨습니다. 이제 그는 우리를 위하여 하나님 앞에 나타나셨습니다. 대제사장은 해마다 짐승의 피를 가지고 성소에 들어가지만, 그리스도께서는 그 몸을 여러 번 바치실 필요가 없습니다. 그리스도께서 그 몸을 여러 번 바치셔야 하였다면, 그는 창세 이래로 여러 번 고난을 받아야 하셨을 것입니다. 그러나 이제 그는 자기를 희생 제물로 드려서 죄를 없이하시기 위하여 시대의 종말에 단 한 번 나타나셨습니다. 사람이 한 번 죽는 것은 정해진 일이요, 그 뒤에는 심판이 있습니다. 이와 같이 그리스도께서도 많은 사람의 죄를 짊어지시려고, 단 한 번 자기 몸을 제물로 바치셨고, 두 번째로는 죄와는 상관없이, 자기를 기다리고 있는 사람들에게 나타나셔서 구원하실 것입니다.(히 9:22~28)

주님께서 값을 다 지불하셨습니다. 우리의 구원을 위한 하나님의 현금은 하나님의 주머니가 아니라, 그분의 혈관에서 흘러나왔습니다! 거기는 협상이나, 할인이나, 환불이나, 값을 깎는 것이 없었습니다! 예수님은 우리를 위해서 자신의 심장의 마지막 피 한 방울까지 주셨습니다. 그러므로 우리의 구원은 땅 위의 어떤 사람이나 하늘이나 어느 때나 아니 영원히 도전받을 수가 없습니다! 예수님의 피로 말미암아 당신은 돌이킬 수 없는 구원을 받았습니다! 오늘 이로 인하여 주님을 찬양하십시오!

말씀	"사람이 한 번 죽는 것은 정해진 일이요, 그 뒤에는 심판이 있습니다. 이와 같이 그리스도께서도 많은 사람의 죄를 짊어지시려고, 단 한번 자기 몸을 제물로 바치셨고, 두 번째로는 죄와는 상관없이, 자기를 기다리고 있는 사람들에게 나타나셔서 구원하실 것입니다."(히 9:27~28)
불씨	주님은 자신이 빚지지 않으신 빚을 갚으셨고, 나는 갚을 수 없는 빚을 졌습니다.
참고성경	히 9:16~28, 벧전 1:18~19
성경읽기	아침 – 출 22, 요 1 / 저녁 – 욥 40, 고후 10

3월 12일

핏 자국
The Mark of the Blood

나는 예수의 피에 관하여 가장 감동적이며 종종 간과되는 진리 중 하나를 설명할 수 있습니다. 예수의 피는 예수 그리스도를 신뢰하는 사람들을 다른 모든 사람들과 구별합니다. 첫 번째 표시는 내적인 정화를 나타내는 표시입니다. 죄인이 구원받기 위하여 주님의 이름을 부르고 개인적으로 예수 그리스도를 자신의 구세주로 삼을 때, 예수의 피는 깊고도 철저하게 역사합니다. 우리의 혼과 마음, 의식과 잠재의식 혹은 무의식은 깨끗합니다. 모든 악한 형상이 무너집니다. 더 이상 지옥과 심판에 대한 악몽이 아니라 하나님의 비전과 꿈만 있습니다. 예수님에 관해 꿈꾸는 것은 너무나 좋은 일입니다! 우리의 과거는 지나갔으며 하나님도 더 이상 기억하지 않으십니다. 지난 과거를 다시 파헤쳐서 다시 용서를 구할 필요도 없습니다. 하나님도 결코 그것을 기억하지 않으십니다. 그렇지만 우리가 이미 "영적으로 온전한 그리스도인spiritually perfected Christians"이 되었다는 뜻은 아닙니다. 우리는 하나님의 말씀을 먹으며, 한 차원에서 다른 차원으로 성령님의 인도를 받게 될 것입니다.

그 다음은 외적인 표시입니다. 나는 성경을 통해 이것들을 설명할 수 있습니다. 이것들은 구약성경에 예표되었고 신약성경을 통해 이루어졌습니다. 구약성경에서 우리는 이런 말씀을 읽습니다.

> "모세는 그 제물(숫양)을 잡고, 그 피를 얼마 받아서, 아론의 오른쪽 귓불과 오른쪽 엄지손가락과 오른쪽 엄지발가락에 발랐다."(레 8:23)

이것은 신약성경에서 성취되었습니다. 예수님은 자신의 피로 우리의 죄로부터 안을 깨끗하게 하신 후에, 우리 위에 외적인 표시를 새겨 주셨습니다. 오른쪽 귀, 엄지손가락, 엄지발가락에 피 한 방울이 있는 것처럼 거듭난 신자들은 핏자국이 있습니다. 물론 이것은 우리 육신의 표징은 아니지만 천국과 지옥을 분별할 수 있는 표징입니다. 하나님의 백성들이 거리를 걸을 때 귀신들은 그들을 구별할 수 있습니다. 나는 한 악한 영이 다른 악한 영을 부르면서 이렇게 말하는 것을 상상합니다. "자네 저기 저것 보이나? 저 사람은 귀, 손가락, 발가락에 예수의 피가 묻어 있어! 너무 위험하니까 저 사람 절대 건드리지 말게. 저 사람을 건드리면 자네는 한 연대쯤 되는 천사들을 대항하여 싸워야 할 걸세!" 당신은 예수 그리스도의 피로 표시가 되어 있습니다!

말씀	"여러분이 전에는 하나님에게서 멀리 떨어져 있었는데, 이제는 그리스도 예수 안에서 그분의 피로 하나님께 가까워졌습니다."(엡 2:13)
불씨	나는 자부심과 겸손함으로 예수 그리스도의 피의 표시를 지니고 있습니다.
참고성경	레 8:23, 엡 2:13
성경읽기	아침 – 출 23, 요 2 / 저녁 – 욥 41, 고후 11

전형적인 부흥
Typical Revival

3월 13일

18세기에는 복음주의 진리가 항상 기독교 신앙의 태피스트리(여러 가지 색실로 그림을 짜 넣은 직물)에 짜여 있었지만 "복음주의 기독교evangelical Christianity"라고 불리는 것이 탄생했습니다. 복음주의는 아주 특별한 표시와 함께 종교계에 나타났는데 거의 2세기 동안 엎드림, 혼의 비통함, 부르짖음과 같은 강력한 감정적 육체적인 사건들이 이 새로운 전도에 수반한 반응의 일부였습니다. 이러한 특별한 시기를 "부흥revival"이라고 했습니다.

오늘날, 부흥은 이상화되어 있습니다. 부흥은 하나님과 그리스도인의 믿음의 절정이라고 여겨지고 있습니다. 고전적 의미에서 부흥의 분위기는 하나님이 복주신 교회의 표적으로 여겼습니다. 어떤 설교자들은 교회들에서 부흥의 형태로 나타나는 반응과 뜨거움과 불을 장려하면서 돌아다니며 "부흥사revivalists"로서 사역을 하고 있습니다. 웨슬리의 사역에 기록되어 있는 것과 같은 부흥은 오랜 영혼의 부르짖음에 대한 대답으로서 하나님께서 "그분의 능력의 은신처hiding places of His power"로부터 나오시는 것을 말했습니다. 이스라엘 사람들은 하나님께서 그들의 원수들을 멸망시킴으로써 하나님이 계시는 것을 나타내 달라고 부르짖었습니다 … 그러나 이제 그리스도인들은 하나님께서 자신들을 하나님께로 가까이 이끌어 달라고 부르짖고 있습니다. 동기는 다르지만 "부흥revival"을 원하는 반응입니다.

성경에는 부흥이란 단어가 나오지 않는다는 것을 알고 있습니까? 질병이나 죽음으로부터 "다시 살아난revived" 사람이나, 나라의 상한 심령이 하나님에 대한 새로운 신뢰로 말미암아 "다시 힘을 내게 되었을revived" 때에 관한 언급은 아주 많지만, "부흥revival"이란 용어는 사람들이 만들어 낸 표현입니다. 아마도 우리는 우리가 만들어 내는 것을 너무나 많이 강조하느라고 하나님에 대한 신뢰와 자비하심에 대한 강조는 충분하지 않다고 생각하지 않습니까?

웨슬리, 휫필드, 에드워즈, 에번스와 다른 사람들의 시대의 이야기들은 많은 사람들에게 그리움을 자아냅니다. 그때 이야기들은 오늘도 반복해서 언급되고 있으며, 진정한 하나님의 능력이 나타남을 갈망하는 기도는 늘어났습니다. 그러나 중보 기도에도 불구하고 20세기의 수십 년 동안은 적어도 서구 국가에서 19세기의 부흥의 때와는 점점 더 달라진 것 같이 보입니다. "부흥이 지체되는revival tarries" 이유는 대개는 그리스도인들의 삶 속에 있는 부족함 때문이라고 여겨집니다. 정말 그럴듯한 고발입니다! 우리는 이 세상에 하나님의 부흥을 가져오는 하나님의 도구가 되기 원합니다!

말씀	"나는 너희를 회개시키려고 물로 침례를 준다. 내 뒤에 오시는 분은 나보다 더 능력이 있는 분이시다. 나는 그의 신을 들고 다닐 자격조차 없다. 그는 너희에게 성령과 불로 침례를 주실 것이다."(마 3:11)
불씨	오 주님, 주님의 부흥을 보내 주시고, 그 일을 내 안에서 시작하십시오.
참고성경	마 3:1~17
성경읽기	아침 – 출 24, 요 3 / 저녁 – 욥 42, 고후 12

3월 14일

모든 기도
All Prayer

신약성경을 한 페이지씩 넘기면서 기도에 관한 것에 표시를 해보면 어떻게 기도가 강조되는지 알게 될 것입니다. 첫 번째 복음서에서만 41번이나 기도가 언급되어 있고 신약성경 전체에는 230번이나 언급되어 있습니다. 어떤 언급은 광범위하게 되어 있어서 기도에 대한 10개의 다른 단어가 사용되었습니다. 우리는 "모든 기도와 간구를 하되 항상 성령 안에서 기도하고"(엡 6:18, 개역개정)라고 한 것을 읽습니다. 다른 방법과 분위기, 이 모든 것이 사람이 마귀를 대항하여 사용하도록 주어진 것입니다.

예수께서 어떤 곳에서 기도하고 계셨는데, 기도를 마치셨을 때에 그의 제자들 가운데 한 사람이 그에게 말하였다. '주님, 요한이 자기 제자들에게 기도하는 것을 가르쳐 준 것과 같이, 우리에게도 그것을 가르쳐 주십시오.' 예수께서 그들에게 말씀하셨다. '너희는 기도할 때에, 이렇게 말하여라. "아버지, 그 이름을 거룩하게 하여 주시고, 그 나라를 오게 하여 주십시오. 날마다 우리에게 필요한 양식을 내려 주십시오. 우리의 죄를 용서하여 주십시오. 우리에게 빚진 모든 사람을 우리가 용서합니다. 우리를 시험에 들지 않게 하여 주십시오."' (눅 11:1~4)

어떤 본문은 하나의 특별한 단어를 사용하는데 못을 박는 망치처럼 "쉬지 말고without ceasing(그리스어: ektenes, adialeiptos)"라는 부사를 사용하는데 이 부사는 성경에 단 여섯 번밖에 나오지 않고 마치 이것 하나만은 절대 포기하지 말아야 한다고 하는 한 가지처럼 오직 기도에만 사용되었습니다.

교회는 그를 위하여 하나님께 간절히 기도하였다.(행 12:5)
나는 기도할 때마다, 언제나 여러분을 생각하며(롬 1:9)
우리는 여러분 모두를 두고 언제나 하나님께 감사를 드립니다. 우리는 기도할 때에 여러분을 기억하고 있습니다. 또 우리는 하나님 우리 아버지 앞에서 여러분의 믿음의 행위와 사랑의 수고와 우리 주 예수 그리스도께 둔 소망을 굳게 지키는 인내를 언제나without ceasing 기억하고 있습니다 … 우리가 하나님께 끊임없이 감사하는 것은 … 끊임없이without ceasing 기도하십시오.(살전 1:2-3, 2:13, 5:17)

예수님 스스로도 "늘 기도하고 낙심하지 말아야 한다."(눅 18:1)라고 가르치셨습니다. 이 말씀은 주님께서 오늘 당신에게 요구하시는 것입니다! 기도하십시오. 그리고 낙심하지 마십시오!

말씀	"끊임없이 기도하십시오."(살전 5:17)
불씨	나는 예수 그리스도로부터 직접 항상 기도하고 결코 낙심하지 말라는 명령을 받았습니다.
참고성경	눅 11:1~4, 18:1, 행 12:5, 롬 1:9, 엡 6:18, 살전 2:13, 5:17, 딤후 1:3
성경읽기	아침 – 출 25, 요 4 / 저녁 – 잠 1, 고후 13

능력으로 구비되었다
Equipped with Power

<u>3월 15일</u>

예수님은 능력으로 구비하지 않은 채로 자신의 제자들을 내보내신 적이 없으십니다.

예수께서 나아와 말씀하여 이르시되 하늘과 땅의 모든 권세를 내게 주셨으니 그러므로 너희는 가서 모든 민족을 제자로 삼아 아버지와 아들과 성령의 이름으로 침례를 베풀고 내가 너희에게 분부한 모든 것을 가르쳐 지키게 하라 볼지어다 내가 세상 끝날까지 너희와 항상 함께 있으리라 하시니라(마 28:18~20, 개역개정)
또 이르시되 너희는 온 천하에 다니며 만민에게 복음을 전파하라 믿고 침례를 받는 사람은 구원을 얻을 것이요 믿지 않는 사람은 정죄를 받으리라 믿는 자들에게는 이런 표적이 따르리니 곧 그들이 내 이름으로 귀신을 쫓아내며 새 방언을 말하며 뱀을 집어올리며 무슨 독을 마실지라도 해를 받지 아니하며 병든 사람에게 손을 얹은즉 나으리라 하시더라(막 16:15~18, 개역개정)

그 "표적들signs"은 능력 표적이었습니다. 우리는 단 한 가지의 사역 즉, 능력-표적의 복음을 위해서 사명을 받았습니다.

예수께서 오사 가운데 서서 이르시되 너희에게 평강이 있을지어다 이 말씀을 하시고 손과 옆구리를 보이시니 제자들이 주를 보고 기뻐하더라 예수께서 또 이르시되 너희에게 평강이 있을지어다 아버지께서 나를 보내신 것 같이 나도 너희를 보내노라 이 말씀을 하시고 그들을 향하사 숨을 내쉬며 이르시되 성령을 받으라(요 20:19~22, 개역개정)

아버지는 자기 아들을 성령의 능력으로 보내셨습니다. 그리스도께서는 우리가 다른 것을 가지고 열방으로 갈 것을 기대하지 않으셨습니다! 능력 사역은 단지 "가능성"이 아니라, 예수님께서 꿈꾸셨던 유일한 사역입니다! 그 이름만으로도 능력 사역은 그리스도의 이름으로 가는 사람들에게는 당연한 경험입니다. 능력 사역은 오늘날 우리가 함께 하는 사역입니다!

말씀	"'너희에게 평화가 있기를 빈다. 아버지께서 나를 보내신 것 같이, 나도 너희를 보낸다.' 이렇게 말씀하신 다음에, 그들에게 숨을 불어넣으시고 말씀하셨다. '성령을 받아라.'" (요 20:21~22)
불씨	귀하신 성령님은 나의 다음 호흡만큼 가까이 계시며, 나는 그분이 나에게 숨을 불어넣고 계시다는 것을 압니다.
참고성경	마 28:18~20, 막 16:15~18, 요 20:19~23
성경읽기	아침 - 출 26, 요 5 / 저녁 - 잠 2, 갈 1

> **3월 16일**

오순절은 우리에게 열쇠들을 주었습니다
Pentecost Gave Us Keys

그리스도인의 시대는 능력의 시대입니다. 구약성경에서 우리는 홍해와 엘리야와 엘리사 아래서 놀라운 일들을 행하시는 기사wonders의 하나님에 관해 읽습니다. 그러나 가끔 성령의 능력이 몇 사람의 개인이나 선지자들에게 위로부터 내려온 것을 제외하면, 구약성경 39권에는 많은 기사들이 드러나지는 않았습니다. 그 후에 예수님께서 베드로에게 천국 열쇠를 주셨습니다! 그 열쇠들은 그 진주문 옆에 있는 초소를 지키는 베드로의 허리띠에서 흔들리는 것이 아니라, 십자가에서 못 박혀 죽으신 그리스도의 복음의 열쇠들과 성령입니다. 그는 왕국을 열었으며 오늘날 우리도 동일한 열쇠들을 가지고 있습니다. 베드로는 이전에 아무도 본 적이 없었던 것을 보았습니다. 하루에 3천 명이 회개하고 성령으로 거듭났습니다. 그러자 사도들은 밖으로 나가서 그 열쇠의 능력을 시험해 보았습니다. 죽은 자가 살아나고, 시각, 청각, 지체장애자들이 온전한 건강을 회복하였으며, 수많은 사람들이 그리스도께로 돌아왔고, 예수 그리스도의 교회라는 새로운 것이 세상에 생겼습니다.

오순절은 성령을 세상에 주어서 나타나게 한 것입니다. 이는 하나님께서 육체와 물질의 세계에서 일하시는 것입니다. 우리는 오직 성령의 한 가지 형태만을 알고 있는데 그것은 나타나는 것입니다. "쉬는 상태resting"의 성령이나 정지된quiescence 성령이란 것은 없습니다. 오순절의 정수는 하늘로부터 강한 바람과 불의 혀같은 불꽃으로 성령의 활동입니다. 성령님은 일함으로써만 알려집니다. 움직이지 않는 바람이 없는 것처럼 움직이지 않는 성령님도 없습니다. 불지 않는 바람은 전혀 바람이 아닙니다. 바람은 결코 조용하거나 그냥 대기가 아닙니다. 성령님은 강한 바람이며, 8도 강도의 강풍에는 아무도 서 있을 수도 없고 점잖게 말을 할 수도 없습니다! 성령님이 계신 곳에는 행동, 즉 기적이 있으며, 하나님이 역사하고 있습니다!

"기적은 과거의 일이다"라고 하는 말들은 성령님의 인격은 물론, 바로 복음의 본질과 목적을 부정하는 것입니다. 성령님은 이 세상에서 일하도록 보내심을 받았습니다. 기적을 부인하고, 성령님의 능력을 부인함으로써 당신은 그리스도교가 어떤 것인지를 부인하는 것입니다. 그리스도교는 지금 시대에 살아 있는 남녀들 가운데서 행하시는 하나님의 능력입니다. 이것이 바로 이 시대를 그리스도인의 시대로 만드는 것입니다. 아마도 우리는 이 시대를 성령님의 시대라고 불러야 할지도 모릅니다! 우리 모두 이 시대를 온전히 살아갑시다!

말씀	"내가 너에게 하늘나라의 열쇠를 주겠다. 네가 무엇이든지 땅에서 매면 하늘에서도 매일 것이요, 땅에서 풀면 하늘에서도 풀릴 것이다."(마 16:19)
불씨	아버지, 오늘 나의 삶 속에서 성령님의 능력이 역사하시니 감사드립니다.
참고성경	마 16:19
성경읽기	아침 – 출 27, 요 6 / 저녁 – 잠 3, 갈 2

하나님 자신의 깃발과 활
God's Own Banner and Bow

3월 17일

홍수로 온 땅이 황폐한 것을 보고 노아는 매우 두려워했음에 틀림없습니다. 홍수 이후로 하늘에 구름이 어둡게 덮일 때마다 그는 안심할 필요가 있습니다. 하나님은 이렇게 말씀하셨습니다. "내가 무지개를 구름 속에 둘 터이니, 이것이 나와 땅 사이에 세우는 언약의 표가 될 것이다."(창 9:13) 무지개는 일곱 가지 색깔로 왕의 기준을 나타내는 하나님의 깃발입니다. 어떤 성상icon이나, 대오를 갖춘 국기나, 제국의 상징도 무지개와 견줄 바가 못 됩니다!

> 주 나의 하나님, 내가 주님께로 피합니다 … 하나님은 나를 지키시는 방패시요, 마음이 올바른 사람에게 승리를 안겨 주시는 분이시다. 하나님은 공정한 재판장이시요, 언제라도 악인을 벌하는 분이시다. 뉘우치고 돌아오지 않으면, 칼을 갈고 활을 겨누어 심판을 준비하신다. 살상 무기를 준비하시고, 화살 끝에 불을 붙이신다 … 나는 주님의 의로우심을 찬송하고 가장 높으신 주님의 이름을 노래하련다.(시 7:1, 10-13, 17)

창세기 9:13에 있는 활은 "무지개"로 번역된 단어와 똑같은 히브리어로서 전쟁 무기로 화살을 쏘는 데 사용하는 활입니다. 지평선 전체를 포괄하는 대단한 무기입니다! 하나님께서 마귀와 전투를 하실 때 그분은 얼마나 강력한 화살을 쏘겠습니까! "주님께서 용사처럼 나서시고, 전사처럼 용맹을 떨치신다. 전쟁의 함성을 드높이 올리시며, 대적들을 물리치신다."(사 42:13)

무지개는 단지 자연의 아름다운 한 현상이 아니라, 하나님의 활을 떠올리게 하는 하나님이 상기시켜 주시는 것입니다. 하나님의 그림들은 성경 전체에 나타납니다. 계시록을 읽어 보면 이런 표현이 있습니다. "그 보좌의 둘레에는 비취옥과 같이 보이는 무지개가 있었습니다 … 그 보좌로부터 번개가 치고"(계 4:3, 5) 하나님의 강력한 화살들. 어떤 바람도 무지개를 날려 보내지 못하고 어떤 마귀도 꺼버릴 수 없습니다. 전쟁은 진실로 주님께 속한 것입니다. 나쁜 징조 같은 어둠이 당신의 하늘을 가득 채우는 인생의 폭풍으로 고통을 받고 있다고 하더라도, 당신의 인간적인 눈에 보이는, 무지개 구름 속에 있는 활 모양을 한 스펙트럼의 일곱 색깔의 찬란함은 당신이 안심하도록 하는 하나님의 객관적인 기준입니다. 무지개는 세상과 당신을 향해 구부려진 하나님의 사랑의 표시입니다. 오늘 그분의 사랑을 받아들이십시오!

말씀	"싸움에 쓰는 우리의 무기는, 육체의 무기가 아니라, 하나님 앞에서 견고한 요새라도 무너뜨리는 강력한 무기입니다."(고후 10:4)
불씨	무지개는 물방울과 빛의 조화 이상이며 진실로 하나님의 약속입니다.
참고성경	창 9:13, 시 7:1~17, 사 42:13, 계 4:3~5
성경읽기	아침 - 출 28, 요 7 / 저녁 - 잠 4, 갈 3

[3월 18일]

하나님의 영
The Spirit of God

예수 그리스도를 통한 구원의 확실함에 관하여 하나님의 말씀이 말하는 것을 믿은 후에야 성령이 당신의 삶에서 활동하게 됩니다. "그 성령The Spirit이 우리의 영spirit과 함께, 우리가 하나님의 자녀임을 증언하십니다(롬 8:16). 성경이 "영"이란 단어를 두 번 사용하고 있는데, 한번은 대문자로 하나님의 영을, 한번은 소문자로 사람의 영을 나타내고 있습니다. 하나님의 영은 당신의 "사람의 영"에게 당신이 하나님의 자녀임을 증거하고 있습니다. 당신은 하나님의 본성을 받았으며, 당신의 새 영heart은 당신에게 하나님이 당신의 아버지라고 말하고 있습니다. 이제 당신은 그분과 가까운 관계가 되어 "아빠, 아버지!Abba, Father!"라고 부릅니다(롬 8:15). 이제는 당신의 감정조차도 당신 안에 있는 성령님의 증거에 맞게 조정되어야 하므로, 문제는 완전하게 해결됩니다.

> 그러나 기한이 찼을 때에, 하나님께서는 자기 아들을 보내셔서, 여자에게서 나게 하시고, 또한 율법 아래에 놓이게 하셨습니다. 그것은 율법 아래에 있는 사람들을 속량하시고, 우리로 하여금 자녀의 자격을 얻게 하시려는 것이었습니다. 그런데 여러분은 자녀이므로, 하나님께서 그 아들의 영을 우리의 마음에 보내 주셔서 우리가 하나님을 "아빠, 아버지"라고 부를 수 있게 하셨습니다.(갈 4:4~7)

핵심은 회개와 믿음 다음에 당신이 하나님의 말씀을 믿는 것입니다. 그렇지 않다면 당신은 자신의 구원마저도 확신할 수 없을 것이기 때문입니다. 하나님은 당신을 자녀라고 부르시며 당신은 하나님이 당신의 아버지라고 확신할 수 있으며, 다른 모든 그리스도인들은 당신의 형제자매라고 말하고 있습니다. 이는 땅 위에서나 하늘에서나 인종, 지혜, 나이, 교육에 의한 구별이나 차별이 없이 모든 하나님의 가족을 하나 되게 합니다! 하나님께 영광 돌립니다!

만일 사람들이 자신들의 "지적인 정직성"을 과시하려고 어려운 문제들을 제기함으로써 그들의 학식을 과시하려고 한다면 예수님은 단순하게 그들이 "성경도 모르고, 하나님의 능력도 모르기 때문에, 잘못 생각하고 있다."라고 말씀하십니다(마 22:29). 논리는 하나님의 영heart과 마음mind으로부터 나오는 영원한 구원의 차원을 포용할 수가 없습니다. 하나님을 시험관에 넣을 수가 없습니다. 오늘 하나님의 말씀이 당신의 안내자가 되게 하십시오.

말씀	"바로 그때에 그 성령이 우리의 영과 함께, 우리가 하나님의 자녀임을 증언하십니다." (롬 8:16)
불씨	하늘에 계신 나의 놀라운 아버지를 "아빠!Daddy"라고 부를 수 있는 것이 얼마나 큰 특권인지요!
참고성경	마 22:29, 롬 8:15~16, 갈 4:4~7, 벧후 1:4
성경읽기	아침 - 출 29, 요 8 / 저녁 - 잠 5, 갈 4

성경 폭약
Scripture Dynamite

<small>3월 19일</small>

　예수님은 무엇을 선포하셨을까요? 예수님은 자신에 관해서 말씀하셨습니다. 엠마오로 가는 길에서 글로바와 또 한 친구와 걸으시면서 주님은 성경을 가지고 그들에게 설명해 주셨습니다. 그분의 모든 가르침은 "자신에 관한 것"(눅 24:27)이었습니다. 예를 들면, 주님께서 나사렛을 떠나 그분의 놀라운 사역을 시작하셨을 때 누가복음은 예수께서 어느 날 돌아오셔서 그 동네의 회당에 들어가셨다고 우리에게 말하고 있습니다. 20년 동안 주님은 매주 바로 그 회당에 신실하게 참석하셨습니다. 관습에 따르면 성경을 읽도록 허락된 사람들에게 성경을 읽고 나서 그 말씀에 대해서 아마도 몇 마디 말하도록 하였습니다. 자연스럽게, 예수께서 다시 회당에 참석하셨을 때, 그분은 그렇게 하도록 초대를 받았습니다. 복음의 메시지는 구약성경에서 발견되었는데, 사실 구약성경은 복음으로 가득 차 있습니다! 누가는 예수께서 이사야 61장에서부터 읽으셨다고 말하고 있습니다.

> 주님의 영이 내게 내리셨다. 주님께서 내게 기름을 부으셔서, 가난한 사람에게 기쁜 소식을 전하게 하셨다. 주님께서 나를 보내셔서, 포로 된 사람들에게 해방을 선포하고, 눈먼 사람들에게 눈 뜸을 선포하고, 억눌린 사람들을 풀어 주고, 주님의 은혜의 해를 선포하게 하셨다.(눅 4:18~19)

　의심할 바 없이 회당에 있던 많은 사람들은 이 구절들을 외우고 있었을 것인데, 그 말씀은 8백 년 동안 읽혔기 때문입니다. 회당장은 두루마리 성경을 돌려 받았습니다. 그는 매우 경건하게 두루마리 성경을 받아 들고, 키스를 하고 보관한 후에 다음 주까지 잊어버렸습니다. 그러나 갑자기 그 두루마리는 다이너마이트 막대기가 되었습니다. 예수님의 입술에 있는 그 말씀은 바로 효과를 발휘했습니다. 그 말씀은 졸던 회중을 깨웠습니다! 그분은 그 말씀이 자신에 관한 것임을 보여주셨습니다. 그 말씀에는 일곱 개의 분명한 문장이 있었는데 모두 그분에게는 물론 현재 우리에게 적용되었습니다. "오늘" 그분은 담대히 말씀하셨습니다. "이 말씀이 너희가 듣는 가운데 이루어졌다."(눅 4:21) 이리하여 그분은 자신이 기름부음을 받은 자 그리스도, 그 모든 약속된 위업을 이룰 분인 것을 선언하셨습니다. 자유를 선포하십시오! 사람들에게 강단에서의 과시나, 매혹시키거나 흥분시키거나 겁을 주기 위해 설교하지 마십시오. 당신은 모든 종류의 효과에 대해 설교할 수 있지만 예수님은 단순하게 자유를 선언하셨습니다. 그분은 그날 회당에서 희년이 시작되었음을 선포하셨습니다. 그분은 진정한 희년인 구원이 무엇인지 보여주셨습니다. 이것은 이스라엘 사람들만을 위한 희년이 아니라 온 세상을 위한 희년이었습니다. 당신과 당신이 복음을 전하는 그 사람들을 위한 희년!

말씀	"예수께서 그들에게 말씀하셨다. '이 성경말씀이 너희가 듣는 가운데서 오늘 이루어졌다.' 사람들은 모두 감탄하고, 그의 입에서 나오는 그 은혜로운 말씀에 놀라서"(눅 4:21~22)
불씨	우리 입술에 있는 예수 그리스도의 복음은 영적인 다이너마이트가 될 것입니다.
참고성경	사 61:1~2, 눅 4:18~22, 눅 24:13~28
성경읽기	아침 - 출 30, 요 9 / 저녁 - 잠 6, 갈 5

3월 20일 — 어제, 오늘, 영원토록
Yesterday, Today, Forever

누가복음에서 나인이란 마을에서 한 죽은 청년을 살리셨을 때, 그리스도의 한결같음을 보여주는 한 예가 있습니다.

> 예수께서 성문에 가까이 이르셨을 때에, 사람들이 한 죽은 사람을 메고 나오고 있었다. 그 죽은 사람은 그의 어머니의 외아들이고, 그 여자는 과부였다. 그런데 그 성의 많은 사람이 그 여자와 함께 따라오고 있었다. 주님께서 그 여자를 보시고, 가엾게 여기셔서 말씀하셨다. '울지 말아라.' 그리고 앞으로 나아가서, 관에 손을 대시니, 메고 가는 사람들이 멈추어 섰다. 예수께서 말씀하셨다. '젊은이야, 내가 네게 말한다. 일어나라.' 그러자 죽은 사람이 일어나 앉아서, 말을 하기 시작하였다. 예수께서 그를 그 어머니에게 돌려주셨다.(눅 7:12~15)

우리는 예수님이 울고 있던 어머니를 보고 가엾게 여기셨다는 것을 읽습니다. 같은 지역에서 선지자 엘리야와 엘리사 모두 어머니의 죽은 자녀를 살려주었습니다. 이 이야기는 8백 년 전의 일이었습니다.

이런 점을 주의해서 보십시오. 두 이야기 다 엘리야와 엘리사 모두 아들들을 어머니에게 돌려주었으며, 예수님도 똑같은 일을 하셨습니다. 주님은 젊은이를 살려서 그의 어머니에게 돌려주셨습니다.

2천 년이 지난 지금에도 그분의 능력이나 동정심은 아무런 차이가 없습니다! 여러 세대에 걸쳐 그리스도의 치유의 손길을 경험해왔습니다. 우리는 그분의 지문, 즉 그분이 일하시는 전형적인 방법을 알 수 있습니다. 그분은 한낮의 태양같고 결코 꺼지지 않습니다. 그분의 강력한 햇빛은 악이란 바이러스를 죽입니다.

그분이 지구를 떠나서 아버지께로 승천하신 지 2천 년이 지났지만 오늘 당신이나 나의 삶에서 그분의 능력이나 동정심은 조금도 변함이 없습니다! 우리의 치유는 그분의 부활의 능력에 근거하고 있습니다! 그분은 살아 계십니다.

말씀	"주님의 영이 내게 내리셨다. 주님께서 내게 기름을 부으셔서, 가난한 사람에게 기쁜 소식을 전하게 하셨다. 주님께서 나를 보내셔서, 포로 된 사람들에게 해방을 선포하고, 눈먼 사람들에게 눈뜸을 선포하고, 억눌린 사람들을 풀어 주고, 주님의 은혜의 해를 선포하게 하셨다."(눅 4:18~19)
불씨	나는 하나님께서 모든 사람들에게 그분의 동정심을 나타내는 도구로 나를 사용하도록 자신을 내어드립니다.
참고성경	왕상 17:1~24, 왕하 4:1~44, 눅 7:11~17
성경읽기	아침 – 출 31, 요 10 / 저녁 – 잠 7, 갈 6

하나님께 알러지 반응을?
Allergic to God?

3월 21일

죄는 관계를 비극적으로 파괴합니다. 거리의 폭력, 아동 학대, 인종과 국적이 다른 사람들간의 증오, 부패, 한 사람이나 두 사람 모두에 의해서 상처받고 죽는 결혼과 같은 파괴를 우리 주변에서 볼 수 있습니다. 할리우드의 한 여배우는 이렇게 말했습니다. "다이아몬드가 아니라 이혼 전문 변호사들이야말로 여자들의 가장 좋은 친구라는 것을 나는 발견했습니다."

이 파괴의 사슬에서 마지막 피해는 하나님과의 관계입니다. 하나님과 단절된 우리는 그분과의 분리된 고통을 느낍니다. 많은 사람들에게 인생은 아무 의미도 목적도 없습니다. 이것은 하나님께서 계획한 것이 아닙니다. 하나님은 우리가 그분과 사랑의 관계를 가지고 살도록 우리를 창조하셨습니다. 그런데 우리는 마치 하나님께 알레르기라도 있는 듯이 하나님으로부터 도망가서 숨었습니다.

> 그러자 두 사람의 눈이 밝아져서, 자기들이 벗은 몸인 것을 알고, 무화과나무 잎으로 치마를 엮어서, 몸을 가렸다. 그 남자와 그 아내는, 날이 저물고 바람이 서늘할 때에, 주 하나님이 동산을 거니시는 소리를 들었다. 남자와 그 아내는 주 하나님의 낯을 피하여서, 동산 나무 사이에 숨었다.(창 3:7~8)

예수님은 이에 대하여 이렇게 말씀하셨습니다. "빛이 세상에 들어왔지만, 사람들이 자기들의 행위가 악하므로, 빛보다 어둠을 더 좋아하였다."(요 3:19) 집에서 멀리 떨어진 어둠 속에서 길을 잃은 우리에게 무슨 소망이 있겠습니까? 하나님께서 우리를 어디에서부터 이끌어 내었는지 이런 질문들을 다시 해보는 것은 중요합니다. 소망도 없고 더러운 깊은 죄로부터 나왔기 때문에 우리는 오늘도 아직 어둠 속에서 잃어버려진 세상을 향하여 그분의 빛과 구원을 제공하기에 더 잘 준비되어 있습니다.

> 그에게서 생명을 얻었으니, 그 생명은 사람의 빛이었다. 그 빛이 어둠 속에서 비치니, 어둠이 그 빛을 이기지 못하였다.(요 1:4~5)

오늘부터 그리스도의 빛이 여러분의 심령을 가득 채우게 하여 당신에게서 빛이 나오게 하십시오.

말씀	"그런데 하나님의 의는 예수 그리스도를 믿는 믿음을 통하여 오는 것인데, 모든 믿는 사람에게 미칩니다. 거기에는 아무 차별이 없습니다."(롬 3:22)
불씨	나는 이전의 내가 아님으로 인하여 하나님께 감사를 드립니다.
참고성경	창 3:7~8, 요 1:4, 3:19, 롬 3:22
성경읽기	아침 – 출 32, 요 11 / 저녁 – 잠 8, 엡 1

3월 22일

의심을 쫓아내는 법
How to Rout Doubt

고린도에서 바울은 연약하고 떨렸으며 죽을 목숨에 대한 두려움마저 느꼈습니다. 그럼에도 불구하고 그는 하나님께서 자기와 함께 하신다는 것을 알았습니다. 그는 자주 "낙담하고"(고후 1:8), "살 희망마저 잃을 지경에 이르렀다"라고 했지만, 그의 소망의 확신은 절대적으로 영향을 받지 않았습니다. 마귀가 거짓으로 어떤 느낌을 느끼게 할 수 있다는 것을 알고 있습니까? 마귀는 거짓말로 당신을 혼란스럽게 하지 못하면 당신의 감정을 우울하게 합니다. 그러나 사탄은 거짓의 아비라는 성경의 경고를 기억하십시오. 어떤 사람들은 하루는 구원받은 것 같고 다음날은 아닌 것 같이 느끼다가도 또 그 다음날에는 그들의 구원이 돌아온 것 같습니다. 모두 다 느낌입니다! 사탄의 거짓말을 믿지 않는다면 사탄이 당신에게 주는 거짓 감정도 믿지 마십시오.

그러면 어떻게 해야 할까요? 해답은 하나님의 말씀입니다. 요한복음 5장 24절 같은 성경 말씀을 찾아서 반복해서 읽으십시오!

말씀은 당신의 출생 증명서입니다. 하나님은 당신이 그분의 자녀이며, 당신은 영생을 가지고 있고, 그 말씀은 결코 틀리지 않는다고 말씀하십니다. 당신은 길을 잃지 않을 것입니다. 당신은 이것을 그냥 믿고, 당신은 믿어야만 합니다!

한 어린 소년이 주일 학교에서 예수를 구원자로 영접하였습니다. 주일학교 선생님께서 그에게 망치를 쳐서 못을 박듯이 요한복음 5장 24절을 강조하셔서 그는 신약성경을 찾아 그 말씀에 줄을 그었습니다. 그날 밤 그는 침대에서 성경을 읽고 기도하고 전등을 껐습니다. 그때에 마귀가 그에게 의심과 그가 구원받지 못했다는 생각을 떠올리게 했습니다. 그 소년은 즉시 전등을 켜고 요한복음 5장 24절을 다시 읽었습니다. 그는 성경이 바뀌지 않아서 행복했습니다! 성경은 여전히 그가 영생을 소유하고 있다고 말했습니다. 그가 전등을 끄자 다시 한번 의심이 되돌아왔습니다. 이번에 의심은 그의 침대 밑에서 나온 것 같았다고 그는 말했습니다. 한번 더 그는 전등을 켜고 요한복음 5장 24절을 다시 펴, 침대 아래에 그의 신약성경을 들고서 "마귀야 여길 보아라, 나를 믿지 않으면 너 스스로 이것을 읽어 봐라. 나는 사망에서 생명으로 옮겨졌어. 나는 하나님의 자녀란 말이야!" 단순하고 어린이 같은 믿음으로 오늘 이 약속을 당신의 것으로 받아들이십시오!

말씀	"내가 진정으로 진정으로 너희에게 말한다. 내 말을 듣고 또 나를 보내신 분을 믿는 사람은, 영원한 생명을 가지고 있고 심판을 받지 않는다. 그는 죽음에서 생명으로 옮겨갔다." (요 5:24)
불씨	나는 느낌이 아니라 믿음으로 걷습니다.
참고성경	요 5:24, 8:44, 고전 2:3, 고후 1:8, 4:9
성경읽기	아침 – 출 33, 요 12 / 저녁 – 잠 9, 엡 2

예수님의 명령들
The Imperatives of Jesus

3월 23일

예수님께서 "너희는 거듭나야 한다"(요 3:7, 개역개정)고 하신 후에 그분은 즉시 이 말씀도 하셨습니다: "인자도 들려야 하리니."(14절) 주님은 "반드시"라는 단어를 두 곳에 똑같이 사용하셨습니다. 우리의 필요는 우리의 필요를 채우기 위해서 그분의 필요가 됩니다. 예수님은 끊임없이 긴요한 하나님의 뜻 아래서 사셨습니다. 우리가 구원받아야 했기에 그분은 우리를 구원해야만 했습니다. 그분은 "내가 가진 다른 양들" 즉 구원받아야 할 양들을 "나는 그 양들도 이끌어 와야 한다."라고 말씀하셨습니다(요 10:16).

> 너희는 어떻게 생각하느냐? 어떤 사람에게 양 백 마리가 있는데, 그 가운데 한 마리가 길을 잃었다고 하면, 그는 아흔아홉 마리를 산에다 남겨두고서, 길을 잃은 그 양을 찾아 나서지 않겠느냐? 내가 너희에게 말한다. 그가 그 양을 찾으면, 길을 잃지 않은 아흔아홉 마리 양보다, 오히려 그 한 마리 양을 두고 더 기뻐할 것이다. 이와 같이, 이 작은 사람들 가운데서 하나라도 망하는 것은, 하늘에 계신 너희 아버지의 뜻이 아니다.(마 18:12~14)

하나님의 계시는 우리의 믿음과 전도의 기초가 됩니다. 우리 주 예수 그리스도, 변함이 없으신 분, 성경의 하나님은 결코 우리를 놓아 버리지 않을 것입니다. 당신과 나는 그분의 명령에 그분의 손을 잡고 가서 … 우리는 지친 세상에 그분을 소개할 것입니다. 예수님은 사도 베드로에게도 잃어버린 세상에 복음을 전할 긴박한 필요성을 느끼도록 하셨습니다.

> 어떤 이들이 생각하는 것과 같이, 주님께서는 약속을 더디 지키시는 것이 아닙니다. 도리어 여러분을 위하여 오래 참으시는 것입니다. 하나님께서는 아무도 멸망하지 않고, 모두 회개하는 데에 이르기를 바라십니다.(벧후 3:9)

시작을 하시는 분은 우리가 아니라 하나님이라는 것을 나는 당신에게 상기시켜 주겠습니다. 모든 것 배후에는 하나님의 영이 일하고 계십니다. 이것이 맞는다면 우리는 하나님이 하시는 일과 관계가 있거나 무관하거나 둘 중에 하나입니다. 오, 오늘 세상에서 하나님이 하시는 일에 항상 관계가 있도록 우리 모두 애씁시다!

말씀	"모세가 광야에서 뱀을 든 것 같이, 인자도 들려야 한다. 그것은 그를 믿는 사람마다 영생을 얻게 하려는 것이다."(요 3:14~15)
불씨	나의 하늘 아버지께서는 나와 참된 관계를 원하십니다. 그러므로 하나님은 자신의 가장 좋은 것을 보내셔서 내가 깨끗한 심령으로 관계를 맺을 수 있도록 하셨습니다.
참고성경	마 18:12~14, 요 3:1~21, 10:7~18, 벧후 3:9
성경읽기	아침 - 출 34, 요 13 / 저녁 - 잠 10, 엡 3

3월 24일

우리의 가장 높고 고상한 과제
Our Highest and Noblest Task

주님을 위해 박해를 받았던 사도 바울은 어느 날 왕궁의 악취나는 지하 감옥에서 나와서, 쇠로 된 수갑 때문에 상처입은 손목으로 법정에 끌려 나왔습니다. 그는 차고 있는 족쇄의 쇠소리를 울리며 그의 손을 높이 들고서 보라색 옷과 금으로 장식하여 화려하게 차려입은 거만한 귀족들 앞에서 그리스도를 선포했습니다. 오직 그날 바울이 그들 앞에 섰었기 때문에 그들은 기억될 수밖에 없게 되었습니다. 그들의 죄수였던 다소 출신의 한 작은 로마 시민권자 유대인이 그들을 영원히 기억되게 만들었습니다.

백부장 글라우디오 루시아, 총독 벨릭스, 대제사장 아나니아, 변호사 더둘리오, 벨릭스의 아내 드루실라, 보르기오 베스도, 아그립바 왕, 버니게 왕비—이것은 마치 어떤 상류사회의 파티에 초청된 사람들의 명단 같습니다. 아마도 이 이름들은 역사에서 사라졌을 텐데, 누가는 초대교회의 활동과 바울의 재판 이야기를 하면서 그들에 관하여 기록하고 있습니다. 바울은 말하는 동안 그는 유럽과 전 세계의 미래를 바꾸고 있었습니다. 감옥 냄새가 나는 바울은 왕들과 법정에 그들과 함께 하고 있는 모든 사람들에 대한 동정심으로 가슴이 너무나 아팠습니다. 그는 이렇게 말함으로써 자신에 대한 변호를 마쳤습니다. "나는 임금님 뿐만 아니라, 오늘 내 말을 듣고 있는 모든 사람이, 이렇게 결박을 당한 것 외에는, 꼭 나와 같이 되기를 하나님께 빕니다."(행 26:29)

오늘 우리는 우리가 사는 이 크고 강한 세상에 말하도록 부름을 받았습니다. 우리는 항상 사랑의 복음 진리에 더 열려있는 무명의 적은 사람들에게 다가갑니다. 그러나 우리는 권세 있는 사람들에게도 다가가려고 해야 합니다. "왕들 앞에서 거침없이 주님의 증거들을 말하고, 부끄러워하지 않겠습니다."(시 119:46) 담대함과 순종은 이런 증거의 열쇠입니다.

> 또 너희는 나 때문에, 총독들과 임금들 앞에 끌려나가서, 그들과 이방 사람 앞에서 증언할 것이다. 사람들이 너희를 관가에 넘겨줄 때에, 어떻게 말할까, 또는 무엇을 말할까, 하고 걱정하지 말아라. 너희가 무슨 말을 해야 할지, 그때에 지시를 받을 것이다. 말하는 이는 너희가 아니라, 너희 안에서 말씀하시는 아버지의 영이시다.(마 10:18~20)

이 말씀은 오늘날에도 하나님의 종들의 몫입니다. 예수 그리스도의 복음을 선포하여 그분의 영원한 왕국을 세우는 것은 어떤 것보다 높고 고귀한 과업입니다. 왕 중의 왕, 주 중의 주의 영광스러운 사명에 여러분이 나와 함께 하기를 초청합니다!

말씀	"'이것은 그들의 눈을 열어 주어서, 그들이 어둠에서 빛으로 돌아서고, 사탄의 세력에서 하나님께로 돌아오게 하며, 또 그들이 죄사함을 받아서 나에 대한 믿음으로 거룩하게 된 사람들 가운데 들게 하려는 것이다' 하고 말씀하셨습니다."(행 26:18)
불씨	나는 예수 그리스도의 복음을 전하여 그분의 영원한 왕국을 세우는 일에 나를 헌신합니다. 이는 어떤 일보다 더 높고 고귀한 일입니다.
참고성경	시 119:46, 마 10:18~20, 행 26:1~32
성경읽기	아침 - 출 35, 요 14 / 저녁 - 잠 11, 엡 4

요한의 문제
John's Problem

3월 25일

침례자 요한은 선지자 요나와 엘리야와 비슷한 문제를 가지고 있었습니다. 그는 심판의 불을 선포하였습니다.

> 독사의 자식들아, 누가 너희에게 닥쳐올 진노를 피하라고 일러주더냐? … 도끼를 이미 나무 뿌리에 갖다 놓으셨다. 그러므로 좋은 열매를 맺지 않는 나무는 다 찍어서 불 속에 던지신다 … 그는 자기의 타작 마당을 깨끗이 하려고, 손에 키를 들었으니, 알곡은 곳간에 모아들이고, 쭉정이는 꺼지지 않는 불에 태우실 것이오.(눅 3:7, 9, 17)

누가 "요한은 그밖에도, 많은 일을 권면하면서, 백성에게 기쁜 소식을 전하였다."라고 덧붙인 것이 불의 엘리야가 한 설교와 너무 비슷하다는 것은 역설적입니다! "지옥불"과 "기쁜 소식"이 같은가요?

나중에 요한은 예수님께서 일하시는 것을 보고 어떤 불타는 심판도 떨어지지 않는 것을 보았습니다. 그는 사람을 보내서 자신이 메시아로 잘못 알아보지는 않았는지를 예수님께 물었습니다. 예수님은 병들고 죽어가는 사람들 가운데 있는 하나님의 긍휼하심을 묘사하라고 그들에게 말씀하시며 그들을 돌려보내셨습니다. "나에게 걸려 넘어지지 않는 사람은 복이 있다."(눅 7:23)

당신과 나는 어린이들을 강간하고 살해하는 사람을 어떻게 판단합니까? 심판을 받아야 마땅합니까, 아니면 긍휼이 필요합니까? 남자들을 유혹하여 빈털터리가 되게 하고 치명적인 질병에 걸리게 하는 창녀에 대해서 우리는 어떻게 행동합니까? 그녀의 죄를 씻기 위해서 지옥 불이 합당합니까, 아니면 구원하기 위해서 돕는 손을 내밀어야 합니까? 만일 이것이 우리들 인간들에게 달렸다면 우리는 오래 전에 이미 전 인류를 쓸어버렸을 것입니다! 그러나 하나님은 끊임없이 우리 인간들을 사랑하시며, 세대를 이어서 우리들에게 그분의 동정심과 긍휼하심을 쏟아부으셨습니다. 복음 전도자의 심령에 감동을 주셔서 어둡고 더러운 세상, 바로 당신과 나의 세상으로 복음의 빛을 비추신 분이 바로 하나님이십니다!

말씀	"예수께서 그들에게 이렇게 대답하셨다. '너희가 보고 들은 것을, 가서 요한에게 알려라. 눈먼 사람이 다시 보고, 다리 저는 사람이 걷고, 나병환자가 깨끗해지고, 귀먹은 사람이 듣고, 죽은 사람이 살아나고, 가난한 사람이 복음을 듣는다. 나에게 걸려 넘어지지 않는 사람은 복이 있다.'"(눅 7:22~23)
불씨	나는 나의 삶이 그리스도께서 일생 동안, 심지어 자신의 죽음을 통해서 아낌없이 보여주셨던 그 자비로운 긍휼의 표본이 되기 원합니다.
참고성경	눅 3:7~18, 7:22~23
성경읽기	아침 – 출 36, 요 15 / 저녁 – 잠 12, 엡 5

3월 26일
증가하는 믿음
Increasing Faith

우리에게 진정한 믿음이 없다면, 성경을 읽으면 믿음이 생깁니다. 우리에게 믿음이 조금 있다면 마찬가지 방법으로 우리는 믿음을 더 얻을 수 있습니다. 우리는 먼저 믿음을 얻은 다음에 믿음을 성경으로 가져가지 않습니다. 성경은 믿음을 격려합니다. "믿음은 들음에서 나며 들음은 하나님의 말씀으로 말미암았느니라"(롬 10:17, 개역개정). 많은 사람들은 믿지 않고 성경도 읽지 않습니다. 그들은 아픈데도 약병 뚜껑을 단단하게 막아 두고 있습니다. 믿음이 없는 사람들은 만일 그들이 성경을 열어 본다면 그들은 믿는 자가 되어버릴 것이라고 "경고"를 받아야 합니다!

성령은 우리를 십자가로 이끕니다. 갈보리 산에 갔던 사람들만이 산을 옮기기 시작합니다. 갈보리 산에 가지 않았던 사람들은 두더지 언덕이나 아니, 두더지 한 마리도 옮길 수 없습니다. 진짜 믿음은 대학에서 시작하는 것이 아니기 때문에 아무 믿음도 없이 대학에 가면 더 적은 믿음을 가지게 될 것은 분명합니다! 우리가 그리스도께서 구원하는 곳에 간 적이 없다면, 신학 박사 학위를 받아도 효과가 없을 것입니다. 출발을 알리는 권총은 "그 도시 성벽에서 멀리 떨어진 푸른 언덕"에서 울려 퍼졌고, 우리는 그리스도 안에서 하나님의 높은 부르심의 푯대를 향하여 행진을 하고 있습니다. 의심하면서 사는 삶은 짙은 안개 속에 갇혀있는 것과 같습니다. 우리는 레이더가 필요합니다. 믿음은 이 불확실한 세상에서 레이더를 제공합니다. "복음에는 하나님의 의가 나타나서 믿음으로 믿음에 이르게 하나니 기록된 바 오직 의인은 믿음으로 말미암아 살리라 함과 같으니라"(롬 1:17, 개역개정). 하나님을 믿으십시오! 이것이야말로 인생의 가장 큰 모험입니다.

> 사도들이 주님께 말하였다. '우리에게 믿음을 더하여 주십시오.' 주님께서 말씀하셨다. '너희에게 겨자씨 한 알만한 믿음이라도 있으면, 이 뽕나무더러 "뽑혀서, 바다에 심기어라" 하면, 그대로 될 것이다.' (눅 17:5~6)

믿음에 관한 한, 내가 할 수 있는 한 가장 넓게, 지식과 경험을 나는 제공하고 싶습니다. 이 믿음의 길을 멀리 앞서 걸어가고 있든지, 이제 막 시작했든지, 아직 시작도 하지 않았든지… 나는 그들 곁에 다가가서 내가 평생 수집해 놓은 보물을 그들과 나누고 싶습니다. 당신도 주님과 함께 사는 삶에서 성장함에 따라 이와 같이 하기 바랍니다. 당신의 믿음은 감춰두기에는 너무나 귀합니다. 기회가 있는 대로 자주 나누십시오. 그리고 매일 오늘도 당신이 사는 모습을 통해 믿음을 보여주십시오.

말씀	"그리스도 예수 안에서, 하나님께서 위로부터 부르신 그 부르심의 상을 받으려고, 목표점을 바라보고 달려가고 있습니다."(빌 3:14)
불씨	사랑하는 주님! 이것이 나의 기도입니다. 오늘 당신의 영광을 위해 나의 믿음을 나눌 기회를 주십시오.
참고성경	눅 17:5~6, 롬 1:17, 10:17, 빌 3:14
성경읽기	아침 – 출 37, 요 16 / 저녁 – 잠 13, 엡 6

삼위 하나님의 비서
The Secretarey of the Trinity

3월 27일

  한번은 누군가가 성령님은 삼위 하나님의 비서라고 하는 말을 들은 적이 있습니다. 이 말을 생각해 보고 나는 동의해야 했습니다. 비서의 일은 이사회에서 결정된 일들을 관계된 사람들에게 전달하는 것입니다. 예수님을 당신의 구원자로 모시고 나면 이제 성령님께서 즉시 행동하기 시작합니다. 당신의 심령의 문에 아래의 메시지가 등기우편으로 도착합니다.
  사랑하는 (여기에 당신의 이름을 적어 넣으십시오),
  나는 아버지와 아드님께서 당신의 죄는 용서받았고 깨끗하게 지워졌다는 것을 당신에게 알려주라는 부탁을 받았습니다. "하나님께서는 우리에게 불리한 조문들이 들어 있는 빚문서를 지워 버리시고, 그것을 십자가에 못 박으셔서, 우리 가운데서 제거해버리셨습니다."(골 2:14)
  뿐만 아니라 나는 당신의 이름이 하늘에 있는 어린 양의 생명책에 기록되었다는 것을 알려주라고 지시를 받았습니다. "너희의 이름이 하늘에 기록된 것을 기뻐하여라."(눅 10:20)
  나는 당신이 죽기까지 신실하기를 권면합니다. "네가 장차 받을 고난을 두려워하지 말아라. 보아라, 악마가 너희를 시험하여 넘어뜨리려고, 너희 가운데서 몇 사람을 감옥에다 집어넣으려고 한다. 너희는 열흘 동안 환난을 당할 것이다. 죽도록 충성하여라. 그리하면 내가 생명의 면류관을 너에게 주겠다."(계 2:10)
  썩지 않는 왕관과 기업이 하늘에서 당신을 기다리고 있습니다.

  우리 주 예수 그리스도의 하나님 아버지께 찬양을 드립시다. 하나님께서는 그 크신 자비로 우리를 새로 태어나게 하셨습니다. 그리하여 그는, 죽은 사람들 가운데서 예수 그리스도가 부활하심으로 말미암아 우리로 하여금 산 소망을 갖게 해주셨으며, 썩지 않고 더러워지지 않고 낡아 없어지지 않는 유산을 물려받게 하셨습니다. 이 유산은 여러분을 위하여 하늘에 간직되어 있습니다. 하나님께서는 여러분의 믿음을 보시고 그의 능력으로 여러분을 보호해 주시며, 마지막 때에 나타나기로 되어 있는 구원을 얻게 해주십니다.(벧전 1:3~5)

  끝으로 나는 "주 안에서와 그의 힘의 능력으로 강건하여지라"(엡 6:10, 개역개정)고 당신을 촉구합니다. 삼위 하나님을 대신하여, 가장 신실하고 항상 함께 하는 자로부터(요 12:16 참조) - 성령

말씀	"바로 그때에 그 성령이 우리의 영과 함께, 우리가 하나님의 자녀임을 증언하십니다." (롬 8:16)
불씨	하나님의 연애 편지가 내 마음에 새겨져 있습니다.
참고성경	눅 10:20, 요 14:16, 엡 6:10, 골 2:14, 벧전 1:3~5, 계 2:10
성경읽기	아침 – 출 38, 요 17 / 저녁 – 잠 14, 빌 1

3월 28일

성령님을 이해하기
Understanding the Holy Spirit

수많은 사람들이 우리의 복음 전도집회를 통해서 성령 안에서 침례를 받았으며, 하나님의 사랑과 능력이 나타남을 정기적으로 볼 수 있었습니다. 이런 사건들을 통하여 내가 얻은 이해를 설명하고 싶습니다. 나의 최종 권위는 늘 성경입니다. 물론 경험은 내가 성령의 일들을 파악하는 데 도움이 되었습니다. 그러나 베드로는 이렇게 기록했습니다. "하나님은 생명과 경건에 속한 모든 것을 우리에게 주셨습니다."(벧후 1:3) 성경은 우리의 경험이 진리임을 확증해 줍니다.

성령님에 대한 나의 이해를 나누면서, 나는 나의 결론이 내가 본 것으로 밝혀진 말씀을 통해 이르게 되었음을 보여주려고 합니다. 많은 다른 관점들이 존재합니다. 이런 모든 가르침들을 판단하는 데 동의하고 받아들여진 어떤 기준이 되는 권위가 없는 한 다양성은 반드시 존재하게 되어 있습니다. 경험 자체는 다양하지만 말씀은 그렇지 않습니다. 하나님이 하신 것들에 관해 듣고싶어 하는 자연스러운 갈증도 있고, 말씀은 전혀 언급하지도 않더라도 자신의 경험을 지지하도록 하면서 자신의 경험을 최우선으로 하여 결론을 내는 경향도 있습니다. 이런 "일화 신학anecdotal theology"은 별로 새로운 것도 아닙니다. 예를 들면 오직 과거에 일어났던 것들만 연구한 것에 근거하여 주장되었던 부흥의 이론들도 있습니다. 나는 이런 접근을 우려하여서, 나의 출발점은 말씀이어야만 한다고 결단을 내렸습니다. 이것이 나의 입장입니다. 나의 성령학pneumatology:성령에 관한 것들은 말씀이 말하고 있는 판단에 복종해야만 했습니다. 이것이 건전한 훈련입니다.

경험은 말씀으로 도전받아야 하며, 경험이 말씀에 도전해서는 안 되며, "그냥 일어난 일"에 말씀을 적용해서도 안 됩니다. 그럼에도 불구하고, 당신은 내가 나의 가르침을 하나님께서 우리의 전도집회에서 하시고 계신 일들을 가지고 설명을 하고 있는 것을 보게 될 것입니다. CFANChrist For All Nations의 한 나라를 흔드는 일을 후원하고 기도하는 그리스도인들 가운데는 성령의 관점을 포함하여 교리에 관한 많은 다른 관점들이 있습니다. 성령님의 일을 이해하는 데 대해 제가 여기 쓰는 글들이 여러분에게 도움이 되기를 기도합니다.

말씀	"'너희는 나에게 가까이 와서, 이 말을 들어라. 처음부터 나는 은밀하게 말하지 않았다. 이 일이 생길 때부터 내가 거기에 있었다.' 이제 주 하나님께서 나를 보내셨고 그분의 영도 함께 보내셨다. 주, 너의 속량자, '이스라엘의 거룩하신 분' 께서 이르시기를 '나는 주, 네 하나님이다. 네게 유익하도록 너를 가르치며, 네가 마땅히 걸어야 할 길로 너를 인도하는 하나님이다' 하셨다."(사 48:16~17)
불씨	성령님! 당신의 진리를 내게 가르쳐 주십시오.
참고성경	사 48:16~17, 벧후 1:3
성경읽기	아침 – 출 39, 요 18 / 저녁 – 잠 15, 빌 2

우리의 사명은 긍휼입니다
Our Mission Is Compassion

3월 29일

엘리야는 바알과 이세벨과 그녀의 불쌍한 남편 아합 왕에게 골칫거리였습니다. 예수님은 골칫거리로 오시지 않으시고, 우리의 등이 아니라 자신의 등으로 우리의 채찍을 맞으셨습니다. 그분은 우주의 뒤에 있는 궁극적인 실재, 즉 자신이 만드신 모든 피조물 하나하나에 대한 무한한 관심과 갈망으로 뛰는 심장을 우리에게 보여주셨습니다. 실제로 사람이 그 구덩이 속으로 더 깊이 빠져 들어갈수록 그들을 위해서 그분은 피를 더 흘리셨습니다. 이런 사랑이 진정한 전도의 영입니다.

당신과 나는 사람들이 지옥으로 가게 될 것이란 것을 알고 있고, 우리가 그들을 걱정한다면 그들에게 경고해야 합니다. 그들이 분출하고 있는 활화산의 벼랑 위를 걸어가고 있는 우리 아이들인 것처럼 경고해야 합니다. 우리가 선포하는 말씀에 미워하는 마음이 있어서는 안 됩니다. 우리의 사명은 동정심입니다. 지옥이 죄인들을 삼키려고 입을 벌리고 있기 때문에 우리는 그들의 영혼에 대한 더 큰 걱정을 느껴야 마땅합니다. 우리는 지옥에 있는 죄인들에 대해서도 기뻐 소리치며 흡족해할 수 없습니다. 경고하는 것과 위협하는 것은 다른 것입니다.

> 하물며 우리가 이렇게도 귀중한 구원을 소홀히 하고서야, 어떻게 그 갚음을 피할 수 있겠습니까? 이 구원은 주님께서 처음에 말씀하신 것이요, 그것을 들은 사람들이 우리에게 확증하여 준 것입니다. 그리고 하나님께서도 표징과 기이한 일과 여러 가지 기적을 보이시고, 또 자기의 뜻을 따라, 성령의 선물을 나누어주심으로써, 그들과 함께 증언하여 주셨습니다.(히 2:3~4)

요나는 선포하기가 어려웠습니다. 그는 진노에 관해 설교하기를 좋아했지만 하나님은 화내시는 것을 좋아하지 않는다는 것을 그는 알았습니다. 하나님은 오래 참으십니다(영원히 인내하십니다). "나 주는 노하기를 더디하고, 사랑이 넘치어서 죄와 허물을 용서한다."(민 14:18)

> 내가 그리스도 예수의 심정으로, 여러분 모두를 얼마나 그리워하고 있는지는, 하나님께서 증언하여 주십니다. 내가 기도하는 것은 여러분의 사랑이 지식과 모든 통찰력으로 더욱 더 풍성하게 되어서, 여러분이 가장 좋은 것이 무엇인가를 분별할 줄 알게 되는 것입니다. 그리하여 여러분이 그리스도의 날까지 순결하고 흠이 없이 지내며(빌 1:8~10)

예수 그리스도의 긍휼을 우리의 동기로 삼아서 당신과 나는 세상에 복음을 즐겁게 제시해야 합니다.

말씀	"그러나 그가 찔린 것은 우리의 허물 때문이고, 그가 상처를 받은 것은 우리의 악함 때문이다. 그가 징계를 받음으로써 우리가 평화를 누리고, 그가 매를 맞음으로써 우리의 병이 나았다."(사 53:5)
불씨	나는 성령의 열매, 즉 사랑, 기쁨, 화평, 인내, 친절, 선함, 신실함, 온유, 절제로 가득 차 있습니다.
참고성경	민 14:18, 왕상 16:1~34, 18:1~46, 19:1~21, 21:1~29, 왕하 9, 사 53:5, 욘 3:1~10, 갈 5:22, 빌 1:8~10, 히 2:3~4
성경읽기	아침 – 출 40, 요 19 / 저녁 – 잠 16, 빌 3

3월 30일

공격을 받고 있습니다
Under Attack!

전쟁 중인 나라에 어떤 일이 일어나는지 생각해 보십시오. 어떤 경우는 외부 세계와 완전히 단절되어 있습니다. 어떤 상거래나 무역이나 우편이나 전화도 중단됩니다. 인류가 죄와 마귀에게 복종했을 때에도 똑같은 일이 일어났습니다. 우리는 외부 세계, 즉 하나님과 성령의 세계로부터 단절되었습니다. 마귀의 세력이 이 세상을 점령하고 우리의 태도를 지배했습니다. 하나님의 전력 공급선은 단절되고 영구적인 영적 정전이 발생했습니다.

원래 하나님은 인간에게 이 세상을 맡겨 다스리도록 하셨습니다. "하나님이 그들에게 복을 주시며 하나님이 그들에게 이르시되 생육하고 번성하여 땅에 충만하라, 땅을 정복하라, 바다의 물고기와 하늘의 새와 땅에 움직이는 모든 생물을 다스리라 하시니라"(창 1:28, 개역개정). 그렇지만 우리는 죄를 짓고 마귀는 사람들을 흔들었습니다.

> 온 세상은 악한 자 안에 처한 것이며(요일 5:19, 개역개정)
> 미련한 마음이 어두워졌나니(롬 1:21, 개역개정)
> 공중의 권세 잡은 자를 따랐으니 곧 지금 불순종의 아들들 가운데서 역사하는 영이라 (엡 2:2, 개역개정)
> 전에 악한 행실로 멀리 떠나 마음으로 원수가 되었던 너희를…(골 1:21, 개역개정)

예수님은 세 번이나 마귀를 "이 세상의 통치자"라고 불렀습니다(요 12:31). 마귀가 이 세상의 왕국을 그리스도께 바쳤을 때, 예수님은 마귀가 그렇게 할 수 있는 능력에 대해서 이의를 제기하지 않으셨습니다.

> 또다시 악마는 예수를 매우 높은 산으로 데리고 가서, 세상의 모든 나라와 그 영광을 보여주고 말하였다. '네가 나에게 엎드려서 절을 하면, 이 모든 것을 네게 주겠다.' 그때에 예수께서 그에게 말씀하셨다. '사탄아, 물러가라. 성경에 기록하기를 '주 너의 하나님께 경배하고, 그분만을 섬겨라' 하였다.(마 4:8~10)

그러므로 마귀가 우리와 하나님과의 소통하는 선을 잘라 놓았으므로, 이 선들을 다시 세우고 다시는 단절되지 않도록 하는 것은 우리에게 달렸습니다! 오늘 하나님과 당신이 연결되도록 하고 하루 종일 그 선을 강하게 유지하십시오!

말씀	"우리의 싸움은 인간을 적대자로 상대하는 것이 아니라, 통치자들과 권세자들과 이 어두운 세계의 지배자들과 하늘에 있는 악한 영들을 상대로 하는 것입니다."(엡 6:12)
불씨	내가 "적의 배후에서" 살고 있는 것처럼 느껴질 때, 나는 그리스도 예수께서 원수의 권세로부터 나를 구하기 위해 오셨다는 것을 기억합니다.
참고성경	창 1:28, 마 4:8~10, 요 12:31, 14:30, 16:11, 롬 1:21, 엡 2:2, 골 1:21, 요일 5:19
성경읽기	아침 – 레 1, 요 20 / 저녁 – 잠 17

고전적인 부흥
Classic Revival

3월 31일

"고전적인 부흥"의 후기 사례는 1949년 헤브리디즈Hebrides에 있는 해리스Harris와 루이스Lewis 섬에서 일어났습니다. 세 번째 천년기가 밝아옴에 따라, 고전적 혹은 전통적인 부흥의 시간이 반복되기를 바라는 열망이 수백만 명의 사람들을 사로잡았습니다. 영광스럽고 흥분되는 기대하던 부흥의 장면이 전 세계의 와이드 스크린을 채우고 더 이상 한 특정 교회나 지역에 국한되지 않았습니다. 이런 종류의 국제적인 부흥에 대한 필요는 매우 시급합니다.

사람들은 "하나님은 무슨 일이나 다 하실 수 있다."(마 19:26)는 말씀을 떠올리면서 웰쉬의 마을들이나 유사한 공동체를 불태웠던 하나님의 불이 전 지구를 휩쓸도록 기도했습니다. 부흥은 모든 것을 바꾸게 될 것입니다. 더 이상 고군분투하는 것, 끝없는 노력, 실망과 계속된 희생, 지속적인 증거, 끝없는 기도가 없어도, 눈부신 복음의 성공만 있을 것입니다.

오늘날 우리가 살고 있는 세상에 부흥이 부족하게 된 것은 각 사람이 우리가 아마도 에베소 교회처럼 되었다는 것을 인정함으로써 시작된다고 나는 믿고 있습니다.

> 나는 네가 한 일과 네 수고와 인내를 알고 있다. 또 나는, 네가 악한 자들을 참고 내버려 둘 수 없었던 것과, 사도가 아니면서 사도라고 자칭하는 자들을 시험하여 그들이 거짓말쟁이임을 밝혀낸 것도, 알고 있다. 너는 참고, 내 이름을 위하여 고난을 견디어 냈으며, 낙심한 적이 없다. 그러나 너에게 나무랄 것이 있다. 그것은 네가 처음 사랑을 버린 것이다. 그러므로 네가 어디에서 떨어졌는지를 생각해 내서 회개하고, 처음에 하던 일을 하여라. 네가 그렇게 하지 않고, 회개하지 않으면, 내가 가서 네 촛대를 그 자리에서 옮기겠다.(계 2:2~5)

처음 예수님을 당신의 구원자로 영접했을 때 경험했던 크나큰 기쁨을 기억하고 있습니까? 복음을 들은 적이 없는 다른 사람들과 이 기쁨을 자유롭게 나누는 것을 원하지 않을 정도로 그렇게 우리가 이기적입니까? 구원받은 사람들을 새롭게 하는 것이 부흥입니까, 아니면 잃어버린 영혼들을 찾아가서 죄로 죽은 자들을 구원하는 것이 부흥입니까? 우리 모두 하나님의 부흥의 도구가 되려고 힘씁시다!

말씀	"그런 다음에, 내가 모든 사람에게 나의 영을 부어 주겠다. 너희의 아들딸은 예언을 하고, 노인들은 꿈을 꾸고, 젊은이들은 환상을 볼 것이다. 그때가 되면, 종들에게까지도 남녀를 가리지 않고 나의 영을 부어 주겠다."(욜 2:28~29)
불씨	나는 나의 첫 사랑, 예수님께로 돌아갈 것입니다!
참고성경	욜 2:28~32, 마 19:26, 계 2:1~7
성경읽기	아침 – 레 2~3, 요 21 / 저녁 – 잠 18, 골 1

우리의 뇌는 의심 상자입니다.

작동하고 있는 퓨즈라면 먼저 전력을 느낄 것입니다.

혼란스럽게 하거나, 거절하지 말고, 다만 당신의 퓨즈를 점검하십시오.

하나님의 반격
God's Counterattack

4월 1일

전시에 국가에는 그들과 접촉을 유지하는 비밀 요원과 그들과 연락을 유지하는 수단을 가지고 있는 것처럼, 주님도 그분의 남자와 여자들을 가지고 계시고 그들과 계속 연락하십니다. 선지자 아모스는 이렇게 말했습니다. "참으로 주 하나님은, 당신의 비밀을 그 종 예언자들에게 미리 알리지 않고서는, 어떤 일도 하지 않으신다."(암 3:7) 에녹, 노아, 아브라함, 모세, 엘리야, 다니엘, 이사야와 같은 사람들입니다. 이스라엘 민족 전체는 지옥에서 점령한 원수에 대항하는 하나님의 동맹국이었지만 그들은 하나님의 계획을 깨닫고 따르는 데 실패했습니다.

주님은 그의 종들 즉 선지자들에게 하나의 위대한 비밀을 계시해 주셨는데, 이름하여, 외계로부터 지구 요새 침략이 있을 것이란 것이었습니다. 그리스도는 하나님의 나라를 선포하며 그 능력을 과시하시면서 사탄이 장악하고 지배하고 있던 해안에 오셨습니다. "그러나 내가 하나님의 능력을 힘입어 귀신들을 내쫓으면, 하나님 나라가 너희에게 이미 온 것이다."(눅 11:20)

> 그렇다면, 이런 일을 두고 우리가 무엇이라고 말할 수 있겠습니까? 하나님이 우리 편이시면, 누가 우리를 대적하겠습니까? … 누가 우리를 그리스도의 사랑에서 끊을 수 있겠습니까? 환난입니까, 곤고입니까, 박해입니까, 굶주림입니까, 헐벗음입니까, 위협입니까, 또는 칼입니까? 성경에 기록한 바 "우리는 종일 주님을 위하여 죽임을 당합니다. 우리는 도살당할 양과 같이 여김을 받았습니다" 한 것과 같습니다. 그러나 우리는 이 모든 일에서 우리를 사랑하여 주신 그분을 힘입어서, 이기고도 남습니다. 나는 확신합니다. 죽음도, 삶도, 천사들도, 권세자들도, 현재 일도, 장래 일도, 능력도, 높음도, 깊음도, 그 밖에 어떤 피조물도, 우리를 우리 주 예수 그리스도 안에 있는 하나님의 사랑에서 끊을 수 없습니다.(롬 8:31, 35~39)

이 말은 당신은 사탄의 잔인한 손아귀에서 **빠져나와서** 아무 방해 없이 하나님과 동행할 수 있다는 말입니다! 그러므로 오늘 일어서서 이 자유 안에서 걸으십시오!

말씀	"자녀 된 이 여러분, 여러분은 하나님에게서 난 사람들이며, 여러분은 그 거짓 예언자들을 이겼습니다. 여러분 안에 계신 분이 세상에 있는 자보다 크시기 때문입니다."(요일 4:4)
불씨	나는 하나님의 군대에 입대했으며 나는 적과 싸울 준비가 되어 있습니다!
참고성경	암 3:7, 눅 11:20, 롬 8:31~39, 요일 4:4
성경읽기	아침 – 레 4, 시 1~2 / 저녁 – 잠 19, 골 2

4월 2일 | 참된 중보기도자가 되는 법
How to Become a True Intercessor

참된 중보기도자는 하나님과 잃어버린 영혼 모두와 어느 정도 관계를 맺어야 합니다. 우리는 사람들을 알고 있지만 하나님도 알아야만 합니다! 아브라함은 하나님을 아는 사람의 좋은 예입니다. 소돔과 고모라의 도시들은 도덕적으로 비뚤어지게 되었습니다. 하나님께서는 그들을 제거하려고 하셨습니다. 그러나 하나님은 "내가 앞으로 하려고 하는 일을, 어찌 아브라함에게 숨기랴?"라고 하셨습니다.(창 18:17) 이 두 도시가 파괴될 것이라는 것을 알았을 때 아브라함은 이 문제를 하나님께 가지고 가서 … 그들을 구원하기 위해 머나먼 길을 떠났습니다. 그는 하나님과 그 도시들을 알고 있었기 때문에 자격을 갖추었습니다. 그는 "하나님의 친구"라고 불렸습니다. 왜 그럴까요? "아브라함이 하나님을 믿으니, 하나님께서 그것을 아브라함의 의로움으로 여기셨다"라고 한 성경말씀이 이루어졌고, 또 사람들이 그를 하나님의 벗이라고 불렀습니다(약 2:23).

참된 신자들은 하늘 법정에서 왕의 친구들이며, 절친한 친구 즉 하나님께서 귀 기울여 들으시고 하나님께서 함께 협력하고 싶어하시는 사람입니다.

> 그러나 나의 종 너 이스라엘아, 내가 선택한 야곱아, 나의 친구 아브라함의 자손아! 내가 땅끝에서부터 너를 데리고 왔으며, 세상의 가장 먼 곳으로부터 너를 불러냈다. 그리고 내가 너에게 말하였다. 너는 나의 종이니, 내가 너를 선택하였고, 버리지 않았다고 하였다. 내가 너와 함께 있으니, 두려워하지 말아라. 내가 너의 하나님이니, 떨지 말아라. 내가 너를 강하게 하겠다. 내가 너를 도와주고, 내 승리의 오른팔로 너를 붙들어 주겠다.(사 41:8~10)

하나님께서 귀하게 여기는 사람들은 중보기도자들입니다. 성경이 말하는 "친구"란 그런 의미입니다. "이제부터는 내가 너희를 종이라고 부르지 않겠다 … 나는 너희를 친구라고 불렀다. 내가 아버지에게서 들은 모든 것을 너희에게 알려 주었기 때문이다."(요 15:15) 친구인 중보기도자들은 우리에게 관심이 있어서 말하지 않고 우리가 이 일을 위해 기도하도록 주님의 마음을 품습니다. 지식의 말씀은 반드시 공중 앞에서 말하라고만 주어지는 것이 아니라, 흔히 개인적으로 기도하라고 주어집니다. 매일 하나님의 뜻을 행할 내적 욕망과 신선한 불을 붙이도록 오늘 기도하십시오.

말씀	"내가 너희에게 명한 것을 너희가 행하면, 너희는 나의 친구이다. 이제부터는 내가 너희를 종이라고 부르지 않겠다. 종은 그의 주인이 무엇을 하는지를 알지 못한다. 나는 너희를 친구라고 불렀다. 내가 아버지에게서 들은 모든 것을 너희에게 알려 주었기 때문이다." (요 15:14~15)
불씨	내가 하나님과 하나님의 성품에 대하여 더 많이 배울수록 나는 그분이 귀를 기울이고 나와 협력하여 일하고 싶어하실만한 하나님의 친구가 되고 싶습니다.
참고성경	창 18:1~33, 대하 20:7, 사 41:8~10, 요 15:14~15, 약 2:23
성경읽기	아침 – 레 5, 시 3~4 / 저녁 – 잠 20, 골 3

하나님의 재산
God's Property

4월 3일

사람들은 자신의 재산을 보호하고 돌봅니다. 당신은 하나님께서도 자신의 재산을 돌보신다는 것을 절대적으로 확신할 수 있습니다. 우리는 하나님께서 우리를 소홀히 하고 잃기에는 너무 많은 대가를 치르셨습니다. 우리는 값진 예수의 피로 "값 주고 사신 바" 되었습니다(고전 6:20). 주님이 맡으시면 그분은 구원하시고 보호하십니다. 우리가 그분을 따르는 한 그분은 자신의 소유물을 더러운 영들이 다시 가져가도록 허락하지 않으실 것입니다. "가장 높으신 분의 보호를 받으면서 사는 너는, 전능하신 분의 그늘 아래 머무를 것이다."(시 91:1) "우리의 동료들은 어린 양이 흘린 피와 자기들이 증언한 말씀을 힘입어서 그 악마를 이겨냈다. 그들은 죽기까지 목숨을 아끼지 않았다."(계 12:11) 이것이 주님께서 그의 자녀들에게 값없이 주시는 영광스럽고 완전한 보호입니다.

> 그러나 어떤 무기도 너를 상하게 하지 못하고, 너에게 맞서서 송사하려고 일어나 혀를 놀리는 자를 네가 모두 논박할 것이다. "나의 종들을 내가 이렇게 막아 주고, 그들이 승리를 차지하도록 하겠다." 주님께서 하신 말씀이다."(사 54:17)

어떤 저주도 당신에게 미치지 못하고 어떤 주술도 당신을 해치지 못할 것입니다.

> 까닭 없는 저주는 아무에게도 미치지 않으니, 이는 마치 참새가 떠도는 것과 같고, 제비가 날아가는 것과 같다.(잠 26:2)

우리는 가끔은 전쟁에서 질 수도 있는 고군분투하는 하나님이 아니라 전능하신 하나님을 섬기고 있습니다. 그분은 협박을 받지 않으시며, 마귀와 타협하도록 강요받을 수도 없습니다. 그분은 악한 영과 당신에 대한 소유권을 함께 나누지 않으시며 동업하지도 않으십니다. 주님을 따르십시오. 그러면 당신은 전적으로 주님의 소유입니다. 라인하르트 본케는 이런 확신을 가지고 살고 있습니다. 나는 예수의 피로 표시되어 구별된 사람이므로 누구도 그분의 손에서 나를 빼앗지 못합니다. 사탄은 나의 영혼을 납치할 수 없습니다. 나의 영혼은 그리스도와 함께 하나님 안에 감추어져 있습니다. 이곳은 견고한 방에 있는 금고요, 피의 인장이 있습니다. 당신도 예수의 피로 표시되어 구별될 수 있습니다.

말씀	"여러분은 하나님께서 값을 치르고 사들인 사람입니다. 그러므로 여러분의 몸으로 하나님을 영화롭게 하십시오."(고전 6:20)
불씨	"나는 하나님의 소유입니다!"라고 소리칠 수 있는 것은 참으로 기쁜 일입니다!
참고성경	시 91:1, 잠 26:2, 사 54:17, 고전 6:20, 골 3:3, 계 12:11
성경읽기	아침 – 레 6, 시 5~6 / 저녁 – 잠 21, 골 4

| 4월 4일 |

가족은 하나님의 목적입니다
Family Is a Divine Purpose

사도행전 16장에서, 바울은 빌립보 감옥의 간수에게 이렇게 말했습니다. "주 예수를 믿으시오. 그리하면 그대와 그대의 집안household이 구원을 얻을 것입니다."(행 16:31) 그의 가족은 오늘날의 평균 2.3명의 자녀가 있는 통계상의 가족보다 더 많은 사람들이 한 지붕 아래 살고 있었을 것입니다. 그의 아내, 성인 아들들과 며느리들, 딸들, 종들, 노예들, 그리고 조부모님이 있었을 것입니다. 그의 믿음이 그의 집안 사람들의 영혼을 구원할 수 있었을까요? 아버지의 커피 한잔이 가족 모두를 만족시킬 수 있는지 질문해 볼 수 있습니다. 온 집안이 구원받을 수 있지만 각 사람이 주 예수를 믿어야만 합니다. 아무도 자기 아버지나 어머니를 통해서 구원받을 수는 없습니다. 하나님께는 손주가 없습니다. 그러나 여기서 "당신과 당신의 집안"이란 말은 어떤 의미가 있습니다. 그냥 한 말이 아닙니다. 이 말 뒤에는 바울이 이해하고 있었던 성경에 나타난 하나님의 목적이 있습니다. 성경을 통해 "가족family"에는 하나님의 목적이 있다는 것을 그는 알았습니다. 가족이란 말은 성경에 3백 번 이상 언급되고 있으며 온 세상의 모든 것입니다. 바울은 그의 편지들 속에서 "집안household"에 관해서 할 말이 많았습니다.

가족은 하나님의 아이디어였습니다. 하나님께서 가족을 창조하셨습니다. "하나님이 고독한 자들은 가족과 함께 살게 하시며"(시 68:6, 개역개정). 가족은 하나님의 축복입니다. 하나님께서는 결코 이별, 소외됨, 개인주의를 의도하지 않으셨습니다. 현대의 개인주의는 성경의 가르침이 아니라, 철학적 사상에서 나왔습니다. 가족생활의 뿌리는 아버지와 아들과 성령으로서 바로 하나님의 본성이라고 말할 수 있을 것입니다. 가족은 개인의 삶보다 하나님을 더 잘 나타냅니다.

하나님의 영광의 완전함은 "하나님의 집안household of God" 전체가 필요합니다(엡 2:19). 모든 피조물에게는 연합이 필요하기 때문에 하나님은 가족을 만드셨습니다. 그러므로 우리 가족을 위한 기도는 하나님께서 들으십니다. 우리는 서로가 의존하도록 만들어졌습니다. "우리는 형제를 지키는 자들입니다."(창 4:9을 보십시오.) 우리는 그분으로부터 났으며 그분은 결코 변하지 않으십니다. 모든 것은 그분 안에서 정상적으로 영원히 연합되어 있습니다. "우리는 하나님 안에서 살고, 움직이고, 존재하고 있습니다."(행 17:28) 예수님은 이렇게 기도하셨습니다. "우리가 하나가 된 것 같이 그들도 하나가 되게 하려 함이니이다"(요 17:22, 개역개정). 이 연합이 깨어져서 그리스도께서는 이를 고치고 회복시키기 위해서 오셨기 때문입니다. 그리스도께서 기도하신 이 연합은 인위적으로나 강요되어서는 안 됩니다. 주님이 의도하신대로 당신과 나를 위해서 진정한 연합을 가져오게 될 것입니다.

말씀	"우리는 하나님 안에서 살고, 움직이고, 존재하고 있습니다."(행 17:28)
불씨	나는 하나님의 자녀입니다.
참고성경	시 68:6, 눅 17:21, 요 17:22, 행 16:31, 17:28, 엡 2:19
성경읽기	아침 – 레 7, 시 7~8 / 저녁 – 잠 22, 살전 1

우리의 일의 목표
The Object of Our Work

4월 5일

신약의 성경말씀을 기록한 아홉 사람 모두는 그리스도의 재림에 관해서 말했으며, 그들에게 재림은 그들의 믿음이 의미가 있고 그들의 일이 목표를 가지게 하는 소망이란 것이 분명했습니다. 주요 저자인 바울은 그리스도께서 어떻게 나타나실 것인가에 대해 자세히 설명했습니다. 그분은 무슨 일을 하실 것인가 … 세상은 어떤 상태가 될 것인가. 그는 고린도에 있는 교회에 보낸 그의 위대한 편지 15장을 세 페이지 이상을 썼으며, 예수께서 돌아오시는 것을 미래의 중심으로 삼았습니다. 여기 그가 한 말이 있습니다.

> 성경대로 그리스도께서 우리 죄를 위하여 죽으시고 장사 지낸 바 되셨다가 성경대로 사흘 만에 다시 살아나사 … 아담 안에서 모든 사람이 죽은 것 같이 그리스도 안에서 모든 사람이 삶을 얻으리라 그러나 각각 자기 차례대로 되리니 먼저는 첫 열매인 그리스도요 다음에는 그가 강림하실 때에 그리스도에게 속한 자요.(고전 15:3-4, 22~23)

바울은 그 당시 지상 최고의 배움의 도시 아테네에 있는 지성인들에게 복음을 전하면서 그는 이렇게 말했습니다. "[하나님께서] 이는 정하신 사람으로 하여금 천하를 공의로 심판할 날을 작정하시고 이에 그를 죽은 자 가운데서 다시 살리신 것으로 모든 사람에게 믿을 만한 증거를 주셨음이니라 하니라"(행 17:31, 개역개정).

요한은 그리스도께 누구보다도 더 가까웠으며, 그는 그리스도의 재림에 자신의 소망을 걸었습니다. 그는 이렇게 기록했습니다. "사랑하는 자들아 우리가 지금은 하나님의 자녀라 장래에 어떻게 될지는 아직 나타나지 아니하였으나 그가 나타나시면 우리가 그와 같을 줄을 아는 것은 그의 참모습 그대로 볼 것이기 때문이니"(요일 3:2, 개역개정).

뿐만 아니라 요한은 "묵시록" 즉 "계시의 책"(요한계시록)을 썼는데 그리스도가 만주의 주로써 오시는 것에 관한 예언을 21장에 기록했습니다. 요한계시록은 이렇게 예수님의 말씀으로 끝맺고 있습니다. "이것들을 증언하신 이가 이르시되 내가 진실로 속히 오리라 하시거늘"(계 22:20, 개역개정). 이것은 당신과 나에게 하나님의 약속입니다.

말씀	"그러나 이제 그리스도께서는 죽은 사람들 가운데서 살아나셔서, 잠든 사람들의 첫 열매가 되셨습니다. 한 사람으로 말미암아 죽음이 들어왔으니, 또한 한 사람으로 말미암아 죽은 사람의 부활도 옵니다."(고전 15:20~22)
불씨	곧 나는 그분같이 될 것이며, 나는 그분의 모습 그대로 보게 될 것입니다.
참고성경	행 17:31, 고전 15:1~58, 요일 3:1~3, 계 22:20
성경읽기	아침 – 레 8, 시 9 / 저녁 – 잠 23, 살전 2

4월 6일

어둠 속에서 찾기
Searching in Darkness

어떤 사람들은 어떤 방향으로도 희망을 보지 않습니다. 비극적이게도 그들은 포기하고 절망합니다. 또 다른 사람들은 모든 것으로부터 도피하려고 합니다. 어떤 사람이 관찰한 바와 같이 "사람들은 현실을 직시할 수가 없습니다. 그래서 비극적인 안방 드라마가 인기가 있습니다!"

진짜 인생에 대한 갈망 때문에 어떤 사람들은 가장 흔하고 뻔한 올무인 마약이나 알코올 중독 같은 파괴적인 그물에 걸려들기도 합니다. 이런 중독으로는 단 한 가지의 문제도 해결하지 못하고 결국 수만 가지 문제를 만들어낼 뿐입니다. 마약이나 술 없이 살 수 없는 사람들은 마약이나 술이 있어도 살 수 없습니다. 이런 것들은 오직 화학적인 꿈, 물이 없는 신기루나 만들어냅니다. "가시떨기에 떨어졌다는 것은 말씀을 들은 자나 지내는 중 이생의 염려와 재물과 향락에 기운이 막혀 온전히 결실하지 못하는 자요"(눅 8:14, 개역개정).

또 어떤 사람들은 성공을 추구하는 데 중독이 되어 있습니다. 그들의 일정표는 점점 더 가득 차고, 그들의 은행 계좌에 돈이 쌓이며, 타는 차는 빨라지지만, 그들은 결코 행복을 붙잡지 못합니다. 등산하는 사람들처럼, 수백만의 사람들이 정상에 이르려고 대단한 용기와 결단과 독창성을 드러내지만, 그들이 정상에 도착하여서는 오직 공허함만 발견할 따름입니다.

> 또 내가 내 영혼에게 이르되 영혼아 여러 해 쓸 물건을 많이 쌓아 두었으니 평안히 쉬고 먹고 마시고 즐거워하자 하리라 하되 하나님은 이르시되 어리석은 자여 오늘 밤에 네 영혼을 도로 찾으리니 그러면 네 준비한 것이 누구의 것이 되겠느냐 하셨으니(눅 12:19~20, 개역개정)

그런가 하면, 오늘날 종교 시장에는 많은 사람들이 스스로 할 수 있는 구원에 최면이 걸려 있습니다. 그들의 책꽂이에는 피라미드 다단계의 힘, 최면 요법, 초월 명상, 마술 등 뉴에이지 제품으로 가득 차있으며 대부분은 가짜이고 어떤 것들은 아주 치명적입니다. 이런 것들은 사람의 문제들의 중심에 이르는 것은 아무것도 제공하지 못합니다. "길가에 있다는 것은 말씀을 들은 자니 이에 마귀가 가서 그들이 믿어 구원을 얻지 못하게 하려고 말씀을 그 마음에서 빼앗는 것이요"(눅 8:12, 개역개정).

당신은 값싼 해결책이나 빠른 치료제가 아니라 하나님과 화평한 것이 필요합니다. 하나님께서 당신을 용서하시고 여러분을 본향으로 돌아오게 하시며 그분이 항상 당신과 원하시던 그 관계로 회복되는 것이 당신에게는 필요합니다.

말씀	"내가 주는 물을 마시는 사람은, 영원히 목마르지 아니할 것이다. 내가 주는 물은, 그 사람 속에서, 영생에 이르게 하는 샘물이 될 것이다."(요 4:14)
불씨	나는 용서 받았고 하나님과 평안을 누리고 있습니다.
참고성경	눅 8:11~15, 12:19~20, 23:1~56, 24:1~53, 요 4:14
성경읽기	아침 – 레 9, 시 10 / 저녁 – 잠 24, 살전 3

믿음은 모험입니다

Faith Is a Venture

4월 7일

어느 날 아침, 예수님은 갈릴리 호수를 따라 걷고 있다가 어부들을 불렀습니다. 예수님은 "나를 따라 오너라!"라고 하셨습니다(마 4:19). 그 순간 모든 것이 그들을 위해 시작되었습니다. 그 이전에는 물고기만 있었지만, 그 후부터는 점점 자라는 믿음의 효과로써 사람, 행동, 세상의 역사를 바꾸게 되었습니다. 예수님께서는 얼굴의 웃음을 없애고, 굵은 베를 입고, 평범한 사람들을 진흙탕에 빠진 사람처럼 만들려고 당신과 나를 부르지 않으셨습니다. 주님 자신도 그리 관습적인 분이 아니셨습니다! 제자들은 고루한 기득권층에 도전하는 그분의 항상 명랑하고 쾌활한 영을 붙잡았습니다. 그분은 새로운 것, 특히 믿음과 사랑을 보여 주셨으며, 그들로 말미암아 세상을 정복하였습니다.

하나님은 구원자, 해방자, 구세주이십니다. 그분은 자유한 사람들에게만 하나님이십니다. 믿음은 삶을 모험으로 바꾸는 모험입니다. 의심은 우리를 아무 데도 인도하지 못합니다. 의심은 잡아매는 끈입니다. 하나님을 믿는 것은 높은 파도를 타고 어딘 가로 가도록 디자인된 배와 같이 밧줄을 풀어 던지는 것입니다. 믿음은 영감을 주지만 의심은 마비시킵니다. 믿음은 이렇게 말합니다. "내게 능력 주시는 자 안에서 내가 모든 것을 할 수 있느니라"(빌 4:13, 개역개정). 불신은 아무것도 못합니다. 하나님을 믿는 것은 흥미진진한 것이고, 불신앙은 우울하게 만듭니다.

"너희가 내 말에 거하면 참으로 내 제자가 되고 진리를 알지니 진리가 너희를 자유롭게 하리라"(요 8:31~32, 개역개정). 그리스도 예수를 믿음으로써 거듭날 때만 우리는 우리가 되도록 예정된 사람이 됩니다. "그러므로 아들이 너희를 자유롭게 하면 너희가 참으로 자유로우리라"(요 8:36, 개역개정). 자유에 관한 세상에서 가장 위대한 책은 성경입니다. 자유라는 개념 자체가 그리스나 로마가 아니라 성경에서 나온 것입니다. 성경을 읽으십시오! 기억하십시오. 하나님은 지상에서 볼 수 있는 최초의 자유국가인 이스라엘을 만드셨고 그분은 우리의 영혼에 자유에 대한 감각을 심어주시기 원했습니다. 하나님은 폭정을 반대하십니다. 복음은 우리를 자유롭게 태어난 하나님의 아들로 만듭니다.

"이로써 우리도 듣던 날부터 너희를 위하여 기도하기를 그치지 아니하고 구하노니 너희로 하여금 모든 신령한 지혜와 총명에 하나님의 뜻을 아는 것으로 채우게 하시고 주께 합당하게 행하여 범사에 기쁘시게 하고 모든 선한 일에 열매를 맺게 하시며 하나님을 아는 것에 자라게 하시고"(골 1:9~10, 개역개정). 오늘 예수 이름으로 하나님이 주신 자유 안에서 행동하십시오!

말씀	"그러므로 아들이 너희를 자유롭게 하면, 너희는 참으로 자유롭게 될 것이다."(요 8:36)
불씨	오늘 나는 그리스도 예수 나의 주님에 의해 나에게 주어진 자유 안에서 걷습니다.
참고성경	마 4:19, 요 8:31~36, 빌 4:13, 골 1:9~10
성경읽기	아침 – 레 10, 시 11~12 / 저녁 – 잠 25, 살전 4

> 4월 8일

동기부여
Motivation

세상은 그리스도인들이 어두운 곳에서 밝게 빛나도록 동기를 부여하는 것이 무엇인지 알 수 없습니다. 무지하기 때문에 그들은 그리스도인들을 단지 종교적인 열광주의자라고 봅니다. 불신자들은 인간이 왜 음악을 듣는지 이해하지 못하는 양과 같습니다. 예수님은 성령님이 세상에게 주어지지 않을 것이라고 우리에게 말씀하셨습니다. 이는 불신자들을 마치 화성에서 온 사람들처럼 기본적으로 다른, 거의 외계인처럼 만들어 버립니다.

그렇지만, 하나의 촛불은 다른 촛불에 불을 붙일 수 있습니다. 하나님의 빛인 불은 전달될 수 있습니다. 그것이 우리가 여기 있는 이유입니다. 사도 바울은 데살로니가 사람들에게 복음을 전하며 며칠밖에 있지 못했지만, 그 후 얼마 지나지 않아서 그들에게 편지를 보내면서 그들의 열정을 이렇게 축하해 주었습니다. "주의 말씀이 너희에게로부터 마게도냐와 아가야에만 들릴 뿐 아니라 하나님을 향하는 너희 믿음의 소문이 각처에 퍼졌으므로 우리는 아무 말도 할 것이 없노라"(살전 1:8, 개역개정). 믿음은 길을 밝혀주는 등불을 밝힙니다.

우리는 아무 믿음도 없는 상태에서 시작할 수도 있습니다. 그러나 십자가에서 믿음의 불꽃은 우리 심령 안으로 뛰어 들어와서 성령님과 구원과 죄사함을 모셔옵니다. 그 자리에서 그리스도의 무한한 역사는 이루어지고, 믿음은 이것을 우리의 것으로 만듭니다. 우리는 믿고 받아들입니다. 성령님은 예수님께서 우리를 위해서 행하신 모든 것을 우리들의 개인적인 경험으로 만들어 주십니다. 우리는 세상의 빛입니다. 세상 사람들은 종교가 죽어가고 있다고 생각하기를 좋아하지만, 세상의 넓은 지역에서, 세속주의의 목구멍에서는 죽어가는 사람의 가래 소리가 들리고 있습니다. 그리스도와 부활에 대한 관계는 불신앙이 죽음에 대한 관계와 같습니다. 이 둘은 동의어입니다. 사람들은 정부가 해 줄 수 있는 것에서 만족을 얻지 못하고 성령님이 하시는 일에 관심을 갖습니다. 이것이 현실입니다. 믿음을 가지고, 성령으로 충만하게 되고, 하나님을 위하여 불타오르십시오! 일곱 가지가 달린 메노라(유대교의 제식에서 쓰이는 7갈래의 촛대) 등불이 불타오르게 하십시오!

당신이 믿고 내가 믿고
우리는 함께 노력합니다.
성령님이 내려오실 것이고,
그러면 나라들이 살아날 것입니다.

말씀	"여러분은 많은 환난을 당하면서도 성령께서 주시는 기쁨으로 말씀을 받아들여서, 우리와 주님을 본받는 사람이 되었습니다. 그리하여 여러분은 마케도니아와 아가야에 있는 모든 신도들에게 모범이 되었습니다. 주님의 말씀이 여러분으로부터 마케도니아와 아가야에만 울려 퍼진 것이 아니라, 하나님을 향한 여러분의 믿음에 대한 소문이 각처에 두루 퍼졌습니다. 그러므로 이것을 두고는 우리가 더 말할 필요가 없습니다."(살전 1:6~8)
불씨	나는 믿음이 있고, 성령으로 충만하며, 하나님을 위해 불타고 있습니다!
참고성경	살전 1:6~8
성경읽기	아침 – 레 11~12, 시 13~14 / 저녁 – 잠 26, 살전 5

일용할 빵
Daily Bread

4월 9일

하나님의 말씀에서 기도는 매우 중요한 주제입니다. 사도 바울은 이런 의미의 단어를 자주 사용하였습니다. 즉 "그대로 버텨라, 인내하라, 자리를 지키고 있어라, 힘을 내라, 꼼짝 말고 있어라, 깨어있어라!" 같은 말입니다. 아래 말씀을 당신도 이런 동사로 번역해 보십시오.

>   기도하며 깨어 있고, 진지하게 기도를 지속하십시오.(골 4:2)
>   기도하는 가운데 신실하십시오… (롬 12:12)
>   우리는 기도하는 일에 전념할 것입니다.(행 6:4)
>   성령 안에서 모든 기도와 간구로 항상 기도하십시오.(엡 6:18)

예수님께서 기도에 관해서 하시는 말씀은 어떤 사람들의 생각과는 매우 다릅니다. 주님은 이렇게 말씀하셨습니다. "구하십시오! 그러면, 받을 것입니다. 찾으십시오! 그러면, 얻을 것입니다. 두드리십시오! 그러면, 열릴 것입니다."(마 7:7, 쉬운말) 여기 단어들은 그리스어 시제로 서술형 현재로서, 계속 구하라, 계속 찾으라, 계속 문을 두드리라는 말입니다. 다른 곳에서 주님은 다른 시제(과거의 한 시점을 나타내는 단순 과거)를 사용하여서, 단순하게, 끝난 행동을 나타냈습니다. "오늘 우리에게 꼭 필요한 날마다의 양식을 주십시오."(마 6:11, 쉬운말) 한 번 구하되, 매일 구하십시오. "오늘 우리에게 주십시오." 즉 꼭 필요한 날마다의 양식을 구하십시오. 이것이 하나님께서 좋아하시는 방법입니다. 우리는 한 해 동안 필요한 모든 것에 대한 믿음을 가지고 있지 않습니다. 그렇다면 교만한 것입니다! 우리는 생명의 빵을 – 성령님 – 평생 한 번 하는 것이 아니라 매일 달라고 반복하는 그분의 자녀들입니다. 우리는 매일 받습니다!

"매일의 빵"이란 개념은 새롭게 해방되어 광야에 있었던 이스라엘 사람들에게서 봅니다.

> 그때에 여호와께서 모세에게 이르시되 보라 내가 너희를 위하여 하늘에서 양식을 비같이 내리리니 백성이 나가서 일용할 것을 날마다 거둘 것이라 이같이 하여 그들이 내 율법을 준행하나 아니하나 내가 시험하리라(출 16:4, 개역개정)

그날부터 지금까지 하나님은 매일 우리가 하나님에 대한 믿음이 있는지를 시험해 보고 계십니다. 기도에도 마찬가지입니다. 우리는 하나님과 날마다 신실하게 기도해야만 합니다.

말씀	"온갖 기도와 간구로 언제나 성령 안에서 기도하십시오. 이것을 위하여 늘 깨어서 끝까지 참으면서 모든 성도를 위하여 간구하십시오."(엡 6:18)
불씨	하나님의 자녀로서 나의 아버지께서 나를 사랑하신다는 것을 알기 때문에, 매일 마음을 열고 어린아이처럼 기대하면서 아버지께 나아가는 것은 하나님의 자녀로서 나의 특권입니다.
참고성경	출 16:1~5, 마 6:11, 7:7, 행 6:4, 롬 12:12, 엡 6:18, 골 4:2
성경읽기	아침 – 레 13, 시 15~16 / 저녁 – 잠 27, 살후 1

4월 10일

하나님은 기도를 들으십니다
God Hears Prayer

하나님께서 기도를 항상 들으신다는 것을 성경은 끊임없이 선언하고 있습니다.

> 구하기 전에 너희에게 있어야 할 것을 하나님 너희 아버지께서 아시느니라(마 6:8, 개역개정)
> 구하는 이마다 받을 것이요 찾는 이는 찾아낼 것이요 두드리는 이에게는 열릴 것이니라 (마 7:8, 개역개정)
> 그를 향하여 우리가 가진 바 담대함이 이것이니 그의 뜻대로 무엇을 구하면 들으심이라 우리가 무엇이든지 구하는 바를 들으시는 줄을 안즉 우리가 그에게 구한 그것을 얻은 줄을 또한 아느니라(요일 5:14~15, 개역개정)

어떤 사람에게 여러 번 전화를 걸었지만 결국 통화하지 못한 적이 있습니까? 그렇게 되면 당신은 "내가 그 사람 전화번호를 잘 받아 적었나?"하고 의문이 듭니다. 그러나 우리들의 하늘 아버지께서는 우리의 전화번호를 가지고 계실 뿐만 아니라, 심지어 우리 머리 위의 머리카락 수까지 알고 계십니다. "너희에게는 머리털까지 다 세신 바 되었나니"(마 10:30, 개역개정). 하나님은 당신을 친밀하게 사랑하십니다!

> 너희 중에 누가 아들이 떡을 달라 하는데 돌을 주며 생선을 달라 하는데 뱀을 줄 사람이 있겠느냐 너희가 악한 자라도 좋은 것으로 자식에게 줄 줄 알거든 하물며 하늘에 계신 너희 아버지께서 구하는 자에게 좋은 것으로 주시지 않겠느냐(마 7:9~11, 개역개정)

당신이 하나님을 찾을 때 당신은 결코 통화 중이거나 응답이 없는 경우가 결코 없을 것입니다.

> 여호와여 나의 기도에 귀를 기울이시고 내가 간구하는 소리를 들으소서 나의 환난 날에 내가 주께 부르짖으리니 주께서 내게 응답하시리이다(시 86:6~7, 개역개정)
> 그가 내게 간구하리니 내가 그에게 응답하리라 그들이 환난 당할 때에 내가 그와 함께 하여 그를 건지고 영화롭게 하리라(시 91:15, 개역개정)
> 네가 부를 때에는 나 여호와가 응답하겠고 네가 부르짖을 때에는 내가 여기 있다 하리라 만일 네가 너희 중에서 멍에와 손가락질과 허망한 말을 제하여 버리고(사 58:9, 개역개정)
> 너는 내게 부르짖으라 내가 네게 응답하겠고 네가 알지 못하는 크고 은밀한 일을 네게 보이리라(렘 33:3, 개역개정)

오히려 우리가 부르기를 기다릴 생각을 처음으로 하신 분이 바로 하나님이라고 나는 믿습니다. "그들이 부르기 전에 내가 응답하겠고 그들이 말을 마치기 전에 내가 들을 것이며"(사 65:24, 개역개정).

말씀	"우리가 하나님에 대하여 가지는 담대함은 이것이니, 곧 무엇이든지 우리가 하나님의 뜻을 따라 구하면, 하나님은 우리의 청을 들어주신다는 것입니다. 우리가 무엇을 구하든지 하나님이 우리의 청을 들어주신다는 것을 알면, 우리가 하나님께 구한 것들은 우리가 받는다는 것도 압니다."(요일 5:14~15)
불씨	내가 하늘의 아버지를 부를 때마다 그분은 항상 집에 계시고, 내가 기도할 때 항상 들으신다는 것을 나는 확신합니다.
참고성경	시 86:7, 91:15, 사 58:9, 65:24, 렘 33:3, 마 6:8, 7:8~11, 10:30, 요일 5:14~15
성경읽기	아침 – 레 14, 시 17 / 저녁 – 잠 28, 살후 2

성령님은 동경하십니다
The Spirit Yearns

4월 11일

믿음의 중요한 원칙 중 하나는 그리스도께서 내 안에 살아 계신다는 것입니다. 많은 사람들은 성령님께서 움직이기를 기다리고 있지만 그분은 그들이 원하는 방향 안에서 움직여야만 합니다. 성령님이 움직이는 것은 우리의 느낌에만 느껴지는 것이 아닙니다. 야고보서에는 낯설고 간과된 한 구절이 있습니다. "하나님께서는 우리 안에 살게 하신 그 영을 질투하실 정도로 그리워하신다."라는 성경말씀을 여러분은 헛된 것으로 생각합니까?(약 4:5) 우리 안에 계시는 성령님은 우리가 그분을 섬기도록 촉구하시면서 우리의 육신적인 욕망과 겨루도록 하십니다.

에베소서 2:8을 봅시다. "여러분은 믿음을 통하여 은혜로 구원을 얻었습니다. 이것은 여러분에게서 난 것이 아니요, 하나님의 선물입니다."(엡 2:8) 믿음은 하나님과 나 사이의 상호적인 행동입니다. 마귀의 영과 하나님의 영이라는 두 개의 영이 서로 반대하고 있습니다. 둘 다 우리에게 압력을 가합니다. 먼저, 우리는 "지금 불순종의 자식들 가운데서 작용하는 영을 따라 살았습니다."(엡 2:2) 그러나 구원받으면 우리는 이런 구절이 해당됩니다. "선한 일을 하게 하시려고, 하나님께서 그리스도 예수 안에서 우리를 만드셨습니다."(엡 2:10) 우리가 그분의 뜻을 행할 때 우리는 그분의 선한 행동을 하는 것이며, 이는 그분의 은혜로 말미암은 것입니다. 한 일에 대해서 우리는 자만심을 가질 수 없습니다. 모든 영광은 주님의 것입니다.

어쩌면 여러분은 예수님께서 사람들의 선한 행위를 칭찬한 적은 없고 믿음을 칭찬한 것을 발견하였을 것입니다. 당신이 작은 믿음을 가졌다고 걱정하지 마십시오. 모든 사람은 작은 믿음으로 시작하거나 아니면 전혀 믿음이 없이 시작합니다! 심지어 사도들까지도 "믿음이 없는 자들"(마 8:26)이라고 불렸습니다. 당신이 자신에게 불만이라도 하나님께서 당신을 그렇게 만드셨습니다. "하나님께서는 우리 안에 살게 하신 그 영을 질투하실 정도로 그리워하십니다." 하나님은 우리를 강하게 하실 계획을 하고 계십니다.

스스로 믿음이 적은 사람이라고 여긴다면 돌파할 수가 있습니다. 성경 전체는 불신앙을 깨뜨리고 당신의 하나님에 대한 신뢰의 요새를 세우기 위해 기록된 책입니다. 성경은 당신에게 하나님 안에서 완전한 안식의 평안을 주게 될 것입니다.

말씀	"여러분은 믿음을 통하여 은혜로 구원을 얻었습니다. 이것은 여러분에게서 난 것이 아니요, 하나님의 선물입니다."(엡 2:8)
불씨	하나님의 말씀의 주된 목표는 나에게 하나님 안에서 완전한 안식의 평안을 가져다주는 것입니다.
참고성경	마 8:26, 엡 2:2, 8, 10, 약 4:5
성경읽기	아침 – 레 15, 시 18 / 저녁 – 잠 29, 살후 3

4월 12일

능력
Power!

능력! 능력은 복음의 정수입니다. 능력이 없는 복음 설교자는 자기 몸의 때도 씻지 않고 비누를 파는 사람과 같습니다. "어린 양의 보혈 능력있도다."라고 노래하면서, 그러고는 능력을 받기 위해서 한달 동안 금식하고 기도하는 것은 어떤 유익도 없습니다. 내가 그리스도인으로 살기 시작했을 때 나는 성령이 내 삶으로 들어오시는 경험을 했는데, 이 경험은 오순절 날 어떤 사도들이 경험한 것만큼 위대한 것이라고 나는 믿습니다. 하늘과 땅을 가득 채우신 하나님께서 나의 영혼을 가득 채우셨습니다.

> 오순절이 되어서, 그들은 모두 한 곳에 모여 있었다. 그때에 갑자기 하늘에서 세찬 바람이 부는 듯한 소리가 나더니, 그들이 앉아 있는 온 집안을 가득 채웠다. 그리고 불길이 솟아오를 때 혓바닥처럼 갈라지는 것 같은 혀들이 그들에게 나타나더니, 각 사람 위에 내려앉았다. 그들은 모두 성령으로 충만하게 되어서, 성령이 시키시는 대로, 각각 방언으로 말하기 시작하였다.(행 2:1~4)

베드로는 가까스로 일어서서 설교했지만, 내가 성령 안에 침례를 받았을 때 내 몸에 나타난 효과는 즉시 일어서서 설교를 하기에는 내게 확실히 너무나 컸는데, 이는 나중에 섬기는 데 쓰려고 나를 능력으로 엄청나게 채워주신 것이었습니다. 그 후에 어떻게 진행되었는지 말하겠지만, 먼저 나는 아무도 하나님께서 모든 사람에게 똑같은 방법으로 성령을 주신다고 생각하는 사람이 있어서는 안된다는 것을 말하고 싶습니다.

이 일은 이렇게 일어났습니다. 성령 안에서 침례를 받는 특별 기도회가 있다고 아버지께서 나에게 말씀하셨을 때 나는 독일에 살고 있던 11살의 소년이었습니다. 나는 언제나 하나님에 관한 것에는 관심이 많았기에 아버지께 나를 꼭 데리고 가달라고 애원을 했습니다. 핀란드에서 오신 선교사님 한 분이 우리 교회를 방문하고 있었는데, 그분은 성령 안에서 침례를 받는 것에 관한 진리를 설명하셨습니다. 하나님의 능력이 내 안으로 위로부터 부어지기 시작했을 때 우리는 모두 무릎을 꿇어야만 했습니다. 말로 표현할 수 없는 기쁨이 내 가슴을 채웠으며 나는 성령님이 말하게 하시는 대로 다른 방언으로 말하기 시작했습니다. 이것은 내 안에서 마치 하늘의 샘물이 열린 것 같았고 이 샘물은 오늘까지도 흐르고 있습니다! 이것은 나의 인생에서 가장 귀한 순간 중 하나이며 당신도 이런 경험을 하게 될 것이라고 나는 믿습니다.

말씀	"방언으로 말하는 사람은 사람에게 말하는 것이 아니라, 하나님께 말하는 것입니다. 아무도 그것을 알아듣지 못합니다. 그는 성령으로 비밀을 말하는 것입니다."(고전 14:2)
불씨	성령 안에서 침례를 받는 것은 성공적인 그리스도인으로 살아가는 데 필수적입니다.
참고성경	행 2:1~4, 고전 14:2
성경읽기	아침 – 레 16, 시 19 / 저녁 – 잠 30, 딤전 1

피를 바르십시오
Apply the Blood

4월 13일

성경 전체에서 예수의 피를 제외하고는 어떤 피도 귀하다고 불린 적이 없습니다. 수백만 마리의 동물들이 속죄를 위해 도살되었지만 동물들의 피는 귀하지 않았습니다. 구약성경에서 이스라엘의 제물은 단지 제단 옆에 부어졌을 뿐입니다. 아무 능력도 없이 말입니다.

큰 자국이 생긴 식탁이 있다고 가정해 봅시다. 손님이 오면 당신은 식탁보로 그 자국을 덮어서 아무도 볼 수 없도록 할 것입니다. 그 자국은 감추어졌지만 제거되지는 않았습니다. 이것이 구약성경의 "속죄atonement", 즉 "덮여진covered"이란 단어의 의미입니다. 제물로 드려진 수백만 마리의 동물들의 피로 이루어진 피의 강물은 죄를 없앨 수 없었으며, 단지 잠시 동안만 덮어줄 뿐이었습니다. 예수님께서 요단강으로 오신 것을 보고서 요한이 너무나 신이 나서 이렇게 외치면서 기뻐하였던 이유입니다. "보라! 세상 죄를 지고 가는 하나님의 어린 양이로다!"(요 1:29, 개역개정).

예수님의 피는 식탁보 아래서도, 우리들의 표정으로 가려진 얼굴 뒤에도 효과가 있습니다. 예수님의 피는 죄의 뿌리와 예수 그리스도를 믿는 모든 사람들의 문제를 다룹니다. 하나님의 어린 양의 피만이 가치가 있고 구원하는 능력이 있습니다. 그분의 희생은 당신과 나를 비롯하여 얼마나 나이 들었는지 상관없이 모든 남자, 여자, 소년, 소녀들에게 충분합니다. 사도 베드로는 예수의 피를 "귀한" 피라고 부른 사람입니다. "흠이 없고 티가 없는 어린 양의 피와 같은 그리스도의 귀한 피로 되었습니다."(벧전 1:19) 그는 개인적으로 자기의 가장 좋은 친구가 십자가 처형으로 못 박혀 죽는 것을 목격한 증인이었기 때문입니다. 그는 자신의 눈으로 그분의 몸에서 쏟아지는 주님의 피를 보았습니다. 베드로는 예수의 귀한 피의 참된 가치를 알았으며 이것이야말로 당신과 내가 오늘 그 가치를 알고 귀하게 여기도록 배워야만 하는 것입니다.

말씀	"우리는 이 아들 안에서 하나님의 풍성한 은혜를 따라 그의 피로 구속 곧 죄 용서를 받게 되었습니다."(엡 1:7)
불씨	나는 썩는 것이 아니라 그리스도의 귀한 피로 속량받았다는 것을 알고 있습니다.
참고성경	요 1:29, 엡 1:7, 벧전 1:19
성경읽기	아침 – 레 17, 시 20~21 / 저녁 – 잠 31, 딤전 2

4월 14일

하나님의 변치 않은 마음
God's Unchanging Heart

하나님은 설득하는 기도에 역사하십니다. 하나님께서 어떤 일을 하려고 하시면 하나님께서 그렇게 하도록 기도하라고 영감을 주십니다. 하나님은 오직 그렇게 하실 뿐입니다. 창세기 20장에서 우리는 성경에 처음 기록된 치유에 관한 기록을 읽습니다. 블레셋의 두목 아비멜렉 전 집안에 처음 용서와 치유를 가져다준 것은 아브라함의 기도였습니다. 그렇지만 이것은 아브라함의 생각이 아니라 하나님의 아이디어였습니다! 하나님은 아비멜렉에게 아브라함이 그를 위해 치유를 기도하도록 부탁하라고 하셨습니다. 하나님은 아브라함이 기도하도록 영감을 주셨으며, 아비멜렉은 아브라함의 기도가 응답 될 것을 기대했습니다. 이 모두가 하나님으로부터 말미암은 것입니다. 이방인 가족을 치유함으로써 하나님은 자신이 어떤 분인지 확실히 하셨습니다. 하나님은 결코 다른 분이 되실 수 없습니다.

주님은 자신이 어떤 분인지 계시하셨으며, 이 사실을 돌이키실 수 없으십니다. 하나님은 자신의 행동을 통해서 자신을 보여주시고, 그분의 행동은 그분의 본성과 다르지 않습니다. 그분은 자신을 반복하지 않으십니다. 왜냐하면 그분은 무한한 새로운 접근 방법과 계획을 가지고 있기 때문입니다. 치유는 하나님께서 하기 원하시는 일이란 것을 하나님은 보여주셨습니다. 하나님을 의지하는 것과 신뢰하는 것은 의심의 여지가 없으며, 의로운 사람들에게 말씀하신 것을 죄인들에게도 말씀하십니다.

> 너희는 여호와를 만날 만한 때에 찾으라 가까이 계실 때에 그를 부르라 악인은 그의 길을, 불의한 자는 그의 생각을 버리고 여호와께로 돌아오라 그리하면 그가 긍휼히 여기시리라 우리 하나님께로 돌아오라 그가 너그럽게 용서하시리라 … 내 입에서 나가는 말도 이와 같이 헛되이 내게로 되돌아오지 아니하고 나의 기뻐하는 뜻을 이루며 내가 보낸 일에 형통함이니라(사 55:6~7, 11, 개역개정)

그분의 행동은 그분의 변치 않는 마음을 나타냅니다. 하나님께서 항상 가지고 계셨던 그 똑같은 사랑과 뜻은 그분이 자신의 성품에 반하는 행동을 하실 수 없다는 것을 확실하게 해 줍니다.

말씀	"하나님은 사람이 아니시다. 거짓말을 하지 아니하신다. 사람의 아들이 아니시니, 변덕을 부리지도 아니하신다. 어찌 말씀하신 대로 하지 아니하시랴? 어찌 약속하신 것을 이루지 아니하시랴?"(민 23:19)
불씨	하나님의 말씀을 들여다보고 그분의 한결같은 성품과 마음을 보십시오.
참고성경	창 20:1~18, 민 23:19, 사 55:6~12
성경읽기	아침 – 레 18, 시 22 / 저녁 – 전 1, 딤전 3

삼손과 그리스도
Samson and Christ

4월 15일

오늘날 우리가 사는 세상에 누군가를 필요로 한다면 그분은 예수 그리스도입니다! 나라들은 긴장을 풀고, 평화와 안전이 실현될 것입니다. 이것이 바로 그리스도에 관한 놀라운 것인데 바로 그분은 "오시는 분the coming One"이란 것입니다.

사사기는 왕이 없었던 이스라엘을 언급합니다. 사사기는 하나님께서 구원자들을 일으키셨다고 말해줍니다. 구원자 중에 한 사람이 삼손이었는데 그의 기량에 대한 이상한 반응이 있었습니다. 그들의 압제자들을 비겁하게 두려워하던 이스라엘의 지도자들은 삼손을 배반하였고 그는 적들의 손에 넘어갔습니다. 그들은 삼손의 눈을 멀게 하고 감옥에서 중노동을 하도록 하였습니다. 마지막 장면은 삼손이 자기 자신의 목숨을 희생함으로써 원수의 지도력을 부숴버리는 모습입니다. 그는 두려워하지 않았습니다. 그의 최고의 노력이 그들의 힘을 박살냈습니다.

이것은 비유입니다. 세상을 구원하는 분은 삼손처럼 배반당하여 결박된 예수 그리스도입니다. 그뿐만 아니라, 죽음으로써 그리스도는 구원을 가져왔습니다. 그분은 십자가 위에서 단 한 번에 영원히 악의 힘을 깨뜨렸습니다.

삼손은 처음에는 손과 발이 묶였지만 그의 원수들이 그에게 왔을 때, 그는 일어나 자유롭게 되었습니다. 비슷하게 그리스도께서는 그의 발이 못 박혀서 움직일 수 없게 되었으며, 마침내 무덤의 정적 안에 갇혔습니다. 그러나 구원자 그리스도께서는 속박을 풀고 승리하고 일어나셔서 자신을 보내신 하나님께로 가셨습니다!

오늘 당신과 나는 그리스도 예수 우리의 구원자와 동일시할 수 있습니다!

말씀	"하나님께서는 그분 안에 모든 충만함을 머무르게 하시기를 기뻐하시고, 그분의 십자가의 피로 평화를 이루셔서, 그분으로 말미암아 만물을, 곧 땅에 있는 것들이나 하늘에 있는 것들이나 다, 자기와 기꺼이 화해시켰습니다."(골 1:19~20)
불씨	나의 속량자, 구원자, 그리스도 예수는 오늘 내 안에 사십니다!
참고성경	삿 13:1~15:20, 골 1:19~20
성경읽기	아침 – 레 19, 시 23~24 / 저녁 – 전 2, 딤전 4

> 4월 16일

아들에게 키스하라
Kiss the Son

사도 베드로는 이렇게 말했습니다. "그런즉 이스라엘 온 집은 확실히 알지니 너희가 십자가에 못 박은 이 예수를 하나님이 주와 그리스도가 되게 하셨느니라 하니라"(행 2:36, 개역개정). 예수 그리스도께서는 하늘로 올라가셨을 때 이 직분을 차지하셨습니다. 이 일을 수행하기 위해서 그분은 돌아오셔야만 했습니다. 이는 오직 지상에서만 이루어질 수 있습니다. 이것은 항상 하나님이 목적이었습니다.

예수님은 죽기 위해 태어나셨습니다. 제자들은 두려워하면서, 예수님을 죽였던 종교 지도자들과 로마인들을 증오했겠지만, 그들은 곧 그분의 죽음마저도 하나님의 계획의 일부라는 것을 빨리 배웠습니다.

> 이같이 그리스도가 고난을 받고 제삼 일에 죽은 자 가운데서 살아날 것과 또 그의 이름으로 죄 사함을 받게 하는 회개가 예루살렘에서 시작하여 모든 족속에게 전파될 것이 기록되었으니 너희는 이 모든 일의 증인이라(눅 24:46~48, 개역개정)

이를 깨닫게 됨으로 말미암아 그들은 자신들을 핍박했던 사람들조차도 용서하고 화해를 해야 한다는 것을 배웠습니다. 그리스도 예수의 왕 되심을 존경하고 귀하게 여겼기 때문에 그들은 이렇게 할 수 있었으며, 그들에게 맡겨진 일을 감당할 수 있었습니다. 즉 "온 천하에 다니며 만민에게 복음을 전파하라"는 것이었습니다(막 16:15, 개역개정).

영원한 왕이 문턱에 앉아 계십니다. "그의 어깨에는 정사를 메었고"(사 9:6, 개역개정). 그분은 세계적인 책임을 지게 될 것입니다. 이 땅이나 지옥의 어떤 권세도 이것을 막지 못할 것입니다! 시편 2:12은 열방을 향하여 이렇게 경고하고 있습니다. "그의 아들에게 입 맞추라 그렇지 아니하면 진노하심으로 너희가 길에서 망하리니 그의 진노가 급하심이라 여호와께 피하는 모든 사람은 다 복이 있도다"(시 2:12, 개역개정). 그분을 신뢰하는 사람들은 복을 받은 자들입니다. 그분이 오시면 온 세상은 어디에서나 알게 될 것입니다. 그분은 거스르는 모든 것을 그분의 왕국에서 제거할 것입니다. 그분이 오시는 것은 새벽이 오는 것처럼 확실합니다.

그리스도께서 오신다는 것을 내가 어떻게 아느냐고요? 그리스도인들은 어디에 있든지 기도하고 있습니다. "아멘 주 예수여 오시옵소서"(계 22:20, 개역개정). "당신의 나라가 임하소서!" 이런 기도들은 이제 언제든지 응답될 것입니다! 그분이 돌아오실 때를 기다리는 동안 우리는 그분의 명령에 순종합니다. "내가 올 때까지 장사하라!"(눅 19:13) 우리는 그냥 둘러앉아서 그분이 오시기를 기다리고 있지 않고, 우리는 하나님의 일 즉 영혼을 구원하는 일을 계속하고 있습니다! "영혼을 구원하는 자는 지혜로운 자이다."(잠 11:30) 오늘 이것이 당신과 나의 직업이 되어야 마땅합니다!

말씀	"그 나라를 오게 하여 주시며, 그 뜻을 하늘에서 이루심 같이, 땅에서도 이루어 주십시오." (마 6:10)
불씨	나는 주님께 순종하고 그분이 오실 때까지 사업을 할 것입니다.
참고성경	시 2:12, 잠 11:30, 사 9:6, 마 6:10, 막 16:15, 눅 19:13, 24:46~48, 행 2:14~39, 계 22:20
성경읽기	아침 - 레 20, 시 25 / 저녁 - 전 3, 딤전 5

미리 쓰는 역사
History in Advance

4월 17일

　지금은 마지막 추수를 위해 익어가는 시기입니다. 밀과 가라지가 함께 들판을 채우고 있습니다. 사탄은 자기의 기회가 사라져가는 것을 볼 수 있습니다. 지금이 아니면 그에게는 기회가 없습니다. 그래서 곧 악함과 불법과 타락이 극도로 나타나게 될 것입니다. 그렇지만 그리스도인들은 단순히 살아남는 것 이상으로 생각할 것이 있습니다. 핍박이 있게 될 것이고, 피를 흘리게 될 것은 의심의 여지가 없습니다. 그러나 우리는 예수님을 위한 승리와 정복을 생각합니다. 적이 힘을 강화해도 더욱 증가하는 성령님의 역사가 상쇄하고도 남을 것입니다. "원수가 강물처럼 몰려오겠으나, 주님의 영이 그들을 물리치실 것이다."(사 59:19)

　지금까지 알려졌던 하나님의 가장 크게 쏟아부으시는 기름부음이 우리에게 오고 있습니다. 오순절이 온 교회에 풀리면 과거의 부흥은 아무것도 아닌 것처럼 보일 것입니다. 기름부음의 적들에 대항하는 기름부음 받은 사람들의 전투의 한 장면을 우리는 보고 있습니다. 우리는 지금 요한계시록 12장 11절이 무슨 뜻인지 알고 있습니다. "우리의 동료들은 어린 양이 흘린 피와 자기들이 증언한 말씀을 힘입어서 그 악마를 이겨 냈다. 그들은 죽기까지 목숨을 아끼지 않았다."(계 12:11)

> 그래서 그 큰 용, 곧 그 옛 뱀은 땅으로 내쫓겼습니다. 그 큰 용은 악마라고도 하고, 사탄이라고도 하는데, 온 세계를 미혹하던 자입니다. 그 용의 부하들도 그와 함께 땅으로 내쫓겼습니다. 그때에 내가 들으니, 하늘에서 큰 음성이 이렇게 울려 나왔습니다. "이제 우리 하나님의 구원과 권능과 나라가 이루어지고 하나님이 세우신 그리스도의 권세가 나타났다. 우리의 동료들을 헐뜯는 자, 우리 하나님 앞에서 밤낮으로 그들을 헐뜯는 자가 내쫓겼다."(계 12:9~10)

　이런 성경의 예언들은 역사를 미리 기록해 놓은 것입니다! 마귀가 세상을 괴롭히려고 나타날 때 하나님께서 마귀를 괴롭힐 것입니다. 하나님께서는 하겠다고 말씀하신 것을 글자의 점 하나까지 하실 것입니다. 할렐루야! 우리는 기뻐합니다! 우리는 알고 있습니다! 미래는 이미 해결되어 있고, 마지막 시간도 아주 영광스러운 결론으로 정해져 있습니다. 지금 우리는 그 기간 속으로 들어가고 있습니다!

말씀	"우리의 동료들은 어린 양이 흘린 피와 자기들이 증언한 말씀을 힘입어서 그 악마를 이겨 냈다. 그들은 죽기까지 목숨을 아끼지 않았다."(계 12:11)
불씨	하나님께서 말씀하신 것은 이루어질 것입니다.
참고성경	사 59:19, 계 12:9~11
성경읽기	아침 – 레 21, 시 26~27 / 저녁 – 전 4, 딤전 6

4월 18일 하나님의 영광을 위해 창조되고 구원받았습니다
Made and Saved for God's Glory

온 세상을 창조하신 하나님께서 우리 각 사람을 만드셨다는 것은 생각만 해도 놀랍습니다. 더구나 하나님은 우리가 행복한 피조물이 될 수 있도록 우리 자신을 만드신 것이 아니라 하나님 자신을 위해, 자신의 영광을 위해 우리를 만드셨습니다. 하나님의 영광을 위해 살면 우리는 하나님께서 우리를 만드신 목적대로 살게 됩니다. 이것이 평안입니다. 돈이나 자기 만족과 같이 하나님이 아닌 다른 목적을 위해 살면, 스트레스 받고, 싸우듯이 살며, 하나님의 뜻에 충돌하며 살게 됩니다. 우리가 하나님의 영광을 추구하면 모든 것은 예정된 영원한 영광의 위대함을 따라 움직입니다.

우리는 우리들의 유익뿐만 아니라 하나님의 영광을 위해서도 구원을 받았습니다. 왜 그럴까요? "그것은, 하나님께서 그리스도 예수 안에서 우리에게 자비로 베풀어주신 그 은혜가 얼마나 풍성한지를 장차 올 모든 세대에게 드러내 보이시기 위함입니다."(엡 2:7) 이것이 바로 예수님께서 우리를 위해서 그토록 고통을 받으시고, 그런 값을 치르시고, 아버지께 영광이 되게 하신 이유입니다.

예수님이 다시 오실 때, 그분은 온 세상을 그분의 영광으로 가득 채우실 것입니다. 이것이 소망입니다. 우리는 "위대하신 하나님과 우리 구주 예수 그리스도의 영광"을 바라보고 있습니다(딛 2:13). 하나님은 자신의 영광을 위해 일하고 계시고, 우리는 그리스도교가 실패하거나 믿음이 사라질 것을 결코 걱정할 필요가 없습니다. 하나님은 자신의 목적을 설계하신 분입니다. 마지막 때에 온 우주가 하나님을 공경하며 그분의 영광을 보게 되는 것을 막으려고 우리 보잘것없는 인간들이 할 수 있는 일은 아무것도 없습니다. 우리도 그 영광 가운데 한 부분이 되어 그 기쁨과 빛과 생명과 경이로움을 함께 나눌 것입니다. 이것이 실제로 우리가 기다리는 것입니다!

말씀	"하나님께서 그리스도 예수 안에서 우리를 그분과 함께 살리시고, 하늘에 함께 앉게 하셨습니다. 그것은, 하나님께서 그리스도 예수 안에서 우리에게 자비로 베풀어주신 그 은혜가 얼마나 풍성한지를 장차 올 모든 세대에게 드러내 보이시기 위함입니다."(엡 2:6~7)
불씨	예수님은 많은 아들들이 영광에 이르게 하기 위해 고통을 받으셨는데 나도 여기에 포함됩니다.
참고성경	엡 2:7, 요 13:31, 32, 딛 2:13
성경읽기	아침 - 레 22, 시 28~29 / 저녁 - 전 5, 딤후 1

"불가능한" 예수님
The "Impossible" Jesus

4월 19일

사람들은 그리스도교에 대해서 말하면서 그 핵심에는 가장 큰 소망인 그리스도의 재림이 있다는 것을 잊어버립니다. 우리가 좋아하는 것만 가려서 뽑아내어 선택한 것을 가지고 여전히 그리스도교라고 부를 수는 없습니다. 그분이 죽음에서 살리심을 받았기 때문에 우리는 그분이 다시 오신다는 것을 알고 있습니다. 그분은 살아나셨으며 그러므로 그분은 오실 것입니다. 아테네에서 지성인들에게 설교할 때 바울은 이렇게 말했습니다! 이것은 그들이 좋아하는 절대적인 논리의 일종이었습니다. 베드로도 이렇게 말했습니다. "하나님께서는 그 크신 자비로 우리를 새로 태어나게 하셨습니다. 그리하여 그는, 죽은 사람들 가운데서 예수 그리스도가 부활하심으로 말미암아 우리로 하여금 산 소망을 갖게 해 주셨으며 … 하나님께서는 여러분의 믿음을 보시고 그의 능력으로 여러분을 보호해 주시며, 마지막 때에 나타나기로 되어 있는 구원을 얻게 해 주십니다."(벧전 1:3, 5)

예수님은 많은 엄청난 약속을 하시고 지키셨습니다. 그분은 죽음에서 살아나실 것을 약속하셨는데, 이는 아무도 할 수 없고, 받아들일 수도 없었습니다. 이것은 불가능했기 때문에 그들은 정말 그런 뜻으로 그분이 그렇게 말씀을 하셨다고 생각하지는 않았습니다. 그러나 그분은 그렇게 하셨습니다. 그분은 무덤에서 걸어 나오셨습니다. 예수님은 불가능한 것들을 다루십니다. "주님은 기적을 행하시는 하나님이시니."(시 77:14) 그분은 무덤에서 나오셨습니다. 그러므로 영광으로부터 오시는 것은 문제가 되지 않습니다.

그리스도께서는 참 성소의 모형에 지나지 않는, 손으로 만든 성소에 들어가신 것이 아니라, 바로 하늘 성소 그 자체에 들어가셨습니다. 이제 그는 우리를 위하여 하나님 앞에 나타나셨습니다. 대제사장은 해마다 짐승의 피를 가지고 성소에 들어가지만, 그리스도께서는 그 몸을 여러 번 바치실 필요가 없습니다. 그리스도께서 그 몸을 여러 번 바치셔야 하였다면, 그는 창세 이래로 여러 번 고난을 받아야 하셨을 것입니다. 그러나 이제 그는 자기를 희생 제물로 드려서 죄를 없이 하시기 위하여 시대의 종말에 단 한 번 나타나셨습니다. 사람이 한 번 죽는 것은 정해진 일이요, 그 뒤에는 심판이 있습니다. 이와 같이 그리스도께서도 많은 사람의 죄를 짊어지시려고, 단 한 번 자기 몸을 제물로 바치셨고, 두 번째로는 죄와는 상관없이, 자기를 기다리고 있는 사람들에게 나타나셔서 구원하실 것입니다.(히 9:24~28)

그리스도께서 죽으시고 무덤에서 나오셨습니다. 그리고 지금 그는 살아계십니다! 얼마나 환상적입니까! 맞습니다. 그러나 환상이 아닙니다. 이는 지금 진행 중인 역사입니다. 그렇지 않다면 역사는 아무 데도 가지 않을 것입니다. 큰 기쁨으로 당신과 나는 이 엄청난 약속을 붙잡고 있습니다. 예수 그리스도는 우리를 위해서 다시 오실 것입니다!

말씀	"우리 주 예수 그리스도의 하나님 아버지께 찬양을 드립시다. 하나님께서는 그 크신 자비로 우리를 새로 태어나게 하셨습니다. 그리하여 그는, 죽은 사람들 가운데서 예수 그리스도가 부활하심으로 말미암아 우리로 하여금 산 소망을 갖게 해 주셨으며"(벧전 1:3)
불씨	나는 이제 그리스도의 죽음으로부터의 부활을 통해 산 소망을 가지고 있습니다.
참고성경	시 77:14, 히 9:24~28, 벧전 1:3, 5
성경읽기	아침 – 레 23, 시 30 / 저녁 – 전 6, 딤후 2

4월 20일

하나님이 주신 우리의 권리
Our God-Given Rights

그리스도께서 여기 속하시기 때문에 우리는 그분이 돌아오신다는 것을 알고 있습니다. 그분은 "사람이신 그리스도 예수the Man Christ Jesus"이십니다.(딤전 2:5). 그분은 여기서 태어나셨습니다 … 여기서 먹고 자랐습니다 … 여기서 숨쉬며 살았습니다 … 우리와 똑같이 시험을 받았지만 결코 죄를 지은 적은 없습니다. 그분은 여기서 거짓말로 고소를 당하고 … 여기서 재판을 받고 죄가 인정되었습니다 … 여기서 채찍에 맞고 모욕을 당하셨습니다 … 그리고 여기서 그의 피를 흘리셨습니다. 그분은 새롭게 된 죽지 않는 몸으로 다시 일어나셨지만, 그의 몸에는 십자가 처형대에서 죽은 표시가 남아 있었습니다. 그 사람의 아들은 이 사람들의 세상과 영원히, 썩지 않은, 부활과 생명으로 묶여있습니다!

그분은 우리와 함께 그리고 아버지와 함께 땅과 하늘이라는 두 곳에 집을 가지고 계십니다. 그분은 하나님으로부터 오셨기 때문에 하나님께로 가셨으며, 그분은 여기에서 왔기 때문에 이리로 돌아오실 것입니다.

> 내 아버지의 집에는 있을 곳이 많다. 그렇지 않다면, 내가 너희가 있을 곳을 마련하러 간다고 너희에게 말했겠느냐? 나는 너희가 있을 곳을 마련하러 간다. 내가 가서 너희가 있을 곳을 마련하면, 다시 와서 너희를 나에게로 데려다가, 내가 있는 곳에 너희도 함께 있게 하겠다.(요 14:2~3)

그분은 하나님께 속하였으며 우리에게도 속했습니다. 그분은 아버지를 사랑해서 아버지께로 가셨으며 … 우리를 사랑하기 때문에 우리에게 오실 것입니다.

"하나님께서 세상을 이처럼 사랑하셔서서 외아들을 주셨으니, 이는 그를 믿는 사람마다 멸망하지 않고 영생을 얻게 하려는 것이다."(요 3:16) "말로 다 형언할 수 없는 선물을 주셨습니다."(고후 9:15) 땅과 하늘처럼 하나님께서 그분을 가지신 것처럼 우리도 그분을 가지고 있습니다. "한 아기가 우리를 위해 태어났다. 우리가 한 아들을 모셨다."(사 9:6) 그분의 믿을 수 없는 은혜로써 그분은 자신이 그렇게 해야만 하도록 스스로 그렇게 하셨습니다. 여기 이 땅에서 하나님이 우리에게 주신 권리 중에 하나는 그분을 여기 땅 위에서 보는 것입니다. 이것은 범할 수 없는 우리의 특권입니다. "눈이 있는 사람은 다 그를 볼 것이요."(계 1:7)

말씀	"한 아기가 우리를 위해 태어났다. 우리가 한 아들을 모셨다. 그는 우리의 통치자가 될 것이다. 그의 이름은 '놀라우신 조언자', '전능하신 하나님', '영존하시는 아버지', '평화의 왕'이라고 불릴 것이다. 그의 왕권은 점점 더 커지고 나라의 평화도 끝없이 이어질 것이다."(사 9:6~7)
불씨	예수님은 나를 살리려고 죽으셨습니다.
참고성경	사 9:6~7, 눅 22:27, 요 3:16, 4:42, 14:2~3, 고후 9:15, 계 1:7
성경읽기	아침 - 레 24, 시 31 / 저녁 - 전 7, 딤후 3

중보기도는 결과가 있습니다
Intercession Brings Results

4월 21일

전도집회를 마친 후, 한 부인이 내게 와서 자신이 수년 동안 악한 영들에게 얼마나 시달렸는지를 말하며 살 소망이 없다고 했습니다. 나는 감동을 받았으며 주님은 내게 금식하며 기도하라고 하셨습니다. 다음 날 아침 나는 온 심령을 다해서 그녀를 위해서 기도를 하고 있었는데 정오가 되었을 때 나는 갑자기 돌파를 경험했습니다. 하나님의 영광이 나의 혼을 가득 채웠으며 성령님은 "해결되었다."라고 내게 말씀하셨습니다.

그날 저녁 나는 그 부인을 다시 만났습니다. 내가 아무 말도 하기 전에 그녀는 눈을 반짝이면서 "하나님께서 기적을 행하셨어요! 오늘 정오에 나는 집에서 강력한 구출을 경험했답니다."라고 보고를 하였습니다. 하나님께서는 작은 규모로 하셨던 것을 큰 규모로 하실 것입니다.

(그리스도 이전에는) 아마도 모세가 가장 위대한 중보기도자였을 것입니다. 그가 이스라엘 사람들을 이집트로부터 인도해 낸 후에 하나님의 강한 손으로 기적적인 일들이 일어났지만 이스라엘 자손들은 광야에서 새롭게 발견한 자유로 감히 불평을 하였습니다. "우리에게는 음식이 충분하지 않고 … 물도 충분하지 않고 … 여기서 우리는 취약하다 … 우리는 이집트로 돌아가고 싶다!"

하나님은 고마움을 모르는 그들을 멸망시키겠다고 위협을 하셨지만 모세는 거듭해서 하나님을 설득함으로써 하나님은 그들을 살려주실 뿐만 아니라 관대하게 기적적으로 공급해 주셨습니다. 중보기도는 어떤 사람이 하나님의 긍휼을 받을 자격이 있어서가 아니라 하나님께서 친절하고, 사랑이 많으시며 관대하시기 때문에 이루어집니다.

당신의 삶에서 무엇을 위해서 중보기도가 필요합니까? 동료 그리스도인에게 기도를 해 달라고 부탁하는 것은 부끄러운 일이 아닙니다. 당신과 그 사람 모두를 축복하도록 하는 두 사람 모두에게 특권입니다.

말씀	"우리가 하나님에 대하여 가지는 담대함은 이것이니, 곧 무엇이든지 우리가 하나님의 뜻을 따라 구하면, 하나님은 우리의 청을 들어주신다는 것입니다. 우리가 무엇을 구하든지 하나님이 우리의 청을 들어주신다는 것을 알면, 우리가 하나님께 구한 것들은 우리가 받는다는 것도 압니다."(요일 5:14~15)
불씨	서로를 위해 기도하는 것은 그리스도인들의 특권입니다.
참고성경	요 16:22~24, 요일 5:14~15
성경읽기	아침 – 레 25, 시 32 / 저녁 – 전 8, 딤후 4

| 4월 22일 |

걱정하는 마음에 감동되다
Moved By Feelings of Concern

출애굽기 22장의 이야기는 기이한 이야기지만 진정한 중보자의 마음을 우리에게 보여주고 있습니다. 하나님께서 실제로 가까이 계신 것을 환상적으로 나타낸 그분의 전능하심을 통해서 이스라엘 사람들은 이집트로부터 탈출하였습니다. 그뿐 아니라 하나님과 말하려고 올라간 시내산 위에서 하나님의 영광의 구름은 모세를 감쌌습니다. 사람들은 모세가 그들을 저버렸다고 생각했습니다. 그들의 어리석은 마음은 이집트와 이집트 사람들이 섬기는 신들의 미신에 절어 있었기 때문에 그들은 그들을 이집트로 데리고 돌아갈 금송아지를 만들었습니다.

이 놀랄만한 죄 때문에 주님은 이들을 없애버리고 모세를 통하여 새로운 나라를 시작하겠다고 말씀하셨습니다. 모세는 자기의 화를 이기고 불쌍히 여기는 마음으로 하나님께서 "목이 곧은 백성"(출 32:9)이라고 하신 그 나라를 위해 간청하였습니다. 모세는 그들을 "당신의 백성"(11절)이라고 부르며 따졌습니다. 그리고 이런 말도 덧붙였습니다. "이 백성이 금으로 신상을 만듦으로써 큰 죄를 지었습니다. 그러나 이제 주님께서 그들의 죄를 용서하여 주십시오. 그렇게 하지 않으시려면, 주님께서 기록하신 책에서 저의 이름을 지워 주십시오."(31~32) 여기서 그는 불쌍히 여기는 마음이 터져 나오면서 말로는 다 표현을 하지 못하고 있습니다. 그는 이스라엘의 죄를 위한 속량 제물로서 자신의 목숨을 내어 놓았습니다. 오직 하나님의 아들만이 죄를 속량할 수 있기 때문에 그의 제안은 거절되었습니다. 이것이 참된 중보기도입니다.

모세는 억지로 그렇게 한 것이 아닙니다. 여인이 세상에 아기를 낳듯이 그는 오합지졸의 지파들을 한 나라가 되도록 하였습니다. 그들은 그의 가슴을 아프게 했지만 그는 그들의 어리석음으로 말미암아 피할 수 없는 재앙으로부터 여전히 그들을 지켜냈습니다. "사람이 자기 친구를 위하여 자기 목숨을 내놓는 것보다 더 큰 사랑은 없다."(요 15:13) 구원받지 못한 친구나 친척 때문에 괴로워하고 있습니까? 그들을 위해 기도하십시오! 그들은 당신의 의견 한 마디가 필요한 것이 아니라 그들은 마음을 다한 당신의 기도가 필요합니다.

말씀	"나는 선한 목자이다. 나는 내 양들을 알고, 내 양들은 나를 안다. 그것은 마치, 아버지께서 나를 아시고, 내가 아버지를 아는 것과 같다. 나는 양들을 위하여 내 목숨을 버린다 … 아버지께서 나를 사랑하신다. 그것은 내가 목숨을 다시 얻으려고 내 목숨을 기꺼이 버리기 때문이다. 아무도 내게서 내 목숨을 빼앗아 가지 못한다. 나는 스스로 원해서 내 목숨을 버린다. 나는 목숨을 버릴 권세도 있고, 다시 얻을 권세도 있다."(요 10:14~15, 17~18)
불씨	아버지, 나의 "안전지대"에서 나를 끌어내어서 당신의 긍휼의 심장이 내 심장 안에서 함께 뛰면서 내가 잃어버린 영혼들에 대해 더 큰 관심을 가질 수 있도록 해 주십시오.
참고성경	출 32, 요 10:14~18, 15:13
성경읽기	아침 – 레 26, 시 33 / 저녁 – 전 9, 딛 1

기적을 못 보는 신자들
Believers Who Did Not See Miracles

4월 23일

하나님이 사라지셨다는 생각은 불신의 오래된 두려움입니다. 이스라엘은 출애굽에도 참여하였으며, 그분의 영광을 보았고, 이 모든 것이 참되다는 것을 알았습니다. 그러나 몇 달이 못되어 그들은 믿을 수 없는 사람들이 되었습니다. 그들은 볼 수 있는 것을 원했습니다. 그래서 그들은 종살이로 되돌아가도록 그들을 인도할 금송아지를 만들었습니다! 불신은 항상 종살이로 인도합니다. 믿음은 자유를 뜻합니다.

그러나 그들은 하나님에 대한 모든 여권과 비자를 다 잃어버리고, 믿음을 가지고 그 땅에 들어간 갈렙과 여호수아 두 사람만 제외하고는 약속된 땅으로 들어가는 경계선을 넘을 수 없었습니다. 불신은 이렇게 오래된 것입니다. 불신은 현명한 것도 현대적인 것도 아닙니다. 하와는 의심하였습니다. 그 순간부터 그녀와 우리에게 불신은 아무에게 어떤 선도 결코 되지 않는 마귀의 넌센스와 어리석음입니다. 우리가 하나님을 대해야 한다면 그분을 신뢰하지 않고 어떻게 하겠다는 말입니까? 하나님을 쌀쌀맞게 대하거나, 하나님이 존재하지도 않는다는 사람들에게 하나님은 어떤 신뢰를 보일 것 같습니까? 하나님은 우리에게 아무 빚진 것도 없으므로, 우리가 이것을 원한다면 하나님도 그대로 내버려 두실 것입니다. "사람들이 하나님을 인정하기를 싫어하므로, 하나님께서는 사람들을 타락한 마음 자리에 내버려 두셔서, 해서는 안 될 일을 하도록 놓아 두셨습니다."(롬 1:28)

여호수아가 죽은 후에 그리스도가 오실 때까지는 엘리야와 엘리사 같은 아주 극소수의 사람들만이 기적을 보았습니다. 사실 초자연적인 것은 거의 일어나지 않았습니다. 그럼에도 불구하고 사람들은 놀라운 믿음을 보여주었습니다. 예수님께서는 그들에 대하여 이렇게 말씀하셨습니다. "예수께서 도마에게 말씀하셨다. "너는 나를 보았기 때문에 믿느냐? 나를 보지 않고도 믿는 사람은 복이 있다."(요 20:29) 그들은 성경을 읽었으며 출애굽의 하나님은 그들을 버리지 않으시고 그들을 대신하여 일하실 것을 믿었습니다. 하나님은 일하셨습니다! 예를 들면 다윗은 기적을 본 적은 없었지만 여전히 그는 하나님께서 도우실 것이라는 완전한 기대를 가지고 앞으로 나아갔습니다. 3천 년이 지난 오늘 그의 믿음은 여전히 우리에게 본이 됩니다. 오늘 당신의 믿음에 굳게 서십시오!

말씀	"너희가 나의 말에 머물러 있으면, 너희는 참으로 나의 제자들이다. 그리고 너희는 진리를 알게 될 것이며, 진리가 너희를 자유롭게 할 것이다."(요 8:31~32)
불씨	의인은 믿음으로 말미암아 살리라.
참고성경	출 32:1~35, 요 20:29, 롬 1:17, 28
성경읽기	아침 – 레 27, 시 34 / 저녁 – 전 10, 딛 2

> 4월 24일

별난 세상
The Eccentric World

　세상이 아니라 하나님이 우리의 중심입니다. 사람들은 우리 그리스도인들을 가리켜 별나다고 합니다. 중심에서 벗어난 한 별난 물체가 한 지점 주위에서 흔들리고 있습니다. 그러나 바로 "세상"이 그렇다고 성경은 말하고 있습니다. 별난 사람은 복음 전도자, 증인들, 그리스도인들, 즉 신자들이 아니라 세상입니다! 세상은 자신을 중심으로 흔들리고 있지만, 신자에게는 하나님이 중심입니다.

　교회 사람들이 복음을 적절하게 만드는 것에 대해 이야기할 때 대개는 복음이 산업, 연예, 상업의 세계와 공통된 것이 있다는 것을 보여 줄 필요가 있다는 뜻입니다. 그들은 거꾸로 적용하고 있습니다. 문제는 세상이 십자가의 메시지에 기꺼이 공감할 수 있느냐 하는 것입니다. 그렇지 않다면 너무나 안타까운 일입니다. 왜냐하면 세상은 십자가에서 심판을 받게 될 것이기 때문입니다. 세상이 복음과 관련이 없다면 세상은 닻도 없이 표류하고 있을 뿐입니다. "너희는 이 세대를 본받지 말고 오직 마음을 새롭게 함으로 변화를 받아 하나님의 선하시고 기뻐하시고 온전하신 뜻이 무엇인지 분별하도록 하라"(롬 12:2, 개역개정).

　처음부터 교회와 정부는 분리되어야 한다는 잘못된 믿음은 중요하지 않습니다. "뱀이 여자에게 말하였다. "너희는 절대로 죽지 않는다. 하나님은, 너희가 그 나무 열매를 먹으면, 너희의 눈이 밝아지고, 하나님처럼 되어서, 선과 악을 알게 된다는 것을 아시고, 그렇게 말씀하신 것이다.""(창 3:4-5) 그러나 하나님의 말씀은 이렇게 선포합니다. "지혜는 명철한 사람의 마음에 머물고, 미련한 사람 마음에는 알려지지 않는다. 정의는 나라를 높이지만, 죄는 민족을 욕되게 한다."(잠 14:33-34)

　내가 듣는 사람들이 하는 말 또 하나는 "복음 전도자들은 세상이 묻지 않는 질문에 대답하고 있다."는 것입니다. 이에 대해 나는 하나님께 감사드립니다! 세상이 올바른 질문을 하려고 결단할 때를 대비하여 해답을 주고 있습니다. 왜냐하면 잘못된 질문을 하고 있기 때문에 어떤 대답도 마찬가지로 잘못될 것이기 때문입니다. 삶의 모든 상황에 대한 하나님의 해답이 준비되어 있도록 뜻을 정하십시오.

말씀	"육에서 난 것은 육이요, 영에서 난 것은 영이다."(요 3:6)
불씨	세상은 내 주위에서 흔들릴지라도 나는 그리스도 예수께 집중되어 있습니다.
참고성경	창 3:3~4, 잠 14:33~34, 요 3:1~21, 롬 12:2
성경읽기	아침 - 민 1, 시 35 / 저녁 - 전 11, 딛 3

하나님은 가족을 만드셨습니다

God Made Families

4월 25일

하나님은 가족들을 구원하기 원하십니다. 창조의 중심에 있는 하나 됨은 가족을 위한 기도가 역사하게 합니다. 구약성경은 하나님의 가족의 역사를 말하고 있습니다. 하나님은 아브라함과 사라의 시절부터 이스라엘을 선택하셨는데 바로 야곱 족속입니다.

그들은 스스로 눈에 띄게 된 것이 아닙니다. 그들은 이웃하는 이교도 나라들과 섞여서 자신들의 정체성을 잃어버리기 쉬웠습니다. 그러나 그들의 무관심 때문에 하나님은 그 가족이 번성하도록 큰 결의를 보여주셨습니다! 그런 그들임에도 불구하고, 하나님은 인종적으로 이스라엘을 구별되게 하셨습니다. 4천 년 후에 이스라엘은 지상에서 가장 눈에 띄는 유일한 가족이 되었습니다. 어떤 인종도 하나님께 그렇게 개인적이지 않았기 때문에 어떤 다른 인종도 그들이 겪은 인종 살상의 시도를 당하지 않았습니다. 그들의 옷에 찍힌 나치의 별은 실제로 그들의 깨뜨릴 수 없는 가족 관계에 대한 그들의 원수들의 증거였습니다. 포로가 되고, 고국 땅을 잃고, 유대인을 흩어 놓아도 어떤 것도 그들을 파괴하지 못했습니다. 왜냐하면 이스라엘은 하나님의 가족에 대한 계획과 목적에 관한 하나님의 세상에 대한 표적이기 때문입니다.

이사야는 이것을 이렇게 지적했습니다.

> 그러나 이제 야곱아, 너를 창조하신 주님께서 말씀하신다. 이스라엘아, 너를 지으신 주님께서 말씀하신다. "내가 너를 속량하였으니, 두려워하지 말아라. 내가 너를 지명하여 불렀으니, 너는 나의 것이다 … 나는 주, 너의 하나님이다. 이스라엘의 거룩한 하나님이다. 너의 구원자다. 내가 이집트를 속량물로 내주어 너를 구속하겠고, 너를 구속하려고, 너 대신에 에티오피아와 쓰바를 내주겠다. 내가 너를 보배롭고 존귀하게 여겨 너를 사랑하였다 … 내가 너와 함께 있으니 두려워하지 말아라. 내가 동쪽에서 너의 자손을 오게 하며, 서쪽에서 너희를 모으겠다 … 나의 아들들을 먼 곳에서부터 오게 하고, 나의 딸들을 땅끝에서부터 오게 하여라. 나의 이름을 부르는 나의 백성, 나에게 영광을 돌리라고 창조한 사람들, 내가 빚어 만든 사람들을 모두 오게 하여라.(사 43:1, 3-7)

아버지를 따라 이름을 짓듯이, 이스라엘은 하나님의 이름을 지니고 있습니다. 이스라-엘 Isra-El. 엘티은 신성을 나타내는 기본적인 히브리어입니다. 오늘 당신의 진정한 이름, 그리스도인을 자랑스럽게 가지십시오!

말씀	"내가 너를 속량하였으니, 두려워하지 말아라. 내가 너를 지명하여 불렀으니, 너는 나의 것이다. 네가 물 가운데로 건너갈 때에, 내가 너와 함께 하고, 네가 강을 건널 때에도 물이 너를 침몰시키지 못할 것이다. 네가 불 속을 걸어가도, 그을리지 않을 것이며, 불꽃이 너를 태우지 못할 것이다. 나는 주, 너의 하나님이다."(사 43:1~3)
불씨	나는 그리스도의 것이며 아브라함의 씨입니다. 그러므로 나는 약속을 따른 상속자입니다(갈 3:29).
참고성경	사 43:1~28, 갈 3:29
성경읽기	아침 - 민 2, 시 36 / 저녁 - 전 12, 몬 1

4월 26일

집중적인 돌봄
Concentrated Care

네가 태어난 것을 말하자면, 네가 태어나던 날, 아무도 네 탯줄을 잘라 주지 않았고, 네 몸을 물로 깨끗하게 씻어 주지 않았고, 네 몸을 소금으로 문질러 주지 않았고, 네 몸을 포대기로 감싸 주지도 않았다. 이 모든 것 가운데서 한 가지만이라도 너에게 해 줄 만큼 너를 불쌍하게 여기고 돌보아 준 사람이 없다. 오히려 네가 태어나던 바로 그 날에, 사람들이 네 목숨을 천하게 여기고, 너를 내다가 들판에 버렸다. 그때에 내가 네 곁으로 지나가다가, 핏덩이로 버둥거리는 너를 보고, 핏덩이로 누워 있는 너에게, 제발 살아만 달라고 했다. 그리고서 내가 너를 키워 들의 풀처럼 무성하게 하였더니, 네가 크게 자라 보석 가운데서도 가장 아름다운 보석처럼 되었고, 네 가슴이 뚜렷하고, 머리카락도 길게 자랐는데, 너는 아직 벌거벗고 있었다.(겔 16:4-7)

에스겔 16장은 이스라엘에 대한 하나님의 집중적인 돌봄을 마치 버려진 갓난아기를 구원하여서, 젖을 먹이고, 양육하여서 아름다운 여성이 되도록 하는 데 비유하고 있습니다. 이 비유는 온 인류에 대한 하나님의 의도를 전형적으로 보여주었습니다. 하나님께서 세상과 그 거민들을 존재하게 하셨을 때, 그분은 우리를 우리들의 고집대로 하도록 버려두고 우리를 떠나지 않으셨습니다. 심지어 우리가 고의적으로 하나님을 떠나 버렸을 때조차도 말입니다. 창조자와 피조물로 맺어짐은 결코 무효화 될 수 없었습니다. 우리가 얼마나 멀리 도망치든지 우리의 존재는 하나님께 달렸습니다. "내가 하늘로 올라가더라도 주님께서는 거기에 계시고, 스올에다 자리를 펴더라도 주님은 거기에도 계십니다."(시 139:8) 창조자와 피조물을 잇는 줄이 거미줄처럼 가늘어질지라도 결코 끊어질 수는 없습니다. 하나님은 항상 우리를 알고 계십니다.

우리는 얼마나 자주 이 세상에서 혼자라고 생각하며, 어딘가 하나님이 숨어 계실 곳을 찾는 것은 항상 힘든 투쟁입니다. 그러나 이것을 아십시오. 하나님께서 당신에게 아낌없이 주시는 집중적인 보살핌은 당신이 당신의 삶에 하나님의 손길을 인정하든 그렇지 않든 간에, 그분은 당신이 자격이 있어서가 아니라 그분이 원하시기 때문에 주십니다.

당신을 향한 하나님의 사랑은 한계가 없습니다. 당신이 그분으로부터 멀어졌던 흔적은 지워지고 당신이 그분의 마음에 가까이 끌려감으로써 하나님의 구원이란 선물을 당신에게 값없이 주셨습니다.

말씀	"내가 주님의 영을 피해서 어디로 가며, 주님의 얼굴을 피해서 어디로 도망치겠습니까? 내가 하늘로 올라가더라도 주님께서는 거기에 계시고, 스올에다 자리를 펴더라도 주님은 거기에도 계십니다. 내가 저 동녘 너머로 날아가거나, 바다 끝 서쪽으로 가서 거기에 머무를지라도, 거기에서도 주님의 손이 나를 인도하여 주시고, 주님의 오른손이 나를 힘있게 붙들어 주십니다."(시 139:7~10)
불씨	하나님께서 스스로 말씀하셨습니다. "나는 너를 결코 떠나지 않을 것이며 너를 버리지도 않을 것이다."(히 13:5)
참고성경	시 139:7~10, 겔 16:1~14, 히 13:5
성경읽기	아침 - 민 3, 시 37 / 저녁 - 아 1, 히 1

예수: 하나님과 사람
Jesus: God and Man

4월 27일

 예수님은 당신과 나와 같이 우리 중 한 분이기 때문에 다시 오신다는 것을 알고 있습니다! 히브리서 2장 14절을 읽어 봅시다. "이 자녀들은 피와 살을 가진 사람들이기에, 그도 역시 피와 살을 가지셨습니다. 그것은, 그가 죽음을 겪으시고서, 죽음의 세력을 쥐고 있는 자 곧 악마를 멸하시고"(히 2:14). 그분은 사람의 가족에 속하셨으며, 그분은 자기 가족을 버리거나 영원히 멀리 떨어져 계시지 않을 것입니다. 예수 그리스도는 완전히 사람이셨으며, 하나님에 의해 잉태되셨지만, 여자에게서 나셨습니다. 완전한 삶을 사는 것은 그분의 의도였으며, 우리와 동일시할 준비가 되어 있으셨습니다. 만일 그분의 유일한 목적이 우리의 죄를 위한 희생물이 되는 것이었다면, 그분이 어린 아기였을 때 십자가에 못 박혀 죽으셔야 했습니다. 그렇지만 그분은 우리에 대한 위대한 동정심 때문에 우리처럼 모든 가슴 아픈 일과 어려움을 견디시기로 하셨습니다. "또 일생 동안 죽음의 공포 때문에 종노릇하는 사람들을 해방시키시기 위함이었습니다."(히 2:15) 예수님은 사람의 아들이고 하나님의 아들이었습니다.

 그러나 "하나님은 한 분이시요, 하나님과 사람 사이의 중보자도 한 분이시니, 곧 사람이신 그리스도 예수이십니다."(딤전 2:5) 중재자는 양쪽 편에 모두 연결되어 있어야 합니다. 그분은 야곱의 사다리와 같이 하늘과 땅 사이에 세워진 유일한 중재자입니다. 예수님은 하늘과 땅, 하나님과 사람을 자신 안에서 매셨습니다. 땅 위에서 그분의 임재는 모든 것 중에 가장 자연스러운 것이 될 것입니다. 이것이 우리가 붙잡고 있는 위대한 소망입니다!

말씀	"예수께서 다만 잠시 동안 천사들보다 낮아지셔서, 죽음의 고난을 당하심으로써, 영광과 존귀의 면류관을 받아쓰신 것을, 우리가 봅니다. 그는 하나님의 은혜로 모든 사람을 위하여 죽음을 맛보셔야 했습니다."(히 2:9)
불씨	전능하신 하나님과 나 사이에는 중재자 주 예수 그리스도가 계십니다.
참고성경	딤전 2:5, 히 2:5~14, 4:15
성경읽기	아침 – 민 4, 시 38 / 저녁 – 아 2, 히 2

4월 28일

실제 세상에서 예수
Jesus in the Real World

예수님은 누구였습니까? 성령은 그분이 "임마누엘 – 우리와 함께 계시는 하나님"이라고 말합니다(마 1:23, 개역개정). 예수님은 하나님께서 실제 세상에서 관여하시는 것을 우리에게 보여주셨습니다. 그분은 자신의 손에 흙을 묻히셨습니다! 그분은 자기 손에 못이 박히셨습니다! 그분이 그렇게 하심으로써 우리가 죄의 권세와 대대적인 파괴로부터 우리를 자유롭게 하실 수 있었습니다.

로마의 죄수들이 십자가 위에 못 박히려 나올 때, 그들은 십자가 가로 기둥을 어깨에 지고 날랐습니다. 팔은 기둥에 맨 상태에서 예루살렘을 통과하여 갈보리라는 이름의 사형 집행을 하는 언덕으로 걸어갔습니다.

> 총독의 병사들이 예수를 총독 관저로 끌고 들어가서, 온 부대를 다 그의 앞에 불러 모았다. 그리고 예수의 옷을 벗기고, 주홍색 겉옷을 걸치게 한 다음에, 가시로 면류관을 엮어 그의 머리에 씌우고, 그의 오른손에 갈대를 들게 하였다. 그리고 그분 앞에 무릎을 꿇고, "유대인의 왕 만세!" 하고 말하면서 그를 희롱하였다. 또 그들은 그에게 침을 뱉고, 갈대를 빼앗아서, 머리를 쳤다. 이렇게 희롱한 다음에, 그들은 주홍 옷을 벗기고, 그의 옷을 도로 입혔다. 그리고 십자가에 못 박으려고, 그를 끌고 나갔다.(마 27:27~31)

이는 마치 끔찍한 진리를 온 세상이 이해하고 결코 잊을 수 없는 언어로 선포하는 깃발 혹은 거대한 표지판을 그분이 짊어지고 가는 것과 같았습니다. 예수님이 지고 가신 가로 기둥은 모든 사람들의 심령에 있는 죄와 실패와 같은 우리 인간들의 마이너스, 즉 부정적인 것을 말하고 있습니다.

십자가는 인간의 고통에 대한 하나님의 믿기지 않는 반응을 우리에게 보여주고 있습니다. 하나님 자신이 우리의 고통 안으로 들어오셔서 스스로 우리의 죄를 짊어지셨습니다. 죄도 없고 완전한 무죄 상태였지만 예수님은 "우리를 위하여 죄"가 되셨습니다(고후 5:21). 초기 그리스도인 한 사람이 이렇게 말했습니다. "우리가 아직 죄인이었을 때에, 그리스도께서 우리를 위하여 죽으셨습니다."(롬 5:8)

그 언덕 위에 예수님은 우리의 죄와 사악함의 가로 기둥을 가로질러서 올바름의 세로 기둥을 세우셨습니다. 그분은 우리 인간들의 마이너스를 하나님의 플러스로 바꾸셨습니다. 그분은 자신에게로 나아 와서 그냥 요구하는 사람은 누구에게나 하나님의 자비와 용서와 치유의 능력을 풀어놓아 주셨습니다. 바로 나에게 말입니다!

말씀	"우리가 아직 죄인이었을 때에, 그리스도께서 우리를 위하여 죽으셨습니다. 이리하여 하나님께서는 우리들에 대한 자기의 사랑을 실증하셨습니다."(롬 5:8)
불씨	그리스도께서 몸소 그 나무 위에서 자신의 몸으로 나의 죄를 짊어지시므로 내가 죄에 대하여 죽고 의에 대하여 살도록 하셨습니다(벧전 2:24).
참고성경	마 1:23, 27:27~56, 롬 5:8, 고후 5:21
성경읽기	아침 – 민 5, 시 39 / 저녁 – 아 3, 히 3

빛 가운데 있는 성도들
Saints in Lights

4월 29일

그들을 보십시오! 구원받은 인류의 끝없는 흐름 아래로 얼마나 영광스러운 불꽃이 반짝이는지! 여기 처음 사람들 중에 한 사람이 있습니다. 내적으로 일곱 귀신에 찢겼던 마리아는 그분의 영원한 예배자로서 그분의 빈 무덤 가까이 사랑 안에 앉았습니다. "예수께서 이레의 첫날 새벽에 살아나신 뒤에, 맨 처음으로 막달라 마리아에게 나타나셨다. 마리아는 예수께서 일곱 귀신을 쫓아내 주신 여자이다."(막 16:9)

여기 베드로가 있습니다. 예수님은 그에게 많은 힘을 들여야만 했었지만, 이제 그는 하나님의 빛으로 빛납니다. "우리 주 예수 그리스도의 하나님 아버지께 찬양을 드립시다. 하나님께서는 그 크신 자비로 우리를 새로 태어나게 하셨습니다. 그리하여 그는, 죽은 사람들 가운데서 예수 그리스도가 부활하심으로 말미암아 우리로 하여금 산 소망을 갖게 해 주셨으며"(벧전 1:3).

여기 그분을 박해했던 바울이 있습니다. "주님께서 그에게 말씀하셨다. '가거라, 그는 내 이름을 이방 사람들과 임금들과 이스라엘 자손들 앞에 가지고 갈, 내가 택한 내 그릇이다.'"(행 9:15) 그분을 비웃었던 도둑이었던 삭개오의 집에 오신 예수님은 그의 삶으로도 들어가셨습니다. 이 빛의 흔적은 오랜 세기를 거쳐 내려옵니다. 예수님을 사랑했던 사람들: 순교자들, 사도들, 성도들, 손가락이 양초처럼 타들어가는 동안에도 하나님을 찬양했던 사람들, 복음 전도자들, 선교사들, 겸손한 일꾼들, 신실한 사람들, 당신과 나.

그분은 나 같은 불쌍한 죄인을 구원하셨습니다! 언젠가 우리는 모두 모든 종족으로부터 나온 사람들과 함께, 그분의 영광 가운데 잠기어, 빛 가운데 있는 성도들로 거기 있게 될 것입니다. 이전에는 간음하던 자들, 동성연애자들, 도둑들, 사기꾼들, 변태 성애자들, 주술자들, 살인자들, 중독자들, 사탄 숭배자들, 탐욕스러운 자들, 우상 숭배자들, 더러운 자들, 세련된 자들과 세련되지 않은 자들 모두 나란히, 많이 배운 자들과 못 배운 자들이 손에 손을 잡고서, 모두 다 예수의 피에 씻겼습니다! 이것이 왕의 영광입니다! 어린 양의 생명책에 기록되어 있는 당신의 이름으로 인하여 오늘 기뻐하십시오!

말씀	"하나님, 주님은 나의 하나님입니다. 내가 주님을 애타게 찾습니다. 물기 없는 땅, 메마르고 황폐한 땅에서 내 영혼이 주님을 찾아 목이 마르고, 이 몸도 주님을 애타게 그리워합니다. 내가 성소에서 주님을 뵙고 주님의 권능과 주님의 영광을 봅니다."(시 63:1~2)
불씨	나의 이름은 어린 양의 생명책에 기록되어 있습니다. 나는 기뻐하며 감사를 드립니다!
참고성경	시 63:1~11, 막 16:9, 눅 19:1~10, 행 9:15, 벧전 1:3
성경읽기	아침 – 민 6, 시 40~41 / 저녁 – 아 4, 히 4

4월 30일
그리스도의 대사명
Christ's Great Commission

오순절 이전에는 대사명을 행할 수 없었습니다. 예수님은 제자들에게 기다리라고 말씀하셨습니다. 그런 다음 일이 일어나기 시작했습니다! 그날 하루 일어난 전도가 교회를 탄생시켰습니다. 그러나 교회란 무엇입니까? 우리는 교회의 본성과 목적에 대해서 분명하게 알고 있습니까? 교회는 주 예수 그리스도의 동정심과 그의 위로와 그의 치유와 그의 선하심을 확장하는 것입니다. "나사렛 예수는 두루 다니시면서 선한 일을 행하시고, 마귀에게 억눌린 사람들을 모두 고쳐 주셨습니다. 그것은 하나님께서 그와 함께 하셨기 때문입니다."(행 10:38) 이것이 교회며 우리가 하고 있어야 하는 일입니다.

교회는 그분의 몸이라고 했습니다. 하나님은 이 가련한 세상을 껴안아 줄 우리의 팔밖에 없습니다. 사랑은 그분의 최고의 성품입니다. 그분의 동정심의 증거를 보여주는 정도만큼만 우리가 그분의 몸이라고 나는 느낍니다. 사랑이 없는 교회는 교회가 아닙니다. 예수 안에 사람으로 나타났던 하나님의 사랑이 교회에 필요합니다. "너희 안에 이 마음을 품으라 곧 그리스도 예수의 마음이니"(빌 2:5, 개역개정).

교회는 오순절을 지속시켰습니다. 그 날은 방언과 예언과 불로 터져 나왔습니다! 교회가 그렇지 않다면 불도, 방언도, 예언도, 전도도, 그리스도와 부활을 담대히 선포하는 것도, 승리에 대한 확신도 약속도 없다면, 어떻게 똑같은 교회라고 우리가 주장할 수 있겠습니까?

성령의 능력과 나타남이 없으면 우리는 인간의 지혜와 힘밖에는 없습니다. 자신만 의지해서는 교회는 빈 껍질일 뿐입니다. 당신은 이런 교회에 속할 필요가 없습니다. 당신은 살아계신 그리스도의 교회에 속해야 합니다.

말씀	"몸은 하나이지만 많은 지체가 있고, 몸의 지체는 많지만 그들이 모두 한 몸이듯이, 그리스도도 그러하십니다 … 여러분은 그리스도의 몸이요, 따로 따로는 지체들입니다."(고전 12:12, 27)
불씨	하나님의 사랑은 내 안에서 구체화되어야 합니다.
참고성경	행 10:38, 고전 12:12, 27, 골 1:18, 빌 1:20, 2:5
성경읽기	아침 – 민 7, 시 42~43 / 저녁 – 아 5, 히 5

복음은 대안이 아니라 하나님의 최후통첩입니다.

성경은 하나님의 왕국의 헌법입니다.

연합은 균일한 것이 아닙니다.

하나님의 살아 있는 돌
God's Living Stone

5월 1일

　에베소서에 기록된 다섯 가지 은사, 즉 사도, 선지자, 복음 전하는 자, 목사와 교사는 그리스도의 몸을 세우려고 주신 것입니다. 그 목적은 바울이 고린도 교회에 쓴 첫 번째 편지에서 분명하게 밝혔습니다. "각 사람에게 성령을 나타내심은 유익하게 하려 하심이라"(고전 12:7, 개역개정).

　그는 동일한 은사 중 세 가지인 사도, 선지자, 교사의 은사를 다시 언급하지만 복음 전도자와 목사 대신에 기적을 행함, 치유의 은사, 방언을 말하기, 예언과 방언의 은사를 받은 사람들을 언급하고 있습니다. 그는 계속해서 교회는 예언과 방언으로 세워진다고 말하고 있습니다. 이 모든 은사들은 동료 신자들의 유익을 위해 교회가 하나 되도록 믿는 자들에게 주신 것입니다. 죽은 돌은 없고 오직 살아있는 돌들만이 섬기도록 구비되어 있습니다.

　에베소서 전체의 주제는 우리가 누구인지가 아니라 그분이 누구인지가 주제입니다. 우리가 관심을 가져야 할 분은 그리스도이지 교회 직분이 아닙니다. 하나님은 우리 안에서 우리를 통하여 일하십니다. 그분은 "만물 안에서 만물을 충만하게 하시는 이의 충만함"입니다(엡 1:23). 그분은 복음을 전하지 않지만 그분으로부터 능력을 받아 우리가 할 것을 기대하십니다. 우리가 그분의 것이 되면 우리가 그분의 목소리이고, 손이고, 발입니다. 그분은 우리를 충만하게 하시고 교회를 충만하게 하시며 교회를 교회답게 만드시는 충만하심입니다. 모든 것 뒤에는 그분의 은혜의 선물이 있습니다. 우리 안에는 얼마나 귀한 보물을 가지고 있는지요. 우리는 그분이 맡긴 일을 완수하도록 완전하게 구비되어 있습니다!

　에베소서 후반부에서 바울은 하나님의 군대에서 효과적인 군인이 되는 데 필요한 무장을 열거하였습니다. 그리고 그는 하나님의 군대에서는 병사들도 진급한다고 우리에게 말하고 있습니다. "이 일을 위하여 내가 쇠사슬에 매인 사신이 된 것은 나로 이 일에 당연히 할 말을 담대히 하게 하려 하심이라"(엡 6:20, 개역개정).

　하나님 자신의 권세를 가지고 행하고, 그분의 사랑으로 그리스도의 이름으로 세상에 진리를 담대하게 말하는 것은 하나님이 부여한 당신의 책임입니다! 이 권세로 행하십시오.

말씀 "주님께 나아오십시오. 그는 사람에게는 버림을 받으셨으나, 하나님께는 택하심을 받은 살아 있는 귀한 돌입니다. 살아 있는 돌과 같은 존재로서 여러분도 집 짓는 데 사용되어 신령한 집이 됩니다. 그래서 여러분은 예수 그리스도로 말미암아 하나님께서 기쁘게 받으실 신령한 제사를 드리는 거룩한 제사장이 되십시오."(벧전 2:4~5)

불씨 아버지, 나를 왕국에서 당신의 살아있는 돌의 하나로 나를 세워주셔서 감사를 드립니다.

참고성경 고전 12:1~31, 14:1~39, 엡 1:23, 4:11, 6:1~24

성경읽기 아침 – 민 8, 시 44 / 저녁 – 아 6, 히 6

> **5월 2일**

초인들이라고 할 수 없습니다
Hardly Supermen

열두 제자는 초인들이라고 할 수 없었습니다. 예수님은 어떻게 자기 사도들을 선택했을까요? 누가복음은 이렇게 기록합니다.

> 이때에 예수께서 기도하시러 산으로 가사 밤이 새도록 하나님께 기도하시고 밝으매 그 제자들을 부르사 그중에서 열둘을 택하여 사도라 칭하셨으니 곧 베드로라고도 이름을 주신 시몬과 그의 동생 안드레와 야고보와 요한과 빌립과 바돌로매와 마태와 도마와 알패오의 아들 야고보와 셀롯이라는 시몬과 야고보의 아들 유다와 예수를 파는 자 될 가룟 유다라 예수께서 그들과 함께 내려오사 평지에 서시니 그 제자의 많은 무리와 예수의 말씀도 듣고 병 고침을 받으려고 유대 사방과 예루살렘과 두로와 시돈의 해안으로부터 온 많은 백성도 있더라(눅 6:12~17, 개역개정)

예수님은 제자들을 택하시기 전에 "밤이 새도록" 기도하셨습니다. 밤새 하나님께서는 각 사도의 이름을 주님의 마음에 하나씩 하나씩 떨구어 주셨고 "너는 바돌로매, 마태, 다대오를 선택해야 한다." 그리하여 주님은 하나님이 지명하시고 인정하신 인물들의 리스트를 만드셨다고 생각됩니다. 아마도 그분은 자신이 올바르게 선택했는지를 확실히 하기 위해서 한 사람당 한 시간씩 기도했을지도 모릅니다. 그는 밤새도록 기도했는데 전문가들의 의견에 따르면, 각 사도에게 한 시간씩이니까 열두 시간 기도했습니다.

이제 내가 감히 묻고자 합니다. 꼭 맞는 능력과 잠재력을 가지고 있고, 하나님이 미리 볼 수 있는 그런 위대함을 갖추고 있는 사람을 선택하도록 인도해 달라고 정말 주님이 그렇게 하셨을까요? 아니면 실제로 주님께서는 똑똑하고, 영향력이 있으며, 힘 있는 사람들을 선택하는 유혹과 씨름하셨을까요? 나는 그럴 수 있다고 상상할 수 있습니다. (재주가 있는 사람들을 지명하여 성공을 계획하려고 하는) 세상의 방법과 하나님의 방법 사이에서 갈등을 하며 열두 시간 동안 기도하였을 수도 있었을 것입니다. 이런 경우였다면, 하나님께서 당신이나 나를 선택하셨을 것이라고 생각합니까? 우리 각 사람은 그분의 신성한 부르심이 우리의 심령에 새겨져 있었다고 우리 모두 함께 믿읍시다. 이렇게 믿고 오늘 우리에 대한 부르심을 귀하게 여기고 그분께 감사드립시다.

말씀	"주님, 말씀하십시오. 주님의 종이 듣고 있습니다."(삼상 3:9)
불씨	하나님께서 나를 선택하셔서 사랑 받는 자녀가 되게 해주셔서 아버지께 나는 영원히 감사합니다.
참고성경	삼상 3:1~21, 눅 6:12~17
성경읽기	아침 – 민 9, 시 45 / 저녁 – 아 7, 히 7

가기 싫어했던 복음 전도자 요나
Jonah–The Reluctant Evangelist

5월 3일

창세기부터 성경을 읽다 보면 성경의 나머지 모든 부분과 구별되는 요나의 작은 책에 이르기 전까지는 복음 전도에 대해서 아무 말도 하지 않는 것을 발견하게 될 것입니다. 요나서는 복음 전도자가 날마다 사용하는 개인적인 지침서vade mecum입니다.

대부분은 요나를 알고 있지만 그리스도인들을 포함해서 많은 사람들은 이 책이 전하는 이야기를 믿지 않습니다. 그들은 요나의 이야기는 물고기에 대해서 무언가를 말하고 있다고 생각합니다! 그러나 예수님과 그 시대 사람들은 이 이야기를 우화나 비유가 아니라 역사로 여겼습니다. 요나의 이야기를 기록한 사람이 누구이든지 그는 글을 쓸 줄 아는 사람이었습니다. 우리는 이 작은 책에 세심한 주의를 기울일 가치가 있습니다.

> 이 세대는 악한 세대다. 이 세대가 표징을 구하지만, 이 세대는 요나의 표징밖에는 아무 표징도 받지 못할 것이다. 요나가 니느웨 사람들에게 표징이 된 것과 같이, 인자 곧 나도 이 세대 사람들에게 그러할 것이다 … 심판 때에 니느웨 사람들이 이 세대 사람들과 함께 일어나서, 이 세대 사람들을 정죄할 것이다. 그들은 요나의 선포를 듣고 회개했기 때문이다. 그러나, 보아라, 요나보다 더 큰 이가 여기에 있다.(눅 11:29-30, 32)

선지자 요나는 그리스도 보다 약 8백 년 전에 살았습니다. 그는 앗시리아 제국의 마지막 수도였던 니느웨로 가라는 하나님의 부르심을 들었습니다. 니느웨는 요나가 살고 있던 곳에서 동쪽으로 6백 마일이나 떨어진 티그리스 강변에 있었습니다. 그러나 요나는 니느웨로 가는 대신에 반대 방향인 서쪽 다시스로 가는 배표를 샀습니다. 그는 자신의 의무를 필사적으로 벗어나려고 했습니다. 니느웨는 그가 가장 가고 싶지 않은 곳이었습니다!

하나님께서 그분을 위해 무엇을 하라고 하셨을 때 하고 싶지 않아서 다른 곳으로 가 본 적이 있습니까? 나는 그랬던 적이 있습니다! 그럼에도 불구하고 그분에게 순종하기 위해서 믿음으로 한 발자국을 내디뎠을 때마다 나는 그분이 항상 나를 인도하고 안내해 주시는 자비하심을 체험했습니다. "주님, 내가 주님께 피하오니 … 주님은 진정 나의 바위, 나의 요새이시니, 주님의 이름을 위하여 나를 인도해 주시고 이끌어 주십시오."(시 31:1, 3) 오늘 하나님께서 어떤 일을 하라고, 한 발자국 내어 딛으라고 하시면, 그냥 "네" 하고 그분이 당신을 인도하고 안내하도록 허락하십시오 … 오늘 말입니다!

말씀	"구원은 오직 주님에게서만 옵니다."(욘 2:9)
불씨	주님, 나를 강하게 해 주셔서 주님이 나를 인도하는 곳으로 따라갈 수 있게 해 주십시오.
참고성경	시 31:1~3, 욘 1~4, 눅 12:29~32
성경읽기	아침 – 민 10, 시 46~47 / 저녁 – 아 8, 히 8

5월 4일

내려가기
Going Down

요나에 관해 읽을 때 우리는 그의 도피를 묘사한 방법에 주목해야 합니다. 요나서 1장은 요나가 욥바로 내려갔다고 말하고 있습니다 … 그리고 그는 배로 내려갔습니다 … 그리고 그는 배의 가장 아래로 내려갔습니다. 폭풍이 들이닥쳤을 때 선원들은 그를 바다로 던지고, 큰 물고기가 그를 삼켰으며, 그는 큰 물고기의 배 속으로 깊이 내려갔습니다. 그때 그는 주님께 기도했습니다. "주님께서 나를 바다 한가운데, 깊음 속으로 던지셨으므로 … 나는 땅속 멧부리까지 내려갔습니다."(욘 2:3, 6) 물고기가 요나를 마른 땅 위에 토해낸 뒤에, 주님은 두 번째로 그에게 말씀하셨는데 본문은 "요나가 일어나서"라고 말합니다(욘 3:3). 하나님께서 우리를 보내실 때 복음을 선포하러 가는 것은 영원합니다. – 우리는 일어납니다!

요나에 대해 조금 동정심을 가져 봅시다: 니느웨는 실제로 두려운 평판을 가지고 있었습니다! 그들의 왕 중 한두 명은 아주 잔인하였으며, 그들 중 몇 사람은 이 땅에 살았던 사람들 중에 가장 악한 사람도 있었습니다. 그들은 포악함과 잔인함에 있어서 너무나 괴물과 같아서 오늘날 우리들에게도 충격적입니다. 요나는 물론 이런 사람들을 대면해야 한다는 것을 좋아하지 않았습니다. 어떻게 외국인이 이런 사람들을 상대로 대적하는 말씀을 선포하고서도 살아나기를 바랄 수 있겠습니까?

물론 결국 그는 갔으며 … 니느웨는 그들의 악한 길에서 충분히 돌이켰습니다. 요나의 선포는 효과적이었습니다. 요나는 하나님의 심판이 니느웨에 떨어지는 것을 보기를 원했는데 이런 그를 누가 나무랄 수 있겠습니까? 그는 하나님께서 멸망시키려고 하시는 도시에 경고했습니다. 그들의 악행은 하나님의 귀에 들렸으며, 심판은 마땅히 받아야 하는 것이었습니다. 그러나 그 도시는 회개하였으며 하나님께서는 심판을 보류하셨습니다(최소한 어느 정도의 기간 동안, 그 후 200년이 못되어서, 니느웨는 완전히 파괴되었습니다).

때때로 당신과 나는 하나님께서 불가능한 일로 우리를 부르시고 있는 것을 느끼고 있지만 용기를 내십시오! 하나님은 불가능의 하나님입니다!

말씀	"예수께서 그에게 말씀하셨다. '할 수 있으면' 이 무슨 말이냐? 믿는 사람에게는 모든 일이 가능하다"(막 9:23)
불씨	나의 불변하는 확신은 하나님께는 모든 것이 가능하다는 것입니다!
참고성경	욘 1~4, 마 19:16~26, 막 9:14~29
성경읽기	아침 – 민 11, 시 48 / 저녁 – 사 1, 히 9

기도의 법칙 일곱 가지

5월 5일

Seven Rules of Prayer

1. 믿음으로 하나님께 구하십시오. 우리는 너무 많이 구할 수는 없으며 하나님의 도움을 요구하는 것이 너무 과도해서 퓨즈가 나가게 할 수 없습니다. 구하십시오! 이것은 그리스도의 명령이므로 구한다고 하나님의 뜻밖으로 벗어날 수는 없습니다. 오히려 당신이 구하지 않으면 하나님의 손을 묶어 놓을 수 있습니다.
2. 미안해하는 듯한 태도로 나오지 마십시오. 그냥 요구하십시오. 어떻게 하실지는 하나님께 맡겨 두십시오. 오직 하나님께서 원하는 것만을 구해야 한다고 높은 경건한 표시를 만들었는데 이는 예수님께서 "너희가 내 이름으로 무엇을 구하든지 내가 행하리니"라고 말씀하신 것과 모순됩니다(요 14:13). 하나님은 성숙한 성도들에게 그들의 삶에서 큰 부분을 자유롭게 선택하도록 허락하시고 그들의 선택을 축복하십니다.
3. 하나님께서 당신을 용서하셨듯이 용서하십시오. "서서 기도할 때에 아무에게나 혐의가 있거든 용서하라 그리하여야 하늘에 계신 너희 아버지께서도 너희 허물을 사하여 주시리라 하시니라"(막 11:25, 개역개정).
4. 진지하게 기도하되 사람들이 들으라고 기도하지는 마십시오. 하나님은 은혜가 많으시다는 것을 기억하십시오.
5. 예수 이름으로 기도하십시오. 우리는 그리스도 안에 있고 하나가 되어 있기 때문에, 우리가 예수 이름 안에서 기도할 때, 우리는 우리에게 주어진 그리스도께서 이루신 공로와 더불어 말하고 있는 것입니다. 상식을 사용하십시오.
6. 하나님의 말씀을 매우 귀하게 여기십시오. 이 말씀의 균형을 눈여겨 보십시오. "만일 … 내 말이 너희 안에 거하면, 무엇이든지 원하는 대로 구하라 그리하면 이루리라"(요 15:7, 개역개정). 시편 기자는 이렇게 기록했습니다. "내가 나의 마음에 죄악을 품었더라면 주께서 듣지 아니하시리라"(시 66:18, 개역개정). 그리스도의 말씀을 귀하게 여기고 죄를 품지 마십시오.
7. 기도를 응답받는 데 방해가 되는 것들을 처리하십시오. 야고보는 왜 여러 번 우리의 기도가 응답되지 않는지 경고하였습니다. "의심하는 자는 … 무엇이든지 주께 얻기를 생각하지 말라 … 구하여도 받지 못함은 정욕으로 쓰려고 잘못 구하기 때문이라"(약 1:6~7, 4:3, 개역개정). 기도에도 지혜는 꼭 필요합니다.

당신의 기도 생활에 이 지침을 적용하여 스스로 기도가 실제로 변화를 가져오는 것을 보십시오.

말씀	"그러나 너희는 너희 원수를 사랑하고, 좋게 대하여 주고, 또 아무것도 바라지 말고 꾸어 주어라. 그리하면 너희는 큰 상을 받을 것이요, 더없이 높으신 분의 아들이 될 것이다. 그분은 은혜를 모르는 사람들과 악한 사람들에게도 인자하시다."(눅 6:35)
불씨	"구하라!"라는 그리스도의 명령에 순종하여 나는 오늘 기도하는 데 시간을 보낼 것입니다.
참고성경	시 66:18, 마 5:23~24, 21:22, 막 11:25, 눅 6:35~37, 18:10~14, 요 14:13, 15:7, 16:23, 약 1:6~7, 4:3
성경읽기	아침 – 민 12~13, 시 49 / 저녁 – 사 2, 히 10

5월 6일

완전한 지혜
Perfect Wisdom

예수님은 이렇게 기도하셨습니다. "그러나 내 뜻대로 되게 하지 마시고, 아버지의 뜻대로 되게 하여 주십시오."(눅 22:42) 우리는 모든 지혜를 가지고 완전한 간구를 할 수 없습니다. 만일 우리에게 무한한 능력이 있다면 우리는 곧 모든 것을 망칠 것입니다. 그러나 하나님께서는 누군가를 기쁘게 해 주기 위해서는 물론, 어리석은 어떤 일을 하도록 설득당하시지도 않을 것입니다. 그분의 대답은 우리의 기도보다도 지혜롭고 심지어 그분의 "아니오!" 마저도 지혜롭습니다.

히스기야 왕이 오래 살기를 기도하자 하나님께서 허락하셨는데 이것마저 실제로는 하나님의 뜻이 아니었다고 배웠습니다. "너는 되돌아가서 내 백성의 주권자인 히스기야에게 전하여라. '네 조상 다윗을 돌본 나 주 하나님이 말한다. 네가 기도하는 소리를 내가 들었고, 네가 흘리는 눈물도 내가 보았다. 내가 너를 고쳐 주겠다. 사흘 뒤에는 네가 주의 성전으로 올라갈 수 있을 것이다."(왕하 20:5) "내가 너의 목숨을 열다섯 해 더 연장시키겠다."(사 38:5) 바로 이 열다섯 해 동안에 히스기야의 악한 아들 므낫세가 태어났기 때문이라고 배웠습니다. 그 후에 오십 년이 넘도록 므낫세는 나라를 악한 길로 인도했습니다. 그렇지만 만일 히스기야가 아들이 없이 죽었었더라면 다윗의 가문은 일찍 끝났을 것입니다. 그러므로 추가로 열다섯 해를 허락한 것은 하나님의 뜻이었습니다.

그리스도의 가계에는 군주들과 범죄자들과 창녀들과 전사들과 왕들과 우상숭배자들이 있는데, 이는 어느 가계에나 마찬가지입니다. 한 세대에서 다음 세대로 하나님께서는 그들의 마음을 하나님께로 돌릴 사람들을 끊임없이 찾고 계십니다. 죄악 가운데서 노아는 하나님께 호의를 입었습니다. 아브라함은 우르의 거짓 신들로부터 돌아섰으며, 창녀 라합은 이스라엘 사람들을 구하는 데 도움을 주었으며, 룻은 모압의 우상들을 떠나서 보아스와 결혼해서 다윗 왕의 증조모가 되었습니다. 오직 하나님만이 아십니다.

> 만물보다 더 거짓되고 아주 썩은 것은 사람의 마음이니, 누가 그 속을 알 수 있습니까? "각 사람의 마음을 살피고, 심장을 감찰하며, 각 사람의 행실과 행동에 따라 보상하는 이는 바로 나 주다."(렘 17:9~10)

하나님께서는 그분의 뜻, 심지어 그분의 장기적인 뜻에 반하는 어떤 일도 하지 않으시는데 왜냐하면 그분은 처음부터 끝을 아시고 결코 실수하지 않으시기 때문입니다. 그러므로 당신의 기도는 헛되지 않기 때문에 당신은 확신을 가지고 기도할 수 있습니다!

말씀	"나는 하나님이다. 나밖에 다른 신은 없다. 나는 하나님이다. 나와 같은 이는 없다. 처음부터 내가 장차 일어날 일들을 예고하였고, 내가, 이미 오래전에, 아직 이루어지지 않은 일들을 미리 알렸다. '나의 뜻이 반드시 성취될 것이며, 내가 하고자 하는 것은 내가 반드시 이룬다'고 말하였다."(사 46:9~10)
불씨	내가 기도할 때마다, 하나님은 나의 요청을 시간에 무관한 하나님의 뜻에 헤아려 보시고 그에 맞게 응답하십니다.
참고성경	왕하 20:1~21, 21:1~26, 사 38:1~22, 46:9~10, 렘 17:10, 마 1:1~17, 눅 22:32
성경읽기	아침 – 민 14, 시 50 / 저녁 – 사 3~4, 히 11

당신의 가족을 준비하십시오
Prepare Your Family

5월 7일

참으로 우리 모두를 포함한 자녀들의 마음은 보호가 필요합니다. 이를 위해서 우리는 완전한 영적인 무장을 가지고 있습니다. "악마의 간계에 맞설 수 있도록, 하나님이 주시는 온몸을 덮는 갑옷을 입으십시오."(엡 6:11)

이것은 이스라엘의 모든 아버지들이 식탁에 둘러앉아서 자녀들에게 하나님의 언약의 말씀을 가르치도록 명령을 받은 이유입니다. "내가 오늘 당신들에게 명하는 이 말씀을 마음에 새기고, 자녀에게 부지런히 가르치며, 집에 앉아 있을 때나 길을 갈 때나, 누워 있을 때나 일어나 있을 때나, 언제든지 가르치십시오."(신 6:6~7)

모든 경건한 사람들이 경건한 자녀들을 가지지는 못했기 때문에 대개는 비극적인 생애를 끝냈다는 비극적 사실을 통해서 이러한 필요는 성경에서 강조되어 있습니다. 대제사장 엘리와 사무엘은 모두 아버지의 가슴을 아프게 하는 아들들을 두었습니다. "엘리의 아들들은 행실이 나빴다. 그들은 주님을 무시하였다 … 엘리의 아들들은, 주님께서 보시는 앞에서 이렇듯 심하게 큰 죄를 저질렀다. 그들은 주님께 바치는 제물을 이처럼 함부로 대하였다 … 사무엘은 늙자, 자기의 아들들을 이스라엘의 사사로 세웠다 … 그러나 그 아들들은 아버지의 길을 따라 살지 않고, 돈벌이에만 정신이 팔려, 뇌물을 받고서, 치우치게 재판을 하였다."(삼상 2:12, 17; 8:1, 3) 우리의 자녀들이 하나님이 길을 따르지 않을 때 그들은 온 나라를 망하게 할 수도 있습니다.

하나님께서는 당신의 백성, 이스라엘을 다스리도록 제사장들과 사사들을 지명했지만 사무엘의 아들들이 경건하지 않게 되었을 때 백성들은 다른 통치 방법을 달라고 외치기 시작했는데 이는 궁극적으로는 이스라엘을 불경건한 광야로 되돌려 놓았습니다. 경건한 삶을 살도록 우리 자녀들을 훈련하고 그들이 어른이 될 때까지 그런 삶을 살아가도록 돕는 것은 우리 자신의 만족만을 위해서 그렇게 하는 것보다 더 중요합니다. 우리의 가족이 어둠과 무법천지로 가득한 세상에서 빛나는 경건한 삶의 모범이 되는 것은 하나님의 궁극적인 계획과 밀접하게 연결되어 있습니다.

말씀	"마땅히 걸어야 할 그 길을 아이에게 가르쳐라. 그러면 늙어서도 그 길을 떠나지 않는다." (잠 22:6)
불씨	주님, 당신은 영원한 말씀을 가지고 계시므로 내가 그 말씀으로 살도록 나를 도와주셔서 세상이 그 말씀이 진리라는 것을 보게 해 주십시오.
참고성경	삼상 2:12, 17, 8:1~3, 잠 22:6, 요 6:68, 엡 6:10~17
성경읽기	아침 – 민 15, 시 51 / 저녁 – 사 5, 히 12

5월 8일

첫 세대
First Generation

하나님께는 손주들이 없습니다. 우리는 자녀들에게 하나님을 알고, 그분의 말씀을 이해하고, 의롭게 살도록 가르칩니다. 우리가 잘 가르친 자녀들은 하나님께로 돌아오고, 우리 집안이 우리의 증거로 인하여 구원받게 될 것이라는 약속을 믿습니다. 그러나 우리의 자녀들이 자동적으로 하나님을 따를 것이라는 보장은 없습니다. 부모들은 그들의 자녀들이 의롭게 되도록 만들 수는 없습니다. 경건한 부모로서 우리는 우리의 자녀들을 훈련하고, 우리의 자녀들과 우리가 사랑하는 사람들의 구원을 위해 뜨겁게 기도해야 하지만, 어떤 결정을 할 것인가는 그들에게 달려 있습니다! 이것은 자유 의지입니다. "나는 오늘 하늘과 땅을 증인으로 세우고, 생명과 사망, 복과 저주를 당신들 앞에 내놓았습니다. 당신들과 당신들의 자손이 살려거든, 생명을 택하십시오."(신 30:19)

하나님은 자기 자녀들을 너무 사랑하시므로 그분은 끊임없이 그들을 찾으시고, 사랑으로 그들에게 구애하십니다. 잘 기른 자녀들마저도 고집이 세고 반항적일 수도 있고, 그들의 경건한 유산으로부터 멀어져서 방황할 수도 있습니다. 완전한 예가 방탕한 아들의 비유입니다.

예수께서 말씀하셨다. "어떤 사람에게 아들이 둘 있는데 작은 아들이 아버지에게 말하기를 '아버지, 재산 가운데서 내게 돌아올 몫을 내게 주십시오' 하였다. 그래서 아버지는 살림을 두 아들에게 나누어 주었다 … 며칠 뒤에 작은 아들은 제 것을 다 챙겨서 먼 지방으로 가서, 거기서 방탕하게 살면서, 그 재산을 낭비하였다 … 그제서야 그는 제정신이 들어서, 이렇게 말하였다 … '내가 일어나 아버지에게 돌아가서, 이렇게 말씀드려야 하겠다. 아버지, 내가 하늘과 아버지 앞에 죄를 지었습니다. 나는 더 이상 아버지의 아들이라고 불릴 자격이 없으니, 나를 품꾼의 하나로 삼아 주십시오.' 그는 일어나서, 아버지에게로 갔다. 그가 아직도 먼 거리에 있는데, 그의 아버지가 그를 보고 측은히 여겨서, 달려가 그의 목을 껴안고, 입을 맞추었다 … '나의 이 아들은 죽었다가 살아났고, 내가 잃었다가 되찾았다.'"(눅 15:11-13, 17, 18-20, 24)

사랑하는 사람이 하나님께로 돌아왔을 때 기쁨의 눈물을 흘리지 않을 잘못된 자녀를 둔 그리스도인 부모들은 아무도 없을 것입니다! 그리스도인 부모로서 우리의 책임은 우리의 자녀들을 위하여 선하고 일관된 본을 보여주는 것이며, 죄의 매력이 실제로는 악한 것이란 것이 드러나서, 우리의 자녀들이 자발적으로 하나님과의 개인적인 관계로 돌아올 것을 믿는 것입니다. 하나님은 자녀들을 선택하셨으며 그들은 모두 첫 세대입니다.

말씀	"우리가 먹고 즐기자. 나의 이 아들은 죽었다가 살아났고, 내가 잃었다가 되찾았다." (눅 15:23~24)
불씨	선악 간에 나의 삶은 다른 사람들에게 본이 됩니다.
참고성경	신 30:19, 눅 15:11~32, 롬 6:23, 10:9~10
성경읽기	아침 – 민 16, 시 52~54 / 저녁 – 사 6, 히 13

하나님의 사랑의 로고
The Logo of God's Love

5월 9일

예수님 이야기는 십자가 처형으로 끝나지 않습니다. 그랬더라면 십자가는 좌절한 실패와 절망의 상징이 되었을 것입니다. 기쁜 소식은 예수님께서 십자가 위에서 죄의 능력뿐만 아니라 죽음의 능력도 파괴하셨다는 것입니다. 셋째 날 하나님은 어둠과 죽음과 사탄을 이기고 그분을 살리셨습니다.

> 그런데 갑자기 큰 지진이 일어났다. 주님의 한 천사가 하늘에서 내려와 무덤에 다가와서, 그 돌을 굴려 내고, 그 돌 위에 앉았다 … 지키던 사람들은 천사를 보고 두려워서 떨었고, 죽은 사람처럼 되었다. 천사가 여자들에게 말하였다. "두려워하지 말아라. 나는, 너희가 십자가에 달리신 예수를 찾는 줄 안다. 그는 여기에 계시지 않다. 그가 말씀하신 대로, 그는 살아나셨다. 와서 그가 누워 계시던 곳을 보아라."(마 28:2, 4~6)

나사렛의 목수 예수는 십자가의 나무로 생명의 문을 만드셨습니다. 이것이 기쁜 소식의 깊은 중심입니다. 십자가는 우리를 변화시키는 능력이 있습니다. 마이너스를 플러스로, 부정적인 것을 긍정적인 것으로 바꿉니다. 십자가 위에서 어둠은 빛으로, 죽음은 생명으로, 미움은 사랑으로, 속박은 자유로, 두려움은 믿음으로, 절망은 기쁨으로, 깨어짐은 온전함으로 … 마침내 지옥은 천국으로!

예수님은 지금도 살아계십니다! 모든 저주를 뒤집고 사탄의 악한 일을 무효화하시려고 그분은 오늘 여기 계십니다. 죄인들은 용서받습니다. 아픈 사람은 건강해집니다. 깨어진 관계는 회복됩니다. 십자가 위의 예수의 능력을 대항하던 악의 군대는 마침내 패배하게 될 것입니다! 이것이 바로 십자가가 그리스도인의 믿음의 상징 혹은 로고인 이유입니다. 십자가는 예수님께만 속한 것입니다. 십자가는 그들이 행한 적이 없었던 어떤 것을 나타내기 때문에 어떤 다른 종교의 창시자도 감히 이 로고를 사용할 엄두를 못 냈습니다!

그들은 아무도 세상의 죄를 위해 십자가 처형대에서 못 박힌 적이 없습니다. 그들은 아무도 죽음에서 일으켜 세워지지 않았습니다. 오직 예수님만이 우리를 구원하실 수 있습니다. 그분이 말씀하셨듯이 말입니다. "나는 길이요, 진리요, 생명이다. 나를 거치지 않고서는, 아무도 아버지께로 갈 사람이 없다."(요 14:6) 죽음의 상징이 아니라 부정적인 것을 긍정적인 것으로 바꾸는 하나님의 변화시키는 약속으로, 예수 그리스도의 십자가를 받아들이십시오.

말씀	"내 아버지의 집에는 있을 곳이 많다. 그렇지 않다면, 내가 너희가 있을 곳을 마련하러 간다고 너희에게 말했겠느냐? 나는 너희가 있을 곳을 마련하러 간다. 내가 가서 너희가 있을 곳을 마련하면, 다시 와서 너희를 나에게로 데려다가, 내가 있는 곳에 너희도 함께 있게 하겠다."(요 14:2~3)
불씨	"십자가의 말씀이 멸망할 자들에게는 어리석은 것이지만, 구원을 받는 사람인 우리에게는 하나님의 능력입니다."(고전 1:18)
참고성경	마 28:1~20, 요 14:1~6, 고전 1:18
성경읽기	아침 – 민 17~18, 시 55 / 저녁 – 사 7, 약 1

5월 10일

하나님의 능력을 풀어놓기
Releasing God's Power

우리를 그렇게 온전히 사랑하시는 하나님은 우주에서 궁극적인 능력을 가지신 분이기도 합니다. 하나님은 단순히 존재하도록 말씀하심으로써 모든 것들을 창조하신 분입니다. 성경은 또한 하나님의 아들 예수는 하나님의 영광의 광채라고 우리에게 말씀하고 있습니다.

십자가 위에 매달리셔서, 예수님은 결코 능력 있는 분으로 보이지는 않았습니다. 무리들에게 비웃음을 당하셨고, 병사들에게 고문을 당하셨으며, 자기 친구들에게도 버림을 받으셔서, 천천히 피를 흘리시는 예수님은 무력해 보였습니다. 그럼에도 하나님의 능력이 풀린 곳은 바로 십자가 위였습니다.

> 그들은 예수와 함께 강도 두 사람을 십자가에 못 박았는데 … 지나가는 사람들이 머리를 흔들면서, 예수를 모욕하며 말하였다. "아하! 성전을 허물고 사흘 만에 짓겠다던 사람아, 자기나 구원하여 십자가에서 내려오려무나!" 대제사장들도 율법학자들과 함께 그렇게 조롱하면서 말하였다. "그가, 남은 구원하였으나, 자기는 구원하지 못하는구나! 이스라엘의 왕 그리스도는 지금 십자가에서 내려와 봐라. 그래서 우리로 하여금 보고 믿게 하여라!" 예수와 함께 십자가에 달린 두 사람도 그를 욕하였다.(막 15:27, 29~32)

이것을 상상해 보는 한 가지 방법은 원자력의 힘입니다. 모든 원자는 양극과 음극의 힘이 함께 균형을 이루고 있습니다. 그러나 원자가 분리될 때는 양극과 음극이 분리되면서 파괴하거나 유익을 주는 힘이 나옵니다. 이와 비슷한 어떤 일이 십자가 위에서 일어났습니다. 십가가에 매달린 채로 예수님 자신도 죄의 부정적인 것과 하나님의 사랑의 긍정적인 것이란 두 개의 상반된 힘을 경험하셨습니다. 예수님은 거룩하고 완전한 하나님의 아들이지만 십자가 위에 달리셨고, 그분은 "우리를 위한 죄"가 되셨습니다(고후 5:21). 거기서 그분은 모든 악과 선이 만나는 세계의 중심이 되셨습니다.

마침내 예수님은 악을 정복하시고 의와 부활의 새로운 능력을 풀어 놓으셨습니다. 하나님의 사랑의 구원하는 능력이 구하는 모든 사람에게 풀려나는 동안 악, 죽음, 죄와 두려움은 정복되었습니다. 그리스도께서 영광스럽게 죽음으로부터 일어나심으로써 사흘 안에 이 새로운 능력은 역사하였습니다. 예수 그리스도는 오늘 살아 계십니다. 얼마나 위대한 소식입니까! 나가서 당신이 사랑하는 사람과 오늘 이 기쁜 소식을 나누십시오!

말씀	"하나님께서는 죄를 모르시는 분에게 우리 대신으로 죄를 씌우셨습니다. 그것은 우리가 그리스도 안에서 하나님의 의가 되게 하시려는 것입니다."(고후 5:21)
불씨	나는 그리스도와 그리스도의 부활의 능력과 그리스도의 고난에 동참하는 법을 알고 싶습니다.
참고성경	막 15:27~32, 고후 5:21, 빌 3:10, 히 1:3
성경읽기	아침 – 민 19, 시 56~57 / 저녁 – 사 8~9:7, 약 2

따끔거리는 자극
The Tingling Impulse

5월 11일

성령의 침례를 받았을 때 나는 어린 소년이었지만 이 경험을 한 후에 나의 아버지께서 인도하는 북부 독일의 한 예배에 참석하였습니다. 기도하는 시간에 나는 이것은 잘못이 아님에도 불구하고 아버지께서 좋아하시지 않을 것이라는 것을 아는 어떤 행동을 하고 싶은 느낌을 받기 시작했습니다. 어떻게 설명할 수는 없지만, 나는 교회 반대편에 있는 한 여자분에 대한 생각을 멈출 수가 없었습니다. 그냥 내 머릿속에서가 아니라 내 온몸으로 점점 강하게 느꼈습니다. 나는 점점 강해지는 전류처럼 더 따끔거림을 느꼈습니다. 이를 무시해 버리려고 했지만 이 따끔거리는 전류는 점점 더 강해졌습니다. "행동에 옮겨야만 해!"라고 나는 중얼거렸습니다. "그런데 그분은 뭐라고 할까? … 아버지는 뭐라고 하실까?" 나는 장의자 뒤로 몸을 웅크리고서 한 걸음 한 걸음 그녀에게로 다가갔습니다. 그러고 나서 나는 "당신을 위해 기도하고 싶습니다."라고 그녀의 귀에 속삭였습니다.

그녀는 나를 쳐다보더니 "좋아요, 기도해 주세요!"라고 대답했습니다. 내가 이 성인 여자 위에 손을 얹자 무슨 일이 일어났습니다. 나의 몸에 있던 전류가 그녀 안으로 바로 감전되는 듯이 보였습니다.

바로 그 순간 아버지도 알아차리지 않을 수 없었습니다. 아버지께서 "라인하르트, 너 지금 뭐하고 있는 거냐?"라고 물으셨습니다.

그 부인이 나를 대신해서 대답했습니다. "라인하르트가 손을 내게 얹었어요. 그랬더니 주님의 능력이 내 몸을 관통하는 것을 나는 느꼈습니다 … 보세요! 나는 치유받았습니다! 난 이제 괜찮아요!" 그 당시에 나는 우리가 순종한다면 하나님으로부터 오는 능력은 충분하다는 이런 치유를 뒷받침하는 영적원리를 알지 못했습니다. 나는 아직도 이 교훈과 이와 같은 교훈을 배워야 했습니다.

많은 경우에 사람들은 다른 사람들의 경외감을 주는 방문과 계시에 대해서 듣습니다. 이런 것들은 흥미진진하지만 그들은 이런 경험을 한 적이 없었기 때문에 종종 낙담하게 됩니다. 그들은 하나님이 사용하시는 이 사람들보다 열등함에 틀림없다고 생각합니다. 나는 당신이 성령님에 대해 진리를 알기 원합니다. 성령님은 희귀하고 환상적인 순간들을 가졌던 사람들 뿐만 아니라 모든 그리스도인 일꾼들을 위한 분입니다. 이 진리를 발견하면 많은 사람들은 새로운 사람처럼 될 것입니다. 나는 이 진리가 당신에게도 진실이 될 것을 믿습니다.

말씀	"성령이 너희에게 내리시면, 너희는 능력을 받고, 예루살렘과 온 유대와 사마리아에서, 그리고 마침내 땅끝에까지 이르러 내 증인이 될 것이다."(행 1:8)
불씨	"(당신의 이름을 여기에 적으십시오)은 은혜와 능력이 충만해서, 백성 가운데서 놀라운 일과 큰 기적을 행하고 있었다."(행 6:8)
참고성경	행 1:1~8, 2:1~47, 6:8
성경읽기	아침 – 민 20, 시 58~59 / 저녁 – 사 9:8~10:4, 약 3

5월 12일

성령님이 오실 때
When the Spirit Comes

우리에게 너무나 익숙한 약속이기에 이것의 엄청난 경이로움을 잃어버리기 쉬운 것이 있습니다. 이것은 어떤 사람이라도 즐길 수 있는 가장 불가능하고 환상적인 기대 중에 하나입니다. "너희는 여러 날이 되지 않아서 성령으로 침례를 받을 것이다 … 성령이 너희에게 내리시면, 너희는 능력을 받고"(행 1:5, 8). 이런 일이 20세기에도 실제로 일어날 수 있을까요? 제게는 일어났습니다. 사람에게 일어날 수 있는 이것보다 더 놀라운 일을 나는 생각해 낼 수가 없습니다. 이는 하나님으로 가득 채워졌다는 뜻입니다. 이것은 실제는 없는 들뜬 행복감이 아닙니다. 성령님은 진정제가 아닙니다. 오히려 성령의 임재는 마음을 감동시킵니다. 하나님은 어려운 인생의 환경 가운데 그의 능력을 보내십니다. 그분은 우리 모두를 위한 생명을 주는 힘의 근원입니다. 수년간 신선한 깨달음이 나에게 터졌습니다. 이는 정말 너무나도 놀라웠습니다! 하나님께서는 내가 설교를 통해서 이를 온 세상과 나누기를 원하셨습니다.

그리스도교는 하나님의 말씀이 일어나게 하는 행동하는 성령이십니다. 복음은 복음이 주장하는 바 그대로입니다. 챔피언 운동선수가 달리기 경기장에 서면, 우리는 그가 세계적인 선수라는 것을 증명하려고 논쟁할 필요가 없습니다. 출발 지점에서 출발 신호총을 쏘기만 하면 됩니다! 그리스도의 복음은 살아있기 때문에 경기장에 들어가서 나는 복음이 할 일을 하도록 하기만 합니다. 복음이 살아 있는지는 누구나 알 수 있습니다. 이것은 성령님의 역사입니다. 수천 명이 가득한 경기장에서 내가 본 복음의 능력이 한 일에 대해 내가 말하는 것을 믿으십시오. 똑같은 능력이 하나님이 가지고 계신 모든 것을 받으려고 하는 열망으로만 가득한 마음에서 역사할 것입니다!

말씀	"어둠 속에 빛이 비쳐라"하고 말씀하신 하나님께서, 우리의 마음속을 비추셔서, 예수 그리스도의 얼굴에 나타난 하나님의 영광을 아는 지식의 빛을 우리에게 주셨습니다." (고후 4:6)
불씨	그리스도교는 하나님의 능력을 나타나게 하는 성령님의 행동이다.
참고성경	요 14:6, 행 1:5, 8, 고후 4:6
성경읽기	아침 – 민 21, 시 60~61 / 저녁 – 사 10:5~34, 약 4

이해하기 쉽게 한 믿음
Demystifying Faith

5월 13일

믿음에 대한 이상한 생각들이 있습니다. 믿음은 당신이 아는 것이 사실이 아니라고 믿거나 아무 증거가 없는 어떤 것을 믿는 것이 아닙니다. 그것은 어리석은 일입니다. 성경은 믿음에 관한 책이며 기초적인 사실은 믿음은 이미 타고난다는 것입니다. 우리는 태어날 때부터 믿는 자입니다. 당신이 믿음이 없다고 생각한다면 어떤 것도, 어떤 사람도, 당신의 배우자도, 의사도, 은행도, 상관도, 은행가도 믿지 말아 보십시오. 어떤 보장도 없어집니다. 우리는 외과 의사의 손에 우리의 생명을 맡깁니다. 우리는 믿음을 생각하지도 않고 기차와 차와 비행기를 운전하는 사람을 신뢰하고, 전혀 모르는 사람들이 준비한 음식을 먹습니다. 그러나 이것이 사실입니다.

믿음은 모든 활동을 마비시킬 우리의 두려움을 걸러내는 면역체계의 일종입니다. 믿음이 없으면 우리는 공포와 강박증이 생길 것입니다. 예수님은 두려워하지 말고 믿으라고 말씀하셨습니다. 이 믿음의 기능을 사용하지 않는다면 당신은 아침에 침대에서 나오거나 밖으로 나가지도 않을 것입니다. 이 세상에는 수백만 개의 어려운 일들이 코브라처럼 물려고 똬리를 틀고 있습니다.

그러나 우리는 대개는 개의치 않고 확신을 가지고 살아갑니다. 성경은 "하나님께서 각 사람에게 나누어주신 믿음의 분량"을 말합니다(롬 12:3). 그리스도께서는 "믿기만 하라"(막 5:36)고 하셨는데, 우리가 믿을 수 있기 때문이었습니다.

결혼하는 것은 내가 알고 있는 가장 좋은 예입니다. 어떤 신부나 신랑이 상대방이 완전하다고 상상이나 했습니까? 그럼에도 그들은 좋을 때나 나쁠 때나 인생을 함께 하겠다고 서로에게 헌신합니다. 한 신부는 "나는 좋을 때나 나쁠 때나 당신과 함께 하겠다"라고 따라 하기를 거절하면서, "나는 그가 더 나쁠 때에 그와 함께 하겠습니다. 그가 결코 좋아지지 않을 것을 알기 때문입니다."라고 말하며 대꾸합니다. 그녀는 낙관적이지는 않지만 믿고 결혼합니다!

믿음에는 어떤 신비스러운 것도 없습니다. 아마도 어린아이들이야말로 가장 큰 믿음의 사람들일 것입니다. 여러 번 나는 아이를 내 팔로 안아 들어 올렸었지만 한 아이도 떨어질까 봐 소리를 지르지 않았습니다. 예수님께서도 한 아이를 안고 설명을 하는 설교를 하셨습니다. 그 분은 어린이는 하나님의 나라의 여권을 가지고 있다고 말씀하셨습니다. 믿음은 상식을 죽이는 것으로 오는 것이 아닙니다. 고립된 동굴에서 빵과 물만 먹고 사는 괴상한 "성인들"이 열심히 노력해서 발전시킨 특이한 심리학이 아닙니다. 믿음은 자연스럽습니다. 실제로는 의심이 특이하고 비이성적인 것입니다. 믿음은 예수님을 놀라게 한 유일한 것입니다.

말씀	"하나님께서 각 사람에게 나누어주신 믿음의 분량대로"(롬 12:3)
불씨	믿음은 자연스럽고 의심이 비이성적입니다.
참고성경	막 5:36, 눅 8:50, 롬 12:3
성경읽기	아침 – 민 22, 시 62~63 / 저녁 – 사 11~12, 약 5

성품 시험
Character Test

5월 14일

사람들은 흔히 믿음과 덕을 혼동합니다. 덕은 개발됩니다. 사람들은 마치 믿음이 양복의 재킷처럼 크기 별로 오는 것처럼 "큰 믿음의 사람들"에 관해 말합니다. 그러나 우리는 우리 자신이 별로 선하지 않다는 것을 알고 있음에도 믿음을 가질 수 있습니다. 죄인들도 믿음을 가질 수 있습니다. 그렇지 않다면 그들은 결코 구원받지 못할 것입니다! 아무도 선하지 않습니다 … 그러나 그리스도께서는 모든 사람이 믿을 수 있다고 가르치셨습니다. 주님께서 믿음을 칭찬해 주신 사람들이 있었는데, 그들은 교리에 대해 무지한 외국인들이었습니다. 성경도 마찬가지입니다. 히브리서 11장에는 큰 믿음을 가졌던 남녀 영웅들의 "명예로운 이름들"이 적혀 있습니다. 그들은 용기나 친절함 때문이 아니라 그들이 하나님을 완전히 의지한 것 때문에 기억되고 있습니다. 믿음은 하나님의 눈으로 보시기에 우리를 뛰어나 보이게 하는 아주 평범한 일입니다. 성령은 "믿음이 없이는 하나님을 기쁘시게 하지 못한다."라고 말합니다(히 11:6, 개역개정). 믿음으로 하나님을 기쁘시게 할 수 있으며, 누구나 믿을 수 있습니다.

우리가 믿은 바가 우리입니다. 우리가 무엇을 믿을 것인지 조심해야 합니다. 무엇을 믿을 것인지 우리가 결정을 하면 그 결정이 우리를 만들어 갑니다. 어떤 사람은 UFO를 믿고, 지구가 살아 있다고 믿고, 죽은 자의 음성을 듣는다고 믿습니다. 수만 가지 믿을 것이 있지만 하나님이 최고이십니다. 우리는 하나님을 믿는 데 집중합니다. 믿는 행위를 믿는 사람들도 있습니다. 설문조사에 의하면 실제로 거의 모든 사람들이 신을 믿는 것을 볼 수 있습니다. 어떤 종류냐가 문제입니다.

믿음은 우리를 시험합니다. 예를 들면 그리스도나 칼 마르크스를 믿는 것처럼, 우리가 믿고 있는 종류의 신이 우리의 영혼을 들여다보는 창을 만듭니다. 몇 마디의 기도만 요구하는 믿음을 따르는 것은 우리에게 무엇을 말하고 있습니까? 최소한의 노력만 요구하는 종교는 아주 인기가 있을 수 있습니다. 적은 요구 사항과 따르는 많은 무리, 죽 한 그릇에 그들의 기업을 팔았던 사람들의 값싼 믿음 같은 것들입니다.

예수 그리스도는 모든 것을 요구하십니다. "네 마음을 내게 주라"(잠 23:26, 개역개정). 넓은 길의 종교는 쉬운 길이지만 점점 좁아지고 어떤 곳도 데려다주지 않습니다. 이 진리를 꼭 붙잡으십시오. 그리스도를 믿는 당신의 믿음은 점점 넓어지고 어딘가로 가는 좁은 길입니다.

말씀	"의인의 길은 동틀 때의 햇살 같아서, 대낮이 될 때까지 점점 더 빛나지만"(잠 4:18)
불씨	믿음은 하나님이 보시기에 우리를 탁월하게 하는 지극히 평범한 것입니다.
참고성경	잠 4:18, 히 11:1~40
성경읽기	아침 – 민 23, 시 64~65 / 저녁 – 사 13, 벧전 1

기적과 회의주의
Miracles and Skepticism

5월 15일

오늘날 기적은 늘 의심을 받고 있습니다. "방언은 오순절 날의 방언과 똑같을 수 없다." "천사들이 그 당시에는 실제로 있었지만, 지금은 환상일 뿐이다." "성경의 기적들은 진짜 기적이었지만 오늘날은 아니다." "2백 년 전에는 진짜 부흥이 있었지만, 오늘날의 부흥은 질적으로 못 미친다." 사람들은 이전에 기도하듯이 기도하지도 않으며, 모든 위대한 하나님의 사람들은 전에 살았다고 비판자들은 생각합니다. "그 시절에는 땅 위에 거인들이 살고 있었지만 지금 그리스도인들은 모두 피그미 같다." 예수님께서 말씀하셨습니다. "오 믿음이 없는 자들이여 … 내가 얼마나 너희와 함께 있어야 하느냐?"(마 17:17, 개역개정).

나사로의 무덤에 가셔서 무덤을 가로막고 있는 돌을 치우라고 말씀하시면서 예수님은 자기가 하려고 하는 것을 보여 주셨습니다. 마르다는 놀라서 "주여 죽은 지가 나흘이 되었으매 벌써 냄새가 나나이다."라며 항의했습니다. 주님의 대답은 마른 광야에서 비를 환영하는 것처럼 우리의 끄떡없는 회의주의에 대항하여 지금도 우리의 귀에 울리고 있습니다.

네가 믿으면 하나님의 영광을 보리라!(요 11:40)

의심만 하면 당신은 산은커녕 들쥐가 만들어 놓은 흙더미도 옮기지 못할 것입니다. 그날 과거의 하나님은 지금까지 본 가장 큰 기적을 행하셨습니다. 나사로가 무덤에서 걸어 나왔습니다.

모세와 엘리야의 하나님은 당신 뒤에 계시지 않고 당신 앞에 계십니다! 당신은 하나님을 업데이트할 수 없습니다. 그분은 왕국 시대, 성령의 시대를 가져 오셨습니다. 당신에게 주는 그분의 메시지는 크고 분명합니다. "믿는 자에게는 능히 하지 못할 일이 없느니라"(막 9:23, 개역개정).

말씀	"예수께서 그에게 말씀하셨다. '할 수 있으면' 이 무슨 말이냐? 믿는 사람에게는 모든 일이 가능하다."(막 9:23)
불씨	내가 믿을 때 모든 것이 가능합니다.
참고성경	마 6:30, 17:17, 막 9:23, 요 11:39~40
성경읽기	아침 – 민 24, 시 66~67 / 저녁 – 사 14, 벧전 2

[5월 16일]

여기 부흥이 있습니다
Revival Is Here!

사람들은 은사주의 교회에서 자랐지만 여전히 매주 "주님, 그 옛날의 능력을 보내주십시오"라고 기도하고 있습니다. 능력을 보내달라니요? 하나님은 이미 능력을 보내주셨습니다! 이것이 바로 오순절의 의미입니다. 성령이 오셨습니다. 주님께서 하늘을 가르시고, 예수님이 오셔서 그분이 하나님께로 높이 올라가실 때, 성전의 휘장처럼 하늘이 다시 찢어지듯이 열렸습니다. 첫 번째 그리스도인 순교자 스데반은 그들이 그를 돌로 쳐 죽이기 전에 환상을 본 순간이 있었습니다. 그는 말했습니다. "보십시오, 하늘이 열려 있고, 하나님의 오른쪽에 인자가 서 계신 것이 보입니다."(행 7:56) 하나님을 찬양합니다. 휘장은 찢어졌습니다 … 지옥의 어떤 마귀도 휘장을 다시 꿰맬 만큼 큰 바늘과 실을 가지고 있지 않습니다!

자주 인용되는 성경 구절이 떠오릅니다. "내 이름으로 일컫는 나의 백성이 스스로 겸손해져서, 기도하며 나를 찾고, 악한 길에서 떠나면, 내가 하늘에서 듣고 그 죄를 용서하여 주며, 그 땅을 다시 번영시켜 주겠다."(대하 7:14) 순서가 중요합니다. 부흥에 대해 안내를 해 주기 때문입니다. 첫째는 자신들을 그리스도인들이라고 부르는 우리가 스스로 겸손해져야 합니다. 이 말은 하나님이 없이는 아무것도 할 수 없다는 것을 우리가 인정해야 한다는 뜻입니다. 둘째는 우리는 기도하며 그분의 얼굴을 찾아야 합니다. 이 말은 부흥을 보내달라고 하나님께 고함을 지르지 않고, 그분이 무엇을 하는지가 아니라 그분이 어떤 분인지 그분을 바라보며 단지 예배하며 사모하라는 뜻입니다.

셋째는 "악한 길에서 떠나는 것"인데 이는 아마도 우리 모두에게 가장 어려울 것입니다. 이것은 우리의 우선순위로서 그분을 우리의 삶에서 첫 번째로 만드는 것입니다. 그러고 나서 우리는 "내가 하늘에서 듣고"라고 하셨는데 이는 우리와 하나님과 대화가 있었다는 뜻입니다. 마지막으로 하나님께서 응답하십니다. "그 죄를 용서하여 주며, 그 땅을 다시 번영시켜 주겠다." 이것은 오래된 그리스도인과 새로 된 그리스도인 모두에게 부어주시는 것입니다. 부흥은 결코 우리 교회의 안에 갇혀서는 안 됩니다.

부흥을 필요한 사람들에게 가져가십시오!

말씀	"내 이름으로 일컫는 나의 백성이 스스로 겸손해져서, 기도하며 나를 찾고, 악한 길에서 떠나면, 내가 하늘에서 듣고 그 죄를 용서하여 주며, 그 땅을 다시 번영시켜 주겠다." (대하 7:14)
불씨	주님, 내가 스스로 겸손해져서 기도하며 당신의 얼굴을 찾고 나의 악한 길에서 돌이킬 수 있도록 나를 도와주십시오.
참고성경	대하 7:14, 행 7:56
성경읽기	아침 – 민 25, 시 68 / 저녁 – 사 15, 벧전 3

하나님께 맞추다
Geared to God

5월 17일

연관성은 위치와 초점의 문제입니다. 여러분과 나는 성령님이 하시는 일에 관계를 가질 때만 연관성이 있습니다. 우리는 우리의 사역이 시대에 맞춰져야 한다는 말을 자주 듣습니다. 이것은 말도 안 됩니다! 우리는 하나님께 맞추어야 합니다. 천국의 기계 장치는 바퀴 안의 바퀴로 돌아가고 있습니다.

> 내가 너에게 하늘나라의 열쇠를 주겠다. 네가 무엇이든지 땅에서 매면 하늘에서도 매일 것이요, 땅에서 풀면 하늘에서도 풀릴 것이다.(마 16:19)

우리가 관심을 가져야 하는 것은 산업이 아니라 천국의 기계입니다. 세상에 맞춰진다는 것은 우리의 복음을 또 하나의 물질주의, 즉 돈과 물건을 버는 한 방법으로 바꾸는 것을 의미합니다. 우리를 연관성이 있게 하는 것은 우리의 메시지를 상황에 맞추는 것이 아니라 그 상황이 그리스도의 진리와 일치하도록 해야 합니다. 성경은 "이 세대를 본받지 말라."라고 합니다. 사실 하나님과 관계가 없는 세상은 중요하지 않습니다.

자기만 알고 죄로 가득한 세상은 사라지고 하나님의 완전한 질서로 바뀌게 될 것입니다. "또 내가 새 하늘과 새 땅을 보니 처음 하늘과 처음 땅이 없어졌고 바다도 다시 있지 않더라 … 모든 눈물을 그 눈에서 닦아 주시니 다시는 사망이 없고 애통하는 것이나 곡하는 것이나 아픈 것이 다시 있지 아니하리니 처음 것들이 다 지나갔음 이러라"(계 21:1, 4, 개역개정)

당신과 나는 우선순위를 올바르게 해야 합니다. 우리는 황폐한 세상에 대한 하나님의 사랑이라는 계시의 주류와 함께 하거나, 신학적 논쟁과 교회 정치의 찌꺼기들이 가득한 지류와 함께 합니다. 우리의 우선순위는 성령님의 우선순위와 같아야 합니다.

성령님이 왜 여기 계실까요? 성령님은 증인이 되라고 우리에게 주어졌으며, 성령님이 하시는 일은 그리스도의 일을 비추어 강조하고, 사람들의 삶에서 이를 활성화하는 것입니다. 성령 안에서 행하기 원하면 당신이 이런 종류의 활동에 뛰어들어야 합니다. 왜냐하면 이것이 바로 성령님이 하시는 일이기 때문입니다.

말씀	"형제자매 여러분, 그러므로 나는 하나님의 자비하심을 힘입어 여러분에게 권합니다. 여러분의 몸을 하나님께서 기뻐하실 거룩한 산 제물로 드리십시오. 이것이 여러분이 드릴 합당한 예배입니다."(롬 12:1)
불씨	나는 그리스도 안에 있으며 성령님의 인도에 초점을 맞출 것입니다.
참고성경	겔 10:6, 요 16:9~11, 행 1:8, 롬 12:1~2, 계 21:1~7
성경읽기	아침 – 민 26, 시 69 / 저녁 – 사 16, 벧전 4

5월 18일 믿음은 소망을 고정시켜 줍니다
Faith Pins Hope

믿는 것은 단지 뇌세포들의 활동이 아니고 반드시 반응이 있어야 합니다. 우리는 믿는 대로 행동합니까? 씨앗을 믿는다면 씨앗을 심습니다. 비행기를 가지고 있는 사람이 비행이라는 위험을 무릅쓰지 않는다면 모순된 사람입니다. 그의 비행기는 그를 어디에도 데려다 주지 않을 것입니다. 아무것도 하지 않을 것을 기대한다면 우리는 미키 마우스를 전능하신 하나님으로 믿을 수도 있습니다. 예수님과 같은 어머니에게서 태어난 형제였으며 의롭고 단호했던 성품을 가졌던 야고보는 그가 쓴 짧은 편지에서 매우 강한 발언을 하였습니다. "네가 하나님은 한 분이신 줄을 믿느냐 잘하는도다 귀신들도 믿고 떠느니라"(약 2:19, 개역개정). 그는 그들이 돈을 사랑하며, 하나님께 대하여 조급한 사람들이라고 말하면서 역사하지 않는 믿음은 믿음이 아니라고 말했습니다. 하나님은 이론상의 한 인물이나 지난 역사가 아니라 "바로 눈앞에 있는 도움a very present help"입니다(시 46:1, 우리말).

"내가 보면 믿겠다."라고 사람들은 말합니다. 아닙니다. 보아도 그들은 믿지 않을 것이며 믿을 수도 없을 것입니다. 당신에게 보이지 않는 것을 믿거나 당신은 그에 대한 믿음을 가질 수 있을 뿐입니다. 당신이 보는 것은 사실이지 믿음의 대상이 아닙니다. 당신이 증명할 수 있다면 믿음이 필요가 없습니다. 둘 더하기 둘이 넷이라는 것은 아무도 믿는 것이 아니라 그냥 압니다! 그러나 하나님은 믿음을 원하십니다! "믿음이 없이는 하나님을 기쁘시게 할 수 없습니다"(히 11:6, 개역개정). "보지 못하고 믿는 자들은 복되도다"(요 20:29, 개역개정). 너무 똑똑해서 자로 재어보기 전에는 아무것도 믿지 않는 자가 되지 않고, 보지 못하고도 믿는 것이 하나님의 축복에 이르는 길입니다.

이것이 바울이 고린도 성도들에게 쓴 편지의 요점이었습니다. 그는 그리스의 대大사상가들을 잘 알고 있었습니다. 그들은 수학의 확실함을 발견했습니다. 이성은 숫자로 설명하므로 그들은 이성으로써 삶의 의미, 하나님, 삶에 관계된 모든 것들도 설명할 수 있으리라고 상상했습니다. 이는 결국 사상가들로 하여금 오늘날까지도 사람들이 본질을 흐리게 만들고 있습니다! 바울은 어떤 일이 일어났는지 알고서 고린도의 유식한 사상가들에게 말했습니다. "… 이 세상이 자기 지혜로 하나님을 알지 못한다."라고 했습니다(고전 1:21, 개역개정). 믿음은 숫자들로 나타내는 수학적인 관계가 아니라 개인적인 관계입니다. 하나님이 이미 행하신 일은 알지 몰라도 내일을 위해서는 그분을 신뢰해야 합니다. 확실한 보장이란 있을 수 없습니다.

말씀	"하나님께서는 이 세상의 지혜를 어리석게 하신 것이 아닙니까? 이 세상은 그 지혜로 하나님을 알지 못하였습니다. 하나님의 지혜가 그렇게 되도록 한 것입니다. 하나님께서는 어리석게 들리는 설교를 통하여 믿는 사람들을 구원하시기를 기뻐하신 것입니다." (고전 1:20~21)
불씨	나는 나의 입으로 주 예수님을 고백하고 하나님께서 예수님을 죽음에서 살리신 것을 믿습니다. 나는 구원받았습니다.
참고성경	시 46:1, 요 20:29, 롬 10:9, 고전 1:21, 히 11:6, 약 2:19
성경읽기	아침 - 민 27, 시 70~71 / 저녁 - 사 17~18, 벧전 5

보이지 않는 것을 보는 눈
The Eye to the Unseen

5월 19일

믿음은 사랑과 비슷한 마음의 문제입니다. 우리는 모든 장단점을 고려한 다음에 사랑에 빠지지 않습니다. 부부는 과학적인 증거나 결정적인 논리가 아니라 신뢰하므로 결혼합니다. 믿음은 보이지 않는 것을 보는 눈입니다. 몸의 보는 기관은 하나님을 인지하는 도구가 아닙니다. 하나님은 영입니다. 몸에 속하여 죽을 수밖에 없는 눈은 "보이지 않는 하나님"을 분별하기에는 너무나 약합니다(골 1:15). "영원하신 왕 곧 썩지 아니하고 보이지 아니하고 홀로 하나이신 하나님"(딤전 1:17, 개역개정). 우리는 그분을 그대로 대접해야 합니다. "믿음이 없이는 하나님을 기쁘시게 하지 못하나니 하나님께 나아가는 자는 반드시 그가 계신 것과 또한 그가 자기를 찾는 자들에게 상 주시는 이심을 믿어야 할지니라"(히 11:6, 개역개정).

그러나 더 좋은 보는 방법이 있습니다. 눈은 우리를 속일 수 있습니다. 그리스의 가장 위대한 철학자였던 플라톤은 우리에게 보이는 것과 실제로 같은 것은 아무것도 없다고 말했습니다. 그러나 모세는 "보이지 않는 분을 마치 보는 듯이 바라보면서 견뎌냈습니다." (히 11:27) 우리가 오직 본 것만을 믿었다면 눈이 먼 사람은 어떻게 믿겠습니까? 라디오 전파가 당신의 방에 가득해도 수신기가 없다면 누가 알 수 있겠습니까? 하나님은 보이지 않는 영입니다. 마치 달이 초록색 치즈로 만들어졌다고 기대하는 것처럼 하나님을 그분이 아닌 것으로 기대하고 논쟁하는 것은 헛된 일입니다. "나를 보지 않고도 믿는 사람은 복이 있다."(요 20:29) 그들은 진리의 길에 들어섰습니다!

그들이 볼 수 있는 하나님을 원한 것이 사람들을 많은 실수로 인도했습니다. 그들은 물론 성경의 하나님이 아닌 그들 자신의 모양으로 신을 만들었습니다! 이것은 형상들과 상징물을 세우는 우상 숭배로 이어졌습니다. 오늘도 어떤 사람들은 살아있는 지구를 신으로 대접합니다. 그들은 꽤 큰 신을 가지고 있지만 온 지구의 하나님은 상당히 더 크십니다. 여기가 복음이 나타나는 곳입니다. 이 하나님을 볼 수 있게 되었습니다. 그분은 "육신이 되어 우리 가운데 사셨다. 우리는 그의 영광을 보았다. 그것은 아버지께서 주신 외아들의 영광이었다."(요 1:14) 이 구절은 온통 보는 것에 대해서 말하고 있는 요한복음에 있는 말씀입니다. 1장에서만 보는 것에 대해서 열여덟 번이나 언급하였습니다. 요한은 아는 것이 보는 것이라고 기록하였습니다. 그는 이렇게 시작하면서 편지를 썼습니다. "이 생명의 말씀은 태초부터 계신 것이요, 우리가 들은 것이요, 우리가 눈으로 본 것이요, 우리가 지켜본 것이요, 우리가 손으로 만져본 것입니다."(요일 1:1) 요한은 그리스도 안에서 생명의 말씀을 보았습니다. 오늘 다른 사람들이 당신의 삶에서 그 생명을 보게 하십시오!

말씀	"우리가 보고 들은 바를 여러분에게도 선포합니다. 우리는 여러분도 우리와 서로 사귐을 가지기를 바라는 것입니다. 우리의 사귐은 아버지와 또 그의 아들 예수 그리스도와 함께 하는 사귐입니다."(요일 1:3)
불씨	주님, 나는 당신이 그리스도이며 살아계신 하나님의 아들임을 믿습니다.
참고성경	요 1:14, 11:27, 20:29, 골 1:15, 딤전 1:17, 히 11:27, 요일 1:1, 3
성경읽기	아침 – 민 28, 시 72 / 저녁 – 사 19~20, 벧후 1

5월 20일

변화시키는 힘
Transforming Power

예수님의 부활 이래로 닿는 것마다 하나님의 생명을 주는 영적인 능력이 휩쓸고 나갔습니다. 우리를 자유롭게 하는 하나님의 용서의 능력, 우리에게 상처를 준 사람을 용서할 수 있게 해 주는 능력, 우리가 잘못이라고 알고 있는 것에 저항하는 힘, 예수님의 새 생명을 주는 하나님의 성령의 능력, 하나님과 다른 사람들을 사랑할 수 있는 우리를 가득 채우는 하나님의 사랑의 능력입니다.

> 찬송하리로다 하나님 곧 우리 주 예수 그리스도의 아버지께서 그리스도 안에서 하늘에 속한 모든 신령한 복을 우리에게 주시되 … 우리는 그리스도 안에서 그의 은혜의 풍성함을 따라 그의 피로 말미암아 속량 곧 죄 사함을 받았느니라 … 그 안에서 기업이 되었으니(엡 1:3, 7, 11, 개역개정)

"모든 영적인 복" – 당신의 삶에서 당신은 어떤 종류의 영적인 복이 역사하기를 바랍니까? 무엇을 원하든지 하나님의 복은 물론 우리를 복 주기 위해서 주어진 것이지만 우리가 다른 사람들에게도 복이 되도록 하신다는 것을 기억하십시오!

우리 스스로 이런 능력을 어떻게 알 수 있을까요? 우리의 삶을 변화시킬 수 있는 하나님의 사랑을 우리는 어떻게 발견할 수 있을까요? 오직 한 분만이 담대하게 대답하셨습니다. "예수께서 이르시되 내가 곧 길이요 진리요 생명이니 나로 말미암지 않고는 아버지께로 올 자가 없느니라"(요 14:6, 개역개정). 예수님만이 우리의 죄를 용서받고 하나님과 바른 관계를 다시 세우게 하는 유일한 길입니다. 그의 십자가 위에서의 죽음은 필요한 마지막 희생제물이었습니다. 다른 아무것도 더 필요하지 않습니다. 그의 부활은 그분이 하나님의 아들이라는 절대적인 증거입니다. 그분의 성령은 하나님의 변화시키는 힘으로 들어가는 우리의 방법입니다. 오늘 그 능력이 충만한 가운데 사십시오!

말씀	"이 예수밖에는, 다른 아무에게도 구원은 없습니다. 사람들에게 주신 이름 가운데 우리가 의지하여 구원을 얻어야 할 이름은, 하늘 아래에 이 이름밖에 다른 이름이 없습니다." (행 4:12)
불씨	아버지, 아버지께서는 그리스도 안에서 모든 영적인 복을 내게 주셨습니다. 오늘 그분의 이름으로 내가 다른 사람을 축복하게 해 주십시오.
참고성경	요 14:6, 행 4:10~12, 엡 1:3~4
성경읽기	아침 – 민 29, 시 73 / 저녁 – 사 21, 벧후 2

사랑의 목소리
The Voice of Love

5월 21일

나는 가끔 예수님이 말씀하시면 어떤 소리로 들릴까 궁금해 했습니다. 한번은 예수님께서 일곱 도시에 대해서 저주를 선포하셨습니다. 나는 그때 그분의 목소리가 어떠했을까 궁금했습니다. 예수님은 슬퍼하면서 심판을 말씀하셨을 것으로 나는 상상합니다. 버림받으려고 예루살렘으로 가셨을 때도 그분은 얼마나 사랑이 가득한 목소리로 말씀하시고 얼마나 눈물이 그분의 눈에 가득했었는지요! 그분의 마음은 그분의 어조에도 보였을 것입니다. 특권을 받은 그 사람들은 어떤 목소리의 톤을 들었을까요?

누가복음은 그들이 "그의 입에서 나오는 그 은혜로운 말씀에 놀라서"라고 기록하고 있습니다(눅 4:22). 예수님을 체포하러 보냄 받은 성전 경찰은 놀라고 무장해제된 채로 돌아왔습니다. "아버지, 저 사람들을 용서하여 주십시오. 저 사람들은 자기네가 무슨 일을 하는지를 알지 못합니다."라고 외쳤을 때 예수님의 목소리는 어떻게 들렸을까요?(눅 23:34)

디 엘 무디는 언젠가 "이성주의자들" 수천 명이 청중으로 초청된 영국 런던에서 말씀을 전한 적이 있었습니다. 그 모임은 아주 적대적인 분위기였지만 그리스도에게로 돌아오라고 탄원할 때 무디는 눈물이 그의 수염을 타고 흘러내리고 흐느껴 울었습니다. 그들은 결코 똑같은 사람이 될 수 없었습니다.

나는 복음이 눈물을 쥐어짜는 신파가 되어야 한다고 생각하지는 않습니다. 예수님의 목소리는 사람들의 감정을 건드리는 것 훨씬 이상이었으며 그들의 반응은 눈물이 아니라 기쁨이었습니다. 그분은 그의 제자들에게 평안과 기쁨을 주려고 말한다고 하셨습니다. 오늘날 사람들의 표현으로 "달콤하고 향기로운 감상"이라고 불릴 것은 전혀 없었으며, 사실상 그분의 말씀과 가르침에는 연민을 자아내는 것이 없었습니다. 복음의 소리는 기쁨을 띠고 확실하고 승리하는 소리여야 마땅합니다!

물론 이것은 심판을 앞둔 니느웨에서 경고하는 요나의 목소리와는 너무나 거리가 멀어 오히려 극단적인 대조가 됩니다. 그러나 예수 그리스도를 통하여 은혜와 진리의 빛이 왔습니다. 사랑처럼 큰 소리로 울리는 종소리는 없습니다. 당신과 나는 항상 그리스도와 같은 사랑의 말로 말해야 합니다.

말씀	"내가 너희에게 이러한 말을 한 것은, 내 기쁨이 너희 안에 있게 하고, 또 너희의 기쁨이 넘치게 하려는 것이다."(요 15:11)
불씨	주님, 나는 어떤 사람도 악하게 말하지 않기를 바라고, 그리스도의 사랑으로 모든 사람들에게 아주 평화롭고 부드럽고 겸손하기를 바랍니다.
참고성경	욘 3:1~5, 마 23:37, 눅 4:22, 15:11, 23:34, 요 7:46, 14:27, 15:11, 딛 3:2, 계 2:1~29, 3:1~22
성경읽기	아침 – 민 30, 시 74 / 저녁 – 사 22, 벧후 3

5월 22일

어떻게 죄를 지었나
How Sin Happened

하나님께서 아담과 하와를 처음 에덴동산에 두셨을 때, 그들은 죄를 알지 못했습니다. 사탄이 하와를 유혹했을 때, 그녀는 굴복하였고, "선과 악을 아는 지식"(창 2:17, 개역개정)을 배우게 되어, 죄의 문이 열렸습니다. 죄란 하나님 보시기에 악을 행하거나 하나님으로부터 분리되는 것입니다. 그러나 선을 행할 기회도 함께 있습니다. 아담과 하와가 죄 때문에 에덴동산에서 저주를 받았을 때 죽음과 고통과 질병이 들어왔습니다. 하나님께서 말씀하셨습니다.

> "보아라, 이 사람이 우리 가운데 하나처럼, 선과 악을 알게 되었다. 이제 그가 손을 내밀어서, 생명나무의 열매까지 따서 먹고, 끝없이 살게 하여서는 안 된다." 그래서 주 하나님은 그를 에덴동산에서 내쫓으셨다.(창 3:22~23)

이제 인간은 죄의 상태에 있기 때문에 영원히 살 수 없었습니다. 완전히 죄에 빠져있는 끔찍한 영원이 있다고 상상해 보십시오! 인간이 하나님 자신과 끝없이 분리되지 않도록 하는 것은 하나님의 결정이었지만, 그분은 또한 그 간극, 즉 자신의 외아들의 생명으로 값을 치러야 한다는 것을 하나님은 알고 계셨습니다.

모든 사람은 하나님의 형상으로 창조되었고 모든 사람 안에는 오직 하나님만을 위한 장소가 존재합니다. 너무나 많은 사람들은 하나님의 형상을 한 장소를 다른 것으로 채우려고 그들의 전 생애를 허비합니다. 그곳을 채워줄 사람은 우리 주요 구원자이신 예수 그리스도 오직 한 분밖에 없습니다. "죄의 삯은 죽음이요, 하나님의 선물은 우리 주 예수 그리스도 안에서 누리는 영원한 생명입니다."(롬 6:23) 구원의 선물을 받거나 거절하는 것은 사랑하는 부모에 의해 결정될 수 없고 교회, 정부, 사회가 입법할 수 없으며 각자가 개별적으로 선택하고 행동으로 옮겨야만 합니다.

> 네가 만일 네 입으로 예수를 주로 시인하며 또 하나님께서 그를 죽은 자 가운데서 살리신 것을 네 마음에 믿으면 구원을 받으리라 사람이 마음으로 믿어 의에 이르고 입으로 시인하여 구원에 이르느니라(롬 10:9~10, 개역개정)

경건하게 사는 것처럼 겉으로 보일 수 있지만 결국 당신이 심령 깊이 믿는 것이 결국 차이를 만들어 냅니다.

말씀	"죄의 삯은 죽음이요, 하나님의 선물은 우리 주 예수 그리스도 안에서 누리는 영원한 생명입니다."(롬 6:23)
불씨	나는 구원의 선물을 받아들이는 나의 선택을 하였습니다.
참고성경	창 3:1~24, 롬 6:23
성경읽기	아침 – 민 31, 시 75~76 / 저녁 – 사 23, 요일 1

경건한 가정
Godly Families

5월 23일

성경에 나오는 모든 경건한 사람들이 경건한 자녀들을 가진 것은 아니며 대제사장 엘리와 선지자 사무엘은 이에 대한 생생한 예입니다. 그러나 아마도 이 슬픈 진리의 가장 중요한 예는 이스라엘의 가장 위대한 역사적 인물이었던 다윗 왕의 생애에서 발견됩니다. 그의 아들 중 하나인 압살롬은 그의 누이동생 다말에게 간음을 저질러 근친상간을 한 그의 형제 암논을 죽였습니다. 이런 악한 이야기를 통해서 또 다른 사건이 발생했습니다. 제멋대로 자란 압살롬은 다윗의 왕좌를 빼앗으려다가 자기가 시작한 내전에서 자신의 목숨을 잃었습니다. 다윗은 임종 시에도 또 다른 그의 아들이 불법적으로 왕좌를 차지하려는 시도로 살해당했다는 것을 알게 되었습니다. 비극은 비극을 낳았습니다 … 그러나 여전히 다윗은 하나님의 마음을 닮은 사람이었습니다!

압살롬이 살해되었다는 소식이 전달되자 그는 정신을 잃고 눈물을 흘리며 이렇게 외치며 부르짖었습니다. "'내 아들 압살롬아, 내 아들아, 내 아들 압살롬아, 너 대신에 차라리 내가 죽을 것을, 압살롬아, 내 아들아, 내 아들아!' 하고 울부짖었다."(삼하 18:33) 다윗은 아들에게서 자신을 보았습니다. 그 자신도 배신을 하여 충실하고 선한 사람을 살해하고 그의 아름답고 사랑스러운 아내를 빼앗았습니다. 그는 공개적으로 회개의 시편을 썼지만, 불의한 본을 보였고 압살롬이 따랐습니다. 다윗의 비애는 오늘날까지 울려 퍼집니다. "너 대신에 차라리 내가 죽을 것을." 책임은 다윗에게 있었기 때문입니다. 다윗의 복합적인 인격은 그의 가족에 대한 태도에서 강하게 증명되었습니다. 그들은 하나님께서 명하신 대로 율법, 곧 하나님의 말씀에 더 많이 노출될 필요가 있었습니다. 가족들과 함께 기도하는 것만으로는 충분하지 않습니다. 하나님의 수단과 방법은 하나님의 말씀을 함께 나누는 것입니다. 이것은 간증보다 더 크게 말합니다. 우리가 경건한 가족과 그 가족의 가족을 만들 때 하나님은 우리 편이십니다. 우리는 온 땅이 복을 받게 될 하나님의 가족을 만들도록 돕고 있습니다. 이것이 하나님의 초점이고 방법입니다. 오늘 무너진 가정 제단을 재건하기 위해 노력합시다!

말씀	"주님, 주님의 길을 가르쳐 주십시오. 내가 진심으로 따르겠습니다. 내가 마음을 모아, 주님의 이름을 경외하겠습니다."(시 86:11)
불씨	우리 가족은 내 말보다 내 모범을 더 잘 따를 것입니다. 그러므로 나는 당신의 말씀대로 살도록 노력할 것입니다.
참고성경	삼하 18:33, 시 86:1~17
성경읽기	아침 – 민 32, 시 77 / 저녁 – 사 24, 요일 2

5월 24일

제로에서 텐까지
From Zero to Ten

　구약성경 전체를 통하여 자기 백성의 지도자를 뽑는 하나님의 방법은 비천한 사람, 사람들에게서 거절당한 사람들을 뽑는 것이었습니다. "하나님께서는 세상에서 비천한 것들과 멸시받는 것들을 택하셨으니 곧 잘났다고 하는 것들을 없애시려고 아무것도 아닌 것들을 택하셨습니다."(고전 1:28) 예수님께서는 기도하시고 … 돌아오셔서 가장 거리가 먼 것 같은 사도들 거의 아무나 뽑은 것 같은 사람들을 뽑으셨습니다! 그분은 아주 인간적인 특징들 이외에는 어떤 자격도 전혀 갖추지 못한 젊은이들과 마주쳤습니다. 충동적인 베드로, 그의 조용한 동생 안드레, 불같은 성격을 가진 세배대의 아들들 야고보와 요한, 이성적인 도마, 사교적인 빌립 그리고 도둑질하는 유다.

　하나님께서 선택하실 때는 어떤 사람인지가 중요하지 않고, 그분이 우리를 어떻게 만들어 가시느냐가 중요합니다. 그분은 기대할 것이 없는 지역 사람들 한 무리를 뽑으셨습니다. 한두 사람은 친척이었기 때문에 뽑혔습니다. 야고보와 요한은 예수님의 어머니 마리아의 자매였던 살로메의 아들들이었습니다. 그들은 항상 예수님을 알고 있던 사람이었습니다. 예수님께서는 동네 어부들이 있는 해변을 거닐다가 거기 있는 사람들을 만나 그들을 부르셨습니다. 이는 마치 주님께서 그날 아침 처음 마주친 젊은이를 뽑은 것처럼 보입니다.

　독일에서는 날마다 삶에서 실패만 계속하고 성공하지 못하는 사람들을 가리켜 "제로", 즉 영이라고 부릅니다. 그러나 이런 사람들이 하나님께서 특별히 관심을 갖는 사람들입니다! 예수님이 제로를 부르시고 제로가 응답하면, 그 사람은 곧 주님이 넘버원이라는 것을 발견하게 되고 0이 1옆에 서면 10이 됩니다! 다른 말로 하면 주님께서 넘버원이 되시는 한 주님은 모든 제로를 가치있게 만듭니다! 무가치한 것이 매우 값진 것이 됩니다. 이것이 하나님께서 그분의 왕국을 세우시는 방법입니다. 처음 제자들에게도 그랬으며 오늘날도 마찬가지입니다. 나에게도 똑같은 일이 일어났다고 나는 주장합니다. 당신도 그래야 합니다! 오늘 예수님께서 당신의 삶에 넘버원이 되게 하십시오!

말씀	"나의 간절한 기대와 희망은, 내가 아무 일에도 부끄러움을 당하지 않고 온전히 담대해져서, 살든지 죽든지, 전과 같이 지금도, 내 몸에서 그리스도께서 존귀함을 받으시리라는 것입니다."(빌 1:20)
불씨	나의 비천한 제로에 예수님께서 그분의 영광스러운 하나를 더하셔서 이제 우리는 완전한 10이 되었습니다.
참고성경	고전 1:28, 빌 1:8
성경읽기	아침 – 민 33, 시 78:1~37　/　저녁 – 사 25, 요일 3

변호인들이 아니라 증인들

Witnesses, Not Lawyers

5월 25일

예수 그리스도를 방어하기 위해서 변론을 해야 하는 것이 설교자들의 일로 지금까지 행해졌습니다. 설교자들은 법정의 변호사들과 같다는 말도 전해져 왔습니다. 법정 변호인들이 배심원에게 하듯이, 목사들은 예수님에게 유리한 판결을 얻으려고 회중들에게 논쟁하듯이 말해야 했습니다. 이런 접근은 매우 옳고, 그럴듯하며, 상식적으로 보입니다. 그러나 정말 그럴까요? 전혀 그렇지 않습니다! 복음의 메시지를 말의 지혜로 전달하려고 하는 것은 우리의 인간적인 방법입니다.

예수님은 방어할 필요가 없으셨습니다. 빌라도에 의해서 예수님께서 로마의 법정으로 끌려가셨던 때는 지났습니다. 오늘 빌라도는 역사의 법정에 서 있고 예수님은 그의 재판장입니다. 우리는 변호인들이 아니라 증인들입니다! 보통 증인은 그 사람이 본 것을 묘사만 합니다. 그러나 때때로 증인은 증거의 한 부분이 됩니다. 잔인하게 공격을 당해 상해를 입은 사람 같은 경우입니다. 이런 사람은 자기 자신과 자신이 입은 손해와 상처를 보여주기 위해서 법정에 나타납니다. 그가 받은 상처가 증명하니까요. 그 자신이 증거의 하나가 되는 것입니다.

우리 신자들은 예수님을 방어하기 위해서 간청하는 변호사가 아닙니다. 우리는 증인입니다. 증인들은 논쟁하거나, 탄원하거나, 연설을 하지 않습니다. 그들은 단지 진실만을 말하고, 그들이 알고 있는 것만을 진술합니다. 베드로가 오순절날 복음을 선포했을 때 그는 119명의 부활의 증인들이 그와 함께 서 있다고 말했습니다. 실제로 그들 중에 그리스도의 실제로 부활하신 모습을 본 사람은 아무도 없었지만 부활이 그들을 변화시켰습니다. 그들은 자신들이 부활로 살아있었으며 하나님의 불로 가득했었습니다. 그들 자신이 바로 예수님께서 살아계시다는 증거였습니다! 예수님께서 여전히 죽은 채로 계셨더라면 그때 그들을 보았던 무리는 없었을 것입니다. 이전처럼 그들은 두려워하며 문을 잠근 방의 안전함 속으로 조심스럽게 움츠러들어 있었을 것입니다. 이제 그들은 두려움도 없었으며, 무리가 두려움과 경외함으로 가득해서 두려워할 차례였습니다.

오늘 당신 안에 부활의 증거를 가지고 있는 것을 확실히 하십시오!

말씀	"그들은 모두 성령으로 충만하게 되어서, 성령이 시키시는 대로, 각각 방언으로 말하기 시작하였다."(행 2:4)
불씨	주님 주님께서 나를 위해 하신 것을 날마다 내 마음으로부터 말할 수 있도록 나를 담대하게 만들어 주십시오.
참고성경	행 2:1~32
성경읽기	아침 – 민 34, 시 78:38~72 / 저녁 – 사 26, 요일 4

> 5월 26일

두개의 선물
Two Gifts

아버지께서는 우리 모두에게 개인적이며 평등한 두 개의 선물을 주셨습니다. 첫째, 그분은 자기 아들을 주셨으며 우리에게 그분의 성령님을 주셨습니다. 예수님은 그분을 "다른 돕는 자"라고 묘사하시면서 성령님을 자기 곁에 두시므로 서열을 매기셨습니다. 그분은 자신이 육신으로 우리와 함께 머무는 것보다 성령님이 오시는 것이 더 좋다고 말씀하셨습니다. 성령님의 사명은 땅 위에서 그리스도의 사역을 지속하는 것이었습니다. 예를 들면 예수님은 병든 자들을 치유하셨으며, 성령님은 그리스도께서 하시던 것을 따라 하셨습니다.

> 내가 진실로 진실로 너희에게 이르노니 나를 믿는 자는 내가 하는 일을 그도 할 것이요 또한 그보다 큰 일도 하리니 이는 내가 아버지께로 감이라 … 내가 아버지께 구하겠으니 그가 또 다른 보혜사를 너희에게 주사 영원토록 너희와 함께 있게 하리니 그는 진리의 영이라 세상은 능히 그를 받지 못하나니 이는 그를 보지도 못하고 알지도 못함이라 그러나 너희는 그를 아나니 그는 너희와 함께 거하심이요 또 너희 속에 계시겠음이라(요 14:12, 16~17, 개역개정)

우리는 성령님을 어떻게 알 수 있을까요? 성령님은 삼위의 세 번째로서 행동하는 하나님이십니다. 초자연적인 일이 있을 때마다 성령님에 의한 것입니다. 성령의 은사와 같이 모든 하나님의 나타나심은 언제나 성령님에 의한 것이었습니다. 태초에 세상에서 하나님이 움직이실 때 성령님에 의한 것이었습니다. 아버지의 뜻은 말씀으로 선포되고 성령에 의해 집행됩니다. 성령님은 아버지의 뜻을 실행하십니다.

예수님께서 우리에게 약속하신 성령님만이 기적의 영이며, 거룩한 영이십니다. 기적을 행하지 않는 성령님은 없습니다. 성령님을 가졌다고 하면서 그분이 자신임을 구별하시는 일을 부정하는 것은 그분을 슬프게 하는 것입니다. 그분은 본성이 변하지 않으십니다. 이전이나 지금이나 앞으로도 같을 것입니다. 땅의 영역에서 하나님이 일하시는 것입니다. "나는 곧 나다."(출 3:14) 세상을 초자연적으로 만드신 성령님은 초자연적으로 행하시는데 아무 어려움이 없으십니다. 그 성령님이 오늘 당신을 돕는 분입니다!

말씀 "내가 아버지께 구하겠다. 그리하면 아버지께서 다른 보혜사를 너희에게 보내셔서, 영원히 너희와 함께 계시게 하실 것이다. 그는 진리의 영이시다. 세상은 그를 보지도 못하고 알지도 못하므로, 그를 맞아들일 수가 없다. 그러나 너희는 그를 안다. 그것은, 그가 너희와 함께 계시고, 또 너희 안에 계실 것이기 때문이다."(요 14:16~17)

불씨 성령님은 하나님이시며 그분은 나를 돕는 분이십니다!

참고성경 창 1:2, 출 3:14, 요 14:12, 16~17

성경읽기 아침 – 민 35, 시 79 / 저녁 – 사 27, 요일 5

예수님이 오실 때
When Jesus Comes

5월 27일

하나님은 "남자가 혼자 있는 것이 좋지 않으니"라고 하셨습니다(창 2:18). 그래서 예수님은 인류의 흉내 낼 수 없는 동반자가 되기 위해 오셨습니다. 그분의 오심은 창조 첫날의 새벽빛과 같았습니다. 사람은 왔다가 가지만 예수님은 영원히 계십니다. 하늘에 보이는 무수히 많은 별들도 해가 뜨면 모두 보이지 않습니다.

사랑하는 사람이나 친구들과 같이 다른 사람들이 없는 인생은 불완전합니다. 소유와 쾌락은 함께 할 사람이 없으면 결코 제대로 즐길 수가 없습니다. 그러나 최고의 친구라도 하나님 자신의 우정의 한 그림자에 지나지 않습니다. "주님께서 나에게 생명의 길을 알려 주셨으니, 주님의 앞에서 나에게 기쁨을 가득 채워 주실 것이다."(행 2:28) 예수님은 모든 사람들의 친구로, 하나의 선물로 땅에 오셨습니다. "많은 무리가 예수의 말씀을 기쁘게 들었다."(막 12:37)

예수님의 오심은 잊혀진 적이 없었지만 그분이 이 세상에서 떠나셨던 것은 그분의 오심보다 세상의 기억 속에 더 깊이 새겨져 있습니다. 이 땅 위에서 그분의 마지막 모습은 우리를 그분의 품 안에 안으려는 듯이 십자가 위에서 그분의 팔을 넓게 벌리고 있는 것이었습니다. 하나님께서 이스라엘에게 말씀하셨습니다. "복종하지 않고 거역하는 백성에게, 나는 온종일 내 손을 내밀었다."(롬 10:21) 그리스도 예수는 죽어가는 동안에도 이 장면의 살아 있는 그림이었습니다.

그분의 죽음은 인류에 관한 사실입니다. 그분의 죽음은 인류에게 역사상 가장 눈에 띄는 흔적을 남겼습니다. 그분의 십자가는 사람이 만든 물체 중에서는 세계 최고입니다!

복음은 이런 것들로 구성되어 있습니다. 죽음에게 죽지 않는 굴복, 하나님의 아들이 사람의 아들로 죽음과 부활의 소망을 뒤이어 이 모든 것을 관통하여 흐르고 있는 비밀스러운 승리. 할렐루야!

말씀 | "나는, 양들이 생명을 얻고 또 더 넘치게 얻게 하려고 왔다."(요 10:10)
불씨 | 예수 그리스도는 참된 삶의 길을 내게 알려 주셨습니다.
참고성경 | 창 2:18, 시 16:11, 행 2:28, 막 12:37
성경읽기 | 아침 – 민 36, 시 80 / 저녁 – 사 28, 요이 1

| 5월 28일 |

하나님의 자녀가 되기
Becoming a Child of God

필요한 도움을 받기 위해 십자가로 나올 준비가 되어 있다면, 지금 당신이 취해야 할 두 가지가 있습니다. 이 두 가지는 "회개하라."와 "믿으라."입니다. 예수님은 이렇게 말씀하셨습니다. "회개하고 복음을 믿으라"(막 1:15, 개역개정). 이 두 단계는 무엇을 의미할까요?

회개하라: 이 말은 단순하게 "너의 마음을 바꿔라"라는 뜻입니다. 이를 그림으로 그려 보십시오. 당신은 여행을 하고 있는데 길을 잘못 들어섰습니다. 당신은 가려고 하는 곳으로부터 점점 멀어져 가고 있습니다. 당신은 멈춰서, 완전히 뒤돌아서서, 바른 방향으로 여행을 시작해야 합니다.

당신이 어떻게 살고 있는지 점검해 보는 시간이 필요합니다. 당신의 삶에서 잘못된 모든 것들에 대하여 하나님의 용서를 구하고, 당신을 구원해 주시고, 자유롭게 해 달라고 구해야 합니다. 회개는 당신의 죄로부터 돌아서서 하나님을 향하는 것을 의미합니다. 당신이 자세를 바꾸면, 예수님께서 당신의 상황을 바꿔 주실 것입니다.

믿으라: 믿음은 느낌이 아니라 행동입니다. 오직 당신만이 믿을 것을 결정할 수 있습니다. 오직 한 개인으로서 당신만이 믿음의 낙하산을 펴는 줄을 잡아당길 수 있습니다. 지금 당신이 이렇게 하면, 주님은 당신의 과거나 당신이 얼마나 가치가 있는지를 조사하며 지체하지 않으실 것입니다. 당신이 어떤 사람이든지, 어디 있든지 상관없이, 당신이 회개하고 믿자마자, 낙하산은 활짝 펼쳐지고, 당신은 그분의 손 안에서 안전합니다.

예수님은 실패한 적도 없으시며, 당신을 낙심시키지도 않을 것입니다. 바로 지금 여기 하나님의 약속에 의해 당신의 낙하산을 펴는 줄이 당신의 손 안에 있습니다. 성경은 이에 대하여 분명합니다. "주님의 이름을 부르는 사람은 누구든지 구원을 얻을 것입니다."(롬 10:13) 친구에게 도움을 요청하듯이 단순한 말로, 용서와 구원을 위해 예수 그리스도께 단 한 번 말하는 것이 구원의 낙하산이 펼쳐지게 하는 길입니다. 하나님께서 직접 당신을 위해서 개입하실 것입니다. 그분이 약속하신 것입니다. 당신이 지금 어디에 있든지, 빨리 낙하산을 펴는 줄을 잡아당기십시오!

말씀	"악독한 사람의 길에 들어서지 말고, 악한 사람의 길로는 다니지도 말아라. 그런 길은 피하고, 건너가지도 말며, 발길을 돌려서, 지나쳐 버려라."(잠 4:14~15)
불씨	나는 회개하고 영광의 소망이신 내 안에 계신 그리스도 복음을 믿습니다.
참고성경	잠 4:14~15, 막 1:15, 롬 10:13
성경읽기	아침 - 신 1, 시 81~82 / 저녁 - 사 29, 요삼 1

새로운 길
The New Way

5월 29일

최초의 그리스도인들은 기도의 후광 속에서 성경의 풍경을 가로질렀습니다. 그들은 기도를 즐겼으며 그럴만한 이유가 있었습니다. 그들이 했던 기도는 예수의 이름의 권세를 사용하는 새로운 것이었습니다! 신약성경은 "아버지와 함께 하는 우리의 사귐"을 말하고 있지만(요일 1:3, 개역개정), 이스라엘은 "우리 아버지"라고 기도하지 않았습니다. 그들은 너무나 높은 하나님에 대한 개념을 가지고 있어서, 하나님은 가까이할 수 없고, 전쟁에 강하시고, 절대 주권을 가지신 만군의 주, 아니면 기껏해야 환난 중에 도움으로 보였습니다. 아주 엘리트 그룹의 사람들만 하나님의 함께하심과 그분과 친밀한 기도 생활을 즐겼습니다.

대부분의 사람들은 제사장이나 선지자를 통하여 간접적으로만 하나님을 알았습니다. 어떤 의미에서 그들은 그들 자신의 이름으로 주님을 불렀습니다. "주님, 다윗을 기억해 주십시오!"(시 132:1, 개역개정). 시인은 개인적인 호의를 소망하면서 기록하였습니다. 우리의 공로를 의지하여 하나님의 주의를 끌려고 할 수 있지만, 우리는 항상 미치지 못합니다. "우리는 모두 부정한 자와 같고 우리의 모든 의는 더러운 옷과 같습니다."(사 64:6) "모든 사람이 죄를 범하였습니다. 그래서 사람은 하나님의 영광에 못 미치는 처지에 놓여 있습니다."(롬 3:23) 우리는 죄로 오염되어 있기 때문에, 우리의 죄가 하나님의 어린 양의 깨끗하게 하는 피로 덮이지 않는 한, 하나님은 우리를 쳐다볼 수도 없습니다.

> 내가 진실로 진실로 너희에게 이르노니 나를 믿는 자는 내가 하는 일을 그도 할 것이요 또한 그보다 큰 일도 하리니 이는 내가 아버지께로 감이라 너희가 내 이름으로 무엇을 구하든지 내가 행하리니 이는 아버지로 하여금 아들로 말미암아 영광을 받으시게 하려 함이라 내 이름으로 무엇이든지 내게 구하면 내가 행하리라 (요 14:12~14, 개역개정)

이것은 우리가 시작했던 곳으로 우리를 바로 데려다줍니다. 우리를 하나님의 거룩한 보좌에 접근할 수 있도록 해 주는 분인 예수님의 이름으로 우리는 기도를 합니다. 예수님의 이름으로 말하고, 기도하고, 행동하는 것이 당신과 나의 권리입니다.

말씀	"그러므로 우리는 담대하게 은혜의 보좌로 나아갑시다. 그리하여 우리가 자비를 받고 은혜를 입어서, 제때에 주시는 도움을 받도록 합시다."(히 4:16)
불씨	나의 하늘 아버지와 나의 관계는 그의 아들 예수 그리스도와 나의 관계에 의해 결정됩니다. 왜냐하면 그분의 갈보리에서 희생 때문에 그분의 이름을 내가 사용할 수 있도록 하신 분이 그분이기 때문입니다.
참고성경	시 46:1, 132:1, 사 64:6, 요 14:12~14, 롬 3:10~23, 히 4:16
성경읽기	아침 – 신 2, 시 83~84 / 저녁 – 사 30, 유 1

5월 30일

왜 하나님은 말씀하셨는가
Why God Spoke

아브라함에 관한 이야기가 처음 나타나는 곳은 그가 아버지 데라와 함께 살던 갈대아 우르였습니다. 다른 모든 도시들처럼 이 도시도 공식적인 신을 섬기고 있었고, 수백만의 신들을 섬기는 인도와 같이 그들의 집에는 신당을 가지고 있었습니다. 그러나 "가장 높으신 하나님"은 인정받으셨고 아브라함은 그분의 음성을 들었습니다. 이것은 절대주권적인 일이었습니다. 이것은 아브라함이 아니라 하나님으로부터 온 것이었습니다.

하나님은 세상에 대하여 관심을 보이셨습니다. 아무도 하나님을 찾지 않고 있을 때 하나님께서 사람을 찾으셨습니다. 아브라함도 하나님을 찾고 있지 않았는데, 아무도 하나님을 찾고 있지 않았을 것입니다. 하나님께서는 자신이 누구인지 아브라함이 알도록 하신 다음에, 우르를 떠나라는 간단한 지시를 하셨습니다. 그는 어디로 가라는 말은 듣지 못하고 떠나라는 말만 들었습니다. 성경은 아브라함은 집과 거리에서 멀리 떨어져서 천막을 치고 살았다고 강조합니다. 왜 그랬을까요? 우상숭배와 도시의 생활 습관과 문화를 그의 시스템으로부터 씻어내려고 그렇게 했을 것입니다. 아브라함은 우상을 숭배하는 문화에서 태어나고 자랐습니다. 하나님은 그에게서 하나님께서 보여주신 것 이외의 모든 것은 깨끗이 없애려고 하셨습니다. 하나님은 그의 관심과 열국의 미래를 넘어서는 운명을 그에게 보여주셨습니다. 하나님은 말씀하셨습니다. "내가 너로 큰 민족을 이루고 네게 복을 주어 … 땅의 모든 족속이 너로 말미암아 복을 얻을 것이라 하신지라"(창 12:2~3, 개역개정).

아브라함의 때에는 사람들은 자기 주위에 있는 모든 사람들과 싸우면서 어디에 살든지 자신들만 위해 살았습니다. 언젠가는 나라들은 심판을 받게 될 것입니다. 그리스도께서는 온 우주 무대에 모든 나라의 심판이라는 하나의 거대한 드라마를 그리셨습니다. 각 나라는 스스로 회계account를 해야 합니다. 하나님은 온 지구를 관심을 가진 눈으로 살피고 계십니다. 우리는 왜 믿음을 가지고 있습니까? 우리 스스로를 축복하려고 입니까? 부자가 되고 형통하고 싶어서 입니까? 우리가 그런 믿음을 가지고 있다면 그것은 하나님이 주신 것입니다. 그러나 하나님은 다른 사람을 부요하게 하기 위하여 우리를 부요하게 하시며, 그들은 또 다른 사람을 부요하게 하도록 하십니다. 아브라함은 이런 수준에서 살았습니다. 하나님의 목적을 당신 것으로 삼으십시오.

말씀	"그러므로 우리는 흔들리지 않는 나라를 받으니, 감사를 드립시다. 그리하여, 경건함과 두려움으로 하나님이 기뻐하시도록 그를 섬깁시다."(히 12:28)
불씨	"잃어버렸던 나의 양을 찾았으니 나와 함께 기뻐하자!"(눅 15:6, 개역개정)
참고성경	창 12:2~3, 마 25:31~46, 눅 15:6, 히 11:8~10, 12:28
성경읽기	아침 - 신 3, 시 85 / 저녁 - 사 31, 계 1

하나님이 일하신다
God at Work

5월 31일

어떤 사람들은 "성령 안에서 움직인다."라고 말을 하면서 마치 자기들이 영 안에서 움직이는 사람들인 것처럼 생각하는 듯합니다. 이는 성경적이 아닙니다. "누가 주님의 영을 헤아릴 수 있겠으며, 주님의 조언자가 되어 그를 가르칠 수 있겠느냐?"(사 40:13)

예수님은 자신의 사역을 엘리트 그룹에만 제한하지 않으시고, 오히려 창녀, 범죄자, 고리대금업자, 거지, 병든 자들과 같은 죄인들과 그분의 많은 시간을 보내셨기 때문에 권세자들과 종교 지도자들로부터 자주 비판을 받았습니다.

> 예수께서 그들에게 말씀하셨다. "너희 가운데 어떤 사람에게 양 한 마리가 있다고 하자. 그것이 안식일에 구덩이에 빠지면, 그것을 잡아 끌어올리지 않을 사람이 어디에 있겠느냐? 사람이 양보다 얼마나 더 귀하냐? 그러므로 안식일에 좋은 일을 하는 것은 괜찮다."(마 12:11~12)

하나님은 비밀스럽게 움직이지 않으십니다. 그분은 갑자기 새롭고 기대하지 않던 방향으로 움직이셔서 오직 몇몇의 영적인 엘리트 그룹에게만 알려지게 하지 않으십니다. 하나님께서 아직도 죄짓고, 소망 없이, 버려진 사람들과 같은 처지에 있는 사람들 가운데서 일하시는 것을 우리는 볼 수 있습니다. "예수님을 따라간다."라는 말이 "성령 안에서 움직인다."라는 말보다 훨씬 더 좋은 표현입니다. 그분을 따라가면 당신은 그분이 가는 곳에 갈 것이며, "두루 다니시며 선한 일을 행하시고 마귀에게 눌린 모든 사람을 고칠" 것입니다(행 10:38, 개역개정). 주님을 찬양합니다!

"아버지께서 행하시는 것을 보지 않고는 아무것도 행하지 않고 … 아버지께서 말씀하시는 것을 듣지 않고는 아무것도 말하지 않고, 나는 단순하게 아버지를 따라 한다."라고 예수님 자신도 말씀하셨습니다(요 5:19-21을 보십시오). 이런 그리스도와 같은 태도를 가지게 되면, 그분에 대한 우리의 반응을 사용하셔서, 하나님의 영이 우리의 심령 가운데 움직이십니다. 이것이 우리를 보내서 이 세상에서 그분의 일을 하고 그분과 함께 행할 수 있도록 하는 가장 좋은 장비입니다. 당신의 모든 영적인 무기들을 가지고 오늘 자신을 구비하도록 결단하여 전투에 나갈 수 있도록 준비를 갖추십시오!

말씀	"예수께서 그 말을 들으시고서 말씀하셨다. '건강한 사람에게는 의사가 필요하지 않으나, 병든 사람에게는 필요하다. 너희는 가서 '내가 바라는 것은 자비요, 희생제물이 아니다' 하신 말씀이 무슨 뜻인지 배워라. 나는 의인을 부르러 온 것이 아니라, 죄인을 부르러 왔다.'"(마 9:12~13)
불씨	"누구든지 나를 따라오려거든 자기를 부인하고 자기 십자가를 지고 나를 따를 것이니라"(마 16:24, 개역개정).
참고성경	사 40:13, 마 9:12~13, 12:11~12, 요 5:19~23, 9:4, 행 10:38
성경읽기	아침 - 신 4, 시 86~87 / 저녁 - 사 32, 계 2

하나님은 말씀하십니다:
네 주머니에 있는 것으로 계획을 하지 말고, 내 주머니에 있는 것으로 계획하라.

하나님은 말씀하십니다:
모든 데드라인에서 나는 너에게 생명선을 던져 줄 것이다.

교회는 유람선이 아니라, 구조선입니다.
선장에서 요리사까지, 영혼을 구원하려고 모두 손을 모아 돕습니다!

믿는 이유
Reason for Believing?

6월 1일

보이지 않는다는 것은 믿지 않는 것에 대한 이유가 되지 않습니다. 아무도 방사선을 보지 못하지만 우리는 단순히 방사선의 가열과 발광 현상을 기대합니다. 아무도 (심하게 오염되어 있지 않다면) 공기를 보지 못하지만, 우리는 공기를 들이마시고 내쉽니다. 아무도 하나님을 보지 못하지만 수백만의 사람들이 자신들의 매일의 삶에서 그분의 영향을 발견합니다! 오직 하나님으로부터 난 일들이 일어납니다. 하나의 기도 응답, 하나의 치유, 하나의 기적, 하나의 중독으로부터 구출됨도 하나님의 증거입니다. 2천 년 전에 이런 보고가 있었습니다. "하나님이 나사렛 예수에게 성령과 능력을 기름 붓듯 하셨으매 그가 두루 다니시며 선한 일을 행하시고 마귀에게 눌린 모든 사람을 고치셨으니 이는 하나님이 함께 하셨음이라"(행 10:38, 개역개정). 베드로는 실수할 수 없는 하나님의 증거에 대해 증언했습니다!

그러나 그것은 단지 한 번의 기도 응답이나 하나의 기적이 나타난 것이 아닙니다. 이 모든 일들이 일어나는 것은 2천 년 전만이 아닙니다. 오늘도 수백만 명이 치유받고, 귀신에게서 구출되며, 수백만 기도가 응답받고, 수백만 명이 오직 죽음으로부터 부활하신 예수 그리스도로만 말미암았다고 할 수 있는 경험을 하고 있습니다. "예수 그리스도는 어제나 오늘이나 영원토록 동일하시니라"(히 13:8, 개역개정). 아프리카나, 인도나, 어느 곳에든지, 내가 강단에 올라가면 아무것도 하지 않아도 자주 눈먼 자가 보게 되고 귀 먼 자가 듣게 되고, 벙어리가 말을 하게 되고, 걷지 못하던 자가 걷게 되며 악한 영이 붙어서 미치게 된 사람이 풀려납니다. 어린 아기도 치유받고 심지어 자궁 속에 있는 태아도 치유되기 때문에 이것은 심리학이 아닙니다. 가장 큰 효과는 죄와 죄책감으로부터의 구원이며, 사람들의 태도와 인격이 변화되는 것입니다. 예수님이 구원하십니다!

그분이 할 수 있었고 하셨던 것에 대한 소망과 영감을 우리에게 주려고 기록되지 않았다면, 예수님께서 2천 년 전에 하셨던 일에 대해 우리가 왜 관심을 가져야 하겠습니까? 주님께서는 지성인, 철학자가 되고 싶은 사람들의 주의를 끄는 지혜와 통찰력을 가지고 가르쳐서 그들의 마음을 하나님께로 돌렸습니다. 주님께서는 치유받을 자격이 있는 사람들이라서가 아니라, 단지 그분은 그들을 너무나 사랑하므로 그들이 받고 있는 고통으로부터 풀어주고 싶어서, 동정심과 권세를 가지고 치유를 베푸셨습니다. 그들이 주님의 죽음을 요구하기 때문이 아니라, 아버지께 순종하셨기 때문에 그분은 자기 자신의 목숨을 희생하셨습니다. 2천 년 전 예수님께는 어떤 위선도 없었으며, 오늘도 그분 안에는 오직 진리만 존재합니다.

말씀	"예수 그리스도께서는 어제나 오늘이나 영원히 한결같은 분이십니다."(히 13:8)
불씨	하나님을 보지 못하지만 나는 내 마음에 그분의 임재를 알고 있으며, 그분이 나의 삶에서 일하시는 것을 보고 있습니다.
참고성경	행 10:38, 히 13:8
성경읽기	아침 – 신 5, 시 88 / 저녁 – 사 33, 계 3

6월 2일

믿음이냐 혼돈이냐?
Faith or Chaos?

하나님에 대한 믿음을 대체하는 것은 없습니다. 역사는 경고의 종을 울리고 있습니다. 주 하나님을 알지 못하고는 어떤 것도 의미가 없습니다. 고대에는 가장 명석한 사상가들도 걷잡을 수 없는 아이디어와 미신과 추측을 했습니다. 신비가 자연을 감싸고 있었습니다. 그들은 심지어 날씨나 계절까지 포함해서 아무것도 확신하지 못했습니다. 태양이 뜨게 하기 위해 그들은 태양을 숭배했습니다. 비가 오게 하려고 그들은 신성한 예배를 드렸습니다. 강물은 늘 흐르고 마르지 않도록 달래주어야 했습니다. 누구나 자신의 하나님을 하나씩 가지고 있었습니다. "조각한 신상을 섬기며 허무한 것으로 자랑하는 자는 다 수치를 당할 것이라"(시 97:7, 개역개정).

그러므로 선지자들이 세워져서 타오르는 하나님의 실재와 그분의 뜻의 성취에 대한 영감을 받았습니다. 만물의 아버지라는 하나님에 관한 개념은 알려진 적이 없었습니다. 분쟁과 가족 간의 피 흘리는 불화가 발생하고, 전쟁은 남자들의 영광이었습니다. 그러나 이스라엘의 선지자들은 그들의 백성들에게 하늘의 징조를 두려워하지 말고, 전쟁을 하지 말고 일을 하도록 가르쳤습니다. 하나님께서는 그분의 모든 피조물들을 신실하게 돌봐주실 것입니다. 그들은 그들 주위의 이교도들처럼 수확에 대해 걱정할 필요가 없습니다. 예수님 자신도 이것을 분명하게 가르쳤습니다. "이같이 한즉 하늘에 계신 너희 아버지의 아들이 되리니 이는 하나님이 그 해를 악인과 선인에게 비추시며 비를 의로운 자와 불의한 자에게 내려주심이라"(마 5:45, 개역개정).

앉아서 TV를 보면서 아무렇지도 않게 하나님을 믿지 않는다고 말하기는 쉽습니다. 그러나 그 결과는 영원합니다. 이런 불신앙은 부패, 뇌물, 폭력, 테러리즘, 범죄가 자라는 비옥한 땅입니다. 무신론자들은 하나님을 믿지 않고도 품위 있는 삶을 살 수 있다고 주장하지만, 그들은 품위 있는 삶이란 바로 그 아이디어도 그리스도교로 말미암았다는 것도 모릅니다. 그리스도 이전에는 전혀 다른 역사였고 훨씬 더 잔인했습니다. 실제로 하나님에 대한 믿음이 없이는 우리는 무엇이 선과 악인지도 모릅니다. 전적으로 믿지 않는 세상은 정신병자들의 보호시설이 그 환자들에 의해서 장악된 것과 같을 것입니다. 하나님을 신뢰하지 않으면 머지않아 당신은 아무도 신뢰하지 않을 것입니다. 당신의 옷깃에 다는 상징물처럼 하나님에 대한 믿음을 달고 다니기로 오늘 결심하십시오.

말씀	"그래야만 너희가 하늘에 계신 너희 아버지의 자녀가 될 것이다. 아버지께서는, 악한 사람에게나 선한 사람에게나 똑같이 해를 떠오르게 하시고, 의로운 사람에게나 불의한 사람에게나 똑같이 비를 내려주신다."(마 5:45)
불씨	나의 하나님에 대한 믿음은 그분의 말씀에 근거하고 있다는 것을 아는 것이 나에게는 큰 위로가 됩니다.
참고성경	시 97:7, 마 5:45
성경읽기	아침 – 신 6, 시 89 / 저녁 – 사 34, 계 4

놀라운 지식
Wonderful Knowledge

6월 3일

하나님의 일을 하기 위해 나갔던 모든 복음 전도자에게 말하고 있는 요나 이야기의 진짜 요점은 그가 심판을 선포했지만 심판을 받지 않았다는 것입니다. 이것이 바로 요나가 일어날까 봐 우려하던 것이었습니다. 실제로 요나는 만일 그의 선포가 성공하면 하나님께서 심판하려는 마음을 바꾸실 것이기 때문에 그는 그 도시에 대하여 결코 선포하기를 원하지 않았습니다! 나중에 그는 이렇게 하나님께 항의합니다.

> 주님, 내가 고국에 있을 때에 이렇게 될 것이라고 이미 말씀드리지 않았습니까? 내가 서둘러 스페인으로 달아났던 것도 바로 이것 때문입니다. 하나님은 은혜로우시며 자비로우시며 좀처럼 노하지 않으시며 사랑이 한없는 분이셔서, 내리시려던 재앙마저 거두실 것임을 내가 알고 있었기 때문입니다.(욘 4:2)

요나는 하나님의 성품에 대하여 깊은 통찰력을 가지고 있었습니다. 구약의 서른아홉 개 책 가운데 이 선지자의 말은 매우 예외적입니다. 요나는 하나님의 비교할 데가 없는 선하신 마음을 알았습니다. 그뿐만 아니라 그는 주님의 긍휼하심은 이스라엘 국경을 넘어 이방인들까지 껴안는 적의 영토까지 미친다는 것을 알았습니다.

이스라엘에서 이럴 수 있다는 것을 믿는 사람은 별로 없었습니다. 영적인 어둠의 시대에는 오직 성령님만이 이를 선지자에게 보여줄 수 있었을 뿐입니다. 아무튼 그는 이스라엘에 은혜로우신 것처럼 이방인들에게도, 심지어 지구상의 가장 나쁜 죄인에게도 하나님은 은혜로우실 수 있다는 것을 알았습니다. 이것이 그가 갔지만 가고 싶지 않았던 이유입니다. 그의 마음 한편에서는 이 악한 나라가 정말로 마땅히 받아야할 심판을 받기 원했지만, 동시에 하나님이 그런 분이 아니라는 것을 그는 알았습니다. 요나는 복수를 원했지만 하나님은 용서하시는 하나님이셨으며 지금도 그렇습니다.

당신과 나는 탐욕과 증오와 불평등의 죄에 대한 증거들 때문에 낙심하고 혐오감을 가지고 우리가 살고 있는 세상을 바라볼 수도 있지만, 우리가 온 세상을 하나님의 눈을 통해 보기로 한다면, 하나님 없이 죽어가는 잃어버린 영혼들이 보입니다. 우리의 심령은 동정심으로 가득하게 됩니다. 오늘 하나님께 영혼에 대한 신선한 비전을 달라고 구하십시오. 하나님께 그분이 다른 사람들을 보는 방법으로 당신도 바라보게 해 달라고 구하십시오.

말씀	"주님은 가여워하시는 마음이 넘치고, 불쌍히 여기시는 마음이 크십니다."(약 5:11)
불씨	하나님은 이 땅 위의 가장 나쁜 죄인에게도 은혜를 베푸십니다. 왜냐하면 그분께서 나를 구원하셨기 때문입니다.
참고성경	시 116:5, 욘 4:1~11, 약 5:11
성경읽기	아침 – 신 7, 시 90 / 저녁 – 사 35, 계 5

6월 4일 진리와 진리를 나타내는 사람들
Truth, and People Who Reflect It

선지자요 복음 전도자였던 요나는 하나님의 긍휼은 알고 있었지만 자신은 동정심이 없었습니다. 그리스도를 옹호하려고 말하는 사람은 누구나 요나가 알고 있던 것을 아주 잘 알고 있습니다. 구원받은 사람들에게 하나님은 사랑하시고, 은혜로우시고, 불쌍히 여기시며, 동정심이 많다는 것이 상식입니다. 그렇지만 우리는 개인적으로 잃어버린 영혼들에 대해서 이런 감정을 품고 있습니까?

요나는 전혀 없었습니다. 그는 오직 순종하여 의무감에서 선포하였습니다. 하나님의 말씀을 선포하는 사람에게 이보다 더 심각한 결점은 있을 수 없습니다. 복음 전파는 하나님의 긍휼의 사랑을 단순히 입으로 말하거나 신학을 풀어내는 것이 아닙니다. 복음 전도자의 심장은 하나님의 가슴속의 갈망과 동정심을 표현하는 하나님의 심장 박동에 맞추어 뛰어야 합니다. 복음 전파에는 진리와 진리를 나타내는 사람들이 필요합니다. 어떤 사람들은 옳은 것을 선포하는 것으로 충분하다고 말합니다. 충분하지 않습니다! 우리 자신의 가슴에 없는 것을 넣어주는 일을 성령님께서 하십니다. "하나님께서 우리에게 주신 성령을 통하여 그의 사랑을 우리 마음속에 부어 주셨기 때문입니다."(롬 5:5) 그리스도 안에 있는 하나님의 사랑은 조직 신학의 한마디 이상이며, 선언한 사람들 안에서 살아있는 것입니다. 우리 가슴에 하나님의 불이 있어야 우리는 불붙은 혀로 복음을 전할 수 있습니다! 어떻게 하면 그런 불이 타오르게 할 수 있을까요? 여러분 스스로 하나님의 말씀을 알도록 하십시오. 당신과 나를 위한 하나님의 말씀입니다!

요나는 성공하기를 원하지 않았던 보기 드문 설교자이자 선지자였습니다. 니느웨에 사는 사람들 중에 아무도 그가 한 설교의 메시지를 알아듣는 자가 없기를 바랐습니다. 그러나 왕좌에 앉아 있던 왕마저도 자신의 죄에 대해 놀라서 무엇인가를 하기로 결정했습니다. 하나님의 말씀을 우리 입으로 말할 때 우리는 우리가 무엇을 하고 있는지 알아야 합니다. 이것은 아무도 가지고 놀아서는 안 되는 주된 화력입니다! 오늘 하나님께서 당신에게 잃어버린 영혼에 대한 그분의 긍휼을 새롭게 부어주시도록 구하십시오.

말씀	"예수께서 그를 불쌍히 여기시고, 손을 내밀어 그에게 대시고 말씀하셨다. '그렇게 해주마. 깨끗하게 되어라.'"(막 1:41)
불씨	아버지, 잃어버린 영혼에 대한 아버지의 사랑을 내게 가르쳐 주십시오.
참고성경	욘 3:1~10, 막 1:40~45, 롬 5:5
성경읽기	아침 – 신 8, 시 91 / 저녁 – 사 36, 계 6

우리 아버지
Our Father

6월 5일

우리는 모두 하나님의 진정한 위치, 즉 하나님이 우리보다 무한히 우월하시다는 것을 인식하려고 노력해야 합니다. 그러나 하나님을 "아버지"라고 부르라고 하시는 그분의 초청은 그분을 우리 가까이 오시게 하고 그분께 다가갈 수 있게 해 줍니다. 아직도 옛날의 율법 시대에서 나오고 있는 사람들인 히브리서를 읽는 사람은 손을 잡고 이 새로운 관계로 들어오도록 이끌어 주어야 했습니다. 그들을 이런 말씀을 들었습니다.

> 그러나 우리에게는 하늘에 올라가신 위대한 대제사장이신 하나님의 아들 예수가 계십니다 … 그러므로 우리는 담대하게 은혜의 보좌로 나아갑시다 … 예수의 피를 힘입어서 담대하게 지성소에 들어가게 되었습니다 … 예수께서는 휘장을 뚫고 우리에게 새로운 살 길을 열어 주셨습니다. 그런데 그 휘장은 곧 그의 육체입니다. (히 4:14, 16; 10:19~20)

예수님께서 그의 제자들에게 기도하는 것을 가르치셨을 때 그들은 언제나 무엇이든지 기도할 수 있는 새로운 종족이 되었습니다. 예수님은 그들에게 이렇게 말씀하셨습니다. "너희가 내 이름으로 구하는 것은, 내가 무엇이든지 다 이루어 주겠다. 이것은 아들로 말미암아 아버지께서 영광을 받으시게 하려는 것이다. 너희가 무엇이든지 내 이름으로 구하면, 내가 다 이루어 주겠다."(요 14:13~14)

어떤 면에서 하나님을 부르는 것은 본능적인 것입니다. 특별히 고통받을 때 하나님을 찾지 않을 사람이 누가 있겠습니까? 호수에 낚시하러 간 무신론자에 대한 이야기가 있습니다. 갑자기 로크 네스라는 괴물이 물에서 나오더니 그를 잡아 삼키려고 입을 벌렸습니다. 그 무신론자는 "오 하나님, 나를 도와주세요!"라고 외쳤습니다. 그때 그는 이렇게 말하는 한 목소리를 들었습니다. "그래 이제 너는 나를 믿느냐?" 이에 대하여 이 무신론자는 절박하게 대답했습니다. "그만 좀 하시고 빨리 도와주세요! 몇 초 전까지는 로크 네스도 믿지 않았지요!"

그리스도께서 우리에게 바르게 기도하는 법, 즉 그분의 이름으로 기도하는 방법을 가르쳐 주셨습니다. 그분의 강력한 역사가 하나님께로 가는 새로운 길을 표시해 줍니다. 그분은 하늘의 문을 여셨습니다. 들어가십시오! 당신은 환영받을 것입니다! 이것은 오늘 당신을 위한 약속입니다.

말씀	"내가 진정으로 진정으로 너희에게 말한다. 너희가 아버지께 구하는 것은, 무엇이나 아버지께서 내 이름으로 주실 것이다. 지금까지는 너희가 아무것도 내 이름으로 구하지 않았다. 구하여라. 그러면 받을 것이다. 그래서 너희의 기쁨이 넘치게 될 것이다." (요 16:23~24)
불씨	하늘 문을 여는 나의 열쇠는 예수 이름으로 기도하는 것입니다.
참고성경	요 16:23~24, 히 4:14~16, 10:19~20
성경읽기	아침 – 신 9, 시 92~93 / 저녁 – 사 37, 계 7

6월 6일

하나님은 특이하십니다
God Is Unusual

요한계시록 첫 장에서 하나님은 세 가지의 시제로 그분을 두 번 언급함으로써 그분의 아들 예수 그리스도의 본성을 계시하셨습니다. "지금도 계시고 전에도 계셨고 또 앞으로 오실 분 … 예수 그리스도께서 내려주시는 은혜와 평화가, 여러분에게 있기를 빕니다." (계 1:5) "지금도 계시고 전에도 계셨고 앞으로 오실 전능하신 주 하나님께서 "나는 알파요 오메가다"하고 말씀하십니다."(계 1:8) 이는 특이한 말입니다. 같은 "있다to be"라는 동사는 "있을Who will be"이라고 해야 하는데 "오실 분Who is to come"이라고 말하고 있기 때문입니다. 하나님은 이 단어를 "전에도 계셨고, 지금도 계시고"에서 두 번 사용하시고, "오실" 이란 다른 동사로 바꾸셨습니다. 누구나 이것이 드문 일이라는 것을 알 수 있습니다. 왜 이렇게 독특한 방법으로 하셨을까요?

그 이유는 하나님께서 특이하시기 때문입니다. 그분은 문법과 문장 구조를 난처하게 하시며, 우리가 그분에 대해 말할 때는 언어도 차별나게 다루어집니다! 그리스도 그분 자체가 신비입니다. "아버지 외에는 아들을 아는 자가 없고"(마 11:27, 개역개정). 일상 언어로 그분에 대하여 말하는 것은 항상 무엇인가를 빠뜨리게 됩니다. 주님에 관해 말하게 되면 인간의 언어는 충분하지 못합니다. 처음 그리스도인들은 많은 단어에 새로운 의미를 부여해야 했으며, 새로운 단어를 만들기도 했는데, 이는 예수님은 새로운 일을 행하시고 그분은 새로운 종류의 사람이었기 때문입니다. 하나님께서는 자신의 뜻을 단순히 언어로만 소통하지 않으십니다. 하나님은 단순하게 자신의 행동으로 자신을 나타내시고, 우리가 자주 대문자로 표현할 필요가 있도록 자신을 묘사하십니다. 새로운 음표가 필요한 천사들의 노래와 같습니다. 우리가 하나님에 관해 말할 때 우리는 단어가 부족하고, 솔로몬의 왕궁을 보고 시바의 여왕이 "내가 들은 소문은 사실의 절반도 안 되는 것 같습니다"라고 말한 것과 같은 느낌입니다.(왕상 10:7)

우리의 하나님에 대한 믿음을 불러일으키려고 하나님은 단지 언어만을 의지하지 않으십니다. 하나님이 누구이며 어떤 분인지 우리에게 보여주기 위해서 그분은 오셨습니다! "그 말씀은 육신이 되어 우리 가운데 사셨다. 우리는 그의 영광을 보았다 … 그는 은혜와 진리가 충만하였다."(요 1:14) "나의 하나님께서 나와 함께 살려고 오셨다!"라고 말할 수 있는 것은 놀라운 특권이 아닙니까?

말씀	"말씀은 육신이 되어 우리 가운데 사셨다. 우리는 그의 영광을 보았다. 그것은 아버지께서 주신, 외아들의 영광이었다. 그는 은혜와 진리가 충만하였다."(요 1:14)
불씨	나는 불가능한 것을 행하시는 가장 특이한 하나님을 섬기고 있습니다!
참고성경	왕상 10:7, 마 11:27, 요 1:14, 계 1:1~20
성경읽기	아침 – 신 10, 시 94 / 저녁 – 사 38, 계 8

끊임없는 약속
The Continual Promise

6월 7일

"나는 알파와 오메가라 이제도 있고 전에도 있었고 장차 올 자요 전능한 자라"(계 1:8, 개역개정). 문법 선생님은 하나님의 영원한 약속인 이 문장이 동사가 am, is, come 세 개라는 것을 알 것입니다. 왜 하나님은 동사를 바꾸셨을까요? 왜 하나님은 올 자라고 말씀하셨을까요? 그분은 영원히 우리에게 침입하시는 분이라는 뜻입니다! 우리는 그리스도께서 "오실 그이"라고 불렸던 마태복음 11:3에서 같은 말씀을 봅니다. 장차 계실 분인 그분은 지금 그리고 항상 계시는 영원히 변하지 않는 존재입니다. 그분은 이미 완전하십니다. "나 주는 변하지 않는다."(말 3:6)

그렇지만 우리 각 사람에게는 다릅니다. 우리는 그분 안에서 항상 새로운 것을 발견합니다. 당신이 미시시피 강변의 물속에 서 있다고 가정해 보십시오. 당신은 강안에 있지만 강물은 당신에게로 계속 흘러옵니다. 오늘 우리가 서 있는 그 물은 내일 물이 흘러감에 따라 좀 더 아래쪽에서 다른 누군가가 서 있는 같은 물일 것입니다. 하나님은 이와 같습니다. 우리는 그분께로 가고 그분은 거기 계십니다. 그러나 그분은 계속 우리에게로 오고 계십니다. 그분은 그냥 신비한 존재로 스핑크스처럼 어딘가에 그냥 "하나님으로 존재"하시는 분이 아닙니다. 예수님은 "우리가 그에게 가서"라고 하셨습니다(요 14:23, 개역개정). 그분은 지금이나 앞으로도 결코 오시기를 멈추지 않을 것입니다.

구약성경의 선지자는 이것을 한 장면 보았습니다.

> 그러나 마음속으로 곰곰이 생각하며 오히려 희망을 가지는 것은, 주님의 한결같은 사랑이 다함이 없고 그 긍휼이 끝이 없기 때문이다. "주님의 사랑과 긍휼이 아침마다 새롭고, 주님의 신실이 큽니다." 나는 늘 말하였다. "주님은 내가 가진 모든 것, 주님은 나의 희망!" 주님께서는, 주님을 기다리는 사람이나 주님을 찾는 사람에게 복을 주신다. 주님께서 구원하여 주시기를 참고 기다리는 것이 좋다.(애 3:21~26)

후에 베드로는 끊임없는 하나님의 임재를 새롭게 하심에 대해서 이렇게 증언하였습니다. "그러므로 여러분은 회개하고 돌아와서, 죄 씻음을 받으십시오. 그러면 주님께로부터 편히 쉴 때가 올 것이며, 주님께서는 여러분을 위해서 미리 정하신 그리스도이신 예수를 보내실 것입니다."(행 3:19~20) 우리 하나님은 결코 현존하기를 멈추지 않으시고, 당신을 새롭게 하기 위해서 오시기를 결코 멈추지 않으실 것입니다!

말씀	"주님의 한결같은 사랑이 다함이 없고 그 긍휼이 끝이 없기 때문이다. 주님의 사랑과 긍휼이 아침마다 새롭고, 주님의 신실이 큽니다."(애 3:22~23)
불씨	매일 주님을 만날 때마다 그분은 늘 똑같으시지만 항상 새로우십니다.
참고성경	애 3:21~26, 말 3:6, 마 11:3, 행 3:19, 계 1:8
성경읽기	아침 – 신 11, 시 95~96 / 저녁 – 사 39, 계 9

6월 8일

이기는 자들
Overcomers

주님이 이기는 자들에게 하신 일곱 약속과 함께 일곱 교회에 보낸 일곱 편지는 정말 인상적입니다.(요한계시록 2-3장을 보십시오.) 분명히 이긴다는 것은 남는 시간에 하는 취미 활동이 아니라 삶의 중심을 건드리는 무엇입니다. 그렇다면 우리는 무엇을 혹은 누구를 이겨야 할까요?

이 말씀을 들여다보고 나는 깜짝 놀랐습니다. 내게는 이 말씀이 참으로 대단한 개념이었습니다. 내가 이미 알고 있었던 한 가지는 우리가 하는 것은 무엇이든지 우리가 그리스도 안에 머물고 있는 동안에는 가치가 있다는 것이었습니다. 우리는 그리스도 안에서 그분을 통하여 행합니다. 그리스도 없이는 승리가 없기 때문에 나는 그리스도의 승리를 나의 출발점으로 삼기로 선택했습니다.

어떻게 우리가 이기느냐고 묻는다면 그 해답은 매일, 모든 가능한 방법입니다. "세상을 이긴 승리는 이것이니, 곧 우리의 믿음입니다."(요일 5:4)

우리가 그리스도를 신뢰하는 순간 그분이 우리의 삶에서 주도권을 가지시고 우리는 승리하며 살아갑니다. 이긴다는 것은 손톱을 깨무는 습관이나 화를 참는 이런 이기는 습관의 문제가 아니라, 돈, 권력, 성공과 명예 같은 거짓 사랑에 의해 동기가 부여되거나 심지어는 지배받는 세상의 방법을 거절하는 것입니다. 그리스도인은 그리스도에 대한 믿음이라는 단 하나의 추진력을 가지고 있습니다.

인생은 끝없는 투쟁과 염려로 가득한 전쟁에서 지는 것이 아닙니다. 영적으로 어린아이일 때조차도 우리는 그리스도의 승리 안에 살고 있습니다. 승리는 아버지들만 아니라 초보자들의 것이기도 합니다. 그에 대한 믿음으로 우리의 패배는 가을의 낙엽처럼 죽어서 떨어져 나갑니다. 예수님께서 우리의 책임을 가져가시도록 우리가 허락하면, "이 세상도 사라지고, 이 세상의 욕망도 사라집니다."(요일 2:17)

말씀	"전쟁에서 이기고 지는 것은 주님께 달린 것이다."(삼상 17:47)
불씨	예수 나의 주님으로 말미암아 나는 정복자보다도 나은 자입니다.
참고성경	요일 5:4, 요일 2:17
성경읽기	아침 – 신 12, 시 97~98 / 저녁 – 사 40, 계 10

믿음은 결단입니다
Faith Is a Decision

6월 9일

스위스의 대신학자 에밀 부루너는 그의 생각을 네 단어로 요약했는데 '믿음은 선택이다 Faith is a decision'라는 것입니다. 믿는 자들을 칭찬하셨으며 믿지 않는 자들을 나무라셨던 예수님으로부터 그는 이 문장을 가져왔습니다. 보고, 듣고, 느끼고, 맛보고, 냄새를 맡을 수 있듯이 우리는 믿을 수 있습니다. 믿음은 우리의 여섯 번째 감각 혹은 기능입니다. 듣는 귀나 하나님의 복을 취하는 손은 영적인 시각입니다. 믿음이 해당되지 않는 사람은 없습니다. "나는 그렇게 만들어지지 않았습니다."라고 하소연하는 사람도 있지만 우리는 모두 그렇게 만들어졌습니다. 어떤 사람들은 믿음을 가지고 있으면 좋은 돈처럼 생각합니다. 믿음은 당신이 소유하는 것이 아니라 행하는 것입니다. 원하기만 하면 우리는 모두 정상에 도달할 수 있습니다.

최고 사도인 바울은 모든 사람이 믿음을 가지고 있지만 어떤 사람들은 다른 사람들보다 더 능숙하게 사용한다고 이해했습니다.

> 여러분은 믿음이 약한 이를 받아들이고, 그의 생각을 시빗거리로 삼지 마십시오. 어떤 사람은 모든 것을 다 먹을 수 있다고 생각하지만, 믿음이 약한 사람은 채소만 먹습니다. 먹는 사람은 먹지 않는 사람을 업신여기지 말고, 먹지 않는 사람은 먹는 사람을 비판하지 마십시오. 하나님께서는 그 사람도 받아들이셨습니다 … 우리는 살아도 주님을 위하여 살고, 죽어도 주님을 위하여 죽습니다. 그러므로 우리는 살든지 죽든지 주님의 것입니다.(롬 14:1~3, 8)

누가 불신앙을 원하겠습니까? 불신앙은 땅도 물도 사랑에도 이르게 하지 않는 막다른 길입니다. 이 길에서 빠져나오려면 돌아서야 합니다. 성경에 있는 말로는 회개하는 것, 즉 믿지 않는 대신 믿기로 선택하는 것입니다. 의심은 치명적입니다. 살기로 선택하십시오. "회개하여라. 복음을 믿어라."(막 1:15) 우유는 버터를 만들지만 버터는 우유를 만들지 못하는 것처럼 믿음은 선행을 낳지만 선행은 믿음을 낳지 않습니다.

> 믿음, 약속을 보고
> 약속만 쳐다보는 강한 믿음은
> 불가능을 비웃으며
> 이렇게 외칩니다.
> "그렇게 될 것이다."
> 찰스 웨슬리(1742)

말씀	"그러므로 이제부터는 서로 남을 심판하지 마십시다. 형제자매 앞에 장애물이나 걸림돌을 놓지 않겠다고 결심하십시오."(롬 14:13)
불씨	나는 불신앙으로 하나님의 약속을 보며 흔들리지 않고, 하나님께 영광을 돌리며 믿음으로 강하게 될 것입니다.
참고성경	롬 4:20, 14:1~13
성경읽기	아침 - 신 13~14, 시 99~101 / 저녁 - 사 41, 계 11

6월 10일

믿음의 크기
The Size of Faith

사도들은 주님께 "우리에게 믿음을 더하여 주십시오"(눅 17:5, 개역개정)라고 말했습니다. 그리스도인들은 늘 한 보따리의 믿음을 원했습니다! 예수님의 대답은 무엇이었습니까? "너희에게 겨자씨 한 알만 한 믿음이라도 있으면, 이 뽕나무더러 '뽑혀서, 바다에 심기어라' 하면, 그대로 될 것이다."(눅 17:6) 사도들은 이 말씀에 의아해했음이 틀림없습니다. 그들은 큰 믿음을 원했지만, 주님은 그들이 알고 있는 가장 작은 것에 대해 말씀하셨습니다. 주님은 겨자씨가 아주 작아서 언급한 것이 아니라, 문제는 많은 믿음과 작지만 살아있는 씨앗을 대조하기 위해서 언급하신 것이었습니다. 주님은 믿음이 결코 크기의 문제가 아니라는 것을 확실하게 해 주기 원하셨습니다. 크기는 잘못된 단어였습니다. 믿음은 부피도 무게도 없습니다. 생각이 어떤 모양이 있습니까? 믿는 것은 당신이 행동하는 그것입니다! 믿음은 행동이지 실체가 아닙니다. 성경은 "믿음의 분량"을 말하고 있는데, 믿음은 지금 하고 있는 일의 필요에 따라서 비례하는 것입니다. 달릴 때 더 많은 공기가 필요하듯이, 당신이 취하는 믿음의 양은 자동적으로 증가합니다.

믿음으로 해야 하는 일이라도 크기는 의미가 없습니다. 언덕의 높이나, 두더지 집의 높이나 그 위로 날아가는 새에게 모두 마찬가지입니다. 믿음으로 우리는 "독수리가 날개를 치며 솟아오르듯 올라갈 것입니다."(사 40:31) 그러므로 올라가지 못할 것은 아무것도 없습니다. 행동하는 믿음은 불가능한 것들이 필요합니다. 종교적인 믿음, 교회 안에서만 머무는 믿음은 불가능한 것이 충분하지 않습니다. 굳건한 믿음은 야생의 날씨에서 자라지 않으면 병든 나무가 될 것입니다.

겨자씨를 혹시 본 적이 없습니까? 겨자씨 한 알을 보려면 안경이 필요할지도 모릅니다! 그러나 예수님이 말씀하셨던 그 시대 사람들은 겨자씨를 알고 있었습니다. 그 당시에는 농사를 지었습니다. 예수님은 농부들의 언어로 말씀하셨습니다. 오늘날 우리는 고도의 기술 사회에 살고 있으므로 우리의 표현은 과학적입니다. 예수님은 그 시대의 사람들의 언어로 말씀하셨고, 오늘날 우리들의 언어는 기술로부터 온 것입니다. 의심할 바 없이 예수님은 오늘날에는 우리가 일반적으로 하는 말로 말씀하실 것은 확실합니다. 2천 년 전에 예수님은 강력한 잠재력을 가진 작은 씨앗인 "겨자씨"에 관해 말씀하셨습니다. 오늘날이라면 그분은 아마도 퓨즈나 마이크로 칩으로 설명을 하셨을 것입니다. "너희가 전기 퓨즈와 같이 작은 믿음이라도 있으면 땅에서 바다로 나무를 옮길 수 있을 것이다." 겨자씨와 같이 퓨즈의 가치는 넓이나 길이에 있지 않습니다. 열쇠는 전류를 통과시키는 능력입니다. 당신의 믿음은 하나님의 능력을 필요한 곳이 어디든지 전달합니다.

말씀	"하나님께서 우리에게 주신 은혜를 따라, 우리는 저마다 다른 신령한 선물을 가지고 있습니다. 가령, 그것이 예언이면 믿음의 정도에 맞게 예언할 것이요."(롬 12:6)
불씨	마이크로 칩처럼 작은 믿음만 있어도 나는 여전히 산을 움직일 수 있습니다.
참고성경	사 40:31, 눅 17:5~6, 롬 12:6
성경읽기	아침 – 신 15, 시 102 / 저녁 – 사 42, 계 12

의분과 바른 우선순위
Righteous Anger and Right Priorities

`6월 11일`

매우 흥미로운 요나 이야기에서 하나님은 요나 위로 자라서 시들어 버린 한 식물을 통하여 그에게 말씀하셨습니다. 요나는 무슨 일이 일어나는지 보려고 기다리면서 얼마 동안 도시 밖에서 머물고 있었습니다. 햇볕이 매우 강해서 그는 자신을 위해서 가림막을 만들었습니다. 하나님이 예비하신 한 식물이 열기로부터 그를 지켜 주려고 요나 위로 자라났으나 그 식물은 하룻밤 사이에 시들어 버리고 말았습니다. 그 뿌리가 어떤 벌레에 먹혀버렸기 때문입니다.

요나는 화가 잔뜩 났습니다. 하나님께서 요나에게 말씀하셨습니다. "박 넝쿨이 죽었다고 네가 이렇게 화를 내는 것이 옳으냐?"(욘 4:9) 요나는 화가 나서 죽겠다고 말했습니다. 그러자 하나님은 자신의 입장을 말씀하셨는데 이는 요나서의 마지막 말로서 주님의 말씀입니다.

> 네가 수고하지도 않았고, 네가 키운 것도 아니며, 그저 하룻밤 사이에 자라났다가 하룻밤 사이에 죽어 버린 이 식물을 네가 그처럼 아까워하는데, 하물며 좌우를 가릴 줄 모르는 사람들이 십이만 명도 더 되고 짐승들도 수없이 많은 이 큰 성읍 니느웨를, 어찌 내가 아끼지 않겠느냐?(욘 4:10~11)

요나에게 그 식물은 사람들의 생명보다도 더 중요해 보였습니다. 이 이야기는 우리에게 무엇이 중요한지를 가르쳐 주고 있습니다. 오늘날 우리 주변에는 너무나 많은 의로운 일들이 있습니다. 유럽은 특히 환경 문제에 관한 관심과 같은 몇몇 큰 도덕적 문제에 관한 입법에 영향을 미치는 강력한 로비를 하는 것으로 알려져 있습니다. 어떤 그리스도인들은 이런 정치적이고 전문적인 일에 적극적으로 참여하고 있기도 한데 못할 이유도 없지 않습니까? 문제는 "우리는 어떤 일에 가장 분노해야 할 것인가"입니다.

> 내 양들은 내 목소리를 알아듣는다. 나는 내 양들을 알고, 내 양들은 나를 따른다. 나는 그들에게 영생을 준다. 그들은 영원토록 멸망하지 아니할 것이요, 또 아무도 그들을 내 손에서 빼앗아 가지 못할 것이다. 그들을 나에게 주신 내 아버지는 만유보다도 더 크시다. 아무도 아버지의 손에서 그들을 빼앗아 가지 못한다.(요 10:27~29)

예수님도 친히 사람들이 그분의 아버지의 집을 더럽혔을 때 화를 내셨지만 그분은 즉시 평안을 찾으셨습니다. 이것이 당신의 목표가 되게 하십시오. 세상에 하나님의 평화를 회복시키는 사람이 되는 것입니다.

말씀	"그러나 예수께서 말씀하셨다. '가만두어라. 왜 그를 괴롭히느냐? 그는 내게 아름다운 일을 했다. 가난한 사람들은 늘 너희와 함께 있으니, 언제든지 너희가 하려고만 하면, 그들을 도울 수 있다. 그러나 나는 언제나 너희와 함께 있는 것이 아니다.'"(막 14:6~7)
불씨	예수 그리스도의 복음을 모든 세상에 전파하는 것이 나의 가장 우선순위가 되어야 합니다.
참고성경	욘 4:1~11, 막 14:3~9, 요 10:27~29
성경읽기	아침 – 신 16, 시 103 / 저녁 – 사 43, 계 13

6월 12일

우리를 위한 그리스도
Christ for Us

> 그가 우리를 위하여 목숨을 버리셨으니 우리가 이로써 사랑을 알고(요일 3:16, 개역개정)

그리스도의 지상의 생애는 매우 짧았습니다. 그분은 서른세 살의 나이에 십자가 처형대에 못 박히셨으며, 사람들에게 드러난 삶은 오직 삼 년 반이었습니다. 예수 그리스도는 온 인류에게 선물이었습니다. 그분의 전 생애는 우리를 위한 것이었습니다. 우리는 그분의 독점적인 관심이었습니다. 그분의 삶은 인류를 위한 헌신의 흠 없는 모범입니다. 그분은 자기의 유익을 전혀 구하지 않았으며, 그분은 여기 계시는 유일한 목적인 우리, 즉 사람들만을 위해 사셨습니다.

그분은 자선 사업가나 정치적 사회적 활동가로서 섬기지 않으셨습니다. 단지 돈을 조금도 가지신 적이 없기 때문에 그분은 누구에게 1원도 주신 적도 없었습니다. 한번은 설교하다가 예를 들기 위해 동전 하나가 필요했을 때 누군가가 그분께 그것을 빌려드려야 했었습니다. 그러나 그분은 사람들에게 그분이 가진 모든 것을 주셨는데 그것은 바로 그 자신, 즉 그분의 심장이었습니다. "그러나 하나님께서 빛 가운데 계신 것과 같이, 우리가 빛 가운데 살아가면, 우리는 서로 사귐을 가지게 되고, 하나님의 아들 예수의 피가 우리를 모든 죄에서 깨끗하게 해주십니다."(요일 1:7)

그분의 손에서 치유가 흘러나왔습니다. 아무것도 남지 않았을 때 그분은 더 이상 줄 수 없었습니다. 마침내 그분은 속량의 피, 우리 구원의 값인 자기 자신의 피를 주셨습니다. 그분이 주신 것은 물질적인 것들이나 심지어 치유보다도 더 한 것이었습니다. 그분은 자신을 주셨습니다. 절대적인 포기를 통해 그분은 자기 자신으로써 인류의 필요를 채우셨습니다. "그는 우리 죄를 자기의 몸에 몸소 지시고서, 나무에 달리셨습니다. 그것은 우리가 죄에는 죽고 의에는 살게 하시려는 것이었습니다. 그가 매를 맞아 상함으로 여러분이 나음을 얻었습니다."(벧전 2:24)

그들이 목자가 없을 때 그분은 선한 목자가 되셨습니다. 그들이 의사가 없을 때 그분은 위대한 의사가 되셨습니다. 그들이 선생님이 없을 때 그분은 진리가 되셨습니다. 무리가 어둠 가운데 있을 때 그들은 그분이 세상의 빛임을 발견했습니다. 2천 년 전의 바로 그 예수 그리스도는 당신과 나를 위해서 오늘도 똑같은 분입니다.

말씀	"나는 선한 목자이다. 선한 목자는 양들을 위하여 자기 목숨을 버린다."(요 10:11)
불씨	사랑하기 때문에 그분은 나를 위해 죽으셨습니다. 나는 지금 그분의 사랑 안에서 살아갑니다.
참고성경	요 10:7~18, 벧전 2:24, 요일 1:7, 3:16
성경읽기	아침 – 신 17, 시 104 / 저녁 – 사 44, 계 14

정복하는 사랑
Overcoming Love

6월 13일

복음은 사랑의 메시지이며 사랑은 이성이 아니라 사랑하는 것으로 표현됩니다. 당신이 사랑에 빠졌고 사랑스러운 소녀에게 청혼을 하고 싶다면, 당신은 변호사를 청해서 그녀에게 청혼을 해 달라고 하겠습니까? 상상해 보십시오! 이렇게 해서 어떤 여자의 마음을 얻겠습니까? 결혼은 사랑이 없다면 결혼이 아닙니다. 복음은 능력과 생명이며, 그렇지 않다면 복음이 아닙니다. 복음 선포는 세 가지 요점으로 말하는 설교가 아닙니다. 복음 선포는 모든 사람이 볼 수 있도록 강단에서 한 사람이 불타오르는 것입니다. 설교는 마치 철갑탄을 상자에 잘 넣어 둔 것처럼 말끔하게 준비되고 잘 조정된 상태로 제시될 수도 있습니다만 폭약으로 채워져 있어야 합니다. 그렇지 않으면 설교는 불신자의 철면피 같은 마음에 부딪쳐서 되돌아올 것입니다. 불신자들의 편견은 논쟁으로 강화되어 있지만, 성령 충만한 폭발적인 능력을 가진 설교는 그것을 파괴할 수 있습니다.

그날 예루살렘에서 베드로가 복음을 선포하려고 일어섰을 때 그는 당시 일어나고 있는 것을 설명하고 있는 고대 성경의 사례를 설명했습니다. 그는 또한 예수의 죽음을 요구했던 바로 그 유대인들에게도 그들의 큰 죄를 회개할 기회가 주어졌다고 날카롭게 지적하였습니다.

> "그러므로 이스라엘 온 집안은 확실히 알아두십시오. 하나님께서는 여러분이 십자가에 못 박은 이 예수를 주님과 그리스도가 되게 하셨습니다." 사람들이 이 말을 듣고 마음이 찔려서 "형제들이여, 우리가 어떻게 하면 좋겠습니까?" 하고 베드로와 다른 사도들에게 말하였다. 베드로가 대답하였다. "회개하십시오. 그리고 여러분 각 사람은 예수 그리스도의 이름으로 침례를 받고 죄 용서를 받으십시오. 그리하면 성령을 선물로 받을 것입니다. 이 약속은 여러분과 여러분의 자녀와 또 멀리 떨어져 있는 모든 사람, 곧 우리 주 하나님께서 부르시는 모든 사람에게 주신 것입니다."(행 2:36~39)

복음은 항상 기습 공격을 합니다. 복음은 사람들에게 전혀 방어할 계획이 없었던 방향으로 다가갑니다. 그들은 논쟁할 준비가 되어 있지만 복음은 논쟁하지 않습니다. 그들은 감상적이지만 복음은 감상적이지 않습니다. 오순절 날 제자들에게 부어진 성령님은 제자들을 완전히 변화시켰습니다. 사람의 능력이 하나님의 능력으로 채워졌으며 오늘도 이것은 당신의 삶을 위한 비밀입니다.

말씀	"이 약속은 여러분과 여러분의 자녀와 또 멀리 떨어져 있는 모든 사람, 곧 우리 주 하나님께서 부르시는 모든 사람에게 주신 것입니다."(행 2:39)
불씨	그리스도의 동정심만이 복음을 하나님의 사랑으로 전할 수 있습니다.
참고성경	행 2:17~39
성경읽기	아침 – 신 18, 시 105 / 저녁 – 사 45, 계 15

6월 14일

나타난 능력
Power Demonstrated

복음의 능력은 나타나는 능력입니다. "각 사람에게 성령을 나타내 주시는 것은 공동 이익을 위한 것입니다."(고전 12:7) 그분의 능력은 보이고 나타나야 합니다. 하나님의 능력 때문이라고 할 수 있는 물리적 또는 개인적인 효과가 있어야 하고 사람들의 삶이 무엇인가 눈에 띄도록 영향을 받아야 합니다. 성령님은 우리가 알지 못하는 먼 세상에서 일어나는 일에 대한 이론이나 진술이 아닙니다. 그분의 능력은 나타난 능력입니다.

능력에는 두 가지 형태가 있는데, 대부분의 그리스도인들이 말하는 하나는 두나미스 dunamis입니다. 발전기dynamo, 다이너마이트dynamite, 역학 관계dynamics와 같은 영어로 너무나 많이 사용하고 있기 때문에 우리는 이 단어를 알고 있습니다. 그렇지만 이런 단어들은 실제로는 "포장되어 있는 능력"을 표현하고 있습니다. 다이너마이트는 단지 서류 가방에 넣어서 가지고 다닐 수 있는 회색의 물질입니다. 그렇지만 조심하십시오! 폭발력이 대단하기 때문입니다. 이것은 잠재된 능력, 저장된 능력입니다. 또한 바울은 "energema", 즉 에너지라는 다른 단어도 사용합니다. 다이너마이트의 힘이 풀리면 에너지가 됩니다. 에너지는 풀려난 능력입니다. 고린도전서 12장에서 똑같은 단어가 역사activities, 즉 활동하는 능력으로 번역되었습니다. 나중에 사용된 "기적의 역사workings of miracles"는 이 두 단어를 합쳐서 "에너지로 활동하는 능력power operating in energy"으로 사용되었습니다.

단도직입적으로 말하면 그리스도교는 초자연적이거나 아무것도 아니거나 둘 중에 하나입니다. 우리는 여전히 초자연적인 예수님과 초자연적인 사역을 하고 초자연적인 교회를 만들고 초자연적인 복음과 초자연적인 성경을 가지고 있습니다. 기적을 없애버리면 그리스도교의 생명을 빼앗는 것입니다. 교회가 하나님의 능력을 세상으로 전달하는 것을 제거하거나 통제하려고 한다면 교회는 도덕적인 모임이 되거나 사교 클럽이 됩니다. 당신과 나는 세상으로 하나님의 능력을 흘려보내는 전도체입니다!

말씀	"은사는 여러 가지지만, 그것을 주시는 분은 같은 성령이십니다. 섬기는 일은 여러 가지지만, 섬김을 받으시는 분은 같은 주님이십니다. 일의 성과는 여러 가지지만, 모든 사람에게서 모든 일을 하시는 분은 같은 하나님이십니다."(고전 12:4~6)
불씨	주님, 오늘 고통받고 있는 이 세상에 당신의 능력과 사랑을 어떻게 나타낼지 나에게 보여주십시오!
참고성경	고전 12:1~31
성경읽기	아침 – 신 19, 시 106 / 저녁 – 사 46, 계 16

세계 비전
World Vision

6월 15일

  구약의 선지자들 가운데 요나는 실제로 이스라엘을 떠나서 주님의 말씀을 다른 나라의 거리에서 선포한 유일한 사람이었습니다. 요나와 예수님 사이에는 닮은 점이 있습니다. 요나는 예수님께서 유일하게 개인적으로 자신을 연관시켜서 말씀하신 유일한 선지자였습니다. 그분은 자신에 대해서 "(이스라엘에게) 선지자 요나의 표적"(마 12:39, 개역개정)으로 말씀하셨습니다. 요나는 이방 도시에 대하여 하나님이 주신 부담을 가지게 되었습니다. 그 다음으로 이런 부담을 져야 했던 분은 예수 그리스도 자신이었습니다. 예수님의 가슴은 온 이스라엘과 온 이방 세계를 품을 수 있을 만큼 넓었습니다!

  전쟁 포로가 되어 끌려가는 것 외에 주의 말씀을 바깥 세상으로 가져간 이스라엘의 선지자는 아무도 없었습니다. 바빌론에서 몇몇 사람들은 이스라엘의 하나님인 주님을 증거하였습니다. 다니엘서와 에스더서를 통해 우리는 이런 이야기를 읽을 수 있습니다. 그러나 북쪽 지파들은 앗시리아 왕국에 흡수되어 없어졌습니다. 시편에는 이렇게 기록되었습니다. "우리를 사로잡아 온 자들이 거기에서 우리에게 노래를 청하고, 우리를 짓밟아 끌고 온 자들이 저희들 흥을 돋우어 주기를 요구하며, 시온의 노래 한 가락을 저희들을 위해 불러 보라고 하는구나. 우리가 어찌 이방 땅에서 주님의 노래를 부를 수 있으랴."(시 137:3~4) 얼마나 불쌍한 일입니까! 그들은 살아계신 하나님을 바깥 세상에 소개할 수 있는 노래를 부를 수 있었는데 말입니다!

  자신의 피조물에 대한 하나님의 관심은 가장 악한 자나 배교자들을 포함하여 모두에게 똑같습니다. 그렇지만 요나는 전혀 똑같이 느끼지 않았고 자신의 사명에 대해서 그 어떤 동정심도 없었습니다. 그는 하나님으로부터 도망치려고 했습니다. 그러나 하나님은 그를 보내는 데 단호하셔서, 요나가 도망치려고 하자 바다에 폭풍을 보내셨습니다. 이는 요나의 태도와 그 민족을 가엾어하는 마음이 없는 것에 대한 하나님의 항의의 폭풍이었습니다.

  하나님은 요나에게 특별한 예외를 적용하셨습니다. 하나님은 이스라엘이 했어야 마땅하지만 하지 않았던 일을 그에게 하도록 강요하셨습니다. 온 땅에 주님의 이름을 알도록 하기 위하여 하나님은 이스라엘을 일으키셨습니다! 원래 교회마저도 아마도 20여 년 동안 전적으로 유대인들이었습니다. 아마도 요나는 그의 단점에도 불구하고 모든 선지자들 중에서 가장 위대한 선지자일 것입니다! 오늘 죽어가는 세상에 대한 당신 자신의 책임에 관하여 하나님이 당신의 심령에 말씀하도록 허락하십시오.

말씀	"따라서 그는 자기를 통하여 하나님께 나아오는 사람들을 완전하게 구원하실 수 있습니다. 그는 늘 살아 계셔서 그들을 위하여 중재의 간구를 하십니다."(히 7:25)
불씨	사랑하는 주님, 내가 하는 모든 말과 내가 하는 모든 일에서, 내가 이 죄 많은 세상에 대해 당신을 나타내는 사람임을 기억하게 해 주십시오.
참고성경	시 67, 96, 137:3~4, 겔 36:23, 욘 1:1~17, 2:1~10, 마 12:39, 히 7:25
성경읽기	아침 – 신 20, 시 107 / 저녁 – 사 47, 계 17

6월 16일 복음 전파는 하나님이 주도하십니다
Evangelism Is God's Initiative

니느웨를 구원하시려는 주도권은 요나가 아니라 하나님으로부터 나왔습니다. "하나님께서는 아무도 멸망하지 않고 모두 회개하는 데에 이르기를 바라십니다."(벧후 3:9) 복음 전파에 대한 주도권은 하나님으로부터 나오며, 하나님은 이 일을 위하여 우리를 부르시고 구비시키십니다. 복음 전도자들을 보내신 분은 하나님이십니다. 처음에 요나는 자기 마음대로 동쪽으로 가는 대신 반대 방향인 다시스로 가려고 했습니다. 하나님께서는 사나운 폭풍을 보냄으로써 대응하셨습니다! 하나님께서는 하나님 자신이 세우신 계획을 축복하고 후원하시겠다고 약속하셨습니다. 하나님 자신의 계획이 아닌 우리 자신들의 계획에는 하나님의 축복이 없습니다.

요나는 어디로 가고 있었습니까? 다시스가 어디입니까? 이를 발견하려고 많은 전문가들이 연구했습니다. "다시스Tarshish"란 단어는 은, 금, 주석 같은 광물의 냄새와 밀접한 관계가 있습니다. 다시스로 가는 배들은 그들이 실어 나르는 값비싼 화물 때문에 유명한 보물선이었습니다. 이 배들은 부와 권력과 자부심의 상징이 되었습니다. 요나에게 니느웨는 희생일 뿐이었습니다. 재앙의 니느웨와 돈이 있는 다시스 중에서 하나를 선택해야 하는 것은 냉혹한 일이었습니다.

"한 종이 두 주인을 섬기지 못한다. 그가 한 쪽을 미워하고 다른 쪽을 사랑하거나, 한 쪽을 떠받들고 다른 쪽을 업신여길 것이다. 너희는 하나님과 재물을 함께 섬길 수 없다."(눅 16:13) 우리는 가장 보수를 많이 주는데 고용되어 있습니까? 우리의 부르심에 현금이 결정적인 요건입니까? 맘몬과 사역은 잘 섞이지 않습니다. 가장 잘 섬기는 사람이 가장 수익이 많습니다.

> 그대는 이 세상의 부자들에게 명령하여, 교만해지지도 말고, 덧없는 재물에 소망을 두지도 말고, 오직 우리에게 모든 것을 풍성히 주셔서 즐기게 하시는 하나님께 소망을 두라고 하십시오. 또 선을 행하고 좋은 일을 많이 하고 아낌없이 베풀고 즐겨 나누어주라고 하십시오. 그렇게 하여, 앞날을 위하여 든든한 기초를 스스로 쌓아서 참된 생명을 얻으라고 하십시오.(딤전 6:17~19)

하나님을 섬기기로 그분을 최우선으로 모시기로 그분을 당신의 우선순위에서 첫 번째로 하기로 오늘 결단하십시오. 그렇게 하면 당신의 삶의 나머지 모든 분야가 제 자리에 꼭 들어맞는 것을 보게 될 것입니다.

말씀	"아무도 두 주인을 섬기지 못한다. 한쪽을 미워하고 다른 쪽을 사랑하거나, 한쪽을 중히 여기고 다른 쪽을 업신여길 것이다. 너희는 하나님과 재물을 아울러 섬길 수 없다."(마 6:24)
불씨	"선을 행하고 좋은 일을 많이 하고 아낌없이 베풀고 즐겨 나누어줌으로써 앞날을 위하여 든든한 기초를 스스로 쌓아서 참된 생명을 얻게 되는" 사람이 되기 원합니다.
참고성경	욘 1:1~17, 마 6:24, 눅 16:13, 엡 4:11, 딤전 6:17~19, 벧후 3:9
성경읽기	아침 – 신 21, 시 108~109 / 저녁 – 사 48, 계 18

낮은 저항
Low Resistance

6월 17일

퓨즈는 전류의 흐름에 낮은 저항을 나타내는 은과 같은 금속으로 만들어져 있습니다. 저항이 낮다는 것은 전도율이 높다는 뜻입니다. 영적인 원리로 적용해 보면 하나님의 말씀에 대해서 우리의 저항이 낮을수록 하나님의 능력이 높이 나타납니다. 하나님의 말씀에 대한 순종에 우리의 저항이 높을수록 하나님이 역사하는 힘은 낮습니다. 불신앙으로 우리가 하나님의 말씀에 저항하면 하나님의 능력을 통과할 수 없습니다. 하나님의 말씀을 믿는다고 말하면서 말씀대로 순종하지 않으면 우리는 우리의 믿음을 부정하는 것입니다. 즉 퓨즈를 태워버립니다. 하나님의 말씀이 우리에게 대수롭지 않을 때 하나님의 능력도 대수롭지 않습니다.

그리스도교는 능력의 종교입니다. 자유주의자들과 합리주의 교리의 교사들은 논리에 의지합니다. 사도들은 하나님이 능력을 의지했습니다. "이 세상은 그 지혜로 하나님을 알지 못하였습니다. 하나님의 지혜가 그렇게 되도록 한 것입니다. 하나님께서는 어리석게 들리는 설교를 통하여 믿는 사람들을 구원하시기를 기뻐하신 것입니다."(고전 1:21) 논리적인 추론은 중요한 인간관계와 특히 하나님과의 관계에는 너무나 불확실한 도구입니다. 종교적인 믿음을 인증하기 위하여 사람들이 철학적인 추론으로 과학을 찾는 것은 터무니없는 일입니다. 과학은 하나님을 다룰 수 있는 어떠한 도구도 없습니다.

우리는 어떻게 어떤 사람을 믿거나 믿지 않습니까? 수학으로 합니까? 어떤 사람을 믿을 수 없다고 느꼈지만 왜 믿을 수 없는지 꼬집어서 이유를 댈 수 없었던 적이 있습니까? 이런 것은 그냥 깊이 느껴지는 느낌입니다. 더 높은 자아인 직감intuition이 작용하여 비상 신호를 보냅니다. 이와 마찬가지로 똑같은 이유로 우리는 다른 사람을 믿는데 그것이 무엇인지 알지 못하기도 합니다. 본능instinct은 결코 예수님께 반하여 우리를 경고하지 않습니다. 우리가 그분에 대하여 "지혜로워지면get wise" 우리는 그분께 더 가까이 가고 싶어 합니다. 그분을 더 잘 알면 우리는 그분께 더 마음이 따뜻해집니다. "우리가 사랑하는 것은 하나님이 우리를 먼저 사랑하셨기 때문입니다."(요일 4:19) 불신자들이 말하는 것은 지표가 보여주는 것일 뿐입니다. 유일하게 할 수 있는 바른 방법은 그분을 신뢰하는 것입니다. 진정한 삶, 당신의 삶의 효과적인 중심은 당신의 두뇌brain가 아니라 당신의 심령heart입니다.

말씀	"사람은 마음으로 믿어서 의에 이르고, 입으로 고백해서 구원에 이르게 됩니다."(롬 10:10)
불씨	하나님의 말씀에 대해 저항이 낮을수록 나의 능력의 등급은 높습니다!
참고성경	롬 10:10, 고전 1:21, 요일 4:19
성경읽기	아침 – 신 22, 시 110~111 / 저녁 – 사 49, 계 19

6월 18일

믿는 것
Believing

　믿음은 마음에 어떤 특별한 것이 없이 그냥 믿는 것이 아니라 무엇인가를 무엇을 위해 믿는 것입니다. 하나님의 말씀이 요점과 방향과 목적을 제공합니다. 성경이 없이는 "나는 어디 떨어지는지도 모르면서 화살을 공중으로 쏘는 것"과 마찬가지입니다. 사실 성경은 믿음에 긍정적인 목표를 제공하는 유일한 책입니다. 어떤 종교들이 믿는 사람들을 위해서 어떤 것을 제안하는 것에 대해 누군가 의아해합니다. 그들은 믿는 것 자체를 위해서 믿는 종교적인 제자리걸음 기계가 됩니다.

　사도 바울은 가라앉는 배를 타고 있었지만 그는 "나는 하나님을 믿습니다."라고 말했습니다. 이 말은 일종의 반항하는 감정이 아니었습니다. 그의 말은 구체적이었습니다.

> 여러 날 동안 해도 별도 보이지 않고, 거센 바람만이 심하게 불었으므로, 우리는 살아남으리라는 희망을 점점 잃었다. 사람들은 오랫동안 아무것도 먹지 못하고 있었다. 그때에 바울이 이렇게 말하였다. "여러분, 여러분은 내 말을 듣고, 크레타에서 출항하지 않았어야 했습니다. 그랬으면, 이런 재난과 손실은 당하지 않았을 것입니다. 그러나 이제 나는 여러분에게 권합니다. 기운을 내십시오. 이 배만 잃을 뿐, 여러분 가운데 한 사람도 목숨을 잃지는 않을 것입니다. 바로 지난밤에, 나의 주님이시요 내가 섬기는 분이신 하나님의 천사가, 내 곁에 서서 '바울아, 두려워하지 말아라. 너는 반드시 황제 앞에 서야 한다. 보아라, 하나님께서는 너와 함께 타고 가는 모든 사람의 안전을 너에게 맡겨 주셨다.' 하고 말씀하셨습니다. 그러므로 여러분, 힘을 내십시오. 나는 하나님께서 나에게 말씀하신 그대로 되리라고 믿습니다. 우리는 반드시 어떤 섬으로 밀려가 닿게 될 것입니다."(행 27:20~26)

　이는 폭풍 가운데 대서양을 횡단하고 있던 한 사람과는 상당히 다릅니다. 선장이 그를 안심시키려고 "선생님, 우리는 하나님의 손안에 있습니다."라고 말했습니다. 그 사람은 "그렇게 상황이 나쁩니까?"라고 대답했습니다. 오늘 이 진리를 당신의 심령 깊이 간직하도록 하십시오. "하나님께서 당신에게 약속을 하시면 당신은 그 약속 위에 안전하게 서 있을 수 있습니다!"

말씀	"힘을 내십시오. 나는 하나님께서 나에게 말씀하신 그대로 되리라고 믿습니다."(행 27:25)
불씨	나는 굳건한 반석이신 그리스도 위에 서 있습니다.
참고성경	행 27:20~26
성경읽기	아침 - 신 23, 시 112~113 / 저녁 - 사 50, 계 20

한 잔
One Drink

6월 19일

예수님은 보혜사가 오면 "그는 너희 속에 영원히 거하심이라"라고 말씀하셨습니다(요 14:16). 이는 방언을 말하는 것의 축복을 보여준 것입니다. 성령님이 우리에게 발설하실 것을 주시지 않으면 우리는 말할 수 없습니다. 그분이 주시면 그곳에 그분이 계십니다. 이러한 표적으로 우리는 나가서 정복할 수 있습니다. 왜냐하면 그분이 우리와 함께 계시기 때문입니다. 우리의 느낌은 우리 안에 계시는 성령님의 능력에 관한 신뢰할 만한 지표가 아닙니다. 방언이 일상화되어 있지 않았던 19세기의 문제는 언제 성령님이 오셨느냐는 것이었습니다. 사람들은 기도를 아주 많이 하고서 그들의 용어로 "기다림tarrying"으로, 즉 기도하며 보낸 시간으로써 능력을 잴 수 있다는 성경과는 낯선 개념을 믿었습니다. 20세기가 되어서야 처음으로 방언이 성령으로 침례를 받은 확신의 표적이라고 가르쳐졌습니다. 이것은 그동안 가장 위대한 성령 운동을 즉시 촉발시켰습니다. 나의 믿음도 방언이란 처음 표적으로 힘을 얻었고 나를 현재의 복음 전파 사역으로 인도하였습니다. 바울은 방언으로 기도하는 것의 중요성에 관하여 이런 관점으로 설명했습니다.

> 사랑을 추구하며 신령한 것들을 사모하되 특별히 예언을 하려고 하라 방언을 말하는 자는 사람에게 하지 아니하고 하나님께 하나니 이는 알아듣는 자가 없고 영으로 비밀을 말함이라 그러나 예언하는 자는 사람에게 말하여 덕을 세우며 권면하며 위로하는 것이요 방언을 말하는 자는 자기의 덕을 세우고 예언하는 자는 교회의 덕을 세우나니 나는 너희가 다 방언 말하기를 원하나 특별히 예언하기를 원하노라 만일 방언을 말하는 자가 통역하여 교회의 덕을 세우지 아니하면 예언하는 자만 못하니라(고전 14:1~5)

사마리아의 우물가에서 예수님은 그 여인에게 말씀하실 때 "마시는 자마다"라고 언급하셨습니다(요 4:13). 그분이 사용하신 그리스어 시제는 단순 과거로서 단 한 번 마신다는 의미이지 빈 물동이를 가지고 계속 온다는 뜻이 아닙니다. 이것이 바로 수가의 우물가의 여인이 이해하고 있었던 것이었습니다. 그 여자는 이렇게 말하였기 때문입니다. "선생님, 그 물을 나에게 주셔서, 내가 목마르지도 않고, 또 물을 길으러 여기까지 나오지도 않게 해 주십시오."(요 4:15)

한 잔만 마시면 "영생에 이르게 하는 샘물"을 가지게 될 것입니다(요 4:14). 이 구절에서 사용된 것과 같이 물은 자주 성령님에 대한 상징으로 사용되고 있습니다. 오늘 그 샘물로 나오십시오. 그리고 날마다 결코 마르지 않을 그 샘물을 마십시오.

말씀 "네가 하나님의 선물을 알고, 또 너에게 물을 달라는 사람이 누구인지를 알았더라면, 도리어 네가 그에게 청하였을 것이고, 그는 너에게 생수를 주었을 것이다."(요 4:10)

불씨 방언의 은사는 하나님께 비밀을 말할 수 있게 해 줍니다.

참고성경 요 14:1~24, 고전 14:1~5

성경읽기 아침 – 신 24, 시 114~115 / 저녁 – 사 51, 계 21

> 6월 20일

기적으로 확인되다
Identified by Miracles

내가 서 아프리카 콩고의 수도인 브라자빌에 있을 때, 하나님은 그 예배에 참석한 수만 명 가운데 내가 전혀 모르는 한 부부에 관한 지식의 말씀을 주셨습니다. 의식불명 상태에서 사흘이 지난 아내를 그녀의 남편이 집회 장소로 데리고 왔습니다. 하나님께서 촉구하시는 데 대한 순종과 믿음으로 나는 주님의 영이 내게 알려준 것을 수많은 청중들에게 말했습니다. 내가 말을 하자 그 의식이 없던 여인은 듣지도 못하는 의식불명의 상태에서 빠져나와 치유를 받았습니다. 정신이 물질을 지배한 것이라고 생각합니까? 불가능한 일입니다! 그 환자는 자신이 치유받을 때까지 무슨 일이 일어났는지 아무것도 몰랐습니다.

> 믿는 사람들에게는 이런 표징들이 따를 터인데, 곧 그들은 내 이름으로 귀신을 쫓아내며, 새 방언으로 말하며, 손으로 뱀을 집어 들며, 독약을 마실지라도 절대로 해를 입지 않으며, 아픈 사람들에게 손을 얹으면 나을 것이다.(막 16:17~18)

또 한 부인은 급한 수술이 필요했습니다. 태아가 그녀의 자궁 속에서 죽었기 때문에 다음 날 병원에서 그 태아를 제거하도록 준비되어 있었습니다. 예배에서 모든 필요한 사람들을 위해 기도할 때, 그녀의 자궁 속에서 아기가 뛰었습니다. 그녀는 눈물을 흘리며 이 사실을 간증하려고 강단으로 달려 나왔고 때마침 간증 후에 그녀는 진통이 시작되었습니다! 그 후에 그녀는 튼튼한 사내아이를 낳았습니다.

> 다니면서 '하늘나라가 가까이 왔다'라고 선포하여라. 앓는 사람을 고쳐 주며, 죽은 사람을 살리며, 나병환자를 깨끗하게 하며, 귀신을 쫓아내어라. 거저 받았으니, 거저 주어라.(마 10:7~8)

이적만 일어났던 것이 아닙니다. 이적들로 인하여 나는 흥분과 기쁨으로 잠을 잘 수 없었습니다. 무엇보다도 중요한 것은 엿새 동안 성령님이 하늘의 댐이 터진 것처럼 십만 명의 귀한 콩고 사람들이 축복의 파도를 타고 하나님의 나라 안으로 들어오게 된 것이었습니다. 이런 기쁨이 오늘 당신의 것입니다!

말씀	"다니면서 '하늘 나라가 가까이 왔다'고 선포하여라. 앓는 사람을 고쳐 주며, 죽은 사람을 살리며, 나병환자를 깨끗하게 하며, 귀신을 쫓아내어라. 거저 받았으니, 거저 주어라." (마 10:7~8)
불씨	하나님의 왕국은 이적으로써 확인됩니다.
참고성경	마 10:7~8, 막 16:17~18
성경읽기	아침 - 신 25, 시 116 / 저녁 - 사 52, 계 22

오늘의 사도행전
Acts Today

6월 21일

　사도행전은 어떤 현대 소설보다도 잘 읽힙니다. 그것에는 어떤 사람들은 지도적인 역할을 하고 어떤 사람들은 후원하는 역할을 하는 분명하게 정의된 인물들이 나옵니다. 액션, 모험, 승리와 비극들로 되어 있습니다. 예루살렘에서 다메섹으로, 안디옥에서 로마로, 감옥에서 난파선으로 장면이 바뀝니다. 그러나 놀라운 점은 그것이 완전히 진실이라는 것입니다!

　성난 기독교인 박해자 사울의 삶에 예수님의 사랑이 어떻게 임하여 모든 사도 중에 가장 강력한 사도로 변화시켰는지 보십시오. 그것은 사실입니다! 유대인들과 이방인들 간의 두 그룹의 논쟁에 대해 읽어 보십시오. 너무 많은 교회들이 여전히 그들 사이에서 논쟁을 벌이고 있기 때문에 이것도 역시 실감나게 들릴 것입니다. 치유의 기적, 초대 교회의 폭발적인 성장, 무지한 농부들의 대담함 때문에 어쩔 줄 모르고 한탄하는 정부의 관료들, 이 모든 것들은 매우 믿을 만할 뿐만 아니라 우리 시대에도 적용할 수 있습니다.

　때때로 사람들은 사도행전의 온전한 이름을 성령님의 행전이라고 새로 이름 지어야 마땅하다고 주장했습니다. 그럴 수도 있을 것입니다. 이 책은 그 제목에서 알 수 있듯이 사도들의 행동들을 기술하고 있지만, 성령님이 행하신 모든 것을 완전하게 설명하지는 않습니다. 성령님은 28장 마지막에서 활동을 멈추지 않으셨습니다! 사도행전은 초대교회의 행위로 중단 없이 지속되었으며, 오늘날 하나님의 사람들의 행위를 통해서 지속되고 있습니다. 사도행전은 오늘날 행전으로 길을 열었던 작은 일들의 날에 관해 말하고 있습니다. 이것은 지금도 쓰고 있는 책입니다! 나는 사도들이 시작했던 그 일을 여러분과 함께 수행하고 있습니다. 우리는 하나님의 추수의 들판에서 그리스도와 동역자이며 동료입니다. 우리 함께 그리스도를 위하여 역사를 만듭시다!

말씀	"아주 담대하게 하나님 나라를 전하고, 주 예수 그리스도에 관한 일들을 가르쳤다." (행 28:31)
불씨	주님, 현대의 사도행전의 한 장이 당신에게 온전히 영광을 돌리는 나의 한 장이 되게 해주십시오.
참고성경	행 28:1~31
성경읽기	아침 – 신 26, 시 117~118 / 저녁 – 사 53, 마 1

6월 22일 하나님은 죽은 자를 살리십니다
God Raises the Dead

당대의 가장 학구적인 통치자 중 한 사람인 아그립바 왕에게 복음을 전하면서 바울은 예수 그리스도께서 십자가에서 못 박히시고 죽으셨다가 부활하셨다는 것을 담대하게 선포하였습니다. 이는 지식인 왕으로서는 받아들이기 힘든 사실이었습니다. 바울은 이렇게 질문했습니다. "여러분은 어찌하여, 하나님께서 죽은 사람들을 살리신다는 것을 믿을 수 없는 일로 여기십니까?"(행 26:8) 바울은 자기가 이전에는 하나님을 모욕하는 배교자라고 여겼던 자기 동족을 핍박했지만, 다메섹으로 가던 길에서 하나님께서 나타나셔서 자기를 만나심으로 어떻게 자기가 변화되었는지 그의 간증을 계속했습니다. 그는 자신이 보내심을 받았다는 것을 선포했습니다.

> '이것은 그들의 눈을 열어 주어서, 그들이 어둠에서 빛으로 돌아서고, 사탄의 세력에서 하나님께로 돌아오게 하며, 또 그들이 죄사함을 받아서 나에 대한 믿음으로 거룩하게 된 사람들 가운데 들게 하려는 것이다' 하고 말씀하셨습니다.(행 26:18)

마침내 왕이 대답했습니다. "그대가 짧은 말로 나를 설복해서, 그리스도인이 되게 하려고 하는가!"(행 26:28) 어떤 사람들은 부활을 중요하게 여기지 않습니다. 그들은 부활이 의심할 줄 모르고 미신적이었던 시대에 일어났던 또 다른 놀라운 일이라고 말합니다. 그렇지만 예수의 부활 소식은 사라지지 않았습니다. 수백 명의 사람들이 그분이 살아 계신 것을 보았다고 증언했습니다! 권세를 갖고 있던 사람들은 놀라서 긴장하였습니다. 믿는 자들은 협박을 받고, 매를 맞고, 감옥에 갇혔지만, 그들의 입을 다물게 할 수 없었습니다. 그들은 수천 명에게 확신을 주었습니다. 그러자 다른 믿는 사람들도 역시 영광스러운 경험을 하였습니다. 이것은 오직 한 가지 설명만 할 수 있습니다. 예수 그리스도께서 다시 지상에서 걷고 계시며 그 결과 역사는 바뀌었습니다! 오늘도 이런 일들이 여전히 일어나고 있습니다. 수천 명이 예수님이 살아계시다는 것을 발견하였습니다. 이 사실에 그들은 자신들의 영혼을 맡기며, 삶을 세워나가고 있고, 결코 포기하지 않습니다. 그러므로 오늘 지금 진행 중인 마지막 시대의 영혼의 부활 추수에 주도적이 되기로 하십시오.

말씀	"이것은 그들의 눈을 열어 주어서, 그들이 어둠에서 빛으로 돌아서고, 사탄의 세력에서 하나님께로 돌아오게 하며, 또 그들이 죄사함을 받아서 나에 대한 믿음으로 거룩하게 된 사람들 가운데 들게 하려는 것이다' 하고 말씀하셨습니다."(행 26:18)
불씨	주님, 그들의 눈이 열려서, 어둠에서 빛으로 돌아서고, 사탄의 권세에서 하나님께로 돌아오도록 사람들을 설득할 수 있는 말을 내게 주십시오.
참고성경	행 26:1~32
성경읽기	아침 – 신 27~28:19, 시 119:1~24 / 저녁 – 사 54, 마 2

우리가 어디에서 달리고 있는 지는 관계없습니다
No Matter Where We Run

6월 23일

다시스로 가는 불운한 배를 탄 선원들은 요나가 선지자라는 것과 요나가 믿는 하나님도 몰랐습니다. 선원들은 불신자들이었지만 그들은 자고 있던 하나님의 선지자를 꾸짖었습니다. "당신은 무엇을 하고 있소? 잠을 자고 있다니! 일어나서 당신의 신에게 부르짖으시오. 행여라도 그 신이 우리를 생각해 준다면, 우리가 죽지 않을 수도 있지 않소?"(욘 1:6)

이 세상 사람들은 선지자의 말에 동의를 하든지 않든지 선지자가 말하기를 기대합니다. 그들이 그리스도인들의 도덕이나 자신들을 위해 주님의 길을 받아들이길 원하지 않을지 몰라도 여전히 그들은 도덕이 다른 사람들이 실천하기에 좋은 것이라고 믿습니다. 우리가 믿는 것, 그들이 알고 있는 것을 우리가 설교하지 않는다면 그들은 속임을 당하고 버려졌다고 느낍니다. 교회는 무엇이 옳고 그른 것인지 분명한 소리를 내는 데 결코 실패해서는 안 됩니다.

구석에 몰리자 요나는 자신이 누구인지를 시인했습니다. 이에 선원들은 놀라고 두려워했습니다. 이 사람들은 잠재적인 회심자들이었으며 그들은 하나님의 능력과 권세를 이미 인식했습니다. 요나의 형편없는 간증에도 불구하고 그들은 요나의 하나님을 믿게 되었습니다. "사람들은 주님을 매우 두려워하게 되었으며, 주님께 희생 제물을 바치고서, 주님을 섬기기로 약속하였다."(욘 1:16) 여기 하나님에 관한 놀라운 진리를 알고 있었던 한 사람이 있는데도 그들은 그에게 그가 믿는 하나님이 누구신지 물어봐야 했습니다. 요나가 그들의 배를 타고 있었으므로 그의 하나님이 누구인지는 분명했어야 했습니다. 이제 당신도 스스로에게 이 어려운 질문을 해 보십시오. "사람들은 나의 하나님이 누구인지 알고 있는가?" 그들이 알고 있는지 왜 확인해 보지 않습니까?

> 하나님께서 보내신 사람이 있었다. 그 이름은 요한이었다. 그 사람은 그 빛을 증언하러 왔으니, 자기를 통하여 모든 사람을 믿게 하려는 것이었다.(요 1:6~7)
> 우리 조상의 하나님께서 당신을 택하셔서, 자기의 뜻을 알게 하시고, 그 의로우신 분을 보게 하시고, 그분의 입에서 나오는 음성을 듣게 하셨습니다. 당신은 그분을 위하여 모든 사람에게 당신이 보고 들은 것을 증언하는 증인이 될 것입니다.(행 22:14~15)

하나님께서 당신에게 좋으신 분이었습니까? 당신은 그분의 놀라운 일들을 보고 들었습니까? 그렇다면 모든 사람들에 대하여 이에 대한 증인이 되십시오. 그러면 그들은 당신의 하나님이 누구인지를 알게 될 것입니다!

말씀	"나는 복음을 부끄러워하지 않습니다. 이 복음은 모든 믿는 사람을 구원하는 하나님의 능력입니다."(롬 1:16)
불씨	주님, 모든 생각과 말과 행동으로 내가 이 세상에서 당신을 대표하는 자가 되게 해 주십시오.
참고성경	욘 1:1~16, 행 22:14, 롬 1:1~32
성경읽기	아침 – 신 28:20~68, 시 119:25~48 / 저녁 – 사 55, 마 3

6월 24일

참된 복음 전파의 영
True Spirit of Evangelism

예수님은 제자들에게 하나님의 영은 증인의 영이라고 말씀하셨습니다. 오늘날 우리는 표적과 기사로 복음을 확증하는 "능력 전도"에 관해 자주 말합니다. 그러나 예수님은 주님이 전혀 모르는 악한 사람들도 기적을 행할 것이라고 말씀하셨습니다. 바울도 성령의 나타남에 관하여 말했습니다. 그렇지만 사도 바울이 일상생활 가운데서 복음의 실재를 나타내었는지에 대해 감명을 받지 않을 수 없습니다. 그는 고린도 성도들에게 그들의 삶이 "편지라 우리 마음에 썼고 뭇사람이 알고 읽는 바라"(고후 3:2, 개역개정)라고 말했습니다. 우리들 자신을 돌아볼 때 사람들이 "그렇군요, 당신들의 하나님이 그런 분이시군요"라고 말할 수 있겠습니까?

> 다니면서 '하늘나라가 가까이 왔다' 라고 선포하여라. 앓는 사람을 고쳐 주며, 죽은 사람을 살리며, 나병환자를 깨끗하게 하며, 귀신을 쫓아내어라. 거저 받았으니, 거저 주어라. 또 너희는 나 때문에, 총독들과 임금들 앞에 끌려가서, 그들과 이방 사람 앞에서 증언할 것이다. 사람들이 너희를 관가에 넘겨줄 때에, 어떻게 말할까, 또는 무엇을 말할까, 하고 걱정하지 말아라. 너희가 무슨 말을 해야 할지, 그때에 지시를 받을 것이다. 말하는 이는 너희가 아니라, 너희 안에서 말씀하시는 아버지의 영이시다.(마 10:7~8, 18~20)

요나는 하나님의 임재로부터 도망쳤지만 영혼으로부터 나오는 빛을 어떻게든 발했습니다. 그는 욥바에서 탔던 배의 선원들과 선장에게 자신의 간증을 숨겼지만 요나는 하나님으로부터 도망치려고 할 때조차 마주치는 하나님을 알고 있었습니다. 폭풍에 시달리던 선원들은 이것을 알게 되자 그 비전을 붙잡았습니다.

이것이 오늘날 여러분과 저에게 주신 하나님의 부르심입니다. 세상을 향한 그분의 비전을 붙잡아 잃어버린 자들을 그리스도께로 인도하는 그분의 도구가 되십시오.

말씀	"너희는 세상의 소금이다. 소금이 짠 맛을 잃으면, 무엇으로 그 짠 맛을 되찾게 하겠느냐? 짠 맛을 잃은 소금은 아무 데도 쓸 데가 없으므로, 바깥에 내버려서 사람들이 짓밟을 뿐이다. 너희는 세상의 빛이다."(마 5:13~14)
불씨	주님, 제 삶이 사람들의 마음에 쓰여 있어 모든 사람들이 알고 읽는 당신의 편지가 되고 당신을 가리키는 분명한 이정표가 되게 해 주십시오.
참고성경	욘 1:1~3, 마 5:13~14, 7:22~23, 10:7~26, 요 15:26, 고전 2:4, 고후 3:2
성경읽기	아침 – 신 29, 시 119:49~72 / 저녁 – 사 56, 마 4

개인적인 임재
Personal Presence

6월 25일

내가 항상 놀랍게 여기는 것은, 그리스도께서 제자들을 떠나셨을 때 그들은 울지 않았다는 것입니다. 그들은 "그 좋았던 옛날"에 대한 어떠한 향수도 보여준 적이 없었습니다. 누가는 그분이 눈에 보이지 않게 올라가신 후에 이렇게 말하고 있습니다. "그들은 예수께 경배하고, 크게 기뻐하면서, 예루살렘으로 돌아가서, 하나님을 찬양하면서 날마다 성전에서 지냈다."(눅 24:52~53)

왜 그들은 예수님이 떠나신 것에 대해서 이렇게 특별한 반응을 보여주었을까요? 대답은 성령님의 오심에 있습니다! 그리스도께서 계실 때 그들은 그분의 권능의 목격자일 뿐이었습니다. 그러나 오순절이 이르자, 그들은 증인들 이상이 되어서 그들은 스스로 권능을 가지게 되었으며 개인적으로도 하나님의 임재를 경험하였습니다. 그것은 그리스도께서 그들과 함께 계시던 때와는 달랐습니다. 이런 하나님의 임재에 대한 개인적인 느낌이 제자들만이 특별한 엘리트 그룹인 것처럼 그들만을 위한 것이라고 말한 곳은 어디에도 없습니다. 베드로는 이렇게 말했습니다. "이 약속은 여러분과 여러분의 자녀와 또 멀리 떨어져 있는 모든 사람, 곧 우리 주 하나님께서 부르시는 모든 사람에게 주신 것입니다."(행 2:39) 하나님께서 "나는 내 영을 모든 사람에게 부어 주겠다."라고 말씀하셨던 선지자 요엘로부터 그는 그 약속을 인용하였습니다(행 2:17). 웨슬리는 이 약속이 오순절만을 위한 것이 아니라, 사도행전 전체처럼 정상적인 그리스도인들의 경험이라고 묘사했습니다.

또 다른 신기한 사실은 예수님께서 제자들에게 자신을 기억하여 빵과 포도주를 먹으라고 하셨지만 그들은 기억한다는 말을 사용한 적이 없었습니다. 사람은 살아 있는 사람과 함께 있을 때는 그 사람을 기억하지 않습니다. 그분은 살아서 성령님으로 함께 하셨습니다. "그러므로 이제부터 우리는 아무도 육신의 잣대로 알려고 하지 않습니다. 전에는 우리가 육신의 잣대로 그리스도를 알았지만, 이제는 그렇지 않습니다."(고후 5:16) 성령님으로 충만 받는 것은 우리를 예수에 대하여 살아있게 만들며, 이는 예수님께서 땅 위에 사실 때 살아있는 것보다 더 좋은 것입니다. 성령님은 자신에 대해서 말하려고 오신 것이 아니라, 예수님을 나타내려고 오셨다는 것을 주의하십시오. 바울은 자신이 성령님의 능력과 나타남으로 십자가에서 처형당하신 그리스도를 선포했다고 말했습니다. 우리가 십자가 없이 성령님의 능력만을 선포한다면 우리는 우리가 설교하는 바로 그 능력에 전원이 끊어지도록 하는 것입니다. 성령님의 최우선적인 관심은 십자가에 있습니다. 우리는 능력을 선포하지 않고, 성령님에 의한 하나님의 능력인 십자가의 복음을 선포합니다.

말씀 "그때에 갑자기 하늘에서 세찬 바람이 부는 듯한 소리가 나더니, 그들이 앉아 있는 온 집안을 가득 채웠다. 그리고 불길이 솟아오를 때 혓바닥처럼 갈라지는 것 같은 혀들이 그들에게 나타나더니, 각 사람 위에 내려앉았다. 그들은 모두 성령으로 충만하게 되었다." (행 2:2~4)

불씨 주님, 제 삶에서 그리스도의 십자가와 성령님의 능력을 다른 사람들에게 보여줄 수 있도록 나를 도와주십시오.

참고성경 욜 2:28, 눅 24:52~53, 요 16:15, 행 2:17~39, 고후 5:16

성경읽기 아침 – 신 30, 시 119:73~96 / 저녁 – 사 57, 마 5

6월 26일

부흥의 방아쇠를 당기기
Pulling the Revival Trigger

아프리카에서 선교사로 애썼던 초창기의 노력 이래로 오늘날 하나님께서 하시는 일을 보는 것은 숨이 막힐 지경입니다. 거인들의 발자취를 따라서 그들이 눈물을 흘리며 심었던 것을 우리는 기쁨으로 거둡니다. 스터드 선교사가 처음으로 방문했던 부카부에 우리가 갔을 때 그곳은 여전히 자이르의 열대 우림에서도 먼 곳이었습니다. 거기서 우리는 70만 명의 사람들이 하나님의 사랑의 부르심에 응답하는 것을 보았습니다. 데이비드 리빙스턴은 단 한 명의 회심자도 보지 못했던 그곳에 후에 수천 명이 있게 될 것이라고 예언했고 실제로 그랬습니다. 리빙스턴이 태어났던 스코틀랜드의 마을 이름을 따라 지어진 말라위의 블랜타이어에서는 수십만 명이 구원 초청에 응답했습니다.

오늘날 주술, 신비주의, 악은 복음을 뱀 구덩이에 총이 필요한 것처럼 중요하게 만듭니다. 예수님은 대규모로 포로 된 자들을 자유롭게 하셨습니다. 그럴듯해 보이는 일상적인 기독교는 아무것도 못 할 것입니다. 나라들은 타오르는 십자가의 메시지를 우리가 전하기 편할 때가 아니라 지금 긴급히 필요로 합니다. 몇 해 전에 아프리카 북쪽으로 나가려는 노력으로 신비주의로 유명한 나라인 버키나 파소(이전에는 "위 볼타"였음)의 수도인 우아가두구에 있는 사하라 사막에까지 거의 다다랐습니다. 가장 많이 모였던 예배에는 거의 25만이 모였으며 여섯 번의 집회에 참석한 사람들은 80만 명이나 되었습니다. 많은 무슬림과 정령 숭배자들을 포함해서 그들 대부분은 예수 그리스도를 고백했습니다. 마찬가지로 나이지리아의 카두나 시에서는 한 예배에 50만 명이 모였으며 여섯 번의 집회에 모두 167만 명이 참석했습니다. 이 모든 집회들보다 가장 많이 모인 집회는 우리가 600만 명의 소중한 영혼에게 복음을 전하여 340만 명이 결신 카드를 제출했던 나이지리아의 라고스에서 있었던 우리의 새 천년 위대한 복음 전도집회 Millennium Great Gospel Crusade였습니다. 엿새 동안의 전도집회의 마지막 날에는 160만 명이 참석했습니다. 능력 복음에 대한 반응은 절대적으로 경이로웠습니다!

나는 단 한 집회에서 백만 명이 회심하는 것을 보리라는 하나님의 약속을 이십 년이 넘도록 마음속에 품고 있었습니다. 이전에는 얼굴과 얼굴을 맞보고 말을 했던 어떤 청중보다 큰 무리에게 말씀을 전하기 위해 이전보다 더 큰 음향 시스템을 우리는 마련했습니다. 교만한 주제넘음이라고요? 십자가에 못 박히신 분이 "자기 영혼의 수고한 것을 보고 만족하게 여길 것이라"(사 53:11, 개역개정)고 하셨다면, 우리가 어떻게 더 작은 관점에서 생각하겠습니까? 그분은 더 작은 것으로 만족하실까요? 담대하게 큰 믿음을 가지십시오! 그렇습니다. 우리는 라고스에서 한 번 예배에서 백만 명의 영혼이 구원받는 것을 보았습니다. 하나님의 약속은 성취되었으며, 우리는 하나님의 복음이 "겸비된 추수꾼"으로 그분께 영혼들을 모으며 앞으로 전진하고 있습니다.

말씀	"자녀 된 이 여러분, 여러분은 하나님에게서 난 사람들이며, 여러분은 그 거짓 예언자들을 이겼습니다. 여러분 안에 계신 분이 세상에 있는 자보다 크시기 때문입니다."(요일 4:4)
불씨	그리스도의 복음은 믿는 모든 사람을 구원하는 하나님의 능력입니다.
참고성경	사 53:11, 요일 4:4
성경읽기	아침 – 신 31, 시 119:97~120 / 저녁 – 사 58, 마 6

창조하시는 하나님
The God Who Creates

<small>6월 27일</small>

하나님께서는 요한계시록 첫 장에서 두 번이나 자신을 "전에도 계셨던" 분이라고 부르십니다(계 1:4, 8, 개역개정). 세상의 반이 그분을 "전에 계셨던 하나님"으로 생각하고 있습니다.

하늘과 땅을 창조하신 분 … 그 후에는 별로 한 것이 없는 분. 이런 생각에 갇혀있는 사람들은 파라오 투탕카멘에 대한 믿음을 가질 수도 있습니다. 그런 창조적인 상상을 하시는 하나님께서 과거 오래전의 하나님으로 손을 맞잡아 무릎 위에 얹어 놓고 하늘에 앉아 계실 수 있겠습니까? 하나님께서 텅 빈 하늘을 비교할 수없이 아름답게 가득 채우시고 나서 … 그리고 잠드셨을까요? 이 이상으로 멀리 보지 못한다면 우리는 매우 지각이 없는 것입니다. 우리 중에 누가 집을 지어놓고 버리겠습니까? 하나님께서 자신의 우주를 무시할 수 있겠습니까?

"태초에 하나님이 천지를 창조하시니라"(창 1:1, 개역개정). 그래서 그 다음에는요? 글쎄요, 자연스러운 질문은 "왜 하나님께서 이런 일을 하셨을까?"입니다. 그분은 누군가를 기쁘게 하려고 창조하시지 않으셨습니다. 하나님 외에는 아무도 없었습니다! 창조하시고 그분은 스스로 기뻐하셨습니다. 그분은 그렇게 해야 하는 것도 아니었고 압력을 받은 것도 아닙니다. 사람들이 원하기 때문에 하는 것은 그들이 누구인지를 나타냅니다. 내 방에 앉아서 문을 닫고 오르간을 연주한다면 내가 좋아서 하는 것입니다. 이 행위는 내가 음악을 좋아하는 사람이라는 것을 사람들에게 말하는 것이 될 것입니다. 나는 그렇게 할 것입니다. 하나님은 빛나는 별들과 행성들을 만드셨습니다. 그분이 하기를 원하셨기 때문입니다. "하늘은 하나님의 영광을 드러내고, 창공은 그의 솜씨를 알려 준다."(시 19:1) 시편 19편은 이렇게 시작되고 저자는 감격합니다. 그러나 그가 흥분하는 것은 우주의 찬란함이 아니라 하나님의 아우라 때문입니다. 그는 창조주에 의한 피조물로부터 주의를 빼앗겼습니다!

무엇이 음악을 만드는지 알려고 바이올린을 분해하는 것처럼 현대 과학자들은 모든 것을 분해합니다. 나는 우리를 사랑하려고 기다리시면서 자녀들이 그들의 크리스마스 선물 양말을 열어 보는 것을 생각에 잠겨 지켜보시며 기다리시는 하나님을 상상해 봅니다. 그러나 이어서 크리스마스 장난감 때문에 아버지는 흔히 잊혀 버립니다! 하나님께서는 자기 책상 위로 큰 백지를 하나 꺼내 놓으시고는 우리 주변에서 보는 모든 것들을 디자인하셨습니다. 그 물질들은 하나님 자신의 영광으로 형체가 만들어졌으며 그분은 절대적으로, 영원히 입이 벌어져 말이 나오지 않는 분임에 틀림없습니다. 이분이 당신을 사랑하시는 하나님입니다!

말씀	"주님의 교훈은 완전하여서 사람에게 생기를 북돋우어 주고, 주님의 증거는 참되어서 어리석은 자를 깨우쳐 준다."(시 19:7)
불씨	아무것도, 아무것도 우리 주 그리스도 예수 안에 있는 하나님의 사랑으로부터 끊을 수 없을 것입니다.
참고성경	창 1:1, 시 19:1~14, 롬 8:39, 계 1:4, 8
성경읽기	아침 – 신 32, 시 119:121~144 / 저녁 – 사 59, 마 7

6월 28일

좋으신 하나님
The Good God

하나님께서는 활동, 색채, 아름다움, 경이로움, 생명 등 많은 것들을 기뻐하십니다. 그분이 우리를 창조하신 이유는 무엇입니까? 왜 우리는 자녀들을 갖기를 바랄까요? 사랑의 본능을 위한 기회로서 하나님은 우리를 그렇게 만드셨습니다. 그분도 이와 같으십니다. 하나님이 계시고 계속 존재하시는 한 그분이 어떤 분이신지는 나타나게 되어 있습니다. "하나님이 손수 만드신 모든 것을 보시니, 보시기에 참 좋았다. 저녁이 되고 아침이 되니, 엿샛날이 지났다." (창 1:31) 좋은 것에 대한 하나님의 생각은 단지 추상적이고 영적인 선한 원칙이 아니라, 좋은 것에 대한 하나님의 생각은 물질로 된 세상이었습니다. 하나님은 추상적으로 다루지 않으십니다. 하나님은 땅과 바다, 동물과 나무와 새와 물고기의 하나님 … 그리고 사람들의 하나님이신 그분은 실제적입니다. "우리는 그의 백성이요"(시 100:3, 개역개정). 그분이 이 모든 것을 만드시고, 우리를 만드시고, 이를 행복해 하셨습니다. 하나님은 피조물을 사랑하셨습니다. "하나님께서 세상을 이처럼 사랑하셔서 외아들을 주셨으니, 이는 그를 믿는 사람마다 멸망하지 않고 영생을 얻게 하려는 것이다."(요 3:16) 그분이 이 아름다운 지구를 빚으시고, 창세기 1장에서 일곱 번이나 "좋다! 좋다! 좋다!"라고 말씀하셨습니다. 그분은 기뻐서 손뼉을 치셨으며, 아침 별들은 즐거워하며 함께 노래를 불렀습니다. 이 모든 과정은 모두 선하게 역사합니다. 악이 이에 대항하여 싸우지만 악은 결코 성공하지 못할 것입니다. "하나님을 사랑하는 사람들, 곧 하나님의 뜻대로 부르심을 받은 사람들에게는, 모든 일이 서로 협력해서 선을 이룬다는 것을 우리는 압니다."(롬 8:28) 하나님은 좋으십니다.

일이 잘못될 때 우리는 당연히 "왜?"라고 묻습니다. 하나님께서 이것을 우리 안에 두셨습니다. 하나님께서 싫어하시기 때문에 우리는 악을 미워합니다. 하나님께서 우리의 영혼에 "왜?"를 넣어 주셨습니다. 심지어 예수님도 십자가 위에서 가장 끔찍한 고뇌를 경험하셨을 때 "왜?"라고 물으셨습니다. 좋으신 하나님은 참된 믿음의 하나님이십니다. 즉 성경의 하나님이십니다. 이런 생각은 성경에서 나왔습니다. 이교도들은 좋으신 하나님에 대해 조금도 생각하지 못했습니다.

"하나님이 말씀하시기를 '빛이 생겨라' 하시니, 빛이 생겼다."(창 1:3) 창조는 모든 기적들 중에 최초이자 가장 위대한 기적이었습니다. 하나님께서 오므린 손으로 히말라야와 록키산들이 튀어나오게 하시고, 손가락으로 태평양과 대서양을 파내셨으며, 극지방을 수마일 두께의 얼음으로 덮으셨다면, 하나님이 귀가 먹은 사람이나 눈먼 사람을 고치시는 것이 무엇이 문제입니까? 기적이 가능할까요? 이런 질문이 있다니요! 우리는 얼마나 둔할 수 있을까요? 그러나 의심은 우리의 생각을 둔하게 합니다. 누구든지 기적이 일어날 수 없다고 말하는 것은 어리석은 일입니다. 이를 알기 위해서는 우리가 모든 사물과 하나님에 대한 모든 것을 알아야만 합니다. 그런 일이 있을 수 없다고 선포할 만큼 충분히 알고 있는 사람은 아무도 없습니다. 당신에 대한 하나님의 사랑에 대한 확신 안에 당신은 안식할 수 있습니다.

말씀	"주님은 선하시며, 그의 인자하심 영원하다. 그의 성실하심 대대에 미친다."(시 100:5)
불씨	나의 하나님은 지혜와 능력과 사랑으로 다스리시는 경이로운 하나님이십니다.
참고성경	창 1:31, 욥 38:7, 시 100:3, 요 3:16, 롬 8:28
성경읽기	아침 – 신 33~34, 시 119:145~176 / 저녁 – 사 60, 마 8

요나의 문제
Jonah`s Problem

6월 29일

요나는 그의 **뼛속까지** 하나님이 어떤 분인지 알고 있었습니다. 그분은 은혜로우십니다! 요나가 하나님은 너무나 친절하시고 자비로우시다는 것을 완벽히 잘 알고 있으면서 니느웨에 어떻게 심판을 선포할 수 있겠습니까? 그분은 주저하지 않고, 오히려 회개의 기미만 보여도, 그들의 악함을 용서하실 것입니다. 그래서 그는 하나님의 임재로부터 도망쳤습니다. 하나님이 계신 곳에 있다는 것은 그의 옷에 은혜의 향기를 지니고 있다는 뜻입니다. 분위기는 동정심으로 가득 차 있었고 요나는 동정심을 느끼고 싶지 않았습니다. 그는 니느웨의 군주들과 같은 괴물들에게 상냥하게 미소를 띨 의향이 없었습니다.

복음 전파는 심판으로부터 구출을 의미합니다. 그러나 요나는 니느웨가 심판을 받아야 마땅하다고 강하게 느꼈습니다. 제가 보기에도 그의 태도는 이해할 만합니다. 요나의 감정은 시편들에서도 종종 볼 수 있습니다.

> 예수님께서 제자들과 함께 사마리아를 여행하고 계실 때 한마을에서 하룻밤을 지내려고 하셨습니다. 그러나 그 지역 주민들은 유대인들에게 적대적이었기 때문에 일행들이 묵을 곳을 제공하지 않았습니다. 제자들은 예수님이 주신 권세로 병을 고치는 하나님의 능력을 사용한 경험을 즐기고 있었습니다. 그들은 엘리야가 그를 체포하기 위해 보낸 병사들에게 하늘에서 불을 내렸다는 것을 알았고 하나님께서 소돔과 고모라도 그렇게 하셨던 것처럼 이 불친절한 마을을 똑같이 없애버리자고 제안했습니다. 그러나 예수님은 그들에게 이렇게 말씀하셨습니다. "너희는 어떤 영에 속해 있는 줄을 모르고 있다. 인자가 온 것은 사람의 생명을 멸하려 함이 아니라 구원하려 함이다."(눅 9:55~56)

예수님께서 가장 완악한 죄인에게도 동정심을 가지셨듯이 동정심이 오늘 당신을 인도하는 말씀이 되게 하십시오. 당신은 주님께서 당신의 행로에 만나게 해 주시는 사람들에게 동정심을 가질 수 있습니다.

> 하나님께서 모세에게 말씀하시기를 "내가 긍휼히 여길 사람을 긍휼히 여기고, 불쌍히 여길 사람을 불쌍히 여기겠다." 하셨습니다. 그러므로 그것은 사람의 의지나 노력에 달려 있는 것이 아니라, 하나님의 자비에 달려 있습니다. 그래서 성경에 바로를 두고 말씀하시기를 "내가 이 일을 하려고 너를 세웠다. 곧 너로 말미암아 내 능력을 나타내고, 내 이름을 온 땅에 전파하게 하려는 것이다." 하셨습니다.(롬 9:15~17)

말씀	"인자가 온 것은 사람의 생명을 멸하려 함이 아니라 구원하려 함이다."(눅 9:56)
불씨	주님, 주님께서 궁핍한 사람들을 보셨을 때 그렇게 하셨듯이, 내가 동정심으로 행하도록 가르쳐 주십시오.
참고성경	왕하 1:8~14, 시 18:37~45, 욘 1:1~3, 눅 9:15~62, 롬 9:15~17
성경읽기	아침 - 수 1, 시 120~122 / 저녁 - 사 61, 마 9

6월 30일

우리의 궁극적인 목표
Our Ultimate Objective

사회적, 환경적, 도덕적 문제는 가볍게 여길 사소한 일이 아닙니다. 우리는 현대 사회가 자행하는 많은 가증한 것들에 대하여 분노해야 합니다. 그런데 영원한 구원에 대한 문제는 어떻습니까? 낙태를 반대하는 사람들은 태어나지 않은 아기들의 생명을 위해 (올바르게) 싸우고 있습니다. 그러나 우리는 도시의 거리를 걷고 있는 수백만 명의 영혼에 대하여 무엇을 하고 있습니까?

우리 모두가 다 설교자나 복음 전도자가 될 수는 없습니다. 우리 사회와 우리의 교회가 계속 기능하도록 하기 위해서는 온갖 종류의 다양한 일을 하는 사람들이 있어야만 합니다. 그러나 필멸의 삶의 구조와 사회의 문제들에 대한 우리의 관심이 무엇이든지 모든 피조물에게 복음을 전파하라고 하신 그리스도의 부르심은 여전히 우리의 궁극적인 목표가 되어야 합니다.

다른 말로 하면, 우리는 그의 가장 당면한 문제가 죽어버린 식물이 제공했던 그늘을 잃었던 요나와 같을 수 있다는 것입니다. 그리스도를 거절한 사람들이 직면하게 될 영원한 위험보다 우리는 북대서양의 멸종 위기의 생물에 대해서 마음이 더 불편합니까?

예수님께서 죽음에서 살아나셨다가 하늘로 올라가시려고 할 때, 그분은 제자들에게 하나님의 나라에 관하여 광범위하게 가르치셨습니다. 그들이 그분께 여쭈었습니다. "주님, 주님께서 이스라엘에게 나라를 되찾아 주실 때가 바로 지금입니까?"(행 1:6) 이것은 그들의 우선 관심사일 뿐만 아니라 하나님의 나라에 관한 그들의 국가주의적인 해석이었습니다. 그들은 때와 시기에 대해 관심이 있었습니다. 예수께서 대답하셨습니다.

> 때나 시기는 아버지께서 아버지의 권한으로 정하신 것이니, 너희가 알 바가 아니다. 그러나 성령이 너희에게 내리시면, 너희는 능력을 받고, 예루살렘과 온 유대와 사마리아에서, 그리고 마침내 땅끝에까지 이르러 내 증인이 될 것이다.(행 1:7~8)

이 말씀이 예수님께서 지상에서 하신 마지막 말씀이었습니다. 맞습니다. 모든 사람이 사람을 낚으려고 그들의 고기잡이배를 포기할 수는 없습니다. 그렇지만 대사명은 당신과 나를 포함한 모든 신자들에게는 최고의 우선순위로 여전히 남아 있어야만 합니다. 대사명을 이 어둡고 죽어가는 세상에서 당신이 빛을 나타내는 기회로 받아들이십시오.

말씀	"때나 시기는 아버지께서 아버지의 권한으로 정하신 것이니, 너희가 알 바가 아니다. 그러나 성령이 너희에게 내리시면, 너희는 능력을 받고, 예루살렘과 온 유대와 사마리아에서, 그리고 마침내 땅끝에까지 이르러 내 증인이 될 것이다."(행 1:7~8)
불씨	나는 가까운 곳이나 먼 곳이나 크든 작든 대사명을 수행하도록 성령에 의해 능력을 받았습니다.
참고성경	욘 4:1~11, 행 1:3~8
성경읽기	아침 - 수 2, 시 123~125 / 저녁 - 사 62, 마 10

질병이 궁극적인 악이 아니므로,
치유도 궁극적인 선이 아닙니다.
죄가 궁극적인 악이며 구원이 궁극적인 선입니다.
그러나 구원과 치유는 함께 일어납니다.

갈보리의 메시지 없는 초자연적인 역사는 매우 위험합니다!

요한은 기적을 기적이라고 부른 적이 없었습니다;
그는 그것들을 표적이라고 불렀습니다.
왜냐하면 그것들은 다른 것을 가리키고 있기 때문입니다.

미래의 복음 전파
Future Evangelism

7월 1일

새 천 년이 시작되었지만 세계는 대부분의 신자들이 믿는 것보다 더 빨리 복음화될 수 있습니다. 예수님께서 이 세상을 떠나실 때는 오직 수천 명의 신자들밖에 없었습니다. 아마도 20만 명당 한 명 정도의 비율일 것입니다. 그럼에도 3백 년 만에 로마 제국 전체가 공식적으로 그리스도인이 되었습니다.

오늘날은 6억이 넘는 거듭난 그리스도인이 있는 것으로 짐작이 됩니다. 이는 열 명 중에 한 명입니다! 우리가 다른 문제들에 한 눈이 팔려서 우리의 시간과 돈과 에너지를 정치적이고 사회적인 관심사에만 사용하면, 복음 증거는 줄어들 것입니다. 복음은 증가해야만 합니다! 우리는 세상의 십분의 구에게 복음을 증거하기 위해서 최종적이고 전면적인 노력이 필요합니다!

> 하나님께서는 내가 전하는 복음 곧 예수 그리스도에 관한 선포로 여러분을 능히 튼튼히 세워주십니다. 그는 오랜 세월 동안 감추어 두셨던 비밀을 계시해 주셨습니다. 그 비밀이 지금은 예언자들의 글로 환히 공개되고, 영원하신 하나님의 명을 따라 모든 이방 사람들에게 알려져서, 그들이 믿고 순종하게 되었습니다. (롬 16:25~26)

모든 나라들에게 증거로서 복음이 온 세상에 선포되었을 때에야 마침내 종말이 올 것입니다.

이제 우리는 당신과 내가 우리 스스로 이렇게 질문해야 할 때가 되었습니다. "나는 어떤 복음 전도자인가? 요나나 침례자 요한처럼 심판을 설교하고, 하나님의 진노가 탐욕스럽고 악한 사람들에게 임하는 것을 보기를 원하는가? 요나가 시들어 죽은 식물 때문에 화를 낸 것처럼 나도 수백만의 잃어버리고 죽어가는 영혼들에 대한 관심보다 부수적인 문제들에 더 관심을 가지고 있는가? 예수님이 하셨던 것처럼 나도 동정심과 자비를 선포하고 사람들에게 좋은 소식을 전할 수 있는 능력이 있는가? 복음 전파를 위해 나는 무엇을 준비해야 하는가?"

이런 것들이 중요한 질문이며 해답을 찾는 것은 우리의 책임입니다. 그리고 이 목표를 결코 놓치지 않도록 분명히 하십시오!

말씀	"이 하늘나라의 복음이 온 세상에 전파되어서, 모든 민족에게 증언될 것이다. 그때에야 끝이 올 것이다."(마 24:14)
불씨	주님, 제게 복음을 선포하고, 주님처럼 동정심과 긍휼함을 보여줄 수 있는 능력을 주십시오.
참고성경	마 24:14, 롬 16:25~26
성경읽기	아침 – 수 3, 시 126~128 / 저녁 – 사 63, 마 11

7월 2일

현대인
Modern Man

사도 바울은 당대에 현대인의 삶을 살았습니다. 그의 글은 그와 동시대에 살았던 사람들에게 분명한 증거가 되는 그림을 보는 듯한 생생한 문장과 참고문헌으로 가득 차 있습니다. 로마의 권세에 크게 영향을 받았던 에베소에 보낸 그의 편지에서 그는 그들에게 진정으로 호소력 있고 이해할 수 있는 생생한 이미지로 원리를 가르쳤습니다. 심지어 오늘날까지 수 세기를 지나 아직도 그의 이미지들은 사람들에게 지속적으로 영감을 주고 있습니다.

그러므로 주님 안에서 갇힌 몸이 된 내가 여러분에게 권합니다. 여러분은 부르심을 받았으니, 그 부르심에 합당하게 살아가십시오. 겸손함과 온유함으로 깍듯이 대하십시오. 오래 참음으로써 사랑으로 서로 용납하십시오. 성령이 여러분을 평화의 띠로 묶어서, 하나가 되게 해 주신 것을 힘써 지키십시오. 그리스도의 몸도 하나요, 성령도 하나입니다. 이와 같이 여러분도 부르심을 받았을 때에 그 부르심의 목표인 소망도 하나였습니다. 주님도 한 분이시요, 믿음도 하나요, 침례도 하나요, 하나님도 한 분이십니다. 하나님은 모든 것의 아버지시요, 모든 것 위에 계시고 모든 것을 통하여 계시고 모든 것 안에 계시는 분이십니다. 그러나 하나님께서는 우리 각 사람에게, 그리스도께서 나누어 주시는 선물의 분량을 따라서, 은혜를 주셨습니다.(엡 4:1~7)

여기 바울은 노예와 자유인, 천한 사람과 높은 신분의 사람, 가난하고 부유한 그리스도인들에게 편지를 쓰고 있습니다. "나는 참으로, 하나님께서는 사람을 외모로 가리지 아니하시는 분이시고,"라고 하신 대로 하나님은 사람을 차별하지 않으시는 것처럼, 각 사람을 똑같이 대하셨으며, 각 사람은 그리스도인으로서 완성해야 할 동일한 책임을 가지고 있었습니다.(행 10:34) 오늘날 우리가 바울의 오래된 글들로부터 배우는 것은 하나님은 우리 각 사람에게도 똑같은 것을 기대하고 있다는 것입니다. 그들의 믿음 때문에 순교를 하게 될 그리스도인들과, 그들의 믿음 때문에 박해를 받았던 사람들과, 복음을 위해서 모든 소유물을 빼앗긴 그리스도인들에게 기대하셨던 것처럼 말입니다. 그들에게 주어진 가장 중요한 임무는 부활하신 주님과 하늘로 올라가신 구주 예수 그리스도를 지켜보았던 사도들에게 주어진 것과 똑같은 임무입니다. "너희는 온 세상에 나가서, 만민에게 복음을 전파하여라."(막 16:15) 바로 그 임무가 오늘 당신과 나의 일입니다.

말씀	"서로 친절히 대하며, 불쌍히 여기며, 하나님께서 그리스도 안에서 여러분을 용서하신 것과 같이, 서로 용서하십시오."(엡 4:32)
불씨	아버지 하나님께서 나를 택하실 때 편애하지 않으셨습니다. 나도 다른 사람들을 편애하지 않도록 해주십시오.
참고성경	막 16:15, 행 10:34, 엡 4:1~32
성경읽기	아침 – 수 4, 시 129~131 / 저녁 – 사 64, 마 12

믿음의 격언들
Maxims of Faith

7월 3일

믿음의 기초적인 것들이 여기 있습니다.

- 믿는 사람이 되기 위해서 우리가 무엇을 믿는지 누구를 믿는지를 알아야 합니다.
- 가장 기초적인 교훈은 하나님의 말씀은 말 그대로 우리가 믿어야만 한다는 것입니다.
- 하나님의 뜻을 알지 못하면 믿음은 불가능합니다.
- 말씀은 하나님의 영원한 뜻입니다.
- 성경에 대해 의문을 갖는 것은 우리가 가지고 있는 유일한 안내자에 대해 의문을 갖는 것이며 하나님에 대해 의문을 갖는 것입니다.
- 하나님의 말씀은 최후통첩이지 논의의 여지가 없습니다.
- 민주적 투표나 합의가 성경이 진리임을 결정짓는 것은 아닙니다. 진리는 "하늘에 굳건히 자리 잡고 있습니다."(시 119:89)
- 성경은 하나님의 왕국의 헌법이며, 땅 위의 어떤 의회도 3분의 2의 다수도 그것을 바꿀 수 없습니다.

성경은 이에 대해 거침없으며 성경 자체의 신적인 권위에 대하여 천 번을 주장하고 있습니다. 예를 들면, 말씀했던 선지자들은 사적인 정치적 의견을 제시하지 않았으며, "사람들이 성령에 이끌려서 하나님께로부터 오는 말씀을 받아서 한 것입니다."(벧후 1:21) 그들은 "주님께서 말씀하시기를"이라는 구절을 사용하였습니다. 유대인은 무섭고 거룩한 하나님에 대한 관념을 가지고 있었으며 그분의 놀라운 위대함 앞에서 떨었습니다.

하나님께서 그들을 보내셨다는 압도하는 느낌이 없이는 이스라엘의 어떤 선지자도 이 전능하신 존재의 대변자라고 감히 스스로 주장하지 않았습니다. 절대적인 확실함만이 그들의 입을 열게 했습니다. 그의 백성을 해방하려고 모세를 이집트로 돌아가도록 그에게 사명을 주었을 때 그는 마지못해 하나님과 긴 논쟁을 하였습니다. 예레미야는 이렇게 선언했습니다. "'이제는 주님을 말하지 않겠다. 다시는 주님의 이름으로 외치지 않겠다.' 하고 결심하여 보지만, 그때마다, 주님의 말씀이 나의 심장 속에서 불처럼 타올라 뼛속에까지 타들어 가니, 나는 견디다 못해 그만 항복하고 맙니다."(렘 20:9)

하나님의 말씀은 오늘 당신의 삶에도 살아있으며 실제적이고 능력이 있습니다.

말씀	"'이제는 주님을 말하지 않겠다. 다시는 주님의 이름으로 외치지 않겠다.' 하고 결심하여 보지만, 그때마다, 주님의 말씀이 나의 심장 속에서 불처럼 타올라 뼛속에까지 타들어 가니, 나는 견디다 못해 그만 항복하고 맙니다."(렘 20:9)
불씨	하나님의 말씀은 오늘 나의 심령과 삶에서 살아있고, 실제적이며, 능력이 있습니다.
참고성경	출 3:1~22, 4:1~17, 시 119:89, 렘 20:9, 벧후 1:21
성경읽기	아침 – 수 5~6:5, 시 132~134 / 저녁 – 사 65, 마 13

7월 4일

어디나 있는 능력
Power Anywhere

거대한 전력선은 온 나라 전체에 뻗어 있습니다. 밤낮으로 발전소의 거대한 터빈들은 석탄, 물, 석유나 핵분열의 힘을 이용하는 광대한 시스템에 전력을 공급을 하고 있습니다. 이 모든 것을 말입니다! 그런데 하얀 작은 전선 하나가 끊기면 집안의 모든 것들이 전력이 없어 멈춥니다. 하나님의 위대하심, 그리스도의 사역의 위대하심, 하나님의 말씀의 위대하심이 모두 거기 있습니다. 그러나 퓨즈의 전선처럼 작을지라도 믿음이 없다면 이 위대한 어떤 것도 허락되지 않습니다. 회로가 차단되면 파워 브리지가 다운된 것입니다. 믿음이란 퓨즈가 나가면 하나님의 역동성이란 뇌관이 제거되고 그러면 우리가 복음을 선포하는 사람들에 의해 거부당하고, 실제로 그들은 혼란스러울 수 있습니다! 말씀을 취하여 믿음의 퓨즈를 꽂으십시오 … 그러면 하나님의 능력이 임합니다. 빛, 따뜻함, 에너지, 구원, 치유, 힘, 축복이 있을 것입니다.

언젠가 나는 두 명의 여성이 일하는 미용실에 갔는데, 그중에 한 여성이 내 머리카락을 자르기 시작했습니다. 미용사들이 늘 그렇듯이 그녀는 일을 하면서 이야기를 나누는 중에 나에게 사업가냐고 물었습니다. "나는 하나님의 사람입니다."라고 답했습니다. 그것은 아마도 좋은 의미의 강편치였을 것입니다. 우리는 이 말의 어색한 분위기를 깨고 대화를 하게 되었고 얼마 지나지 않아서 나는 두 여성을 다 그리스도께로 인도하였습니다. 구원의 기도를 하는 동안 그들은 머리카락이 떨어진 바닥에 무릎을 꿇었습니다. 그 미용실을 떠날 때 나는 한 여성이 눈에 눈물이 가득한 채로 다른 여성에게 "저 하나님의 사람이 머리를 자르러 들어왔다니 오늘이 얼마나 영광스러운 날인가요!"라고 말하는 것을 들었습니다. 나는 매우 행복하게 미용실을 나왔으며 감동을 받았습니다. 그리고 나는 동료인 피터 반 덴 버그를 만났습니다. 나는 피터에게 이렇게 말했습니다. "피터, 자네도 머리를 자를 때가 된 것 같네. 그 미용실에 가서 머리를 자르지 그래. 나는 거기서 두 여자를 그리스도께로 인도했다네. 가서 후속 조치를 취해주게!"

"너희에게 믿음이 겨자씨 한 알 만큼만 있어도"라고 예수님을 말씀하셨습니다. 그렇게 적다니요! 우리의 믿음은 모든 사람이 보고 숨이 막힐 정도의 대단히 뛰어난 감각은 아닙니다. 이것은 숨겨진 퓨즈입니다. 그렇지만 이 퓨즈를 통해서 하늘의 에너지가 세상으로 흘러 들어갑니다. 하나님은 퓨즈를 사용하지만 얕은 꾀를 사용하지 않으십니다. 우리가 어디에 있든지 우리 심령의 숨겨져 있는 태도는 하나님께서 가지고 계시지 않은 연결고리입니다. "네가 믿으면 하나님의 영광을 보리라"(요 11:40, 개역개정). 당신의 인생에서 어디를 가든지 하나님의 능력을 가지고 가십시오. 그리하여 삶을 변화시키는 권능의 통로가 되십시오.

말씀	"너희의 이름이 하늘에 기록된 것을 기뻐하여라."(눅 10:20)
불씨	아버지, 내가 비치는 빛으로 당신의 능력을 나타낼 기회들을 내게 주십시오.
참고성경	마 17:20, 눅 10:20, 요 11:40
성경읽기	아침 – 수 6:6~27, 시 135~136 / 저녁 – 사 66, 마 14

한 단어로: 동정심
In One Word: Compassion

7월 5일

그리스도께서 세상에 주신 선물은 새로운 종교나, 삶에 대한 새로운 이론이나, 천국에 대한 새로운 공식이 아니었습니다. 그분은 우리를 위해 자신을 주셨습니다. "의인으로서 불의한 자를 대신하셨으니 이는 우리를 하나님 앞으로 인도하려 하심이라"(벧전 3:18, 개역개정). 그리스도교는 종교가 아니라 예수입니다! 우리는 그분에 관한 교리를 만들 수 있지만 예수님은 우리에게 신학을 가져다주기 위해 오시지 않았습니다. 그분은 단지 여기 계시며, 개인적으로 우리를 만나고 섬길 수 있고, 우리를 떠나거나 버리지 않기 위해 오셨습니다.

구약 성경에서 하나님에 대한 이름 중 하나는 엘 샤다이로서 "모든 것이 충분한 분"이란 뜻입니다. 하나님은 예수라는 사람으로 이 땅에 오셨습니다. 그분은 자신의 전부를 주셨으며 그분은 우리가 필요한 모든 것이었습니다! 또 다른 구약 성경의 이름은 여호와 샴마로서 "주님은 거기 계신다."라는 뜻입니다. 그분이 거기 계시다면 이는 우리가 원하는 모든 것이 있는 것입니다. 베드로는 이렇게 말했습니다. "그러므로 믿는 너희에게는 보배이나"(벧전 2:7, 개역개정).

예수님은 자신의 유익을 위해서 살기를 거절하셨습니다. 그분의 동기는 동정심이란 한 단어로 요약할 수 있습니다. 그분은 사랑에 의해 이끌렸지 두려움이나 이익이나 인기에 의해 움직이지 않으셨습니다.

> 예수께서 나오사 큰 무리를 보시고 그 목자 없는 양 같음으로 인하여 불쌍히 여기사 이에 여러 가지로 가르치시더라(막 6:34, 개역개정)

그분은 절대적으로 우리를 위해서 사셨습니다. 그분이 나사렛에 있던 목수의 자리를 떠나셨을 때 그분은 먼저 광야에서 험난한 유혹에 직면하셨습니다. 그분은 자신에 대해서 생각하도록 유혹을 받았습니다. 한 가지 시험은 기적으로 먹거리를 만들어 먹는 것이었으며, 또 다른 시험은 세상의 모든 왕국들을 선물로 받는 것이었으며, 또 다른 시험은 모든 사람이 그를 메시아라고 주장하도록 하는 놀라운 표적을 행하는 것이었습니다. 주님은 바로 그 제안에 반발했습니다. 그분은 주리셨으며, 왕관을 쓰는 대신 십자가 처형대에 못 박히셨으며, 신격화되는 대신 신성모독으로 고발을 당했습니다. 당신과 나를 향한 예수님의 사랑은 때때로 압도적이지만 이는 진실입니다! 이 사랑이 오늘 당신에게 동기를 부여하게 하십시오. 그리스도의 동정심이 당신의 행동을 이끌도록 하십시오.

말씀	"그리스도께서도 죄를 사하시려고 단 한 번 죽으셨습니다. 곧 의인이 불의한 사람을 위하여 죽으신 것입니다. 그것은 그가 육으로는 죽임을 당하시고 영으로는 살리심을 받으셔서 여러분을 하나님 앞으로 인도하시려는 것입니다."(벧전 3:18)
불씨	나는 예수 그리스도께 동기를 부여했던 동정심으로 충만해지기 원합니다.
참고성경	막 6:34, 살전 5:10, 벧전 2:7, 3:18
성경읽기	아침 – 수 7, 시 137~138 / 저녁 – 렘 1, 마 15

7월 6일

주는 분 그리스도
Christ the Giver

그리스도께서 사시던 때의 사람들이 그분을 환호했을 때 그분은 그들을 위해 눈물을 흘리셨습니다. 그들은 억지로 그분을 왕으로 삼으려고 했지만 그분은 십자가를 선택하셨습니다. 그분은 죽으러 가시면서 예루살렘의 여인들에게 그분을 위해서가 아니라 그들 자신을 위해 울라고 하셨으며 그들을 마지막까지 생각하셨습니다. 그리스도께서는 설사 자신의 죽음일지라도 우리를 위하여 죽음을 짊어지려고 자신은 조금도 생각하지 않으셨습니다. 그분은 스스로 고통의 지옥을 통과하심으로써 우리를 지옥으로부터 구원하실 준비가 되어 있었습니다.

> 예수께서 대답하여 이르시되 네가 만일 하나님의 선물과 또 네게 물 좀 달라 하는 이가 누구인 줄 알았더라면 네가 그에게 구하였을 것이요 그가 생수를 네게 주었으리라(요 4:10, 개역개정)

그분은 우물에서 한 여인을 만나셔서 마실 물을 부탁하셨습니다. 몇 마디 대화 중에 그분은 바로 그 여자에 대해서 관심을 갖게 되었습니다. 그분은 자신의 갈증을 푸는 것보다 영원한 생명의 샘에서 그녀에게 물을 주는 것에 훨씬 더 관심을 가지셨습니다. 실제로 그녀가 그분께 물을 드렸습니까? 우리는 그녀가 물을 드렸다는 것을 읽을 수 없습니다. 이 작은 일화는 예수님이 우리에게 어떤 분이셨는지 밝혀줍니다.

그리스도께서는 우리들 중에 한 사람이 되려고 우리를 위해 사셨습니다. 그리스도인은 하나님의 가족 안에서 하나님과 관계를 맺고 있는 사람입니다. 그들은 하나님의 영으로 거듭났습니다. 어느 날 종교적 체험이나, 환상을 보는 것도, 기분이 좋은 것도 행복한 느낌을 갖는 것이 아닙니다. 그리스도인이 되는 것은 가족 같은 유대로 가까운 관계를 맺는 것입니다. 그리스도께서는 우리에게 속하려고 우리를 위해 사셨습니다. 그리스도께서 내게 속하셨다면, 나는 구원받았습니다. 그분이 당신께 속하셨다면 당신은 구원받았습니다. 그리스도께서는 우리를 위해 자신을 주셨습니다. 구원이란 그분과 연합하는 것입니다. 예수님은 구원을 보내지 않고 그분이 구원이십니다. 그분은 용서를 보내지 않고 그분이 용서를 가져왔습니다. 그분은 우리를 용서하시고 우리와 함께 사십니다. 당신이 그리스도와 함께 살고 있다는 것을 아는 것이 오늘 당신의 영혼을 전율하게 하지 않습니까!

말씀	"나는 그리스도와 함께 십자가에 못 박혔습니다. 이제 살고 있는 것은 내가 아닙니다. 그리스도께서 내 안에서 살고 계십니다. 내가 지금 육신 안에서 살고 있는 삶은, 나를 사랑하셔서 나를 위하여 자기 몸을 내어주신 하나님의 아들을 믿는 믿음 안에서 살아가는 것입니다."(갈 2:20)
불씨	그리스도 예수 안에서 내가 가진 관계가 나에게 생명을 주는 관계입니다.
참고성경	요 3:6, 4:3~26, 갈 2:20
성경읽기	아침 – 수 8, 시 139 / 저녁 – 렘 2, 마 16

부활-불가능한 속임수인가?

7월 7일

Resurrection—a Impossible Hoax?

어떤 사람들은 부활은 불가능하다고 생각합니다. 그들은 부활이 불가능하다는 것을 어떻게 알까요? 어떤 것이 불가능하다고 절대적으로 확실하게 선언할 만큼 충분히 알고 있는 사람은 아무도 없습니다. 하나님께서 할 수 없는 것을 알기 위해서는 우리가 하나님이 되어야 할 것입니다. 우리는 한계가 있고 틀릴 수 있습니다.

과거를 보십시오. 이번 세기까지 텔레비전은 불가능해 보였습니다. 이삼백 년 전에 누군가가 지구의 모든 곳에서 동시에 사람을 보고 들을 것이라고 말했다면 그는 미쳤다고 생각했을 것입니다. 사람은 달에는 갈 수 없고, 결코 날 수 없고, 말보다 빨리 여행을 할 수 없으며, 바다 밑에서는 살 수 없다고 여겨졌었습니다. 이 모든 것은 불가능하다고 굳게 믿었지만 모두가 틀렸습니다. 텔레비전, 비행기, 고속 자동차는 일상의 한 부분이며 우리는 상상으로 꾸며낸 것이 아니라는 것을 알고 있습니다.

그리스도께서도 또한 살아나셨으며, 우리는 이것이 가능하다는 것을 알고 있습니다. 정의하는 그대로 하나님은 전능자이십니다. 그러므로 하나님이 하나님이라면 부활에 아무 문제가 없습니다.

> 사도들이 큰 권능으로 주 예수의 부활을 증언하니 무리가 큰 은혜를 받아(행 4:33, 개역개정)

사도들은 속이는 성품을 가진 사람들이 아니었습니다. 그들은 인생을 커다란 농담으로 여기지 않았습니다. 부활하신 예수를 처음 보고서 그들은 무서워했습니다. 나중에 그들은 모두 박해를 받았으며, 단지 예수님이 살아있다고 말했다는 것 때문에 몇 사람은 죽임을 당했습니다. 사람을 속이기 위해 죽는 사람은 아무도 없습니다. 속이는 사람들은 무자비한 황제들에게 거짓말을 하지 않습니다. 속이는 사람들은 고문받고, 산 채로 불에 타고, 야생 동물에게 물려 찢기는 것을 견디지 못합니다. 사도들은 단지 무슨 일이 있든지 진리를 부인할 수 없었습니다. 우리도 마찬가지로 오늘 진리를 말하는 사람이 됩시다.

말씀	"나는 부활이요 생명이니, 나를 믿는 사람은 죽어도 살고, 살아서 나를 믿는 사람은 영원히 죽지 아니할 것이다. 네가 이것을 믿느냐?"(요 11:25~26)
불씨	주 예수님, 나는 주님의 부활을 믿습니다. 그러므로 나도 역시 부활할 것입니다.
참고성경	요 11:1~27, 행 4:32~33
성경읽기	아침 – 수 9, 시 140~141 / 저녁 – 렘 3, 마 17

7월 8일

중생과 부활
Regeneration and Resurrection

우리는 진화와 혁명에 관해 듣고 있지만 그리스도교는 거듭남과 부활입니다. 초기 그리스도인들은 그들이 새로운 피조물이라고 말했습니다. 창조주께서 더 큰일을 하심으로써 다시 일을 시작하셨습니다. "그런즉 누구든지 그리스도 안에 있으면 새로운 피조물이라 이전 것은 지나갔으니 보라 새 것이 되었도다"(고후 5:17, 개역개정). 인간의 생물학적인 질서보다 더 높은 질서가 존재하게 되었습니다. 우리는 위로부터 태어난 하나님의 자녀들입니다. "그리스도께서도 단번에 죄를 위하여 죽으사 의인으로서 불의한 자를 대신하셨으니 이는 우리를 하나님 앞으로 인도하려 하심이라 육체로는 죽임을 당하시고 영으로는 살리심을 받으셨으니"(벧전 3:18, 개역개정). 하나님께서 아담을 만드셨을 때 그분은 아담의 허락을 구하지 않으셨습니다. 누구도 태어나고 싶은지를 물어보고 태어난 사람은 없습니다. 그러나 우리가 거듭나서 새로운 질서에 속하기를 바라는지는 우리에게 달렸습니다. 지금이 선택할 시간입니다. "영접하는 자 곧 그 이름을 믿는 자들에게는 하나님의 자녀가 되는 권세를 주셨으니"(요 1:12, 개역개정). 부활한 생명, 영원한 생명은 영접한 사람에게 흘러 들어갑니다.

> 그러나 내게는 우리 주 예수 그리스도의 십자가 외에 결코 자랑할 것이 없으니 그리스도로 말미암아 세상이 나를 대하여 십자가에 못 박히고 내가 또한 세상을 대하여 그러하니라 … 형제들아 우리 주 예수 그리스도의 은혜가 너희 심령에 있을지어다 (갈 6:14, 18, 개역개정)

이 새로운 사람들은 로마 세계를 놀라게 했습니다. 로마는 그들을 파멸시키려고 했지만 로마의 전멸 정책은 오히려 그들의 배가를 도와주었습니다. 로마인들은 강함을 자랑했지만 그리스도인들은 그들의 약함을 자랑했습니다. 로마인들은 증오와 복수를 믿었지만 그리스도인들은 사랑과 용서를 믿었습니다. 로마인들은 황제의 권세를 믿었지만 그리스도인들은 "예수 그리스도가 주님입니다"라고 말했습니다. 로마인들은 칼을 믿었지만 그리스도인들은 사랑으로 세상을 정복하겠다고 말했습니다. 주님을 찬양합니다. 그들은 세상을 정복했으며 지금도 정복하고 있습니다! 그런 힘이 어디서 나왔을까요? 이 모든 것 중에 가장 영광스러운 사실인 "예수님은 살아계신다!"라는 데서 나왔습니다. 그리고 그분은 당신과 내 안에서 오늘도 살아 계십니다!

말씀	"병약한 사람도 용사라고 외치고 나서라."(욜 3:10)
불씨	예수 그리스도는 내 안에 살아 계십니다. 나는 그 안에서 강하도록 만들어졌습니다.
참고성경	욜 3:10, 요 1:12, 고후 5:17, 갈 6:14, 18, 벧전 3:18
성경읽기	아침 – 수 9, 시 142~143 / 저녁 – 렘 4, 마 18

교향악단에 참여하십시오!
Join the Orchestra!

7월 9일

"하나님은 모든 능력을 가지셨는데 왜 우리가 무엇을 하기를 바라실까요?" 왜냐하면, 그분은 우리를 사랑하시고 그분의 즐거움과 기쁨을 우리와 나누기를 좋아하시기 때문입니다. 당신 자신이 아주 작은 악기라고 느낄 수 있지만 우리들 각 사람은 완전한 교향악단에 꼭 있어야 하는 악기입니다. 온 땅의 주인께서는 마음에 큰 것들을 품고 계시며, 이것들은 다양한 은사와 능력을 가진 수백만의 돕는 자들을 부르십니다. "우리가 이 보배를 질그릇에 가졌으니 이는 심히 큰 능력은 하나님께 있고 우리에게 있지 아니함을 알게 하려 함이라"(고후 4:7, 개역개정).

어린 소년 시절부터 내가 성령의 능력 안에서 행하기 시작했을 때 나는 "내게 능력 주시는 자 안에서 내가 모든 것을 할 수 있느니라"는 것을 배웠습니다. 그리스도 안에서 우리는 하나님의 자원을 가지고 있습니다. 하나님의 목적을 이루려면 우리 자신을 그분의 말씀과 영을 흘려보내는 겸손한 통로로 생각해야 합니다. 구리 파이프가 수도꼭지로 흘려보내는 물에 대해 자랑할 수는 없습니다. 우리는 생수가 흐르게 하면서 차단하지 않으면 됩니다. 어떤 은사나 재능을 그분의 발치에 내려놓아도 주님께서는 이 모든 것들을 사용하실 수 있습니다. 그것들은 부속품이 되어 하나님께서 자신이 원하는 것을 하시도록 하는 통로가 됩니다.

이것은 우리가 어떤 다른 것을 배우고 행하든지 우리의 마음속 깊이 간직해야 할 기초적인 교훈입니다. 하나님은 나에게 나의 직업을 주셨습니다. "당신의 사역에서 언제부터 기적을 보기 시작했나요?"라든가, "당신이 복음을 전하면 왜 그렇게 많이 그리스도께로 돌아오지요?"라는 질문을 나는 많이 받아왔습니다. 대답은 "하나님께서는 그분이 명령하신 일을 할 능력을 우리에게 주십니다."였습니다. 그 능력은 성령의 침례를 통해서 옵니다. 나는 그 놀라운 침례를 경험했으며, 성령님은 내 안에 머물며 나를 충전하시고 솟구쳐 올라오셨습니다. 나는 방언도 하는데 방언은 내게 너무나 놀라운 것이므로 나는 이 기적이 오늘날을 위한 것이라는 것을 의심한 적이 없습니다. 말씀은 그 자체로서 언제나 나를 감동하셨습니다. 그런데, 성령의 약속이 나에게 성취되고, 지속적으로 끊임없이 채워지게 되었을 때, 이 모든 경험은 자동차 엔진을 강력하게 충전하듯이 나의 믿음을 북돋아 주었습니다. 성경이 일어나는 일에 대해 확증해 주었습니다. 하나님께서 다른 사람들을 위해서 (그분의 말씀에 근거해서) 행하신 것을 그분은 당신을 위해서도 행하실 것입니다. 하나님께서 당신에게 무엇을 하라고 명령하셨다면 당신이 그 일을 할 수 있도록 도와줄 그분의 능력을 요구하십시오!

말씀	"내가 복음을 전할지라도, 그것이 나에게 자랑거리가 될 수 없습니다. 나는 어쩔 수 없이 그것을 해야만 합니다. 내가 복음을 전하지 않으면, 나에게 화가 미칠 것입니다." (고전 9:16)
불씨	나는 당신이 원하시는 대로 쓰시도록 당신의 제단에 모든 것을 내려놓습니다.
참고성경	고후 4:7, 빌 4:13
성경읽기	아침 - 수 10~11, 시 144 / 저녁 - 렘 5, 마 19

7월 10일   하나님은 어떤 사람들이 생각하는 그런 분이 아닙니다
God Is Not Who Some Think He Is

우리는 무지나 불신앙을 피할 수 없으며 둘 다 결과가 있습니다. 하나님에 대한 믿음은 전등을 밝히는 것처럼 명백한 유익이 있습니다. 불신앙은 냉소주의라는 산성을 분비합니다. "또한 그들이 마음에 하나님 두기를 싫어하매 하나님께서 그들을 그 상실한 마음대로 내버려 두사 합당하지 못한 일을 하게 하셨으니"(롬 1:28, 개역개정). 우리는 창조주보다 피조물을 무시하는 것이 더 낫습니다.

사도 바울은 이렇게 말했습니다. "내가 믿어 온 분을 나는 알고 있습니다"(딤후 1:12, 개역개정). 이는 그냥 아무나 아는 것이 아닙니다. 바울은 그리스도를 만날 때까지는 그리스도를 미워했습니다. 많은 사람들이 이와 같이 믿을 만한 누군가를 찾지 않다가 예수님을 만납니다. 그렇지 않으면 그들은 아무것도 믿지 않을 것입니다. 그러나 어떤 방법으로든 그분을 만났다면 그들은 그분을 믿어야만 합니다. 그분을 모를 때 예수를 믿지 않는 것은 쉽습니다. 현명하지 않아도 됩니다! 그러나 그리스도께서 다가오셔서 당신을 만지시면 믿지 않는 것은 거의 불가능합니다. 지금까지 나온 어떤 논쟁도 이 경험을 무효로 만들 수는 없습니다.

스스로 체험하기 전까지는 아무도 예수를 만난다는 것이 어떤 것인지 이해할 수 없습니다. 그 후에는 그들은 왜 수백만 명이 바울처럼 말하는지를 알게 됩니다. "내게 사는 것은 그리스도다"(빌 1:21, 개역개정). 혹은 요한처럼 말입니다. "영생은 곧 유일하신 참 하나님과 그가 보내신 자 예수 그리스도를 아는 것이니이다"(요 17:3, 개역개정). 그분이 처음 나타나셨을 때부터 이렇게 일어났습니다. 요한복음 4장에 성에 사로잡힌sex-obsessed 사마리아의 여성은 예수님을 5분간 만나고서 그 만남을 그냥 넘길 수 없었습니다. 너무나 흥분한 나머지 그녀는 온 마을 사람들을 불러일으켰으며, 그들도 그분을 만나고 나서는 그녀와 똑같이 느꼈습니다. 그들은 종교적인 열광주의자가 된 것이 아니라 그렇게 되는 것을 멈췄습니다. 그들은 세상의 구원자이신 예수님을 따르는 사람들이 되었습니다. 현대의 그리스도인들도 마찬가지입니다. 그들은 그분을 찾았습니다. 그분의 임재로 말미암아 하늘나라를 놀라운 곳으로 만드시는 분. 이분이 당신을 위해 살았고 죽으신 그 예수님입니다.

말씀	"영생은 오직 한 분이신 참 하나님을 알고, 또 아버지께서 보내신 예수 그리스도를 아는 것입니다."(요 17:3)
불씨	그들이 예수님을 만나기까지는 아무도 예수님을 만나는 것이 무엇인지 이해할 수 없습니다.
참고성경	요 4:5~43, 17:3, 행 9:1~22, 롬 1:28, 빌 1:21, 딤후 1:12
성경읽기	아침 – 수 12~13, 시 145 / 저녁 – 렘 6, 마 20

탄약!
Ammunition!

7월 11일

　예수님께서 그러셨던 것처럼 성령님은 이 땅에서 일하시는 하나님이십니다. 성령 안에서 침례를 받는 것은 한 번의 감정적인 사건이 아니라 신자를 영원히 감싸는 것입니다. 성령이 그들이 사는 환경이며 그들이 숨 쉬는 바로 그 공기이며, 그리스도인들의 믿음을 먹여주는 것입니다. 우리가 복음의 대포로 세상에 폭격을 가한다면 우리의 포탄은 성령님의 폭발적인 힘입니다. 성령은 신자들과 그들의 가르침, 설교, 기도, 섬김과 그들의 삶 자체에 생명력을 줍니다. 성령은 믿음의 역동적인 생명입니다. 성령님의 생명이 없으면 그리스도교는 사람의 노력으로만 유지될 수 있는 죽은 종교적 시스템이 될 것입니다. 그러나 그 무엇도 성령님과 경쟁할 수는 없습니다! 우리는 조직이나 거대한 예배당이나 어떤 것으로도 성령을 대체할 수 없습니다.

　우리가 그분에게 순종하면 하나님께서 스스로 우리를 가르치십니다. 활동하시는 하나님이신 성령님은 우리가 행동하도록 인도하십니다. 교회의 행사보다 더 높은 활동이 있으며, 예배 합창만으로는 결코 세상을 구원할 수 없습니다. 예수님의 이름을 언급하지 않거나, 복음의 내용이 없는 노래들은 특히 능력이 없습니다. 찬양은 구원에 이르게 하는 하나님의 능력이 아니라, 복음이 능력입니다. 우리는 많은 새로운 찬양집으로 하나님이 거하실 보좌를 세울 수 있다고 생각하며 잘난 줄로 착각하지 말아야 합니다. 하나님과 맺은 우리의 계약에는 "말씀을 선포하라"라는 구절을 포함하고 있습니다. "하나님께서 전도의 미련한 것으로 믿는 자들을 구원하시기를 기뻐하셨도다"(고전 1:21, 개역개정). 우리는 축하하며 기뻐하는 것 이상을 해야 합니다. 우리는 반드시 메시지를 전해야 합니다. 저명한 학자인 리처드 존 뉴하우스는 "우리가 축하하며 기뻐하는 것은 우리의 안전과 만족이 아니라, 십자가를 외면하지 않았으며, 현재도 외면하지 않는 최고의 사랑, 그 위험한 사랑을 하는 일입니다."라고 말했습니다.

말씀 | "우리는 십자가에 달리신 그리스도를 전합니다. 그리스도가 십자가에 달리셨다는 것은 유대 사람에게는 거리낌이고, 이방 사람에게는 어리석은 일입니다. 그러나 부르심을 받은 사람에게는, 유대 사람에게나 그리스 사람에게나, 이 그리스도는 하나님의 능력이요, 하나님의 지혜입니다. 하나님의 어리석음이 사람의 지혜보다 더 지혜롭고, 하나님의 약함이 사람의 강함보다 더 강합니다."(고전 1:23~25)

불씨 | 우리가 복음의 대포로써 세상을 폭격할 때 우리의 포탄은 성령님의 폭발적인 능력입니다.

참고성경 | 고전 1:21~25

성경읽기 | 아침 - 수 14~15, 시 146~147 / 저녁 - 렘 7, 마 21

> 7월 12일

기도를 즐기기
Reveling in Prayer

　신약성경은 놀랄 만큼 많이 기도에 관해 언급하고 있습니다. "기도"Greek : proseuche에 대한 주요 단어는 120번 넘게 사용되었습니다. 하나님은 비, 햇빛, 겨울, 여름과 같이 구하지 않아도 주시는 것이 많지만 어떤 것들은 우리가 구함으로써 받을 수 있도록 계획하셨습니다. 구원, 성령, 인도, 영적 전투를 위한 장비, 성령의 은사, 증거할 능력, 힘, 효과, 담대함, 걱정에서 벗어남, 우리들의 날마다 양식, 오실 하나님의 나라, 하나님의 뜻이 이루어지는 것, 시험과 유혹을 면함, 치유 등 그 목록은 깁니다. 우리는 원수를 위해서도 기도해야 합니다.

　하나님과 소통하는 것은 그리스도인들의 특별한 점입니다. 예수님은 "헛된 반복"(마 6:7)을 금지하셨습니다. 제자들은 그들의 가장 깊은 내면의 감정을 포함한 모든 것들에 관하여 하나님께 심령을 열었습니다. 그들은 일반적인 선의의 소망이나 기뻐할 만한 일들을 기도로 바꾸어 편지를 썼습니다. 바울은 로마에 있는 그리스도인들에게 편지를 썼습니다. "내가 그의 아들의 복음 안에서 내 심령으로 섬기는 하나님이 나의 증인이 되시거니와 항상 내 기도에 쉬지 않고 너희를 말하며"(롬 1:9, 개역개정). 고린도, 갈라디아, 에베소, 빌립보, 골로새, 데살로니가에 있는 신자들과 디모데에게 편지를 썼습니다. "하나님 우리 아버지와 주 예수 그리스도로부터 은혜와 평강이 있기를 원하노라"(롬 1:7, 개역개정). 몇 개의 편지는 그냥 연장된 기도들처럼 보입니다.

　"세상일은 뜻대로 안 된다"는 말이 있습니다만 처음 그리스도인들은 소원을 예수 이름으로 아버지께 말씀드리고 그들은 응답을 받았습니다! 하나님을 찬양합니다! 믿지 않는 자들은 소원을 빌지만 믿는 자들은 기도합니다. 사도행전에서 한 배의 선원들과 군인들이 위험에 처했고 "구원의 여망마저 없어졌습니다."(행 27:20, 개역개정).

　바울은 기도했으며 그들은 구원받았습니다! 야고보는 그리스도인의 방법으로 기도했습니다. "그러므로 너희 죄를 서로 고백하며 병이 낫기를 위하여 서로 기도하라 의인의 간구는 역사하는 힘이 큼이니라"(약 5:16, 개역개정). 가이오에게 편지를 썼던 요한처럼 "사랑하는 자여 네 영혼이 잘됨 같이 네가 범사에 잘되고 강건하기를 내가 간구하노라"(요삼 1:2, 개역개정). 기도는 응답을 기대합니다. 불신자들은 "이렇게만 된다면…"라고 하면서 한숨을 쉽니다. 믿는 자들은 "하나님의 영광을 바라고 즐거워합니다."(롬 5:2, 개역개정). 오늘 기도하십시오. 그리고 그분이 듣고 응답하실 것을 기대하십시오!

말씀	"기쁨은 오직 주님에게서 찾아라. 주님께서 네 마음의 소원을 들어주신다. 네 갈 길을 주님께 맡기고, 주님만 의지하여라. 주님께서 이루어 주실 것이다."(시 37:4~5)
불씨	의인의 효과적이고 열정적인 기도는 크게 역사합니다.
참고성경	시 37:4~5, 행 27:29, 롬 1:9, 5:2, 약 5:16, 요삼 2
성경읽기	아침 – 수 16~17, 시 148 / 저녁 – 렘 8, 마 22

말하는 피
Blood That Speaks

7월 13일

나는 피로 씻겨진 아프리카에 관한 하나님의 비전을 반복해서 보았습니다. 나는 지금 이 비전이 영광스럽게 이루어지는 것을 보는 것 이상을 바라지 않습니다. 나는 하나님께서 우리를 보내는 곳마다 예수의 피에 관한 메시지를 선포하겠다고 하나님께 맹세했습니다. 하나님의 은혜로 아프리카의 많은 나라들이 복음의 능력으로 흔들리고, 수백만 명의 귀한 영혼들이 예수 그리스도를 그들의 구원자로 모셔드리는 것을 보면서 우리는 지난 수년간 진전을 이루었습니다.

히브리서 12장은 예수 그리스도의 피가 "아벨의 피보다 더 나은 것을 말한다"(히 12:24, 개역개정)고 합니다. 무엇이 더 나은 것입니까? 아벨은 그의 형제 가인에게 살해당했습니다. 아벨의 피가 말했던 것은 무엇이며 예수 그리스도의 피가 말하고 있는 것은 무엇입니까? "너의 아우의 피가 땅에서 나에게 울부짖는다. 이제 네가 땅에서 저주를 받을 것이다. 땅이 그 입을 벌려서, 너의 아우의 피를 너의 손에서 받아 마셨다."(창 4:10~11) 아벨의 피는 죽음과 살해 그리고 복수를 요구하며 외쳤습니다.

그리스도의 피도 흙을 변색시켰습니다. 그러나 무슨 더 좋은 말을 하고 있습니까? 그리스도의 피는 죽음이 아니라 생명을 말하고 있습니다! 아벨의 피는 죽음의 피지만 예수의 피는 생명의 피입니다. 아벨의 피는 복수를 요구하지만 예수의 피는 용서를 말합니다.

가인은 아벨의 죽음으로 인해 벌을 받았지만 아무도 그리스도의 죽음 때문에 고통받지 않았습니다. 대신 그리스도께서 우리를 위해 고통을 받으셨습니다. 페르디난드 공작을 암살함으로써 제1차 세계대전이 시작되었지만 그리스도는 "십자가의 피로 화평"을 이루었습니다(골 1:20, 개역개정). 병사들이 나무 교수대에 못 박으려고 예수 그리스도의 살아있는 몸을 망치와 못으로 찔렀을 때, 그분의 피가 그들에게 튀었습니다. 그들은 문자 그대로 그리스도의 피를 손에 묻혔습니다. 그럼에도 예수님은 이렇게 기도하셨습니다. "아버지, 저 사람들을 용서하여 주십시오. 저 사람들은 자기네가 무슨 일을 하는지를 알지 못합니다."(눅 23:34) 하나님께서 그 병사들의 죄를 용서해 주셨다면, 그들이 흐르도록 한 동일한 피, 오직 예수의 피로 말미암은 것입니다. "피를 흘림이 없이는, 죄를 사함이 이루어지지 않습니다."(히 9:22) 당신은 그 용서를 이미 받았으므로 오늘 이 놀라운 사실을 기뻐하십시오!

말씀	"새 언약의 중재자이신 예수와 그가 뿌리신 피 앞에 나아왔습니다. 그 피는 아벨의 피보다 더 훌륭하게 말해 줍니다."(히 12:24)
불씨	나를 위해 예수께서 흘리신 피는 결코 그 능력을 잃지 않을 것입니다.
참고성경	창 4:10~11, 눅 23:34, 골 1:20, 히 12:24
성경읽기	아침 – 수 18~19, 시 149~150 / 저녁 – 렘 9, 마 23

7월 14일

아버지 하나님께 영광을
To the Glory of God the Father

성경을 읽는 사람은 누구나 영광이란 단어로 가득한 것을 발견할 것입니다. 실제로 영광이란 단어는 거의 6백 번 있으며 어떤 경우는 열쇠가 되는 계시를 나타냅니다. 그리스도인들은 영광에 관한 많은 본문에 익숙하지만 때때로 우리는 이런 말씀을 너무 잘 알기 때문에 마치 창문을 들여다보며 우리의 입김으로 창문을 흐리게 하는 것처럼 그 말씀이 우리에게 보여주고 있는 것을 놓칩니다.

우리는 주님을 섬기면서 "주님의 이름에 어울리는 영광"을 주님께 드리며 그분께 영광을 가져오는 것에 관해 말합니다(대상 16:29, 개역개정). 모세가 그의 노래에서 말한 것처럼 우리가 찬양과 경배를 함께 드릴 때 우리는 하나님의 영광을 증언합니다. "우리 하나님께 위엄을 돌릴지어다"(신 32:3, 개역개정). 그러나 이것은 우리가 하는 것이지 그분이 하시는 것이 아닙니다.

우리가 하나님께 영광을 돌리든지 그렇지 않든지 그분의 영광은 실재합니다. 모세가 광야에서 본 불타는 떨기나무는 하나님의 본질을 보여주는 것이었습니다. 우리 하나님은 소멸하는 영원한 불이시기 때문에 그 불은 꺼지지 않았습니다. 그러나 하나님의 영광은 빛 그 이상입니다. 우리는 친구 중 한 명을 "생명으로 충만"하거나 "건강한 모습"이라고 묘사할 수 있으며 이 말은 그 사람의 밝은 눈과 싱싱한 피부를 나타냅니다. 물론 하나님은 "생명으로 충만"하며 실제로 그렇게 보이십니다! 그러나 이것 이상으로 하나님은 생명이며 그 생명은 빛을 나타냅니다. 요한복음 1장 4절 말씀을 볼 수 있습니다. "그 안에 생명이 있었으니 이 생명은 사람들의 빛이라."

복음서에서 세 제자는 변화산에서 순전히 빛나는 광채를 발하는 예수님을 보았습니다. "주의 얼굴을 들어 우리에게 비추소서."는 시편 기자의 기도였습니다(시 4:6, 개역개정). 왜냐하면 그분의 얼굴의 영광은 우리를 기쁨으로 채워주시기 때문입니다. 생명의 빛은 예수 안에서 모두 볼 수 있습니다. "말씀이 육신이 되어 우리 가운데 거하시매 우리가 그의 영광을 보니 아버지의 독생자의 영광이요 은혜와 진리가 충만하더라"(요 1:14, 개역개정).

이것이 모든 창조와 역사를 통하여 쉬지 않고 박동하는 가장 위대한 실재입니다.

말씀	"그는 하나님의 영광의 광채시요, 하나님의 본체대로의 모습이십니다."(히 1:3)
불씨	예수님의 빛이 나의 삶을 비치므로 나는 영광에서 영광으로 변화되고 있습니다.
참고성경	대상 16:29, 신 32:3, 시 4:6, 요 1:14
성경읽기	아침 – 수 20~21, 행 1 / 저녁 – 렘 10, 마 24

열방의 바다에 있는 물고기

Fish in the Sea of Nations

7월 15일

제자들은 평온한 강둑에 앉아서 미끼나 파리를 사용하는 낚시꾼들이 아닙니다. 그들은 그물을 사용하는 바다의 어부들이었습니다. 파도가 사나운 갈릴리는 그들의 바다였습니다. 바람이 언덕을 타고 내려와서 바닷물을 거의 다 퍼낼 정도였습니다. 갈릴리 바다의 폭풍은 경험 많은 어부들조차도 두렵게 했습니다. 그들 마음에는 항상 바다는 낯선 요인이었습니다. 괴물과 귀신들이 들끓는 심연, 바람이 잃어버린 영혼들처럼 울며 부르짖는 곳이었습니다. 바다는 온갖 미신들을 떠올리게 했습니다. 바다는 성경에서 거의 5백 번이나 무서운 곳으로 언급되었습니다.

시편은 파도 위로 올라갔다가 깊은 곳으로 떨어지며 구해달라고 하나님을 부르는 사람들에 관해서 이야기했습니다. 바다는 통제되지 않는 힘이었습니다. 바다는 원시적인 것들과 영들과 귀신들과 죽은 자들이 있는 소굴이었습니다. 어부였던 사도들은 갈릴리 바다를 용감히 대면했지만, 그것은 깊은 바다에서 생계를 꾸리기 위한 전쟁이었습니다.

성경에서 바다는 열방을 상징합니다. 예수님은 바다와 거친 파도, 소란을 피우는 사람들, 전쟁, 고통을 언급하셨습니다. 바다는 하나님이 없다고 하는 사람들의 무리를 상징합니다. "그러나 악인들은 요동하는 바다와 같아서 … 진흙과 더러운 것을 솟아 올릴 뿐이다."(사 57:20) 바다는 겁을 주고 위협하였습니다. 이 모든 것을 합하여 보면 사도들은 통제되지 않는 바다의 거대한 위험, 한 가운데로 격노한 바다로 고기잡이를 하도록 보내심을 받았습니다. 그들은 성난 갈릴리 바다에서 물고기를 잡았으나 이제는 열방의 성난 바다에서 사람을 낚는 어부가 되었습니다. 거기에는 폭풍이 있고 부상자가 발생할 것입니다. 세상의 조류와 바람은 그들을 거스를 것입니다. 때때로 산더미 같은 파도가 그들을 삼키려고 위협하겠지만 그들은 여전히 사람들을 낚는 어부로 살 것입니다! 당신과 나도 역시 오늘 그분으로부터 마찬가지로 사명을 받았습니다.

말씀	"예수께서 그들에게 말씀하셨다. '나를 따라오너라. 나는 너희를 사람을 낚는 어부로 삼겠다.'"(마 4:19)
불씨	주님, 감사합니다. 주님께서 저를 사람을 낚는 어부로 불러주셨습니다.
참고성경	사 57:20, 마 4:18~19, 눅 21:25
성경읽기	아침 – 수 22, 행 2 / 저녁 – 렘 11, 마 25

> 7월 16일

열방의 바다에 주님
The Lord of the Sea of Nations

예수님은 제자들에게 갈릴리 바다에서 기적적으로 물고기를 잡을 수 있음을 보여주셨습니다. 그분은 그들에게 열방의 바다에서도 기적을 행할 수 있다고 가르치셨습니다. 그리스도의 명령대로 그물을 내린다면 그들은 더 많은 물고기를 잡을 수 있을 것입니다. 예수께서 "너희 그물을 내려라"라고 말씀하셨을 때 갈릴리 호수의 물고기의 절반은 그물 안으로 뛰어들고 싶어졌습니다.(누가복음 5:4를 보십시오.) 예수님께서 "내가 너희를 사람을 낚는 어부가 되게 하리라"(마 4:19, 개역개정)고 말씀하셨을 때 세상의 반은 그물 안으로 들어갈 수 있었습니다.

열방은 험한 바다이지만 예수님은 격렬한 요소들을 다룰 수 있었습니다. 그분은 문자 그대로 바다 위를 걸으셨습니다. 바다는 괴물이었을지 모르지만 예수님은 그것을 발바닥으로 밟으셨습니다. 바다가 거품을 만들어내고 그 불을 대항하여서 지옥의 개들처럼 짖으며 그분을 삼키려고 침을 흘리는 입을 크게 벌리고 광란으로 몰아칠 때 그분은 바다를 꾸짖으셨습니다. 낑낑거리는 개처럼 바다는 그들의 주인의 발뒤꿈치에서 몸을 숙였습니다. 이에 대하여 어떤 실수도 하지 마십시오. 예수 그리스도는 주님이십니다.

> 어찌하여 뭇 나라가 술렁거리며, 어찌하여 뭇 민족이 헛된 일을 꾸미는가? 어찌하여 세상의 임금들이 전선을 펼치고, 어찌하여 통치자들이 음모를 함께 꾸며 주님을 거역하고, 주님과 그의 기름 부음 받은 이를 거역하면서 이르기를 "이 족쇄를 벗어 던지자. 이 사슬을 끊어 버리자" 하는가? 하늘 보좌에 앉으신 이가 웃으신다. 내 주님께서 그들을 비웃으신다 … 내게 청하여라. 뭇 나라를 유산으로 주겠다. 땅 이 끝에서 저 끝까지 너의 소유가 되게 하겠다.(시 2:1-4, 8)

예수님 자신도 사도행전에서 비슷한 언어를 사용하셨습니다. "너희는 땅끝까지 이르러서 나의 증인이 될 것이다."(행 1:8) 그분은 하늘나라와 땅, 바다와 하늘의 주님입니다. 그분은 그 바다를 자기의 것으로 만드시고 바다의 부를 거두십니다. 가서 모든 민족들을 가르치십시오. 당신과 나는 하나님의 방정식의 한 부분입니다. 그러므로 그분의 일꾼들 중의 한 사람으로서 오늘 부디 예수 그리스도를 위해서 열방의 바다를 샅샅이 훑으십시오!

말씀	"예수께서 그 열둘을 한 자리에 불러놓으시고, 모든 귀신을 제어하고 병을 고치는 능력과 권능을 주시고, 하나님 나라를 선포하며 병든 사람을 고쳐 주게 하시려고 그들을 내보내셨다."(눅 9:1~2)
불씨	주님, 내가 주님의 명령에 순종하도록 만들어 주십시오.
참고성경	시 2:1~4, 8, 눅 5:4, 9:1~2, 행 1:8
성경읽기	아침 – 수 23, 행 3 / 저녁 – 렘 12, 마 26

부인할 수 없는 증거
Compelling Evidence

7월 17일

　예수 그리스도께서 값없이 주신 구원의 선물이라는 부인할 수 없는 증거를 가지고도 일부 교인들이 그들의 운명에 대해 확신하지 못하는 것처럼 보이는 것은 이상한 일입니다. 그들은 위대한 심판의 날에 그 결과를 보게 될 것을 기대하지 않습니다! 그들은 "아마도," "희망하기는"이란 단어를 사용합니다. 하나님은 말씀하십니다.

> 하나님의 아들을 믿는 사람은 그 증언을 자기 속에 가지고 있습니다. 하나님을 믿지 않는 사람은 하나님을 거짓말쟁이로 만들었습니다. 하나님이 자기 아들에 관해서 증언하신 그 증언을 믿지 않았기 때문입니다. 그 증언은 이것이니 곧 하나님이 우리에게 영원한 생명을 주셨다는 것과 바로 이 생명은 그 아들 안에 있다는 것입니다. 그 아들을 모시고 있는 사람은 생명을 가지고 있고 하나님의 아들을 모시고 있지 않은 사람은 생명을 가지고 있지 않습니다. 나는 하나님의 아들의 이름을 믿는 사람들인 여러분에게 이 글을 씁니다. 그것은 여러분이 영원한 생명을 가지고 있다는 것을 알게 하려는 것입니다.(요일 5:9~13)

　이렇게 재확인 시켜주는 말씀들은 당신이 영생을 얻게 될 것이라고 말하지 않고 이미 영생을 가지고 있다고 말합니다! 이 말씀은 사도 요한이 성령으로부터 받은 강력한 약속입니다. 이 말씀은 구원의 확신에 관한 열쇠가 되는 핵심 요소인 기록된, 믿는, 하나님의 아들, 알다, 소유하다, 영원한 생명 같은 말을 포함하고 있습니다. 이 열쇠들은 하나님의 말씀에 주어졌으니 말씀에 기록된 것을 읽어야 한다는 뜻입니다.

　성경의 원칙은 모든 문제는 두세 사람의 증인들의 증거로 확증되어야만 한다는 것입니다. "사람의 모든 악에 관하여 또한 모든 죄에 관하여는 한 증인으로만 정할 것이 아니요 두 증인의 입으로나 또는 세 증인의 입으로 그 사건을 확정할 것이며"(신 19:15, 개역개정). 이것은 성경 시대에는 잘 알려졌지만 오늘날 우리가 살고 있는 세상에서는 환경적인 증거는 허락되지 않고, 똑같은 사실을 독립적으로 제시하는 두세 개의 증거에 근거하여 확증하는 증거만 허락됩니다. 그러나 확신은 너무나 중요하기 때문에 하나님께서는 하나님의 두 개의 흠 없는 증거, 즉 하나님의 말씀과 하나님의 성령이라는 반석에 이중 앵커를 세워주셨습니다. 이것이 오늘 당신을 위한 하나님의 말씀입니다!

말씀	"그 증언은 이것이니, 곧 하나님이 우리에게 영원한 생명을 주셨다는 것과, 바로 이 생명은 그 아들 안에 있다는 것입니다."(요일 5:11)
불씨	말씀과 성령에 의해서 나는 내가 예수 그리스도를 통해서 영생을 받은 자임을 알고 있습니다.
참고성경	신 19:15, 마 18:16, 고후 13:1, 요일 5:10~13
성경읽기	아침 – 수 24, 행 4 / 저녁 – 렘 13, 마 27

> 7월 18일

영원한 표시
The Eternal Mark

예수님의 핏자국은 영원합니다. 피로 된 표시는 지워지지 않습니다. 그것은 시간보다 지속됩니다. 우리는 우리의 구원을 고맙게 여기고 예수님을 계속 따라야 합니다. 예수님의 피는 죄를 지어도 된다는 허가서가 아닙니다. 그러나 우리의 기분이 좋을 때뿐만 아니라 하나님은 우리에게 영원한 구원을 주셨으며, 우리는 영원히 그분의 것입니다. 할렐루야! 하늘나라는 온통 피로 표시된 성도들로 가득하게 될 것이며, 단 한 사람도 실수로 지옥에 있게 되지 않을 것입니다.

누군가 예수의 피가 마귀를 쪼그라들게 했다고 말했습니다. 성경은 사탄은 "으르렁거리는 사자와 같다"라고 말합니다(벧전 5:8, 개역개정). 그는 어두울 때 다가와서 그의 강력한 포효로 하나님의 자녀들이 두려워하도록 합니다. 그러나 당신이 하나님의 말씀에 불을 켜는 순간, 당신은 사자는 없고 마이크를 잡고 있는 쥐 한 마리가 있다는 것을 발견합니다!

존 번연은 길옆의 사자는 송곳니도 발톱도 없다고 말했습니다. 그리스도께서 갈보리에서 다 뽑아버리셨습니다. 갈보리에서 못 박혔던 예수님의 발이 사탄의 머리를 내려 밟고 짓이겨 버렸습니다. 그 순간 이후로 마귀는 일종의 뇌 손상으로 고통을 받고 있습니다. 마귀는 하나님의 일을 생각할 수 없습니다. 에덴동산에서 하나님은 그의 강력한 아들의 피가 마귀의 일을 멸망시킬 것을 이미 아셨습니다.

예수님께서 그의 제자들에게, 즉 당신과 나를 포함하여, 하신 이런 말씀은 공허한 약속이 아닙니다. "예수께서 그의 열두 제자를 부르사 더러운 귀신을 쫓아내며 모든 병과 모든 약한 것을 고치는 권능을 주시니라"(마 10:1, 개역개정). 예수님은 마귀를 이기는 능력을 가졌으므로 그렇게 하실 수 있었습니다. 예수님의 능력은 몸과 혼과 영과 심령의 어떤 부분도 영향을 받지 않도록 남겨두지 않습니다. 그분의 능력은 우리의 존재의 깊은 곳까지 바로 영향을 미칩니다. 그분의 피가 승리의 비결입니다. 예수님께서 내적으로 외적으로 당신에게 표시를 하도록 하면, 당신은 하나님의 자녀가 되어 주님의 왕가의 일원이 됩니다!

말씀	"정신을 차리고, 깨어 있으십시오. 여러분의 원수 악마가, 우는 사자 같이 삼킬 자를 찾아 두루 다닙니다. 믿음에 굳게 서서, 악마를 맞서 싸우십시오. 여러분도 아는 대로, 세상에 있는 여러분의 형제자매들도 다 같은 고난을 겪고 있습니다."(벧전 5:8~9)
불씨	하나님의 왕가의 일원으로서 나는 내적으로 외적으로, 예수 그리스도의 피로 표시가 되어 있습니다.
참고성경	창 3:15, 마 10:1, 16:23, 벧전 5:8
성경읽기	아침 – 삿 1, 행 5 / 저녁 – 렘 14, 마 28

믿음에서 믿음으로
From Faith to Faith

7월 19일

위대한 그리스의 작가 호머는 이 마을 저 마을로 떠돌며 빵을 구걸하면서 트로이의 함락 이야기를 들려주었다고 사람들은 말합니다. 이야기꾼들은 이런 식으로 생계를 유지했습니다. 극장도 연극도 책도 텔레비전도 없었으며 모두가 좋은 이야기를 사랑했습니다. 성경은 우리를 가르치는 데 이 방법을 사용하고 있습니다. 성경은 학문적인 신학책이 아닙니다. 하나님이 저자이시며 성경에는 하나님에 대한 믿음을 갖게 하는 미묘한 인물이 그려져 있습니다. 복음서에 나타난 몇 개의 사건을 살펴봅시다.

요한복음 4장에는 한 귀족을 언급하고 있습니다. 그는 하룻길인 가버나움에서 가나까지 와서 그리스도께 자기 집에 가서 죽어가고 있는 자기 아들을 고쳐 달라고 함으로써 그리스도의 능력에 대한 믿음을 보여주었습니다. 예수님은 이 불쌍한 사람에게 이상한 말씀을 하셨습니다. "예수께서 이르시되 너희는 표적과 기사를 보지 못하면 도무지 믿지 아니하리라"(요 4:48, 개역개정). 그는 예수님을 보러 올만큼 충분한 믿음을 갖고 있었기 때문에 이상하지만, 예수님은 다른 종류의 믿음을 마음에 품고 계셨습니다. 그 사람은 분명히 "차가운" 환영을 받고도 포기하지 않았습니다. 그는 여전히 믿었으며 이렇게 말했습니다. "주여 내 아이가 죽기 전에 내려오소서"(요 4:49, 개역개정).

예수님은 그 사람에게 단순히 "가라, 네 아들이 살아있다."라고 대답하셨습니다. 이것은 추가된 믿음을 뜻합니다. 그는 예수님이 오신다면 자기 아들을 고치실 수 있다고 믿었습니다. 이제 예수님은 이보다 더 크신 분이라는 것을 그는 믿어야 했습니다. 그 왕의 신하는 떠났으며 이렇게 되었습니다. "그 사람이 예수께서 하신 말씀을 믿고 갔다"(요 4:50, 개역개정). 그가 집에 도착한 것은 그다음 날이었습니다. 모든 과정과 매 순간 그 사람이 가졌던 것은 예수님이 하신 간단한 이 말씀이었습니다. 그러나 기적이 일어난 것을 발견했을 때 그때야 진짜 믿었다고 요한은 기록했습니다. "그의 아버지가 예수께서 네 아들이 살아 있다 말씀하신 그때인 줄 알고 자기와 그 온 집안이 다 믿으니라"(요 4:53, 개역개정). 그들이 믿은 것은 기적이 아니었으며, 그냥 믿은 것이 아니라, 거기서 눈으로 본 것이었습니다. 그들은 요한이 늘 믿음에 관해서 말할 때, 그리스도에 대한 헌신을 믿었습니다. 당신도 꼭 붙들어야 할 예수님의 단 한 마디 말씀만 가지고 있을지도 모릅니다만 그 말씀은 당신이 영원히 갖게 될 모든 폭발적인 부활의 능력을 지니고 있습니다!

말씀	"내가 진정으로 너희에게 말한다. 누구든지 이 산더러 '번쩍 들려서 바다에 빠져라' 하고 말하고, 마음에 의심하지 않고 말한 대로 될 것을 믿으면, 그대로 이루어질 것이다." (막 11:23)
불씨	나는 믿습니다. 그러므로 나는 그리스도께 헌신되어 있습니다.
참고성경	막 11:23, 요 4:46~54
성경읽기	아침 – 삿 2, 행 6 / 저녁 – 렘 15, 막 1

7월 20일

완성된 믿음
Completing Faith

요한복음 9장은 발전하는 믿음을 보여주는 한 이야기를 합니다. 묻지도 않고 예수님은 한 눈먼 사람을 고치셨습니다. 그분이 그의 눈 위에 진흙을 바르시고 그것을 씻어내도록 보내셨더니 그는 잘 보게 되어 돌아왔습니다. 이전에 눈이 멀었던 그 사람은 이렇게 대답했습니다. "예수라 하는 그 사람이 진흙을 이겨 내 눈에 바르고 나더러 실로암에 가서 씻으라 하기에 가서 씻었더니 보게 되었노라"(요 9:11, 개역개정). 그러자 그들은 그에게 "그가 어디 있느냐?"라고 물었습니다(12절). 한때 눈이 멀었던 그는 예수님이 어디로 가버리셨는지 몰랐습니다. 불만을 품은 바리새인들은 "이 사람은 하나님께로부터 온 자가 아니라"라고 결정하였습니다(16절).

그렇지만 믿음이 일어나기 시작했습니다. 그들은 "죄인으로서 어떻게 이러한 표적을 행하겠느냐?"라고 물었습니다. "예수가 누구냐?" 고침받은 그 사람이 대답했습니다. "선지자니이다."(17절) 권세를 가진 자들은 이미 예수가 그리스도라고 말하는 사람은 누구든지 성전에서 추방하기로 했습니다. 날 때부터 소경으로 태어난 사람이 지금 보고 있다는 사실을 대면한 그들은 예수가 죄인이라고 말하도록 촉구하였습니다. 그러나 그는 그렇게 하지 않고 이렇게 선언했습니다. "하나님이 죄인의 말을 듣지 아니하시고 경건하여 그의 뜻대로 행하는 자의 말은 들으시는 줄을 우리가 아나이다 … 이 사람이 하나님께로부터 오지 아니하였으면 아무 일도 할 수 없으리이다"(요 9:31, 33, 개역개정).

그의 믿음은 성장하고 있었습니다. 이것 때문에 그는 박해를 받고 예수의 제자라고 부당하게 괴롭힘을 당했습니다. 그는 성전으로부터 쫓겨났는데 이는 하나님의 선하심에 대하여 증언하는 사람을 배척하는 세상의 전형적인 짓이었습니다. 그분은 그 사람에게 단 하나의 중요한 질문을 가지고 있었는데, 그가 감사하는 마음이 있다거나, 일을 시작하게 되었는지가 아니라, "네가 인자를 믿느냐?"였습니다(35절). 그 사람은 궁금해 하면서, "선생님, 그분이 어느 분입니까? 내가 그분을 믿겠습니다."(요 9:36)라고 말했습니다. 예수님께서 그에게 가라고 하셨기 때문에 눈이 멀었지만 그는 실로암 못으로 가는 길을 찾게 될 것을 믿을 만큼 예수님을 믿었습니다. 이 믿음이 그의 시력을 회복시켜 주었습니다. 그러나 또 다른 종류의 믿음이 그에게 훨씬 더 큰 조명으로 그를 이끌어 주었으며, 그의 믿음은 아직 그 지점까지는 이르지 못했습니다. 그때 예수님께서 대답하셨습니다. "너는 이미 그를 보았다. 너와 말하고 있는 사람이 바로 그이다."(요 9:37) 그 남자는 그리스도를 쳐다보았으며, 그의 믿음은 폭발하였습니다. 그는 그리스도의 선포를 받아들이는 데 아무런 문제도 없었습니다. 그는 이렇게 대답하였습니다. "'주님, 내가 믿습니다.' 하고 말하고서, 예수께 엎드려 절하였다."(요 9:38)

말씀	"하나님께서는 죄인들의 말은 듣지 않으시지만, 하나님을 공경하고 그의 뜻을 행하는 사람의 말은 들어주시는 줄을, 우리는 압니다."(요 9:31)
불씨	"주님, 내가 믿습니다!"가 나의 매일 모토가 되게 해주십시오.
참고성경	요 9:1~34
성경읽기	아침 – 삿 3, 행 7 / 저녁 – 렘 16, 막 2

그리스도는 우리의 집입니다

7월 21일

Christ Is Our Home

그리스도는 "우리 가운데 거하셨습니다." 그분은 우리와 함께 집을 지으셨습니다. 이보다는 그분은 집을 만드셨고, 우리가 믿을 때, 우리는 문지방을 넘어서 안으로 들어가는 것입니다. 하나님은 우리의 진정한 집이십니다. 그분으로부터 멀어지면 우리는 집에서 먼 곳으로 떠난 것입니다. 그래서 그리스도께서는 우리를 위해 사셨습니다. 그분은 우리와 함께 하고, 우리는 그분과 함께 하기를, 즉 한 집에서 편안하기를 원하십니다.

> 그 말씀은 육신이 되어 우리 가운데 사셨다. 우리는 그의 영광을 보았다. 그것은 아버지께서 주신, 외아들의 영광이었다. 그는 은혜와 진리가 충만하였다.(요 1:14)

성경은 "집home"에 관한 언급으로 가득합니다. 탕자는 집으로 돌아왔습니다. 예수님은 많은 집으로 들어가셨습니다. 그분은 영원한 집에 대해 말씀하셨습니다. "내 아버지의 집에는 있을 곳이 많다. 그렇지 않다면, 내가 너희가 있을 곳을 마련하러 간다고 너희에게 말했겠느냐? 나는 너희가 있을 곳을 마련하러 간다."(요 14:2)

그리스도께서는 어떻게 살아가는지를 보여주시기 위해서 우리를 위해 사셨습니다. 성경은 그리스도는 죄가 없이 사셨다고 말하고 있습니다. 그분은 우리를 위해서 완전한 삶을 사셨고 우리에게 모범을 남겨 주셨습니다. 그분의 완전함은 무엇입니까? 그것은 아주 단순했는데, 하나님에 대한 순종이었습니다. 그분은 자신의 모든 행동을 다스리는 일련의 규칙들에 따라 살지 않으셨습니다. 아침에 일어나서 밤에 다시 잠자리에 들 때까지 매 순간 생각하며 지켜야 할, 걸어 다니는 율법 백과사전이 아니었습니다. 그분은 단지 아버지를 기쁘게 하는 일을 행하셨습니다.

우리도 이렇게 살아야 합니다. 원하는 것은 하나님을 기쁘시게 하는 것뿐입니다. 우리에게는 무엇이 바른 행동인지 알지 못하는 큰 도덕적인 문제를 가지고 있을지도 모릅니다. 우리가 선해야만 하는 오직 한 가지 이유가 있다면 그것은 예수님과 같이 하나님을 기쁘시게 하는 것입니다! 오늘 하나님을 기쁘시게 하기 위해 살기로 선택하십시오.

말씀	"그에게서 생명을 얻었으니, 그 생명은 사람의 빛이었다."(요 1:4)
불씨	그리스도께서는 어떻게 사는지를 내게 보여 주셨습니다. 나는 예수님과 같이 하나님을 기쁘시게 하고 싶습니다.
참고성경	요 1:4, 14, 14:2
성경읽기	아침 – 삿 4, 행 8 / 저녁 – 렘 17, 막 3

7월 22일

어린 양의 영광
The Glory of the Lamb

군주들의 영광은 대중의 찬사와 군사적 과시입니다. 사람의 영광은 정복, 거짓 신들과 거짓 욕망을 지닌 세상의 명예입니다. 그리스도의 영광은 군인들을 살육한 승리가 아닙니다. 우리는 예수께서 간단한 붉은 포도주로써 "그분의 영광을 나타내신" 갈릴리의 가나에서 일어난 첫 번째 기적을 읽습니다!(요 2:11, 개역개정) 이 장면은 마지막 만찬 때 그리스도의 말씀을 통해서 우리에게도 말하고 있습니다. "이것은 죄 사함을 얻게 하려고 많은 사람을 위하여 흘리는바 나의 피 곧 언약의 피니라"(마 26:28, 개역개정).

그가 쓴 복음서 1장에서 요한은 "우리가 그의 영광을 보았다"라고 썼습니다(요 1:14, 개역개정). 우리는 12장과 13장에서 영광이 실제로 무엇이었는지를 이해하고 있습니다. 이것은 세상이 그의 영광을 알아볼 수 있도록 하는 영웅의 머리 위의 후광을 표시하는 동그란 것과 아무 관계가 없고, 오히려 필요하지만 끔찍한 공포의 죽음을 가리켰습니다. "예수께서 대답하여 이르시되 인자가 영광을 얻을 때가 왔도다 … 한 알의 밀이 땅에 떨어져 죽지 아니하면 한 알 그대로 있고 죽으면 많은 열매를 맺느니라"(요 12:23, 24, 개역개정).

계속해서 우리는 가룟 유다가 예수를 배반하려고 밖으로 나갔을 때를 가리키는 마지막 만찬 이야기를 읽습니다. "유다가 나간 뒤에, 예수께서 말씀하셨다. '이제는 인자가 영광을 받았고, 하나님께서도 인자로 말미암아 영광을 받으셨다. 하나님께서 인자로 말미암아 영광을 받으셨으면, 하나님께서도 몸소 인자를 영광되게 하실 것이다. 이제 곧 그렇게 하실 것이다.'"(요 13:31~32)

이 예수의 영광이 갈보리에서 참된 영광으로 터져 나왔습니다. 하늘나라의 영광이 정결케 함과 사랑이라는 두 개의 강물, 즉 그분의 가슴에서 나온 물과 피로 넘쳐나는 자비의 물줄기들로 계시되었습니다. "이 뜻을 따라 예수 그리스도의 몸을 단번에 드리심으로 말미암아 우리가 거룩함을 얻었노라"(히 10:10, 개역개정). "큰 음성으로 이르되 죽임을 당하신 어린 양은 능력과 부와 지혜와 힘과 존귀와 영광과 찬송을 받으시기에 합당하도다 하더라"(계 5:12, 개역개정). 오늘 하나님의 어린 양을 존중하면, 당신은 그분의 영광을 보게 될 것입니다.

말씀	"자기의 목숨을 사랑하는 사람은 잃을 것이요, 이 세상에서 자기의 목숨을 미워하는 사람은, 영생에 이르도록 그 목숨을 보존할 것이다. 나를 섬기려고 하는 사람은, 누구든지 나를 따라오너라. 내가 있는 곳에는, 나를 섬기는 사람도 나와 함께 있을 것이다. 누구든지 나를 섬기면, 내 아버지께서 그를 높여주실 것이다."(요 12:25~26)
불씨	나는 언제나 나의 아버지께 영광을 돌리고 싶습니다.
참고성경	마 26:28, 요 1:14, 2:1~11, 12:23~26, 13:31~32, 히 10:10, 계 5:12
성경읽기	아침 – 삿 5, 행 9 / 저녁 – 렘 18, 막 4

강물들
Rivers!

7월 23일

성령님에 관해서 말할 때 성경은 반복적으로 강이라는 단어를 사용하고 있습니다. 믿는 자들을 위한 이상인 성령의 강은 이사야에 의해 예상되었습니다. "너는 마치 … 물이 끊어지지 않는 샘처럼 될 것이다."(사 58:11) 감정을 쉽게 표현하지 않는 서구사회에 사는 많은 사람들에게 기뻐서 어쩔 줄 모르는 것은 부끄러운 것입니다. 그러나 하나님의 나라 안에 있는 사람들에게 이런 것은 문제가 되지 않기 때문에 그들은 기쁨을 외치고 있습니다.

칠십인역(그리스어로 번역한 구약성경)은 삼손과 사울의 삶 가운데 역사하시는 하나님의 영에 관하여 놀라운 단어를 사용하고 있습니다. 성령이 그들 위에서 "뛰었다"라고 합니다. 드물게 쓰이는 알로마이가 사도행전 3장에서 두 번 쓰였습니다. "엑살로메노스 뛰어오르다, 날뛰다, leaping up"와 "알메노스 뛰다, leaping". 오순절날 다락방에 있지 않았던 사람들이 성령을 충만하게 받은 사람들을 광신자라고 비웃는 것은 놀랄 일이 아닙니다. 심지어 사도들마저도 비판을 받았습니다. 이 사실을 전혀 모르던 예루살렘에 있던 구경꾼들은 사도들이 술이 취했다고 생각했습니다.

> 오순절이 되어서, 그들은 모두 한 곳에 모여 있었다. 그때에 갑자기 하늘에서 세찬 바람이 부는 듯한 소리가 나더니, 그들이 앉아 있는 온 집안을 가득 채웠다 … 그들은 모두 성령으로 충만하게 되어서, 성령이 시키시는 대로, 각각 방언으로 말하기 시작하였다. 예루살렘에는 경건한 유대 사람이 세계 각국에서 와서 살고 있었다. 그런데 이런 말소리가 나니, 많은 사람이 모여와서, 각각 자기네 지방 말로 제자들이 말하는 것을 듣고서, 어리둥절하였다. 그들은 놀라, 신기하게 여기면서 말하였다. "보시오, 말하고 있는 이 사람들은 모두 갈릴리 사람이 아니오? 그런데 우리 모두가 저마다 태어난 지방의 말로 듣고 있으니, 어찌 된 일이오? … 그런데 더러는 조롱하면서 "그들이 새 술에 취하였다" 하고 말하는 사람도 있었다. (행 2:1-2, 4~8, 13)

세상 사람들은 강둑에 서서 당신의 삶 가운데 있는 진정한 성령의 흐름을 묘사하며 얼마나 오해를 하는지요. 그것은 당신을 통과해서 흐르는 강이라는 것을 기억하십시오. 그 물결을 따라 함께 흐르십시오. 그 물결이 당신을 물 위에 띄우고 당신의 짐을 나르도록 하십시오. 세상은 이를 다르게 묘사하겠지만 그들은 곧 그 강이 당신의 삶에서 할 수 있는 것을 보게 되면 놀랄 것입니다.

말씀	"우리는 저들이 하나님의 큰 일들을 방언으로 말하는 것을 듣고 있소."(행 2:11)
불씨	하나님의 나라 안에 서있기 때문에 나는 기쁨으로 소리칩니다!
참고성경	사 58:11, 행 2:1~13, 3:8, 엡 3:16
성경읽기	아침 – 삿 6, 행 10 / 저녁 – 렘 19, 막 5

7월 24일

십자가와 왕국의 기적들
The Cross and Kingdom Miracles

왕국의 능력, 성령님, 십자가의 복음은 서로 연결되어 있습니다. 그리스도의 사역, 특별히 그분의 죽음은 이 세상과 하나님의 왕국의 다른 세상 사이에 벽을 허무셨습니다. 그 이후로 성령님은 십자가에 못 박힌 그리스도에 모든 것을 투자하셨습니다. 그분은 오직 속량의 기초 위에서만 그분의 기적을 행하십니다. 성령님은 언제 어디서나 오직 복음만을 지지합니다. 우리에게 무엇이 더 필요합니까? 성령으로 충만함을 받은 한 사람은 작은 것들을 지키느라 큰 것을 잃어버리는 백 개의 위원회보다 낫습니다. 하나님은 세상을 이처럼 사랑하셨을 때 위원회를 만들지 않으시고, 그의 아들을 보내셨습니다. 그분의 속량하는 일을 마치고 나서 아들은 성령님을 보내셨습니다. 그리스도께서는 믿는 자들은 세상의 빛이지만 그들이 활동하기 위해서는 성령님이 필요하다고 말씀하셨습니다.

의심할 여지없이 많은 사람들이 기적을 갈망하지만 기적이 복음에만 속한다는 것을 안다면 많은 사람들이 실망하지 않을 것입니다. 경이로움을 위한 경이로움은 없습니다. 하나님은 이기적인 사람에게 명성을 주려고 놀라운 일들을 하시지 않습니다. 십자가에 못 박히신 그리스도와 협력하여 성령님은 복음으로 마귀를 패배시키는 하나의 목표만 가지고 있습니다. 복음은 땅과 지옥과 하늘나라의 어떤 부분도 남기지 않고 완전히 포함하고 있습니다.

그리스도인으로 십자가가 나의 삶에 영적인 효과를 미쳤다는 것을 알고 있었지만, 내가 방언을 말하게 되었을 때, 이 사건은 땅에 사는 사람인 나를 만지신 것이었습니다. 하늘의 아버지와 땅 위의 아드님께서 모두 예수님께서 표현하신 것처럼 각자의 영역에서 속량에 관심이 있으셨습니다. "나는 아버지께서 내게 하라고 맡기신 일을 완성하여, 땅에서 아버지께 영광을 돌렸습니다. 아버지, 창세전에 내가 아버지와 함께 누리던 그 영광으로, 나를 아버지 앞에서 영광되게 하여 주십시오."(요 17:4~5)

그리스도께서 지상에서 하신 사역은 지상에서 영향력이 있었고, 아버지의 일은 영광에 영향력이 있었습니다. 예수님은 여기를 위해 여기에 오셨습니다. 오직 우리가 하늘나라에 들어갈 수 있도록 하려고만 하셨다면 그분은 하늘나라에서 그렇게 해 놓으셨을 것이지만 구원은 이 땅 위에서의 목적들을 위해서 땅 위에서 이루어져야만 했습니다. 내가 받은 성령 세례는 그리스도인의 믿음의 참된 본성의 전형대로 나의 영과 나의 몸 모두를 만졌습니다. 오늘 당신의 심령을 성령님께 여십시오!

말씀	"십자가의 말씀이 … 하나님의 능력입니다."(고전 1:18)
불씨	신자들은 세상의 빛이지만 그들은 그들에게 불을 켤 성령님이 필요합니다.
참고성경	요 17:4~5
성경읽기	아침 – 삿 7, 행 11 / 저녁 – 렘 20, 막 6

미래를 두려워하지 마십시오
Fear Not the Future

7월 25일

어떤 사람의 미래는 거의 그 사람에게 달려 있습니다. 두마가 이사야 선지자에게 "파수꾼아, 밤이 얼마나 지났느냐?"라고 물었을 때, 그 선지자는 이렇게 대답했습니다. "아침이 곧 온다. 그러나 또다시 밤이 온다."(사 21:11, 12) 이것은 모호한 것이 아니라 그 대답은 하나님에 대한 에돔의 반응에 달렸다는 사실을 단순하게 지적한 것입니다. 에돔이 하나님께로 돌이키면 낮이 될 것이고, 그렇지 않으면 밤이 될 것입니다. 이와 비슷하게 예수님께서도 마지막 때에 대해서 말씀하시기를, "사람들이 세상에 임할 일을 생각하고 무서워하므로 기절할 것이다"라고 하시면서 이런 말씀을 더하셨습니다. "이런 일이 되기를 시작하거든 일어나 머리를 들라 너희 속량이 가까웠느니라 하시더라"(눅 21:26, 28, 개역개정). 예수님의 손안에 있지 않은 사람들에게 내일의 풍경은 두려운 망령들로 가득합니다. 그러나 그분께 나아온 사람들에게 미래는 승리하신 그리스도의 섭리 안에 있습니다.

아버지의 시간의 낫은 많은 사람들의 날 수를 짧게 할 것입니다. 많은 사람들이 미래에 대해 우려하고 있습니다. 주님을 아는 사람들에게 다시 한번 "사망이나 생명이나 천사들이나 권세자들이나 현재 일이나 장래 일이나 능력이나 높음이나 깊음이나 다른 어떤 피조물이라도 우리를 우리 주 그리스도 예수 안에 있는 하나님의 사랑에서 끊을 수 없으리라"(롬 8:38~39, 개역개정). 거듭난 어떤 그리스도인들도 미래를 두려워하지 않습니다. 예수님도 몇 번이나 "두려워 말라"고 하셨는데, 그분이 그렇게 말씀하셨으므로, 우리는 전혀 "두려워하지 않습니다." 그렇지 않다면 우리의 믿음이 어디에 있겠습니까? 우리는 그리스도께서 오시기를 기다리고 있는데 이것이 믿는 자들의 표시입니다. 그분의 오심은 그분을 거절한 사람들을 제외하고는 종말의 날이 아닙니다. 그분이 오시면 하나님을 믿지 않는 자들은 숨으려고 할 것이란 것을 읽어서 알고 있습니다. 얼마나 악하게 그분을 대접했으면 그분을 두려워하기까지 하겠습니까! 예수님을 아는 사람들에게 미래는 그분의 영광으로 가득 차 있습니다. 이 사실은 보는 눈을 가진 사람들에게는 매일 새벽을 비치는 빛입니다. 그리고 당신은 이런 믿는 사람들의 눈을 가지고 있습니다!

말씀	"나는 확신한다. 내 구원자가 살아 계신다. 나를 돌보시는 그가 땅 위에 우뚝 서실 날이 반드시 오고야 말 것이다."(욥 19:25)
불씨	주 예수 그리스도를 참되게 믿는 사람은 미래를 두려워하지 않고 그분이 오심을 기다립니다.
참고성경	사 21:11~12, 눅 21:26, 28, 롬 8:38~39
성경읽기	아침 – 삿 8, 행 12 / 저녁 – 렘 21, 막 7

7월 26일

애들아, 똑바로 해라!
Get It Straight, Boys!

사도행전의 첫 구절을 읽어보면 예수님께서 그분이 이 땅에서 마지막 말씀을 하시면서 오게 될 성령님의 능력을 두 번씩이나 강조하셨는지를 알게 됩니다.

> 사도와 함께 모이사 그들에게 분부하여 이르시되 예루살렘을 떠나지 말고 내게서 들은 바 아버지께서 약속하신 것을 기다리라 요한은 물로 침례를 베풀었으나 너희는 몇 날이 못되어 성령으로 침례를 받으리라 하셨느니라 그들이 모였을 때에 예수께 여쭈어 이르되 주께서 이스라엘 나라를 회복하심이 이때니이까 하니 이르시되 때와 시기는 아버지께서 자기의 권한에 두셨으니 너희가 알 바 아니요 오직 성령이 너희에게 임하시면 너희가 권능을 받고 예루살렘과 온 유대와 사마리아와 땅끝까지 이르러 내 증인이 되리라 하시니라 이 말씀을 마치시고 그들이 보는데 올려져 가시니 구름이 그를 가리어 보이지 않게 하더라(행 1:4~9, 개역개정)

부활하신 후에 예수님은 사도들에게 마지막 지시를 하시고 나서, 성령의 약속을 기다리라고 말씀하셨습니다. 이는 좋아 보입니다. 분명히 그들은 요점을 이해했고 무슨 일이 일어날지 알고 있었습니다. 그러나 6절에서, 전사이신 주님으로서 예수님이 이끄시는 이스라엘을 위한 정치적 승리라는 체계에서 그들을 빠져나오게 하시려고 삼 년이나 노력하셨던 예전의 관념 안에서 그들은 다시 허우적거리고 있었습니다. 예수님은 그들을 잘못을 고쳐주심으로써 그들의 관심이 이스라엘을 위해서 정치적인 권력을 회복이라는 방향에 있지 않다고 주장하셔야만 했습니다.

그들은 이스라엘을 넘어 모든 나라들에게 복음을 선포해야 했습니다! 그분이 주시고자 하는 능력은 정치적인 승리를 위한 것이 아니라, 훨씬 더 의미가 있는 결과로서 하나님의 왕국의 도덕적이고 영적인 승리였습니다. 오늘 당신과 나는 우리 자신들의 방법으로 열방에 복음을 설교하고 선포하기를 지속해야 합니다.

말씀	"그러나 성령이 너희에게 내리시면, 너희는 능력을 받고, 예루살렘과 온 유대와 사마리아에서, 그리고 마침내 땅끝에까지 이르러 내 증인이 될 것이다"(행 1:8)
불씨	하나님은 오직 내가 그분의 증인이 될 수 있도록 하려고 그분의 능력을 주십니다.
참고성경	행 1:1~14
성경읽기	아침 – 삿 9, 행 13 / 저녁 – 렘 22, 막 8

예수님은 우리의 잘못을 고쳐주십니다 7월 27일
Jesus Corrects Us

예수님이 삼 년 동안 기적을 베푸신 후에 제자들이 예수님으로부터 마지막으로 알고 싶었던 것은 "주님, 주님께서 이스라엘에게 나라를 되찾아 주실 때가 바로 지금입니까?"였습니다(행 1:6). 다른 말로 하면, 그들은 "주님, 어떻게 하시렵니까?"라고 묻고 있는 것입니다. 예수님은 실제로 이렇게 대답하셨습니다. "나 말이야? 내가 무엇을 할 것이냐고? 너희들은 정말로 말귀를 못 알아들었구나! 너희들이야! 너희들이 나의 증인이 될 것이란다!"

우리는 모두 세계적인 부흥을 위해 기도하고 있습니다. 부흥이 일어나는 것을 보면 볼수록 우리는 더욱 부흥을 위해 기도하도록 격려를 받습니다. 그러나 우리는 단지 하나님께 이렇게 말하고 있는 것이 아닐까요? "주님, 주님께서 하십시오. 주님이 부흥을 보내 주십시오. 주님, 주님께서 들로 나가셔야 합니다. 주님, 주님이 넘겨 받으십시오. 주님, 왕국을 가져 오십시오!" 예수님은 이 모든 것을 고치십니다. 주님은 이렇게 말씀하십니다. "나는 너희에게 능력을 주었으니 너희들이 일을 해야 한다. 복음화하라! 복음을 선포하라! 일하라! 병을 고쳐라! 네가 할 일을 하라!" 당신과 내가 이 문을 통과하면, 우리는 연장들과 전동 장비를 갖추게 될 것입니다. 하나님은 우리를 대신해서 우리가 할 일을 하신 적이 없지만, 그분은 우리가 그 일을 할 수 있도록 하려면 무엇이 필요한지를 알고 계십니다.

이것은 신약성경 전체를 통하여 똑같습니다.

> 그들이 기도를 마치니, 그들이 모여 있는 곳이 흔들리고, 그들은 모두 성령으로 충만해서, 하나님의 말씀을 담대히 말하게 되었다 … 사도들은 큰 능력으로 주 예수의 부활을 증언하였고, 사람들은 모두 큰 은혜를 받았다.(행 4:31, 33)
> 나는 복음을 부끄러워하지 않습니다. 이 복음은 유대 사람을 비롯하여 그리스 사람에게 이르기까지, 모든 믿는 사람을 구원하는 하나님의 능력입니다.(롬 1:16)

복음선포는 하나님의 능력을 풀어놓습니다. 당신은 더 많은 능력을 위해 기도할 수 없습니다. 그런데도 그런 기도를 한다면 당신은 능력을 깊은 곳에 냉동 상태로 보관하는 것입니다. 복음을 선포하면 능력이 나타나게 될 것입니다! 오늘 당신의 삶에 하나님의 능력을 받아들이십시오.

말씀	"내가 아버지께로부터 너희에게 보낼 보혜사 곧 아버지께로부터 오시는 진리의 영이 오시면, 그 영이 나를 위하여 증언하실 것이다. 그리고 너희도 나의 증인이 될 것이다." (요 15:26~27)
불씨	하나님은 성령의 능력으로 그분의 말씀을 선포하라는 숙제를 나에게 주셨습니다.
참고성경	요 5:39, 15:26~27, 행 1:6, 4:31, 33, 롬 1:16, 고전 2:1~4
성경읽기	아침 – 삿 10~11:11, 행 14 / 저녁 – 렘 23, 막 9

7월 28일

우리는 벗어날 수 없습니다
We Cannot Escape

"우리가 아직 죄인 되었을 때에 그리스도께서 우리를 위하여 죽으셨기" 때문에(롬 5:8, 개역개정), 우리의 반항이나 악함은 결코 우리를 향한 하나님의 사랑에 관한 하나님의 마음을 바꿀 수 없습니다. 목표는 "전에는 멀리 있던 너희가 그리스도 예수 안에서 그리스도의 피로 가까워진 것"입니다(엡 2:13, 개역개정). 하나님의 아들, 우리의 주님, 예수 그리스도께서는 단지 창조주와 피조물 사이의 살아있는 연결고리 때문에 우리를 대신하여 죽으시고 우리의 죄를 짊어지실 수 있었습니다. 우리는 "당신이 섬기시는 주 하나님이 생명 보자기에 싸서 보존"되었습니다(삼상 25:29). 우리는 하나님께 일어난 일에서 벗어날 수 없고, 하나님은 우리에게 일어난 일에서 벗어날 수 없습니다.

예수님은 사람이 되셨으며 하나님과 사람의 가족 관계를 회복시키려고 바로 이 땅 위에서 걸으셨습니다. 그분은 우리를 입양하려고 부모를 알 수 없는 종족인 외계인으로 우리에게 오시지 않으셨습니다. 그분은 아버지로서 우리를 낳으셨습니다. 우리는 "불순종의 아들들"(엡 2:2, 개역개정)로서 방탕한 자들이었습니다. 성경은 첫 몇 장에서 바로 자기 형제를 죽이는 카인의 이야기를 들려줍니다. 하나님은 이것을 하나님의 근본 목적에 파괴와 대립으로 여기는 반응을 보이십니다. 이 사건은 가족의 생명의 결속을 파괴했습니다.

이 일이 바로 그날 아들의 영이 많은 영광을 가져오려고 끊임없이 일하도록 하는 엄청난 진리에 문을 열었습니다. 하나님은 아담이 아니라 영원한 생명을 가진 새로운 피조물을 다시 창조하고 계십니다. 우리는 하나님의 최종 목적을 알지 못합니다. 그러나 한 가지는 분명합니다. 하늘나라의 표시는 그분의 영원한 아버지의 사랑이 그분의 자녀들을 껴안은 것입니다. 그분의 계획은 "때가 차면, 하늘과 땅에 있는 모든 것을 그리스도 안에서 그분을 머리로 하여 통일시키는 것입니다."(엡 1:10) "이제 우리는 하나님의 자녀입니다. 앞으로 우리가 어떻게 될지는 아직 밝혀지지 않았습니다."(요일 3:2) 오늘 이 진리 안에서 기뻐하십시오!

말씀	"돈을 사랑함이 없이 살아야 하고, 지금 가지고 있는 것으로 만족해야 합니다."(히 13:5)
불씨	예수 그리스도의 피로 말미암아 나는 하나님의 자녀로 입양되었습니다.
참고성경	삼상 25:29, 롬 5:8, 엡 1:10, 2:2, 13, 요일 3:2
성경읽기	아침 – 삿 11:12~40, 행 15 / 저녁 – 렘 24, 막 10

멍에는 오염된 진리입니다
Bondage Is Truth Corrupted

7월 29일

사람들은 "종교에 빠져 사는 사람들"을 비웃습니다. 그러나 그리스도교는 그리스도이며 당신은 그리스도를 종교라고 부를 수 없습니다! 그분은 부활이요 생명입니다. 그리스도께서 말씀하셨습니다. "예수께서 자기를 믿은 유대 사람들에게 말씀하셨다. "너희가 나의 말에 머물러 있으면, 너희는 참으로 나의 제자들이다. 그리고 너희는 진리를 알게 될 것이며, 진리가 너희를 자유롭게 할 것이다."(요 8:31~32) 그분은 속이는 자가 아닙니다. 수백만 명의 사람들이 복음으로 말미암아 영광스러운 자유를 발견하였습니다. 그분의 말씀은 우리를 규칙과 명령으로 얽매지 않습니다. 그분의 멍에는 쉽고 그분의 짐은 가볍습니다. 산상수훈은 사람들이 어떠해야 하는지가 아니라, 자연스러운 그리스도인들의 모습과 그들이 원하는 것을 묘사하고 있습니다.

그리스도께서 우리에게 반복해서 하신 경고는 우리와 매우 관계가 있는 것입니다. "거짓 선지자들을 조심하라"(마 7:15, 개역개정). 미국에는 5천 개가 넘는 이단들이 있지만 거짓 선지자들은 이단들에게만 있는 것은 아닙니다. 많은 거짓 선지자들은 자유에 대한 개념에 위협이 되고 있습니다. 정의 그대로 이단cult은 통제control를 뜻합니다. "그들의 열매로 그들을 알지니"(마 7:16, 개역개정). 그들은 당신을 한 번 붙잡기만 하면 당신을 마음대로 합니다. 당신의 돈과 당신이 하는 일, 가는 곳, 하는 생각, 당신의 친구들을 통제합니다. 그들의 악한 영향으로 자립심을 파괴하여 의존하도록 합니다. 그들의 지도자들은 목자가 아니라 간수들이며 종교적 경찰관들입니다.

거짓 예언자들을 살펴라. 그들은 양의 탈을 쓰고 너희에게 오지만, 속은 굶주린 이리들이다. 너희는 그 열매를 보고 그들을 알아야 한다. 가시나무에서 어떻게 포도를 따며, 엉겅퀴에서 어떻게 무화과를 딸 수 있겠느냐? 이와 같이, 좋은 나무는 좋은 열매를 맺고, 나쁜 나무는 나쁜 열매를 맺는다. 좋은 나무가 나쁜 열매를 맺을 수 없고, 나쁜 나무가 좋은 열매를 맺을 수 없다. 좋은 열매를 맺지 않는 나무는, 찍어서 불 속에 던진다. 그러므로 너희는 그 열매를 보고 그 사람들을 알아야 한다.(마 7:15~20)

어떤 자들은 성경을 가르치지만 서기관들과 바리새인들처럼 진리를 거꾸로 세워서 성경을 사슬로 바꾸어 버립니다. 그들은 메시지의 바로 그 영과 목적을 거짓말로 바꾸어 그들의 회심자들을 묶는데 구출의 복음을 사용합니다. 어떤 안정감을 얻기 위해서 참된 믿음 없이 수갑을 차는 슬픈 영혼들이 있습니다. 제발 당신의 심령을 잘 지켜서 이런 사람들 중에 한 사람이 되지 마십시오.

말씀	"좁은 문으로 들어가거라. 멸망으로 이끄는 문은 넓고, 그 길이 널찍하여서, 그리로 들어가는 사람이 많다. 생명으로 이끄는 문은 너무나도 좁고, 그 길이 비좁아서, 그것을 찾는 사람이 적다."(마 7:13~14)
불씨	주님, 항상 당신의 말씀에 진실 되게 머물러 있어서 좋은 열매를 맺을 수 있도록 나를 도와주십시오.
참고성경	마 7:13~20, 요 8:31~32
성경읽기	아침 - 삿 12, 행 16 / 저녁 - 렘 25, 막 11

7월 30일

믿음의 도약들
Leaps of Faith

　요한복음 4장에 사마리아 여인은 믿음에 관한 강력한 교훈을 가르치고 있습니다. 이것은 초자연적인 믿음으로 도약하는 한 죄인을 보여주고 있습니다. 더운 날씨에 먼 길을 걸어온 예수님이 쉬고 계실 때 그녀는 우물에 물을 길으려고 나왔습니다. 그분은 그녀에게 물 한 잔을 달라고 하셨는데 이것은 그녀를 놀라게 했습니다. 그녀는 예수님을 사마리아 사람에게 말을 함으로써 모든 법을 지키지 않는 자유로운 이상한 유대인이라고 생각하게 되고, 더구나 그가 주는 물은 그녀에게 "영생하도록 솟아나는 샘물"이라고 했을 때는 더욱 그렇게 생각했습니다(요 4:14, 개역개정). 그때쯤 그녀는 그분이 약간 비이성적이라고 생각해서 농담조로 "선생님, 그 물을 나에게 주셔서, 내가 목마르지도 않고, 또 물을 길으러 여기까지 나오지도 않게 해주십시오."라고 하면서 그분을 좀 재미있게 대하기로 했습니다(요 4:15). 물론 그녀는 그런 물은 조금도 기대하지 않았습니다. 예수님은 이렇게 대답하셨습니다. "가서, 네 남편을 불러 오너라"(16절). 그녀는 아무 죄도 없다는 듯이 남편이 없다고 대답했습니다. 그러자 예수님은 그녀의 더럽혀진 삶과 할리우드 같은 남편들에 대한 기록을 언급하심으로써 그녀를 흔들어 놓으셨습니다. 그녀는 충격을 받고 "내가 보니, 선생님은 예언자이십니다."라고 대답했습니다(19절). 그녀는 인식과 믿음에서 발전하였습니다.

　다음에 예수님은 예배에 대한 그녀의 생각을 흔들어 놓으셨습니다. 그녀는 4백 년 된 논쟁으로 대꾸했지만 그리스도의 대답은 전적으로 새로웠습니다. 예배는 장소와 시간과는 아무 관계가 없으며, 아무 데서나, 어디서든지, 항상 예배를 드릴 수 있습니다. 하나님께서는 한 지역적인 장소나 고정된 시간표에 얽매이지 않고 예배하는 자들을 원하십니다. 이런 신학적인 깊이에 자신이 없어서 그녀는 이런 문제들은 메시아가 오시면 해결하실 것이라고 말함으로써 이를 피해보려고 했습니다. 그 여인은 더 가까이 다가오고 있었고, 예수님은 "너에게 말하고 있는 내가 그다."라고 계시해 주셨습니다(26절). 그녀의 믿음은 높이 솟아올랐습니다! 그녀는 그녀의 과거를 기록한 영화처럼 보시고 그분의 심오한 가르침으로 그녀를 깊은 곳까지 청소하듯 쓸어서 드러내신 이 남자를 쳐다보았습니다. 흥분한 그녀는 마을로 달려가서 모든 사람에게 "그분이 그리스도가 아닐까요?"라고 예수님에 대하여 말했습니다(29절). 많은 사람들이 그녀에게 이렇게 영향을 끼친 이 남자를 보러 갔습니다. 그들도 역시 하나님의 자석처럼 끄는 영향력 아래서 그분이 머무시도록 초청하였습니다. 그분은 이틀간 그들 가운데 함께 계셨습니다. 그 결과 그들은 이렇게 선언하였습니다. "우리가 믿는 것은, 이제 당신의 말 때문만은 아니오. 우리가 그 말씀을 직접 들어보고, 이 분이 참으로 세상의 구주이심을 알았기 때문이오."(42절) 그런 죄인이었지만 그 여자는 믿었으며 이것이 그리스도께서 당신과 나에게 요구하시는 모든 것입니다. "믿으라."

말씀	"참되게 예배를 드리는 사람들이 영과 진리로 아버지께 예배를 드릴 때가 온다. 지금이 바로 그때이다. 아버지께서는 이렇게 예배를 드리는 사람들을 찾으신다."(요 4:23)
불씨	주님, 나는 당신이 그리스도이며, 세상의 구원자이심을 믿습니다.
참고성경	요 4:1~42
성경읽기	아침 – 삿 13, 행 17 / 저녁 – 렘 26, 막 12

믿음의 포옹
Faith Embrace

7월 31일

　성경의 이야기들, 즉 그리스도에 의해 고침받은 소경 이야기들, 우물가에서 그분을 만났던 사마리아인, 자기의 죽어가는 아들의 치유를 받으려고 먼 길을 여행한 귀족, 각 사람은 믿음의 발전이 신속했고 항상 헌신, 관계, 예수님을 개인적으로 붙잡는 것임을 보여주었습니다. 하나님을 믿는 사람은 갈 길이 멉니다. 그러나 그 간격을 뛰어 넘을 수 있습니다. 하나님으로부터 한순간 멀리 있다가, 다음번에 믿음으로 영원히 그분께로 뛰어오릅니다. "우리와 같이 그들도 하나가 되게 하옵소서."(요 17:11, 개역개정). 그분께서 아버지께 제자들에 관해서 "그들은 모두 아버지의 사람들입니다. 나의 것은 모두 아버지의 것이고, 아버지의 것은 모두 나의 것입니다. 나는 그들로 말미암아 영광을 받았습니다 … 그들 가운데서는 한 사람도 잃지 않았습니다."(요 17:9-10, 12)

　그리스도에 대한 믿음에 사용된 그리스어 표현은 신뢰하는 사랑 안에서 그분께로 가까이 간다는 뜻입니다. 껴안는 행위를 가리킵니다. 사람과 창조주가 이런 종류의 사랑으로 껴안는 것은 오직 그리스도를 통하여서만 옵니다. 예수님은 위대한 사랑받는 분입니다. 유대인들의 마르고, 사랑이 없는, 종교적인 세계에서는 이런 사랑의 관계에 해당하는 영적인 경험이 없었습니다. 하늘과 땅의 어떤 열정적인 포옹이란 것은 예수님이 오실 때까지는 알려진 적이 없었습니다. 그분은 인격화된 사랑이었으며 … 그리고 우리는 그분이 사랑하러 오신 사람들입니다.

　한 여인이 거룩한 동경심으로 그리스도의 머리 위에 매우 값진 향유 한 병을 부었습니다. 한 거리의 여자는 그녀의 눈물로 그분의 발을 씻고 그녀의 머리결로 발을 닦았습니다. 완악한 세금 징수원은 기쁨에 넘친 나머지 자신의 재산을 나누어 주기를 원했습니다. 예루살렘은 이런 일을 본 적이 없었습니다. 그들은 사람들의 눈에서 미친 듯이 불타는 분노는 보았지만 이렇게 동경하는 경이로움은 본 적이 없었습니다. 그러나 그때에 그분께서 스스로 시작하셨습니다. "세상에 있는 자기의 사람들을 사랑하시되, 끝까지 사랑하셨다 … 예수께서는 … 자기가 하나님께로부터 왔다가 하나님께로 돌아간다는 것을 아시고, 잡수시던 자리에서 일어나서 … 제자들의 발을 씻기시고, 그 두른 수건으로 닦아주셨다."(요 13:1, 3-4, 5) 예수님은 누구나 자신의 팔을 활짝 펴고 껴안을 수 있는 주 하나님입니다. 그분의 어머니 마리아는 그렇게 했습니다. 막달라 마리아도 껴안았고, 당신과 나도 믿음으로 그렇게 할 수 있습니다!

말씀	"영생은 오직 한 분이신 참 하나님을 알고, 또 아버지께서 보내신 예수 그리스도를 아는 것입니다."(요 17:3)
불씨	예수 그리스도는 나를 사랑하시려고 이 땅에 오셨습니다.
참고성경	요 13:1~5, 17:3, 9~12
성경읽기	아침 - 삿 14, 행 18 / 저녁 - 렘 27, 막 13

하나님이 변화를 가져오지만, 하나님 자신은 결코 변하지 않으십니다.

예수님께서 "내가 항상 너희와 함께 있다"고 말씀하셨을 때
그분은 약속을 하신 것이 아닙니다.
그분은 사실을 말씀하셨습니다!

베드로는 물 위를 걷지 않았습니다.

그는 "오라!"는 말씀 위를 걸었습니다.

이와 똑같은 예수님
This Same Jesus

8월 1일

그리스도의 영광은 그분이 다시 오실 때 다시 나타나게 될 것입니다. 그것은 힘으로 제압하는 영광이 아니라 모든 것을 정복하는 십자가의 영광입니다. 그분은 가시로 찢긴 이마를 감싸시는 아버지의 영광을 가지고 오십니다. 그분이 다시 오실 때 못에 찔렸던 손과 발을 가지고 하늘나라로 가셨던 똑같은 "이 같은 예수"일 것입니다. 그리스도는 다시 오실 그리스도입니다. 그분은 죄인들을 위한 죽음이 잊혀진 "치유된 그리스도"가 아니라, 지워버릴 수 없는 여전히 활동하는 은혜의 표시를 지닌 그리스도입니다. 하늘과 땅은 영원히 그분을 십자가에 못 박힌 분으로 알고 있습니다. "창세 때부터 죽임을 당한 그 어린 양"(계 13:8) 보좌 위의 어린 양은 왕이 될 것입니다!

그분이 아니고서는 누가 고통과 피로써 우리의 죄를 짊어지셨습니까? 우리의 죄를 가져가시고 우리의 죄를 대신해 형벌을 겪으신 그분 외에는 어떤 다른 구원자가 있을 수 있습니까? 마침내 이방인들에게는 어리석고 유대인들에게는 걸림돌이었던 어떤 사람도 알 수 없었던 분이 나타나셨습니다. 얼마나 영광입니까!

그리스도의 영광이 단지 눈부신 광채뿐이었다면, 그것은 갈보리의 어둠 속에서 압도당했을 것입니다. 그것이 명예와 성공, 부 또는 성취였다면, 모든 것은 십자가 처형의 끔찍한 재앙으로 끝났을 것입니다. 그러나 그리스도의 영광은 결코 사라질 수 없습니다. 석회석 동굴 안에 가축들과 함께 구유에 놓아두고, 왕들이 그분 앞에서 무릎을 꿇습니다. 척박한 땅을 먼지 나는 마을 길을 걷는 떠돌이 설교자로 그분을 내어보내도 그분의 영광은 그분 가까이 오는 모든 것 위에 미칩니다. 헤롯은 곤경에 처했고, 통치자들은 그를 반대하여 모의를 했으나, 대중들은 기꺼이 그분의 말씀을 듣고 그분을 왕으로 삼고자 했습니다. 그들은 이 목수 설교자 안에서 영광을 보았습니다. 시간을 드리십시오. 당신의 마음을 여십시오. 오늘 그분의 영광을 찾아보십시오!

말씀	"보좌에 앉으신 분과 어린 양께서는 찬양과 존귀와 영광과 권능을 영원무궁 하도록 받으십시오."(계 5:13)
불씨	구원과 영광과 존귀와 능력은 주 우리 하나님께 속해 있습니다!
참고성경	슥 13:6, 행 1:11, 계 13:8, 19:1
성경읽기	아침 – 삿 15, 행 19 / 저녁 – 렘 28, 막 14

8월 2일

성장할 시간!
Time to Grow Up!

예수님은 영적인 경찰이 아니었습니다. 그분은 제자들을 징계하지 않으셨습니다. "제자"란 그런 뜻이 아닙니다. 주님은 제자들에게 명령하지 않으셨습니다. 제자들이 와서 그들이 원하여 따랐습니다. 모든 것은 제자들의 지혜와 판단에 맡겨져 있었습니다. 그리스도께서도 우리를 이렇게 대하십니다. 예수님께 우리의 삶을 드리십시오. 그러면 그분이 우리의 삶으로 만드십니다. 우리가 맹목적으로 교회의 지도자를 추종한다면, 우리가 하는 일에 대해서 하나님 앞에서 우리가 여전히 책임을 져야 합니다. 아무도 다른 사람에 대하여 자신의 권위를 행사함으로 이용해서는 안 됩니다. 그리스도가 우리의 주인입니다. 진리는 하나님의 말씀으로부터 나오며, 우리를 자유롭게 합니다. 하나님은 구출해 내시는 분입니다. 율법은 안식일과 같이 우리를 위해서 만들어진 것이지, 우리가 안식일을 위해서 만들어진 것이 아닙니다.

제자들은 다양하게 다른 개성과 인생관을 가지고 왔습니다. 충동적이고 용감한 베드로, 사려 깊고 신실한 마태, 경쟁적이고 집요한 야고보와 요한. 각 사람은 강점과 약점을 가지고 있었습니다. 각 사람은 그 당시에 그들에게 오신 메시아를 이해하고 영접하고서 한 사람 안에 있는 하나님의 아들과 사람의 아들의 존재의 경이로움과 궁극적인 희생을 어떻게 전해야 할지 배웠습니다. 우리는 이미 일어난 것을 돌아보는 관점의 유익이 있으므로, 우리는 자동적으로 "네, 물론 나는 예수님이 하나님의 아들이라는 것을 인정하기 때문에, 머뭇거리지 않고 끝까지 신실하였습니다."라고 생각합니다. 그렇지만 예루살렘이나 로마와 같은 곳에서 초기 그리스도인들이 경험했던 것과 같은 적대적인 환경에 우리들이 처했다고 생각해 보십시오. 우리는 곧 우리의 성품이 검증되고 시련을 받게 될 것입니다! 우리는 흔히 성령님의 훈련에 자신을 열어드리고 그분 안에서 성장하려고 하기보다는 우리의 부족한 점들을 감추려고 율법으로 되돌아갑니다. 혹은 우리가 게으를 경우에는 우리들 자신의 영적 성장에 대한 책임을 교회의 지도자들에게 맡겨버리는데, 이는 마치 우리가 너무나 쉽게 우리의 자녀들을 그리스도인으로 교육하는 것을 주일 학교 교사들에게 맡기는 것과 같습니다. 그리스도인들이 성장하고 어두운 세상에서 밝은 빛을 비칠 의무를 받아들여야 할 때입니다! 오늘 당신의 빛을 빛내십시오!

말씀	"형제자매 여러분, 나는 여러분에게 영에 속한 사람에게 하듯이 말할 수 없고, 육에 속한 사람, 곧 그리스도 안에서 어린 아이 같은 사람에게 말하듯이 하였습니다. 나는 여러분에게 젖을 먹였을 뿐, 단단한 음식을 먹이지 않았습니다. 그때에는 여러분이 단단한 음식을 감당할 수 없었습니다. 사실 지금도 여러분은 그것을 감당할 수 없습니다."(고전 3:1~2)
불씨	주님, 내가 성숙한 그리스도인으로서 책임을 받아들이고 수행할 수 있도록 도와주십시오.
참고성경	행 20:8, 고전 3:1~2, 엡 5:8, 빌 2:15
성경읽기	아침 – 삿 16, 행 20 / 저녁 – 렘 29, 막 15

역동적인 능력의 근원
Dynamic Power Points

8월 3일

내가 여러분에게로 가서 하나님의 비밀을 전할 때에, 훌륭한 말이나 지혜로 하지 않았습니다. 나의 말과 나의 설교는 지혜에서 나온 그럴 듯한 말로 한 것이 아니라, 성령의 능력이 나타낸 증거로 한 것입니다. 그것은, 여러분의 믿음이 사람의 지혜에 바탕을 두지 않고 하나님의 능력에 바탕을 두게 하려는 것이었습니다.(고전 2:1, 4~5)

성령님과 그리스도의 속량하는 사랑의 복음은 생명의 묶음 안에서 분리할 수 없는 관계에 있습니다. 만약 당신이 하나님의 능력을 보기 원한다면 모든 기술적인 것들과, 조종과 심리적인 암시를 무시하고 단순하게 말씀을 선포하십시오! 그것이 바로 복음 안에서 하나님의 능력이 발휘 되는 곳입니다. 나는 하나님의 보물 상자에서 단 한 가지만 취하지 않습니다. 나는 우리 인간들이 필요한 모든 것, 즉 구원, 치유, 평안, 소망과 구출이 포함된 온전한 복음을 선포합니다.

이방 사람들이 복음을 통하여 그리스도 예수 안에서 유대 사람들과 공동 상속자가 되고, 함께 한 몸이 되고, 약속을 함께 가지는 자가 되는 것입니다. 나는 이 복음을 섬기는 일꾼이 되었습니다. 내가 이렇게 된 것은 하나님께서 그분의 능력이 작용하는 대로 나에게 주신 그분의 은혜의 선물을 따른 것입니다… 우리 가운데서 일하시는 능력을 따라, 우리가 구하거나 생각하는 것 이상으로 더욱 넘치게 주실 수 있는 분에게, 교회 안에서와 그리스도 예수 안에서, 영광이 대대로 영원무궁하도록 있기를 빕니다. 아멘.(엡 3:6-7, 20~21)

이것은 능력이란 말을 사용하는 많은 본문 중에 두 개에 불과하지만, 그러나 실제로 신약 성경 전체가 이 능력을 보여줄 수 있습니다. 그것은 그리스도인의 증거의 본질입니다. 이것은 복음의 장식물이 아닙니다. 이것은 자전거에 달아 놓은 종이 아니라 기계 전체입니다! 어떤 제자들은 무능력할 것이라는 아주 작은 힌트조차도 없습니다. 믿는 자라면 능력이 있습니다. 바울은 에베소에 있는 성도들에게 하나님의 뜻을 모두 선포하는 데 삼 년 반을 보냈습니다. 그럼에도 그는 그들에게 후에 또 편지를 써보내야 했습니다. "여러분을 두고 끊임없이 감사를 드리고 있으며, 내 기도 중에 여러분을 기억합니다. 우리 주 예수 그리스도의 하나님이신 영광의 아버지께서 지혜와 계시의 영을 여러분에게 주셔서, 하나님을 알게 하시고… 또한 믿는 사람들인 우리에게 강한 힘으로 활동하시는 하나님의 능력이 얼마나 엄청나게 큰지를, 여러분이 알기 바랍니다."(엡 1:15~19) 하나님께서는 그분이 보내시는 당신과 나에게 능력을 주십니다.

말씀	"또 예수께서 그들에게 말씀하셨다. '내가 진정으로 너희에게 말한다. 여기에 서 있는 사람들 가운데는, 죽기 전에 하나님의 나라가 권능을 떨치며 와 있는 것을 볼 사람들도 있다.'"(막 9:1)
불씨	주님, 나에게 강한 힘으로 활동하시는 하나님의 능력이 얼마나 엄청나게 큰지를 알도록 도와 주십시오.
참고성경	고전 2:1~5, 엡 1:15~19, 3:6~7, 20~21
성경읽기	아침 – 삿 17, 행 21 / 저녁 – 렘 30~31, 막 16

8월 4일

구원을 확증함
Proving Salvation

구원이란 주제는 나에게 중요하고 이는 성경 전체를 차지하고 있습니다! 오늘날 자유주의자들은 당신이 구원받았다는 것을 아는 것은 불가능하므로 우리는 구원이 실제로 영원한 생명을 제공하는지를 발견하기 위해서 다음 생애까지(그들 중 어떤 사람들이 말하듯이 만일 다음 생애라는 것이 있다면) 기다려봐야 한다고 합리화하기를 좋아합니다. 그러나 예수님은 우리가 구원받은 것을 알 수 있음을 분명하게 하셨습니다. 이 확신이 우리가 다른 사람들과 우리의 구원의 확신을 나누도록 영감을 줄 수 있습니다.

여러분 모두와 모든 이스라엘 백성은 이것을 알아야 합니다. 이 사람이 성한 몸으로 여러분 앞에 서게 된 것은, 여러분이 십자가에 못 박아 죽였으나 하나님이 죽은 사람들 가운데서 살리신 나사렛 예수 그리스도의 이름을 힘입어서 된 것입니다. 이 예수는 '너희들 집 짓는 사람들에게는 버림받은 돌이지만, 집 모퉁이의 머릿돌이 되신 분' 입니다. 이 예수밖에는, 다른 아무에게도 구원은 없습니다. 사람들에게 주신 이름 가운데 우리가 의지하여 구원을 얻어야 할 이름은, 하늘 아래에 이 이름 밖에 다른 이름이 없습니다.(행 4:10~12)

그러나 사탄은 아직도 십자가 위에서 그리스도 예수가 제공하신 구원의 선물에 대한 확신을 훼손하려고 합니다. 우리는 그의 거짓말과 비난을 경계해야 합니다.

이제 우리 하나님의 구원과 권능과 나라가 이루어지고 하나님이 세우신 그리스도의 권세가 나타났다. 우리의 동료들을 헐뜯는 자, 우리 하나님 앞에서 밤낮으로 그들을 헐뜯는 자가 내쫓겼다. 우리의 동료들은 어린 양이 흘린 피와 자기들이 증언한 말씀을 힘입어서 그 악마를 이겨 냈다. 그들은 죽기까지 목숨을 아끼지 않았다.(계 12:10~11)

구원받는 것은 일상적인 경험이 아니므로 당신은 거의 눈치채지 못할 것입니다. 당신이 회개하고, 믿고, 구원자 예수 그리스도께로 나올 때, 그분은 당신을 받아들이고, 당신은 그분의 귀한 피로 깨끗하게 씻깁니다! 구원은 절대적이며 완전합니다. 예수님께서 당신을 발견하셔서 영접하셨는데 당신이 이 사실을 알기 원하지 않는다고 생각하는 것은 얼마나 우스꽝스럽습니까! 사실 그분은 이 사실을 당신으로부터 감추지 않으십니다. "성령이 우리의 영과 함께, 우리가 하나님의 자녀임을 증언하십니다."(롬 8:16) 아직도 더 위대한 것이 있는데, 당신은 "그분의 은혜로 값없이 의롭게 되었다"라는 것입니다(롬 3:24, 개역개정). 당신이 오늘 붙잡을 너무나 좋은 하나님의 약속입니다!

말씀	"이 예수밖에는, 다른 아무에게도 구원은 없습니다. 사람들에게 주신 이름 가운데 우리가 의지하여 구원을 얻어야 할 이름은, 하늘 아래에 이 이름밖에 다른 이름이 없습니다." (행 4:12)
불씨	성령님은 내가 하나님의 자녀라는 것을 친히 확신을 주십니다.
참고성경	요 5:24, 행 4:10~12, 롬 3:24, 8:16, 계 12:10~11
성경읽기	아침 - 삿 18, 행 22 / 저녁 - 렘 32, 시 1~2

비판자들은 알지 못합니다
Critics Do Not Get It

8월 5일

성령님의 활동에 관하여 더 많이 알게 될수록 우리는 비판자들에 대해서 결코 걱정할 필요가 없습니다. 하나님의 어떠한 위대한 역사도 그들이 더 잘 알고 있다고 생각하는 자들에게 도전 받지 않은 적이 없습니다. 신학자 로널드 에이 낙스는 존 웨슬리를 가리켜 단지 지나치게 걱정하거나 균형을 잃은 "열광주의자enthusiast"라고 묘사하며 그를 멸시했습니다. 낙스 신부는 멋있는 학자의 모델일지는 모르지만 그가 쓴 책인 "열광주의"에 의하면, 그는 오순절날 120명과 함께 하지 않았을 것이 분명합니다. 브리스톨의 지성적인 감독 조셉 버틀러는 웨슬리에게 그는 은사주의적 체험들을 매우 "싫어한다horrid"고 말했습니다. 오 티 도빈은 1848년 웨슬리를 옹호하며 이렇게 말했습니다. "우리는 웨슬리가 열광주의자라는 것을 인정하지만, 보통 이상으로 성령 충만하게 받은 사람은 열광주의자가 된다는 것입니다." 감리교 협회의 청지기가 지켜야 할 첫 번째 규칙은 에베소서 3장 16절에서 인용한 대로, "그의 성령으로 말미암아 그의 속사람을 능력으로 강건하게 됨"이었습니다. 위대한 복음 전도자 조지 윗필드는 또 한 사람의 성령으로 충만한 사람이었습니다.

우리가 해야 할 질문은 이것입니다. 그리스도께서 약속하신대로 정확히 행하시고, 성령과 불로 침례를 베푸셨다면, 그들은 어떤 모습일까요? 만일 그들을 관통하는 하나님의 광채의 흐름이 있었다면 그들이 돌처럼 가만히 앉아있겠습니까? 하나님의 상징은 돌이 아니라 불입니다. 하나님이 보여주신 비전으로 기쁨으로 춤을 추는 사람들과 나폴레옹이 대포를 쏘았을 때도 움직이지 않은 스핑크스처럼 꼼짝하지 않은 사람들 가운데 어느 쪽이 더 어리석습니까? 우리는 성령을 경험하고서 그 경험의 흔적을 보이지 않을 수 없습니다. 흙으로 만든 그릇에 우리가 담고 있는 것은 "보물"로서 이 모든 것을 초월하는 능력은 하나님으로부터 나온다는 것을 나타냅니다. 이 능력은 하나님으로부터 분리된 마음에게는 아주 이상하게 보일 것입니다. 베스투스 총독은 바울에게 이렇게 말했습니다. "네가 미쳤구나. 네 많은 학문이 너를 미치게 하였구나"(행 26:24) 오늘날 사람들이 희석된 것이 아닌, 본래의 그리스도교 브랜드를 경험할 때 왜 달라야 합니까? "그가 너희를 뻣뻣하게 했다"가 아니라, 에베소서 2장 1절에, "그가 너희를 살리셨도다"라고 했습니다.

말씀	"여러분도 전에는 허물과 죄로 죽었던 사람들입니다."(엡 2:1)
불씨	우리는 성령을 경험하고서 그 경험의 흔적을 보이지 않을 수 없습니다.
참고성경	행 26:24, 고후 4:7, 엡 2:1, 3:16
성경읽기	아침 – 삿 19, 행 23 / 저녁 – 렘 33, 시 3~4

8월 6일

성령의 차이
The Spirit's Difference

선지자들은 이스라엘을 하나님께로 돌아오게 하려고 애썼지만 헛수고였습니다. 그러나 성령 충만 받은 베드로가 설교를 하였을 때 3천 명이 하나님께 무릎을 꿇었습니다. 성령님이 없이는 그리스도교는 종교가 되어버립니다. 예수님이 말씀하셨습니다. "성령이 너희에게 내리시면, 너희는 능력을 받게 될 것이다."(행 1:8) 이런 활력이 없다면 우리는 합리화하고 해롭지 않은 종교를 가지게 됩니다. 신비적 묵상은 신약성경의 역동성과 닮지 않았습니다. 정적주의Quietism는 불교도들을 위한 것이지 그리스도인들을 위한 것이 아닙니다.

은사주의 이전에도 성령 충만 받고 불이 붙은 성령의 사람들pneumatized이 있었습니다. 어떤 차가운 것이 교회를 얼어붙게 했어도, 얼마나 많은 "열광주의"가 인정받지 못했어도, 그리스도교가 단지 "교회주의churchianity"에 지나지 않았을 때도, 언제나 살아있는 성령 충만 받은 사람들이 있었습니다. 우리가 살고 있는 세기 동안에 영적인 물이 나오는 샘물들은 수 세기 이전에 내렸던 비로부터 온 것입니다. 어떤 사람들은 그 뿌리를 그가 "완전한 사랑perfect peace"이라고 불렀던 웨슬리와 그의 가르침에서 찾습니다. 그러나 뭐라고 부르든지, 웨슬리의 비전과 경험은 앞서 살았던 하나님의 남녀들로부터 온 것입니다.

"위에 내리는coming upon", "충만 받은being filled", "마시는drinking", "기름부음anointing"과 같은 모든 성경의 용어들은 똑같은 성령의 신적 은사를 묘사하고 있습니다. 그리스도께서는 우리가 "구하고… 찾고… 두드려야"한다고 하셨습니다(마 7:7, 개역개정). 이것은 성령으로 충만함을 받는 것에도 역시 적용됩니다. "성령 침례baptism in the Holy Spirit"는 침례 요한과 예수님 모두 사용하신 신약성경의 표현입니다.(마 3:11, 행 1:8을 보십시오.) 수백만 명의 사람들의 개인적인 경험들이 이를 침례라고 하든지 다른 어떤 것이라고 하든지 신약성경의 약속과 일치합니다. 만일 그것이 침례같이 보이고, 역사한다면, 침례가 아니고 무엇이란 말입니까? 당신이 사도들이 했던 것을 한다면 사도들이 가졌던 것을 가질 것이며 그 이름은 문제가 되지 않습니다.

말씀	"하나님께서는, 우리가 그를 앎으로 말미암아 생명과 경건에 이르게 하는 모든 것을, 그의 권능으로 우리에게 주셨습니다. 하나님은 우리를 부르셔서 그의 영광과 덕을 누리게 해주신 분이십니다."(벧후 1:3)
불씨	성령님이 내 위에 오셨을 때 나는 능력을 받았습니다.
참고성경	마 7:7, 행 1:8, 벧후 1:3
성경읽기	아침 – 삿 20, 행 24 / 저녁 – 렘 34, 시 5~6

귀신의 공포
Ghostly Terrors

8월 7일

불신은 거대한 두려움으로 미래를 가득 채웁니다. "밀레니엄 버그"는 광범위한 공포를 불러일으켰으며 겁에 질린 사람들이 심지어 지하 대피소를 준비하기도 했습니다. 대피소에 들어갈 자격을 얻기 위해서 한 대피소에 지원자는 총기와 천 파운드의 탄약과 1년 동안 충분한 음식을 준비하도록 요구받았습니다. 이런 공포는 귀신이 준 것입니다!

"악인은 뒤쫓는 사람이 없어도 달아나지만, 의인은 사자처럼 담대하다."(잠 28:1) 그러나 하나님은 그분을 사랑하는 사람들에게 비밀스러운 확신을 속삭이십니다. 그분은 우리의 미래를 그분의 손에 쥐고 있습니다. 믿지 않는 사람들은 끝없는 불확실성과 불안의 그림자 안에서 살고 있습니다. 지난 시대에 이교도들은 천체의 이변에 떨었지만, 예레미야는 말했습니다. "나 주가 말한다. 너희는 이방 사람의 풍습을 배우지 말아라. 이방 사람이 하늘의 온갖 징조를 보고 두려워하더라도, 너희는 그런 것들을 두려워하지 말아라."(렘 10:2) "주님은, 하늘과 땅과 바다 속에 있는 모든 것을 지으시며,"(시 146:5-6) "그분의 이름은 '만군의 주'이시다."(렘 10:16) "두려워하지 말라"라는 말은 66번이나 나오는 성경의 특별한 특징이지만, 성경은 두려움을 긍정적으로 5백 번이 넘도록 다루고 있습니다!

미래에 관하여 한 가지 확실한 것은 그리스도의 재림입니다. 예수님이 지구로 돌아오심에 대한 기대는 과거에 여러 번의 다른 때에 극도의 흥분에 도달했었다는 것을 나는 알고 있습니다. 미국에 정착하게 되었던 17세기의 청교도들은 그리스도께서 곧 나타나리라는 기대로 가득 찼으며, 밀턴이나 뉴턴 같은 위대한 사람들도 이런 생각을 하고 있었습니다. 실제로 이 기대는 초기의 그리스도인들을 지탱시켜주는 희망이었습니다. 그렇지만, 실수와 의문들은 그분이 다시 오신다는 진리를 조금도 약화시키지 않습니다. 재림의 표적들이 모두 준비되어 있습니다. 그분을 기다리십시오!

말씀	"때나 시기는 아버지께서 아버지의 권한으로 정하신 것이니, 너희가 알 바가 아니다. 그러나 성령이 너희에게 내리시면, 너희는 능력을 받고, 예루살렘과 온 유대와 사마리아에서, 그리고 마침내 땅끝에까지 이르러 내 증인이 될 것이다."(행 1:7~8)
불씨	그리스도께서 약속하셨습니다. 내가 와서 너희를 내게로 영접하여 내가 있는 곳에 너희도 있게 할 것이다.
참고성경	잠 28:1, 렘 10:2, 16, 요 14:3, 행 1:7~8
성경읽기	아침 – 삿 21, 행 25 / 저녁 – 렘 35, 시 7~8

8월 8일

구원의 확신
Sure of Salvation

구원을 확신하기 위해 하나님 이외에 어떤 것도 확신할 필요가 없습니다. "신실하시고 의로우신 분이셔서, 우리 죄를 용서하시고, 모든 불의에서 우리를 깨끗하게 해주시고"(요일 1:9), "약속하신 분은 신실하십니다"(히 10:23, 개역개정).

간단하게 예를 들어 보겠습니다. 내가 그렇게 느끼든지 못 느끼든지 나는 라인하르트 본케입니다. 내가 잠들 때 나는 이에 관해 생각하지 않지만, 나는 여전히 라인하르트 본케입니다. 내가 기억을 상실한다고 하더라도, 나의 정체성은 그대로 있습니다. 나의 출생 증명서는 내가 누구인지 말하고 있으며, 그것이 끝입니다.

하나님의 말씀도 마찬가지입니다. 당신이 주 예수 그리스도를 당신의 개인적인 구원자로 영접했다면, 당신은 하나님의 가족으로 태어났습니다. 당신은 "거듭 났습니다." 성경은 당신의 출생 증명서입니다. 당신이 이를 믿을 수 없다면, 당신은 당신이 누구인지 알 수 없을 것입니다. 이렇게 단순합니다!

> 예수께서 대답하여 이르시되 진실로 진실로 네게 이르노니 사람이 거듭나지 아니하면 하나님의 나라를 볼 수 없느니라 … 사람이 물과 성령으로 나지 아니하면 하나님의 나라에 들어갈 수 없느니라 육으로 난 것은 육이요 영으로 난 것은 영이니(요 3:3, 5~6, 개역개정)

요한은 이렇게 말했습니다. "사랑하는 자들아 우리가 지금은 하나님의 자녀라 장래에 어떻게 될지는 아직 나타나지 아니하였으나 그가 나타나시면 우리가 그와 같을 줄을 아는 것은 그의 참모습 그대로 볼 것이기 때문이니"(요일 3:2, 개역개정). 우리가 어떻게 될지는 아직 우리는 이해할 수 없습니다. 그러나 우리는 우리가 누구인지 즉 하나님의 자녀라는 것을 알고 있습니다. 예수님은 이렇게 말씀하셨습니다. "내가 진실로 진실로 너희에게 이르노니 내 말을 듣고 또 나 보내신 이를 믿는 자는 영생을 얻었고 심판에 이르지 아니하나니 사망에서 생명으로 옮겼느니라"(요 5:24, 개역개정).

얼마나 강력합니까! 당신이 회개하고 예수님을 당신 자신의 구원자로 받아들였다면, 당신은 영생을 가졌으며 사망에서 생명으로 건너갔습니다. 주님을 찬양합시다!

말씀	"우리가 우리 죄를 자백하면, 하나님은 신실하시고 의로우신 분이셔서, 우리 죄를 용서하시고, 모든 불의에서 우리를 깨끗하게 해주실 것입니다."(요일 1:9)
불씨	나는 회개하였습니다. 나는 예수님을 영접하였습니다. 그러므로 나는 영생을 가졌습니다!
참고성경	요 3:3~6, 5:24, 히 10:23, 요일 1:9, 3:2
성경읽기	아침 – 룻 1, 행 26 / 저녁 – 렘 36, 시 9

불을 켜십시오!
Switch On the Light!

8월 9일

사도 바울이 고린도에서 복음을 선포하였을 때, 그는 육체적으로 강건하고 활력이 넘치지 않았습니다. 그는 약했고 떨고 있었습니다. 사실 그는 때때로 삶의 절망에 대해서도 말했습니다. 그의 설교는 단순하고 직접적이었습니다. 그는 탁월한 연설에 의지하지 않고, "성령의 나타남과 능력"으로 복음을 선포했습니다(고전 2:3, 개역개정). 그 영향력은 강력했으며, 많은 사람들이 회개하고 구원을 받았습니다. 그런 영향을 미치도록 그는 무엇을 설교했을까요? 그 비밀은 이것입니다. 그는 이렇게 말했습니다. "내가 너희 중에서 예수 그리스도와 그가 십자가에 못 박히신 것 외에는 아무것도 알지 아니하기로 작정하였음이라"(고전 2:2, 개역개정). 구원은 단지 말에 있지 않고 일어난 일에 있습니다. "성경대로 그리스도께서 우리 죄를 위하여 죽으시고"(고전 15:3, 개역개정).

오늘 하나님께서 당신에게 미소 지으시며, 당신 편이 되시고, 언젠가 당신은 하늘나라에서 환영받게 될 것이라는 확신을 당신이 원한다면, 그것은 이렇게 일어날 것입니다. 제일 먼저, 당신은 그리스도께서 당신의 죄를 위해 죽으셨다는 복음을 듣거나 읽게 될 것입니다. 다음에는, 당신이 복음을 믿고 회개하면, 하나님의 능력은 그리스도의 속량의 유익을 당신의 심령에 적용하실 것입니다. 그러면 놀라운 일이 일어납니다. 하나님의 말씀이 당신의 죽은 영을 살리셔서, 당신은 하나님 안에서 살아나고, 깨끗하게 되고, 온전하게 됩니다. 당신을 위해서 예수님께서 십자가 위에서 하신 일을 성령님께서 당신의 삶으로 이전시켜 주십니다.

이렇게 설명해 보겠습니다. 당신의 집에 전기를 가지고 있다고 합시다. 집은 전선 작업이 되어 있고 전선은 발전소에 연결되어 있습니다. 밤에 집에 가면 당신은 스위치를 누르고, 즉시 불이 밝혀지고 따뜻해질 것입니다. 그리스도께서 당신을 위해 죽으셨다는 것을 믿는 것은 스위치를 켜는 것과 같습니다. 모든 것은 준비되어 있습니다. 복음의 메시지는 갈보리의 십자가 발전소에 연결되어 있는 전선과 같습니다. 진리의 전선들은 잘 놓여 있습니다. 전력은 거기서 기다리고 있습니다. 그때 당신이 믿습니다. 이는 곧 영적인 스위치를 켜는 것이며, 구원의 능력이 당신께로 흘러 들어가서 당신에게 빛을 줍니다. 당신은 구원받았습니다.

말씀	"그리스도께서 성경대로 우리 죄를 위하여 죽으셨습니다."(고전 15:3)
불씨	그리스도께서 나를 위해 죽으셨고, 나는 이를 믿으며, 나는 구원받았습니다!
참고성경	고전 1:8, 2:2~4, 15:3
성경읽기	아침 – 룻 2, 행 27 / 저녁 – 렘 37, 시 10

8월 10일

생명의 피
Life Blood

　예수의 피는 생명을 가져옵니다. 그분은 스스로 말씀하셨습니다. "내 살을 먹고 내 피를 마시는 자는 영생을 가졌고 마지막 날에 내가 그를 다시 살리리니"(요 6:54, 개역개정). 물론 "마시는 것"은 말의 비유지 문자 그대로는 아닌데, 이 말씀을 하셨을 때 예수님은 아직 살아 계셨기 때문입니다. 이 말은 믿음으로 예수의 피를 통한 하나님의 용서를 받는 것, 즉 우리의 필요를 위해 그분의 피를 영적으로 적용하는 것을 말합니다. 갈보리의 산의 참된 정상들이 지금 우리 앞에 솟아 있습니다. 창으로 예수의 핏줄을 열었을 때, 물과 피가 나왔으며, 하나님의 핏줄도 역시 열렸습니다. 생명의 물줄기가 십자가 위에서 흘렀을 때, 생명과 자비의 영원한 우물이 시작되었습니다.

　아벨의 살인이 땅을 더럽힌 후로, 라멕에 의한 또 다른 살인이 기록되어 있습니다. 두발가인이 만든 무기와 악한 행위는 유발에 의해 음악으로 영광을 받았으며, 이는 더 많은 피를 흘리도록 독려했습니다. 땅에서 혼자 부르짖던 아벨의 피는 하나님이 들으셨던 강력한 합창으로 부풀어 올랐습니다. 우리는 마침내 이런 말씀을 읽습니다. "그때에 온 땅이 하나님 앞에 부패하여 포악함이 땅에 가득한지라"(창 6:11, 개역개정). 그래서 하나님은 선포하셨습니다. "내가 홍수를 땅에 일으켜 무릇 생명의 기운이 있는 모든 육체를 천하에서 멸절하리니 땅에 있는 것들이 다 죽으리라"(창 6:17, 개역개정). 하나님은 노아를 방주 안으로 불러 넣으시고서, "큰 깊음의 샘들이 터지며 하늘의 창문들이 열렸습니다"(창 7:11, 개역개정). 부풀어 오른 물이 땅의 산 정상들을 다 잠기게 하였습니다. 땅은 깨끗하게 씻겼을까요? 실제로는 씻기지 않았습니다. 홍수 이후에 바로 하나님은 노아에게 오직 피만이 죄를 깨끗하게 할 수 있다고 말씀하셨습니다. 하나님은 인류에게 가르치실 것이 많았습니다. "다른 사람의 피를 흘리면 그 사람의 피도 흘릴 것이니 이는 하나님이 자기 형상대로 사람을 지으셨음이니라"(창 9:6, 개역개정). 오직 한 가지 방법뿐이었습니다. "보라 세상 죄를 지고 가는 하나님의 어린 양이로다"(요 1:29, 개역개정). "그 아들 예수의 피가 우리를 모든 죄에서 깨끗하게 하실 것이요"(요일 1:7, 개역개정). 그분의 피가 이 모든 죄를 제거합니다.

　어떤 사람들은 물침례가 그들의 죄를 깨끗이 씻을 수 있다고 생각합니다. 물을 통과하는 동안 그들은 그 종교적인 의식이 그들의 죄를 제거한다고 상상합니다. 그렇게 될 수 없습니다. 물침례가 우리의 죄를 제거할 수 있었다면, 예수 그리스도는 그렇게 잔인한 죽음을 당할 필요가 없었을 것이지만, 다른 대안은 없었습니다. 그리스도 안에서 자유를 얻으십시오. 당신의 죄는 용서받고 당신은 그분의 새로운 생명을 얻습니다.

말씀	"보시오, 세상 죄를 지고 가는 하나님의 어린 양입니다."(요 1:29)
불씨	그리스도의 피는 모든 죄에서 나를 깨끗하게 하십니다.
참고성경	창 4:11, 21~24, 6:11, 17, 7:11, 9:6, 요 1:29, 6:54, 요일 1:7
성경읽기	아침 – 룻 3~4, 행 28 / 저녁 – 렘 38, 시 11~12

값진 기름
Precious Oil

8월 11일

성경은 연합의 원리에 관하여 기름으로 매우 놀라운 설명을 하고 있습니다. 기름은 구약 성경에서 등불의 기름, 기름부음, 화장용 기름, 향유를 나타내며 항상 성령의 역사를 나타냅니다. 이것은 시편에 나옵니다. "그 얼마나 아름답고 즐거운가! 형제자매가 어울려서 함께 사는 모습! 머리 위에 부은 보배로운 기름이 수염 곧 아론의 수염을 타고 흘러서 그 옷깃까지 흘러내림 같고"(시 133:1~2) 이 시는 이스라엘의 제사장의 머리에 특별한 향유를 붓는 예식을 가리키고 있습니다.

연합이 왜 기름과 같을까요? 왜냐하면 성령님은 기름이기 때문이며 그분은 연합을 가져옵니다. 영의 기름을 통하여 우리 위에 부어지는 연합은 시편 133편의 머리 위에 부어진 기름과 같습니다.

> 머리 위에 부은 보배로운 기름이 수염 곧 아론의 수염을 타고 흘러서 그 옷깃까지 흘러내림 같고, 헤르몬의 이슬이 시온 산에 내림과 같구나. 주님께서 그곳에서 복을 약속하셨으니, 그 복은 곧 영생이다.(시 133:2~3)

이 기름이 아낌없이 부어져서 아론의 겉옷 끝자락까지 흘러내리는 것을 주목하십시오. 연합은 넓게 영향을 미칩니다. 성령의 기름을 쏟아붓는 목적은 "그것은 성도들을 준비시켜서, 봉사의 일을 하게 하고, 그리스도의 몸을 세우게 하려고 하는 것입니다. 그리하여 우리 모두가 하나님의 아들을 믿는 일과 아는 일에 하나가 되고, 온전한 사람이 되어서, 그리스도의 충만하심의 경지에까지 다다르게 됩니다."(엡 4:12~13) 여기 믿음도 함께 합니다. 믿음과 성령과 연합 각각 역할을 합니다.

성경은 이렇게 말씀하고 있습니다. "성령이 여러분을 평화의 띠로 묶어서, 하나가 되게 해 주신 것을 힘써 지키십시오."(엡 4:3) 연합은 존재합니다. 그러므로 우리는 연합을 유지하기만 하면 됩니다. 이런 성숙함은 모든 신자에게 있는 성령의 임재입니다. 믿는 순간부터 당신은 그 안에서 하나입니다.

말씀	"그리하여 우리 모두가 하나님의 아들을 믿는 일과 아는 일에 하나가 되고, 온전한 사람이 되어서, 그리스도의 충만하심의 경지에까지 다다르게 됩니다."(엡 4:13)
불씨	내 삶에 흐르는 성령의 기름은 내가 그리스도 안에서 형제자매들과 하나가 되어 살아갈 수 있게 해 줍니다.
참고성경	시 133:1~3, 엡 4:3, 13, 4:12~13
성경읽기	아침 - 삼상 1, 롬 1 / 저녁 - 렘 39, 시 13~14

| 8월 12일 |

헌신
Commitment

　그 누구도 혼자서 연합을 이룰 수는 없습니다. 혼자 결혼을 할 수 없는 것과 마찬가지입니다. 독립된 신자라는 것은 존재하지 않습니다. 아무 곳에도 소속되어 있지 않으면서 연합을 가질 수는 없습니다. 어떤 사람들은 자신이 우주적인 교회universal church에 소속되어 있다고 말하지만, 특별히 어디에도 헌신하지 않습니다. 글쎄요. 이 말은 아무도 이런 사람들을 의지하지 않는다는 말입니다. 교회들을 흘러 떠내려가는 것들 위에 지을 수는 없습니다.

　모든 거듭난 신자는 다른 모든 사람들과 함께 "그리스도 안에" 있습니다. "몸이 하나요 성령도 한 분이시니"(엡 4:4, 개역개정). 하늘과 땅 위의 모든 신자들의 몸입니다. 신약성경의 모든 것은 연합을 가리킵니다. 우리는 서로의 짐을 지게 되어 있습니다. 예를 들면, "여러분은 서로 남의 짐을 져 주십시오. 그렇게 하면 여러분이 그리스도의 법을 성취하실 것입니다."(갈 6:2) 다른 그리스도인들과 아무것도 하지 않으면서 어떻게 이렇게 할 수 있습니까?

　신약성경은 모든 성도들이 지역적으로 서로 붙어있는 것을 항상 가정합니다. 에베소에 있는 성도들에게 쓴 편지는 모두 교회에 관한 것인데, 그 모든 것은 모든 교회에게 한 말이지 고립된 개인에게 한 말이 아닙니다. 예를 들면, "하나님의 전신 갑주"를 입어야 한다는 말은 온 교회를 말하는 것입니다. 왜냐하면 이것은 전투 하는 부대 즉, 군대를 말합니다. 물론 자신들을 자기 혼자 적과 싸우며 공동체와 나라를 찢어 버리는 한 사람의 군대로 상상하기 좋아하는 사람들이 있지만 대개는 멸망하고 맙니다. 그리스도 예수님도 스스로 "나의 뜻이 아니라 아버지의 뜻이 이루어지기 바랍니다."라고 하시며 그분의 하늘 아버지께 책임을 지신 것처럼, 우리도, 오늘날 교회도 우리의 행동에 대하여 서로에게 책임을 져야 합니다. 이것이 우리가 교회들의 공동체 안에 살아야 하는 이유입니다.

　성령님은 연합의 영입니다. 그분이 결합시키는 요인입니다. 이 결합은 이 땅의 가장 가까운 가족들도 모르는 새로운 하나 됨을 가져옵니다.

말씀	"우리가 성령으로 삶을 얻었으니, 우리는 성령이 인도해 주심을 따라 살아갑시다." (갈 5:25)
불씨	"두 사람이 미리 약속하지 않았는데, 그들이 같이 갈 수 있겠느냐?"(암 3:3)
참고성경	암 3:3, 눅 22:42, 요 10:30, 갈 5:25, 6:2, 엡 4:4, 6:11
성경읽기	아침 – 삼상 2, 롬 2 / 저녁 – 렘 40, 시 15~16

오직 하나님만이
하나님을 계시할 수 있습니다
Only God Can Reveal God

8월 13일

하나님께서 허락하지 않으시면 우리는 결코 그분을 알 수 없습니다. 오직 하나님만이 자신을 나타낼 수 있습니다. 학자들은 예수님을 자신들의 눈의 수준으로 낮춤으로써 그분의 기적과 부활을 부인합니다. 사람의 상상력은 매우 제한되어 있어서 하나님께 이를 수 없습니다. 그러나 그리스도인들은 예수님 그분의 얼굴이 하나님의 영광이란 것을 알고 있습니다.

그리스도의 경험은 경험하지 못한 사람들은 알 수 없습니다. "눈으로 보지 못하고 귀로 듣지 못한 것들, 사람의 마음에 떠오르지 않은 것들을, 하나님께서는 자기를 사랑하는 사람들에게 마련해 주셨다."(고전 2:9)

이사야는 자기 신들의 형상을 만들려고 하는 사람들을 비웃었습니다. 나무 덩어리가 하늘과 땅의 창조자처럼 될 수는 없습니다. 하나님을 그려보려고 하는 모든 시도는 타락한 인간의 마음에 거슬리는 것입니다. 그리스와 로마의 신들은 정욕적이고 잔인했습니다.

우리의 생각들은 모두 성경으로부터 나오며, 오직 성경만이 어떻게 하늘나라에 갈 수 있으며, 누가 갈 수 있는지를 우리에게 말해 줄 권리가 있습니다. 성경 자체가 오직 예수의 피로 깨끗하게 된 사람만이 감히 들어갈 수 있는 곳이라고 묘사하고 있습니다. 하나님을 알려고 다른 곳을 찾는다면 우리는 좌절할 것입니다. 인도, 중국, 이슬람의 신성한 글들은 힘을 주는 것이 아니라 두려움만 줍니다.

성경을 열고 놀라운 빛이 흘러나오는 것을 보십시오! 꽃들이 떠오르는 태양을 대하듯이 이 책을 더 많이 이해할수록 당신의 마음은 성경의 계시에 열릴 것입니다. 성경에 영감을 준 그 능력이 당신의 영혼이 영감을 받아들이도록 만드셨습니다.

말씀	"눈으로 보지 못하고 귀로 듣지 못한 것들, 사람의 마음에 떠오르지 않은 것들을, 하나님께서는 자기를 사랑하는 사람들에게 마련해 주셨다."(고전 2:9)
불씨	그리스도를 경험하는 것은 경험하지 못한 사람은 알 수 없습니다.
참고성경	고전 2:9
성경읽기	아침 – 삼상 3, 롬 3 / 저녁 – 렘 41, 시 17

8월 14일

하나님의 약속들
Divine Promises

사람의 본성은 실망할 때까지 사람들의 약속을 의지합니다. 사기꾼과 사기꾼이 거래합니다. 우리는 사람들이 우리에게 하는 말을 믿습니다. 하나님께서 우리에게 그분의 말씀을 주셨을 때 우리는 하나님을 신뢰할 수 있어야 합니다. 백 세대가 그분을 증거하였으며, 같은 이유로 그분은 우리가 그분을 의지하도록 하셨으며, 우리는 그분이 우리를 위해서 무엇을 할 것인지를 선포함으로써 표현합니다. 어떤 사람이 성경 전체에서 하나님께서 우리에게 하신 7,874개의 약속을 찾아냈습니다. 이 빛나는 약속들이 우리가 하나님을 이해하고 그분으로부터 무엇을 기대할 수 있는지를 가르쳐 주고 있습니다.

이 약속들 이외의 것은 하나님의 말씀이 아닐 수 있습니다. 그럼에도 불구하고 하나님의 친절하심에는 엄격한 한계는 없습니다. 그분은 은혜로우십니다. 하나님은 그분의 정확한 말씀의 둘레를 벗어나는 것도 허락하신다는 것을 경험으로 보여주고 있습니다. 이런 일이 일어날 때는 다른 사람들도 같은 것을 요구하라는 전례로 여겨서는 안 됩니다. 그러나 7,874개의 약속의 범위는 하나님의 도움이 필요한 모든 상황을 다루도록 넓습니다. 많은 약속들은 언약의 형태로 주어졌습니다.

하나님은 우리에게 물어보지 않고 많은 일을 행하십니다. "하늘에 계신 너희 아버지께서는, 악한 사람에게나 선한 사람에게나 똑같이 해를 떠오르게 하시고, 의로운 사람에게나 불의한 사람에게나 똑같이 비를 내려주신다."(마 5:45) 하나님은 선하시고, 모든 사람에게 선하십니다. 수많은 사람들이 그분에게 영예를 돌리지 않지만, 나쁜 일이 일어날 때는 즉시 하나님 탓합니다. 자연의 과정들은 불변하며 규칙적으로 보입니다. 오늘날까지 아무도 하나님이 이와 무관하다는 것을 보여주지 않았습니다. 그분은 "또 땅의 모든 짐승과 공중의 모든 새와 땅 위에 사는 모든 것, 곧 생명을 지닌 모든 것에게도" 약속을 지키십니다(창 1:30). "땅이 있는 한, 뿌리는 때와 거두는 때, 추위와 더위, 여름과 겨울, 낮과 밤이 그치지 아니할 것이다."(창 8:22) 예수님은 이를 더 확장시켜서 다음을 포함시키셨습니다. "들의 백합화가 어떻게 자라는가 살펴보아라. 수고도 하지 않고, 길쌈도 하지 않는다. 그러나 내가 너희에게 말한다. 온갖 영화로 차려입은 솔로몬도 이 꽃 하나와 같이 잘 입지는 못하였다."(마 6:28~29) 하나님의 사랑의 친절하심과 신실하게 돌보심을 기뻐하십시오. 심지어 그분의 피조물도 당신을 위한 기적적인 공급을 선포하고 있습니다.

말씀	"하늘에 계신 너희 아버지께서는 … 악한 사람에게나 선한 사람에게나 똑같이 해를 떠오르게 하시고, 의로운 사람에게나 불의한 사람에게나 똑같이 비를 내려주신다."(마 5:45)
불씨	나의 모든 필요는 하나님의 약속들을 믿음으로써 해결됩니다.
참고성경	창 1:30, 8:22, 9:10, 마 5:45, 6:28~29, 7:7~11
성경읽기	아침 – 삼상 4, 롬 4 / 저녁 – 렘 42, 시 18

믿음이란 황금 선물
The Golden Gift of Faith

8월 15일

　우리는 믿지 않다가 어느 순간에 갑자기 믿습니다! 아마도 극적이지 않은 방식으로, 우리는 어떤 경계선을 넘고, 우리는 믿습니다. 그냥 우리는 예수님이 누구신지 압니다. 이것은 항상 모두 바른 말로 된 형태가 아니거나, 고전적인 회심의 경험에 부합하지 않을 수도 있지만, 우리들의 영혼 안에는 직감이 있습니다. 우리는 그것을 봅니다. 이 세상이 어떤 의미를 가지고 있다면 오셔야 하는 한 분이 그분입니다. 그분이 열쇠이며, 존재의 모든 수수께끼에 대한 해답이며, 초점입니다. 예수 그리스도는 하나님에 대한 사람들의 생각을 분명하게 해 줍니다.

　구약성경에서는 하나님에 관하여 사람들에게 계시가 왔지만, 계시는 아브라함, 야곱과 선지자들과 같은 몇몇 개인들에게만 있던 것처럼 보입니다. 많은 사람들의 무리가 매우 천천히 때로는 거꾸로 움직였습니다. 하나님은 사람들이 믿음을 가지도록 도와주려고 다양한 환경을 사용하셨습니다. 왜 그런지 모르지만, 갈보리는 그 무서운 시나이에서 나타나심으로 할 수 없었던 것을 하십니다. 예수님은 큰 믿음을 창조하시는 분입니다. 불확실함과 의심의 길과 활기없는 세계사를 되돌아보면, 언제 변화가 있었는지를 우리는 볼 수 있습니다. 그 변화는 복음과 함께 왔습니다. 그 변화는 잠들었던 신뢰를 깨웠습니다. 새벽이 왔습니다. "나는 길이요, 진리요, 생명이다. 나를 거치지 않고서는, 아무도 아버지께로 갈 사람이 없다… 내가 너희에게 하는 말은 내 마음대로 하는 것이 아니다. 아버지께서 내 안에 계시면서 자기의 일을 하신다. 내가 아버지 안에 있고, 아버지께서 내 안에 계시다는 것을 믿어라. 믿지 못하겠거든 내가 하는 그 일들을 보아서라도 믿어라."(요 14:6, 10~11)

　예수님은 "나로 말미암지 않고는 아무도 아버지께로 올 자가 없느니라"라고 하셨습니다. 이는 실제적이고 단순한 사실입니다. 수천 개의 다른 길을 가리키는 종교들은 충분히 있지만, 그리스도는 그 길입니다. 그분은 한 길을 가리키지 않으십니다. 그분은 그 문이며, 하늘을 활짝 여십니다. "내게로 오너라…너희는 마음에 쉼을 얻을 것이다."(마 11:28~29) "두려워 말라."(사 41:10) 이것들은 모든 인류에게 하신 그분의 약속입니다.

말씀	"수고하며 무거운 짐을 진 사람은 모두 내게로 오너라. 내가 너희를 쉬게 하겠다. 나는 마음이 온유하고 겸손하니, 내 멍에를 메고 나한테 배워라. 그리하면 너희는 마음에 쉼을 얻을 것이다. 내 멍에는 편하고, 내 짐은 가볍다."(마 11:28~30)
불씨	내 심령에 예수 그리스도와 함께 사는 것은 나의 삶에 의미와 소망을 줍니다.
참고성경	사 41:10, 마 11:28, 눅 12:32, 요 14:5~11
성경읽기	아침 – 삼상 5~6, 롬 5 / 저녁 – 렘 43, 시 19

8월 16일

세 가지 시제의 믿음
Faith in Three Tenses

오늘, "어제"가 우리의 문을 두드리며, "내일"에 관해 말하고 있습니다. 우리가 믿는 것은 과거에 어땠는지에서 비롯됩니다. 날씨처럼 인생도 하나님의 뜻을 제외하고는 확률의 문제입니다. 하나님은 변화에 영향을 받지 않으십니다. 하나님의 뜻은 혼돈에서 질서를 가져오는 열쇠입니다. 믿음의 일은 모든 인생의 일에 필요합니다. 수도꼭지에서 나오는 물에 독이 없다는 것을 우리는 믿어야 합니다. 돈을 벌거나 살아가는 것도 마찬가지입니다. 그러나 나의 관심은 삶 자체인데, 우리는 삶을 망치거나 잘 살 수 있습니다. 우리는 생계를 유지하는 데는 성공을 해도 삶을 사는 데는 실패할 수 있습니다. "경건 훈련은 모든 면에 유익하니, 이 세상과 장차 올 세상의 생명을 약속해 줍니다."(딤전 4:8)

믿음은 포근한 작은 동굴에서 우리를 끌어내어 하나님을 위해 살아가게 할 수 있습니다. 하나님께서는 제게 세계적인 일을 맡기셨는데 모든 나라의 가정마다 최고의 복음 소책자를 출판해서 보급하는 것이었습니다. 나는 이런 환상적인 계획에 대한 돈은 없었지만 믿음은 있었습니다. 지금 나는 "마이너스에서 플러스로"라는 소책자를 많은 나라에 공급하신 하나님을 보고 있습니다. 현재 우리의 다른 책들과 소책자들은 142개 언어와 방언으로 번역되고 있으며 지금까지 1억 5천 2백만 권을 출판했습니다!

하나님께서 과거에 하셨던 일은 내게 다음에 일어날 일을 알려줍니다. 누구를 상대하든지 우리는 그들이 어떻게 될지 알 수 없습니다. 그들이 얼마나 과거에 신뢰할 만했는지 우리가 신뢰하는 만큼 지금 그들은 신뢰할 만 합니다. 상황이 바뀐다 해도 우리는 신뢰해 볼 수 밖에 없습니다. 다른 방법은 없습니다. 숨을 쉬어야 하는 것처럼 믿음은 삶의 사실입니다. 그들이 말했듯이 그분이 증명하신 기록 때문에 나는 하나님을 신뢰합니다. 그분은 항상 일들을 잘 다루셨으며, 실제로 제가 하는 일에는 매우 잘 하셨습니다.

믿음에는 세 가지 시제가 있습니다. "선한 일을 여러분 가운데서 시작하신 분께서 그리스도 예수의 날까지 그 일을 완성하시리라고, 나는 확신합니다."(빌 1:6) 그리스도인의 확신은 하나님이 과거에 어떤 분이었으며, 지금 어떤 분이고, 앞으로 어떤 분일지에 대한 것입니다. "군대가 나를 치려고 에워싸도, 나는 무섭지 않네. 용사들이 나를 공격하려고 일어날지라도, 나는 하나님만 의지하려네."(시 27:3) 그분의 뜻은 도전 받거나 변할 수 없을 것이며 미래를 만듭니다. 그분의 뜻 안에서 우리는 안전합니다.

말씀	"선한 일을 여러분 가운데서 시작하신 분께서 그 일을 완성하시리라."(빌 1:6)
불씨	주님, 당신의 말씀은 진리입니다. 나는 주님이 하신 일을 읽었으므로 나는 주님이 어떻게 하실지를 압니다.
참고성경	시 27:3, 요 2:17, 빌 1:6, 딤전 4:8
성경읽기	아침 – 삼상 7~8, 롬 6 / 저녁 – 렘 44, 시 20~21

기름의 근원
The Source of Oil

8월 17일

예루살렘의 대성전은 출애굽기 25, 35, 37, 39장에 묘사된 유명한 황금 등잔, 일곱 가지를 가진 메노라를 가지고 있었습니다. 로마인들은 서기 70년에 예루살렘을 노략질할 때 이것을 가져갔으며, 이것은 디도의 문 위에 그려져 있어서, 로마에서 매일 관광객들에게 보여지고 있습니다. 메노라는 근대 이스라엘의 상징이었습니다. 이 등잔은 이음새도 용접한 부분도 없으며, 한 금덩어리에서 만들어졌습니다. 팔마다 등잔과 심지가 있고, 기름은 중앙의 가지에 있는 한 근원에서 나왔습니다. 일곱 개의 등불이 한 빛으로 빛났으며 메노라의 그림자도 없었습니다. 예수님은 성령을 상징하는 등의 기름에 관해서 말씀하셨습니다.

요한계시록에서 사도 요한은 그리스도를 각 등잔이 한 교회를 나타내는 황금 등잔들 가운데 서 계시는 그리스도로 묘사했습니다.

> 주님의 날에 내가 성령에 사로잡혀 내 뒤에서 나팔 소리처럼 울리는 큰 음성을 들었습니다. 그 음성은 이렇게 말하였습니다. "네가 보는 것을 책에 기록하여, 일곱 교회, 곧 에베소와 서머나와 버가모와 두아디라와 사데와 빌라델비아와 라오디게아의 교회로 보내라." 그래서 나는 내게 들려 오는 그 음성을 알아보려고 돌아섰습니다. 돌아서서 보니, 일곱 금 촛대가 있는데, 그 촛대 한가운데 '인자와 같은 분'이 계셨습니다.(계 1:10~13)

그뿐만 아니라 그 보좌 앞에는 불붙은 일곱 등잔이 있다고 했습니다. 이들은 하나님의 일곱 영입니다. 각 등잔 심지의 일곱 불길은 하나님의 영이라는 한 연료의 근원을 가지고 있어서 한 빛을 비취었습니다. 여러 가지 은사와 사역과 역사로 나타나는 하나의 영이 있습니다.

신자들이 우리의 생기 없는 세상에 하나의 작은 빛을 가져와 비친다면, 이것은 성령으로 말미암은 것이며, 그렇지 않으면 신자들은 꺼진 심지일 뿐입니다. 심지는 스스로는 아무리 애써도 연료 없이는 빛날 수 없습니다. 그리스도께서 우리의 심령이 빛나게 하시므로 우리는 하나님을 위해서 불타오를 수 있습니다. 아무도 믿기만 하지 않습니다. 당신이 믿는다면 당신은 빛납니다!

말씀	"각 사람에게 성령을 나타내 주시는 것은 공동 이익을 위한 것입니다."(고전 12:7)
불씨	내 등잔의 기름의 근원은 하나님의 성령입니다.
참고성경	출 25:1~40, 35:1~35, 37:1~29, 39:1~43, 고전 12:4~11, 계 1:10~13, 4:5
성경읽기	아침 – 삼상 9, 롬 7 / 저녁 – 렘 45~46, 시 22

| 8월 18일 |

어딘가 가기
Getting Somewhere

    하나님에 대한 믿음은 막연한 감정인 것 같지만 믿음은 곧 실재가 되어 견고해집니다. 우리는 놀라운 확신을 가지고서 미지의 바다에 우리 자신을 던질 수 있습니다. 예수님은 말씀하셨습니다. "사람이 나를 사랑하면 내 말을 지키리니 내 아버지께서 그를 사랑하실 것이요 우리가 그에게 가서 거처를 그와 함께 하리라"(요 14:23, 개역개정). 개인적으로 제가 독일에서 아프리카에 도착해서 배운 중요한 교훈은 하나님께 질문을 하는 일을 버리는 것이었습니다. 우리는 정치인들은 의심하지만 하나님은 믿습니다! 예를 들면, 그리스도께서 이렇게 말씀하셨습니다. "믿는 자들에게는 이런 표적이 따르리니 … 그들이 병든 사람에게 손을 얹은즉 나으리라 하시더라"(막 16:17~18, 개역개정). 사람들의 허락을 얻기 위해서 지적인 사람들과 상의하는 것이 아니라 단순히 말씀에 순종하는 것입니다. 내가 하나님이 말씀하시는 것을 행하면 하나님은 그분이 말씀하신대로 행하십니다. 하나님은 나의 심령과 영의 양극성을 바꾸셔서 나를 통해 온 나라를 흔들기 시작하셨습니다! 하나님은 모세의 지팡이를 사용하셨으며, 우리가 그분의 명령을 따를 때 우리를 사용하십니다. 나는 매번 하나님의 역사를 보고 있습니다. 나의 믿음의 퓨즈는 연결되어 있으며 축복의 전류는 어린 양의 피로 그들의 영혼을 속량하기 위해서 나의 삶을 통해서 수백만 명의 귀한 사람들에게로 흘러들어 갔습니다.

    당신이 무엇을 하든지, 예를 들면, 음악이나, 예배나, 분위기로는 전력을 만들어 낼 수 없습니다. 두세 사람이 그분의 이름으로 모이자마자 그리스도는 거기 계십니다! 즉시 보좌는 세워집니다. 당신이 보좌를 지으려고 한 시간 동안 예배를 드릴 필요가 없습니다. 그리스도의 능력이 그곳에 존재하지 않고는 그리스도인들이 모일 수 조차도 없습니다! 매일 그리스도 예수 안에 있는 그 능력에 전원을 연결하십시오!

말씀	"두세 사람이 내 이름으로 모여 있는 자리, 거기에 내가 그들 가운데 있다."(마 18:20)
불씨	당신의 말씀은 내 발에 등불이며 나의 길에 빛입니다. 내가 갈 때 나는 분명하게 볼 수 있습니다.
참고성경	시 119:105, 막 16:17~18, 요 14:23
성경읽기	아침 – 삼상 10, 롬 8 / 저녁 – 렘 47, 시 23~24

갑작스러운 홍수!
Flash Flood!

8월 19일

하나님은 말씀하셨습니다. "바다에 물이 가득하듯이, 주의 영광을 아는 지식이 땅 위에 가득할 것이다."(합 2:14) 어떻게 물은 바다를 덮고 있습니까? 바다 밑바닥은 한 곳도 마른 땅이 없습니다! 이는 하나님의 계획을 분명하게 보여주고 있습니다. 그분의 영광과 능력과 구원에 관한 실제적인 지식이 마치 빛의 홍수처럼 세상을 가로질러 퍼져나가게 될 것입니다. 단 한 곳도, 무지한 한 나라, 도시, 마을, 촌락, 가족, 개인도 없을 것입니다. 스랍들은 이사야 선지자에게 외쳤습니다. "온 땅에 그의 영광이 가득하다."(사 6:3)

하나님에 대한 이 지식은 그의 아들 예수 그리스도를 통해서 옵니다!

> 이새의 줄기에서 한 싹이 나며 그 뿌리에서 한 가지가 자라서 열매를 맺는다. 주님의 영이 그에게 내려오신다. 지혜와 총명의 영, 모략과 권능의 영, 지식과 주님을 경외하게 하는 영이 그에게 내려오시니 … 물이 바다를 채우듯, 주님을 아는 지식이 땅에 가득하기 때문이다.(사 11:1~2, 9)

우리는 하나님의 기름부음을 받은 이전 세대의 수고와 눈물로 완성된 세계적인 복음 전파와 부흥의 정점을 보아야만 합니다. 교회는 유람선이 아니라 구조선입니다. 우리를 즐겁게 해 주는 사람들이 필요하지도 않고 우리는 원하지도 않습니다. 영혼 구원의 갑판 위에는 선장에서부터 요리사까지 모든 손이 필요합니다. 잃어버린 영혼을 찾지 않는 교회는 스스로 잃어버린 것입니다. 어떤 사람들은 오늘날의 다원주의 사회에서 그리스도인의 절반은 나머지 반을 결코 침투해 들어갈 수 없다고 변명을 합니다. 하나님께서 우리의 상황을 예상하시지 않으셨습니까? 사람들은 "오늘날 하나님은 교회에 무슨 말씀을 하시는가?"라고 묻습니다. 그것이 무슨 문제가 됩니까? 하나님께서 그렇게 들리지 않게 말씀하십니까? 그분은 그분의 말씀에 이미 말하지 않은 것은 아무것도 오늘 말씀하지 않으십니다. 우리의 선지자들이 옳다면 나는 하나님이 말씀하시고 계신 것 하나를 알고 있는데, 그들은 예수님과 똑같이 긴급함으로 말할 것이며, 이는 "온 천하에 다니며 만민에게 복음을 전파하라"라고 하신 동일한 대사명을 반복할 것입니다(막 16:15, 개역개정). 이것이 오늘 하나님의 명령입니다.

말씀	"그날이 오면, 이새의 뿌리에서 한 싹이 나서, 만민의 깃발로 세워질 것이며, 민족들이 그를 찾아 모여들어서, 그가 있는 곳이 영광스럽게 될 것이다."(사 11:10)
불씨	교회는 잃어버린 사람들에게 구원의 소식을 전하는 유람선이 아니라 구조선입니다.
참고성경	사 6:3, 11:1~2, 9~10, 합 2:14, 막 16:15
성경읽기	아침 – 삼상 11, 롬 9 / 저녁 – 렘 48, 시 25

8월 20일

기적은 왕국의 특성입니다
Miracles Characterize the Kingdom

왕국에서는 기적이 정상입니다. 예수님은 제자들을 보내시며 말씀하셨습니다. "어느 고을에 들어가든지, 사람들이 너희를 영접하거든, 너희에게 차려 주는 음식을 먹어라. 그리고 거기에 있는 병자들을 고쳐주며 '하나님 나라가 너희에게 가까이 왔다' 하고 그들에게 말하여라."(눅 10:8~9) 그리스도 이전에는 기적은 드물었고 역사적인 하나님의 방문이었습니다. 눈이 멀거나, 다리를 못 쓰거나, 귀가 들리지 않는 사람들을 위한 치유의 은사들은 없었습니다. 다니엘, 에스라, 느헤미야, 예레미야, 에스더 같은 탁월한 사람들도 육체적인 경이로움을 한 번도 보지 못했으며, 어떤 사람들은 그들이 초자연적이라고 부를 수 있는 어떤 일도 경험하지 못했습니다. 에스라는 성령의 일하시는 것을 느껴 본 적이 없었으며, 그는 환상을 보거나, 부르심이나, 목소리는 물론 선지자로서 임명도 받은 적이 없었습니다. 그는 말씀만을 신뢰할 수 있었습니다. 일반적으로 보이는 몇 개의 표적과 기사는 이집트나 바빌론이나 이스라엘의 폭압적인 군주들과 같은 통치자들을 책망하는 표시였습니다. 이런 이적들은 느부갓네살에게 그랬던 것처럼 그들을 겸손하게 하려는 것이었습니다. 그는 하나님의 "통치는 영원하고 그의 나라 대대로 이어진다 … 나 느부갓네살은 하늘의 왕을 찬양하고 높이며, 그분에게 영광을 돌리는 바이다."라고 인정해야만 했습니다(단 4:34, 37).

대개 이런 사건들은 이집트의 재앙과 같은 심판이었지만, 왕국의 더 높은 특성들은 친절과 긍휼히 여기심입니다. 구약의 마지막 선지자 침례자 요한은 메시아가 오셨을 때 엄한 심판을 하실 것을 기대했습니다. 그는 타작 마당을 깨끗이 하여, 쭉정이는 꺼지지 않는 불에 태우는 것을 말했습니다. 그러나 예수님께서 파괴와 심판 대신 불로 침례를 베푸셨을 때 사랑의 불꽃이 왔습니다. 예수님은 병자들을 치유하셨습니다. 예수님은 침례자 요한에게 그의 불과 진노는 사람들이 고통받는 악에 대한 것이라는 것을 보여주는 메시지를 보냈습니다. 그분이 오셔야 할 분이었습니다. 성령의 은사들은 자애롭고 친절합니다.

"그러므로 믿음, 소망, 사랑, 이 세 가지는 항상 있을 것인데, 그 가운데서 으뜸은 사랑입니다."(고전 13:13) 오늘 하나님의 사랑 안에서 기쁘게 살아가십시오.

말씀	"하나님께서도 표징과 기이한 일과 여러 가지 기적을 보이시고, 또 자기의 뜻을 따라, 성령의 선물을 나누어주심으로써, 그들과 함께 증언하여 주셨습니다."(히 2:4)
불씨	나의 힘이신 주님, 나는 주님을 사랑할 것입니다.
참고성경	시 18:1, 단 4:34, 37, 눅 10:8~9, 고전 13:13, 히 2:4
성경읽기	아침 – 삼상 12, 롬 10 / 저녁 – 렘 49, 시 26~27

그분의 가장 큰 일
His Greatest Work

8월 21일

구원은 성령님의 가장 위대한 역사입니다. 구원은 당신을 땜질하듯이 보완해 주고 종교적이 되게 하거나 자연에 조화를 이루도록 하는 사소한 결과를 가져오지 않습니다. 하나님께서 하늘과 땅을 창조하는 데는 엿새가 걸렸지만, 인류의 구원을 준비하는 데는 수 세기가 걸렸습니다. 그분은 "때가 차서" 예수님이 오실 때까지, 이집트, 이스라엘, 바빌론, 로마 같이 다른 곳과, 선한 사람과 악한 사람의 역사를 통해서 일하셨습니다(갈 4:4). 구원은 모든 사람, 모든 것 심지어 하나님까지 영향을 끼쳤습니다. 옆구리가 찢어지고, 천사들의 기쁨을 앗아간, 하나님의 아들이 베들레헴의 허술한 마구간으로부터 삶을 맞이하셨습니다. 그분은 사탄과의 전쟁을 선포하시고 갈보리에서 죽음을 맞이하셨습니다. 이런 투쟁 가운데서, 땅은 흔들렸고, 바위들은 갈라졌으며, 태양은 하늘에서 검게 변했습니다.

낮 열두 시부터 어둠이 온 땅을 덮어서, 오후 세 시까지 계속되었다… 예수께서 다시 큰 소리로 외치시고, 숨을 거두셨다. 그런데 보아라, 성전 휘장이 위에서 아래까지 두 폭으로 찢어졌다. 그리고 땅이 흔들리고, 바위가 갈라지고, 무덤이 열리고, 잠자던 많은 성도의 몸이 살아났다… 백부장과 그와 함께 예수를 지키는 사람들이, 지진과 여러 가지 일어난 일들을 보고, 몹시 두려워하여 말하기를 "참으로, 이분은 하나님의 아들이셨다" 하였다.(마 27:45, 50~52, 54)

이런 경이로운 장면에 겁을 먹고 그분의 피를 찾아 늑대처럼 으르렁거리던 그분의 원수들은 두려움에 휩싸였습니다. 지옥도 그 충격을 느꼈습니다. 예수 그리스도는 자신의 상처를 아버지께 보여주시려고 사로잡혔던 자들을 이끌고 모든 권세들 훨씬 위로 올라가셔서 죽음의 문들을 떼고 무덤 밖으로 나왔습니다. 당신과 나를 위해 상처를 받으셨습니다! 이것들이 당신과 내가 구원받을 수 있도록 한 강력한 사건들입니다. 당신이 구원받은 것을 알지 못하기에는 이것은 너무나 큰일입니다! 구원은 단지 바라거나 낙관적인 것이 아니라 말씀이 말하고 있는 것입니다. 당신이 실제로 그분의 가장 큰 선물을 받았다는 것을 그리스도 안에서 확신하십시오. 이 선물에 대해서 그분께 감사하십시오. 그 안에서 행하십시오. 나누고 즐기고 구원을 오늘 당신의 도전에 적용하십시오.

말씀	"그러므로 나는 이런 고난을 당하면서도 부끄러워하지 않습니다. 나는, 내가 믿어 온 분을 잘 알고 있고, 또 내가 맡은 것을 그분이 그날까지 지켜 주실 수 있음을 확신합니다."(딤후 1:12)
불씨	"그러나 그가 찔린 것은 우리의 허물 때문이고, 그가 상처를 받은 것은 우리의 악함 때문이다. 그가 징계를 받음으로써 우리가 평화를 누리고, 그가 매를 맞음으로써 우리의 병이 나았다."(사 53:5)
참고성경	사 53:5, 마 27:45~56, 갈 4:4, 딤후 1:12
성경읽기	아침 – 삼상 13, 롬 11 / 저녁 – 렘 50, 시 28~29

8월 22일

흉내가 아닙니다
No Imitations

"그러나 하나님의 기초는 이미 튼튼히 서있고, 거기에는 "주님께서는 자기에게 속한 사람을 아신다"는 말씀과 "주님의 이름을 부르는 사람은 다 불의에서 떠나라"는 말씀이 새겨져 있습니다."(딤후 2:19) 사람의 성품이나 행동, 살아가는 모습으로 전혀 보이지 않으면서 구원받은 경험을 자랑하며 교만을 보이는 거짓된 자신감이 있습니다. "그들의 열매로 그들을 알지니"(마 7:16). 이런 사람들은 가짜 그리스도인입니다. "우리가 이미 죽음에서 생명으로 옮겨갔다는 것을 우리는 압니다. 이것을 아는 것은 우리가 형제자매를 사랑하기 때문입니다. 사랑하지 않는 사람은 죽음에 머물러 있습니다."(요일 3:14) 여기 미묘한 위험이 있습니다. 그리스도인들처럼 흉내만 내면서 구원받지 못한 사람들이 있을 수 있습니다.

어떤 사람들은 애완용 앵무새를 기릅니다. 앵무새는 흉내를 낼 줄 압니다. 내 친구는 사람이 하는 말을 그 사람의 목소리처럼 따라할 수 있는 폴리라는 이름을 가진 훌륭한 아프리카 그레이를 가지고 있습니다. 가끔은 누구의 말인지 구별하기 힘들 정도입니다. 그 새는 사람의 목소리를 내면서 마치 가족의 한 사람인 것처럼 말합니다. 그는 사람들의 이야기에 자주 끼어들려고 합니다. 그렇지만 어림없지요. 불쌍한 폴리에게는! 사람처럼 말을 하고, 심지어 자신이 사람이라고 생각하지만, 그는 여전히 앵무새에 지나지 않습니다. 많은 사람들이 그리스도인 흉내만 내면서 살고 있습니다. 그들은 그리스도인들이 하는 것을 합니다. 그들은 모든 말을 흉내내지만 음악 즉, 구속 받은 자들이 하늘에 응답하는 영광스러운 노래는 하지 않습니다. 그들의 삶은 일과 열심으로 되어 있습니다. 그들은 때로는 진짜 그리스도인들보다 더 잘 흉내를 낼 수도 있습니다. 그렇지만 그들이 그리스도인입니까? 그리스도인들은 위로부터 거듭나서 그들의 참된 영적 아버지는 하늘에 계십니다. "성령이 우리의 영과 함께, 우리가 하나님의 자녀임을 증언하십니다."(롬 8:16) 당신이 참으로 그분의 것이라면 당신은 이 사실을 알고 있어야만 합니다.

우리는 모두 실수하지만 우리의 구원은 우리의 약함을 이기고 우리 안에서 계속 역사합니다. 적어도 우리의 속량이 완성되고 우리가 그분의 놀라운 얼굴을 뵙는 그날까지 주님을 기쁘시게 하고자 하는 우리의 욕망은 진실입니다. 그때까지, 무슨 일이 일어나든지, 우리는 바울이 말한 것처럼 이렇게 말할 수 있습니다. "그러므로 나는 이런 고난을 당하면서도 부끄러워하지 않습니다. 나는, … 내가 맡은 것을 그분이 그날까지 지켜 주실 수 있음을 확신합니다."(딤후 1:12) 오늘 이 말씀에 동의하십시오!

말씀	"자녀 된 이 여러분, 여러분은 하나님에게서 난 사람들이며, 여러분은 그 거짓 예언자들을 이겼습니다. 여러분 안에 계신 분이 세상에 있는 자보다 크시기 때문입니다."(요일 4:4)
불씨	내가 그분에게 맡긴 것을 그분이 나타나시는 그날까지 지켜 주실 수 있음을 확신합니다. 딤후 1:12을 보세요.
참고성경	마 7:16, 롬 8:16, 딤후 1:12, 2:19, 벧후 1:4, 요일 3:14
성경읽기	아침 – 삼상 14, 롬 12 / 저녁 – 렘 51, 시 30

그리스도 안에서만 자랑하십시오
Boast Only in Christ

8월 23일

아무도 그리스도의 영광을 빼앗을 수 없으며, 세월도 그 영광을 흐리게 할 수 없습니다. 그 영광은 인위적인 위풍이나 외부 환경에서 나오는 것이 아니라 그분 안에 있습니다. 그분은 화려한 전시가 필요하지 않습니다. 그분의 영광은 그분이 입은 농부의 옷을 통해 비쳤습니다. 십자가에 그분을 못 박았지만 그분을 조금도 파괴할 수 없었습니다. 그분은 이 부끄러운 것을 이 땅 위에서 가장 위대한 영광의 상징으로 변화시키시고 십자가를 이기셨습니다. 예수 그리스도는 인간에게 알려진 가장 잔인한 형태의 사형 방법이었던 거친 십자가 위에서 못 박히셨습니다. 그분은 우리가 익숙하게 보아왔던 옷이 입혀진 모습이 아니라, 발가벗겨져서 어떤 보호하는 것도 없이 부끄럽게 몇 시간 동안 매달려 계셨습니다.

다른 제자들이 그에게 '우리는 주님을 보았소' 하고 말하였으나, 도마는 그들에게 '나는 내 눈으로 그의 손에 있는 못자국을 보고, 내 손가락을 그 못자국에 넣어 보고, 또 내 손을 그의 옆구리에 넣어 보지 않고서는 믿지 못하겠소!' 하고 말하였다. 그리고 나서 도마에게 말씀하셨다. '네 손가락을 이리 내밀어서 내 손을 만져 보고, 네 손을 내 옆구리에 넣어 보아라. 그래서 의심을 떨쳐버리고 믿음을 가져라 … 나를 보지 않고도 믿는 사람은 복이 있다.' (요 20:25, 27, 29)

사람을 증오하여 고문하는, 피와 내장에 절어 끈적끈적한, 가장 추악한 도구는 이전의 원수가 "그런데 내게는 우리 주 예수 그리스도의 십자가밖에는, 자랑할 것이 아무것도 없습니다."라고 부르짖을 때까지 변화되었습니다(갈 6:14). 그분의 영광을 파괴할 방법은 없었습니다. 그분을 공경하면 할수록, 그분의 친절함과 동정심과 인내는 더 많이 드러났습니다. 그분의 원수였던 사람은 그분께 용서받고, 찾고, 구원하고, 그분의 파괴시킬 수 없는 사랑의 영원한 영광을 드러낼 기회를 줄 뿐이었습니다. 우리 모두 "할렐루야, 이 어떠한 구원자인가!"라고 외칩시다.

말씀	"그런데 내게는 우리 주 예수 그리스도의 십자가밖에는, 자랑할 것이 아무것도 없습니다. 그리스도로 말미암아, 내 쪽에서 보면 세상이 죽었고, 세상 쪽에서 보면 내가 죽었습니다."(갈 6:14)
불씨	구원받은 우리에게는 하나님의 능력인 우리 주 예수 그리스도의 십자가를 나는 자랑할 것입니다.
참고성경	사 22:23, 요 19:1~42, 20:24~39, 갈 6:14, 고전 1:18
성경읽기	아침 – 삼상 15, 롬 13 / 저녁 – 렘 52, 시 31

8월 24일

이런 종이라!
What a Servant!

하나님의 왕국에서는 누가 가장 큰 사람인가! 이름 없는 사람일지도 모르지만 숨은 동기가 없이 섬기는 사람인 것은 분명합니다. 의심할 바 없이, 가장 위대한 분은 수건을 가지고 제자들의 발을 씻기시고, 인류를 정결하게 하시려고 물로 할 수 없어서 자신의 피를 쏟아부으신 그분입니다. 모든 인류의 발과 심령을 씻어주려고 오신 예수 그리스도는 이런 종이십니다!

예수께서는, 아버지께서 모든 것을 자기 손에 맡기신 것과 자기가 하나님께로부터 왔다가 하나님께로 돌아간다는 것을 아시고, 잡수시던 자리에서 일어나서, 겉옷을 벗고, 수건을 가져다가 허리에 두르셨다. 그리고 대야에 물을 담아다가, 제자들의 발을 씻기시고, 그 두른 수건으로 닦아주셨다 … 예수께서 제자들의 발을 씻겨주신 뒤에, 옷을 입으시고 식탁에 다시 앉으셔서, 그들에게 말씀하셨다. "내가 너희에게 한 일을 알겠느냐? 너희가 나를 선생님 또는 주님이라고 부르는데, 그것은 옳은 말이다. 내가 사실로 그러하다. 주이며 선생인 내가 너희의 발을 씻겨 주었으니, 너희도 서로 남의 발을 씻겨 주어야 한다.(요 13:3~5, 12~14)

"그들은 자기들이 찌른 사람을 쳐다볼 것이다."(요 19:37) 그분은 우리가 보게 될 분입니다. 그분은 "찔린 분"으로서 이는 그분을 알 수 있는 특별한 표시입니다. "그는 생명의 빛을 보고 만족할 것이다."(사 53:11) 영광으로 오실 때 그분은 피로 씻긴 그의 성도들과 함께 있을 것입니다. 이름을 팔고 다니는 사람들, 부와 상장과 우승컵과 메달을 모으는 사람들이 아니라 속량받은 사람들과 함께 할 것입니다. 그분이 그들의 값을 지불하고 되찾으셨으며, 찾으셨고, 발견하셨고, 영화롭게 하셨습니다!

어떤 영광입니까! 그분께서 혐오스러운 것을 은혜로 향기롭게 하셨습니다. 오염되었던 것이 이제는 의로 옷 입었습니다. 깨끗하지 않던 것을 위해 그분의 눈물로 씻었으며, 예수님께서 땀을 피처럼 흘리셨던 겟세마네의 올리브나무 아래서 기도하셨습니다.

오늘 (신선하고 새롭게) 당신은 하나님의 어린 양이신 예수 그리스도를 존중하고 귀하게 여기는 것을 결코 잊지 않겠다고 결심하십시오.

말씀	"나를 씻어 주십시오. 내가 눈보다 더 희게 될 것입니다. 기쁨과 즐거움의 소리를 들려주십시오. 주님께서 꺾으신 뼈들도, 기뻐하며 춤출 것입니다. 주님의 눈을 내 죄에서 돌리시고, 내 모든 죄악을 없애 주십시오. 아, 하나님, 내 속에 깨끗한 마음을 창조하여 주시고 내 속을 견고한 심령으로 새롭게 하여 주십시오."(시 51:7~10)
불씨	나의 구원자, 나의 예수님께서 나의 죄를 완전히 씻겨주셨으므로, 이제 나는 그분의 의를 옷 입었습니다.
참고성경	사 53:1, 요 13:1~17, 19:37
성경읽기	아침 – 삼상 16, 롬 14 / 저녁 – 애 1, 시 32

전선들
Power Conductors

8월 25일

하나님의 능력을 생산하는 것이 우리가 할 일이라면 우리는 발전기가 될 것입니다. 그러나 그리스도는 우리에게 능력을 주셨습니다. 우리는 자신의 작은 발전기를 가지고 온 세상에 들어가서 사람들이 우리를 대단한 사람들이라고 생각하도록 부르심을 받지 않았습니다. 우리는 우리 자신의 은사를 과시하여 한 시간 동안 불꽃을 튀길 수 있지만, 우리의 발전기는 곧 기름이 부족할 것입니다. 우리는 발전기가 아니라 전선들입니다. "교회는 그리스도의 몸이요, 만물 안에서 만물을 충만케 하시는 분의 충만함입니다."(엡 1:22~23) 우리는 통로이지 원천이 아닙니다. "가지가 포도나무에 붙어 있지 아니하면 스스로 열매를 맺을 수 없는 것과 같이, 너희도 내 안에 머물러 있지 아니하면 열매를 맺을 수 없다."(요 15:4)

하나님은 우리의 어떤 에너지나 발전기도 필요 없으십니다. 그분은 자신의 것, 즉 십자가와 빈 무덤을 가지고 있습니다. 능력은 이 근원으로부터 영원토록 흘러나오고 있습니다. 이 능력은 오르내리지 않습니다. "온갖 좋은 선물과 모든 완전한 은사는 위에서, 곧 빛들을 지으신 아버지께로부터 내려옵니다. 아버지께는 이러저러한 변함이나 회전하는 그림자가 없으십니다."(약 1:17)

> 내가 바라는 것은, 그리스도를 알고, 그분의 부활의 능력을 깨닫고, 그분의 고난에 동참하여, 그분의 죽으심을 본받는 것입니다. 그리하여 나는 어떻게 해서든지, 죽은 사람들 가운데서 살아나는 부활에 이르고 싶습니다.(빌 3:10~11)

여기에 우리의 완전한 장비가 있습니다. 십자가와 부활의 영적 에너지; 하나님의 말씀의 전선, 없어서는 안되는 연결고리인 우리의 믿음의 퓨즈입니다. 이것들은 삶을 바꾸고, 나쁜 습관을 없애고, 병든 자를 고치고, 폭풍으로 어두워진 인생의 고속도로를 밝히는 데 필요한 모든 능력을 우리에게 줍니다. 시험관이나 산업현장에서 만들어진 땅 위에 알려진 어떤 능력도 이런 것들을 할 수 없습니다. 하나님의 능력은 땅 위에서 삶의 아주 다루기 힘든 문제들을 다루는 위대한 힘입니다! 오늘 이 능력을 활용하십시오!

말씀	"내가 바라는 것은 그리스도를 알고, 그분의 부활의 능력을 깨닫는 것입니다."(빌 3:10)
불씨	아버지! 나의 믿음이 사람의 지혜에 있지 않고 하나님의 능력에 있게 되도록 나는 기도합니다.
참고성경	요 1:16, 15:4, 고전 2:5, 엡 1:23, 빌 3:10~11, 약 1:17
성경읽기	아침 – 삼상 17, 롬 15 / 저녁 – 애 2, 시 33

8월 26일

플러그로 접속되어 있다
Plugged In

한 집회에서 나는 몇몇 젊은이가 "우리는 예수님을 켜야만 합니다. 우리가 할 일은 그분을 켜는 것뿐입니다."라고 말하는 것을 들었습니다. 나는 그들을 돌아보고 말했습니다. "맞습니다. 예수님을 켜는 것은 좋습니다만 더 중요한 것은 플러그로 접속되어 있는 것입니다. 우리가 플러그로 접속되어 있지 않다면 예수님을 켜도 아무 소용이 없을 것입니다. 우리는 먼저 연결되어 있어야 합니다." 우리 스스로 전원을 켜는 것은 어떤 전류도 만들어 내지 못합니다.

말씀을 통해 오는 하나님의 능력은 먼저 믿음의 도화선을 거치는데 그것은 설교자가 될 수 있습니다. 이 작은 능력의 연결 다리는 매우 뜨거워질 수 있습니다. 말씀의 선포자는 이 온기를 처음으로 느낍니다. 그는 전기로 타오릅니다. 그는 전기를 나타낼 수 있고, 반드시 나타내야 합니다. 그는 자신의 생각이 아니라 하나님의 능력을 전하는 사람입니다. 그는 전류가 흐르고 있는 전선이 되어야만 합니다.

설교자는 공개적으로 하나님을 경험한 사람입니다. 그가 자기의 가득한 활기를 억누르고, 세련되고, 우아함과 예절을 최우선으로 생각한다면, 그는 기쁨이 성령의 열매이지, 이런 것들은 성령의 열매가 아니라는 것을 기억해야 합니다. "여호와로 인하여 기뻐하는 것이 너희의 힘이니라"(느 8:10, 개역개정). 당신의 약함이 아닙니다.

노련한 전기공이 전선을 맨손으로 만져서 감전되면 그는 그냥 "어이쿠!"하고 말 것입니다. 그러나 처음으로 감전된 사람은 아마도 더 극적으로 반응하게 될 것입니다. "와우!" 하나님의 능력은 지어낸 이야기가 아니라 사실입니다. 이것은 우리가 알고 있는 가장 위대한 실재입니다.

하나님께서 자신을 나타내신다면, 사람들은 무엇을 기대하겠습니까? 묘지입니까? 부활입니까? 역동적인 삶이 처음에는 매력적이 아닌 것처럼 보이지만, 사람들이 하나님의 축복이 흐르는 전류를 체험하게 되면, 그들은 왜 역동적인지를 이해하게 됩니다. 그들 스스로 예수 그리스도를 만나게 될 때까지는 예수 그리스도를 만나는 것이 어떤지 아무도 모릅니다. 어떤 활기가 넘치는 설교자에게 "실례지만 자신을 좀 절제하십시오!"라고 말을 하자, 그는 "나는 나 자신을 절제하고 있습니다!"라고 대답했습니다. 이 세상의 염려나, 사람들에게 보여지는 것이나, 자만심이 그리스도 안에서 당신의 삶을 기뻐하는 것 이외의 어떤 상태도 되지 못하게 하십시오!

말씀	"하나님은 나의 구원이시다. 나는 주님을 의지한다. 나에게 두려움이 없다. 주 하나님은 나의 힘, 나의 노래, 나의 구원이시다."(사 12:2)
불씨	주님, 주님의 임재 안에는 기쁨이 가득합니다. 내가 무엇을 더 바라겠습니까?
참고성경	느 8:10, 시 16:11, 사 12:2
성경읽기	아침 - 삼상 18, 롬 16 / 저녁 - 애 3, 시 34

환영하는 믿음의 얼굴
The Welcoming Face of Faith

8월 27일

아픈 사람들은 종종 덜 지성적이라고 생각됩니다만 성경은 그렇지 않습니다. 예를 들어 마태복음 8장에 언급된 나병환자가 있습니다. 그는 통찰력이 뛰어났고 이전에 누구도 이런 표현을 한 적이 없었습니다. 그는 예수님을 만나서 이렇게 말했습니다. "주여 원하시면 저를 깨끗하게 하실 수 있나이다"(마 8:2, 개역개정). 많은 사람들은 "당신이 할 수 있다면 하실 것입니다"라고 말하면서 수레를 말 앞에 놓습니다. 이것은 계시가 아니라 인간적인 생각이며 확실히 성경이 말하고 있는 바는 아닙니다. 하나님은 언제나 하실 수 있지만 그렇게 하실까요?

나병환자에게 이것은 계시였습니다. 그는 모든 것이 그리스도의 뜻에 달려 있는 것을 보았습니다. 이 나병환자의 믿음은 이성적이었습니다. "당신이 원하신다면 당신은 하실 것입니다." 성경은 하나님이 무엇을 할 수 있는지 알려주기 위해 쓰인 책이 아닙니다. 우리 모두가 이것을 알고 있습니다. 하나님은 전능자이십니다. 그렇지 않으면 우리는 그분을 하나님이라고 부르지 않을 것입니다. 성경은 하나님께서 무엇을 하실 것인지 우리에게 말하기 위해 존재하고 우리도 이것을 알기 원합니다. 그러면 하나님은 무엇을 기꺼이 하고 싶어 하실까요? 대답은 "그분의 말씀은 그분의 뜻입니다."로 짧은 답이지만 이 답은 실제로는 66권의 책으로 된 두꺼운 한 권의 책에 있습니다. 각 책들은 우리에게 특별한 도움을 줍니다. 성경은 우리가 하나님과 그분의 성품을 이해하도록 우리의 이해를 깊게 해 줍니다. 그러면 우리는 그가 행하실 것을 알게 됩니다.

그리스도께서는 우리가 "그 나라를 오게 하여 주시며, 그 뜻을 하늘에서 이루심 같이, 땅에서도 이루어 주십시오."라고 기도하도록 가르쳐 주셨습니다(마 6:10). 하나님의 뜻은 확실히 항상 땅 위에서 지금 이루어지고 있지는 않습니다. 하나님의 선하심은 지속되지만, 마귀의 자유는 당분간 허락되어 있어서, 문제를 더욱 복잡하게 합니다. 이 세상이 완전하다면 믿음은 필요하지 않을 것입니다. 우리가 영광에 들어가면 믿음은 적용되지 않을 것입니다. 하늘나라의 모든 것은 안전하고, 믿음은 눈에 보이게 되고, 악은 제외될 것입니다. 그러나 이 세상은 불완전합니다. 죄와 마귀가 불확실하게 만듭니다. 논리적으로, 논리는 희망을 만들지 못합니다. 논리는 5분 후의 일도 예측할 수 없습니다. 하나님을 믿어야만 합니다.

열쇠가 되는 말씀은 "내가 할 것이다"입니다. 하나님은 선의의 하나님이십니다. 우리가 그분께 나아가면, 그분의 팔을 벌리고 기꺼이 환영하시는 것을 우리는 발견하게 됩니다. "나는 온종일 내 손을 내밀었다"(롬 10:21) 그분의 얼굴은 당신 위에 비치십니다!

말씀	"보아라, 내가 문밖에 서서, 문을 두드리고 있다. 누구든지 내 음성을 듣고 문을 열면, 나는 그에게로 들어가서 그와 함께 먹고, 그는 나와 함께 먹을 것이다."(계 3:20)
불씨	믿음으로 나는 하나님께서 내 심령의 문을 두드리는 소리를 듣고 나는 그분께 기꺼이 마음을 활짝 엽니다.
참고성경	마 6:10, 8:2, 12:18, 롬 10:21
성경읽기	아침 – 삼상 19, 고전 1 / 저녁 – 애 4, 시 35

8월 28일

말씀으로부터 순수하게
Purely from the Word

사사기는 하나님께서 자기 백성을 이집트에서 이끌어 나오셨을 때 행하신 위대한 일들에 관하여 듣고서 같은 하나님께서 그의 시대에도 역사하시는 것을 보기 원했던 기드온에 대해서 말하고 있습니다. 그는 2세기 전의 강한 하나님의 팔이 그 능력을 잃어버리지 않았다는 것을 믿었습니다. 기드온은 물었습니다. "주님께서 놀라운 기적을 일으키시어 우리 백성을 이집트에서 인도해 내셨다고 말하였는데, 그 모든 기적들이 다 어디에 있단 말입니까?"(삿 6:13) 하나님은 그에게 보여주셨습니다! 기드온의 이야기는 우리에게 사람의 용기나 능력이 없이도 어떻게 위대한 승리를 할 수 있었는지를 말해줍니다. 하나님은 이집트로부터 이스라엘을 구원하였듯이, 그 당시에 소집한 가장 큰 사막 백성의 군대를 보기 좋게 무찌름으로써, 작은 이스라엘을 다시 한번 구원하셨으며, 이집트는 이스라엘을 다시 침략할만큼 회복하지 못했습니다. 그때까지 기드온은 하나님을 오직 과거를 통해서만 알고 있었습니다.

몇 년 후에 우리는 에스라의 믿음에 관한 이야기를 읽습니다. 그는 유대인 제사장 가문에 속하였고, 바빌론에서 왕궁의 관료로서 자라났으며, 메대 페르시아 왕도 그를 높이 인정했습니다. 그는 여행자들을 무자비하게 탈취하는 무법의 종족들이 설치는 시골 지방을 통과하여 거의 6천 명이나 되는 유배되었던 사람들을 고향으로 데리고 왔습니다. 왕은 에스라와 그의 백성들이 5개월이나 되는 귀국 길에 군대의 보호를 원했습니다. 그러나 에스라는 이집트에서 그들을 이끌어내어, 사십 년 동안 광야에서 이스라엘을 돌보셨던 하나님께서 다섯 달 동안 그들을 잘 돌봐주실 수 있다고 하나님을 자랑했습니다. 이 말은 매우 종교적으로 들리지만, 진실은 에스라도 다른 아무도 그 당시에 환상을 보았거나, 하나님의 음성을 들었거나, 치유나 기적을 보았거나, 하나님이 주신 어떤 표적도 보지 못했다는 것입니다. 에스라는 선지자가 아니었으며, 성경 외에는 아무것도 없었습니다. 그는 그 모든 일의 수행을 주님의 날개 아래 맡겼습니다. 순수하게 오직 하나님의 말씀에만 근거한 이런 싱싱한 믿음은 오늘도 당신에게 열려있습니다.

말씀 | "하나님을 찾는 사람은 하나님이 잘 되도록 보살펴 주시지만, 하나님을 저버리는 자는 하나님의 큰 노여움을 피하지 못한다."(스 8:22)

불씨 | 주님께 죄를 짓지 않으려고 나는 주님의 말씀을 내 마음에 감추어 두었습니다.

참고성경 | 삿 6:1~40, 7:1~25, 8:1~35, 에스라 1~10, 시 119:11

성경읽기 | 아침 – 삼상 20, 고전 2 / 저녁 – 애 5, 시 36

성령에 의해 살아나다

Quickened By the Spirit

8월 29일

　성령으로 충만해지는 것은 신약성경과 그 이후 수백만 명의 삶에서 역동적이며 활력을 주는 효과 또는 능력dunamis를 가졌음을 보여줍니다. 조용한 숨결이나, 지나치게 야단스럽지 않거나, 눈치도 채지 못하게 성령이 사람 위에 오셨다는 것을 암시하는 성경 구절은 거의 없습니다. 대개는 매우 눈에 띄게 일어납니다. 성령의 나타남은 불, 바람, 소음, 이적, 외적인 표적, 능력, 눈에 보이는 효과를 포함합니다. 하나님께서는 자기 선물을 회심하지 않은 사람에게 주지 않고 세상에 성령님을 주시지도 않으십니다. 그러나 거듭나면 바울이 교회들에게 권했듯이 우리는 성령으로 가득 채워지도록 격려를 받습니다.

　우리는 이런 것들에 관하여 성경이 말하고 있는 것을 관찰하고 있다는 것을 다시 강조해야 할 것 같습니다. 사도적 능력은 사도들과 함께 사라졌다는 것을 증명하려고 어떤 사람들은 교회사를 살펴봅니다. 그들은 성경이 아니라 교회의 역사에 그들의 교리를 세웁니다. (비록 완전히 사라지지는 않았지만) 그들은 왜 사도 시대의 끝에 사라져버렸는지 이상하게 여겼을 것입니다. 그러나 이렇게 된 것을 나타내는 단 하나의 성경적인 증거도 없습니다. 참된 학자들은 왜 그렇게 되었는지를 알고 싶었을 것입니다. 교회사로부터 우리가 어떤 것이라도 배우기를 바란다면, 우리는 불신과 영적인 쇠퇴가 오자, 성령의 능력이 널리 나타나지 않을 것을 알고 있습니다.

　그리스도교는 성령의 부어주심 이외에는 어떤 것도 의도한 것이 아니었습니다. 성령의 부어주심은 소생시키고, 살리고, 새롭게 하는 에너지입니다. 부흥은 정상적인 그리스도교를 훨씬 능가하는 특별한 일이 아닙니다. 그리스도교는 부흥입니다. 하나님의 영은 오래전에 전장을 장악하고 전투에서 철수하신 적이 없으십니다! 그분은 이따끔 방문하시는 분이 아니라 영원히 머물려 오셨습니다. 그분의 손으로 쟁기를 잡으셨으므로 그분은 뒤돌아보지 않으십니다. 말씀이 선포되는 곳에 부흥은 항상 거기 있으며, 성령님은 임재하십니다. 당신의 삶에서도 이런 요소들이 끼치는 효과를 항상 살펴보고 계십시오!

말씀	"예수를 죽은 사람들 가운데서 살리신 분의 영이 여러분 안에 살아 계시면, 그리스도를 죽은 사람들 가운데서 살리신 분께서, 여러분 안에 계신 자기의 영으로 여러분의 죽을 몸도 살리실 것입니다."(롬 8:11)
불씨	나의 삶에서 말씀과 성령은 함께 하시며 역사하십니다.
참고성경	엡 5:18
성경읽기	아침 – 삼상 21~22, 고전 3 / 저녁 – 겔 1, 시 37

8월 30일

중보기도
Intercession

중보기도는 신자들에게 특별한 형태의 기도입니다. 중보기도는 정확하게 무엇을 포함하는 기도일까요? 첫째, 중보기도는 신자들에게 특별하게 맡겨진 일입니다. 우리는 우리들 자신을 위해서만 요구하는 것이 아니라 다른 사람들을 위해서 하나님 앞에 서는 특별한 일로 부름받았습니다. 이것은 세상을 구원하기 위해 아주 중요한 상부구조입니다. 그리스도는 위대한 중보기도자였으며, 우리도 비슷한 일로 부름 받았습니다. 그리스도의 중보 사역은 우리와 다른 수준이었지만 그분은 여전히 우리의 본이 되십니다.

> 예수는 이러한 제사장으로 우리에게 적격이십니다. 그는 거룩하시고, 순진하시고, 순결하시고, 죄인들과 구별되시고, 하늘보다 높이 되신 분입니다. 그는 다른 대제사장들처럼 날마다 먼저 자기 죄를 위하여 희생제물을 드리고, 그다음에 백성을 위하여 희생제물을 드릴 필요가 없습니다. 그는 자기 자신을 바치셔서 단 한 번에 이 일을 이루셨기 때문입니다. 사람들에게 약점이 있어도 율법은 어쩔 수 없이 그들을 대제사장으로 세우지만, 율법이 생긴 이후에 하나님께서 맹세하신 말씀은 영원히 완전하게 되신 아들을 대제사장으로 세웠습니다.(히 7:26~28)

중보기도에는 우리가 중보하는 사람들에 대한 지식과, 우리가 기도를 드리는 분에 대한 지식, 이렇게 두 가지 지식이 필요합니다. 예수님은 스스로 우리의 본성을 가지고, 완전한 하나님의 본성도 가지셨으며, 그분은 완전히 사람이셨으며 동시에 하나님이셨습니다. 그분은 우리와 자신을 동일시하시고, 하나님과도 동일시하셨습니다. 우리는 "하나님의 본성"을 받은 사람입니다. 우리도 하나님과 사람 양쪽에 대해 혈연관계를 가지고 있습니다. 그러므로 우리는 하나님께서 우리에게 시키신 일을 하기에 적합합니다.

> 이와 같이, 성령께서도 우리의 약함을 도와주십니다. 우리는 어떻게 기도해야 할지도 알지 못하지만, 성령께서 친히 이루 다 말할 수 없는 탄식으로, 우리를 대신하여 간구하여 주십니다. 사람의 마음을 꿰뚫어 보시는 하나님께서는, 성령의 생각이 어떠한지를 아십니다. 성령께서, 하나님의 뜻을 따라, 성도를 대신하여 간구하시기 때문입니다. 하나님을 사랑하는 사람들, 곧 하나님의 뜻대로 부르심을 받은 사람들에게는, 모든 일이 서로 협력해서 선을 이룬다는 것을 우리는 압니다.(롬 8:26~28)

당신을 위한 얼마나 강력한 약속입니까. 생각해 보십시오. 당신이 하나님을 사랑하기 때문에, 당신의 삶에서 모든 자세한 것까지 당신을 위해 궁극적인 선이 되도록 역사하고 있습니다.

말씀	"주님 안에서 받은 직분을 유의하여 완수하라."(골 4:17)
불씨	그리스도께서 나를 위해 중보기도하시기 때문에, 나는 다른 사람들을 위해 중보기도할 것입니다.
참고성경	겔 22:30, 롬 8:26~28, 골 4:17, 딤전 2:1, 히 7:26~28, 벧후 1:4
성경읽기	아침 – 삼상 23, 고전 4 / 저녁 – 겔 2, 시 38

그리스도와 같은 동정심
Christ-like Compassion

8월 31일

  우리에게는 진정한 중보기도로 들어가기 위한 결단 이상의 것이 필요합니다. 우리의 롤 모델이신 예수님은 동정심을 홍수처럼 쏟아내셨습니다. 동정심은 그분에게 유일한 동기를 부여하는 힘이었습니다. 중보기도의 효과적인 능력은 관심과 자발적인 사랑에서 흘러나옵니다. 일반적으로 말하면 중보기도는 자연스럽게 우리 자신의 가족과 친구들을 위한 것입니다. 이제 중보기도는 세상을 품어야 합니다! 구약성경이 그리스도인의 기도의 기초는 아니지만, 몇몇 위대한 중보기도의 예들이 있습니다. 아브라함은 아비멜렉과 멸망받게 된 소돔과 고모라 성을 위해 중보기도했습니다. 모세, 솔로몬, 엘리야, 히스기야, 다니엘, 에스라, 에스더, 예레미야와 선지자들은 모두 이스라엘 나라를 위해 중보기도했습니다. 심지어 시편에도 중보기도가 있습니다!

  복음 전도자로서 나는 이전에 매우 많은 군중들 앞에 서도록 부르심을 받았지만, 나는 바로 그 사람들을 위한 중보기도가 드려졌다는 것을 알지 않고는 감히 복음을 선포하지 않았습니다. 일꾼들이 전도집회 장소에 미리 가서 몇 주간을 보내면서, 특별히 중보기도를 통해 땅을 준비했습니다. 그 지역의 그리스도인들을 불러 모아서 남녀 영혼들을 위해서 하나님께 간구하기를 폭풍처럼 기도하도록 하였습니다. 실제로, 이 중보기도 팀들이 하늘의 문을 두드릴 때, 그 무리 가운데 있는 영혼들이 구출되어 구원받도록 하는 온 세상의 수만 명의 기도에 무게를 더해 주었습니다!

  우리의 전도집회 기간 동안에도, 기도와 중보기도의 영이 나의 영혼을 적심으로써 내가 새벽 세 시에 갑자기 침대에서 일어나도록 하였습니다. 내가 강단에서 사역을 하는 동안 수 백 때로는 수천 명의 중보기도자들이 기도로 나를 붙잡아 주었습니다. 이런 기도는 마치 강력한 뜨거운 공기가 독수리가 날아오르는 데 도움을 주듯이 내 영에 새 힘을 주었습니다. 나는 사람으로 바다를 이룬 장면을 바라보며 그들을 붙잡고 있던 마귀의 손이 맞아 떨어져 나간 것을 기뻐합니다. 이것이 여러분이 나를 위해서 할 수 있는 가장 중요한 일입니다. 강력하게 중보기도해 주십시오! 나의 기도 동역자가 되어 주심을 감사드립니다!

말씀	"이와 같이, 성령께서도 우리의 약함을 도와주십니다. 우리는 어떻게 기도해야 할지도 알지 못하지만, 성령께서 친히 이루 다 말할 수 없는 탄식으로, 우리를 대신하여 간구하여 주십니다."(롬 8:26)
불씨	나는 복음 전도자 라인하르트 본케와 그의 팀을 위해 매일 기도하고 중보기도하기로 헌신합니다. 왜냐하면 나는 이 거대한 영혼의 대추수에 동역자가 되고 싶기 때문입니다.
참고성경	롬 8:26~28
성경읽기	아침 – 삼상 24, 고전 5 / 저녁 – 겔 3, 시 39

가난한 사람이 복음을 듣도록 부자가 비용을 지불해야 합니다.
이것이 하나님의 사회적 정의입니다.

나는 돈으로 백만장자가 아니라, 영혼으로 백만장자가 되기 원합니다.

매일 수백만 명이 멸망하고 있는데 나는 고양이처럼 소리를 낼 수는 없습니다.
나는 사자처럼 포효하기 원합니다.

인내
Endurance

9월 1일

　성령 충만한 삶은 집안의 식물들과 같이 어떤 특별한 조건을 갖추어 길러야 하는 경험이 아닙니다. 그리스도인들은 꽃이 아닙니다. 영국에서 초기 산업 도시들이 확장될 때, 어떤 성직자들은 자신들이 "영성"이 오염될지도 모른다면서 잘 씻지 않은 노동자들의 무리 가운데 교구를 맡으려고 하지 않았습니다. 성령님은 그리스도인들을 어떤 조건에서도 끄떡없는 종자가 되게 합니다. 그들의 영혼은 영원한 봄을 누리고 추운 겨울을 대비하는 가정처럼 겨울 준비도 합니다.

　사도들은 성도들 안에 있는 새로운 힘과 회복력, 약한 가운데서도 역사하고 가혹한 이방 세계에 보내어 그들 가운데 있는 우상들을 제거하고 역사를 바꾸는 능력을 발견했습니다. 이것이 참된 성령 충만함을 받은 삶의 표시였습니다.

　형제자매 여러분, 우리는 여러분을 두고 언제나 하나님께 감사를 드릴 수밖에 없습니다. 그렇게 하는 것이 당연한 일이니, 그것은, 여러분의 믿음이 크게 자라고, 여러분 모두가 각자 서로에게 베푸는 사랑이 더욱 풍성해 가고 있기 때문입니다. 그러므로 우리는 온갖 박해와 환난 가운데서도 여러분이 간직한 그 인내와 믿음을 두고서 하나님의 여러 교회에서 여러분을 자랑하고 있습니다. 이 일은 하나님의 공의로운 심판의 표이니, 하나님께서 여러분을 하나님 나라에 합당한 사람이 되게 하시려고 주신 것입니다. 여러분은 참으로 그 나라를 위하여 고난을 당하고 있습니다.(살후 1:3~5)

　오늘날도 이런 일이 일어나고 있습니다. 새로운 박해의 시대가 전 세계의 교회를 시험하고 있습니다. 우리는 우리 육체의 목숨을 내려놓아야 할지도 모르지만, 성령 안에서 침례는 사람들을 결코 패배시킬 수 없게 만듭니다.

　누가 우리를 그리스도의 사랑에서 끊을 수 있겠습니까? 환난입니까, 곤고입니까, 박해입니까, 굶주림입니까, 헐벗음입니까, 위협입니까, 또는 칼입니까? 성경에 기록한 바 '우리는 종일 주님을 위하여 죽임을 당합니다. 우리는 도살당할 양과 같이 여김을 받았습니다' 한 것과 같습니다. 그러나 우리는 이 모든 일에서 우리를 사랑하여 주신 그분을 힘입어서, 이기고도 남습니다.(롬 8:35~37)

말씀	"그러나 끝까지 견디는 사람은 구원을 얻을 것이다. 이 하늘나라의 복음이 온 세상에 전파되어서, 모든 민족에게 증언될 것이다. 그때에야 끝이 올 것이다."(마 24:13~14)
불씨	어떤 것도 그리스도 예수 안에 있는 하나님의 사랑에서 나를 떼어 놓을 수 없을 것입니다.
참고성경	마 24:13~14, 롬 8:35~39, 살후 1:3~5
성경읽기	아침 – 삼상 25, 고전 6 / 저녁 – 겔 4, 시 40~41

9월 2일 불지르기가 범죄가 아닐 때
When Arson Is Not a Crime

하나님은 물 위에 떠서 흘러가는 나무에 불을 붙이십니다. 모세의 떨기나무처럼 마른 나뭇가지가 하나님을 위해 불탈 수 있습니다. "거기에서 주님의 천사가 떨기 가운데서 이는 불꽃으로 그에게 나타났다. 그가 보니, 떨기에 불이 붙는데도, 그 떨기가 타서 없어지지 않았다."(출 3:2) 할렐루야! "사랑하는 주님, 주님을 위해 내가 불붙게 해 주십시오"라고 나는 기도하지 않습니다. 나는 잿더미가 되고 싶지 않습니다. 떨기나무의 놀라운 특징은 그것이 타서 재가 되지 않았다는 사실입니다. 너무나 많은 주님의 종들은 탈진해 버립니다. 그 원인은 다른 종류의 불 때문입니다. 나는 대신 이렇게 기도합니다. "사랑하는 주님, 제가 계속 불타오르게 해 주십시오." 제단의 불은 결코 꺼지도록 해서는 안 됩니다.

불이 없는 곳에는 복음도 없습니다. 신약성경은 불과 함께 시작됩니다. 그 첫 번째 증인들에 의해 그리스도에 관해서 한 말도 불에 관한 것이었습니다. 침례자 요한은 자신을 비치는 빛이라고 하며 이렇게 선포했습니다. "나는 너희를 회개시키려고 물로 침례를 준다. 내 뒤에 오시는 분은 나보다 더 능력이 있는 분이시다. 나는 그의 신을 들고 다닐 자격조차 없다. 그는 너희에게 성령과 불로 침례를 주실 것이다. 그는 손에 키를 들고 있으니, 타작마당을 깨끗이 하여, 알곡은 곳간에 모아들이고, 쭉정이는 꺼지지 않는 불에 태우실 것이다."(마 3:11~12)

침례자 요한은 예수님을 엄청난 차이가 나게 침례를 주시는 분으로 소개했습니다. 요한은 물질적인 요소인 물을 사용했지만, 그리스도께서는 영적인 요소인 거룩한 불을 사용하셨습니다. 물과 불이라니 얼마나 큰 차이입니까! 침례자 요한이 "물탄" 종교를 가졌다는 말이 아닙니다.(물론 물탄 종교만이 아니라 얼음까지 탄 종교가 많습니다!) 침례 요한은 차가운 요단강 물에 서있었지만, 침례를 주시는 예수님은 액체로 된 불의 강 안에서 서 계십니다!

요한의 눈에 띄는 일은 침례였습니다. 그는 예수님의 눈에 띄는 일도 역시 침례라고 알렸습니다. 침례는 성령 안에서 침례를 주시는 분인 예수님, 주님이 현재 하시는 큰 일입니다. 이것은 당신이 거듭난 신자가 된 후에 당신에게 그리스도의 큰 경험입니다.

말씀	"나는 너희를 회개시키려고 물로 침례를 준다. 내 뒤에 오시는 분은 나보다 더 능력이 있는 분이시다. 나는 그의 신을 들고 다닐 자격조차 없다. 그는 너희에게 성령과 불로 침례를 주실 것이다."(마 3:11)
불씨	사랑하는 주님, 제가 주님을 위해 불타오르게 해 주십시오.
참고성경	출 3:2, 마 3:11~12
성경읽기	아침 – 삼상 26, 고전 7 / 저녁 – 겔 5, 시 42~43

전염성이 있는 믿음
An Infectious Faith

9월 3일

사람들은 복음 전도자의 은사에 관해서 말하며, 그것이 실제로 의미하는 바가 무엇인지 논쟁합니다. 간단하게 말하면, 복음 전도자의 은사는 전염시키는 믿음입니다. 다른 사람들을 열광하게 하려면 우리도 열광해야만 합니다.

"믿지 않는 신자들"이라고 우리가 묘사할 수 있는 사람들이 있습니다. 이들은 교리는 건전하지만 믿음은 없습니다. 그들은 자신들이 복음이라 부르는 것을 선포하지만 이는 생명이 없습니다. 어떤 사람이 사랑스러운 소녀의 아름다움을 묘사할 때 그는 매우 인상적으로 표현할 수 있습니다. 그러나 그가 그녀와 사랑에 빠졌다면 그는 그녀가 살아있는 사람처럼 들리도록 말합니다.

복음 선포는 그 자체가 완전히 하나님을 의지하는 믿는 행위이어야만 합니다. 그리스도의 진리는 우리가 심어야만 하는 씨앗입니다. 믿음이 없으면 거름이 주어진 적이 없는 씨앗입니다. 복음이 믿음으로 선포되지 않는 한 그 복음은 싹이 트고 솟아올라 꽃을 피우거나 열매를 맺지 않을 것입니다. 성도들에게 한번 전달된 믿음에 대한 믿음을 가지라고 하는 것(유 3)은 매우 중요하지만, 충분하지는 않습니다. 믿음은 "믿고 그 이름을 힘입어 생명을 얻게 함"(요 20:31, 개역개정)으로써 열매가 있고, 생명을 발생시켜야 합니다. 이는 생동하는 살아있는 과정입니다. 당신은 믿고 있으며, 받고 있으며, 알고 있으며, 보고 있으며, 그 안에 거하고 있습니다.

복음 전파는 이런 활동하는 믿음을 요구합니다. 복음은 얼음 위의 진리가 아니라, 불 위의 진리입니다!

말씀	"내가 복음을 전할지라도, 그것이 나에게 자랑거리가 될 수 없습니다. 나는 어쩔 수 없이 그것을 해야만 합니다. 내가 복음을 전하지 않으면, 나에게 화가 미칠 것입니다." (고전 9:16)
불씨	아버지, 나의 믿음이 열매를 맺고 생명을 만들어내게 해 주십시오.
참고성경	요 20:31, 롬 10:14
성경읽기	아침 – 삼상 27, 고전 8 / 저녁 – 겔 6, 시 44

9월 4일

가족 구원
Household Salvation

> 그러므로 어느 누가 일어나서 장군님을 죽이려고 쫓아다니는 일이 있더라도, 장군님의 생명은 장군께서 섬기시는 주 하나님이 생명 보자기에 싸서 보존하실 것이지만, 장군님을 거역하는 원수들의 생명은, 주님께서, 돌팔매로 던지듯이 팽개쳐 버리실 것입니다.(삼상 25:29)

당신의 가족이 하나가 되어 주님을 믿기 원한다면, 당신은 승리의 티켓을 가지고 있으며, 모든 것은 당신 편입니다. 이 유명한 사건을 보십시오.

> 한밤쯤 되어서 바울과 실라가 기도하면서 하나님을 찬양하는 노래를 부르고 있는데, 죄수들이 듣고 있었다. 그때에 갑자기 큰 지진이 일어나서, 감옥의 터전이 흔들렸다. 그리고 곧 문이 모두 열리고, 모든 죄수의 수갑이며 차꼬가 풀렸다. 간수가 잠에서 깨어서, 옥문들이 열린 것을 보고는, 죄수들이 달아난 줄로 알고, 검을 **빼어서** 자결하려고 하였다.(행 16:25~27)

한밤중의 지진으로 감옥의 문이 활짝 열렸고 간수는 죄수들을 다 놓쳤다고 예상하고 있을 때 사도 바울과 실라는 빌립보 감옥에 있었습니다. 이런 사고에 대한 처벌이 너무나 두려워서 그는 자살을 하려고 했었습니다. 그렇지만 바울은 침착하게 그 불쌍한 사람을 안심시키려고 그들이 모두 아직 거기 있다면서 소리쳤습니다. 그 간수의 대답은 고전이 되었습니다. "선생님, 내가 어떻게 해야 구원을 얻을 수 있습니까?"(30절)

이제 간수는 그들을 "선생님"이라고 부르고, 바울은 재미있는 단어 놀이를 할 기회를 보았습니다. 그리스어로 "선생님"은 주님Greek : kurios과 같은 단어입니다. 간수가 "내가 어떻게 해야 구원을 얻을 수 있겠습니까?"라고 물었을 때, 바울의 대답은 이것이었습니다. "주 예수를 믿으시오. 그리하면 그대와 그대의 집안이 구원을 얻을 것입니다."(31절) 간수는 바울과 실라를 주님이라고 불렀지만, 그들은 그를 구원할 수 없었습니다. 유일한 분은 주 예수였습니다. 오늘 기억하십시오. 구원은 많은 주님들이 아니라 만군의 주님 안에 있습니다.

말씀	"날마다 우리의 주님을 찬송하여라. 하나님께서 우리의 짐을 대신 짊어지신다. 하나님은 우리의 구원이시다.(셀라) 우리의 하나님은 우리를 구원하시는 하나님이시다. 그분은 주 우리의 주님이시다. 우리를 죽음에서 구원하여 내시는 주님이시다."(시 68:19~20)
불씨	나와 나의 집은 주님을 섬길 것입니다.
참고성경	삼상 25:29, 행 16:25~34
성경읽기	아침 – 삼상 28, 고전 9 / 저녁 – 겔 7, 시 45

그분의 뜻을 이루기
Working Out His Will

9월 5일

우리는 처음으로 믿음의 길을 걸었던 개척자들의 경험으로부터 배울 수 있는 특권이 있습니다. "이런 일들이 그들에게 일어난 것은 본보기가 되게 하려는 것이며, 그것들이 기록된 것은 말세를 만난 우리에게 경고가 되게 하려는 것입니다."(고전 10:11) 성경의 사람들은 하나님의 선하심과 악의 문제로 갈등을 했습니다. 그들의 이야기들은 우리가 믿음의 선한 싸움을 하도록 도와줍니다. 우리는 그들이 우리와 같은 사람의 본성을 가지고, 같은 세상에 살았으며, 같은 하나님을 가지고 있었다는 것을 기억해야 합니다. 야고보는 우리에게 기억하라고 합니다. "엘리야는 우리와 같은 본성을 가진 사람이었지만"(약 5:17) 실제로 세상은 발전된 지식을 가지고 있는 우리보다 그들에게 훨씬 더 두렵고 신비한 곳이었지만, 그들은 하나님을 의지하는 법을 배웠습니다! 이스라엘은 땅 위에서 가장 괴롭힘을 당하고 박해를 받던 종족이었지만, 우리가 하나님을 믿도록 가장 영광스러운 추천을 한 것도 이스라엘이었습니다. "네가 물 가운데로 건너갈 때에, 내가 너와 함께 하고, 네가 강을 건널 때에도 물이 너를 침몰시키지 못할 것이다. 네가 불 속을 걸어가도, 그을리지 않을 것이며, 불꽃이 너를 태우지 못할 것이다. 나는 주, 너의 하나님이다. 이스라엘의 거룩한 하나님이다. 너의 구원자다."(사 43:2~3) 3천 년 후에 이스라엘은 아직도 있습니다!

용광로에 산 채로 던져졌다가 살아서 걸어 나왔던 세 명의 히브리 소년의 이야기는 그 종족에 대한 그림입니다. 2천5백 년 동안 이 선택받은 민족은 고난의 용광로를 통과하고 나와서 날마다 신문의 한자리를 차지하고 있습니다! 시편을 쓴 사람이 이렇게 말한 것도 놀라운 일이 아닙니다. "이스라엘아, 대답해 보아라. 주님께서 우리 편이 아니셨다면, 우리가 어떠하였겠느냐? … 넘치는 물결이 우리의 영혼을 삼키고 말았을 것이다."(시 124:1, 5)

성경의 믿음의 메시지는 고통의 도가니로부터 우리에게 왔지만, 지금까지 쓰인 책 중 가장 행복한 책입니다. 성경은 653번이나 기쁨과 즐거움을 언급하고 있습니다! 어떤 사람들은 오래전에 일어난 일이거나, 오랜 후의 일일지라도 어떤 것이나 믿을 수 있습니다. 그들은 이런 약속을 받아들일 수 있습니다. "하나님을 사랑하는 사람들, 곧 하나님의 뜻대로 부르심을 받은 사람들에게는, 모든 일이 서로 협력해서 선을 이룬다는 것을 우리는 압니다."(롬 8:28) 이 말은 영원을 의미할지도 모릅니다. 그러나 그들은 "나는 너희를 치료하는 여호와니라"(출 15:26)라는 말을 믿기가 더 어려운 것을 발견합니다. 그들은 모세와 엘리야의 하나님을 믿습니다. 예수께서 기적을 행하신 것을 믿으며, 성령이 제자들에게 능력을 주신 것을 믿습니다. 그러나 그분이 선한 일을 하실 것이라는 것을 믿으며, 믿는 것을 오늘로 가져오지 않는 한 헛된 믿음입니다! 현재 시제의 믿는 자가 되십시오!

말씀	"천지를 지으신 주님이 우리를 도우신다."(시 124:8)
불씨	이 땅에서 나의 시간은 한계가 있지만 하나님과 나의 삶은 영원합니다.
참고성경	출 15:26, 사 43:2~3, 시 124:1, 5, 롬 8:28, 고전 10:11, 약 5:17
성경읽기	아침 – 삼상 29~30, 고전 10 / 저녁 – 겔 8, 시 46~47

> **9월 6일**

행동을 나타내는 단어들
Action Words

아브라함 이후 약 8세기가 지나서, 하나님은 모든 믿는 자들의 아버지인 아브라함과의 언약을 잊지 않았다고 말씀하셨습니다. 하나님은 그분이 하고 있는 것을 모세에게 말씀하셨습니다. 여기 행동을 나타내는 단어들을 보십시오.

> 여호와께서 모세에게 이르시되 이제 내가 바로에게 하는 일을 네가 보리라 … 나타났으나 … 그들과 언약하였더니 … 내가 듣고 나의 언약을 기억하노라 … 분명히 보고 … 내가 내려가서 … 내가 너를 바로에게 보내어 … 내가 반드시 너와 함께 있으리라 … 내가 내 손을 들어 … 내가 애굽 사람의 무거운 짐 밑에서 너희를 빼내며 그들의 노역에서 너희를 건지며 편 팔과 여러 큰 심판들로써 너희를 속량하여 너희를 내 백성으로 삼고 나는 너희의 하나님이 되리니 … 주기로 맹세한 땅으로 너희를 인도하고 그 땅을 너희에게 주어 기업을 삼게 하리라.(출 6:1, 3~5, 3:7~8, 10, 12, 20, 6:6~8, 개역개정)

이것은 과거의 하나님을 펜으로 빨리 그린 것입니다. 하나님께서 이스라엘 …사무엘 …다윗 … 이사야의 하나님, 그리고 "우리 주 예수 그리스도의 하나님"(엡 1:3)이 되셨을 때를 성경을 통하여 누구나 이런 그림을 더 추가할 수 있을 것입니다. 이것은 하나님이 과거에 행하셨던 것입니다. 그렇지만 어떤 사람들은 과거에 어떠하셨는지에만 머물러 있습니다. 수백만의 사람들은 더 나아가지를 않으며, 그들에게 하나님은 아마도 어딘가에 계시지만, 일반적으로 그분이 은퇴를 하신 듯이 보입니다. 어떤 사람들은 이렇게 말합니다. "예수님은 놀라운 일들을 하셨으며, 십자가에서 처형당하시고, 부활하시고, 하늘로 올려지시고, 이것이 이야기의 끝입니다." 완전히 멈춘 것입니다. 그들의 하나님은 역사 속에 굳게 앵커를 내리고 있으며, 그리스도는 다시는 활동하지 않습니다.

하나님은 성경에서 물러나셨다고 주장하는 한 책이 있습니다. 그러나 예수님이 오신 이래 하나님은 성경과 세상에서 바로 오늘까지 점점 더 생생하게 살아계십니다. 이 책의 저자가 자기 이론을 펴는데 348페이지나 되었지만, 단 하나의 기적은 그런 생각을 쓸어버릴 것입니다! 하나님께서 작아졌거나, 사라지는 것처럼 숨어 있다고 생각하는 사람이 있다면, 아프리카로 오라고 하십시오. 나는 그곳에서 하나님을 보았는데, 구약성경의 어떤 곳보다 더 큰 능력으로 나타나셔서, 귀신을 쫓아내며, 병든 자를 건강하게 하며, 눈먼 사람과 못 걷는 사람과 못 듣는 사람을 고치셨습니다. 하나님은 도시와 나라들을 흔들고 계십니다. 아마도 하나님은 바로 그곳으로 사라지셨는지도 모릅니다. 바로 자신을 믿는 사람들 가운데로! 이것이 그리스도인으로서의 당신의 믿음의 사실입니다. 당신의 하나님은 과거에나 앞으로나 마찬가지로 오늘 살아있고 실제적입니다.

말씀	"우리 주 예수 그리스도의 하나님 아버지를 찬양합시다. 하나님께서는 그리스도 안에서, 하늘에 속한 온갖 신령한 복을 우리에게 주셨습니다."(엡 1:3)
불씨	나는 하나님이 행동하시는 바로 한 가운데 있고 싶습니다.
참고성경	출 3:1~22, 4:1~31, 6:1~8, 엡 1:3
성경읽기	아침 – 삼상 31, 고전 11 / 저녁 – 겔 9, 시 48

예수의 증거
The Proof of Jesus

9월 7일

오순절 교회는 예수님이 살아계신 것을 보여주었습니다. 예수님이 살아계시다는 증거는 교회의 에너지와 사랑과 생동감을 나타냄으로 교회 자체에 있어야 합니다. 나는 살아 있습니다. 나는 내가 살아있다는 것을 증명하려고 애쓰는 사람을 알지 못합니다. 살아 있는 사람은 나타나게 마련입니다! 예수님이 원하는 모든 것은 교회에 자신이 살아 있다는 것을 보여줄 기회입니다. 교회가 예수님이 부활하셨다는 것을 증명하려고 하는 데 시간을 보낸다면 사람들은 자연스럽게 이렇게 생각하게 될 것입니다. "예수님이 살아 계시다면 왜 이 사람들은 그것을 증명하려고 저렇게 설명하고 애를 쓸까? 분명해야만 하는 것이 아닌가?" 고통받는 사람들에 대한 동정심과 오직 그분만이 주실 수 있는 비교할 수 없는 질적인 그리스도와 같은 선하심이 분명하게 증거로서 거기 있어야만 합니다.

> 예수께서 말씀하셨다. "내가 진정으로 너희에게 말한다. 나를 위하여, 또 복음을 위하여, 집이나 형제나 자매나 어머니나 아버지나 자녀나 논밭을 버린 사람은, 지금 이 세상에서는 박해도 받겠지만 집과 형제와 자매와 어머니와 자녀와 논밭을 백 배나 받을 것이고, 오는 세상에서는 영원한 생명을 받을 것이다."(막 10:29~30)

예수님께서 대사명을 주셨을 때, 그분은 오직 열두 명의 평범한 남자들에게 말씀하셨습니다. 이것은 정말 말도 안 되는 과제처럼 들렸음에 틀림없습니다! 어떤 왕이나 어떤 폭군도 그렇게 적은 사람들에게 그렇게 많은 것을 기대하지 않았습니다. 그러나 예수님은 그렇게 하셨습니다. 예수님은 할 수 없는 것을 요구하시기 때문에 당신은 참 예수를 알 수 있습니다. 이것이 예수님을 알아내는 방법입니다. 당신에게 당신의 자연적 능력을 넘어서는 것을 하라고 하실 때 그분은 예수님이십니다. 골리앗을 죽여라! … 메뚜기가 아니라 거인이 되어라! … 산들을 옮겨라! … 온전하라! … 바다 위를 걸으라! … 나병환자를 깨끗하게 하라! … 죽은 자를 살려라! … 모든 나라들을 가르쳐라! … 모든 피조물에게 복음을 전파하라! 오순절의 능력 없이 대사명을 떠안는 것은 (내 의견으로는) 어리석은 일입니다. 예수님께서 불가능한 것을 요구하실 때마다, 그것이 가능하도록 살아계신 그리스도로 그분은 거기 계십니다. 이것이 예수님과 함께 하는 삶의 원리입니다. 모든 영광을 하나님께 드립니다! 할렐루야!

말씀 | "예수께서 그들을 눈여겨보시고, 말씀하셨다. '사람에게는 불가능하나, 하나님께는 그렇지 않다. 하나님께는 모든 일이 가능하다.'"(막 10:27)

불씨 | 하나님께서 내게 불가능한 것을 하라고 하실 때, 나는 그분이 그 일을 할 수 있는 힘과 능력으로 나를 구비시켜 주실 것이라는 것을 나는 알고 있습니다.

참고성경 | 막 10:23~31

성경읽기 | 아침 – 삼하 1, 고전 12 / 저녁 – 겔 10, 시 49

9월 8일

그리스도의 정복
A Conquest of Christ

"그러므로 성경에 이르시기를 '그분은 높은 곳으로 올라가셔서, 포로를 사로잡으시고, 사람들에게 선물을 나누어 주셨다' 합니다."(엡 4:8) 에베소 교회에 보내는 편지에서 바울은, 오랫동안 로마의 지배 아래 사는 데 익숙했던 에베소 사람들에게는 모두 너무나 익숙한 그림의 단어를 사용했습니다. 로마 군대는 세상의 새로운 한 지역을 점령하면, 그들의 전쟁 포로들을 데리고 와서 로마의 거리를 통과하며 개선 행진을 하였습니다. 정복한 장군은 축하를 받고 높임을 받았습니다. 포로들은 그의 전리품이었으며, 그는 자랑스럽게 포로들을 저명한 로마인들에게 선물로 바쳤습니다. 그들은 로마인들에게 사로잡힌 종들이 되었는데 – "사로잡혔던 자들을 사로 잡으시고" – 이는 잡힌 자들에게 새로운 주인들이 생겼다는 말입니다. 바울은 자신을 이전에는 죄의 종이었다가 그리스도께 정복된 자의 하나로 여겼습니다. 그는 자신을 "그리스도의 갇힌 자"로 여겼으며, 이런 말도 했습니다. "하나님께서 여러분을 위하여 일하도록 나에게 이 직분을 은혜로 주셨다는 것을, 여러분은 이미 들었을 줄 압니다 … 나는 이 복음을 섬기는 일꾼이 되었습니다. 내가 이렇게 된 것은 하나님께서 그분의 능력이 작용하는 대로 나에게 주신 그분의 은혜의 선물을 따른 것입니다."(엡 3:1~2, 7) "여러분을 위하여 … 나에게 … 은혜로 주셨다."라고 한 것을 주목해 보십시오. 그가 은혜의 선물을 받은 것은 그가 선물이 되도록 하려고 하신 것입니다.

그리스도께서 정복한 모든 사람은 선물이 되기 위해 선물을 받은 것입니다. 아무도 자신만을 위해서 구원받은 사람은 없습니다. 바울은 사도, 선지자, 복음 전하는 자, 목사와 교사, 다섯 가지 선물을 언급했습니다. 나는 우리가 이것에 대해서 매우 분명해야 한다고 생각합니다. 그들만이 은사를 받은 사람이 아니며, 다른 사람들도 필요합니다. 그 목표를 알면 이것은 더 분명해집니다. 바울은 이렇게 묘사했습니다. "이는 성도를 온전하게 하여 봉사의 일을 하게하며 그리스도의 몸을 세우려 하심이라 우리가 다 하나님의 아들을 믿는 것과 아는 일에 하나가 되어 온전한 사람을 이루어 그리스도의 장성한 분량이 충만한 데까지 이르리니"(엡 4:12~13, 개역개정). 이것이 목표입니다.

그리스도의 구원의 선물을 받는 것이 하늘의 보험에 가입하는 것과 같다고 믿고 있다면, 그렇다면 당신은 하나님의 왕국에서 당신을 무력하고 무능하게 하기 원하는 원수에게 속은 것입니다. 그리스도인이 되는 것은 하나님께서 그분의 영광을 위하여 당신 안에 두신 은사들을 사용하여서, 그분의 사랑과 삶을 변화시키는 능력을 가지고 다른 사람들에게 예수 그리스도에 대한 당신의 믿음을 나누는 책임을 포함하는 것입니다! 아멘!

말씀	"그러므로 주님 안에서 갇힌 몸이 된 내가 여러분에게 권합니다. 여러분은 부르심을 받았으니, 그 부르심에 합당하게 살아가십시오. 겸손함과 온유함으로 깍듯이 대하십시오. 오래 참음으로써 사랑으로 서로 용납하십시오. 성령이 여러분을 평화의 띠로 묶어서, 하나가 되게 해 주신 것을 힘써 지키십시오."(엡 4:1~3)
불씨	나는 그리스도 안에 있는 나의 믿음 안에서 자라서, 나의 믿음을 다른 사람들과 나눌 것입니다.
참고성경	엡 3:1~21, 4:1~32
성경읽기	아침 – 삼하 2, 고전 13 / 저녁 – 겔 11, 시 50

믿음에 대한 기적의 도전
Miracle Challenge to Faith

9월 9일

신약성경에서 최고의 기적은 죽은 사람을 일으켜 세우는 것입니다. 요한복음 11장의 이야기는 믿음에 대한 고전적인 몇 가지 교훈을 줍니다. 그리스도께서 도착하셨을 때 마르다가 주님을 만나서 이렇게 말했습니다. "주님이 여기에 계셨더라면, 내 오라버니가 죽지 아니하였을 것입니다."(요 11:21) 바꿔 말하면, 그녀는 어제에 대한 놀라운 믿음을 보여주었습니다. "만일 주님이 닷새 전에 여기 계셨더라면, 기적이 있었으리라고 믿습니다." "만일"이 그녀의 말이었습니다. 이는 과거를 믿는 신자들이 가장 좋아하는 말입니다. "만일" 어제는 무슨 일이든지 일어났을 수 있었습니다. 옛 믿음은 출애굽기와 민수기에 묘사된 어제의 만나와 같습니다. 만일 그들이 어제의 만나를 보관하게 되면, 만나는 벌레가 생기고 냄새가 났습니다. 믿음은 오늘의 믿음이 되어야만 합니다. 예수님은 마르다에게 이렇게 말씀하셨습니다. "네 오라버니가 다시 살아날 것이다."(23절) 그러자 마르다가 대답했습니다. "마지막 날 부활 때에 그가 다시 살아나리라는 것은 내가 압니다."(24절) 마르다는 내일, 즉 마지막 날에 대한 믿음을 가지고 있었습니다. 흔히 이런 믿음을 가지고 있습니다. "언젠가는 기적이 일어날 거야 … 하나님의 좋은 때에 … 부흥이 오면 … 일들이 좀 달라진다면."

> 마리아에게 왔다가 예수께서 하신 일을 본 유대 사람들 가운데서 많은 사람이 예수를 믿게 되었다. 그러나 그 가운데 몇몇 사람은 바리새파 사람들에게 가서, 예수가 하신 일을 그들에게 알렸다. 그래서 대제사장들과 바리새파 사람들은 공의회를 소집하여 말하였다. "이 사람이 표징을 많이 행하고 있으니, 어떻게 하면 좋겠습니까? 이 사람을 그대로 두면 모두 그를 믿게 될 것이요, 그렇게 되면 로마 사람들이 와서 우리의 땅과 민족을 약탈할 것입니다."(요 11:45~48)

그리스도께서는 마을과 도시의 거리에서 기적을 행하셨지만, 그 당시 학자들에게 따르면, 그것은 잘못된 시간이었습니다. 기적은 오직 종말적 세계가 도래해야 일어나는 것이었습니다. 그들은 언젠가는 걷지 못하는 사람이 수사슴처럼 뛰고 눈먼 사람이 보게 될 것을 믿었지만 로마 군인들이 거룩한 도시를 점령하고 있는 지금은 아니었습니다! 그들이 예루살렘이나 갈릴리에서 본 기적들은 진짜일 수가 없었습니다. 이 늙은 랍비들은 "그것은 마귀가 하는 짓이 틀림없다."라고 생각했습니다. 오늘도 우리는 회의적인 사람들에게 둘러싸여 있지만, 우리는 견고하고 흔들리지 않는 그리스도 예수 우리 주님에 대한 믿음을 가지고 있습니다! 오늘 당신의 심령으로부터 그분을 찬양하십시오.

말씀	"네가 믿으면 하나님의 영광을 보게 되리라고, 내가 네게 말하지 않았느냐?"(요 11:40)
불씨	오늘 가진 믿음은 강력한 믿음입니다.
참고성경	요 11:1~57
성경읽기	아침 – 삼하 3, 고전 14 / 저녁 – 겔 12, 시 51

9월 10일

믿음의 돌파
Faith Breakthrough

하나님은 평범하지 않은 것을 계획하십니다. 예수님은 가장 아름다운 것으로 백합화를 가리키셨습니다. "백합 꽃이 어떻게 자라는지를 생각해 보아라. 수고도 하지 아니하고, 길쌈도 하지 않는다. 그러나 내가 너희에게 말한다. 자기의 온갖 영화로 차려 입은 솔로몬도 이 꽃 하나만큼 차려 입지 못하였다."(눅 12:27)

하나님의 왕국에서는 특별한 것이 너무 흔해서 오히려 일상적인 것입니다. 죽어서 하늘에 갈 때 금괴를 가득 채운 여행 가방을 가지고 갈 수 있게 해 달라고 하나님을 설득하는 데 성공한 한 부자에 대한 이야기가 있습니다. 그가 땅에서 성취한 재물과 부요함을 자랑하면서 이 남자는 진주 대문들에 이르렀을 때 여행 가방을 열었습니다. 성 베드로가 머리를 긁적이면서 물었습니다. "왜 당신은 도로를 포장하는 것을 가지고 왔습니까?" 하늘나라의 거리마저 금으로 포장되어 있습니다!

더 중요한 것은 각 사람이 특별하다는 것입니다. 백 마리의 양을 가진 목자는 한 마리의 길을 잃어버린 양을 찾아 나섭니다. 이새의 가족 가운데 어린 외톨이였던 소년 다윗은 미래의 왕으로 기름부음 받도록 선택되었습니다. 그리스도교는 원하지 않던 사람들의 종교입니다. 믿음은 하나님께서 그분의 식물과 나무들을 가꾸시는 비옥한 땅입니다. 그분은 믿음의 남녀에게 좋은 것을 심으셔서 어디서든지 지금 부러움을 사도록 하십니다. 작은 사람도 그리스도 안에서 믿음으로 큰 사람이 됩니다. 그들은 삶을 열정적으로 붙잡고 어려움을 결의와 확신을 가지고 공격합니다. 믿는 사람들이 자신의 능력 이상으로 할 수 있는 것은 일상적인 일입니다. 예수님은 교육을 받은 적이 없는 갈릴리의 어부들에게 이렇게 말씀하셨습니다. "예수께서 그들에게 말씀하셨다. '나는 너희를 사람을 낚는 어부로 삼겠다.'"(마 4:19) 그들은 방향을 바꿨으며 고도 또한 바꾸었습니다.

참 좋은 일입니다. 그런데 어떤 사람들은 "나는 믿음의 사람이 아닙니다."라고 말합니다. 글쎄요. 여기 나쁜 소식과 좋은 소식이 있습니다. 나쁜 소식은 "믿음이 없이는 하나님을 기쁘시게 할 수 없다"(히 11:6, 개역개정)는 것입니다. 좋은 소식은 우리는 모두 다 "믿음의 사람!"이 될 수 있다는 것입니다. 믿음은 너무 중요하기 때문에 하나님께서는 아무도 믿음이 없도록 의도하지 않으십니다. 믿음으로 가는 길은 활짝 열려 있습니다. 당신은 오늘 믿음을 가질 수 있습니다!

말씀	"믿음이 없이는 하나님을 기쁘게 해드릴 수 없습니다. 하나님께 나아가는 사람은, 하나님이 계시다는 것과, 하나님은 자기를 찾는 사람들에게 상을 주시는 분이시라는 것을 믿어야 합니다."(히 11:6)
불씨	하나님께서 내게 주신 믿음은 나의 매일의 삶에 중요합니다.
참고성경	마 6:33, 눅 8:14, 12:27, 히 11:6, 약 4:3
성경읽기	아침 – 삼하 4~5, 고전 15 / 저녁 – 겔 13, 시 52~54

레이저 광선
Laser Beams

9월 11일

　서구 교회에는 비교적 소수의 불신자들만이 자신들을 복음 전파에 노출합니다. 보통 그들은 아마도 수년 동안, 땅에 눈물로 물을 주며 준비한 하나님을 찾은 누군가에 의해서 집회에 나오게 됩니다. 아프리카, 아시아, 중국, 인도, 일본과 인도네시아의 넘쳐나는 사람들은 어떻습니까? 주님 앞에서 개인적으로 이름이 불린 사람이 얼마나 되겠습니까? 우리가 얼마나 그들과 멀리 떨어져 있는 것 같다 하더라도, 기도를 받지 못한 이 거대한 무리들은 우리와 같이 고군분투하는 인간입니다. 우리가 그들을 위해 중보기도하지 않는다면 누가 하겠습니까?

　"하나님, 도와주세요!"라고 부르짖는 사람은 누구나 도움을 받습니다. 그러나 사람들이 누구를 믿어야 할지 모르는데 어떻게 도움을 요청할 수 있겠습니까? 믿을 수 있는 분에 대해서 들은 적이 없는데 어떻게 누구를 믿을 수 있겠습니까? 아무도 그들에게 말하지 않는데 어떻게 듣겠습니까? 그렇게 하도록 누군가를 보내지 않는데 누가 그들에게 어떻게 말할 것입니까? 그래서 성경은 이렇게 외치고 있습니다. "기쁜 소식을 전하는 이들의 발걸음이 얼마나 아름다우냐!" 한 것과 같습니다(롬 10:15).

　괴로운 세상의 어둠 속에서 우리의 기도는 하나님의 축복이 땅에 도달하도록 하는 통로가 되고, 갈보리와 부활의 능력의 전류를 전달함으로써, 어둠을 레이저 광선처럼 꿰뚫습니다. "그러므로 여러분은 서로 죄를 고백하고, 서로를 위하여 기도하십시오. 그러면 여러분은 낫게 될 것입니다. 의인이 간절히 비는 기도는 큰 효력을 냅니다."(약 5:16) 물론 마귀는 저항하고, 세상은 소리치며 반항할 것입니다. 사탄이 하는 많은 일들은 사라질 수밖에 없습니다. "하나님의 아들이 나타나신 목적은 악마의 일을 멸하시려는 것입니다."(요일 3:8)

　기억하십시오: 오늘 당신이 드린 기도는 당신을 도울 뿐만 아니라 축복할 것입니다. 그 기도는 당신의 눈으로는 볼 수 없는 많은 방법으로 하나님께서 마귀의 일을 와해시키는 데 도움이 될 것입니다. 계속 기도하십시오!

말씀	"이와 같이, 너희 빛을 사람에게 비추어서, 그들이 너희의 착한 행실을 보고, 하늘에 계신 너희 아버지께 영광을 돌리게 하여라."(마 5:16)
불씨	아버지, 잃어버린 영혼에 대한 아버지의 사랑을 내게 보여 주십시오.
참고성경	마 5:13~16, 롬 10:13~18, 약 4:7, 5:16, 요일 3:8
성경읽기	아침 – 삼하 6, 고전 16 / 저녁 – 겔 14, 시 55

> 9월 12일

중보기도의 특별함
Distinction of Intercession

중보기도는 우리가 기도하는 사람들을 "명예의 전당"에 추천하는 것보다 더 그 사람들을 존중하는 것입니다. 열왕기하 2장에는 주목할 만한 사람인 수넴 여인에 관한 이야기가 있습니다. 그녀는 유명하지도 않았고 유명해지고 싶지도 않았습니다. 그녀가 선지자 엘리사를 조용히 환대하자, 엘리사는 그녀에게 감사하는 마음으로 "부인을 위하여 왕이나 군 사령관에게 무엇을 좀 부탁해 드릴까요?"라고 물었습니다. 그녀는 높은 사람들에게는 관심이 없었지만 하나님께서 아들을 주시기를 원했습니다. 하나님은 그녀에게 아들을 허락하셨으며, 이렇게 해서 그녀가 오랫동안 기다려오던 아들의 출생, 비극적인 죽음과 마침내 아들이 다시 살아나게 된 가슴 설레는 기적의 이야기가 시작되었습니다! 엘리사는 그녀를 위해 주님께 기도했으며, 그의 기도는 그녀에게 사라지지 않는 명성을 가져다주었습니다.

기도는 우리가 기도하는 사람들과 우리를 특별하게 해줍니다. 기도는 그들을 집중 조명해 주어서, "이름 없는 사람"을 하나님 앞에서 "유명한 사람"으로 만들어 줍니다. 하나님의 관심을 끌게 해준다니 생각만 해 보십시오! "나는 그들 가운데서 한 사람이라도 이 땅을 지키려고 성벽을 쌓고, 무너진 성벽의 틈에 서서, 내가 이 땅을 멸망시키지 못하게 막는 사람이 있는가 찾아보았으나, 나는 찾지 못하였다."(겔 22:30) 정치인들, 연설가들, 음악가들이 아니라 한 명의 중보기도자. 하나님께서 그 한 사람을 찾으셨다면, 그의 이름은 죽지 않는 자로서 "그 책"에 있을 것입니다. 중보기도하는 것은 우리가 엘리트 그룹에 가입하는 것입니다.

중보기도는 어떤 사람들을 위해서는 우리가 할 수 있는 유일한 실제적 일일지도 모릅니다. 엘리사는 자기를 환대하는 안주인을 위해서 오직 기도할 수 있을 뿐이었습니다. 우리가 하는 일들 중에서 기도를 빼버린다면, 이는 사랑이 없는 것이며, 하나님의 영을 근심하게 하는 것입니다. 우리의 기도가 필요한 사람들을 생각하는 것은 우리에게 어려운 일이 아닙니다. 그러나 우리가 나라들을 위해서 중보기도하는 것의 엄청난 능력을 잊어서는 안 됩니다.

> 예루살렘에 평화가 깃들도록 기도하여라. "예루살렘아, 너를 사랑하는 사람들에게 평화가 있기를."(시 122:6)

당신의 기도가 차이를 만들어 냅니다.

말씀	"그러므로 나는 무엇보다도 먼저, 모든 사람을 위해서 하나님께 간구와 기도와 중보 기도와 감사 기도를 드리라고 그대에게 권합니다. 왕들과 높은 지위에 있는 모든 사람을 위해서도 기도하십시오. 그것은 우리가 경건하고 품위 있게, 조용하고 평화로운 생활을 하기 위함입니다."(딤전 2:1~2)
불씨	중보기도는 하나님의 심령을 건드립니다.
참고성경	왕하 4, 삼하 12:20, 23, 겔 22:30, 딤전 2:1~2
성경읽기	아침 – 삼하 7, 고후 1 / 저녁 – 겔 15, 시 56~57

하나님과 그분의 자녀들
God and His Children

9월 13일

하나님은 그분의 자녀들을 위해서 많은 좋은 것들을 예비하고 계십니다. 그분의 약속은 "찾아라, 그리하면 너희가 찾을 것이다."(마 7:7)라고 하셨는데 왜냐하면 그것들은 오직 직접 적용해야만 얻을 수 있기 때문입니다. 실제로 그것들은 약속된 것이며, 그것들 대부분은 성경에 제시되어 있습니다. "주님께서는 정직한 사람에게 좋은 것을 아낌없이 내려 주십니다."(시 84:11) 자연적인 공급이 다했을 때, 예수님은 "구하여라, 그리하면 하나님께서 너희에게 주실 것이다."라고 하셨습니다. "구하는 사람마다 얻을 것이요 … 너희가 악해도 너희 자녀에게 좋은 것을 줄 줄 알거든, 하물며 하늘에 계신 너희 아버지께서, 구하는 사람에게 좋은 것을 주지 아니하시겠느냐?"(마 7:8, 11) 우리가 좋은 것을 구하는데, 그분은 결코 나쁜 것을 보내지 않을 것입니다! "온갖 좋은 선물과 모든 완전한 은사는 위에서, 곧 빛들을 지으신 아버지께로부터 내려옵니다. 아버지께는 이러저러한 변함이나 회전하는 그림자가 없으십니다."(약 1:17)

믿음을 사용하여 기도하는 것은 건강한 활동입니다. 둥지 안의 새는 나는 법과 먹이를 모으는 것을 배워야 합니다. 구한다는 것은 우리가 하나님을 의지하고 있다는 것을 기억나게 해 주고, 우리가 그분을 구하도록 해 주는 탁월한 역할을 합니다. 이것은 언제나 하늘 아버지를 바라봄으로써 어린아이들과 같은 영을 가지게 합니다. 이것은 교제입니다. 우리 아버지와 가족적인 교제입니다.

예수님은 이런 가족의 관계를 분명하게 묘사하셨는데, 무엇보다도 그분 스스로 인간 가족 안에 사셨습니다! 인간과 하늘의 가족 간의 비슷한 점은 분명한데, 양육하는 아버지, 사이좋게 지내는 법을 배우는 아이들입니다.

> 아버지여 이름이 거룩히 여김을 받으시오며 나라가 임하시오며 우리에게 날마다 일용할 양식을 주시옵고 우리가 우리에게 죄 지은 모든 사람을 용서하오니 우리 죄도 사하여 주시옵고 우리를 시험에 들게 하지 마시옵소서(눅 11:2~4, 개역개정)

"구하여라, 그리하면 하나님께서 너희에게 주실 것이다 … 너희 가운데서 아들이 빵을 달라고 하는데 돌을 줄 사람이 어디에 있으며"(마 7:7, 9) 당신이 그분과 그분의 위대한 가족에 속한 다른 사람들과도 건강한 관계를 가지는 것이 아버지의 소원입니다.

말씀	"구하여라, 그리하면 하나님께서 너희에게 주실 것이다. 찾아라, 그리하면 너희가 찾을 것이다. 문을 두드려라, 그리하면 하나님께서 너희에게 열어 주실 것이다."(마 7:7)
불씨	기도하며 구하는 것은 우리가 하나님을 의지하고 그분을 찾도록 하려고 만들어진 것으로서 우리로 하여금 늘 기억하게 하는 탁월한 방법입니다.
참고성경	시 84:11, 마 7:7~11, 눅 11:2~4, 11~13, 요 16:24, 약 1:17
성경읽기	아침 – 삼하 8~9, 고후 2 / 저녁 – 겔 16, 시 58~59

9월 14일

상호의존적인
Interdependent

하나님은 우리를 위하여 모든 것을 예비해 놓으실 수 있었지만 목적은 한 아이가 스스로 두 발로 서도록 가르치는 것입니다. 하나님의 궁극적인 목적은 젖을 먹는 아기처럼 우리가 무력하게 의존하는 것이 아니라 그분의 동역자가 되는 것입니다. 지금 우리가 그분께 사용되기를 바란다면 오직 기도만이 우리의 통로입니다. 하나님께서 기도가 필요하도록 실제로 세상을 창조하셨다는 것은 자주 잊혀집니다. 기도는 마귀가 일을 망친 뒤에 생각해낸 것이 아닙니다. 심지어 예수님도 기도하셨습니다.

하나님의 나라에서 일어나는 일들을 돕기 위해서 기도는 필수적입니다. 하나님이 원하지 않으시는 많은 일들이 일어나고 있지만, 우리는 그분의 뜻이 이루어지도록 기도해야 합니다. 우리가 요구하면 그분이 행하십니다. 그분이 아담을 데려다가 "에덴동산에 두시고, 그 곳을 맡아서 돌보게 하셨다"(창 2:15, 개역개정)라고 하신 것처럼, 그분은 우리가 그런 방식으로 협조하도록 계획하셨습니다. 이것이 약속을 읽는 방법입니다. "너희가 무엇이든지 내 이름으로 구하면, 내가 다 이루어 주겠다."(요 14:14) 우리는 땅에서 하나님의 뜻이 이루어지는 데 필요한 것은 무엇이든지 요구합니다. "너희가 무엇이든지 내 이름으로 구하면, 내가 다 이루어 주겠다." 우리는 협력자들입니다. 세상과 세상에 사는 사람들은 보살핌이 필요하고, 우리가 구하는 것은 무엇이든지 그리스도께서 이루어 주겠다는 약속은 이 목적을 이루기 위한 것이지, 달을 달라거나 대여섯 대의 롤스로이스 자동차를 달라는 것이 아닙니다.

사도 야고보(예수님의 아버지가 다른 형제)는 너무나도 모든 것이 인간적인 가정에서, 형제들 간에 밀고 당기며 자랐습니다. 사람들의 가족의 삶을 그가 묘사한 것과 하나님께서 얼마나 우리가 하나님을 우리의 아버지로서 보고 배우기를 원하시는지는 너무나 우리에게도 공감을 일으킵니다.

> 무엇 때문에 여러분 가운데 싸움이나 분쟁이 일어납니까? 여러분의 지체들 안에서 싸우고 있는 육신의 욕심에서 생기는 것이 아닙니까? 여러분은 욕심을 부려도 얻지 못하면 살인을 하고, 탐내어도 가지지 못하면 다투고 싸웁니다. 여러분이 얻지 못하는 것은 구하지 않기 때문이요, 구하여도 얻지 못하는 것은 자기가 쾌락을 누리는 데에 쓰려고 잘못 구하기 때문입니다.(약 4:1~3)

하나님은 우리에게 젖을 먹이지 않으실 것입니다. 그분은 참새들을 먹이십니다. 그러나 새들의 둥지에 먹이를 던져 주지는 않으십니다. 하나님이 역사하기를 바란다면, 당신은 올바른 동기를 가지고 기도로 일을 해야 합니다.

말씀	"너희가 무엇이든지 내 이름으로 구하면, 내가 다 이루어 주겠다."(요 14:14)
불씨	하나님이 일하기 바란다면, 우리는 바른 동기를 가지고 기도로 일해야 합니다.
참고성경	창 2:15, 요 14:13~14, 약 4:1~3
성경읽기	아침 – 삼하 10, 고후 3 / 저녁 – 겔 17, 시 60~61

점화 장비
Fire Starters

9월 15일

복음은 불을 밝히는 것입니다. 성령님은 단지 당신이 유창한 설교를 하도록 돕기 위해 주어진 것이 아닙니다. 성령님은 사람의 심령에 불꽃을 지피려고 주어졌습니다. 그리스도께서 당신에게 불을 붙여주지 않으신다면, 당신은 이 땅에 어떤 불도 붙일 수 없습니다. "너희는 나를 떠나서는 아무것도 할 수 없다"(요 15:5, 개역개정). 예수님은 제자들에게 "위로부터 능력을 받을 때까지" 아무것도 하지 말라고 하셨습니다. 그 능력이 왔을 때, 혓바닥 같은 불꽃이 그들 각 사람 위에 나타나며 성령님은 자신을 드러내셨습니다.

이전에 예수님은 제자들을 둘씩 짝지어 보내셨습니다. 이것은 적의 포도원과 옥수수밭을 불태우려고 동물들을 이용하여 여우를 두 마리씩 묶어서 내어보냈던 삼손을 생각나게 합니다. 제자들도 불의 복음을 가지고 마귀의 지역을 소멸시키려고 하나님을 위한 하나님의 횃불의 운반자로서 둘씩 보내심을 받았습니다. 그들은 하늘로부터 불을 내려오게 하는 새로운 엘리야들입니다.

불이 떨어지기까지는, 복음 전도와 교회의 활동들은 매우 틀에 박혀서 기대할 것이 없습니다. 강단의 에세이나 나라의 경제가 어떻게 될 것 같은가에 관한 설교나 하게 되면 이 모든 것이 얼어붙습니다. 어떤 하나님의 불꽃도 얼음에 불을 붙일 수는 없습니다. 불이 붙어서 집으로 가는 사람은 아무도 없습니다. 이와는 대조적으로 엠마오를 가는 길에서 예수님께 들었던 두 사람은 집에 앉아서 서로에게 이렇게 말했습니다. "길에서 그분이 우리에게 말씀하시고, 성경을 풀이하여 주실 때에, 우리의 마음이 [우리 속에서] 뜨거워지지 않았습니까?"(눅 24:32)

예수님은 "땅에 불을 붙이려고" 오셨습니다(눅 12:49, 개역개정). 예수님의 사명은 휴일에 소풍 가는 것이 아니었습니다. 사탄은 파괴하는 자입니다. 주님은 육체적인 위험에 대한 경고를 하시며 제자들을 보내셨습니다. "그리고 몸은 죽일지라도 영혼은 죽이지 못하는 이를 두려워하지 말고, 영혼도 몸도 둘 다 지옥에 던져서 멸망시킬 수 있는 분을 두려워하여라."(마 10:28) 예수님의 열정과 기쁨으로 불이 붙어있는 삶에 비교할 때 단지 육체적 상처란 것이 무엇입니까? 생명의 면류관이나 그분이 우리에게 하라고 하신 놀라운 일과 비교할 때 육체적 위험이란 무엇입니까? "앓는 사람을 고쳐 주며, 죽은 사람을 살리며, 나병 환자를 깨끗하게 하며, 귀신을 쫓아내어라. 거저 받았으니, 거저 주어라."(마 10:8) 오늘 성령이 당신의 심령에 불을 붙이도록 허락하십시오!

말씀 "내가 너희에게 어두운 데서 말하는 것을, 너희는 밝은 데서 말하여라. 너희가 귓속말로 듣는 것을, 지붕 위에서 외쳐라. 그리고 몸은 죽일지라도 영혼은 죽이지 못하는 이를 두려워하지 말고, 영혼도 몸도 둘 다 지옥에 던져서 멸망시킬 수 있는 분을 두려워하여라." (마 10:27~28)

불씨 예수님의 열정과 기쁨으로 타오르는 삶에 비교할 때 단순한 육체적 고통은 무엇입니까?

참고성경 삿 15:1~8, 마 10:8, 28, 눅 10:1, 12:49, 24:32, 요 15:5

성경읽기 아침 – 삼하 11, 고후 4 / 저녁 – 겔 18, 시 62~63

9월 16일

두 법정의 드라마
Two Courtroom Dramas

예수 그리스도께서 하늘 법정에서 가장 높으시고 전능하신 심판자이신 하나님 아버지 앞에서 우리의 변호자로서 우리의 사건을 다루신다는 것을 알고 있는 것은 얼마나 안심이 되는 일입니까. 이를 상상해 보십시오. 하늘의 법정, 심각한 표정의 관리들, 제복을 입은 경찰관, 검사(사탄 자신), 그리고 판사. 우리 모두는 죄 가운데 태어났으며, 아무도 의롭지 못했는데, 그 증거를 검토한 후에, 검사가 요약을 한 후 자기의 주장을 합니다. 잠시 시간이 지나자, 배심원들이 판결문을 가지고 돌아옵니다. "고소한 대로 유죄입니다." 피고는 정죄를 받은 상태로 자리에 서 있습니다. 그는 벌을 받아야 하고 값을 치러야 합니다. 그가 정당하다고 주장한다면, 엄숙한 법정은 믿을 수 없다는 웃음을 터뜨릴 것입니다.

이제 다른 법정의 모습을 그려보십시오. 모든 사람의 가장 높은 판사 앞에 한 죄인이 서 있습니다. 죄없는 눈부신 천사들이 줄지어서 지켜보고 있는 가운데 고소자 사탄도 거기 있습니다. 죄인은 자신이 죄가 있다는 것을 알고 있습니다. 땅의 모든 것의 심판자는 정의롭게 행동해야만 합니다. 그 죄인의 변호자인 예수님께서 나타나셔서 고소자에게 도전하십니다. "당신의 증거는 어디에 있습니까?" 이 말이 큰 소란을 가져옵니다! 고소자는 당황해 합니다. 그는 증명할 어떤 부스러기도 없이 아무 증거를 만들어낼 수 없습니다. 무슨 일이 일어났을까요?

내가 말해 주겠습니다. 우리의 죄에 대한 증거는 파괴되었습니다! 예수 그리스도께서 그것들을 모두 모아서 갈보리를 휩쓸었던 하나님의 심판의 불속으로 가지고 들어가셨습니다. 그 끔찍한 시간 동안, 기록들은 아무 흔적도 남기지 않고 불태워졌습니다. 골로새서 2장 13~14절은 이렇게 묘사합니다.

> 여러분은 죄를 지은 것과 육신이 할례를 받지 않은 것 때문에 죽었으나, 하나님께서는 여러분을 그리스도와 함께 살리시고, 우리의 모든 죄를 용서하여 주셨습니다. 하나님께서는 우리에게 불리한 조문들이 들어 있는 빚문서를 지워 버리시고, 그것을 십자가에 못 박으셔서, 우리 가운데서 제거해버리셨습니다.(골 2:13~14)

그 죄들은 당신과 나의 죄로서 그냥 줄로 그어서 지운 것이 아니라 예수님의 피로 인해 깨끗하게 지워졌습니다.

말씀 | "나의 자녀 여러분, 내가 여러분에게 이렇게 쓰는 것은, 여러분으로 하여금 죄를 짓지 않도록 하려는 것입니다. 누가 죄를 짓더라도, 아버지 앞에서 변호해 주시는 분이 우리에게 계시는데, 곧 의로우신 예수 그리스도이십니다. 그는 우리 죄를 위한 화목제물이시니, 우리 죄만 위한 것이 아니라 온 세상을 위한 것입니다."(요일 2:1~2)

불씨 | 이것은 많은 사람들의 죄 제거함을 얻게 하려고 흘린 나의 새 언약의 피입니다.

참고성경 | 마 26:28, 골 2:13~14

성경읽기 | 아침 – 삼하 12, 고후 5 / 저녁 – 겔 19, 시 64~65

무죄하게 됨!
Made Innocent!

9월 17일

하늘 법정에서 변호자 예수님은 그분의 놀라운 주장을 하고 계십니다. "이 사람은 죄에 대한 아무 증거가 없습니다." 그때 정의의 보좌는 은혜의 보좌가 됩니다. 고소자 사탄은 당황하여 화를 내며 물러납니다. 재판관은 피고를 불러서 그에게 "새 언약"이라는 문서를 줍니다. 그는 그 문서를 열어 봅니다. 그는 예수의 피가 뿌려진 붉은 봉인이 되어 있는 문서를 봅니다. 그것은 왕의 면제로서 이렇게 선언하고 있습니다. "이 법정은 어떤 증거도 찾지 못했으며, 그러므로 당신에 대한 고소 사건은 없습니다." "그러므로 이제 그리스도 예수 안에 있는 자에게는 결코 정죄함이 없나니"(롬 8:1, 개역개정). 재판관은 이렇게 말하고 서명을 했습니다. "그들의 죄와 그들의 불법을 내가 다시 기억하지 아니하리라"(히 10:17, 개역개정).

그 죄수는 은혜로 의롭게 되어 자유롭게 석방됩니다. 그러자 온 법정에 있는 사람들이 일어나서 박수를 칩니다. 왜냐하면, 회개하는 한 죄인으로 인하여 하늘에는 기쁨이 있기 때문입니다. 당신이 은혜로 의롭게 되었을 때, 재판장이신 하나님은 당신이 이를 알기 원하십니다. 그들이 구원받았는지 정죄 받았는지 알기 위해서 심판의 날을 기다리는 사람들은 구원을 전혀 이해하지 못하고 있습니다. 예수님의 약속, 즉 "내가 진실로 진실로 너희에게 이르노니 내 말을 듣고 또 나 보내신 이를 믿는 자는 영생을 얻었고 심판에 이르지 아니 하나니 사망에서 생명으로 옮겼느니라"(요 5:24)는 구원의 일부입니다. 당신이 구원받았을 때 그분은 당신으로부터 그 두려움을 없애주셨습니다. 그 구절에서 "심판"이란 단어는 그리스어로 크리시스krisis인데, 이 단어에서 현대의 위기crisis란 단어가 생겼습니다. 그러므로 거듭난 그리스도인은 자신이 구원받았는지 버림받았는지를 알기 위해 심판을 받기 위해 기다리며 서 있는 "위기crisis"의 시간을 결코 알지 못할 것이라고 말할 수 있습니다. 이 문제는 갈보리에서 해결되었습니다.

그러므로 동포 여러분, 바로 이 예수로 말미암아 여러분에게 죄 용서가 선포된다는 것을 알아야 합니다. 여러분이 모세의 율법으로는 의롭게 될 수 없던 그 모든 일에서 풀려납니다. 믿는 사람은 누구나 다 예수 안에서 의롭게 됩니다.(행 13:38~39)

말씀	"그러므로 그리스도 예수 안에 있는 사람들은 정죄를 받지 않습니다."(롬 8:1)
불씨	이전에 나는 잃어버려졌지만, 이제 나는 발견되었으며, 눈이 멀었으나, 이제 나는 봅니다.
참고성경	눅 15:7, 요 5:24, 행 13:38~39, 롬 8:1, 히 8:12, 10:17
성경읽기	아침 – 삼하 13, 고후 6 / 저녁 – 겔 20, 시 66~67

9월 18일

가족 구원
Family Salvation

우리 가족의 구원을 위해 기도하고 계획을 세울 때 우리는 신성한 활동의 흐름 속으로 들어가는 것입니다. 하나님은 특별히 우리 가족 안에 계시기를 원하십니다. 성경은 "하늘과 땅의 모든 가족"(엡 3:15, 개역개정)을 기대하고 있습니다. 가족은 단지 사회를 강화하기 위한 인간의 생각이 아닙니다. 가족의 가치는 사회적인 것 그 이상입니다. 가족은 하나님께서 세상이 작동하도록 계획하신 방법입니다! 가족은 그분의 영원한 목적의 하나입니다.

세상 사람들은 가족이 사회를 이루는 "구성 요소"라고 말합니다. 그러나 그들은 흩어져 있지 않고 함께 건물을 이룰 필요가 있습니다. 가족이 함께 결속될 때 사회를 구축할 수 있습니다. 이렇게 하기 위해 땅에는 한 가지 요소가 있는데, 애국심이 아니라 복음입니다. 그것은 하나님의 가족인 교회를 설명하고 있습니다.

> 그분은 인류의 모든 족속을 한 혈통으로 만드셔서, 온 땅 위에 살게 하셨으며, 그들이 살 시기와 거주할 지역의 경계를 정해 놓으셨습니다.(행 17:26)

이와 같은 성경적 진리를 아는 우리는 우리 가족의 구원을 위해 계획을 세울 수 있습니다. 피는 물보다 진합니다. 우리가 사랑하는 사람들을 위하여 특별히 기도하면, 하나님께서 의도하신 대로, 이는 자연스러운 것이며, 모든 것이 우리를 위해 진행될 것입니다. 사도행전 16장에서, 바울은 간수장이 구원을 받으면 그의 가족 전부가 구원의 길에 들어섰다는 것을 보여 주었습니다.

경건한 부모를 둔 사람의 축복과 놀라운 가능성들 중 하나는 자녀들이 그들의 마음을 아프게 하고 자신들의 삶을 망치지 않을 것이라는 것입니다. 교회는 흔히 여러 세대의 가족들로 구성되어 있음으로써 교회에 놀라운 안정성과 확신을 더해 주는 부모를 공경하는 자녀들이 있다는 것입니다.

> 주님을 경외하며, 주님의 명에 따라 사는 사람은, 그 어느 누구나 복을 받는다. 네 손으로 일한 만큼 네가 먹으니, 이것이 복이요, 은혜이다. 네 집 안방에 있는 네 아내는 열매를 많이 맺는 포도나무와 같고, 네 상에 둘러앉은 네 아이들은 올리브 나무의 묘목과도 같다 … 자식은 주님께서 주신 선물이요, 태 안에 들어 있는 열매는, 주님이 주신 상급이다.(시 128:1~3; 127:3)

오랜 시간이 걸리지 않습니다. 십 대 소녀가 한 소년에게 관심을 보이는 것이 청춘의 일시적인 문제처럼 보일 수도 있지만, 그가 거듭난 하나님의 자녀라면, 이것은 다음 세대들을 이어갈 또 하나의 경건한 왕조의 시작을 의미할 수 있습니다.

말씀	"이렇게 하신 것은, 사람으로 하여금 하나님을 찾게 하시려는 것입니다. 사람이 하나님을 더듬어 찾기만 하면, 만날 수 있을 것입니다. 사실, 하나님은 우리 각 사람에게서 멀리 떨어져 계시지 않습니다."(행 17:27)
불씨	하나님의 원대한 계획 가운데서 가족의 중요성은 결코 과소평가되어서는 안 됩니다.
참고성경	시 127:3, 128:1~4, 행 17:25~27, 엡 3:15
성경읽기	아침 - 삼하 14, 고후 7 / 저녁 - 겔 21, 시 68

다른 대안은 없다
No Alternative

9월 19일

성경은 믿지 않는 사람들과 멍에를 메지 않고, 하나님을 경외하는 가운데 자라난 자녀의 중요성을 강조합니다. 이것은 자녀들을 훌륭한 감리교인이 되도록 훈련하는 것 정도가 아니라, 하나님을 명성보다 앞세우고, 그리스도의 복음을 위하여 영적 규범을 따라 살며, 자녀들이 그리스도를 따르는 데 필수적인 것들을 배우도록 하는 것입니다. 복음과 관계되어 있는 것 이외에는 세상에서 어떤 것도 중요하지 않습니다. 나머지는 모두 사라질 것입니다.

다른 대안은 없습니다. 자녀들이 영적인 기초가 있거나 없거나, 인도하는 빛이 있거나 빛이 없습니다. 거대한 허상인 세상은 그들의 마음을 서로 사로잡으려고 할 것인데, 세상은 즉시 환심을 끌고 끌어당기는 힘이 있습니다. 세속적인 압력이 모든 사람들을 강력하게 짓누르는 가운데서, 경험이 없는 자녀들에게는 영원한 영적인 실재라는 다른 면도 보여 줘야 합니다. 영적인 것들에 대한 대응책으로 시간과 장소가 주어져야 하고, 그들의 마음은 말씀으로 보호되어야 합니다. 이것이 가장 큰 바다에 대한 빈틈없는 벽이 될 것입니다.

마귀의 신조 가운데 한 구절이 이것입니다. "우리의 목구멍에 종교를 억지로 밀어 넣지 마세요!" 이것은 냉소적이고 숨이 막히는 말이며, 아주 위선적인 말입니다! 하나님을 믿지 않는 것들은 뻔뻔스럽게 우리의 목구멍에 억지로 밀어 넣고 있습니다. 오직 사악한 의도로 사람들은 그리스도인들을 공개적으로 비웃습니다. 사탄의 또 다른 표어는 이렇습니다. "당신 자신의 종교적인 편견들을 자녀들에게 강요하지 마십시오. 자녀들이 편견이 없는 마음으로 자유롭게 믿을 수 있도록 하십시오." 자유롭게라고요? 세상은 어떤 사람도 자유롭게 편견이 없도록 놓아두지 않습니다.

> 여러분도 전에는 허물과 죄로 죽었던 사람들입니다. 그때에 여러분은 허물과 죄 가운데서, 이 세상의 풍조를 따라 살고, 공중의 권세를 잡은 통치자, 곧 지금 불순종의 자식들 가운데서 작용하는 영을 따라 살았습니다. 우리도 모두 전에는, 그들 가운데에서 육신의 정욕대로 살고, 육신과 마음이 원하는 대로 행했으며, 나머지 사람들과 마찬가지로 날 때부터 진노의 자식이었습니다. (엡 2:1~3)

얼마나 많은 경건한 영향력이 날마다 우리에게 영향을 미치고 있습니까? 우리가 살고 있는 세속적인 도시에서의 하루는 어떤 영적인 영향도 전혀 없고, 우리가 받는 압력은 하나님을 믿지 않고, 하나님을 모욕하고, 부패하고, 믿지 않고, 냉소주의의 환경일 뿐일 것입니다. 경건하게 사는 것이 당신이 매일 먹을 양식이 되도록 하십시오!

말씀	"믿지 않는 사람들과 멍에를 함께 메지 마십시오. 정의와 불의가 어떻게 짝하며, 빛과 어둠이 어떻게 사귈 수 있겠습니까?" (고후 6:14)
불씨	주님, 세상의 방법이 아니라 주님의 방법이 나와 나의 가정에 이루어지게 해 주십시오.
참고성경	고후 6:14~18, 엡 2:1~3
성경읽기	아침 – 삼하 15, 고후 8 / 저녁 – 겔 22, 시 69

9월 20일

믿음에 관한 경고
A Warning About Faith

우리가 믿음에 관하여 알고 있는 모든 놀라운 것 중에서 믿음은 금을 캐는 사람들을 위한 것이 아니라는 것을 아는 것이 중요합니다. 모든 부를 창조하신 하나님은 부를 대적하지 않지만, 금을 자신들의 하나님으로 여기는 사람들은 하늘의 도움을 받을 것을 기대할 수 없습니다.

자신들이 부를 추구하는 것을 감추려고 믿음의 메시지를 고의적으로 남용하는 사람들이 급속하게 확산되었습니다. 부끄럽기 짝이 없는 일입니다! 이런 사람들은 우상 숭배자들로 거짓 교리를 세우고, 하나님과의 관계보다 다른 것들을 앞세우고, 그들의 삶은 망하는 길로 빠져 들어가게 되어 있습니다.

> 이방 나라의 우상들은 은덩이나 금덩이일 뿐, 사람이 손으로 만든 것이므로, 입이 있어도 말을 못하고, 눈이 있어도 볼 수 없고, 귀가 있어도 듣지 못하고, 입으로 숨도 쉴 수 없으니, 우상을 만든 자들과 우상을 의지하는 자들은 누구나 우상과 같이 될 것이다. (시 135:15~18)

자기들의 불의를 참 믿음을 가르치는 가면 뒤에 감추는 이런 사람들을 멀리하십시오!

씨 뿌리는 자에 대한 예수의 비유는 쾌락의 추구를 뜻하는 헤도니즘그리스어: hedonon이란 영어 단어를 사용하고 있습니다. "가시덤불에 떨어진 것들은, 말씀을 들었으나, 살아가는 동안에 근심과 재물과 인생의 향락에 사로잡혀서, 열매를 맺는 데에 이르지 못하는 사람들이다."(눅 8:14) 동일한 평범한 단어가 야고보서 4:3에서 우리에게 말하고 있습니다. "구하여도 얻지 못하는 것은 자기가 쾌락을 누리는 데에 쓰려고 잘못 구하기 때문입니다."(약 4:3) 부를 인생의 목적으로 삼는 것은 어리석은 짓입니다. 왜냐하면 결국에 우리는 부를 가지고 갈 수 없기 때문입니다. 그리스도의 가르침을 따르는 것은 영원히 유익합니다. "너희는 먼저 하나님의 나라와 하나님의 의를 구하여라. 그리하면 이 모든 것을 너희에게 더하여 주실 것이다."(마 6:33) 당신의 믿음은 순수한 하나님의 말씀을 따르도록 하십시오. 결코 실패할 수 없을 것입니다!

말씀	"너희는 먼저 하나님의 나라와 하나님의 의를 구하여라. 그리하면 이 모든 것을 너희에게 더하여 주실 것이다. 그러므로 내일 일을 걱정하지 말아라. 내일 걱정은 내일이 맡아서 할 것이다. 한 날의 괴로움은 그 날에 겪는 것으로 족하다."(마 6:33~34)
불씨	믿음이 없이는 부요함도 있을 수 없습니다. 믿음으로 우리는 질그릇에 보물을 가지고 있습니다.
참고성경	시 135:15~18, 마 6:33, 눅 8:14, 고후 4:7
성경읽기	아침 – 삼하 16, 고후 9 / 저녁 – 겔 23, 시 70~71

하나님의 행동 원리

Divine Principle of Action

9월 21일

믿음의 절대적인 ABC는 우리가 행동할 때 하나님도 행동하신다는 것입니다. 우리가 그분께 믿음으로 반응하면, 그분은 믿음에 대해 우리에게 반응하십니다. 이것은 마치 그의 혈관에 흐르는 피와 같다는 것을 바울은 발견하였습니다. "나는 그리스도와 함께 십자가에 못 박혔습니다. 이제 살고 있는 것은 내가 아닙니다. 그리스도께서 내 안에서 살고 계십니다. 내가 지금 육신 안에서 살고 있는 삶은, 나를 사랑하셔서 나를 위하여 자기 몸을 내어주신 하나님의 아들을 믿는 믿음 안에서 살아가는 것입니다."(갈 2:20)

성경의 예를 보겠습니다. "그들은 모두 성령으로 충만하게 되어서, 성령이 시키시는 대로, 각각 방언으로 말하기 시작하였다."(행 2:4) 그들은 말을 했고, 성령은 언어를 주었습니다. "두렵고 떨리는 마음으로 자기의 구원을 이루어 나가십시오. 하나님은 여러분 안에서 활동하셔서, 여러분으로 하여금 하나님을 기쁘게 해 드릴 것을 염원하게 하시고 실천하게 하시는 분입니다."(빌 2:12~13) 이 구절은 단어를 재미있게 사용하고 있습니다. "그분의 선한 뜻을 행하려고 하나님은 당신 안에 계십니다God is in you to do His good will." 혹은, "그분의 염원을 행하려고 그분은 우리 안에 그 염원을 두십니다He puts the desire in us to do His desire." 이것이 "성령의 인도를 받는 것"입니다. "오직 성령의 감동하심을 받은 사람들이 하나님께 받아 말한 것이라"(벧후 1:21, 개역개정). 예수님은 이렇게 말씀하셨습니다. "너희를 넘겨 줄 때에 어떻게 또는 무엇을 말할까 염려하지 말라 그때에 너희에게 할 말을 주시리니 말하는 이는 너희가 아니라 너희 속에서 말씀하시는 이 곧 너희 아버지의 성령이시니라"(마 10:19~20, 개역개정). "선한 사람의 걸음을 여호와께서 정하시니 그분은 그 길을 기뻐하십니다."(시 37:23, 우리말). 우리가 걸어가면 하나님께서 우리의 걸음의 방향을 조정해 주십니다. "여호와여, 사람의 길이 자기에게 있지 않음을, 또 발걸음이 향하는 것이 걷는 사람에게 있지 않음을 제가 압니다."(렘 10:23, 우리말). 우리는 성경 세 곳에서 같은 표현을 볼 수 있습니다.

"나의 발로 암사슴 발 같게 하시며 나를 나의 높은 곳에 세우시며"(삼하 22:34, 개역개정). "나의 발로 암사슴 발 같게 하시며 나를 나의 높은 곳에 세우시며"(시 18:33, 개역개정). "주 여호와는 나의 힘이시라 나의 발을 사슴과 같게 하사 나로 나의 높은 곳에 다니게 하시리로다 이 노래는 영장을 위하여 내 수금에 맞춘 것이니라"(합 3:19, 개역개정). 이 말은 이사야가 말했던 것입니다. "오직 여호와를 앙망하는 자는 새 힘을 얻으리니 독수리의 날개 치며 올라감 같을 것이요 달음박질하여도 곤비치 아니하겠고 걸어가도 피곤치 아니하리로다"(사 40:31, 개역개정).

하나님은 당신이 마치 장갑처럼 쓸모없이 선반에서 손에 잡힐 때까지 기다리기를 바라시지 않습니다. 사람들은 "주님, 나를 사용해 주세요"라고 기도만 하고 아무 일도 하지 않습니다. 하나님께 사용된다는 것은 또 다른 루터, 웨슬리, 리빙스턴이 되는 것이란 생각이 있습니다. 그러나 당신은 당신 앞에 있는 그 일을 하도록 살아 있습니다. 오늘, 하나님에 의해 사용되기로 하십시오.

말씀	"오직 주님을 소망으로 삼는 사람은 새 힘을 얻으리니, 독수리가 날개를 치며 솟아오르듯 올라갈 것이요, 뛰어도 지치지 않으며, 걸어도 피곤하지 않을 것이다."(사 40:31)
불씨	하나님께 사용되는 것이 나를 위한 그분의 계획입니다.
참고성경	삼하 22:34, 시 18:33, 37:23, 사 40:31, 렘 10:23, 합 3:19, 마 10:19~20, 행 2:4, 빌 2:12~13, 갈 2:20, 벧후 1:21
성경읽기	아침 – 삼하 17, 고후 10 / 저녁 – 겔 24, 시 72

9월 22일 하나님은 언제 어디서든지 말씀하십니다
God Speaks Anytime, Anywhere

기도는 하나님이 우리에게 말씀하시는 것이 아니라 우리가 하나님께 말하는 것입니다. 하나님께서는 원하시는 때에 언제든지 우리에게 말씀하십니다. 그분은 우리가 기도할 때까지 기다리고 계시지 않습니다. 실제로, 성경에서 하나님께서 말씀하셨을 때 아무도 기도하고 있던 것처럼 보이지 않습니다. 하나님은 우리와 가까이 계시며 항상 말씀하실 수 있습니다. 우리는 하나님께서 무엇인가 다른 것을 말씀하실 것을 바라기 때문에 때때로 그분의 음성을 듣지 못할 수 있습니다. 기도는 기본적으로 우리의 심령을 그분께 쏟아붓는 것입니다. 듣는 것은 별개의 문제입니다. 그분은 언제든지 말씀하시기 때문에 우리는 끊임없이 준비되어 있어야 합니다. 무릎을 펴고 일어서면서 하나님께서 말씀하지 않으셨다고 하는 것은 아무런 소용이 없습니다. 라디오를 켜듯이 그분이 정확한 시간에 말씀을 할 것을 우리는 요구할 수 없습니다. 우리는 결코 스위치를 꺼두어서는 안 됩니다. 그분은 언제든지 구체적으로 개인적인 지시를 하시며 우리의 프로그램에 간섭하실지도 모릅니다.

인도받거나 그 외에 어떤 것 때문에 하나님으로부터 듣기 위해서 기도하는 것에 관한 성경 말씀이 없다고 하면 오늘날 그리스도인들에게는 이상하게 보일 수도 있습니다. 그분의 음성을 듣는 것에 관한 말씀은 많지만, 하박국이 하나님으로부터 듣기 위해서 그의 초소에 서 있었던 때를 제외하고는, 듣기 위해 기다리는 것은 거의 없습니다. "내가 초소 위에 올라가서 서겠다. 망대 위에 올라가서 나의 자리를 지키겠다. 주님께서 나에게 무엇이라고 말씀하실지 기다려 보겠다. 내가 호소한 것에 대하여 주님께서 어떻게 대답하실지를 기다려 보겠다."(합 2:1) 우리가 기도하고 기다린다면, 우리는 들을지도 모릅니다만, 어떤 소리가 들리든지, 우리는 누가 말하고 있는지를 알 필요가 있습니다. 위험은 명백히 있습니다. 우리의 욕망이 하나님의 명령 같이 들릴 수 있다는 것이 우리의 본성입니다. 우리가 이미 하고 싶어 하는 것을 오랫동안 소리치면, 조만간 메아리는 들리겠지만, 그것은 하나님의 음성이 아니라 우리 자신의 목소리입니다.

사람들은 어떤 결정을 앞두고 얼마나 하나님과 씨름하였는지 말합니다. 정직하게 관찰해 보십시오. 그것은 부당한 과정입니다. 하나님이 그런 분입니까? 사실은 그들은 하나님이 아니라 자기 자신의 뜻과 씨름을 하고 있는 것입니다. 그들은 하나님께서 동의하시기를 바랍니다. 하나님께서 우리가 무엇을 하기 원하시는지 알기 위해서 하나님으로부터 비밀을 캐려고 하나님과 씨름을 해야만 한다고 상상합니까? 물론 그분은 전력투구하는 씨름이나 경주 없이도 우리에게 말씀하실 것입니다. 하나님께서 자기의 뜻을 우리에게 말하기를 꺼리시는 것처럼 하나님께 나아가는 것은 어리석은 일입니다. 인도를 받으려고 하나님께 요구한다는 것은 우리를 인도하시겠다고 하신 그분이 우리를 안내하시는 것을 게을리하신 것 같은 인상을 줍니다. 하나님은 그분의 자녀들을 문 밖에 세워두지 않으십니다. 즉 그분은 항상 우리를 들으신다는 뜻입니다!

말씀	"늘 기도하고 낙심하지 말아야 한다."(눅 18:1)
불씨	하나님은 원하시는 때에 언제나 우리에게 말씀하십니다. 그분은 우리가 기도할 때까지 기다리지 않으십니다!

참고성경 | 합 2:1, 눅 18:1~8
성경읽기 | 아침 – 삼하 18, 고후 11 / 저녁 – 겔 25, 시 73

지혜의 세 기둥
Three Pillars of Wisdom

9월 23일

하나님은 사람의 힘을 사용하시고 사람은 하나님의 능력이 필요합니다. 사람들이 일할 때 하나님도 일하십니다. 지혜에는 세 개의 기둥이 있습니다. 이 원리를 설명하기 위해서는 기본부터 시작해야 합니다. 수백만 개의 설교가 수억 명의 사람들에 의해 설교되고 들리지만, 그 영향력은 별로 크지 않습니다. 설교자들은 "사람들이 내가 말한 것을 실천하지 않는다."라고 불평을 합니다. 물론 그게 전부입니다. 나머지 사람들은 단지 찬양하고, 예배하고, 좋은 설교를 즐기기만 하면서 만족하고 있는데, 말씀을 들은 사람들 중에, 주님을 섬기는 데 자신을 드리며, 전적으로 헌신을 하고 싶은 마음이 든 사람이 얼마나 되겠습니까? 하나님은 우리가 "말씀을 듣기만 하지 말고 행하는 자"가 되기를 바라십니다(약 1:22, 개역개정). 나는 단순한 말씀만 전달하지 않고 모든 사람들을 하나님의 역동적인 능력과 축복 안으로 인도하려고 노력합니다.

먼저 당신을 격려하기 원합니다. 하나님께서 지금 당신이 할 일을 가지고 계시고, 당신을 특별한 호의를 입은 자리에 있게 하셨다는 것을 당신은 절대적으로 확신할 수 있습니다. 아마도 당신은 이미 그런 자리에 있지만 단지 깨닫지 못했는지도 모릅니다. 많은 사람들이 언젠가는 그들이 할 위대한 일을 하나님께서 가지고 있다고 생각합니다. 아마도 하나님은 가지고 계시겠지만, 당신이 하나님께 순종하고 있다면, 당신이 지금 하고 있는 일도 역시 중요합니다. 당신에게 꼭 맡는 직업이 있고, 당신이 준비하고 있는 직업이 있습니다. 당신이 만일 이런 위치에 있지 않다고 생각한다면, 이는 진리가 아닙니다. 하나님의 영광스러운 계획 가운데 있는 당신의 권리와 고유한 자리를 빼앗기지 않도록 하십시오.

하나님이 사람의 힘을 사용하신다는 첫 번째 요점을 깨달았으면, 당신은 계속 나아갈 수 있습니다. 하나님께서 당신이 어떤 일을 하기 원하신다면, 그분은 당신에게 그것을 할 수 있는 능력을 주실 것입니다. 그 일은 이전에 당신이 했던 것 이상으로 능력을 요구할 가능성이 매우 높습니다. 하나님은 당신이 성장하기를 원하십니다. 당신 앞에 놓여있는 것이 무엇이든지 하나님께서 그것을 거기에 두셨습니다. 당신은 산들을 옮길 수 있습니다. 스스로 이렇게 말하십시오. "하나님은 내가 과거에 자신을 생각했던 것 이상이 되기를 원하십니다." 당신의 은사로 당신이 해야 할 일을 측정하지 말고, 당신이 해야 할 것으로 당신의 은사를 측정하십시오. 일과 은사가 일치할 것입니다. 하나님은 불가능을 전문으로 하십니다. 그분은 자신에게 속한 사람들의 삶을 통해서 이 사실을 보여주기를 원하십니다. 그분은 불가능할 것을 명령하시고, 그런 다음 그분의 영광을 위해서 그것을 가능하게 하십니다. 나의 목적은 그분의 능력에 이르는 길을 당신에게 계시하는 것입니다.

말씀	"나는 나에게 능력을 주신 우리 주 그리스도 예수께 감사를 드립니다. 주님께서 나를 신실하게 여기셔서, 나에게 이 직분을 맡겨 주셨습니다."(딤전 1:12)
불씨	나는 땅 위에서 아버지의 일을 성취하기 위해서 하늘의 아버지와 동역하고 있습니다.
참고성경	딤전 1:12, 약 1:22
성경읽기	아침 – 삼하 19, 고후 12 / 저녁 – 겔 26, 시 74

9월 24일

새 질서의 능력
Power of a New Order

하나님의 손가락에 의해 셀 수도 없는 강력한 표적과 더러운 귀신들이 쫓겨나가는 것을 나는 보았습니다. 그리스도께서 이를 설명하셨습니다. "그러나 내가 하나님의 능력을 힘입어 귀신들을 내쫓으면, 하나님 나라kingdom가 너희에게 이미 온 것이다."(눅 11:20) 우리는 그 설명을 주의 깊게 살펴보아야 합니다. "왕국kingdom"이 무엇입니까? 당신이 정말로 믿음의 비밀을 알기 원한다면, 왕국을 이해해야 합니다. 예수님은 항상 이에 관해서 말씀하셨습니다. 바리새인들은 그분이 사탄의 나라를 대표하고 있다며 고소하려고 할 때, 그분은 자신이 말하고 있는 것이 무엇인지 알고 계셨습니다! 우리는 여기서 오직 하나의 관점만 생각해 볼 필요가 있습니다.

우리는 석기 시대, 청동기 시대, 암흑시대 등 다른 다양한 역사적 시대를 지나 왔습니다. 이런 시간대는 그 시대의 주된 특징을 나타내는 이름이 주어졌습니다. 우리는 그리스도교 시대 또한 가졌었습니다. 심지어 우리의 달력과 시계를 아노 도미니Anno Domini, 우리 주님의 해 라는 명칭으로 지정하고 있습니다. 이것은 역사를 구분하는 또 다른 것에 불과합니까? 아닙니다. 이 시대는 독특합니다. 그리스도교 시대 동안에는 "하나님의 왕국kingdom of God"이라는 또 다른 시대가 도래했습니다. 예수님이 복음을 선포하기 시작하셨습니다. "회개하여라. 하늘나라가 가까이 왔다"(마 4:17)

왕국은 하나님의 능력이 최고인 하나님의 영역입니다. 그리스도께서 오셨을 때, 그분은 우리들의 일상적인 일에 하나님의 활동인 성령님을 소개하셨습니다. 물, 바람, 핵에너지와 같은 물리적인 힘이 아니라, 왕국은 새로운 자원이었습니다. 왜냐하면 이런 것들은 모두 자연세계의 일부이기 때문입니다. 이것은 자연의 법칙보다 훨씬 위의 세상의 능력입니다.

이 문장을 조심해서 읽어 보십시오.

태초에 하나님께서 다른 세상의 능력으로 이 세상을 만드셨습니다.

그리스도 예수 안에서 그분은 이 창조적인 세상의 능력을 지상의 장면으로 다시 소개하였습니다. 이것이 바로 하나님의 왕국입니다. 이것이 당신과 내가 오늘 살고 있는 곳입니다!

말씀	"여기에 서 있는 사람들 가운데는, 죽기 전에 하나님의 나라가 권능을 떨치며 와 있는 것을 볼 사람들도 있다"(막 9:1)
불씨	하나님의 빛과 능력의 왕국으로 나는 옮겨 심어졌습니다.
참고성경	마 3:2, 4:17, 막 9:1, 눅 11:20
성경읽기	아침 – 삼하 20, 고후 13 / 저녁 – 겔 27, 시 75~76

백만 촛불의 빛
A Million-Candlepower Light

9월 25일

바울이 말씀을 선포하고 있었던 드로아의 위층 방에는 "등불이 많이 켜져 있었습니다"(행 20:8, 개역개정). 하나의 영적 진리를 전달하기 위해서 성경의 저자들은 이런 방식으로 말했습니다. 기름으로 밝히는 등불과 진정한 "많은 빛"이었던 그리스도인들로 가득 찬 이렇게 두 종류의 빛이 있었습니다. 믿는 자들이 바로 이런 사람들입니다. "너희가 전에는 어둠이더니 이제는 주 안에서 빛이라"(엡 5:8, 개역개정). 믿는 자들은 별들이며, 믿지 않는 자들은 빛이 결코 나오지 못하는 블랙홀들입니다. 믿음은 이런 변화를 가져옵니다. "이는 너희가 흠이 없고 순전하여 어그러지고 거스르는 세대 가운데서 하나님의 흠 없는 자녀로 세상에서 그들 가운데 빛들로 나타내며"(빌 2:15, 개역개정).

촛불은 촛대가 필요하고 나무는 흙이 필요하듯이, 그리스도인들은 교회가 필요합니다. 촛대가 없이 초는 서 있을 수 없고, 흙이 없이 나무는 자랄 수 없습니다. 당신도 마찬가지입니다. 교제가 없으면 그리스도인은 설 수도 자랄 수도 없습니다.

예수님은 당신을 선반에 올려 두지 않으셨습니다. 그분은 그분의 건물 안에 우리 각 사람을 위한 특별한 자리를 가지고 있습니다. 그분은 하나의 등불이든지 함께 많은 빛으로서 "너희는 세상의 빛이라"라고 말씀하셨습니다(마 5:14, 개역개정). 그분께서 우리가 "등불을 켜서 말 아래에 두지 아니하고 등경 위에 두나니 이러므로 집 안 모든 사람에게 비치느니라"(마 5:15, 개역개정)라고 하셨을 때는 하나의 등불입니다. 한 집에 한 등불의 힘입니다. 그러나 그분은 이렇게도 말씀하셨습니다. "너희는 세상의 빛이라 산 위에 있는 동네가 숨겨지지 못할 것이요"(마 5:14, 개역개정). 한 도시는 등불 하나가 아니라 백만 개의 등불의 힘이 필요합니다. 그리스도께서 "너희는 세상의 빛이다"라고 말씀하셨을 때 너희는 복수입니다. 그분은 "많은 빛"을 함께 가져오셔서, 사람들을 합쳐서, 불꽃이 서로 섞이게 하십니다. "산 위에 있는 동네"는 교회입니다. 드로아에는 큰 방이었기 때문에 "많은 빛"이 함께 있었습니다. 세상은 큰 곳이고 많은 빛이 필요합니다. 어린이 찬송가는 이렇게 노래합니다. "너는 너의 작은 구석에서, 나는 나의 구석에서" 그러나 어두운 구석만 있지 않고 위성 전체가 어둠에 있는 것도 있습니다. 하나님에 대한 믿음이 없는 곳에는 어떤 빛도 없습니다. 당신이 하나님에 대한 살아있는 믿음이 있다면, 지구 전체가 당신의 빛을 필요로 하고 있다는 것을 항상 기억하십시오. 당신이 어디를 가든지 다른 사람들이 당신의 빛을 보도록 하십시오.

말씀	"나는 이 반석 위에다가 내 교회를 세우겠다. 죽음의 문들이 그것을 이기지 못할 것이다."(마 16:18)
불씨	그리스도를 위하여 내가 할 수 있는 한, 가능한 한 오래, 가능한 한 많이, 밝게 빛나는 것이 내 심령의 소원입니다.
참고성경	마 5:14~15
성경읽기	아침 – 삼하 21, 갈 1 / 저녁 – 겔 28, 시 77

9월 26일

큰 바다의 사업
Business in Great Waters

영적으로 오늘날의 세상은 태초와 같습니다. "흑암이 깊음 위에 있고"(창 1:2, 개역개정). 그러나 "하나님이 이르시되 빛이 있으라 하시니 빛이 있었고"(창 1:3, 개역개정). 오늘도 하나님은 여전히 "빛이 있으라!"라고 말씀하십니다. "어둠에서 빛이 있으라 말씀하셨던 그 하나님께서 예수 그리스도의 얼굴에 있는 하나님의 영광을 아는 빛을 우리 마음에 비추셨느니라"(고후 4:6, 개역개정).

그리스도께서 죽음에서 부활하신 후에, 제자들은 복음의 빛으로 세상을 밝히기 시작했습니다. 우리도 똑같이 해야 합니다. 기존 체제는 그들의 "가르침으로 예루살렘을 가득하게 했다."라고 불평을 했습니다. 그 후에 조금 지나서는, "세상을 소란하게 한 그 사람들이 여기에도 나타났습니다."라고 말했습니다(행 17:6). 이것은 정확하게 하나님께서 행하시겠다고 말씀하신 것입니다. "악인의 길은 뒤엎으시는도다"(시 146:9, 한글킹). 불신앙의 길은 위 아래가 뒤엎어져 있지만, 하나님께서 바른 길로 세워 주십니다. 이것이 당신과 나의 일입니다. 우리는 혼란스러운 세상을 바로 세우도록 하는 하나님의 일꾼입니다.

그리스도께서 첫 제자들을 부르셨을 때, 그들은 알려지지 않았고, 조용히 호수에서 물고기를 잡으며 자신들의 일을 하고 있었습니다. 그러나 그분은 그들을 "땅끝으로" 보내셨습니다(행 1:8, 개역개정). 성경에서 바다는 나라들을 나타냅니다. 파도가 요란하고 격렬합니다. 그리스도께서는 한때 물 위에 폭풍을 잠잠하게 하셨습니다. 그분은 세상의 물이 "으르렁거리며 괴로워할지라도"(시 46:3, 개역개정). 모든 나라에서 물고기를 잡도록 우리를 보내십니다. 주님은 열방에 평안을 말씀하십니다.

주님은 우리가 집에서 쉬고 있는 것처럼 교회 안에 앉아서 별로 하는 일 없이 지내라고 우리를 부르시지 않습니다. 우리는 취미가 아니라, 할 일이 있는데, 가장 큰 일은 세상을 바꾸는 일입니다! 이것은 그리스도와 함께 공동으로 노력해야 합니다. 그분은 "내가 내 교회를 세우겠다."라고 말씀하셨습니다(마 16:18, 개역개정). 그러므로 그분께서 당신에게 무엇을 하라고 하시든지, 그것이 아주 단순하고 작은 일처럼 보일지라도, 오늘날 그분의 교회를 세우는 일에 여러분의 역할을 다하기 위해 최선을 다하십시오.

말씀	"주님의 인자하심을 감사하여라. 사람에게 베푸신 주님의 놀라운 구원을 감사하여라. 감사의 제물을 드리고, 주님이 이루신 일을 즐거운 노래로 널리 퍼뜨려라."(시 107:21~22)
불씨	주님, 무슨 일이든지, 아무리 작은 일이라도, 나는 나의 최선을 다하겠습니다.
참고성경	창 1:1~31, 시 46:3, 107:23, 146:9, 마 16:18, 행 1:8, 5:28, 17:6, 고후 4:6
성경읽기	아침 – 삼하 22, 갈 2 / 저녁 – 겔 29, 시 78:1~37

영웅들의 이전과 이후
Before-and-After Heroes

9월 27일

다음은 성경 믿음의 영웅들의 전후의 특징입니다.

아브라함 – "아브라함이 하나님을 믿으니 이것을 의로 여기셨다는 말씀이 이루어졌고 그는 하나님의 벗이라 칭함을 받았나니"(약 2:23, 개역개정). 때문에 이 개척자는 특별합니다. 우르의 아브람은 우상을 숭배했을 법한 형편없는 모습이었습니다. 믿음은 인생의 후반에 그에게 왔지만 그리스도를 제외하고는, 중동에서 가장 지배적인 인물이 되었습니다.

야곱 – 아브라함의 손자입니다. 처음에 야곱은 심지어 자신이 하나님께 속해 있다고 주장하지도 않았습니다. 그런데 어느 날 밤 하나님께서 그와 씨름을 하고, 그는 돌파를 경험했습니다. 이 사건은 그를 너무나 많이 변화시켜 하나님은 그의 이름을 이스라엘이라고 바꾸셨습니다.

기드온 – 문자 그대로 하룻밤 사이에 국가적 지도자로 일어선 한 지역의 우두머리의 불만스러운 젊은 아들. 그는 하나님에게 불평을 하는 매우 불안한 믿음으로 시작했습니다. 하나님은 기드온의 믿음을 성장시키셨습니다. 그는 자신의 무장도 되지 않은 군대보다 5백 배나 더 큰 침략군을 맞이하여서 "이방 사람들의 군대를 물리쳤습니다."(히 11:34) 고전적인 믿음의 작전이었습니다.

여호사밧 – 그는 항상 하나님을 기쁘시게 하지 못하는 소심한 왕이었습니다. 그와 그의 나라가 위험에 처했을 때, 하나님의 영이 예언 가운데 그에게 임하여서, 그에게 돌파를 가져다 주었습니다. 여호사밧의 기대는 솟아올라, 이스라엘의 역사 가운데 하나의 승리의 이야기를 만들어 냈습니다.

쌍둥이 도마("의심하는 도마"로 더 잘 알려진) – 그는 "나는 믿지 않을 것이다"라고 말했습니다(요 20:25, 개역개정). 그는 확실한 증거가 있어야 하는 실제적인 생각을 하는 유형의 사람이었습니다. 예수님을 보았을 때 그 조차도 믿음의 돌파를 경험하였습니다!

하나님의 영광을 위해서 하나님을 통하여 불가능한 것을 담대하게 실행하십시오!

말씀	"믿음은 바라는 것들의 확신이요, 보이지 않는 것들의 증거입니다."(히 11:1)
불씨	그리스도를 믿는 믿음으로 나는 하나님의 영광을 위해 불가능한 것을 할 수 있습니다.
참고성경	창 32:28, 삿 7:1~25, 대하 20:1~37, 요 20:25, 21:1~25, 롬 4:11, 히 11:34, 약 2:23
성경읽기	아침 – 삼하 23, 갈 3 / 저녁 – 겔 30, 시 78:38~72

9월 28일

눈을 열어주는 기도
Eye-Opening Prayer

나는 사람들이 성경을 찾아볼 때 더 정확하기를 바랍니다. 바울이 믿는 사람들의 돌파를 경험하도록 기도하는 에베소서 1장 16-19절을 예로 들어 보겠습니다.

> 내가 기도할 때에 기억하며 너희로 말미암아 감사하기를 그치지 아니하고 우리 주 예수 그리스도의 하나님, 영광의 아버지께서 지혜와 계시의 영을 너희에게 주사 하나님을 알게 하시고 너희 마음의 눈을 밝히사 그의 부르심의 소망이 무엇이며 성도 안에서 그 기업의 영광의 풍성함이 무엇이며 그의 힘의 위력으로 역사하심을 따라 믿는 우리에게 베푸신 능력의 지극히 크심이 어떠한 것을 너희로 알게 하시기를 구하노라(엡 1:16~19, 개역개정)

바울은 여기서나 다른 어느 곳에서도 결코 능력을 위해서 기도한 적이 없습니다. 신약성경은 새롭게 충만하게 채우는 일이나 또 다른 오순절에 관해서 결코 이야기하지 않습니다. 그는 오직 "(그들의) 마음의 눈을 밝혀지기"를 기도했는데, 바로 그들의 손끝에 어떤 자원들이 있는지를 보게 해 달라고 기도하는 것이었습니다! 그리스도께서 모든 능력을 가지고 있고 우리는 능력을 위해 기도합니다. 그리고 그것이 중요한 전부입니다. 우리가 그분의 명령에 순종하기만 하면, 우리가 그분께 그렇게 해달라고 간청하는 데 절반의 시간을 소비할 필요 없이 그분은 우리를 지지하실 것입니다. 에베소 성도들을 위한 능력의 돌파는 그리스도 안에서 그들이 이미 소유하고 있는 것을 깨닫는 믿음의 돌파였습니다. 우리는 기도의 수고에 대한 공로가 아니라 믿음으로 능력을 취합니다.

우리는 "큰 믿음"을 가진 "믿음이 큰 사람들"에 대해 말하고, 어떤 경우는 격려도 합니다. 그들은 기회를 잡고 태도를 바꿨으며, 그리고 믿었습니다. 하나님은 이런 거룩한 결단을 귀하게 여기십니다. 예수님은 한두 사람의 "큰 믿음"을 칭찬하셨지만, 그들 중에 아무도 길고 힘든 과정을 통해서 그 행복한 자리에 이르지 않았습니다. 그들은 예수님을 만났습니다. 그것이 전부였으며 그것으로 충분했습니다. 그분에 대한 믿음, 믿음은 바로 이런 것입니다. 예수님이 칭찬하신 것은 그들의 믿음의 질이지 믿음의 범위가 아니었습니다. 끊임없이 증가하는 믿음은 공중 그네를 타는 것과 같은 것이 아닙니다. 믿음은 나이가 들어감에 따라 그의 부모를 더 신뢰하는 어린아이와 같습니다. 믿음에 있어서는 어린이처럼 되십시오!

말씀 | 내 기도: "우리 주 예수 그리스도의 하나님이신 영광의 아버지께서 지혜와 계시의 영을 여러분에게 주셔서, 하나님을 알게 하시고, 여러분의 마음의 눈을 밝혀 주셔서, 하나님의 부르심에 속한 소망이 무엇이며, 성도들에게 베푸시는 하나님의 영광스러운 상속이 얼마나 풍성한지를, 여러분이 알게 되기를 바랍니다. 또한 믿는 사람들인 우리에게 강한 힘으로 활동하시는 하나님의 능력이 얼마나 엄청나게 큰지를, 여러분이 알기 바랍니다." (엡 1:16~18)

불씨 | 어린아이가 부모를 신뢰하듯이, 나는 하늘에 계신 아버지를 신뢰합니다.

참고성경 | 엡 1:16~19

성경읽기 | 아침 - 삼하 24, 갈 4 / 저녁 - 겔 31, 시 79

불의 시대
Fire Age

9월 29일

　예수님은 왜 하나님의 우편으로 높임을 받으셨습니까? 그리스도의 승천에 관한 연구는 소홀했던 것 같이 보입니다. 승천은 별로 중요하지 않습니까? 예수님은 자신의 승천이 유익할 것이라고 선언하셨습니다. 그분이 아버지께로 가지 않으시면 우리가 가장 필수적인 경험을 할 수 없을 것이라고 우리에게 말씀하셨습니다. 주님의 승천이 없으면 우리는 결코 성령 안으로 침례를 받을 수 없었을 것입니다. 예수님이 행하신 모든 일을 돌아보십시오. 요한은 기록하기를 그분이 하신 일은 너무나 많아서, 다 기록한다면, 온 세상도 그 책들을 다 보관할 수 없을 것이라고 했습니다. 그렇다면 그분이 지상에 계실 때 그분이 하지 않은 일이 무엇이 있을 수 있겠습니까? 침례자 요한이 바로 그분이 하실 것이라고 하셨던 불과 성령으로 침례를 베푸는 것, 이 한 가지만 남았습니다! 그분이 지상에 계실 때 이것은 하지 않으셨습니다. 예수님은 하늘로부터 오셔서, 그분의 사명의 마지막 부분을 시작하기 전에, 십자가와 무덤을 통해 하늘로 돌아가셔야만 했습니다.

　예수님께서 지상에서 하신 일 가운데 성령과 불로 침례를 베푸는 것으로 묘사될 수 있었던 것은 아무것도 없었습니다. 그분의 복음 선포, 가르침, 치유, 그분의 어떤 큰 역사나 그분의 죽음과 부활도 성령으로 침례를 베푼 것이 아니었습니다. 예수님은 제자들을 위해서 많은 것을 하셨습니다. 그분은 제자들이 치유 사명을 행하도록 권세를 주셨지만, 그분은 성령으로 침례를 베풀지 않은 채 내어 보내셨습니다. 이런 침례는 그분이 아버지께로 가지 않고는 일어날 수 없었습니다. 실제로, 주님은 이렇게 말씀하셨을 뿐만 아니라, 강조까지 하셨습니다. 그분은 성령 안으로 침례를 베푸는 분이라는 이 새로운 직분을 맡으시려고 영광으로 들어가셨습니다. 이것이 그분이 아버지께로 올라가신 이유입니다! 구약성경은 이런 침례에 관해서 전혀 모릅니다. 이것은 하나님의 "새 일"입니다. 물론 지금 예수님은 우리에게 많은 다른 축복을 주십니다. 그분은 우리의 대제사장, 대언자, 대표자입니다. 그러나 그분 자신은 이런 일들에 이름을 붙이지 않으셨습니다. 그분은 오직 성령을 보내시는 것만 묘사하셨습니다. 이전이 아니라, 그분이 올라가신 후에야, 성령은 오셨으며, "마치 불의 혀처럼 갈라지는 것들이 그들에게 보여 각 사람 위에 하나씩 임하여 있었습니다."(행 2:3, 개역개정) 오래전에는 모세의 장막과 솔로몬의 성전의 제단은 하늘에서 내려온 순전한 불에 의해서 불이 붙여져 있었습니다. 오순절 날 다락방에 있었던 불꽃은 같은 하늘의 근원에서 나온 것이었습니다. 예수님은 그분의 명령 아래 모든 능력을 가지고 계십니다. 그분은 통제실에 계시고, 당신은 그분의 손바닥 안에 있습니다.

말씀	"내가 떠나가는 것이 너희에게 유익하다. 내가 떠나가지 않으면, 보혜사가 너희에게 오시지 않을 것이다. 그러나 내가 가면, 보혜사를 너희에게 보내주겠다."(요 16:7)
불씨	내가 예수님께서 시작하셨던 일을 계속할 수 있도록 성령님이 내게 주어졌습니다.
참고성경	요 16:7, 21:25, 행 2:3
성경읽기	아침 - 왕상 1, 갈 5 / 저녁 - 겔 32, 시 80

9월 30일

재결합되다
Reunited

그리스도는 하늘과 땅이 하나가 되게 하려고 다시 오십니다. 예수님은 이렇게 말씀하셨습니다. "가서 너희를 위하여 거처를 예비하면 내가 다시 와서 너희를 내게로 영접하여 나 있는 곳에 너희도 있게 하리라"(요 14:3, 개역개정). 이는 몇 개의 성경 구절로부터 가져온 희망적인 생각이 아니며, 사소한 사건도 아니고, 모든 시간의 정점이고, 창조의 목적 그 자체입니다! 하나님의 목적은 이 위성을 중심으로 전개됩니다. 그분의 아들은 어떤 다른 세상이 아니라 여기에 오셨습니다. 지구는 악과 마귀가 그가 속였던 모든 사람들이 보는 앞에서 던져지게 될 전쟁터입니다. 우리의 부르심은 하늘뿐만 아니라 땅에도 관계된 것입니다. 하나님은 세상을 사랑하십니다. 그분은 하늘과 땅을 다 만드셨지만, 자신이 세상을 사랑하듯이 하늘나라를 사랑한다고 말씀하신 적이 없습니다. 예수님은 땅 위에 태어나셔서, 숨을 쉬고, 살다가 죽은 사람이 되셨습니다. 그분은 사람으로서 다시 살아나셨으며, 그분은 이제 첫 사람, 사람의 아들로 영광 가운데 나타나십니다. 사람으로 이 세상에 돌아오시는 것 이 모두가 바로 재결합입니다. 예수님은 영혼만이 아니라 사람을 사랑하시며, 그분의 임재가 모든 구석구석마다 느껴지게 되는 이 옛 세상에 대한 미래를 가지고 계십니다. 우리가 지금 때때로 누리고 있는 것을 모든 사람들이 생생하게 경험하게 될 것입니다. 그분의 오심은 그분의 파루시아, 즉 그분의 임재입니다. 에스겔은 성전 안에서, 주님의 이름은 샴마로서 "주님이 거기 계신다."(겔 48:35, 개역개정)라고 말했지만, 예수님이 다시 오시면, 이것은 온 땅을 일컫는 것이 될 것입니다.

요한의 실제 그리스어는 "지금은 마지막 때라."(요일 2:18, 개역개정)라고 말하는데 이는 하나님의 관점을 말하고 있습니다. 주님께, 하루는 천 년 같고, 그분은 세상이 그분께 돌아오기를 기다리시는 그분의 인내를 나타냅니다. 요한과 베드로 모두 그들이 마지막 때에 살고 있는 것처럼 말했으며, 우리와 마찬가지로 그들은 마지막 때에 살았습니다. 이제 2천 년이 흘러갔으며, 우리는 마지막 시간에 대해서 이야기할 수 있을 뿐입니다. 누군가 지연되는 것을 예수님이 돌아오신다는 것이 큰 실수라고 생각한다면, 이런 생각을 하는 사람은 헛된 꿈을 꾸며 살고 있는 것입니다. 어떤 세대도 영원히 살지 못합니다. 왜냐하면 각 세대는 마지막 때이기 때문입니다. 하나님의 종으로서 우리는 오직 한 세대만 구원할 수 있습니다. 우리는 세상을 구원할 세 번째 천년을 가지고 있지 않습니다. 오늘 살아 있는 대부분의 사람들은 세 번째 천년이 시작되기도 전에 사라질 것입니다. "마지막 때"는 죽는 존재가 빨리 사라지는 것에 대한 하나의 표현입니다. 이 마지막 날에 일 분, 일 초, 한 시간을 사십시오!

말씀	"너희는 마음에 근심하지 말아라. 하나님을 믿고 또 나를 믿어라."(요 14:1)
불씨	하나님의 종으로서 우리는 오직 한 세대만을 구원할 수 있습니다. 우리 모두 부지런히 일합시다!
참고성경	겔 48:35, 요 14:1, 3, 요일 2:18
성경읽기	아침 - 왕상 2, 갈 6 / 저녁 - 겔 33, 시 81~82

당신이 구원받은 사람들을 찾으려면 컨퍼런스를 엽니다.
당신이 잃어버린 사람들을 찾으려면 전도집회를 엽니다.

복음 전파는 지역 교회 안으로 인도되어야 합니다.
복음 전도자는 그의 그물을 가져오고 목사의 배들을 빌려서
그들은 함께 나가서 영혼을 잡아 옵니다.
그렇게 되면, 복음 전도자는 모든 물고기를 교회에 털어 넣고,
다음의 잠재적 추수를 향해 떠납니다.

나는 단 한 가지를 원합니다. 지옥을 비우고 천국을 채우는 것.

불에 타버리다
Consumed By Fire

10월 1일

성령 세례는 그분과 복음과 함께 하는 모든 것이 불이란 특징이 있다는 것을 의미합니다! 그것은 타올라야 합니다. 증거하고 일하는 사람들에게는 불이 있어야 합니다. 복음을 선포하는 사람들에게도 불이 있어야 합니다. 우리가 선포하는 진리 안에도 불이 있습니다. "내 말이 불같지 아니하냐"(렘 23:29, 개역개정). 우리가 선포하는 주님 안에는 불이 있습니다. "우리 하나님은 소멸하는 불이심이라"(히 12:29, 개역개정). 성령 안에 있는 불로 우리는 선포합니다. "성령과 불!"(마 3:11, 개역개정)

갈멜산 위에서는 바알의 제사장들과 엘리야가 드리는 두 번의 희생제물이 있었습니다. 바알에게 드린 제물은 불에 탄 적이 없는 불이 없는 제사였습니다. 제물이 거기 있었으며, 제사를 드리는 사람들은 아주 진지했습니다. 그들은 바알에게 하루 종일 기도했으며, 그들은 그들의 진지함이 얼마나 절박한지를 보여주려고 칼로 자기 몸을 상하게 하였습니다. 그들은 자신들이 가지고 있는 모든 것을 부었으나, 그들의 제물은 불이 붙지 않았습니다. 마귀가 지옥에서 불꽃을 일으켜 불을 붙일 수 있었다면 사탄이 가져왔을 것이지만, 그 제단은 차가운 상태 그대로였습니다.

엘리야가 제물을 드렸기 때문에 불이 떨어진 것도 물론 아닙니다. 불은 엘리야가 기도하고 믿었을 때 붙었습니다! 엘리야는 모세의 가르침을 문자 그대로 따랐지만, 그의 순전한 순종으로는 어떤 불도 나타나지 않았습니다. 믿음이 불길을 가져왔습니다. 하나님은 제물에게만 불을 보내셨습니다. 제물이 없는데 불을 보낼 이유는 없을 것입니다. 안락의자에 앉아 있는 그리스도인들은 아무 불도 받지 못합니다. "기름부음 받은 감자칩을 먹으며 소파에 앉아 있는 사람anointed couch potato"이란 것은 없습니다. 가끔 사람들은 자신들이 하나님께 전혀 양보되어 있지도 않으면서 불을 위해 기도하지만, 그래 봤자 그분께 아무 효과도 없습니다. 그들은 시간이나 돈도 들이지 않고 노력도 하지 않습니다. 만일 하나님의 불을 가지고 있다면, 그 불을 가지고 그들은 무엇을 할까요? 집 안에 앉아서 불을 그냥 즐기겠습니까? 불은 세상을 구원하는 데 우리들의 어려움을 덜어주려는 것이 아닙니다. 불은 우리가 어려움에도 불구하고 복음을 전파하도록 우리에게 능력을 갖추어 주는 것입니다. 오늘 이 불에 다가가십시오!

말씀 "그러므로 우리는 흔들리지 않는 나라를 받으니, 감사를 드립시다. 그리하여, 경건함과 두려움으로 하나님이 기뻐하시도록 그를 섬깁시다. 우리 하나님은 태워 없애는 불이십니다."(히 12:28~29)

불씨 성령의 불은 우리가 복음을 선포할 능력을 주십니다.

참고성경 왕상 18:1~46, 렘 23:29, 마 3:11, 행 2:3, 히 12:29

성경읽기 아침 – 왕상 3, 엡 1 / 저녁 – 겔 34, 시 83~84

> 10월 2일

믿음 돌파
Faith Breakthrough

네 사람은 문자 그대로 믿음의 돌파를 했습니다.

> 하루는 가르치실 때에 갈릴리의 각 마을과 유대와 예루살렘에서 온 바리새인과 율법교사들이 앉았는데 병을 고치는 주의 능력이 예수와 함께 하더라 한 중풍병자를 사람들이 침상에 메고 와서 예수 앞에 들여놓고자 하였으나 무리 때문에 메고 들어갈 길을 얻지 못한지라 지붕에 올라가 기와를 벗기고 병자를 침상째 무리 가운데로 예수 앞에 달아 내리니 예수께서 그들의 믿음을 보시고 이르시되 이 사람아 네 죄 사함을 받았느니라 하시니 서기관과 바리새인들이 생각하여 이르되 이 신성 모독 하는 자가 누구냐 오직 하나님 외에 누가 능히 죄를 사하겠느냐 … 그러나 인자가 땅에서 죄를 사하는 권세가 있는 줄을 너희로 알게 하리라 하시고 중풍병자에게 말씀하시되 내가 네게 이르노니 일어나 네 침상을 가지고 집으로 가라 하시매 그 사람이 그들 앞에서 곧 일어나 그 누웠던 것을 가지고 하나님께 영광을 돌리며 자기 집으로 돌아가니 모든 사람이 놀라 하나님께 영광을 돌리며 심히 두려워하여 이르되 "오늘 우리가 놀라운 일을 보았다 하니라"(눅 5:17-21, 24~26, 개역개정)

그리스도께서는 믿는 자들과 불신자들이 붐비는 집에 계셨습니다. 많은 사람들이 육체의 문제들을 가지고 있었으며, "병을 고치는 주의 능력이 예수와 함께 하였습니다." 그러나 이 모든 종교적인 사람들은 치유 받지 못했습니다. 그때 네 남자가 한 전신이 마비된 사람을 들것에 실어서 데리고 왔습니다. 무리 때문에 들어갈 수가 없어서 그들은 건물에 있는 계단을 통해 옥상으로 올라가서 지붕을 뜯고서, 그 사람을 예수님 바로 앞으로 달아내렸습니다. 그들의 믿음을 보시고, 예수님은 이 사람의 건강을 회복시켜 주셨습니다. 이것은 이중 돌파였습니다. 그들은 (물리적으로) 지붕을 뚫었으며, (영적으로) 그들을 그리스도로부터 떨어져 있게 하고 있던 무리의 불신앙을 뚫었습니다. "모든 사람이 놀라고… 심히 두려워했습니다." 두려움은 기적을 가로막기 위해 사탄이 가장 좋아하는 속임수 중 하나입니다. 당신이 불신앙을 허락하여 하나님이 하신 일을 약화시키면 당신의 치유도 놓칠 수 있습니다. 그러나 믿음이 돌파를 하면, 당신은 하나님께 영광을 돌리게 되고, 두려움과 불신앙을 대항하는 능력, 확실함, 담대함을 가져오며, 당신으로 하여금 이전보다 더 강한 증인이 되도록 능력을 더해 줍니다.

말씀	"주님의 능력이 함께 하시므로, 예수께서는 병을 고치셨다."(눅 5:17)
불씨	믿음이 돌파할 때, 당신은 하나님께 영광을 돌리고, 능력과 담대함을 가지게 됩니다.
참고성경	눅 5:17~26
성경읽기	아침 – 왕상 4~5, 엡 2 / 저녁 – 겔 35, 시 85

믿음의 거인들
Faith Giants

10월 3일

누군가가 치유받을 때마다, 치유는 세상의 불신앙을 깨뜨립니다. 그래야 마땅하고 그렇지 않다면 우리는 예수님께 결코 가까이 갈 수 없을 것입니다. 하나님을 믿으십시오! 믿음은 어떤 사람들을 기쁘게 하고, 다른 사람들을 놀라게 합니다. 예수님은 다양한 믿음의 수준을 가진 사람들을 상대하셨습니다. 어떤 이들은 무리 가운데로 다가와서 그분의 옷자락을 만졌던 여인처럼 자신들의 믿음을 감추려고 하였으며 다른 사람들이 알게 되기를 바라지 않았습니다. 어쨌든 그분은 그녀를 치유하셨습니다. 전신마비가 된 친구를 치유받게 하려고 했던 네 남자처럼 어떤 이들은 모험적인 믿음을 가지고 있습니다. (어쨌든 이 병자에게 치유를 가져온 것은 이 환자의 믿음일까요 아니면 그의 친구들의 믿음일까요?) 이 기적은 믿는 자들에게는 기쁨을 주었지만, 믿지 않는 사람들의 심령에는 두려움을 주었습니다. (아마도 불신자였을) 백부장이 예수님은 그분의 말씀만으로도 충분히 치유하실 수 있다고 믿는 권세에 근거한 믿음도 있습니다. 그는 그의 종이 치유를 받았을 뿐만 아니라 예수님으로부터 이런 칭찬도 받았습니다. "이스라엘 중 아무에게서도 이만한 믿음을 보지 못하였노라"(마 8:10, 개역개정).

우리는 매일 의심하는 사람들에게 둘러싸여 있습니다. 신을 믿지 않는 것이 오늘날의 질서입니다. 신문, 라디오, 텔레비전, 이 모든 것들은 경건하지 않은 것을 아침, 저녁으로 우리의 목구멍에 밀어 넣습니다. 믿음을 원한다면 우리는 이 모든 이성적인 겉껍질과는 다른 음식을 먹어야 합니다. 성경, 기도, 그리스도인들끼리의 격려, 믿음을 세워주는 독서와 같은 것을 먹어야 합니다. 소망을 가지고 가까이 다가가서, (조심스럽게라도) 믿음을 사용하면, 당신은 더 많은 믿음을 얻게 될 것입니다! 믿는 자는 어깨를 펴고, 세상의 영적인 가난함 위의 높은 곳을 걷는 거인과 더 큰 창조 질서를 대표하는 사람과 힘과 기둥이 되도록 되어 있습니다.

재산을 잃는 것은 큽니다.
건강을 잃는 것은 더 큽니다.
믿음을 잃는 것은
아무도 회복시켜 줄 수 없습니다.

큰 믿음을 가진 것으로 알려진 사람이 되십시오!

말씀	"그제서야 예수께서 그 여자에게 말씀하셨다. '여자여, 참으로 네 믿음이 크다. 네 소원대로 되어라.' 바로 그 시각에 그 여자의 딸이 나았다."(마 15:28)
불씨	나는 이 세상의 영적인 가난함 훨씬 위에 살아가는, 피그미들 가운데서 거인이 되기 바랍니다.
참고성경	마 8:5~13, 9:19~26, 15:28, 막 2:1~12
성경읽기	아침 – 왕상 6, 엡 3 / 저녁 – 겔 36, 시 86

10월 4일

거듭남
Born Again

그리스도 예수께서 자연 세계와 영적 세계 사이에 다리를 놓으셨을 때, 우리에게 열린 가능성 중에 하나는 "거듭남"입니다. 이 단어의 그리스어 표현은 "위로부터 태어난"이라고 번역될 수 있습니다. 성경이 우리에게 말하고 있는 하나님의 나라, 하늘의 능력에 의해서, 남자와 여자들은 새롭게 만들어져, 새로운 피조물이 될 수 있습니다. "위로부터 난" 사람들은 물질적인 세상으로 결코 만족하지 않을 것이란 것은 분명합니다. 그들은 물질적인 것은 물론 영적인 연결 고리가 필요합니다. 새장이 독수리에게 충분하지 않듯이, 한정된 과학의 법칙만을 인정하는 현재의 세상은 회심한 그리스도인들에게는 충분히 크지 않습니다. 확장이 필요하며, 이 확장은 우리의 삼차원 세계에서 사차원의 영적 세계까지 이릅니다. 우리는 "성령 안에서 행합니다."(갈 5:16, 개역개정) 그리고 우리는 "그리스도 예수 안에서 함께 하늘에 앉아 있습니다."(엡 2:6, 개역개정)

사도행전은 제자들이 온 세상에 다니면서 사람들을 구원과 치유로 축복하면서, 새로운 자원을 사용하는 것을 보여줍니다. 그리스도 안에 있는 그 최초의 새로운 사람들, 즉 이 왕국의 새로운 피조물들은 새로운 본능과 새로운 능력과 그들의 심령에 새로운 법이 기록된 새로운 왕국의 질서 안으로 다른 사람들을 이끌도록 보내심을 받았습니다.

성령 안에서 침례를 받고 방언을 말한 후에 이 은사가 새로운 가능성을 열었다는 것을 깨닫는 데는 그리 오래 걸리지 않았습니다. 내가 성령을 통하여 방언을 말했을 때, 성령을 통하여 다른 놀라운 일들이 있을 수 있었습니다. 나는 성령 안에서 사는 법을 배웠습니다. 나는 표적과 기사가 일어나는 새로운 땅에 있었습니다. 하나님을 찬양합니다! 그렇지 않았다면 어떤 일도 일어나지 않았을 것입니다. 거대한 군중들이 나의 집회에 참석했습니다. 그들은 두려울 정도로 엄청난 필요를 나타냈습니다. 그러나 나는 성령 안에 침례를 받은 사람입니다. 나는 오는 세대의 능력과 그 자원을 활용하는 방법을 알았습니다. 하나님께서 그들을 위해 무엇인가를 가지고 계시다는 큰 확신이 나를 사로잡았습니다. 이것은 나만의 비밀이 아니라 오늘날 수억 명이 가진 확신입니다. 내가 만일 또 다른 "비밀"을 가지고 있다면, 그것은 말씀 자체입니다. 나는 말씀의 효과를 확신합니다. 말씀은 "구원에 이르게 하는 하나님의 능력"입니다(롬 1:16, 개역개정). 당신도 이것을 확신할 수 있습니다.

말씀	"내가 진정으로 진정으로 너에게 말한다. 누구든지 다시 나지 않으면, 하나님 나라를 볼 수 없다."(요 3:3)
불씨	성령을 통하여 배우고 경험할 수 있는 무한한 이적들이 존재합니다.
참고성경	요 3:3, 롬 1:16, 갈 5:16, 엡 2:6, 히 8:1~13
성경읽기	아침 – 왕상 7, 엡 4 / 저녁 – 겔 37, 시 87~88

나의 첫 선교의 노력
My First Missionary Efforts

10월 5일

아프리카에서 젊은 선교사로서 일하면서 나는 때때로 다섯 사람에게 설교했습니다. 그곳에 모인 사람들 이외에 아프리카에 4억 5천만 명의 영혼이 있었는데 대부분이 예수 그리스도를 통한 구원에 대해 무지했습니다. 그들은 우리의 방식으로 복음을 들을 수 있을 것입니다. 그들이 약 5천 년 동안 살아 있다면 말입니다! 그렇지만 소수의 청중이라고 우리는 실망하지 않았습니다. 마침내 부흥이 오면 많은 수고도 필요 없을 테니까요! 우리의 영적인 조상들이 의심할 수 없는 믿음을 우리에게 심어 주지 않았더라면 이런 소망으로 우리가 반짝이는 눈으로 인내할 수 있었겠습니까? 복음은 복음을 듣지 않은 사람에게는 좋은 소식이 아니라는 것을 나는 나중에 깨닫게 되었습니다. 선포되지 않은 복음은 복음이 아닙니다. 또 다른 작은 조명의 광선이 나의 심장을 관통하였습니다. 신약성경에서 우리는 하나님께서 스스로 나아가셨다는 것을 읽을 수 없었지만, "제자들이 나가 두루 전파할새 주께서 함께 역사하사 그 따르는 표적으로 말씀을 확실히 증언하시니라"(막 16:20, 개역개정). 그들이 행동했을 때 하나님께서 행동하셨습니다. 그러므로 그분이 우리를 기다리고 있었고, 나는 이로부터 벗어날 수 없었습니다. 나도 여기에 포함되어 있었습니다!

내가 성경 통신 강좌를 개설하였을 때, 5만 명이 등록을 하였습니다. 이렇게나 많다니! 이것은 잠수함의 잠망경을 통해 보는 것처럼, 구원받기를 갈망해 하는 인류의 바다에서 잠수하고 있는 나의 모습을 보여주었습니다. 이에 더하여 하나의 환상이 매일 밤 나를 따라다녔습니다. 나는 아프리카 대륙 전체가 한 나라씩 예수의 피에 씻기는 것을 보았습니다. 수백 년 동안 진지한 기도를 통하여 우리는 철저하게 인내심을 가지고 부흥을 기다려 왔습니다. 하나님은 이제 응답하셔야만 합니다! 겁 없는 충동 같지만 (하나님으로부터 온 것임이 증명되었던), 40명 신도를 가진 한 교회와 함께 나는 만 명 좌석이 있는 큰 운동장을 예약하였습니다. 그리고 만 명이 왔습니다! 잘 익은 첫 밀 농사! 처음으로 나는 구원 초청에 반응하여 수천 명이 앞으로 달려 나오는 것을 보았습니다. 하나님께서 나의 눈을 열어 주셔서, 실제로 나는 땅에서 볼 수 있는 눈에는 보이지 않는 강력한 성령의 물결이 운동장에 다가오는 것을 보았습니다. 수많은 치유의 기적이 따르는 집단적인 성령 안에서 침례가 이루어졌습니다. 나는 어린 소년처럼 울면서, 순종하여 주님께 서원을 하기를, 이 비전이 이루어지도록 온 아프리카를 가로질러 활동하기로 하였습니다. 하나님께서 만 명에게 하실 수 있다면 4억 5천만 명에게 하실 수 있다고 나는 생각했습니다. 이것이 내가 오늘 당신에게 전해주고 싶은 공격적인 복음 전파의 믿음입니다.

말씀	"그들은 나가서, 곳곳에서 복음을 전파하였다. 주님께서 그들과 함께 일하시고, 여러 가지 표징이 따르게 하셔서, 말씀을 확증하여 주셨다."(막 16:20)
불씨	복음은 복음을 듣지 않은 사람에게는 좋은 소식이 아니며, 선포되지 않은 복음은 전혀 복음이 아닙니다.
참고성경	막 16:20
성경읽기	아침 – 왕상 8, 엡 5 / 저녁 – 겔 38, 시 89

10월 6일

침략!
Invasion!

우리의 세상은 침략당했으며, 하나님의 왕국의 권세는 우리에게 가까이 왔습니다. 이것은 자연이나 과학적인 질서를 지배하는 상위 기적의 질서입니다. 상위의 법이 물질세계의 법을 지배할 수 있듯이, 영적인 것은 물질세계를 지배할 수 있습니다. 이것은 하나님의 은사가 역사할 때나 성령 침례 때 일어납니다.

요한복음은 모든 것이 말씀으로 말미암아 지어졌다고 말하고 있습니다. 즉 하나님의 아들에 의해 "만물이 그로 말미암아 지은 바 되었으니 지은 것이 하나도 그가 없이는 된 것이 없느니라"(요 1:3, 개역개정). 우리가 보는 모든 것의 근원이신 그분께서 자신이 만드신 피조물 안으로 들어오셨습니다. 그분은 "하늘로부터 내려오셨습니다."(요 6:38, 개역개정) 매우 중요한 이 말은 그분이 더 높은, 보이지 않는 세계로부터 보이는 세계로 이르는 다리가 되셨다는 뜻입니다. 나중에 예수님은 하늘과 땅 사이에 세워진 야곱의 사다리로 자신을 묘사하셨습니다. 스스로 힘과 능력을 가진 두개의 질서가 존재합니다. 예수님은 하늘과 땅의 질서의 연결고리입니다. 하늘의 능력은 땅을 만드셨던 하나님의 창조의 능력입니다. 하늘의 연결고리인 그리스도를 통하여 그분이 오시기 전에는 불가능했던 것들이 땅에서 가능하게 되었습니다. 그분은 "새롭고 살아있는 길"이라고 불립니다(히 10:20, 개역개정). 성령으로 말미암아, 예수 그리스도를 통하여, 땅과 하늘의 거래가 시작되었습니다. 하나님의 천사들이 오가고 있습니다.

우리가 사는 세상에서는 그리스도로 말미암아, 하나님은 우리의 기도를 통하여 여기서 자신의 뜻을 행사하시고 있습니다. 예수님께서 우리에게 이렇게 기도하라고 가르쳐 주셨기 때문에, 우리는 하나님의 능력이 필요하고 하나님은 우리의 힘이 필요합니다. "뜻이 하늘에서 이루어진 것 같이 땅에서도 이루어지이다."(마 6:10) 그의 우주 어떤 부분에서도 그분은 자신을 가두지 않으셨습니다. 그분은 주님입니다. 그분은 더 큰 힘을 행사하시고, 자연의 법칙은 하나님의 영에 순종합니다. 이것을 우리는 기적이라고 부릅니다. 하나님은 우리를 새로운 방식으로 다루십니다. 물론 그 뒤에는 큰 목적이 있습니다. 그 목적은 무대에서 관객을 속이는 마술처럼 몇 개의 세상을 놀라게 하는 기사를 나타내는 것이 아니라, 세상의 속량입니다. 당신은 오늘 그 능력을 활용할 수 있습니다!

말씀	"태초에 '말씀'이 계셨다. 그 '말씀'은 하나님과 함께 계셨다. 그 '말씀'은 하나님이셨다. 그는 태초에 하나님과 함께 계셨다. 모든 것이 그로 말미암아 창조되었으니, 그가 없이 창조된 것은 하나도 없다."(요 1:1~3)
불씨	모든 것의 근원이신 그분이 그분의 영으로 내 안에 거하십니다.
참고성경	마 6:10, 요 1:1~3, 14, 51, 3:13, 6:38, 히 10:20
성경읽기	아침 – 왕상 9, 엡 6 / 저녁 – 겔 39, 시 90

자연적인 법칙과 영적인 법칙

10월 7일

Natural and Spiritual Laws

　당신이 움직일 때마다, 당신은 자연의 법칙을 지배하고 있습니다. 자연 상태에서 돌들은 날지 못하지만, 인간은 더 높은 법칙인 우리 의지라는 법칙을 적용합니다. 우리는 돌을 던져 날게 할 수 있습니다. 우리는 자연의 법칙들의 종이 아닙니다. 그들이 우리의 노예입니다. 우리는 과학의 법칙을 통해서 이 위성을 완전히 떠날 수 있습니다. 우리는 무중력 상태로 이동할 수도 있고, 심지어 달까지 날아갈 수 있습니다. 더 좋은 것은 하나님의 말씀 안에서 우리는 움직이고, 행동하고, 섬길 수 있습니다!

　기적은 자연 법칙에 반하는 것이라고 사람들이 말할 때, 그들은 더 높은 의지와 더 높은 힘이 있다는 것을 완전히 무시하는 것입니다. 전능하신 하나님은 물론 사람도 자연의 법칙을 멈추게 할 수 있습니다. 어려움은 사람들이 하나님을 믿지 않을 때 생깁니다. 하나님이 개입하시면 불가능한 것이 없습니다. 그리고 그렇게 되었습니다. 하나님의 나라는 우리 가운데 있기 때문에, 마귀는 쫓겨났으며, 병든 자들이 고침을 받고, 우리는 방언을 말합니다.

　인간은 육체와 영으로 되어 있습니다. 하나님은 지상의 세계와 영적인 세계, 두 세계에 우리를 연결시켜 주셨습니다. 우리의 오감으로는 이 세상을 인식하고, 우리의 영으로는 비물질적인 세계를 인식하며 가끔 비물질적인 것을 두려워합니다. 그러나 무언가 잘못되었습니다. 큰 재앙이 우리에게 닥쳤는데, 죄가 육체와 영 사이에 있는 연결고리를 거의 파괴시켰습니다! 아담의 타락 이후에, 예수님이 오시기까지는 초자연적인 것들은 어쩌다 한 번씩 보였습니다. 때때로 일어나는 돌파들이 구약성경에 기록되어 있습니다. 때때로 하나님은 자신의 절대주권을 사용하셔서, 모세와 엘리야와 엘리사의 사역에서와 같이, 기사들을 만들어 내셨습니다. 하나님의 능력과 그분의 권세를 직접 볼 수 있는 경우는 매우 드물었습니다.

　그런데 극단적인 변화가 나타났으니, 바로 육신 안에 계신 말씀, 놀랍게도 그리스도께서 오심으로써 창조적인 능력의 자원들이 열렸습니다. 그분은 과거나 현재나 만물의 주님입니다. 주님은 이것을 스스로 선포하셨습니다. "하나님의 나라가 가까이 왔다"(막 1:15, 개역개정). 이것이 당신과 내가 살고 있는 왕국입니다!

말씀	"이런 일들이 일어나는 것을 보거든, 하나님의 나라가 가까이 온 줄로 알아라."(눅 21:31)
불씨	하나님이 의도하신 하늘과 땅의 연결 고리는 그분의 아들 예수 그리스도입니다.
참고성경	막 1:15, 눅 21:31
성경읽기	아침 – 왕상 10, 빌 1 / 저녁 – 겔 40, 시 91

[10월 8일]

하나님이 말씀하시는 것
What God Is Saying

하나님께서 교회 전체를 향해 말씀하고 싶은 것이 있다면, 그것은 이 세상을 떠나실 때 그리스도께서 말씀하셨던 "너희는 온 천하에 다니며 만민에게 복음을 전파하라"입니다(막 16:15, 개역개정). 이 사명이 완수되기까지 하나님은 어떤 다른 생각이나, 교회 구조나 조직과 같은 부수적인 문제로 우리를 바쁘게 하는 데 관심이 없으십니다.

어린 소년이었을 때조차도 예수님은 땅 위에서 메시아로서 그의 사명을 이루는 데 심령이 불타고 있었습니다. 그분은 우리를 위해서 잔인한 죽음의 고통을 기꺼이 받을 정도로 잃어버린 영혼을 구원하려고 오셨습니다. 그러나 죽기 몇 년 전부터 그분은 아버지의 일에 바쁘기를 사모했습니다.

> 사흘 뒤에야 그들은 성전에서 예수를 찾아냈는데, 그는 선생들 가운데 앉아서, 그들의 말을 듣기도 하고, 그들에게 묻기도 하고 있었다. 그의 말을 듣고 있던 사람들은 모두 그의 슬기와 대답에 경탄하였다. 그 부모는 예수를 보고 놀라서, 어머니가 예수에게 말하였다. "애야, 이게 무슨 일이냐? 네 아버지와 내가 너를 찾느라고 얼마나 애를 태웠는지 모른다." 예수가 부모에게 말하였다. "어찌하여 나를 찾으셨습니까? 내가 내 아버지의 집에 있어야 할 줄을 알지 못하셨습니까?"(눅 2:46~49)

처음부터, 예수님은 왕국의 복음을 세상에 선포하려고 하셨습니다! 그분은 단 한 번도 곁길로 들어선 적이 없으십니다.

하나님이 계시하신 뜻이 있으므로, "우리가 하나님에 대하여 가지는 담대함은 이것이니, 곧 무엇이든지 우리가 하나님의 뜻을 따라 구하면, 하나님은 우리의 청을 들어주신다는 것입니다."(요일 5:14) 이것이 그리스도께서 우리에게 이렇게 구하라고 하신 이유입니다. "그 나라를 오게 하여 주시며, 그 뜻을 하늘에서 이루심 같이, 땅에서도 이루어 주십시오."(마 6:10) 다시 예수님은 말씀하셨습니다. "너희가 내 안에 머물러 있고, 내 말이 너희 안에 머물러 있으면, 너희가 무엇을 구하든지 다 그대로 이루어질 것이다."(요 15:7) 기도하는 첫째 목표는 우리의 뜻을 이루는 것이 아니라 하나님이 계시해 주신 뜻이 이루어지도록 하는 것이며, 우리의 사고방식을 따라 하나님을 설득하거나 하나님이 하시도록 강요하는 것이 아닙니다. 그분의 나타난 뜻은 모든 사람들이 회개에 이르기를 바라신다는 것입니다. 신약성경의 모든 것이 이 사실을 분명하게 나타내고 있습니다. 우리가 이 뜻을 따라 구한다면, 하나님은 신속하게 응답하실 것입니다. 이는 이 기도에 나타나 있습니다. "그 나라를 오게 하여 주시며, 그 뜻을 하늘에서 이루심 같이, 땅에서도 이루어 주십시오."(마 6:10) 이것을 성취하는 것이 복음입니다. 오늘 당신은 이 왕국에서 할 역할이 있습니다!

말씀	"너희가 내 안에 머물러 있고, 내 말이 너희 안에 머물러 있으면, 너희가 무엇을 구하든지 다 그대로 이루어질 것이다. 너희가 열매를 많이 맺어서 내 제자가 되면, 이것으로 내 아버지께서 영광을 받으실 것이다."(요 15:7~8)
불씨	기도의 첫째 목표는 하나님의 계시된 뜻을 이루는 것입니다.
참고성경	마 6:10, 막 16:15, 눅 2:45~49, 요 15:7, 요일 5:14
성경읽기	아침 - 왕상 11, 빌 2 / 저녁 - 겔 41, 시 92~93

하나님의 생각을 떠오르게 하기
Evoking the Thoughts of God

10월 9일

기름부음은 향수와 같습니다. 바울은 다윗을 인용하였습니다.

> 하나님, 주님의 보좌는 영원무궁하며, 공의의 막대기는 곧 주님의 왕권입니다. 주님께서는 정의를 사랑하시고, 불법을 미워하셨습니다. 그러므로 하나님 곧 주님의 하나님께서는 주님께 즐거움의 기름을 부으셔서, 주님을 주님의 동료들 위에 높이 올리셨습니다.(히 1:8~9)
> 임금님이 입은 모든 옷에서는[그리스도를 가리킴] 몰약과 침향과 육계 향기가 풍겨 나고(시 45:8)

육계는 먼 극동지역에서 왔습니다. 이스라엘은 이것을 지나가는 상인들로부터 구했을 것입니다. 이 향기는 하나님과 하나님의 제사장들이 있는 곳에서만 나는 독특한 향기이며, 이는 하나님에 대한 생각을 떠오르게 하였습니다.

성경은 예수님을 기름부음을 받은 분이라고 부릅니다. "시몬 베드로가 대답하였다. '선생님은 살아 계신 하나님의 아들 그리스도십니다.'"(마 16:16) 예수님은 "하나님의 아들"이 그분께만 해당되듯이 기름부음 받은 분이었습니다. "그리스도"는 히브리어로는 "메시아"로 번역된 그리스어 "크리스토스"에서 나왔습니다. 성막과 제사장들과 왕들의 기름부음을 나타내는 모든 것이 예수 안에서 성취되었습니다. 그리스도는 "향기가 풍기는" 우리의 왕과 제사장입니다. 그분은 자신을 모든 다른 사람들로부터 구별되게 했던, 자신을 기름부음 받은 자로 만드는, 그분을 떠오르게 하는 미묘한 영의 아름다움인, 하늘의 순수함과 냄새를 지니셨습니다. 그분은 단지 인기가 있는 능력과 "카리스마(은사)" 뿐만 아니라, 사랑과, 사람들이 이전에는 맡아본 적이 없는 그분 자신의 거룩한 분위기 속에서 활동하셨습니다. 우리는 예수님이야말로, 십자가 위에서 우리를 위해서 깨진 하나님의 대리석 상자라고 말할 수 있을 것입니다! 지금 그의 향기로 세상을 가득 채우십시오!

마리아가 그랬던 것처럼 우리도 그리스도의 기름부음에 참여할 기회가 있습니다. "그때에 마리아가 매우 값진 순 나드 향유 한 근을 가져다가 예수의 발에 붓고, 자기 머리털로 그 발을 닦았다. 온 집 안에 향유 냄새가 가득 찼다."(요 12:3) 그분의 발치에 우리 자신을 겸손하게 낮추고 우리의 마음을 그분께 바치는 우리의 가장 친밀한 예배 행위는 그분의 기름부음이 우리의 삶 가운데로 흘러넘치도록 합니다. 우리는 예수의 향기를 지니고 있으며, 우리의 "냄새"는 하나님의 거처와 관계가 있습니다. 그리스도를 닮은 향기는 당신을 넘어서 온 세상으로 퍼져 나갈 것입니다.

말씀	"그리고 그들은 그 두 사람이 예수와 함께 다녔다는 사실을 알았습니다."(행 4:13)
불씨	우리는 우리 위에 예수의 향기를 지니고 다닙니다.
참고성경	시 45:6~8, 마 16:16, 요 12:3, 행 4:13, 히 1:8~9
성경읽기	아침 – 왕상 12, 빌 3 / 저녁 – 겔 42, 시 94

10월 10일

아무도 "시시한 사람"이 아닙니다
Nobody Is a Nobody

하나님께는 아무도 "시시한 사람"이 아닙니다. 우리 각 사람은 계산할 수 없는 가치가 있습니다. 우리의 기도는 구원이 필요한 사람의 절망적인 악에 정비례해야 합니다. 악하면 악할수록 더 큰 중보기도가 필요합니다. 아무도 자신을 위해서 기도해 주는 사람이 없는 가운데 살다 가서는 안 됩니다.

> 그러므로 나는 무엇보다도 먼저, 모든 사람을 위해서 하나님께 간구와 기도와 중보 기도와 감사 기도를 드리라고 그대에게 권합니다. 왕들과 높은 지위에 있는 모든 사람을 위해서도 기도하십시오. 그것은 우리가 경건하고 품위 있게, 조용하고 평화로운 생활을 하기 위함입니다. 이것은 우리 구주 하나님께서 보시기에 좋은 일이며, 기쁘게 받으실 만한 일입니다. 하나님께서는 모든 사람이 다 구원을 얻고 진리를 알게 되기를 원하십니다.(딤전 2:1~4)

중보기도의 궁극적인 목표는 복음 전파입니다. "하나님께서 세상을 이처럼 사랑하셔서 외아들을 주셨으니, 이는 그를 믿는 사람마다 멸망하지 않고 영생을 얻게 하려는 것이다."(요 3:16) 중보기도는 그냥 말로 하는 기도가 아니라 심령의 부르짖음입니다. "주님, 저를 축복하시고 모든 곳에 있는 모든 사람을 축복해 주십시오. 아멘!"이 아닙니다. 우리 주 예수님은 핏방울이 떨어지도록 우리를 위해서 기도하셨습니다! 그는 심지어 그의 떨리는 몸을 못으로 박는 병사들을 위해서도 기도하셨습니다.

모든 사람들을 위해 기도하십시오. 그리스도가 없는 상태는 끔찍하기 때문입니다. 오직 한 분의 구원자만 계신데 그분을 거절한다면, 사람들이 할 수 있는 일이 무엇이 있습니까? 그들의 울부짖음은 요셉이 없어진 것을 발견한 르우벤의 외침과 같습니다. "나는 이제 어디로 가야 한단 말이냐?"(창 37:30, 개역개정). 갈 곳이 없습니다. 그래서 사람들은 어쩌면 함께, 어쩌면 혼자, 지옥으로 가고 있다는 것도 알지 못한 채, 그냥 흘러가고 있습니다! 그리스도가 없는 종교는 지상의 지옥입니다! 종교 지도자들이 그리스도를 죽였습니다. 우리는 이것을 오늘날 하나님의 이름으로 행해지는 테러, 살인, 억압을 통해 보고 있습니다. 예수님은 말씀하셨습니다.

> 너희가 아브라함의 자녀라면, 아브라함이 한 일을 하였을 것이다. 그러나 지금 너희는, 너희에게 하나님에게서 들은 진리를 말해 준 사람인 나를 죽이려고 한다. 아브라함은 이런 일을 하지 않았다 … 너희는 너희 아비인 악마에게서 났으며 … 그는 처음부터 살인자였다. (요 8:39~40, 44)

중보기도가 시급합니다. 중보기도는 하나님이 개입하시도록 합니다. 우리는 한 세기가 아닌 한 세대를 구원하는 한 세대만 가지고 있습니다! 이것이 저와 여러분에게 하나님이 하시는 도전입니다! 오늘 당신이 해야 할 것을 한다면, 곧 뒤따라 올 사람들을 위하여 길을 닦는데 도움이 될 것입니다.

말씀	"형제자매 여러분, 내 마음의 간절한 소원과 내 동족을 위하여 하나님께 드리는 내 기도의 내용은, 그들이 구원을 얻는 일입니다."(롬 10:1)
불씨	중보기도의 궁극적인 목표는 복음 전파입니다.
참고성경	창 37:30, 눅 22:44, 23:34, 요 3:16, 8:39~44, 딤전 2:1~4
성경읽기	아침 – 왕상 13, 빌 4 / 저녁 – 겔 43, 시 95~96

보고 믿으십시오!
See and Believe!

10월 11일

어떤 사람들은 십자가에 대해 모든 것을 아는 것처럼 보입니다. 그들은 십자가로 장식을 하거나, 십자가 상을 가지고 다닙니다. 그러나 이것은 그들을 위해 아무 효과도 없는 미신일 뿐입니다. 발전소에 대해서 모든 것을 알고 있어도 당신은 여전히 추위에 떨 수 있습니다. 당신이 바로 원자력 발전소의 벽에 손을 대고 있다 하더라도 여전히 얼어 있을 수 있습니다. 그렇지만 진리, 즉 복음 선포로 말미암아 배선이 완료되어 있기 때문에 당신은 하나님의 능력에 전원을 연결시킬 수 있습니다! 복음을 듣고 믿으면, 당신은 고갈되지 않는 하나님의 자원을 활용할 수 있습니다. 그때 당신은 자신이 구원받았다는 것을 압니다.

예수님이 십자가에 달려 있는 동안, 구원받지 못한 사람들이 실제로 그 발치에 있었습니다. 성경은 어떤 사람들은 "거기에 앉아서, 그를 지키고 있었다."라고 묘사하고 있습니다(마 27:36, 개역개정). 그것이 그들이 한 일의 전부였으며, 그러므로 그들은 구원받지 못했습니다. 오늘, 수천 명의 사람들이 똑같은 짓을 하고 있습니다. 그들은 아마도 예수님의 죽음에 대해서 호기심을 가지고 있거나, 심지어 불쌍히 여기거나, 단지 구경꾼이었을 뿐, 그들은 그분이 그들에게 주기 위해 죽은 것, 즉 하나님의 용서에 대한 확신과 그분이 그들을 받아들였다는 것을 받아들이지 않았습니다.

믿음이 오면 확신이 따라옵니다. 당신은 이 둘을 분리 시킬 수 없으며, 때때로 성경에서 이 두 단어는 정확히 동일합니다. 어떻게 이렇게 될 수 있는지 보여 드리겠습니다. 우리는 마가복음 15장 29, 32절을 읽어 볼 수 있습니다. "지나가는 자들은 자기 머리를 흔들며 예수를 모욕하여 이르되 이스라엘의 왕 그리스도가 지금 십자가에서 내려와 우리가 보고 믿게 할지어다"(막 15:29, 32, 개역개정). 그들은 실제로 예수님이 그들을 위해서 죽는 것을 보았지만, 그들은 믿지 않았으며 구원받지 못했습니다. 보고 믿으십시오! 마가는 그들에 대한 해답을 가지고 있었습니다. "예수를 향하여 섰던 백부장이 그렇게 숨지심을 보고 이르되 이 사람은 진실로 하나님의 아들이었도다 하더라"(막 15:39, 개역개정).

이 군인은 모든 것을 보았으며, 더 이해하는 눈으로 진리를 보았습니다. 그는 그리스도께서 십자가에서 못 박힌 상태에서 떨어져 나와서 걸어 다니거나, 엘리야가 예수님을 풀어 주려고 오는 것 같은 기적을 볼 필요가 없었습니다. 그분은 진정한 경이로움, 즉 하나님의 사랑, 그리스도의 위대함을 보고 있었습니다. 그는 예수 그리스도의 얼굴에 있는 하나님의 영광을 보았습니다. 보고 믿으십시오!

말씀	"참으로 이분은 하나님의 아들이셨다."(막 15:39)
불씨	예수 그리스도에 대한 나의 믿음은 구원에 대한 반석같이 굳건한 믿음을 줍니다.
참고성경	마 27:36, 막 15:29~39
성경읽기	아침 – 왕상 14, 골 1 / 저녁 – 겔 44, 시 97~98

10월 12일

도끼와 교향악단
The Ax and the Ochestra

교회는 그리스도의 전쟁을 위한 도끼입니다. 모든 도끼는 도끼를 다루는 사람을 위한 손잡이, 무게를 실어주는 머리, 일을 감당하는 도끼 날이 있습니다. 직장에서 일하면서 하나님의 일을 할 수 있도록 후원함으로, 즉 우리의 후원으로 하나님의 일에 무게를 실어 주고 있거나, 복음 전파에 공격적인 도끼 날 같은 일에 종사하고 있거나 하는 두 가지 일 모두가 매우 필요합니다. 라인하르트 본케, 나는 어떤 교회도 없습니다. 그러나 나는 교회들에 의지하고 있습니다. 그들은 내가 하고 있는 일에 무게를 실어 주고, 나의 팀은 조직적으로 수행되어야 하는 끝없는 일을 하고 있고 여전히 우리는 주님의 손에 잡힌 하나의 연장입니다.

교회는 그리스도의 교향악단입니다. 나는 어떤 일도 나 혼자 하려고 하지 않습니다. 독주자나 독창자도 함께 하는 사람들 아마도 하나의 교향악단이 필요할지도 모릅니다. 우리가 하는 모든 일들은 전도집회, 출판물, 텔레비전, 영상, 책이나 어떤 것들이든지 준비되어야만 합니다. 특별한 은사와 능력 혹은 그들의 기도와 은사들로 나의 목표와 맞추어 뒤에서 일하는 수천 명의 연주자들이 있으며, 우리는 모두 같은 목적을 가지고 일합니다. 모든 곡조는 하모니를 이루어야 하며, 다른 악기의 연주의 수준에 의해서 풍성해집니다. 교회들이 연합하여 내게 오라고 요청하기 전에는 나는 어떤 나라에도 가지 않습니다. 우리는 모두 함께 일해야 합니다.

사도 바울보다 더 강한 믿음을 가진 사람은 없는 듯합니다. 그리스도인들이 로마에 나타났다는 소식을 들었을 때, 그는 그들에게 서로 간의 믿음에 관해 이런 편지를 보냈습니다. "내가 여러분을 간절히 보고 싶어하는 것은, 여러분에게 신령한 은사를 좀 나누어주어, 여러분을 굳세게 하려고 하는 것입니다. 이것은, 내가 여러분과 함께 지내면서, 여러분과 내가 서로의 믿음으로 서로 격려를 받고자 하는 것입니다."(롬 1:11~12) 우리들 각 사람은 스스로 설 수 없는 종이 한 장과 같습니다. 종이 한 면은 모든 종이가 함께 편안하게 서로 지지해 주며 서 있는 오백 장의 종이 블록입니다. 모든 성도는 지지가 필요합니다. 세상은 도와주지 않을 것입니다. 예수님의 친구들에게는 세상은 친구가 아닙니다. 그러므로 당신이 어디에 있든지, 무엇을 하고 있든지, 다른 신자들과 함께 교제의 관계를 유지하며, 예수를 위해 일어서십시오.

말씀	"혼자보다는 둘이 더 낫다. 두 사람이 함께 일할 때에, 더 좋은 결과를 얻을 수 있기 때문이다. 그 가운데 하나가 넘어지면, 다른 한 사람이 자기의 동무를 일으켜 줄 수 있다 … 또 둘이 누우면 따뜻하지만, 혼자라면 어찌 따뜻하겠는가? 혼자 싸우면 지지만, 둘이 힘을 합하면 적에게 맞설 수 있다. 세 겹 줄은 쉽게 끊어지지 않는다."(전 4:9~12)
불씨	팀 워크! 이것이 개인 플레이 보다 빨리 하나님의 나라가 오게 할 것입니다.
참고성경	전 4:9~12, 롬 1:11
성경읽기	아침 – 왕상 15, 골 2 / 저녁 – 겔 45, 시 99~101

찾고 있는 복음 전도자들!
Evangelists Sought!

10월 13일

하나님께서 부르신 적이 없는 교회 내의 복음 전도자의 직분을 가지고 있는 수천 명이 있습니다. 지금은 그리스도의 몸이 담대하게 복음 전도자의 직분을 재확인할 때입니다! 갈보리에서처럼 오늘날 하나님의 관심사는 영혼의 구원입니다. 예수 그리스도께서 하늘나라로 올라가셨을 때, 이 위대한 일의 성취를 돕도록 그분은 교회 안에 복음 전도자의 일을 확고히 정해 놓으셨습니다.

과거는 비극적인 이야기들로 가득합니다. 복음의 문이 열렸을 때, 어떤 그리스도인 일꾼들은 금채굴자들이 자기 소유를 주장하듯이 질투하며 자신들만 독점하려고 하였습니다. 어떤 때는 경쟁심이 부흥을 파괴하였습니다. 추수하는 사람들이 "자신들의" 양떼만을 보호해야 한다고 하는 동안 추수의 열매를 거두지 못해서는 안 됩니다. 주님은 사람들의 경력이 아니라 잃어버린 영혼들을 구원하려고 죽으셨습니다. 나는 "수단과 방법"이 아니라 영적인 원리를 선포합니다. 하나님은 당신에게 자원들을 주실 것입니다. 그분이 지시하는 많은 방법들이 있습니다. 사람들이 시험해 보고 입증된 방법으로 하는 것보다도 우리는 더 많은 상상력을 활용하는 접근법들이 필요합니다. 기계적으로 꾸준히 하는 것은 신실하다고 불릴 수 있지만, 복음 전파에서 우리의 우선적인 관심은 잘못된 형태의 신실함이 아니라 효과가 있는 것입니다.

내가 복음 전파자와 선교사로 사는 동안 복음을 방해하는 요인들 여러 가지 제한 요인을 발견했습니다. 나는 경험을 통해 많은 전통적인 복음 전파의 방법들이 수 세대 동안 여전히 변하지 않고 남아 있는 것을 알고 있습니다. 다른 것들은 우리에게 "모든 것을 하나님께 맡겨 두라."고 말하는 교리들입니다. 어떤 사람들은 하나님의 방법은 부흥이라고 주장하지만 그들은 부흥을 기다리는 동안 대사명을 실천하지는 않습니다. 사람이 구원을 받게 된다면 어쨌든 그들은 구원받게 될 것이라고 어떤 사람들은 생각하고 있습니다. 나는 이것이 진리가 아니라는 것을 알고 있습니다. 나는 당신도 이를 이해하게 되리라고 믿습니다.

말씀	"너희는 넉 달이 지나야 추수 때가 된다고 하지 않느냐? 그러나 나는 너희에게 말한다. 눈을 들어서 밭을 보아라. 이미 곡식이 익어서, 거둘 때가 되었다."(요 4:35)
불씨	그리스도는 사람들의 경력 때문이 아니라 잃어버린 영혼들을 구원하려고 죽으셨습니다.
참고성경	엡 4:8~16
성경읽기	아침 – 왕상 16, 골 3 / 저녁 – 겔 46, 시 102

10월 14일

오직 한마음
Singleness of Heart

　우리는 복음 전파의 일을 감히 가벼이 여기지 않습니다. 나는 사람들에게는 인정받지만 결과가 없는 방법 보다, 사람들은 멸시해도 하나님이 인정하는 방법을 사용하겠습니다. 나는 이에 대해서 조금도 사과하지 않습니다. 나는 믿음으로 나설 준비가 되어 있는 모든 사람들에게 하나님의 기름부음을 나누기를 원합니다. 나의 관점은 뜨겁습니다. 매우 뜨겁습니다. 그 불꽃으로 불태울 수 있습니다. 이 글을 읽은 어떤 사람들은 화재 보험을 꺼내게 될 것이 분명한데, 이는 많은 지난 개념들이 불로 태워버려질 것을 내가 보장하기 때문입니다!

　나의 메시지는 오직 한마음에서 나옵니다. 이것은 결코 너무 강조될 수 없기 때문에 나는 대사명을 꾸준히 말합니다. 그분을 위해서 우리 세대를 더 효과적으로 구원하기 위해서 나는 밤낮으로 하나님께 부르짖습니다. 불로하는 복음 전파는 가능한 유일한 해결책입니다. 나는 성령의 복음 전파를 위해서 이 하나님의 말씀의 도전을 담당할 다른 기름부음 받은 남녀들을 찾습니다. 나는 가장 좋은 사람들은 아직 나타나지 않았다고 믿습니다. 온 세상이 우리 하나님과 구세주를 찬양하는 소리로 가득하게 될 날이 곧 오고 있습니다. 모든 나라와 언어들로, 모든 언어로 "예수 그리스도를 주라 시인하여 하나님 아버지께 영광을 돌립니다"라고 할 그날이 거의 가까이 다가왔습니다(빌 2:11, 개역개정).

　수년 동안 하나님은 내게 많은 것을 가르쳐 주셨으며, 내가 많은 것을 경험하도록 허락하셨습니다. 당신이 "전도자의 일을 하도록" 당신에게 영감을 불어 넣도록 하는 오직 하나의 이유 때문에 나는 이것을 당신과 나누고 있습니다(딤후 4:5, 개역개정). 나는 모든 성령의 사역을 하는 데 필요한 원칙을 설명했습니다. 내가 나의 전도집회를 어떻게 했는지 발견하려고 하지 말고, 그분의 계획을 기꺼이 따르기를 바라는 사람을 통해서 하나님께서 어떻게 일하시는지를 발견하기 위해서 이 글을 읽으십시오! 이 말은 바로 당신을 뜻합니다.

말씀	"그러므로 하나님께서는 그를 지극히 높이시고, 모든 이름 위에 뛰어난 이름을 그에게 주셨습니다. 그리하여 하늘과 땅 위와 땅 아래 있는 모든 것들이 예수의 이름 앞에 무릎을 꿇고, 모두가 예수 그리스도는 주님이시라고 고백하여, 하나님 아버지께 영광을 돌리게 하셨습니다."(빌 2:9~11)
불씨	우리는 복음 전파의 일을 감히 가볍게 여기지 않습니다.
참고성경	빌 2:9~11, 딤후 4:5
성경읽기	아침 – 왕상 17, 골 4 / 저녁 – 겔 47, 시 103

복음이 아닌 것
A Gospel That Is Not

10월 15일

　복음은 때로 복음과 우리에게서 핵심이 빠진 상태로 재해석되어 왔습니다. 자유주의와 이성주의적 사상은 성경 비평과 철학이라는 변화 위에 근거하고 있습니다. 겁에 질려 있는 수백만 명에게 이 새로운 사상은 어떤 믿을 만한 근거도 제공하지 못했습니다. 이것은 하나님께 갈급한 사람들에게는 지푸라기 신학입니다. 너무나 많은 학자들이 진리가 어떤 확실한 해답도 가질 수 없었던 질문들에 달려 있도록 하였는데, 이것은 잃어버린 나라들과 마귀에게 당하고 있는 군중들을 위해서는 아무 효과도 없었습니다. 만일 하나님이 유일한 구원자라면, 그분은 "아마도"나 "만일"이나 "내 생각에는"이란 메시지로는 구원할 수 없습니다. 세상은 하늘과 살아 있는 연결 고리를 가진 사람이 필요합니다!

　문화적이거나 원시적이거나 모든 사람들을 위해서 즉 지혜로운 자들, 야만인들, 그리스 사람들, 유대인들에게 하나의 진리의 말씀, 십자가가 있습니다. 복음은 하나님의 능력입니다. 복음을 선포하는 설교자는 하나님의 나라에 항복할 것을 요구하는 대사입니다. 이것은 하나님의 최후통첩입니다. 그분은 존재하는 것들을 그대로 우리들에게 보여주셨습니다. 복음은 이론도 추상적인 것도 아니고 모든 것 뒤에 있는 실재입니다. 우리는 이것을 인정하거나 멸망합니다.

　내가 여기서 말하고 있는 것을 당신이 알아차린다면, 당신은 말씀과 십자가의 공성퇴를 가지고 군대에 입대하는 것입니다. 이것으로 마귀의 진을 완전히 쳐부술 것입니다. 이것은 행진하는 천하무적의 하나님의 군대의 우레와 같은 드럼소리입니다. 하나님께서 그분의 영으로 나를 충만하게 하시고 방언을 말하도록 나의 입술을 열었을 때, 그분은 나의 귀를 열어서 예수님이 하늘과 땅의 모든 능력을 가지신 것을 알리는 승리의 나팔 소리를 듣게 하셨습니다. 이런 선물이 있다니요! 당신이 따르고 있는 복음이 생명과 능력의 복음임을 확신하십시오.

말씀	"죽은 사람들에게도 복음이 전해진 것은, 그들이 육신으로는 모든 사람이 심판받는 대로 심판을 받으나, 영으로는 하나님을 따라 살게 하려는 것입니다."(벧전 4:6)
불씨	그리스도의 복음은 모든 믿는 사람에게 구원을 주시는 하나님의 능력입니다.
참고성경	롬 1:16, 벧전 4:6
성경읽기	아침 – 왕상 18, 살전 1 / 저녁 – 겔 48, 시 104

| 10월 16일 |

행진 명령
Marching Orders

다윗과 이사야 모두 이렇게 기도했습니다. "오 주여, 하늘을 낮게 드리우시고 내려오소서." (시 144:5, 쉬운말) 예수님이 오셨을 때 일어난 일입니다. 그러므로 신약의 신자들은 다시는 이런 기도를 할 필요가 없습니다. 그리스도는 하늘을 찢으시고 우리에게 내려오셨습니다. 그분은 하늘이 계속 열려 있도록 확실하게 하시고 하늘을 통해 돌아가셨습니다. 열린 하늘은 영원히 열려 있으며, 다시 봉해진 적이 없습니다. 열린 하늘을 통해서, 성령이 내려 오기 시작했는데, 바로 "늦은 비"입니다. 지옥은 하나님의 나라에 제재를 가하거나 봉쇄할 수 없고 하나님의 나라의 시민들을 빼앗을 수도 없습니다. 마귀의 통제를 벗어나는 새롭고 살아있는 길이 열렸습니다.

"말로 할 수 없는 기쁨"이란 그의 책에서 위대한 교사였던 마틴 로이드 존스 박사는 부흥이란 성령 안에서 침례를 받는 것이라고 결론을 내렸습니다. 그는 회심한 이후에 성경적으로 능력을 받는 것 즉 성령 세례를 받는 것, 바로 부흥이 있다는 확실한 증거를 말했습니다. 이 진리가 회복된 1901년 이래로 성경의 표적과 기사의 회복은 수억 명을 하나님의 왕국 안으로 데려왔습니다.

신약성경의 그리스도인들 가운데는 아무도 종교적 명상 안에 자신을 가두어 둔 사람이 없었습니다. 신비주의자들은 대개 잘못된 가르침으로 끝이 났습니다. 사도들은 활동가였습니다. "사도행전은 사도들이 행동했기 때문에 기록되었습니다."라고 말한 스미스 위글스워스가 옳았습니다. 그들은 성지를 방문하거나 성인들의 유물들을 보관하지 않았습니다. 그들은 성령을 통하여 하나님과 살아있는 접촉을 하고 있었습니다. 그들은 성인들이나 그들의 몸에서 나온 뼈를 통해서가 아니라 하나님께 직접 나아갔습니다.

그리스도인의 삶 전부는 "성령 안에" 있습니다. 성령에 의해서, 하나님의 아들은 기름부음을 받은 자였습니다. 이 사실이 전례가 되었습니다. 성령으로 기름부음을 받았기 때문에 예수님은 두루 다니며 선한 일을 행하셨으며, 당신도 그래야 합니다. 예수님처럼 당신과 나는 성령 안에서 행하고, 성령 안에서 기도하며, 성령 안에서 사랑하고, 성령 안에서 살며, 성령으로 충만함을 받으며, 성령 안에서 노래하며, 성령의 열매를 맺습니다.

말씀	"나는 영으로 기도하고, 또 깨어진 마음으로도 기도하겠습니다. 나는 영으로 찬미하고, 또 깨어진 마음으로도 찬미하겠습니다."(고전 14:15) "내가 영으로 기도하고 또 마음으로 기도하며 내가 영으로 찬송하고 또 마음으로 찬송하리라"(고전 14:15, 개역개정)
불씨	성령 안에서 나의 삶은 성령의 열매인 사랑과 기쁨과 평안으로 가득합니다.
참고성경	시 144:5, 사 64:1, 약 5:7
성경읽기	아침 – 왕상 19, 살전 2 / 저녁 – 단 1, 시 105

그리스도의 권세
Authority of Christ

10월 17일

하나님이 말씀하시자 하늘과 땅이 생겼습니다. "그가 말씀하시매 이루어졌으며 명령하시매 견고히 섰도다"(시 33:9, 개역개정). 그런가 하면 요한복음은 "말씀이 육신이 되셨다"라는 엄청난 주장을 하고 있습니다(요 1:14, 개역개정). 만물을 창조하신 똑같은 음성이 지금 우리에게 말씀하셨습니다. 그분이 하신 말씀은 절대적인 권세와 함께 옵니다. 이것은 주님의 말씀입니다.

그리스도께서 말씀하셨을 때, 그분은 하늘과 땅은 사라지지만 그분의 말씀은 사라지지 않는다고 하셨습니다. 그분은 선지자들과 같지 않았습니다. 그들은 주님을 대신해서 말했지만 그리스도는 주님으로서 말씀하셨습니다. 선지자들은 "주께서 말씀하시기를"이라고 하였지만, 그리스도는 "내가 진실로 너희에게 이르노니"라고 하셨습니다. 유대인들은 모세에게 귀를 기울였지만 예수님은 "모세는 말했지만 … 그러나 내가 이르노니"라며 모세를 넘어서 말씀하셨습니다. 그밖에도 다른 것들이 있었습니다. 선지자들은 메시지를 가지고 보냄을 받았지만, 예수님은 메시지 자체였습니다. 선지자들은 주님에 관해서 말했지만, 예수님은 자신에 관해서 말씀하셨습니다. 그분은 하나님의 말씀을 가져오셨을 뿐만 아니라, 그분이 바로 하나님의 말씀이었습니다. 그분은 그 길을 가리키지 않고, 그분이 그 길입니다. 예수님은 하나님께로 이르는 길들 중에 하나가 아니라, 그분이 바로 그 길이 인도하는 곳에 계셨습니다!

그래서 우리는 하나님의 말씀을 의심할 아무 권리가 없습니다. 그러면 우리는 사도 베드로가 인정했던 것과 같이 이렇게 말합니다. "시몬 베드로가 대답했다. "주님! 우리가 누구에게로 가겠습니까? 영생의 말씀이 주님께 있는데, 저희가 어디를 가겠습니까?"(요 6:68, 쉬운말) 우리는 순종하거나 죽습니다. 우리의 기술적 용어로 말하면, 우리가 퓨즈를 태워버려서 평생 전력을 사용하지 못합니다. 난방도 안되고, 불도 나가고, 통신도 단절되고, 추운 영원한 밤이 시작됩니다. 자유주의 선생들은 우리 같은 사람들을 비웃습니다. 그들은 우리가 권위적인 종교를 가지고 있다고 말합니다. 그러나 그들은 아무 권위도 없이 가르치고 있습니까? 하나님이나 사람에 대한 가르침이나 모든 가르침은 권위에 근거합니다. 어떤 사람들은 학문의 권위를 신뢰하지만, 이보다 덜 신뢰할 만한 것은 없습니다. 그들의 주장은 모래 위를 밟는 것입니다. 학자들은 결코 서로 의견의 일치를 이루지 못합니다. 하나님의 말씀은 수백 세대에 빛이었으며, 그 등불은 결코 깜박이지 않습니다.

말씀	"주님은 말씀으로 하늘을 지으시고, 입김으로 모든 별을 만드셨다 … 온 땅아, 주님을 두려워하여라. 세상 모든 사람아, 주님을 경외하여라. 한마디 주님의 말씀으로 모든 것이 생기고, 주님의 명령 한마디로 모든 것이 견고하게 제자리를 잡았다."(시 33:6, 8~9)
불씨	나는 기꺼이 하나님의 아들이신 예수 그리스도의 권위 아래에 나 자신을 둡니다.
참고성경	시 33:9, 마 19:8~9, 24:35, 요 1:14, 6:68
성경읽기	아침 – 왕상 20, 잠전 3 / 저녁 – 단 2, 시 106

10월 18일

불은 믿음으로 옵니다
Fire Comes By Faith

중요한 것은 성령의 불입니다. 제물을 늘어놓고 쌓는 것으로는 충분하지 않습니다. 하나님은 우리가 그분을 위하여 우리의 모든 것을 제단에 올려놓기까지, 영혼을 구원하고 병자를 고치지 않을 것입니다. 이것이 진리입니다. 그러나 우리의 희생 때문에 그분이 행하시는 것은 아닙니다. 그분은 그분의 자비와 은혜 때문에 구원과 치유의 기사들을 행하십니다. 엘리야의 경건함이 제단 위에 있던 모든 것들을 불태우는 어마어마한 불이 생기도록 하지 않았습니다. 불은 그의 거룩함에서 나온 것이 아니었습니다. 당신의 십일조와 헌금은 하늘 불꽃의 작은 촛불 만큼도 살 수 없습니다. 하나님의 불은 우리의 희생 때문이 아니라, 그리스도의 희생 때문에 오는 것입니다. 그러므로 불이 우리 모두의 것이란 것에 대해 하나님께 감사합시다! 부흥의 불은 착한 사람들에 대한 보상이 아닙니다. 이것은 하나님의 선물입니다. 왜 그것을 위해 애를 씁니까? 사람들은 "값을 치르는 것"에 대해 말하지만, 불은 믿음에 반응하여 오는 것입니다.

우리는 "진리의 몸"을 주장할 수 있지만, 그것은 차가운 시체일 수 있습니다. 예수님은 단지 "내가 길이요 진리다"라고 말씀하지 않으시고, 그분은 "나는 길이요, 진리요, 생명이다"라고 말씀하셨습니다(요 14:6, 개역개정). 하나님은 시온에 "타오르는 불길로 빛을 만드셔서" 두겠다고 말씀하셨습니다(사 4:5). 예수님은 침례자 요한을 "타오르면서 빛을 내는 등불이었다."라고 증언하셨습니다(요 5:35). 여기 빛과 열에 대한 이미지가 있습니다. 어리석은 세상이 얼마나 웃고 있을지라도, 복음은 뜨거운 복음입니다. 나는 생동감 없이 어떻게 "하나님의 살아있는 말씀"을 선포하는지 모르겠습니다. 복음은 불입니다. 근사하게 혹은 대수롭지 않게 복음을 선포하는 것은 우스꽝스러운 일입니다.

어느 날 한 여인이 자신은 거듭난 그리스도임에도 불구하고, 자기 위에 귀신이 앉아 있다고 말했습니다. 나는 그녀에게 이렇게 말해 주었습니다. "파리들은 차가운 난로 위에만 앉으며, 차가운 난로 위에서는 아주 오랫동안 앉아 있을 수 있습니다! 당신의 삶으로 성령의 불을 집어넣으면, 그 더러운 귀신은 자기의 더러운 손가락들이 타버릴까 봐 당신을 감히 만지지도 못할 것입니다." 복음은 복음 자체의 불타는 능력을 공급합니다. 그러므로 설교자가 불이 붙어 있는 것은 자연스러운 일입니다. 당신도 역시 이런 불 가운데서 행하는 것이 자연스러워야 합니다!

말씀	"예수께서 그에게 말씀하셨다. '나는 길이요, 진리요, 생명이다.'"(요 14:6)
불씨	나는 성령과 불로 침례를 받았습니다.
참고성경	사 4:5, 요 5:35, 14:6, 행 7:38
성경읽기	아침 – 왕상 21, 살전 4 / 저녁 – 단 3, 시 107

성경적인 기름부음
Biblical Anointing

10월 19일

"기름부음"은 때때로 더 높은 단계의 영성을 추구하는 사람들에게는 가장 최신의 것들 중에 하나로 간주되지만 새로운 것은 아닙니다. 구약성경에서 하나님을 섬기는 사람들은 모두 기름부음을 받았습니다. 신약성경에서 이것은 모든 신자들에게 성령의 침례를 받는 것으로 대체되었습니다. 실제로 구약성경에서는 양들을 보호하기 위해서 머리에 기름을 부었지만, 성령의 기름부음 혹은 성령 세례는 보호하는 것 그 이상입니다. 이것은 성령으로 침례 혹은 성령의 기름부음을 가리킵니다.

바리새인 시몬의 집에서 예수님은 "너는 내 머리에 감람유도 붓지 아니하였으되"라고 하시면서 시편 23편과 비슷한 언어를 사용하셨습니다(눅 7:46, 개역개정). 지금도 동양에서 행해지고 있는 것과 같이, 이것은 향기로운 기름으로 손님에게 기름을 붓고 양 볼에 두 번 키스를 하면서 인사를 하는 손님을 환영하는 사회적인 풍습이었습니다. 시몬이 아무것도 하지 않고 있는 동안에 예수님은 자신의 발에 향기로운 기름을 붓고 그분의 발에 키스를 했던 한 이름 없는 여인과 시몬을 비교하셨습니다. 시몬은 이러한 존경심을 보여주지도 않고 너무나 가볍게 대했습니다. 손님들에게 기름을 붓는 풍습은 손님들에게 상쾌한 냄새를 나도록 하여 그들의 얼굴이 빛나게 함으로써 그들을 보기 좋게 해 주려는 것으로서, 그 시대에는 감탄스러운 것으로 여겼습니다. 예수님은 돈으로 살 수 있는 가장 좋은 기름을 자기에게 아낌없이 부은 이 여인으로부터 받은 기름부음을 받아들이셨습니다.

막달라 마리아도 예수님께 기름을 부었습니다. 그녀가 부은 기름은 아주 비싼 것으로 향료를 만든 사람의 비법으로 준비된 북인도에서 사온 나드로 만든 것으로써 아주 귀하고 값진 감송향이었습니다. 길고 가는 목을 가진 설화 석고 용기에 넣어서 파는 기름은 몇 년씩 보관하였으며 오래될수록 질과 가치가 더 좋아지기까지 했습니다. 기름을 담은 것은 투자나 가보로 보존되었습니다. 마리아의 기름의 향기가 너무나 강해서 그 향기가 온 집안에 가득했었다는 것을 우리는 알고 있습니다. 이것은 엄청난 희생으로써 풍성한 사랑의 사치스러운 행동이었습니다. 이것은 우리들에게 성령의 기름부음이란 값을 매길 수 없는 선물을 가져다주신 예수 그리스도를 통한 하나님의 사랑을 말하고 있습니다. 이것은 값싼 경험이 아닙니다. 이것은 하나님의 가장 좋은 것입니다. 성령의 기름부음은 당신을 위한 하나님의 선물입니다.

말씀	"이 땅은 주님께서 내신 열매로 만족합니다 … 사람의 마음을 즐겁게 하는 포도주를 주시고, 얼굴에 윤기가 나게 하는 기름을 주시고, 사람의 힘을 북돋아 주는 먹거리도 주셨습니다."(시 104:13, 15)
불씨	성령의 기름부음은 나를 위한 하나님의 선물입니다.
참고성경	시 23:5, 104:15, 눅 7:36~50
성경읽기	아침 – 왕상 22, 살전 5 / 저녁 – 단 4, 시 108~109

| 10월 20일 |

참된 기름부음
True Anointing

화장품에 쓰이는 가장 일반적인 성분은 작은 콤미포라 몰약 나무에서 추출한 향기로운 수지 물질로 정제되었습니다. 솔로몬이 사랑했던 소녀는 달콤한 향기가 나는 몰약이 뚝뚝 떨어지는 손가락들을 가졌습니다. 솔로몬 자신도 먼지 나는 광야에서 "몰약과 유향으로 향을 내고 왔습니다"(아 3:6 개역개정). 아하수에로 왕을 위해 준비하면서 에스더를 아름답게 하는 과정 중에 하나는 6개월 동안 몰약 기름을 사용하는 것이었습니다. 박사들이 아기 예수님께 드릴 특별한 선물로 몰약을 가져왔을 때 그 가치가 드러났습니다. 의학적으로 몰약은 마취제로도 사용되었고, 예수님은 십자가 위에서 몰약을 거절하셨습니다.

출애굽기 30장에 묘사된 특별히 붓는 기름은 섬기는 일을 할 수 있도록 제사장들을 세울 때와 주님의 장막을 위해서만 사용되었습니다. 왕들도 기름 부음을 받았습니다. 대부분의 주석은 선지자들 또한 기름부음을 받았다고 말합니다. 그러나 성경으로부터 볼 수 있는 것은 그들 가운데 한 사람도 기름부음을 받지 않았다는 것입니다. 그들은 사회적으로 인정받지 않은 독립적인 하나님의 사람들이었습니다. 하나님께서 선택하시고 그들에게 성령으로 진정한 기름부음을 주셨습니다. 아무도 선지자들을 만들지 않았으며, 그들은 하나님의 사람들이었습니다. 하나님의 명령으로 엘리야는 엘리사를 기름 부어야 했지만, 그렇게 하지 못했습니다. 하나님께서 몸소 성령으로 엘리사를 기름 부으셨습니다.

개인적으로 드물게 구별하는 "모세의 영" 혹은 "엘리야의 영"과 같이 선지자의 이름으로 하나님의 영을 부르는 것이 관습이었습니다. 모세의 영은 이스라엘의 장로들 위에 임하였고, 엘리사는 엘리야의 영을 갑절이나 원했습니다. 오늘날 하나님께서 신자들을 기름부을 때는 "선지자의 영"으로 하십니다(고전 14:32, 개역개정). 참된 기름부음은 항상 주님에 의해 이루어집니다. 하나님의 영이 선택하셔서 그들 위에 임하였다는 단순한 상징으로서 기름, 향유 같은 것들이 제사장들과 왕들 위에 부어졌습니다. 하나님이 시작하신 분이므로 그러므로 이런 사람들은 "주님의 기름부음을 받은 자"라고 불렸는데, 특별히 그리스도("메시아" 혹은 "기름부음을 받은")는 "그 하나님의 기름부음을 받은 자"입니다. 오늘날 믿는 자들 가운데 기름부음은 하나님께서 당신에게 아낌없이 부어 주고 싶어 하시는 하나님의 주권적인 행위입니다.

말씀	"그날이 오면, 주님께서, 앗시리아가 지워 준 무거운 짐을 너의 어깨에서 벗기시고, 앗시리아의 멍에를 너의 목에서 벗기실 것이다. 네가 살이 쪄서 멍에가 부러질 것이다."(사 10:27) "그날에 그의 무거운 짐이 네 어깨에서 떠나고 그의 멍에가 네 목에서 벗어지되 기름진 까닭에 멍에가 부러지리라"(사 10:27, 개역개정)
불씨	나는 성령으로 기름부음을 받았습니다.
참고성경	출 30:1~38, 에 2:12, 아 3:6, 마 1:17
성경읽기	아침 – 왕하 1, 살후 1 / 저녁 – 단 5, 시 110~111

지옥은 얼마나 클까요?
How Big Is Hell?

10월 21일

　사도행전 10장에서 고넬료에게 나타난 천사는 예수님의 이름을 언급하거나 그에게 구원에 관해서 말하는 것이 허락되지 않았습니다. 이 높고 거룩한 특권은 사람들의 것이었고 지금도 마찬가지입니다. 천사에게 말하도록 허락된 모든 것은 이것뿐이었습니다. "이제, 욥바로 사람을 보내어, 베드로라고도 하는 시몬이라는 사람을 데려오너라."(행 10:5) 이 하늘로부터 온 강력한 스랍은 더 높은 베드로의 특권에 고개를 숙여야만 했습니다. 하나님께서는 언제나 우리와 같은 사람들을 부르셔서 보내시기를 기뻐하셨습니다. 하나님은 마태, 마가, 누가와 요한 이 네 사람의 복음 전도자를 사용하여 예수 그리스도의 복음의 이야기를 기록하셨습니다. 내 생각에는 이러한 유형은 구약 시대에 언약궤를 운반하던 네 사람과 연결됩니다. 복음을 나르는 사람들은 세대에서 세대로 바뀌지만, 복음은 동일하게 유지됩니다. 지금 우리는 여기 있고 … 오늘은 우리의 차례입니다! 하나님은 당신과 나를 부르셨습니다. 복음은 땅끝까지 전파될 필요가 있습니다. 이것이 우리에게 주님께서 명령하신 대사명이며, 왕의 사업은 빨리 수행되어야 합니다.

　나는 지옥이 천국보다 더 커야 한다는 것이 하나님의 계획이라는 것을 믿지 않습니다. 비록 성경에는 멸망의 길에 있는 "많은 사람들"에 대해 말하고 있지만 이 사람들은 오리지널 복음을 전파하는 남자와 여자들에 의해 가로 막혀야 합니다. "많은 아들들을 영광에 이르게" 하기 위한 준비가 이루어졌습니다(히 2:10, 개역개정). 하나님을 찬양하라! 계시록에서 성공적인 결론에 대해 말합니다. 예수님은 모든 족속으로 제자를 삼으라고 명령하셨습니다(마 28:19, 개역개정). 복음이 실패할 경우를 대비한 대안은 없습니다. 오늘날 인류 역사상 그 어느 때보다도 더 많은 사람들이 구원을 받고, 치유되고, 성령 안에서 침례를 받고 있습니다. 그 속도가 빨라지면서 단 하나의 결론이 나옵니다. 예수님이 곧 오실 것입니다. 그것이 당신의 가장 큰 소망입니다.

말씀	"하나님을 두려워하며, 의를 행하는 사람은 그가 어느 민족에 속하여 있든지, 다 받아 주신다는 것을 깨달았습니다."(행 10:35)
불씨	나는 부름을 받았고, 명령을 받았고, 사명을 받았다.
참고성경	마 7:13, 28:19, 행 10:1~48, 히 2:10, 계 7:9
성경읽기	아침 – 왕하 2, 살후 2 / 저녁 – 단 6, 시 112~113

10월 22일

공포탄
Dummy Ammunition

불은 복음의 깃발이며 사람의 아들(인자)의 표시입니다. 우리가 불을 볼 때 다른 사람이 아니라 예수님이 일하고 계신 것이 분명합니다. 불은 그분의 활동을 나타내는 특징을 보여주는 것이며, 그리스도의 믿음이 밖으로 진실되게 드러난 것입니다. 엘리야도 같은 점을 지적했습니다. "그때에 불을 보내셔서 응답하는 신이 있으면, 바로 그분이 하나님이십니다."(왕상 18:24) 당신의 영적 온도계는 어떻습니까? 온도가 표시되기나 합니까?

석면과 같이 불에 타지 않고, 모닥불에 집어넣어야 타면서 열을 내는 종교적인 서적과 신학과 가르침이 있습니다. 믿음을 차갑게 하는 것들은 오순절의 그리스도와는 아무 관계도 없습니다. 그분이 만지는 것은 무엇이나 불이 붙습니다. 열정을 불러일으키려는 교회의 노력은 영적으로는 두 개의 막대기를 문지르는 것만큼이나 불쌍한 일입니다.

사람의 방법에 의한 불이 아니라 오직 하나님의 불만이 모세의 제단에 허락되었습니다. 나답과 아비후는 스스로 불을 만들어서 그 불로 향에 불을 붙였습니다. 그것은 "신성 모독적인 불"이라 불렸으며, 그때에 하나님의 불이 장막으로부터 나와서 그 거짓 불을 삼켜버리고, 거역한 제사장들은 죽었습니다. 오늘날에는 복음이 아닌 이상한 복음들이란 신성 모독적인 불이 있는데, 이는 불신앙의 신학이며, 인간의 생각과 철학, 비평, 신학들입니다. 이들은 하늘로부터 온 영광의 열기의 흔적조차 없습니다. 이것들은 어떤 것도 불을 붙이지 못하고 논쟁만 만들어 냅니다. 이 모든 것 뒤에 감추어져 있는 것은 예수님이 말씀하신 이것입니다. "사탄아, 내 뒤로 물러가라. 너는 나에게 걸림돌이다. 너는 하나님의 일을 생각하지 않고, 사람의 일만 생각하는구나!"(마 16:23)

하나님의 생각과 사람의 생각이 존재합니다. 사탄은 사람이 생각하는 것처럼 생각합니다. 사실 사탄은 하나님의 견해를 도저히 파악할 수가 없습니다. 그가 본래는 하나님의 보좌의 천사인 루시퍼였다는 것을 생각할 때 이는 이상한 일입니다. 예수님은 뱀의 머리를 짓이기셔서 마귀에게 어떤 뇌 손상을 입혔다고 나는 생각합니다! 이전에 사탄은 지혜가 가득했습니다. 그러나 오늘날은 이 "공중의 권세를 잡은 자"는 하나님이 하고 계시는 일에 당황하고 있는데, 특별히 주님께서 십자가에서 하신 일 때문입니다!(엡 2:2, 개역개정) 이런 종류의 혼란은 죄가 가져온 것입니다. 하나님의 말씀이 들어옴으로써 당신은 "깨우침"을 받았습니다.

말씀	"누구든지 자기 목숨을 구하고자 하는 사람은 잃을 것이요, 나 때문에 자기 목숨을 잃는 사람은 찾을 것이다."(마 16:25)
불씨	당신의 말씀은 내 길의 빛이요, 내 발의 등불입니다.
참고성경	레 10:1~2, 왕상 18:24, 시 119:105, 사 55:8~9, 마 16:23, 엡 2:2
성경읽기	아침 - 왕하 3, 살후 3 / 저녁 - 단 7, 시 114~115

"미친 듯한 기쁨"
Crazy Joy

10월 23일

귀신들을 쫓아내었을 때 제자들은 미친 듯이 기뻐했지만, 예수님은 그것은 아무것도 아니라고 하셨습니다.

일흔 사람이 기쁨에 차서, 돌아와 보고하였다. "주님, 주님의 이름을 대면, 귀신들까지도 우리에게 복종합니다." 예수께서 그들에게 말씀하셨다. "사탄이 하늘에서 번갯불처럼 떨어지는 것을 내가 보았다. 보아라, 내가 너희에게 뱀과 전갈을 밟고, 원수의 모든 세력을 누를 권세를 주었으니, 아무것도 너희를 해하지 못할 것이다. 그러나 귀신들이 너희에게 굴복한다고 해서 기뻐하지 말고, 너희의 이름이 하늘에 기록된 것을 기뻐하여라." 그때에 예수께서 성령으로 기쁨에 차서 이렇게 아뢰었다. "하늘과 땅의 주님이신 아버지, 이 일을 지혜 있는 사람들과 똑똑한 사람들에게는 감추시고, 철부지 어린 아이들에게는 드러내 주셨으니, 감사합니다. 그렇습니다, 아버지! 이것이 아버지의 은혜로우신 뜻입니다. 아버지께서 모든 것을 내게 맡겨 주셨습니다. 아버지밖에는 아들이 누구인지 아는 사람이 없습니다. 또 아들밖에는, 그리고 아버지를 계시하여 주려고 아들이 택한 사람밖에는, 아버지가 누구인지 아는 사람이 없습니다." 예수께서 제자들에게 돌아서서 따로 말씀하셨다. "너희가 보고 있는 것을 보는 눈은, 복이 있다. 내가 너희에게 말한다. 많은 예언자와 왕이 너희가 지금 보고 있는 것을 보고자 하였으나 보지 못하였고, 너희가 지금 듣고 있는 것을 듣고자 하였으나 듣지 못하였다."(눅 10:17~24)

오늘날 우리는 주 예수 그리스도께서 하시는 일을 보고 듣는 큰 특권을 누리고 있습니다! 베드로는 그리스도께서 이 말씀을 하는 것을 듣고, 그 교훈을 받아들였습니다. 후에 그는 이것을 신자들에 관해서 썼습니다. "여러분은 그리스도를 본 일이 없으면서도 사랑하며, 지금 그를 보지 못하면서도 믿으며, 말로 다 표현할 수 없는 즐거움과 영광을 누리면서 기뻐하고 있습니다. 여러분은 믿음의 목표 곧 여러분의 영혼의 구원을 받고 있는 것입니다."(벧전 1:8~9) 속으로만 기뻐했습니까? 귓속말로 예배를 드립니까? 이것은 이 구절에서 "기뻐한다."라는 단어가 뜻하는 것이 아닙니다. 이 말은 "기뻐서 어쩔 줄을 모르다, 소리치다, 열광적이다." 즉, 미친 듯이 기뻐한다는 뜻입니다! 감정도 없이, 불도 없이 이렇게 해 보십시오! 성령의 불은 실재입니다. 이것은 혈관을 흐르는 피처럼 예수 그리스도의 교회를 통해서 흘러야만 합니다. 불이 붙어 있는 하나님의 사람들과 불이 붙어 있는 온 교회가 그분을 위해서 우리의 잃어버린 세대를 구원할 것입니다. 거리낌 없이 하나님의 불이 당신을 통해 나타나게 하십시오!

말씀	"하나님께서는 여러분의 믿음을 단련하셔서, 불로 단련하지만 결국 없어지고 마는 금보다 더 귀한 것이 되게 하시며, 예수 그리스도께서 나타나실 때에 여러분에게 칭찬과 영광과 존귀를 얻게 해 주십니다."(벧전 1:7)
불씨	성령의 불은 혈관을 흐르는 피처럼 교회를 통해 흘러야 합니다.
참고성경	눅 10:17~24, 벧전 1:7~9
성경읽기	아침 - 왕하 4, 딤전 1 / 저녁 - 단 8, 시 116

[10월 24일]

요한계시록의 계시
Revelation in Revelation

과거, 현재, 미래에 대한 믿음의 메시지를 받은 단 한 사람은 사도 요한입니다. 전 로마 제국을 대항하여 그가 일어섰을 때, 그는 놀라운 승리의 책을 썼습니다. "나 요한은 너희 형제요 예수의 환난과 나라와 참음에 동참하는 자라 하나님의 말씀과 예수를 증언하였으므로 말미암아 밧모라 하는 섬에 있었더니"라고 기록했습니다(계 1:9, 개역개정). 요한은 예수님께 가까웠습니다. 그것은 독특한 우정이었습니다. 그도 역시 그리스도를 위해 고난을 받았습니다. 요한은 그것들이 무엇을 의미하는지 보았던 사람이었습니다. 그는 예언적 통찰력으로 표적들을 읽었습니다. 그가 보았던 것은 설명하기가 어려웠습니다. 그것은 땅에서는 새로운 것이었습니다. 특별히 한 문장으로는 아무도 생각한 적이 없었습니다. "이제도 계시고 전에도 계셨고 장차 오실 이와 그의 보좌 앞에 있는 일곱 영과 또 충성된 증인으로 죽은 자들 가운데에서 먼저 나시고 땅의 임금들의 머리가 되신 예수 그리스도로 말미암아 은혜와 평강이 너희에게 있기를 원하노라"(계 1:4~5, 개역개정).

어떻게 예수님께서 "충성된 증인"이 될 수 있습니까? 우리는 그리스도의 증인이지만, 그리스도께서는 무엇에 대해 증거하시겠습니까? 이 말씀은 바리새인들이 논쟁하던 다른 구절을 언급하고 있습니다. "바리새인들이 이르되 네가 너를 위하여 증언하니 네 증언은 참되지 아니하도다"(요 8:13, 개역개정). 예수님은 그들에게 이렇게 대답하셨습니다. "내가 나를 위하여 증언하여도 내 증언이 참되니 나는 내가 어디서 오며 어디로 가는 것을 알거니와 너희는 내가 어디서 오며 어디로 가는 것을 알지 못하느니라…내가 나를 위하여 증언하는 자가 되고 나를 보내신 아버지도 나를 위하여 증언하시느니라"(요 8:14, 18, 개역개정). 예수님은 자신에 대하여 증언하셨습니다. 그분은 말씀하셨습니다. "하나님을 믿으니 또 나를 믿으라"(요 14:1, 개역개정). 그분의 삶과 강력한 능력으로 그분은 우리에게 그분이 누구신지 보여주셨으며 우리에게 그분이 어떤 분이라고 말씀하신 것에 신실하셨습니다.

그분은 우리를 실망시키지 않으십니다. 그분이 지금은 다르다면, 그분은 신실한 증인이 되실 수 없습니다. 그분은 자신이 말씀하신 것과 행하신 것에 일관성이 있습니다. 예수님의 삶은 죄인들과 병든 사람들에게 희망이 되었으며, 모든 사람에게 관심을 가지셨습니다. 그분은 "당신의 신실한 예수 그리스도"라고 쓰십니다. 우리 주 예수님은 당신과 내게 항상 신실하십니다. 그분의 이름을 찬양합시다!

말씀	"신실한 증인이시요 죽은 사람들의 첫 열매이시요 땅 위의 왕들의 지배자이신 예수 그리스도"(계 1:5)
불씨	진리를 말하는 것은 예수 그리스도의 가장 중요한 특성이었습니다. 그분은 신뢰할 만합니다.
참고성경	요 8:13~14, 18, 14:1, 계 1:1~29
성경읽기	아침 - 왕하 5, 딤전 2 / 저녁 - 단 9, 시 117~118

조심해서 읽어 보십시오
Read Carefully

10월 25일

> 명절 끝날 곧 큰 날에 예수께서 서서 외쳐 이르시되 누구든지 목마르거든 내게로 와서 마시라 나를 믿는 자는 성경에 이름과 같이 그 배에서 생수의 강이 흘러나오리라 하시니(요 7:37~38, 개역개정)

"성경에 이름과 같이 나를 믿는 자는" 누구에게서든지 생수의 강들이 흘러나올 것이란 말입니다. 예수님이 말씀하시는 성경에 이른 것은 생수가 아니라, 그분과 그분을 믿는 사람들입니다. 우리는 이사야 58장 11절을 주장했지만, 그분이 물에 관해 말씀하실 때 예수님께서 어떤 구절을 생각하고 계셨는지 사람들은 발견하지 못했습니다. 베드로가 복음을 선포했을 때, "이 약속은 너희와 너희 자녀와 모든 먼 데 사람 곧 주 우리 하나님이 얼마든지 부르시는 자들에게 하신 것이라."라고 한 것처럼 생수의 약속은 예수님 자신에게 근거한 것입니다(행 2:39, 개역개정).

요한복음 3장 34절을 다시 보는 것이 중요합니다. "하나님이 보내신 이는 하나님의 말씀을 하나니 이는 하나님이 성령을 한량 없이 주심이니라"(요 3:34, 개역개정). 요한복음 1장 16절이 우리에게 말하고 있는 것처럼 "우리가 다 그의 충만한 데서 받으니" 하나님은 우리 모두에게 그의 영을 주십니다. 문자 그대로는 우리는 한량 없이 충만하게 됩니다.

충만함은 그리스도 예수 안에 있으며 그분으로부터 나와서 우리를 채우고 있습니다. 그분이 근원입니다. 그리스도께서 충만하신 한 우리도 "충만하게 채워질 것입니다." 그분은 "은혜와 진리가 충만합니다."(요 1:14, 개역개정). 그분으로부터 우리는 "은혜 위에 은혜"를 받습니다(16절). 혹은 은혜는 끊임없이 새롭게 됩니다.

말씀	"지식을 초월하는 그리스도의 사랑을 알게 되기를 빕니다. 그리하여 하나님의 온갖 충만하심으로 여러분이 충만하여지기를 바랍니다."(엡 3:19)
불씨	내가 믿기 때문에, 생수의 강들이 나의 심령으로부터 흘러나올 것입니다.
참고성경	사 58:11, 요 1:14~16, 3:34, 7:37~38, 행 2:39
성경읽기	아침 – 왕하 6, 딤전 3 / 저녁 – 단 10, 시 119:1~24

10월 26일
참 믿음
True Faith

우리는 왜 그리스도인의 부흥을 위해 기도할까요? 종교적 의무로 교회가 가득 차고, 빚을 다 갚고, 영혼 구원의 수고를 덜기 위해서입니까? 그리스도 없는 사람들이 그들 자신들의 무능력한 신들을 만들어 자신을 구원하려는 불쌍한 시도들을 보십시오. 그들을 위해 함께 웁시다. 하나님께 함께 부르짖읍시다.

> 제사장들아, 굵은 베 옷을 입고 슬피 울어라. 제단 앞에서 섬기는 자들아, 통곡하여라. 하나님을 섬기는 제사장들아, 굵은 베 옷을 입고 성전으로 가서, 밤을 새워 통곡하여라. 너희가 날마다 아침 저녁으로 하나님의 성전에 바칠 곡식 제물과 부어 드릴 제물이 떨어졌다. 거룩한 금식을 선포하고, 성회를 열어라. 장로들과 유다 땅에 사는 모든 백성을 불러 주 너희 하나님의 성전에 모으고, 주님께 부르짖어라 … 지금이라도 너희는 진심으로 회개하여라. 나 주가 말한다. 금식하고 통곡하고 슬퍼하면서, 나에게로 돌아오너라. 옷을 찢지 말고, 마음을 찢어라. 주 너희의 하나님께로 돌아오너라. 주님께서는 은혜롭고 자비로우시며, 오래 참으시며, 한결같은 사랑을 늘 베푸시고, 불쌍히 여기는 마음이 많으셔서, 뜻을 돌이켜 재앙을 거두기도 하신다. (욜 1:13~14, 2:12~13)

우리의 입술뿐만 아니라 우리의 심령이 감동될 때 하나님도 감동되십니다. 진정한 중보기도는 믿음이 있습니다. 성경의 모든 위대한 중보 기도들은 믿음의 발판에서 하늘을 향하여 방아쇠가 당겨졌습니다. 하나님 자신이 어떤 분이라고 말씀하신 것에 신실하실 것이라는 것을 믿고, 하나님의 변하지 않는 선하신 성품을 확신하는 것이 믿음입니다. 기도에 논란이 많다면, 모든 것에 논란이 많을 것입니다. 기도에 대한 모든 응답을 인쇄한다면, 대서양을 가득히 채울 것입니다.

믿음은 일어나는 어떤 기적이 아니라 하나님을 믿는 것입니다. 성경의 위대한 중보 기도자들은 그들이 구했던 것들을 항상 보지는 못했습니다. 하나님은 아브라함의 기도를 들으셨지만, 소돔과 고모라 시는 결국 멸망당했습니다. 계속 기도하되, 그분이 알고 있는 선한 것이 무엇이든지 그것을 행하시는 하나님의 손에 맡기십시오.

말씀	"너희는, 만날 수 있을 때에 주님을 찾아라. 너희는, 가까이 계실 때에 주님을 불러라. 악한 자는 그 길을 버리고, 불의한 자는 그 생각을 버리고, 주님께 돌아오너라. 주님께서 그에게 긍휼을 베푸실 것이다. 우리의 하나님께로 돌아오너라. 주님께서 너그럽게 용서하여 주실 것이다." (사 55:6~7)
불씨	믿음은 바라는 것들의 실상이며, 보이지 않는 것들의 증거입니다.
참고성경	사 55:6~7, 욜 1:13~14, 2:12~13, 히 11:1
성경읽기	아침 - 왕하 7, 딤전 4 / 저녁 - 단 11, 시 119:25~48

진정한 기름부음
The Real Anointing

10월 27일

제자들과 사도들은 기름부음을 받은 적이 없었습니다. 신약성경에서 그리스도인들은 섬기는 일을 하도록 성령을 받았습니다. 그분이 말씀하셨듯이 그분의 장례를 위하여 한 여자에게서 기름부음을 받은 것 외에, 예수님께도 기름 부어진 적이 없었습니다. 오순절날 이전에는, 제사장들은 기름부음을 받고, 그 향기를 지니고 다녔습니다. 그러나 오순절날 이래, 신자들은 예수의 후광을 지니고 다녔습니다. "그들은 그 두 사람이 예수와 함께 다녔다는 사실을 알았습니다."(행 4:13) 진정한 기름부음이 왔습니다!

기름을 붓는 것은 신약성경에서 병든 자를 치유하는 데만 유지되었습니다. 우리의 기름부음은 그리스도의 기름부음에서 흘러 나오며, 우리는 오직 그리스도로부터만 받습니다. "우리가 다 그의 충만한 데서 받으니"(요 1:16, 개역개정). 침례자 요한에게는 이렇게 나타나셨습니다. "나도 그를 알지 못하였으나 나를 보내어 물로 침례를 베풀라 하신 그이가 나에게 말씀하시되 성령이 내려서 누구 위에든지 머무는 것을 보거든 그가 곧 성령으로 침례를 베푸는 이인 줄 알라"(요 1:33, 개역개정). 그는 근원을 밝혔는데, 예수 그리스도는 주는 자이었고 주는 권세가 있었습니다.

> 하나님이 나사렛 예수에게 성령과 능력을 기름 붓듯 하셨으매 그가 두루 다니시며 선한 일을 행하시고 마귀에게 눌린 모든 사람을 고치셨으니 이는 하나님이 함께 하셨음이라(행 10:38, 개역개정)

우리는 사도들이 그랬던 것처럼 성령 안에서 침례를 받도록 사람들에게 기도하고 손을 얹을 수 있지만, 사람은 그분의 기름부음을 다른 사람에게 줄 수도 없고, 줄 필요도 없다는 것을 깨달아야 합니다. 그것은 그리스도의 충만함에서 나온 것이지 다른 누군가의 충만함에서 나온 것이 아닙니다. 나는 다른 사람을 통해서가 아니라 하나님으로부터 나 자신의 기름부음을 받기 원합니다. 일시적인 효과일지라도 기름부음을 베푸는 것은 성경적인 사고에는 없는 것입니다. 하나님만이 침례를 베푸시는 분입니다. 하나님의 축복은 그리스도로부터 흘러나오는 생수의 강물들처럼 우리의 삶을 통하여 여러 방법으로 흘러갈 수 있지만, 성령을 전이하는 것과 같이 예수님만이 하실 수 있는 것을 행하는 것과는 너무나 다른 것입니다. 자기의 기름을 나누어 주지 않은 처녀들은 슬기롭다고 여겨졌습니다. 하나님께서 당신에게 주시는 기름부음을 가치있게 여기고, 귀하게 보호하며, 당신이 다른 사람들에게 복이 될 수 있도록 힘을 주도록 하십시오.

말씀	"하나님께서 나사렛 예수에게 성령과 능력을 부어 주셨습니다. 이 예수는 두루 다니시면서 선한 일을 행하시고, 마귀에게 억눌린 사람들을 모두 고쳐 주셨습니다. 그것은 하나님께서 그와 함께 하셨기 때문입니다."(행 10:38)
불씨	나는 다른 사람을 통해서가 아니라 하나님으로부터 나의 기름부음을 원합니다.
참고성경	마 25:7~10, 요 1:16, 33, 행 4:13, 8:17, 10:38, 약 5:14
성경읽기	아침 – 왕하 8, 딤전 5 / 저녁 – 단 12, 시 119:49~72

10월 28일

조지 제프리와 나
George Jeffreys and Me

　오늘날 신자들 사이에서 기름부음은 일반적인 축복의 의미보다 더 넓은 의미를 갖게 되었습니다. 사람들이 우리를 안수하여 기름부음을 주겠다고 제안할 때, 우리는 반대할 필요가 없습니다. 성경적으로는 "하나의 기름부음an anointing"이란 것은 존재하지 않고, 오직 "유일한 그 기름부음the anointing"만 있습니다. 물론 나쁜 신학을 전파하거나, 성령을 주는 것에 대한 배타적인 의미를 의도하지 않고, 도움과 힘과 다른 필요를 위한 기도라면, 한 단어를 사용하는 데 지나친 규칙을 언급할 필요는 없습니다.

　한번은 하나님의 인도하심에 의해, 나는 내가 있어야 할 곳에서 아주 먼 곳인, 런던의 클래팜에 있는 한 집을 쳐다보며 서 있는 나를 발견하게 되었습니다. 집 밖에는 많은 사람들이 요한 웨슬리 이래로 가장 위대한 영국의 부흥사라고 생각하는 조지 제프리라는 이름이 적혀 있었습니다. 그는 가장 큰 강당들을 가득 채웠으며, 모든 사람들이 반대하는 데도 개척자의 사역을 하였으며, 주님, 구원자, 치유자, 성령으로 침례를 베푸는 자, 오실 왕이신 예수 그리스도의 영광스러운 메시지를 선포하였습니다. 나는 믿어지지가 않았습니다. 나는 이 위대한 사람이 쓴 책들 중에 하나를 막 읽었는데 그가 정말 여기 있단 말인가? 나는 용기를 내어 들어가 물어 보기로 했습니다. 그는 나의 목소리를 듣고서 나를 들어오라고 했습니다. 거기서 그는 나와 함께 기도했고 그 기도는 마치 (성경의 표현을 사용한다면) 그의 겉옷이 내 위에 덮혀지는 것만 같았습니다. 하나님은 나를 위한 그 사람의 기도를 들으셨습니다. 나는 이미 성령으로 침례를 받고, 기름부음을 받았지만, 가끔 하나님께서 하시는 모든 것을 묘사하기에는 표현력이 부족합니다. 조지 제프리를 만나게 된 것과 그가 나를 위해 기도한 것을 들은 것은 영혼을 섬기도록 나를 구비시키고 준비하도록 하는 의미 있는 특별한 경험이었습니다. 그날 아침 나는 스완지에 있는 성경 대학을 떠나 하나님을 위해 전임 사역을 시작했습니다. 하나님은 이미 나를 그분의 일을 하도록 부르셨으며, 이제 이 특별한 경험이 나를 감싸는 것 같았습니다.

　다윗은 사무엘에 의해 왕으로 기름부음을 받았으며, 다윗은 자신이 "주님의 기름부음을 받은 자"라고 여겼습니다(삼하 1:14). 그 후에 이스라엘의 장로들도 그들에게 왕으로서 부름을 받은 것을 확신하도록 그에게 기름을 부었습니다. 우리가 특별한 복음 전도자나 교사를 만날 때마다 기름부음을 기대하게 되어 있지는 않습니다. 내게도 이것은 하나님께서 내가 하기를 원하던 똑같은 일을 했던 그분을 만났을 때 단 한 번뿐이었습니다. 이것은 엘리야를 따르던 엘리사와 같았습니다. 당신 자신의 삶을 위한 하나님의 기름부음을 추구하십시오!

말씀	"내가 기름 부어 세운 사람에게 손을 대지 말며, 나의 예언자들을 해치지 말아라." (시 105:15)
불씨	그분으로부터 받은 기름부음이 내 안에 거하고 있습니다.
참고성경	삼상 16:1~13, 시 105:15, 요일 2:27
성경읽기	아침 – 왕하 9, 딤전 6 / 저녁 – 호 1, 시 119:73~96

사탄의 체스 게임
Satan's Chess Game

10월 29일

 사탄은 사람들이 생각하는 것처럼 생각하는데 이 말은 사람들도 마귀처럼 생각한다는 말입니다. 그들 역시 십자가를 어리석다고 생각하며, 사도 바울이 말한 것처럼 그들은 하나님의 모든 것을 파악할 수 없습니다. 바울도 처음에는 그것을 볼 수 없었습니다. 믿는 사람들을 향한 냉혹한 분노가 그의 심령을 좀 먹고 있었습니다. 그는 위협과 살기를 내뿜는 "용의 사람"이었습니다. 열정으로 가득찬 그의 머리는 현명한 불신으로 가득 찼습니다. 그가 믿었을 때 비늘이 그의 눈에서 떨어졌습니다.

 그곳에 어떤 비밀이 있는지 알아보려고, 지옥에서 하나님의 왕국 안으로 스파이를 보내고 싶어 할지는 의문입니다. 어쨌든 귀신들은 이 비밀들을 이해하지 못합니다. 지옥은 완전히 당황하고 있습니다. 사탄에게, 그리스도의 희생은 하나님께 유익하도록 하나님에 의해 고안된 뿌리 깊은 계획입니다. 마귀는 사람들을 삼키는데 이는 그의 악한 본성입니다. 우리가 사람의 생각의 수준에서 마귀와 싸운다면, 우리는 그가 사람이 생각하는 것처럼 생각한다는 것을 기억해야만 합니다. 사탄은 인간 체스 게임을 만들었으며 수천 년 동안 이 게임을 하였습니다. 마귀는 우리의 모든 움직임을 예측하고 있으며, 우리의 움직임 보다 열 번 앞서서 우리를 궁지에 몰아넣을 것입니다. 사탄은 아담의 시대 부터 경험을 했으며, 체스판 위의 인간의 교묘한 모든 꾀들을 알고 있습니다. 말의 지혜로는 믿음을 만들어 낼 수 없습니다. 당신이 무슨 말을 하든지 마귀는 항상 반격할 말을 가지고 있습니다.

 복음은 누군가의 머리에서 나온 것이 아닙니다. 우리는 원수가 우리를 따라올 수 없는 곳인 하나님의 차원으로 들어가 움직여야 합니다. 마귀는 성령의 마음에는 상대가 되지 않습니다. 우리가 사람으로서 계획하고, 설교하고, 증거하고, 복음을 전파하면, 사탄은 우리를 박살 낼 것입니다. 그는 심리학과 광고를 다룰 수 있습니다. 대답은 성령 안에서 움직이고 복음을 있는 그대로 선포하는 것입니다. 그러면 최고의 혼란을 야기시키는 자도 혼란스러워져서, 게임을 전혀 따라 올 수 없습니다. 당신이 하나님의 팀에 있다는 것을 아는 것이 너무나 좋습니다.

말씀	"정신을 차리고, 깨어 있으십시오. 여러분의 원수 악마가, 우는 사자 같이 삼킬 자를 찾아 두루 다닙니다."(벧전 5:8)
불씨	마귀는 성령의 마음에는 상대가 되지 않습니다.
참고성경	벧전 5:8
성경읽기	아침 – 왕하 10, 딤후 1 / 저녁 – 호 2, 시 119:97~120

[10월 30일]

예수님 안에 있는 하나님의 불
God's Fire in Jesus

인간의 경험에서 하나님의 불은 열정으로 해석됩니다. 우리가 예수님에게서 본 그런 열정입니다. 아마도 그분은 말씀에만 열정적이지는 않았습니다. 마지막으로 예루살렘으로 가고 계실 때, 우리는 그분이 자기 제자들보다 앞서서 걸어가고 계셨으며, 그분이 자신을 그렇게 독려하는 것을 그들은 보았습니다. "그들은 예루살렘으로 올라가고 있었다. 예수께서 앞장 서서 가시는데, 제자들은 놀랐으며, 뒤따라가는 사람들은 두려워하였다."(막 10:32) 왜 그러셨을까요? 왜 그런지 그분의 영혼의 불은 그분이 걸어가시는 길에 분명히 드러났습니다.

그들이 도착하였을 때, 예수님은 성전이 더럽혀지는 것을 보셨습니다. 제자들은 그분의 열정적인 감정이 분명한 것을 더 확실하게 알게 되었는데, 그분의 반응은 그분을 무서운 분으로 인식하게 했습니다! 제자들은 시편을 기억했습니다. "주님의 집에 쏟은 내 열정이 내 안에서 불처럼 타고 있습니다."(시 69:9) 그러나 그것은 차가운 분노가 아니라 사랑의 분노였습니다. 예수님은 광분한 광신자가 아니었습니다! 그분은 아버지의 집을 사랑했으며, 그것이 전부였습니다. 그분은 성전에서 자유롭고 행복하게 예배드리는 사람들을 보기를 원했습니다. 그러나 성전의 상업주의가 모든 것을 망쳐 놓았고 그분의 심령은 화산처럼 넘쳐 흘렀으며, 그분의 영혼 안에 있던 불이 그분으로 하여금 성전을 깨끗하게 하도록 했습니다. 그분의 행동이 무서워서 그곳에 있던 많은 사람들이 도망갔습니다.

그렇지만 어린이들과 눈먼 사람들과 장애인들은 머물렀으며 그분은 그들을 고쳐 주셨습니다. 이것이 그분께서 원하는 것이었으며, 이것이 그분의 화가 용광로의 열기를 발했던 이유입니다. 그분이 화를 낸 것은 기뻐하기 위한 것이었습니다. 예수님은 어린이들이 "호산나"하며 노래하도록 하셨습니다. 이것은 성경에서 하나님에 대해 흥분하였다고 책망을 당한 유일한 경우이며, 주님의 성전 뜰에서 조용히 하라고 요구된 유일한 경우입니다. 바리새인들은 조용한 침묵을 요구했으며, 주님을 찬양하는 소리 때문에 장사하고 있는 계산대의 짤랑대는 동전 소리가 들리지 않게 되었습니다. "돈 소리"가 무음이 되었습니다! 이것이 주님의 불에 대한 그림의 모든 것입니다. 오늘 당신의 심령에 이 불이 타오르도록 목표를 세우십시오.

말씀	"'어린 아이들과 젖먹이들의 입에서 찬양이 나오게 하셨다' 하신 말씀을, 너희는 읽어보지 못하였느냐?"(마 21:16)
불씨	하나님의 불은 사람의 열정에 불을 붙입니다.
참고성경	시 69:9, 마 20:17, 21:1~17, 막 10:32
성경읽기	아침 – 왕하 11~12, 딤후 2 / 저녁 – 호 3~4, 시 119:121~144

파라클레토스
Paracletos

10월 31일

그리스도 이전에는 아무도 "성령 안에서 침례를 받은" 사람이 없었습니다. 이 표현은 구약성경의 남녀에게 "성령의 더해진 것"과는 다른 무언가를 의미합니다. 사무엘은 기름을 담은 뿔을 가지고서 다윗에게 기름을 부었으며, 주님의 영은 "그 날부터 다윗에게 임하셨습니다."(삼상 16:13) 그렇지만 이러한 경험이 성령 세례라고 묘사된 적이 없습니다. 왜냐하면 성령과 피로 씻고, 거듭난 신자들과의 관계는 새로운 것이기 때문입니다. "진리의 영은 … 너희와 함께 계시고 또 너희 안에 계실 것이다."(요 14:17) 그래서 새로운 경험을 묘사하는 새로운 표현이 사용되었습니다. 그리스도인들이 "성령으로 세례를 받았다."라는 말을 사용할 권리를 부인하는 것은 그리스도인들에게 구약성경 시대와 같은 경험 속에서 살도록 하는 것입니다.

구약시대의 사람들은 새 방언을 말하고, 귀신을 쫓아내고, 손을 얹어서 병을 고치는 것에 대해서는 아무것도 몰랐습니다. 이런 표적들은 성령의 시대를 위해 예비해 둔 것이었습니다. 새로운 왕국, 새로운 특징들을 가진 새로운 언약, 영과 몸을 위한 새로운 복음은 그리스도인의 시대를 묘사합니다. 예수님은 성령을 일컫는 말로 "파라클레토스"라는 새로운 단어를 사용하셨습니다. 이 단어는 요한복음에 네 번 사용되었으며, "돕는 자"라고 번역됩니다.

> 내가 아버지께 구하겠다. 그리하면 아버지께서 다른 보혜사를 너희에게 보내셔서, 영원히 너희와 함께 계시게 하실 것이다. 그는 진리의 영이시다. 세상은 그를 보지도 못하고 알지도 못하므로, 그를 맞아들일 수가 없다. 그러나 너희는 그를 안다. 그것은, 그가 너희와 함께 계시고, 또 너희 안에 계실 것이기 때문이다. "그러나 보혜사, 곧 아버지께서 내 이름으로 보내실 성령께서, 너희에게 모든 것을 가르쳐 주실 것이며, 또 내가 너희에게 말한 모든 것을 생각나게 하실 것이다."(요 14:16~17, 26)
>
> 나의 자녀 여러분, 내가 여러분에게 이렇게 쓰는 것은, 여러분으로 하여금 죄를 짓지 않도록 하려는 것입니다. 누가 죄를 짓더라도, 아버지 앞에서 변호해 주시는 분이 우리에게 계시는데, 곧 의로우신 예수 그리스도이십니다.(요일 2:1)

말씀	"내가 아버지께 구하겠다. 그리하면 아버지께서 다른 보혜사를 너희에게 보내셔서, 영원히 너희와 함께 계시게 하실 것이다."(요 14:16)
불씨	"성령 안에서 침례"는 신약의 경험을 묘사합니다.
참고성경	삼상 16:13, 막 16:17, 눅 11:13, 요 14:16~18, 26, 15:26, 16:17, 행 1:4~5, 롬 8:14, 약 1:27, 요일 2:1
성경읽기	아침 – 왕하 13, 딤후 3 / 저녁 – 호 5~6, 시 119:145~176

그리스도인들이 마귀로부터 도망쳐서는 안 되고;
마귀가 그들로부터 도망쳐야 합니다.

뒤를 돌아보는 사람은 등을 돌리기 쉽습니다.

영원히 하나님의 뜻을 찾고 있는 사람들은
하나님의 뜻을 행하는 사람들에게 뒤지게 됩니다.

죽어 있고 지루한 그리스도인들
Dead, Boring Christians

11월 1일

　조금도 부족하지 않은 불타는 메시지가 세상에 전해지도록 되어 있었습니다. 이 메시지는 불꽃놀이가 필요 없습니다. 선동가들은 성급할 필요가 없습니다. 그렇지만 교회에 관계된 모든 것들은 가장 높은 예배당 지붕 위의 십자가 꼭대기까지, 하나님의 따뜻한 빛을 나타내야 합니다. 복음 전도자들뿐만 아니라, 증인들, 사역자들, 교단의 직분자들, 지도자들, 일꾼들, 교사들과 행정가들은 모두 추운 거리의 햇불처럼 빛나야 합니다. 업무를 위한 회의도 부흥 집회만큼 (아마도 더 많이) 성령의 불을 보아야만 합니다.

　물고기는 자기가 수영하고 있는 물과 같은 온도를 지니고 있습니다. 너무나 많은 그리스도인들이 물고기와 같습니다. 그들은 주변의 차가운 불신자들의 세상보다 더 따뜻한 영을 가지고 있지 않습니다. 주님은 우리를 따뜻한 피를 가진 피조물로 만드셨습니다! 이것이 그분께서 우리를 택하셔서 기쁜 소식을 가지고 가게 하신 방법입니다. 따뜻함을 가지고 말입니다! 주님은 우리가 차가운 머리와 위엄을 가졌다고 우리를 보내지 않으셨습니다. 주님은 우리가 침착함을 지녔다고 우리를 선택하신 것도 아닙니다. 그분은 부활에 대한 증인으로서, 우리가 오순절의 하나님을 만났다는 것을 증거하라고, 제단으로부터 취한 불타는 석탄 덩어리를 가지고 우리를 보내셨습니다. 나는 죽은 시체에 기름을 바르는 것에 대한 강의 같은 설교를 들은 적이 있습니다. 살아계신 예수님과 함께 산 사람 중에 이렇게 말하는 사람이 생각납니까? 예수님도, 베드로도, 바울도 회중들이 박물관의 대리석상들처럼 앉아 있도록 내버려 두지 않았습니다.

　예를 들면 이사야의 논리나 바울의 논리같이, 논리는 불을 붙여도 여전히 논리일 뿐입니다. 논리라고 빙자하기에 속할 필요가 없습니다. 불은 무지가 아니라 열정을 뜻합니다. 무슨 수를 써서라도 배우십시오. 그러나 당신에게 있는 불을 끄는 것은 피하십시오. 현명한 것보다 빛을 발하는 것을 기억하십시오. "네 마음을 다하고, 네 목숨을 다하고, 네 뜻을 다하고 네 힘을 다하여 너의 하나님이신 주님을 사랑하여라."(막 12:30) 주님은 당신이 뜨거운 가슴을 가지고, 기쁨과 동정심과 사랑을 발산하기를 원하십니다. 오늘 당신의 심령에 불을 붙이십시오!

말씀	"네 마음을 다하고, 네 목숨을 다하고, 네 뜻을 다하고, 네 힘을 다하여, 너의 하나님이신 주님을 사랑하여라."(막 12:30)
불씨	나는 오늘 내 주위의 사람들에게 기쁨과 동정심과 사랑을 발산할 것입니다.
참고성경	시 29:9, 막 12:30
성경읽기	아침 – 왕하 14, 딤후 4 / 저녁 – 호 7, 시 120~122

11월 2일

인간 경험의 최고봉
The Height of Human Experience

　인간의 위엄은 하나님을 찬양하는 데 완전히 몰입할 때 새로운 의미를 지니게 됩니다. 당신은 5만 명이나 되는 사람들이 기뻐서 하나님께 울부짖으며, 손을 흔들며, 펄쩍펄쩍 뛰고, 소리치는 것을 본 적이 있습니까? 단상 위에서 한 어머니가 날 때부터 눈이 멀거나, 귀가 멀거나, 팔다리가 뒤틀려 있거나 했던 것을 그 자리에서 치유받은 자기 자녀에 대해서 간증할 때 다른 어떤 일이 일어날 것을 기대하겠습니까? 나는 이런 기적에 관한 간증들을 자주 봤습니다. 이것은 인간 경험의 최고봉으로써 영광스러운 장면입니다. 하반신 마비자가 걷고 눈먼 자가 보는 것을 보고도 완전히 침착함을 유지하는 것은 점잖은 일이 아닙니다. 그 자리에서 춤을 추는 것이 그런 순간에 더 어울립니다! 우리는 주님의 임재 앞에서 기뻐해야 합니다. 예수님께서도 이럴 때는 돌들도 소리칠 것이라고 하셨습니다.

　흑인이든 백인이든 그렇게 슬퍼하던 많은 사람들이 감동을 받고 두 손을 서로 꽉 쥐거나 높이 쳐들고 경배를 드리는 모습, 기쁨의 눈물로 반짝이는 눈, 하나님께 쳐들고 있는 얼굴, 경이로운 감사의 마음으로 입술을 움직이는 귀한 남녀들을 나는 바라봅니다. "저들은 얼마나 아름다운가!"라고 나는 혼잣말을 합니다. 이런 순간, 나는 내가 예술가였으면 얼마나 좋을까 생각합니다. 하나님 앞에서 우리가 기뻐하는 대신, 점잖은 위엄을 먼저 찾는 것은 재앙입니다! 하나님께서 우리의 감정을 만지지 않으신다면, 마귀가 그렇게 할 것입니다. 사람들이 감동을 느끼지 않는다면 어떻게 하나님께서 죄인들을 책망하셔서 그들이 회개하도록 도와주실 수 있겠습니까? 사람들의 영혼에 어떤 느낌도 주지 않고서 하나님께서 죄를 용서받는 기쁨을 그들에게 어떻게 허락할 수 있겠습니까? 복음 전도자가 하는 일은 사람의 영에 불을 붙이는 것이라고 나는 믿습니다. 사람을 구원받도록 하는 것은 점선으로 밑줄을 그은 곳에 그들의 이름을 쓰도록 하는 것 이상입니다. 기독교는 그들이 가입하는 어떤 클럽이 아닙니다. 구원은 영적인 수술입니다. 우리가 선포하는 용서는 무엇입니까? 주님이 주시는 용서는 어떤 것입니까? 그것은 진정 불쌍히 여기는 것입니다. 이 용서는 걷지 못하는 사람을 다시 걷게 하며, 거리의 여인의 굳은 마음을 녹여서 그녀가 눈물로 그분의 발을 씻도록 합니다. 그것은 사람들이 더 많이 사랑하도록 만들어주는 용서입니다. 그것은 레위가 그랬던 것처럼 파티를 여는 것과 같은 그들로 하여금 무엇이든지 낭비하게 합니다. 이 용서로 인해 마리아는 상당한 돈의 가치가 있는 향유 상자를 깨뜨렸으며, 삭개오는 많은 돈을 나누어 주도록 하였습니다. 하나님께서 당신을 위해서 하신 일을 기억할 때, 당신은 아낌없이 기뻐할 것입니다!

말씀	"내가 너희에게 말한다. 이와 같이 하늘에서는, 회개할 필요가 없는 의인 아흔아홉보다, 회개하는 죄인 한 사람을 두고 더 기뻐할 것이다."(눅 15:7)
불씨	주님, 당신은 나를 위해 죽으셨으므로, 나는 당신 안에서 아낌없이 기뻐할 것입니다.
참고성경	눅 19:40
성경읽기	아침 – 왕하 15, 딛 1 / 저녁 – 호 8, 시 123~125

실탄
Live Ammunition

11월 3일

우리가 우리의 전도집회를 성령님께 완전히 열어 놓을 때 그 결과는 놀랍습니다. 그리스도의 강력한 힘에 온 나라가 도전을 받습니다! 전에는 거짓 종교와 귀신의 이론들이 우세하던 곳에 이런 것들이 흔들리고 부서집니다! 아무리 인기 있거나 똑똑한 설교자라고 이런 일을 할 수는 없습니다. 이런 성공은 하나님께서 그분의 방법으로 일하실 때만 일어납니다. 그분이 현장에 들어오시면, 위대한 승리가 있습니다. 우리가 그분이 주관하시도록 허락하기만 하면 그분은 하실 수 있으며, 하실 것이며, 꼭 성공하십니다. 이런 돌파들은 주님께서 약속하셨던 마지막 때의 축복의 일부입니다. 오순절날은 예루살렘에서 멈추지 않고, "땅끝까지" 지속되었습니다(행 1:8, 개역개정). 나는 이런 도전을 제시합니다. 누구든지 성령님의 수준에서 일하기 시작하여 주님 자신의 구출 작업과 구원보다 못한 어떤 것을 경험하는지 보기 바랍니다. 이런 종류의 복음 전도는 온 세계에 사탄의 등짝을 부숴버려서 사탄은 완패 될 것입니다. 이것은 흉내 낼 수 없는 거룩한 불입니다.

총에 공포탄이 장전되어 있어도, 쏘는 소리는 실제 폭탄과 똑같습니다. 실제 사용에서는 공포탄과 실탄의 차이가 있지만 소리에는 차이가 없습니다. 공포탄은 과녁에 도달하지 않기 때문에 과녁에 어떤 흔적도 남기지 않습니다. 실탄은 과녁을 맞힐 수 있습니다. 수십만 명을 끌어모은다 해도 우리는 단지 소리와 반동, 흥분과 극적인 복음 제시에는 관심이 없습니다. 우리는 실탄이 과녁의 중앙을 명중시키는 것을 보기 원합니다! 무리가 모이면 믿음으로 무엇인가를 이루기 위해서 진정한 성령의 화력에 의한 공격이 있어야만 합니다. 수많은 사람들이 거듭나고, 삶이 완전히 변화되며, 교회들이 가득 차고, 지옥은 약탈을 당하고, 천국은 사람들로 가득 찹니다! 할렐루야!

말씀 "'이 예수께서 우리에게 명하시기를, 하나님께서 자기를 살아 있는 사람들과 죽은 사람들의 심판자로 정하신 것을 사람들에게 선포하고 증언하라고 하셨습니다. 이 예수를 두고 모든 예언자가 증언하기를, 그를 믿는 사람은 누구든지 그의 이름으로 죄 사함을 받는다고 하였습니다.' 베드로가 이런 말을 하고 있을 때에, 그 말을 듣는 모든 사람에게 성령이 내리셨다."(행 10:42~44)

불씨 우리의 믿음은 세상을 이기는 승리입니다.

참고성경 행 1:8, 10:42~44, 요일 5:4

성경읽기 아침 – 왕하 16, 딛 2 / 저녁 – 호 9, 시 126~128

11월 4일

영원한 목적들
Eternal Purposes

　영광스러운 부작용이 있지만, 하나님의 불은 단지 몇 가지의 감정적인 경험을 즐기라고 보내지는 것이 아닙니다. 성령님의 능력은 살아있는 집회를 만듭니다! 단지 행복해하는 것은 하나님의 의도를 만족시키지 못하며 성령님은 영원한 목적을 이루십니다. 지금은 거의 사라진 오래된 증기 엔진이 증기를 뿜어내는 것을 볼 때 나는 이것을 생각합니다. 이 "철마들"은 살아있는 생물체 같아서, 그 배 속에서 불과 함께 증기를 뿜어냅니다. 화부의 역할은 불을 태워 최대의 증기가 나오도록 하는 것입니다. 증기압이 올라가면, 운전자는 기적을 울리는 손잡이를 당기거나, 증기의 힘이 피스톤을 향하여 가도록 손잡이를 돌리거나 둘 중에 한 행동 만을 할 수 있습니다. 아무것도 남아 있지 않을 때까지 호각을 불어서 증기를 뿜어내게 함으로써, 수 마일 멀리서도 기적 소리가 들리게 합니다. 그러나 힘을 피스톤으로 돌리면, 증기는 스스로는 어떤 주의도 끌지 않으면서 훨씬 적은 소란으로 바퀴들을 돌릴 수 있습니다. 그러면 기차는 땅을 가로질러 짐을 실어 나르며 굴러갑니다. 기적 소리에 하나님께 감사를 드립니다! 기적 소리는 중요합니다. 그러나 기적을 울리는 것이 증기가 할 수 있는 전부라면, 보일러 아래에 불을 만들어 불을 때는 것은 아무 소용이 없을 것입니다.

　성령의 불은 능력을 가져옵니다. 소음에는 신경을 쓰지 말고, 우리 모두 이 힘을 움직이도록 하는 데 쓰도록 합시다! 벼락을 친 후에 천둥소리는 합당합니다. 오순절의 바른 목적은 모든 교회에서 하나님을 위해 바퀴가 굴러 가도록 함으로써 복음을 온 세상으로 운반하는 것입니다. "너희는 온 세상에 나가서, 만민에게 복음을 전파하여라."(막 16:15) 교회는 "가라" 교회지, "앉아있는" 교회가 아닙니다. 우리 주님께서 대륙을 가로질러 움직이시는 곳을 바라보십시오. 어떤 사람들은 내면을 들여다보면서 자기 성찰로 의해 무력화된 그들 자신의 영혼을 영원토록 살피고 있습니다. 예수님은 당신을 구원하고 계시니 걱정 그만 하십시오! 그분께서 다른 사람들을 구원하시도록 돕기 시작하십시오! 성령님이 오셨다면, 일어나 나가십시오. 당신이나 내가 아니라 그분이 일하십니다. "내가 복음을 전하지 않으면, 나에게 화가 미칠 것입니다."(고전 9:16) 우리가 이를 선포하지 않은 그 사람들에게 화가 있습니다. 그리스도를 위해서 바쁘고 게으르지 맙시다.

말씀	"그러므로 깨어 있어라. 너희는 그 날과 그 시각을 알지 못하기 때문이다."(마 25:13)
불씨	성령님은 나와 내 이웃에게까지도 증거할 수 있는 능력을 주십니다.
참고성경	막 16:15, 고전 9:16
성경읽기	아침 – 왕하 17, 딛 3 / 저녁 – 호 10, 시 129~131

경배와 찬양
Worship and Praise

11월 5일

진정한 중보기도는 경배와 찬양 가운데 기뻐합니다. 시편 전체의 중보기도에는 어떤 모양이나 형태로든 하나님께 영광을 돌리지 않는 경우가 단 한 번도 없습니다. 그러나 중보기도는 경배의 날개 위로 하나님께로 올라갑니다. 간구하는 것과 찬양은 동전의 양면입니다.

> 아무것도 염려하지 말고, 모든 일을 오직 기도와 간구로 하고, 여러분이 바라는 것을 감사하는 마음으로 하나님께 아뢰십시오."(빌 4:6)
> 그러므로 여러분이 그리스도 예수를 주님으로 받아들였으니, 그분 안에서 살아가십시오. 여러분은 그분 안에 뿌리를 박고, 세우심을 입어서, 가르침을 받은 대로 믿음을 굳게 하여 감사의 마음이 넘치게 하십시오. 누가 철학이나 헛된 속임수로, 여러분을 노획물로 삼을까 조심하십시오. 그런 것은 사람들의 전통과 세상의 유치한 원리를 따라 하는 것이요, 그리스도를 따라 하는 것이 아닙니다."(골 2:6~8)
> 항상 기뻐하십시오. 끊임없이 기도하십시오. 모든 일에 감사하십시오. 이것이 그리스도 예수 안에서 여러분에게 바라시는 하나님의 뜻입니다."(살전 5:16~18)
> 주님을 찾는 이들은 기뻐하여라.(시 105:3)

중보기도자는 하나님께서 행하지 않으신 것에 대해서 불만을 품고 하나님께 나오지 않습니다. 애통하는 것은 기도하는 것이 아닙니다. 세상의 필요에 대한 우리의 부담은 우리가 기억하고 기도하며 그분이 하실 수 있고 하실 일에 대해 감사로 기도할 때 사라집니다. 흔히 우리의 중보기도는 하나님께서 우리들을 위해서 하신 일을 다른 사람들을 위해서도 역시 그렇게 하실 것이라는 것을 아는 것에 근거합니다.

> 주님, 주님께서 나를 수렁에서 건져 주시고, 내 원수가 나를 비웃지 못하게 해주셨으니, 내가 주님을 우러러 찬양하렵니다. 주, 나의 하나님, 내가 주님께 울부짖었더니, 주님께서 나를 고쳐 주셨습니다. 주님, 스올에서 이 몸을 끌어올리셨고, 무덤으로 내려간 사람들 가운데서, 나를 회복시켜 주셨습니다. 주님을 믿는 성도들아, 주님을 찬양하여라. 그 거룩한 이름을 찬양하여라 … 주님께서는 내 통곡을 기쁨의 춤으로 바꾸어 주셨습니다. 나에게서 슬픔의 상복을 벗기시고, 기쁨의 나들이옷을 갈아입히셨기에 내 영혼이 잠잠할 수 없어서, 주님을 찬양하렵니다. 주, 나의 하나님, 내가 영원토록 주님께 감사를 드립니다.(시 30:1~4, 11~12)

주님의 기도는 이렇게 시작합니다. "하늘에 계신 우리 아버지, 그 이름을 거룩하게 하여 주시며" 이것이 모든 진정한 중보기도의 시작입니다. 그리고 끝은 "나라와 권세와 영광은 영원히 아버지의 것입니다. 아멘."입니다(마 6:9~13). 이것을 오늘 당신의 기도의 처음과 마지막으로 하십시오. 그리고 당신의 기도생활이 새로운 차원으로 올라가는 것을 보십시오.

말씀	"항상 기뻐하십시오. 끊임없이 기도하십시오. 모든 일에 감사하십시오. 이것이 그리스도 예수 안에서 여러분에게 바라시는 하나님의 뜻입니다."(살전 5:16~18)
불씨	나는 기뻐하고, 기도하며, 내 영혼의 구세주께 감사를 드릴 것입니다.
참고성경	시 30:1~12, 105:3, 마 6:9~13, 빌 4:6, 골 2:6~7, 4:2, 살전 5:16~18
성경읽기	아침 - 왕하 18, 몬 1 / 저녁 - 호 11, 시 132~134

11월 6일

믿음과 아는 것
Faith and Knowing

　믿음은 어떤 것을 신뢰하는 것입니다. 그렇다고 아무것이나 다 믿는 것이 아니라 우리는 신뢰할 만한 것을 믿어야 합니다. 기독교 신앙은 그리스도를 믿는 것으로, 이것은 비이성적인 것이 아닙니다. "맹목적인 믿음Blind faith"은 당신이 전혀 알지도 못하는 사람에게 당신의 돈을 맡기는 것과 같이 조심성도 없고 무책임한 일입니다. 한 그리스도인 형제는 교도소 생활을 했던 사람들을 불쌍히 여기는 마음으로 그들에게 새로운 시작을 도와주려고 그런 사람들을 고용했습니다. 그는 그중에 한 사람을 관리자로 세울 만큼 신뢰했습니다. 아무도 모르게 그 사람은 도둑질을 해서 그의 도둑질이 그 사업을 거의 망치게 했습니다. 그가 신뢰했던 그 직원의 과거 범죄가 횡령이었다는 것을 나중에야 알게 되었습니다! 맹목적으로 믿은 것입니다!

　세계 전역에서 사람들은 끝없이 종교, 체제, 신, 이론, 이단과 자칭 메시아를 신뢰하고 있습니다. 어리석은 사람이나 알려지지 않은 신을 믿겠지만, 바보들도 기술과 강한 감정적인 압력을 받을 때나 그렇게 믿습니다. 최근에도 그들은 자신들의 소망이 사라지자 집단 자살을 하였습니다. 오래된 종교나 새로운 종교 모두 대부분은 영원의 이면에 대해서는 아무것도 약속하지 않고, "당신이 죽은 후에 하늘에서 맛볼 파이"만 약속합니다. 죽은 아야툴라 호메이니는 이교도를 죽이면 곧장 천국으로 간다는 약속으로 어린 십대들을 지뢰가 묻힌 전장으로 보냈습니다. 도대체 사람을 죽이는 것으로 어떻게 천국에 합당한 자가 될 수 있습니까? 누가 그것을 믿겠습니까? 그러나 이것이 바로 전형적인 사탄의 영향력의 속임수입니다. 종교재판 당시 스페인의 황제는 유대인들과 천주교가 아닌 사람들을 충분히 불에 태워 죽이지 않았다고 생각했기 때문에 자기 자신의 구원에 대한 걱정에 사로잡혔습니다! 그리스도인 신자들이 일상으로 경험하고 있는 것과 같은 "믿음"은 거의 없습니다. 실제로 하나님을 경험하는 경우는 전혀 없습니다. 기적, 용서, 죄에 대한 승리, 역경을 이길 힘, 하나님과 평화도 기쁨도 없습니다. 어떤 종교들은 운명에 맡기는 것을 큰 덕이라고 장려합니다. 그러나 그리스도인 신자들은 운명을 이깁니다. 그들은 피할 수 없는 것이라고 포기하지 않습니다. 그리스도에 대한 당신의 믿음이 당신에게 무엇을 의미하는지 아십시오!

말씀	"그러나 이제는 율법과는 상관없이 하나님의 의가 나타났습니다 … 하나님의 의는 예수 그리스도를 믿는 믿음을 통하여 오는 것인데 … 사람은 그리스도 예수 안에서 얻는 구원으로 말미암아, 하나님의 은혜로 값없이 의롭다는 선고를 받습니다 … 하나님은 의로우신 분이시라는 것과 예수를 믿는 사람은 누구나 의롭다고 하신다는 것을 보여 주시려는 것입니다."(롬 3:21~22, 24, 26)
불씨	내가 믿는 그분을 나는 알고 그날까지 그분에게 맡긴 것을 그분이 지켜줄 수 있을 것이라고 나는 설득되어 있습니다.
참고성경	롬 3:21~26, 딤후 1:12
성경읽기	아침 – 왕하 19, 히 1 / 저녁 – 호 12, 시 135~136

거짓된 믿음들
False Faiths

`11월 7일`

대부분의 종교는 해야 할 기도들, 지켜야 할 실천들과 (이에 대한 보상으로) 미래에 대한 어떤 소망을 제공합니다. 오늘날은 자살을 충동하는 광신주의, 폭력적인 주장, 악을 쓰는 협박, 살인이 만연한 시대이지만, 현존하는 세 종교의 조상인 아브라함은 어떤 열광적인 과시에 빠진 적이 없었습니다. 그리스도께서 계시던 시대에도 증오심을 품고 예수님을 죽이고 싶어 하면서 아브라함의 자녀들이라고 주장하던 사람들이 있었습니다. 주님은 이렇게 말씀하셨습니다. "너희가 아브라함의 자녀라면, 아브라함이 한 일을 하였을 것이다. 그러나 지금 너희는, 너희에게 하나님에게서 들은 진리를 말해 준 사람인 나를 죽이려고 한다… 아브라함은 이런 일을 하지 않았다. 너희는 너희 아비가 한 일을 하고 있다… 그는 처음부터 살인자였다."(요 8:39~41, 44) 진리를 알고 있는 사람은 정신 나간 분노에 빠지지 않습니다. 비판을 접하면 그들은 진리가 스스로 증거하도록 합니다. 협박하지 않고, 칼을 사용하지도 않으며, 위협을 가하지도 않는 그리스도의 진리를 확산하는 바로 그 방법이 어떤 복음인지를 보여주고 있습니다. "하나님께서는 어리석게 들리는 설교를 통하여 믿는 사람들을 구원하시기를 기뻐하신 것입니다."(고전 1:21) 처음 그리스도인들은 "우리는 사랑으로 세상을 정복할 것이다"라고 하였으며, 그들은 그렇게 했습니다.

종교에 대해서 마음을 열고 결코 자기 주장이 강해서는 안 된다고 사람들은 말합니다. 이것은 자유주의자의 입장입니다. 이런 열린 마음을 가지게 되면 우리는 그리스도의 모든 놀라운 약속들을 무시하고서, 그분이 약속하신 것을 아무것도 누리지 못하게 됩니다. 그리스도인들은 마음을 열어 두지 않으며 그리스도의 긍정적인 축복들을 품어 안습니다! 그들의 마음은 열려있지 않고 정해져 있습니다. 조종사가 비행과 목적지, 어떻게 목적지에 도달하는지에 관해서 마음이 열려있다면 몇 사람이나 그런 비행기를 타겠습니까? 승객들은 매우 자기 주장이 강한 사람을 원합니다! 그는 승객들이 결코 죽게 되지 않을 것이란 것을 확신해야만 합니다! 우리의 인생 여정에 대해서 열린 마음을 가지는 것 역시 똑같이 치명적입니다. 성경은 아무도 자기 고집만 주장하라고 격려하지는 않지만 성경의 언어들은 항상 확실하고 분명한 소망을 줍니다. "우리가 알거니와"라는 전형적인 신약성경의 표현입니다. 그리스도인들의 단순한 태도는 내일과 하나님에 대해서 분명한 것입니다. 즉 그분이 무엇을 행하셨으며, 앞으로 행할 것이며, 어떤 분일 것인가에 관한 분명한 태도입니다. "나는, 내가 믿어 온 분을 잘 알고 있고, 또 내가 맡은 것을 그분이 그 날까지 지켜 주실 수 있음을 확신합니다."(딤후 1:12) 이런 확신은 우리가 하나님이라고 부를만한 어떤 하나님으로부터도 기대할 수 없는 것입니다. 당신은 오늘 이런 확신을 가질 수 있습니다.

말씀	"그러므로 나는 이런 고난을 당하면서도 부끄러워하지 않습니다. 나는, 내가 믿어 온 분을 잘 알고 있고, 또 내가 맡은 것을 그분이 그 날까지 지켜 주실 수 있음을 확신합니다." (딤후 1:12)
불씨	나는 그리스도 예수 안에 있는 믿음을 통하여 하나님의 자녀가 되었습니다.
참고성경	요 8:39~41, 44, 고전 1:21, 갈 3:26, 딤후 1:12
성경읽기	아침 - 왕하 20, 히 2 / 저녁 - 호 13, 시 137~138

11월 8일

기름부음과 임명하기
Anointing and Appointing

우리가 "기름부음"이라고 부를 수 있는 있는 몇 가지 경험(더 나은 표현이 없기 때문에)은 이스라엘의 장로인 다윗과 엘리사의 경우와 같은 특정 부르심에 대한 하나님의 확신으로 올 수 있습니다. 어떤 사람들에게는 바울이 그리스도의 몸의 더 "존귀한" 지체라고 부르는 것처럼 하나님의 사람의 말을 들을 때, 하나님께서 그들을 앞으로 내세우고 계시다는 것을 알았을 때 기름부음이 왔습니다(고전 12:23-24, 개역개정). 나의 동료인 조지 캔티는 일부 치유 전도자들의 방법으로 인해 그러한 활동을 외면하고 비판적이었습니다. 하나님께서는 한동안 그에게 압박을 가하시면서 "너희의 모든 큰 기적이 어디 있느냐? 하고 물으셨습니다. 어느 날 그는 치유 전도자가 말하는 것을 듣고 앉아있었습니다 그 남자가 하나님의 말씀을 인용하자마자, 조지는 갑자기 새로운 차원으로 영적인 상승을 하는 것을 느꼈습니다. 그는 설교자가 한 일을 하고 아픈 사람들을 고칠 것임을 알았습니다. 그것은 너무 생생해서 건물이 진짜인지 확인하기 위해 주변을 둘러봐야 했습니다. 그는 그 순간부터 자신이 다르다는 것을 알았습니다.

기름부음과 임명하기는 함께 갑니다. 기름부음을 받은 사람은 어떤 특별한 일을 위해서 선발되었는데 특히 제사장과 왕이 그렇습니다. 이것은 단지 감정적인 즐거움을 위한 한 번의 경험이 아닙니다. 기름부음은 특별한 수준의 거룩함을 획득했다는 것을 의미하지 않습니다. 기름부음은 보통 사람이 주님을 섬길 수 있도록 구비시키고 준비되도록 하는 목적으로만 주어집니다. 기름부음은 섬기는 것과 별도로 주어지지 않습니다. 오늘날 기름부음은 모든 믿는 자들을 위한 것이며, 모든 믿는 자들은 섬겨야 합니다. 우리는 "임금이신 하나님의 제사장 일을 맡은 사람들a royal priesthood"입니다(벧전 2:9, 새한글). 기름부음은 일종의 감정적인 즐거움이 아니라, 우리가 섬길 때 활동한다는 것을 잘 살피십시오. 다윗은 어떤 특별한 기분으로 기름부음을 느끼지 않았지만, 그가 골리앗을 대면했을 때, 그의 기름부음은 분명해졌습니다. 삼손은 그가 하나님을 위해 행동할 때만 하나님의 영이 그의 위에 내려서 강력해졌습니다. 강한 사람은 그가 앉아 있을 때는 자신의 힘을 느끼지 않으나, 자신이 힘을 쓸 때만 느낍니다. 오늘 주님을 섬길 모든 기회를 찾아 보십시오. 그리고 당신 안에서 크게 일어나는 하나님으로부터 오는 기름부음을 지켜 보십시오!

말씀	"여러분은 택하심을 받은 족속이요, 왕과 같은 제사장들이요, 거룩한 민족이요, 하나님의 소유가 된 백성입니다. 그래서 여러분을 어둠에서 불러내어 자기의 놀라운 빛 가운데로 인도하신 분의 업적을, 여러분이 선포하는 것입니다."(벧전 2:9)
불씨	하나님께서 나를 세워주시고 기름부어 주셨습니다.
참고성경	삿 14:6, 고전 12:23~24, 고후 1:21, 벧전 2:9
성경읽기	아침 – 왕하 21, 히 3 / 저녁 – 호 14, 시 139

전투하는 은사들
Warfare Gifts

11월 9일

성령의 은사는 우리에게 값없이 주어집니다. "우리는 세상의 영을 받은 것이 아니라, 하나님에게서 오신 영을 받았습니다. 그것은, 하나님께서 우리에게 은혜로 주신 선물들을 우리로 하여금 깨달아 알게 하시려는 것입니다."(고전 2:12) 시장에는 종교적 참신함, 진동, 영의 능력, 치유하는 빛, 특별한 출처도 모르는 향내와 빛과 같은 싸구려 복제품들이 있습니다. "그대는 이것을 알아두십시오. 말세에 어려운 때가 올 것입니다 … 겉으로는 경건하게 보이나, 경건함의 능력은 부인할 것입니다. 그대는 이런 사람들을 멀리하십시오 … 늘 배우기는 하지만 진리를 깨닫는 데에는 전혀 이를 수 없습니다."(딤후 3:1, 5, 7)

많은 나라들에서 우리가 하는 일은 스스로 능력이 있고, 보호해 주며, 치유한다고 주장하는 사람들을 방해 합니다. 주문을 걸고 내가 선포하고 있는 것을 망치려고 미국에서 데리고 온 특별히 강력한 마녀가 생각납니다. 그녀는 군중들 맨 뒤에서 그녀의 공연을 시작했습니다. 그녀가 나를 대항하여 영적인 공격을 시작하려고 하는 동안 나는 하나님의 무기로 완전히 무장을 하였습니다.

> 그러므로 하나님이 주시는 무기로 완전히 무장하십시오. 그래야만 여러분이 악한 날에 이 적대자들을 대항할 수 있으며 모든 일을 끝낸 뒤에 설 수 있을 것입니다.(엡 6:13)

이런 무장에 대한 그녀의 시도는 아무 효과가 없었습니다!

성령님은 십자가에서 기다리고 계시며, 제단에서 무릎을 꿇고, 거기서 혼자 있는 사람이 그분의 한량 없는 축복을 받습니다. 갈보리에는 애써 주문을 외우거나, 뉴에이지에서 하는 짓들을 하거나 신비주의의 모든 결과를 뛰어 넘는 유익이 있습니다. 이런 것들은 "그 무력하고 천하고 유치한 교훈"(갈 4:9)이라고 바울이 묘사한 것들입니다.

> 여러분은 아무에게도 헛된 말로 속아 넘어가지 마십시오. 이런 일 때문에, 하나님의 진노가 순종하지 않는 사람들에게 내리는 것입니다. 그러므로 여러분은 그런 사람들과 짝하지 마십시오. 여러분이 전에는 어둠이었으나, 지금은 주님 안에서 빛입니다. 빛의 자녀답게 사십시오.—빛의 열매는 모든 선과 의와 진실에 있습니다.—주님께서 기뻐하시는 일이 무엇인지를 분별하십시오. 여러분은 열매 없는 어둠의 일에 끼어들지 말고, 오히려 그것을 폭로하십시오.(엡 5:6~11)

그분의 빛 가운데 하나님의 자녀로 행하십시오.

말씀	"여러분이 전에는 어둠이었으나, 지금은 주님 안에서 빛입니다. 빛의 자녀답게 사십시오."(엡 5:8)
불씨	나는 어둠의 일들을 벗어 버리고 빛의 갑옷을 입었습니다.
참고성경	롬 13:12, 고전 2:12, 갈 4:8~11, 엡 5:6~11, 6:11~14, 딤후 3:3, 5, 7
성경읽기	아침 – 왕하 22, 히 4 / 저녁 – 욥 1, 시 140~141

11월 10일 마지막 때의 젊은이와 늙은이
Young and Old in the Last Hour

그리스도 예수께서 나의 심령에 들어오셔서 그분을 섬기는 일을 하라고 나를 부르셨을 때 내가 청년이었다는 것에 대하여 나는 영원히 감사합니다. 그분이 나를 그분의 종이 되도록 부르셨다는 것을 알았으며, 그분을 섬기는 나의 인생의 단 하루, 단 한순간도 이를 후회해 본 적이 없었습니다. 그분의 구원의 선물에 대한 반응과 그분을 섬기라는 그분의 부르심에 대한 반응, 이 두 가지는 젊거나 늙었거나 모든 믿는 자들의 삶에서 중요한 이정표입니다. 우리가 "마지막 때the last hour"(요일 2:18)를 살고 있다는 것을 알고 있는 것은 우리의 심령에 열심을 내도록 하며, 우리가 "말씀을 그저 듣기만 하여 자신을 속이는 사람이 되지 않고 말씀을 행하는 사람"이 되도록 동기를 부여해 줍니다(약 1:22).

그렇지만 젊은 사람들은 같은 마지막 때에 대하여 약간 다른 위치에 있습니다. 나이 든 사람들이 구원받게 되면, 한 영혼이 구원받은 것입니다. 젊은 사람이 구원받게 되면, 한 영혼과 그의 생애가 구원받습니다. 젊은이에게는 생애가 될 수 있는 시간이 있는데 이는 얼마나 영광스러운 시간이 될 수 있는지요! 사랑, 기쁨, 평안, 목적과 안정감으로 가득한 한 시간이 마지막 시간 전 생애가 될 수 있습니다. 내일을 사는 유일한 길은 오늘 예수를 위해 믿음으로 행동하면서 사는 것입니다.

나는 나이 들어 죽어 가고 있는 한 사람을 위해 기도한 적이 있습니다. 갑자기 이상한 생각이 나에게 도전을 했습니다. "내가 이 사람의 자리에 있다면 나는 무엇을 기도할 것인가?" 한 유명한 정치가는 그의 마지막 소원이 "하나의 큰 돼지고기 파이!"라고 했습니다. 나 자신을 위한 대답을 하는 데는 오래 걸리지 않았습니다. 나는 주님께 복음 전도집회를 한 번만 더 할 수 있는 힘과 도움을 달라고 할 것입니다! 나는 과녁의 한 가운데를 맞추어서, 다시 십만 명의 영혼을 그리스도의 십자가로 인도할 것입니다. 이 승리하는 전장에서 싸우는 것보다 더 큰 것은 없고, 더 영광스럽게 죽는 방법도 없습니다. 당신도 이를 당신의 목표로 삼기를 강력하게 권합니다!

말씀	"형제자매 여러분, 나는 아직 그것을 붙들었다고 생각하지 않습니다. 내가 하는 일은 오직 한 가지입니다. 뒤에 있는 것은 잊어버리고, 앞에 있는 것을 향하여 몸을 내밀면서, 그리스도 예수 안에서, 하나님께서 위로부터 부르신 그 부르심의 상을 받으려고, 목표점을 바라보고 달려가고 있습니다."(빌 3:13~14)
불씨	"내가 죽지 않고 살아서, 주님께서 하신 일을 선포하겠다."(시 118:17)
참고성경	시 118:17, 약 1:22, 요일 2:18
성경읽기	아침 – 왕하 23, 히 5 / 저녁 – 욜 2, 시 142

회오리바람
Whirlwinds

11월 11일

우리의 위대한 아프리카 전도집회에서는 사탄의 능력과 주술을 이기는 강력한 승리가 있습니다. 주술에 사용하는 도구들을 가져다가 거대하게 쌓아 놓은 것을 불태웠습니다. 이것들을 가지고 있던 사람들이 예수님을 그들의 주와 구원자로 받아들일 때 사탄에 대한 두려움과 억압으로부터 구출되었습니다. 나는 타오르는 불길을 가리키며 "저 불은 마귀의 마지막 집이 될 불못과 같다!"라고 말했습니다. 사탄은 지옥의 불을 주관하고 있지 않으며, 저 불길은 그가 받을 심판입니다. 주님의 진짜 불이 무리들에게 한꺼번에 떨어지면 이런 "마귀의 일들"(요일 3:8)은 잿더미로 변할 것입니다.

기름부음을 거스르는 것은 파괴와 죽음의 다른 불입니다. 그러나 주님의 임재로부터 나오는 불꽃은 나답과 아비후의 불경스러운 불을 삼켰던 불처럼 다른 불을 삼킬 것입니다. 그 후에 평안의 달콤한 기름부음이 교회 위로 흘러서 그의 발과 옷깃까지 내려올 것입니다. 남녀들을 구원으로 이끌지 않는 주제를 두고 하나님의 백성들 가운데 있던 지난날의 다툼은 잊어버립시다. 우리의 적은 다른 교단이나 교단주의도 아닙니다. 우리의 원수는 마귀이며, 하나님이 죽었다거나, 하나님은 무관심하다거나, 예수님 없이도 우리끼리 할 수 있다는 마귀가 세상을 속이는 많은 거짓말입니다. "우리의 동료들은 어린 양이 흘린 피와 자기들이 증언한 말씀을 힘입어서 그 악마를 이겨 냈다. 그들은 죽기까지 목숨을 아끼지 않았다."(계 12:11) "그"는 단수입니다! 우리에게는 단 하나의 원수 마귀가 있습니다. 그를 대항하는 하나의 능력이 있는데 바로 성령님입니다. 우리가 섬길 준비를 하고, 성령의 불로 가득해서, 하나님의 기름부음 안에서 행할 때, 그때에 우리는 원수가 도둑질해 간 영토를 파괴하는 회오리바람이 됩니다. 우리는 원수가 도둑질해 갔던 온 세상의 남녀의 생명을 되찾아 오는, 목적과 열정을 가진 멈출 수 없는 무기입니다! 오늘 이것이 당신의 목적이 되게 하십시오.

말씀	"도둑은 다만 훔치고 죽이고 파괴하려고 오는 것뿐이다. 나는, 양들이 생명을 얻고 또 더 넘치게 얻게 하려고 왔다."(요 10:10)
불씨	우리가 하나님의 기름부음 안에서 행할 때, 우리는 승리합니다.
참고성경	레 10:1~2, 사 10:27, 요 10:10, 요일 3:8, 계 12:11
성경읽기	아침 – 왕하 24, 히 6 / 저녁 – 욜 3, 시 143

11월 12일
말씀은 믿음을 가져 옵니다
The Word Brings Faith

인류가 지속되도록 충분한 관심을 가지고 계신 창조주께서는 우리가 하나님에 대하여 깜깜하게 모르도록 내버려 두지 않으시는 것이 분명합니다. 그분은 자신을 계시하십니다. 계시만이 우리가 그분을 알 수 있는 유일한 방법입니다. 우리의 견고한 이성은 빛이 아니라 불꽃만 만들어 내는 부싯돌과 같습니다. "너희가 모두 불을 피우고, 횃불을 들고 나섰지만, 너희가 피운 그 불에 너희가 탈 것이며, 너희가 들고 나선 그 횃불에 너희가 소멸될 것이다. 내가 직접 이 형벌을 너희에게 내리고, 너희는 이 고문을 견디어야 할 것이다."(사 50:11) 불꽃, 스쳐가는 생각들은 인생의 길을 잘 비추지 않습니다. 철학자들도 다른 사람들과 마찬가지로 길을 잃었지만 그럼에도 불구하고 그들은 소경이 소경을 인도하듯이 우리를 안내하려고 합니다. 하나님께서 "빛이 있으라!"라고 말씀하셨습니다. 하나님은 아브라함, 모세, 다윗, 선지자들과 마침내 예수 그리스도를 통하여 빛을 가져오셨습니다.

"내가 주님의 법을 얼마나 사랑하는지, 온종일 그것만을 깊이 생각합니다. 주님의 계명이 언제나 나와 함께 있으므로, 그 계명으로 주님께서는 나를 내 원수들보다 더 지혜롭게 해주십니다…주님의 말씀은 내 발의 등불이요, 내 길의 빛입니다."(시 119:97~98, 105) 어떤 해를 입는지도 모르면서 너무 많은 사람들이 성경을 무시합니다. 성경은 역동적입니다. "그 땅의 금은 순금"(창 2:12, 개역개정)이지만 성경 말씀은 탐험하지 않은 영토입니다. 성경의 걸쇠를 풀어놓고 치유가 풀어지게 하려면 믿음의 손가락이 필요합니다.

"믿음은 하나님의 말씀으로 말미암습니다."(롬 10:17, 개역개정) 하나님은 우리에게 성경을 읽을 믿음을 주셔서 우리가 원한다면 믿음을 얻을 수 있게 합니다.

말씀을 읽을 믿음을 얻으려면, 그냥 읽으면 됩니다. 말씀은 스스로 증거합니다. 말씀의 화학적 변화가 폭발하고 우리에게 말씀에 대한 확신을 줍니다. "그러므로 믿음은 들음에서 생기고, 들음은 그리스도를 전하는 말씀에서 비롯됩니다."(롬 10:17) 하나님께서 말씀하셨을 때 아브라함은 믿었습니다. 아브라함이 하나님의 목소리를 알아들었던 것과 같이 우리가 그분의 목소리를 알아들을 수 있도록 하셨습니다. 이것이 우리가 지금 할 일입니다. 성경이 당신에게 믿음을 가져다 주기 위해 스스로 말하게 하십시오!

말씀	"하나님께서는 내가 전하는 복음 곧 예수 그리스도에 관한 선포로 여러분을 능히 튼튼히 세워주십니다. 그는 오랜 세월 동안 감추어 두셨던 비밀을 계시해 주셨습니다. 그 비밀이 지금은 환히 공개되고 … 오직 한 분이신 지혜로우신 하나님께, 예수 그리스도로 말미암아 영광이 영원무궁 하도록 있기를 빕니다. 아멘."(롬 16:25~27)
불씨	당신의 말씀을 열면 빛이 비치어 우둔한 사람들을 깨닫게 합니다.
참고성경	창 1:3, 2:12, 시 119:11, 97~98, 105, 130, 사 50:11, 마 13:14, 롬 10:17
성경읽기	아침 – 왕하 25, 히 7 / 저녁 – 암 1, 시 144

믿음과 약속들
Faith and the Promises

11월 13일

믿음이 무엇입니까? 믿음은 우리의 뇌에 붙어있는 뇌엽이나 우리의 영혼에 붙어있는 한 부분이 아닙니다. 우리는 믿기로 선택합니다. 믿음은 태도입니다. 믿음은 맺을 수 있는 관계를 위한 유일한 편견입니다. 내가 보기에 하나님을 믿는 것은 좋을 뿐만 아니라 할 수 있는 유일한 적절한 일입니다. 다른 조건으로 하나님을 대하는 것을 기대하는 것은 어리석은 일입니다. 보이지 않는 하나님께서 믿음이 아니라면 지금이나 알려지지 않은 미래에 어떻게 우리와 관계를 맺을 수 있겠습니까? 우리가 거기까지도 나가지 않겠다면, 우리는 어떤 가치가 있는 존재일까요? 우리가 모든 존재하는 것들의 전능자를 신뢰할 수 없다면 우리는 도대체 어떤 존재라고 생각합니까? 믿음은 하나님께서 기대하시는 최소한의 것입니다. "믿음이 없이는 하나님을 기쁘시게 하지 못합니다."(히 11:6, 개역개정). "나는 대단한 믿는 자가 아닙니다."라고 말하는 사람이 있다면 참 딱한 일입니다. 왜냐하면 하나님은 그런 사람을 기뻐하지 않으시기 때문입니다! 누군가 그들을 믿지 않는다면 그들은 물론 누구라도 기뻐하겠습니까?

믿음은 확실함이 아니며, 개인적인 문제입니다. 어떤 사람이 지금까지는 스스로 입증을 했어도 미래는 오직 개인적으로 확신할 뿐입니다. 우리는 그들을 알기 때문에 그들을 신뢰합니다. 그들이 변할 것이라고 생각한다면 우리는 그들을 신뢰하지 않을 것입니다. 우리는 성경에서 하나님이 누구인지를 읽습니다. 우리가 지금까지 스스로 그분을 입증해왔다고 해도 앞으로도 신뢰하는 것밖에는 다른 일을 할 수 없습니다. 둘 더하기 둘이 넷이라는 것을 믿는 데는 아무 믿음이 필요하지 않지만, 인생은 훨씬 복잡합니다. 환경은 바다처럼 변합니다. 거대한 것들이 미래에 영향을 끼칩니다. 분명히 하나님께서 어떻게 하시는지도 영향을 받기 때문에, 하나님은 그런 일들이 일어나지 않은 것처럼 사건에 영향을 미치지 않습니다. 하나님은 호박이 황금 안락의자가 되게 하는 마술을 일으키지는 않을 것입니다. 그러나 그분은 모든 것을 아시고 모든 것을 할 수 있기 때문에 일이 진행되어 가는 것은 그분께 맡겨두어야 합니다. 왜냐하면 5만 톤 무게의 호화 여객선을 만드는 복잡함을 우리가 이해하지 못하는 것처럼 그분이 하는 일도 이해하지 못합니다. 우리가 그분이 하는 것을 바라보는 것은 하나님께서 그렇도록 고려하신 그 무엇입니다. 하나님은 세상을 그런 식으로 만드셨습니다. 기도와 믿음은 그분이 다른 방법으로 할 수 없는 것을 할 수 있도록 할 것입니다. 하나님은 무엇이든지 할 수 있지만 그분은 믿는 사람이 없이는 아무것도 하지 않으신다는 것은 의심할 여지가 없습니다. 이것이 그분이 계획하신 섭리이며, 당신에게 하는 약속입니다.

말씀	"믿음이 없이는 하나님을 기쁘게 해드릴 수 없습니다."(히 11:6)
불씨	하나님은 무엇이든지 할 수 있지만 그분을 믿는 사람이 없이는 아무것도 하지 않으십니다.
참고성경	히 11:6
성경읽기	아침 – 대상 1~2, 히 8 / 저녁 – 암 2, 시 145

당신의 마지막 시간
Your Last Hour

11월 14일

지금이 당신의 마지막 시간이라면 당신은 무엇을 하겠습니까? 얼마나 불안한 준비를 하게 될까요! "아이들아 지금은 마지막 때라"(요일 2:18, 개역개정). 요한이 이 말씀을 기록한 것이 2천 년 전이니 이 "마지막 때"는 꽤 오랜 세월 지속된 것처럼 보인다는 것을 나도 알고 있습니다. 그러나 이 사실이 당신을 혼란스럽게 하지는 마십시오. 우리가 확신할 수 있는 한 가지는 그때가 마지막 때였다면 지금이야말로 가장 확실히 마지막 때라는 것입니다! 오늘날 요한이 글을 쓴다면 그는 아마도 이렇게 쓸 것입니다. "아이들아, 지금은 마지막 시간의 마지막 순간이다." 요한이 이 구절을 썼을 때, 그는 우리의 시계가 아니라 하나님의 시계를 보고 있었습니다. 그 시곗바늘은 가만히 멈추어 있지 않습니다. 지상의 시간 측정 방법으로 셀 수 있는 마지막 때는 얼마나 남았을까요? 우리가 알고 있는 한 가지는 우리가 얼마나 끝에 가까운지는 모른다는 사실입니다. "그날과 그때는 아무도 모르나니"(마 24:36, 개역개정)라고 예수님은 말씀하셨습니다. 그렇지만 분명한 것은 우리는 매일 끝에 더 가까이 있다는 것입니다. 바울도 이런 관점으로 보았습니다. "또한 너희가 이 시기를 알거니와 자다가 깰 때가 벌써 되었으니 이는 이제 우리의 구원이 처음 믿을 때보다 가까웠음이라"(롬 13:11, 개역개정).

누구든지 그들의 인생이 60분밖에 남지 않았다고 생각한다면 결코 사소한 일로 시간을 보내지 않을 것입니다. 한 시간을 잴 수 있는 모래시계의 잔 모래처럼 백만 분의 일 초가 지나간다면 그들은 자신들에게 무엇이 정말 중요한 것인지 알게 될 것입니다. 그들은 최근에 유행하는 모자를 사러 가거나 자신들의 주식 상황이 어떤지 살펴보려고 투자에 대한 칼럼을 읽고 있지 않을 것입니다. 종말에 초점을 맞추면 인생의 모든 것이 바른 관점을 가지게 됩니다. 누군가는 말하기를 대부분의 사람들은 이 세상의 삶이 영구 한 것처럼 산다고 했습니다. 성경의 메시지는 우리의 날들은 셀 수 없는 것이 아니라 숫자가 매겨져 있다고 합니다. 오직 중요한 일에만 쓸 시간이 있습니다. 나는 특별히 예수 그리스도의 교회를 생각하고 있습니다. 사람들은 흔히 인생은 수천 개의 자잘한 것으로 이루어져 있다는 것을 지적하지만, 작은 것을 큰 것들보다 중요하게 여겨서는 안 됩니다. 교회는 사탄과의 전쟁과 영혼 구원을 위한 전투라는 한 가지 목적만 가지고 있어야 합니다. 예수님의 위대한 점은 그분은 아버지가 보냈을 때 오셨다는 것입니다. 우리의 위대한 점은 예수님께서 보내실 때 우리가 가는 것입니다. "아버지께서 나를 보내신 것 같이 나도 너희를 보내노라"(요 20:21, 개역개정). 교회는 나가는 것을 방해하는 모든 것은 무시하는 계획을 세워야 합니다. 당신의 날 수에 관심을 가지십시오.

말씀	"우리에게 우리의 날을 세는 법을 가르쳐 주셔서 지혜의 마음을 얻게 해주십시오." (시 90:12)
불씨	아이들아, 지금은 마지막 시간의 마지막 순간이다.
참고성경	시 90:12, 마 24:36, 요 20:21, 롬 13:11, 요일 2:18
성경읽기	아침 – 대상 3~4, 히 9 / 저녁 – 암 3, 시 146~147

마지막 시간의 논리
Last Hour Logic

11월 15일

성경에서 "지금은 마지막 때"(요일 2:18)라고 선포할 때는 정말 마지막 때입니다. 복음의 메시지는 항상 마지막 때이기 때문입니다. 바울과 같이 한 개인이 어떻게 그렇게 많은 일을 했는지 알고 싶으면, 그가 고린도의 성도들에게 자기에 관해서 토로한 것을 읽어 보십시오. 그는 모든 것의 종말이 가까운 것처럼 살았습니다.

> 형제자매 여러분, 내가 말하려는 것은 이것입니다. 때가 얼마 남지 않았으니, 이제부터는 아내 있는 사람은 없는 사람처럼 하고, 우는 사람은 울지 않는 사람처럼 하고, 기쁜 사람은 기쁘지 않은 사람처럼 하고, 무엇을 산 사람은 그것을 가지고 있지 않은 사람처럼 하고, 세상을 이용하는 사람은 그렇게 하지 않는 사람처럼 하도록 하십시오. 이 세상의 형체는 사라집니다.(고전 7:29~31)

복음은 영원하지만 우리에게는 복음을 전할 영원한 시간이 없습니다. 교회가 한가하게 돌아가는 것을 보게 되면 사람들은 우리가 시간이 많은 것처럼 생각할 것입니다. 우리가 살고 있는 동안에 살아 있는 사람들에게 우리가 살고 있는 동안만 그들에게 다가갈 시간을 우리는 가지고 있습니다. 오늘날 50억이 넘는 영혼들이 복음을 전해야 할 필요가 있는 기한 없는 미래 시대가 아니라 우리가 살고 있는 현재 세상에 살고 있습니다. "지금은 마지막 때입니다."

방탕했던 아들이 집에서 바르게 환영받을 수 있도록 확실하게 하려고 그의 아버지는 달려갔습니다! "지금은 마지막 때라"라는 말씀으로 성령님께서 내게 책임을 맡기신 이래로 나도 역시 달리고 싶었습니다. 나는 세상의 항공사들의 좋은 고객입니다! 바울이 좋아했던 그리스어 중에 하나는 "스푸데"로서 "결승선으로 달려 들어가는 사람이 목을 길게 빼다"라는 뜻입니다. 이 단어는 "연구하다, 부지런하다, 진지하다, 서두르다, 열심을 내다, 앞으로 나가다"라고 번역됩니다. 많은 교회들이 무슨 일로 바쁩니까? 죽어가는 세상에 복음을 전달하는 것이 진정으로 의미가 있는 것입니다! 지옥의 불은 한참 타오르는데 우리들의 모든 생각을 개인적인 영성에 쏟는 것은 화력을 퍼붓는 사단에 소속된 군인들이 폭격을 하라는 명령을 받고도 아무런 행동도 취하지 않고 면도를 하고 있는 것과 마찬가지입니다. 영원한 지옥 불로부터 사람들을 빼앗아 오는 복음을 전파하라는 명령만이 가장 중요합니다. 이 하나님의 명령은 주님의 한순간의 기분으로 하신 것이 아닙니다. 하나님 자신도 그리스도가 없는 인류가 당면한 위험 때문에 움직이셨습니다. 갈보리는 그분이 반드시 해야 하는 것이었습니다! "나에게는 이 우리에 속하지 않은 다른 양들이 있다. 나는 그 양들도 이끌어 와야 한다. 그들도 내 목소리를 들을 것이며, 한 목자 아래에서 한 무리 양떼가 될 것이다."(요 10:16) 영혼 구원자가 되려고 달리십시오!

말씀	"갖가지 무거운 짐과 얽매는 죄를 벗어버리고, 우리 앞에 놓인 달음질을 참으면서 달려갑시다."(히 12:1)
불씨	복음은 영원하지만 복음을 선포하는 데 우리는 영원한 시간을 가지고 있지 않습니다.
참고성경	눅 15:11~31, 요 4:3~5, 10:16, 고전 7:29~31, 요일 2:18
성경읽기	아침 – 대상 5~6, 히 10 / 저녁 – 암 4, 시 148~150

11월 16일 하나님으로부터 나온 아름다움
The Beauty from God

개인의 아름다움은 성경에서 정죄되지 않습니다. 교만, 겸손함의 부족, 자극적인 옷차림, 뻔뻔하게 희롱하는 것은 물론 정죄의 대상입니다. 하나님은 사람들을 아름답게 만드시고, 우리가 추악한 이단에 속하여 우리 자신을 최악으로 만들기를 기대하지 않습니다. 머리카락과 수염이 많다고 자랑스러워했던 초기 몇 세기의 성도들을 하나님이 기뻐하셨다고 생각하지 않습니다. 강을 건널 때 외에는 그들의 발이 물에 젖은 적이 없다고 자랑스러워하던 수녀들도 하나님은 기뻐하지 않으셨습니다.

하나님의 은혜를 얻으려고 단정한 옷을 입는 사람들도 특별히 귀하게 여기지 않으십니다. 그분은 새벽의 영광과 일몰의 장엄함에서 별이 가득한 밤하늘까지 아름다운 것들을 창조하십니다. 그분이 거하시는 곳은 석양의 다채로운 빛이고 영광스럽습니다. "하나님이 모든 것을 지으시되 때를 따라 아름답게 하셨고"(전 3:11, 개역개정). "주 우리 하나님의 은총을 우리에게 내리게 하사 우리의 손이 행한 일을 우리에게 견고하게 하소서 우리의 손이 행한 일을 견고하게 하소서"(시 90:17, 개역개정). 이것이 바로 기름부음입니다.

"거룩한 아름다움"(시 96:9, 개역개정)은 교만을 금합니다. 교만은 "죽은 파리들이 향유를 악취가 나게 만드는 것 같이 적은 우매가 지혜와 존귀를 난처하게 만드느니라"(전 10:1, 개역개정). 거룩에 있어서 우리의 자랑스러운 노력들은 악취와 불결한 것으로 묘사됩니다. "우리의 의는 다 더러운 옷 같으며"(사 64:6, 개역개정). 왜냐하면 우리의 의는 우리보다 낮은 기준을 가지고 있다고 생각하는 사람들을 향하여 판단하고 정죄하는 태도를 보이기 때문입니다. 매력적이지 않은 정확성으로 영적인 분위기를 풍깁니다. 율법적인 삶은 북극의 얼음이 난초를 생산하는 것만큼이나 진정한 성령의 열매를 맺을 가능성이 적습니다. 그러나 우리가 "여호와의 이름에 합당한 영광을 그에게 돌릴지어다 제물을 들고 그 앞에 들어갈 때"(대상 16:29, 개역개정), 우리는 하나님의 향기가 우리의 삶 안으로 스며들도록 초청합니다. 이런 말을 듣는 것이 이상할지 모르지만, 이제 당신은 내가 "오늘, 그리스도처럼 향기를 풍기십시오!"라고 말할 때 내가 의미하는 것을 알고 있습니다.

말씀	"주 우리 하나님, 우리에게 은총을 베푸셔서, 우리의 손으로 하는 일이 견실하게 하여 주십시오."(시 90:17)
불씨	하나님은 모든 것을 때를 따라 아름답게 만드십니다.
참고성경	대상 16:29, 시 90:17, 96:9, 전 3:11, 10:1, 사 64:6
성경읽기	아침 – 대상 7~8, 히 11 / 저녁 – 암 5, 눅 1:1~38

시급으로 받기
Paid By the Hour

11월 17일

여러 해 전 독일 북부에서 나는 한 나이 든 여인을 주님께로 인도하는 특권을 가졌습니다. 그녀는 일생의 대부분을 교회의 오르간 반주자였지만 예수님을 그녀 자신의 구원자로 알지 못했습니다. 그녀가 복음을 듣고 주님께 그녀의 심령을 열자, 그녀는 성령의 기쁨으로 압도되었습니다. 사흘 후에 내가 그녀를 다시 만났을 때 그녀는 완전히 낙심해 있었습니다. 어리둥절한 나는 그녀에게 왜 그런지 물었습니다. 그녀는 눈물을 글썽이면서 그녀는 내게 이런 말을 하였습니다. "나는 벌써 일흔이 되는데 이제야 예수님을 주님으로 영접했습니다. 나는 아마도 5년이나 10년을 더 살지 모르는데 70년을 완전히 낭비해 버렸습니다."

물론 이 말은 제게 큰 감동을 주었습니다. 그렇지만 나는 이렇게 대답했습니다. "맞습니다. 그러나 나는 앞으로 일어날 일을 알고 있습니다. 어느 날 우리는 그리스도의 심판대 앞에 서게 될 것입니다. 그렇지만 그분은 우리가 그분의 밭에서 얼마나 깊이 밭을 갈았는지 만큼 얼마나 오랫동안 갈았는지에는 관심이 없을 것입니다. 5년이나 10년 동안 예수님께 전적으로 헌신한다면 50년 동안 미지근한 그리스도인으로 살아온 것보다 훨씬 더 나을 것입니다.

당신은 예수님이 말씀하신 품꾼의 비유를 기억하십니까? 어떤 이들은 단 한 시간 일했을 뿐이지만, 그 농부는 그들에게도 하루 종일 일한 사람들과 같은 값으로 너그럽게 품값을 지불해 주었습니다. 왜 그랬을까요? 그들은 그들에게 기회가 주어진 만큼을 일했기 때문이었습니다. 이것이 하나님의 원리입니다. 만일 어떤 사람이 그들이 그럴 수 있었는데도 추수 때에 예수님 곁에 있지 않았다면, 그에 대한 해답은 추수의 주인께 달려 있는 것입니다. 우는 데 시간을 낭비하지 마십시오. 지금 이 순간부터 전심으로 하나님께 속한 것을 하나님께 드리십시오! 사도 바울의 충고는 이렇습니다.

> 형제자매 여러분, 나는 아직 그것을 붙들었다고 생각하지 않습니다. 내가 하는 일은 오직 한 가지입니다. 뒤에 있는 것은 잊어버리고, 앞에 있는 것을 향하여 몸을 내밀면서, 그리스도 예수 안에서, 하나님께서 위로부터 부르신 그 부르심의 상을 받으려고, 목표점을 바라보고 달려가고 있습니다.(빌 3:13~14)

호흡이 있는 동안 당신은 마지막 해, 마지막 달, 마지막 날, 마지막 시간에 살고 있습니다. 당신은 늦지 않았습니다.

말씀	"뒤에 있는 것은 잊어버리고, 앞에 있는 것을 향하여 몸을 내밀면서, 그리스도 예수 안에서, 하나님께서 위로부터 부르신 그 부르심의 상을 받으려고, 목표점을 바라보고 달려가고 있습니다."(빌 3:13~14)
불씨	나는 진리의 말씀을 옳게 분별하며 부끄러울 것이 없는 일꾼으로 인정된 자로 자신을 하나님 앞에 드리기를 힘쓸 것입니다.
참고성경	마 20:1~16, 딤후 2:15, 빌 3:13~14
성경읽기	아침 – 대상 9~10, 히 12 / 저녁 – 암 6, 눅 1:39~80

11월 18일

믿음의 목표들
Faith Objectives

야고보는 예수님의 배 다른 형제였으며, 그의 서신은 다른 어떤 책들과 다른 전형적인 예수님의 가르침으로 우리를 이끌어 줍니다. "여러분은 욕심을 부려도 얻지 못하면 살인을 하고, 탐내어도 가지지 못하면 다투고 싸웁니다. 여러분이 얻지 못하는 것은 구하지 않기 때문이요, 구하여도 얻지 못하는 것은 자기가 쾌락을 누리는 데에 쓰려고 잘못 구하기 때문입니다 … 누구든지 세상의 친구가 되려고 하는 사람은 하나님의 원수가 되는 것입니다."(약 4:2~4) 여기서는 물질로 된 것을 구하는 것에 관해 말하고 있습니다. 그러나 우리가 세상의 물질주의자들처럼 기도한다면, 우리는 아무 응답도 받지 못할 것입니다. 소유, 부요함과, 특권층에 대한 우리의 애착은 물질주의와 세상적인 것이며 하나님과 그분의 목적을 밀어내게 합니다.

> 너희는 자기를 위하여 보물을 땅에다가 쌓아 두지 말아라. 땅에서는 좀이 먹고 녹이 슬어서 망가지며, 도둑들이 뚫고 들어와서 훔쳐간다. 그러므로 너희를 위하여 보물을 하늘에 쌓아 두어라. 거기에는 좀이 먹고 녹이 슬어서 망가지는 일이 없고, 도둑들이 뚫고 들어와서 훔쳐 가지도 못한다. 너의 보물이 있는 곳에, 너의 마음도 있을 것이다.
> (마 6:19~21)

많은 사람들의 가장 중요한 기도는 첫 번째인 바로 자기 자신들입니다. 그러나 하나님의 나라가 첫 번째가 될 때 하나님께 그분의 좋은 것을 구하는 것은 잘못된 것이 아닙니다. "온갖 좋은 선물과 모든 완전한 은사는 위에서, 곧 빛들을 지으신 아버지께로부터 내려옵니다. 아버지께는 이러저러한 변함이나 회전하는 그림자가 없으십니다."(약 1:17) 우리 주변의 물질적인 선물들은 하나님께서 그분의 피조물들에게 선물로 주신 것입니다. 하나님은 우리에게 재물 얻을 능력을 주셨지만, 물질주의자들만을 위해 만드신 것은 아무것도 없습니다. 부요함은 믿음의 첫째 목표가 아닙니다. 믿음은 소유를 다루도록 주어진 것입니다. 하나님은 이 놀라운 세상에서 그분의 막대한 부를 그리스도인들을 시험하려는 유혹으로 나타내지 않으셨습니다. 믿는 사람들도 다른 사람들과 마찬가지로 이 세상의 좋은 것에 대해 많은 권리를 주장할 수 있습니다. 그렇지만 우리의 욕망과 기도를 이것들에 집중하는 것은 다른 문제입니다. 얻으려는 동기는 주려는 것으로서 배고픈 사람들의 굶주림과 고통을 해결해 주고 주의 이름을 알리기 위한 것입니다. 믿음과 기도는 서로에게 의지하는 하나의 주제입니다. 이 두 개가 당신의 삶에서 늘 활발하게 하고, 믿음과 기도가 강력한 축복의 세력으로서 당신으로부터 흐르는 것을 지켜 보십시오.

말씀	"온갖 좋은 선물과 모든 완전한 은사는 위에서, 곧 빛들을 지으신 아버지께로부터 내려옵니다. 아버지께는 이러저러한 변함이나 회전하는 그림자가 없으십니다."(약 1:17)
불씨	나는 성령 안에서 행함으로써, 육신의 정욕을 추구하지 않을 것입니다.
참고성경	신 8:18, 시 107:9, 마 6:19~21, 갈 5:16, 약 1:17, 4:2~4
성경읽기	아침 - 대상 11~12, 히 13 / 저녁 - 암 7, 눅 2

하나님의 파도
God's Wave

11월 19일

해양학자들은 파도가 수면 아래에서, 잔잔한 구간들을 가로질러, 수 천 마일을 여행한다고 말합니다. 육지에 가까워지면 물결들은 웅장한 최고조를 만들며 거대한 어깨를 움츠리고, 빠른 기세로 볼륨을 만들어 내어 마침내 해변에서 장엄하게 부서집니다. 영광스러운 성령의 능력은 부풀어 올라서 오늘날 마치 파도가 해변을 향해 급히 달려가는 것처럼 전 세계적으로 최고조를 향하고 있습니다. 파도가 올라간 것을 보면 해변이 멀지 않았음을 증명합니다. 예수님은 곧 오십니다! 지금은 마지막 시간입니다! 마지막 때 오순절 성령을 부으심은 1901년에 시작되었으며, "표적이 따르는 성령 안에서 침례"의 진리는 회복되었습니다. 그 후로 가장 강력한 부흥이 하늘에서부터 오는 파도처럼 휩쓸었습니다. 이것은 1900년 전에 예루살렘에서 시작되었던 것과 똑같은 파도입니다. 하나님의 능력의 홍수가 - 메마른 땅에 물(사 44:3) - 이삼백 년 동안 세상을 축복했습니다. 그 후에는 불신앙과 세상적인 것이 밀려온 것처럼 보입니다. 교회는 심지어 그런 능력은 오직 사도들과 초기 제자들을 위한 것이라고 가르쳤습니다. 성령님은 단지 신조의 세 번째 조항에 가두어졌고 과거로 격하되었습니다.

성령의 부으심을 통해 주님은 믿는 자들에게 복음을 전파하고 선교사들을 파송하는 일을 할 수 있는 능력을 주었습니다. 요한은 이렇게 썼습니다. "여러분이 그리스도의 적대자가 올 것이라는 말을 들은 것과 같이, 지금 그리스도의 적대자가 많이 생겼습니다. 그래서 우리는 지금이 마지막 때임을 압니다…여러분은 거룩하신 분에게서 기름 부으심을 받아, 모든 것을 알고 있습니다."(요일 2:20, 18) 교회는 마지막 때를 위해서 기름부음을 받았습니다. 이 시대의 영은 그리스도를 대적하거나 기름부음을 대적하는 영입니다. 마지막 때를 위한 요한의 경고는 우리 시대에 대하여 너무나 놀라운 진리로서 충격적으로 오늘 우리에게 꼭 맞습니다. 그리스도를 대적하는 적그리스도의 영이 사람들의 생각과 사회에 스며들어서 도덕적인 몰락을 초래하고 있습니다. 적대적인 요소들이 태풍이 일기 시작하는 초기처럼 점점 더 악해지고 있습니다. 하나님의 해답은 바로 기름부음을 반대하는 영에 대한 마지막 날을 위한 하나님의 기름부으심입니다. 하나님은 마귀가 우위에 있도록 결코 허락하지 않으실 것입니다. "그런 다음에, 내가 모든 사람에게 나의 영을 부어 주겠다 … 끔찍스럽고 크나큰 주의 날이 오기 전에, 그런 일이 먼저 일어날 것이다."(욜 2:28, 31) 땅 위에 있는 그리스도의 몸 전체가 원수의 마지막 공격을 대비하여 동원되고 무장될 것입니다.

기억하십시오! 영원한 패배자, 사탄은 다시 참패할 것입니다.

말씀	"여러분은 거룩하신 분에게서 기름 부으심을 받았습니다."(요일 2:20)
불씨	적그리스도에 대한 하나님의 해답은 하나님의 기름부음입니다.
참고성경	사 44:3, 욜 2:28, 31, 요일 2:18~27
성경읽기	아침 - 대상 13~14, 약 1 / 저녁 - 암 8, 눅 3

11월 20일

하나님의 진짜 음성
God's True Voice

예루살렘이 함락된 후에 많은 백성들은 예레미야에게 그들이 그 땅을 떠나야 하는지 물어보기를 원했습니다. 그들은 마음속으로 이집트로 가기를 원했으며 그렇게 하려고 했으므로, 그들은 예레미야가 하나님께서 그들의 계획을 허락해 주시도록 설득하기만을 바랐습니다. 예레미야가 여쭈었지만 하나님은 허락하지 않으셨습니다. 그들은 예레미야가 하나님께서 말씀하셨는데도 거짓말을 했다고 말하면서 이집트로 갔고, 그 결과 그들은 큰 어려움을 만났습니다! 새로운 계획이 없었기 때문에 하나님은 우선 그들이 떠나는 것에 대해서 아무 말씀도 하지 않으셨습니다.

모든 "음성"과 충동에 대한 안전장치가 있는데 그것은 말씀입니다. "그들이 말하는 바가 이 말씀에 맞지 아니하면 그들 안에 빛이 없기 때문이다"(사 8:20, 개역개정). 이는 하나님이 말씀하시는 도구로서 독특한 특권을 말합니다. 말씀의 교훈들을 따르는 것 외에 그는 아무 할 말이 없습니다. 하나님의 말씀은 우리에게 흔히 필요한 말씀 사역이나 예언을 통해서 올 수도 있지만, 개인적인 지시 사항들은 결코 제삼자를 통해서 오지 않을 것입니다. 당신이 해야 하는 것을 그분은 아무에게도 말하지 않을 것입니다. 위로와 덕을 세워주는 것과 권면이 있겠지만 우리가 하나님의 자녀들이라면 우리들 각자는 하나님의 인도를 받습니다. "하나님의 영으로 인도함을 받는 사람은, 누구나 다 하나님의 자녀입니다."(롬 8:14)

성경에 나오는 위대한 남녀들 중 누구도 하나님의 음성을 구하고 기다리고 있지 않았습니다. 하나님은 말씀하기를 원하셨고 말씀하셨습니다. 사람들은 이렇게 묻습니다. "하나님은 교회에 뭐라고 말씀하고 계십니까?" 왜 하나님은 교회에 무엇인가 늘 말씀하셔야 합니까? 하나님께서 무엇을 원하시는지에 관해서 우리가 아무것도 모르게 내버려 두셨습니까? 다른 사람은 아무도 없고 오직 그들만 실제로 하나님 앞에 서 있는, 하나님의 호의를 입은 자들인 것처럼 누구도 모르는 것을 알고 있다고 말하는 영적으로 우월한 사람들이 있습니다. 선지자의 영은 이제 모든 믿는 사람들에게 주어진 영입니다. 하나님은 그의 비밀들을 그의 선지자들에게 나타내시고, 우리는 모두 그리스도 안에서 그 범주에 속합니다. 하나님께서 말씀하실 때 그것은 전화가 아니라 방송하는 메시지입니다. 당신은 그분이 말씀하시는 것을 분명하게 들을 수 있습니다.

말씀	"너희가 나를 사랑하면, 내 계명을 지킬 것이다. 내가 아버지께 구하겠다. 그리하면 아버지께서 다른 보혜사를 너희에게 보내셔서, 영원히 너희와 함께 계시게 하실 것이다." (요 14:15~16)
불씨	하나님의 영으로 인도함을 받기 때문에 나는 하나님의 자녀입니다.
참고성경	사 8:20, 요 14:15~16, 롬 8:14
성경읽기	아침 – 대상 15, 약 2 / 저녁 – 암 9, 눅 4

많은 부르심들

Many Callings

11월 21일

복음 전파가 나의 부르심이 되었습니다. 사도, 목사, 교사, 선지자, 장로, 음악가, 조직가, 중보기도자와 수천 가지 다른 능력을 가진 일꾼들과 같이 남녀를 사로잡을 다른 부르심들이 있습니다. 하나님께서 우리 위에 손을 얹으시면, 두 가지를 하시는데, 먼저 사역을 주시고, 섬길 기회의 문을 열어 주십니다. 우리 각 사람은 그분의 왕국에서 독특하고 중요한 자리를 차지하고 있습니다. 모든 믿는 사람들은 한 사람씩 만들어졌습니다. "땅의 깊은 곳에서 기이하게 지음을 받았습니다."(시 139:15, 개역개정) 어떤 사람들은 지극히 평범한 것과는 거리가 멀어서, 크게 환영 받을 가능성은 거의 없습니다.

새로운 비전은 특별히 어떤 사람이 사람들의 주목을 받을 때 그것을 받아들이는 사람들뿐만 아니라 그렇지 않은 사람들에게도 불편할 수 있습니다. 이런 경우는 억울해 하거나, 비판하거나, 시기할 수도 있습니다. 가끔 그 사람의 가까운 친구들이나 동료들도 하나님께서 그의 영혼을 부르셨다는 것을 믿을 수 없어합니다. 바울이 야곱에 대해서 말했듯이 하나님의 선택에는 설명이 없습니다. 부르심은 하나님의 뜻이지 사람의 뜻이 아닙니다. 하나님이 부르셨다는 가장 좋은 증거는 우리가 오해를 사고 비판을 당해도 인내하는 것입니다. 하나님께서 그를 보내셨다는 것을 아는 그 사람은 하나님 안에서 편안할 것이며, 부르심을 인정하지 않거나 오해하는 사람들을 주님께서 다루시도록 맡깁니다. "그러므로 하나님의 능하신 손 아래에서 겸손하라 때가 되면 너희를 높이시리라"(벧전 5:6, 개역개정). 우리는 비판을 잘못 다루지 않도록 조심해야 합니다. 가끔 다른 사람의 눈을 통해 당신은 자신의 머리의 뒷부분을 봅니다! 우리에 대해서 다른 사람들이 말하는 것은 그들이 적이든지 친구든지 다 중요합니다. 나는 하나님께서 나를 안내하신 그 중요한 남녀들로 인하여 그들의 인식과 통찰력에 대하여 하나님을 찬양합니다. 그들이 하는 말에 내가 귀를 기울이지 않는다면 나는 어리석은 자일 것입니다. 다른 사역자들과 마찬가지로 복음 전도자도 조언이 필요합니다. 복음 전도자가 자신에게 법이 될 수는 없습니다. 그는 그리스도의 몸의 지체입니다. 당신이 몸에서 어디에 적합한지 찾아서 당신이 거기에 쓸모가 있도록 하십시오.

말씀 | "우리는 모든 면에서 자라나서, 머리가 되시는 그리스도에게까지 다다라야 합니다. 온 몸은 머리이신 그리스도께 속해 있으며, 몸에 갖추어져 있는 각 마디를 통하여 연결되고 결합됩니다. 각 지체가 그 맡은 분량대로 활동함을 따라 몸이 자라나며 사랑 안에서 몸이 건설됩니다."(엡 4:15~16)

불씨 | 자신의 하나님을 아는 사람들은 강할 것이며 큰 공적을 세울 것입니다.

참고성경 | 시 139:15, 단 11:32, 엡 4:15~16, 벧전 5:6

성경읽기 | 아침 – 대상 16, 약 3 / 저녁 – 옵 1, 눅 5

11월 22일

단의 배 위의 상점
Dan's Ship Shop

이스라엘은 많은 어려움을 겪었습니다. 그들은 자주 침략자들에 의해 억압을 받았습니다. 하나님께서는 지도자들(사사들)을 일으켜서 그들이 스스로 방어하도록 연합하고 돕도록 하셨습니다. 사사 중에 하나였던 드보라는 여선지자였습니다. 가나안 왕 야빈은 시스라 아래 있는 그의 부하들을 보내서 이스라엘을 탈취하고 죽이도록 했습니다. 하나님의 영이 드보라를 감동하여서 그녀의 설득으로 그녀는 이스라엘이 바락의 지도 아래 집결하도록 영감을 주었습니다. 각 지파들은 단합하라는 드보라의 부름을 받고서, 한 지파 혼자는 할 수 없었던 일, 즉 시스라에게 맞서게 되었습니다. 여러 지파들이 어떻게 반응을 하였는지 보는 것은 흥미롭습니다. 사실 이 오래된 이야기는 오늘날 교회의 얼굴에 비추는 거울과 같습니다. 그들이 승리한 후에 드보라는 단 지파에 관하여 날카로운 질문을 합니다.

"어찌하여 단은 배 안에 머물러 있는가?"(삿 5:17, 개역개정). 단지파 사람들은 먼 곳으로부터 물품을 가져와서 이스라엘을 위하여 물품을 배로 제공하고 있었습니다. 그런 다음 배를 항구에 정박한 후에 그들의 배는 사람들에게 직접 물건을 파는 상점이 되었습니다. 그리하여 단 자신도 그의 가게 계산대에서 만족스럽게 판 물건값을 더하고 있었습니다. 갑자기 한 사자가 단을 위한 긴급 공문을 가지고 왔습니다. "단은 보시오. 시스라가 이스라엘을 유린하고 있습니다. 우리가 가진 모든 것을 가지고 싸우고 있지만, 지파들은 모두 연합하여 적을 쫓아내야 합니다. 지금 와서 도와 주십시오. 당신의 동료 이스라엘 사람들이 피를 흘리며 죽어가고 있습니다. 회답을 기다립니다. 드보라(이스라엘의 사사)."

장사꾼인 단은 깊은 감동을 받았습니다. 그는 적대감이 증대되고 있는 내륙을 바라보았고, 아마도 무기들이 부딪치는 소리, 죽어가는 형제들의 울부짖음을 들었을 것입니다. 갑자기 다른 생각이 들었습니다. "내가 가서 싸우면 잘 되고 있는 사업이 위험해질 것이다. 가나안 사람들은 나의 고객이므로 나는 그들이 화가 나게 할 수는 없다! 나는 중립을 지켜야 한다." 그는 급하게 돈 한 꾸러미를 준비해서 소식을 전한 사람의 주머니에 넣어 주면서 이렇게 말합니다. "미안하지만 나는 갈 수 없으니 돈이나 좀 드리겠습니다. 드보라에게 나는 영으로 그녀와 함께 있다고 말해 주십시오." 그리하여 그의 형제들은 드보라와 바락을 중심으로 함께 모여 있는 동안 단은 계속 돈을 세었습니다. 이스라엘을 위해서는 다른 사람들이 죽게 버려두고 단은 돌봐야 할 사업이 있었습니다. 단은 이기심과 자기애 그리고 탐욕의 배를 가지고 있었습니다. 이는 마치 오늘날 우리가 사는 세상과 같습니다! 당신이 무슨 일을 하든지, 이와 같이 이기적인 행동이나 삶의 방식을 버리십시오. 그것 보다는 차라리 하나님의 말씀과 그분의 뜻이라는 더 높은 기준을 정하고, 주님은 나의 깃발이라는 여호와 닛시 곁에 서 있으십시오.

말씀	"주님, 주님의 원수들은 이처럼 모두 망하고, 주님을 사랑하는 사람들은 힘차게 떠오르는 해처럼 되게 하여 주십시오."(삿 5:31)
불씨	나는 내 유익만을 추구하는 그리스도인이 되지는 않을 것입니다.
참고성경	출 17:15, 삿 4:1~24, 5:1~31
성경읽기	아침 – 대상 17, 약 4 / 저녁 – 욘 1, 눅 6

죽는 것들을 위한 죽지 않는 일

Immortal Work for Mortals

11월 23일

하나님의 부르심을 받는 것은 하나님이 부르시는 것이므로 값이 전혀 들지 않지만 그 부르심을 이루는 것은 전적으로 다른 문제입니다! 나는 레소토에서 열심히 일하는 선교사였지만, 피로 씻겨진 아프리카의 생생한 비전은 뇌리에서 떠나지 않았습니다. 하나님이 주시는 압력은 항상 비전과 함께 옵니다. 모든 것을 불사르는 욕망이 나로 하여금 군중을 대상으로 처음으로 전도집회를 여는 모험을 하도록 했습니다. 나는 여전히 망설였고 나의 선교위원회 이사들은 허락하지 않았습니다. 그들은 선하고 영적인 사람들이지만 비전이 부족했습니다. "정상적인 선교 사역은 아프리카의 구원을 위해 군중 전도집회가 아니라 열매 맺는 접근입니다. 군중 전도집회가 하나님의 방법이라면 왜 다른 사람들은 하고 있지 않습니까?" 선교사들이 전통적인 선교에 만족하고 있는 반면 나는 혼란스러웠습니다. 내 영에 하나님의 압력이 점점 심해졌습니다. 동료 복음 전도자들도 좌절감에 대해 공통적인 경험을 공유했습니다. 밖으로는 비판을 받았지만 그들은 자신들 안에 주변에 있는 거대한 가능성들을 도전하고 싶은 타오르는 성령의 불이 있었습니다. 나는 나 자신의 평정과 평안을 유지하려고 많은 시간을 기도했습니다. "공격적으로 복음 전도집회를 하지 않고서 피로 씻겨진 아프리카가 되도록 하는 데 얼마나 오래 걸릴 것인가? 우리가 한 세대를 구원하는데 오직 한 세대밖에 없습니다." 위기에 직면한 나는 한 호텔 방에 박혀서 하나님으로부터 분명한 말씀을 들을 때까지는 포기하지 않기로 결단하였습니다. 대형 집회에 대한 이 지속되는 충동이 나를 향한 그분의 뜻인지, 내가 정확히 어떻게 느끼고 있는지를 하나님 앞에 담대하게 내려 놓았습니다.

하나님은 문제들을 내게 아주 분명하게 해주셨습니다. "네게 준 이 비전을 네가 포기한다면, 나는 이 비전을 받을 다른 사람을 찾아서 내가 원하는 것을 할 것이다." 나는 즉시 머뭇거렸던 것을 회개하고 영원한 결단을 하였습니다. 하나님은 나에게 미소를 지으시며 신성한 격려를 보내셨습니다. 하나님께서 나를 옹호해 주시도록 함으로써 비판자들과 비판을 다루는 법을 배움으로 나는 그 후로는 뒤를 돌아본 적이 없습니다. 나는 사역의 열매를 통해서 하나님께서 나를 이끄셨음을 그들이 보게 하였습니다. 나는 하나님께서 내가 하기 원하시는 것에 집중하도록 나 자신을 훈련하였습니다. 가끔은 상당히 극적으로 사역과 열매는 성장하였습니다. 하나님의 뜻에 집중하십시오. 그렇게 함으로써 당신의 삶이 더 큰 축복과 목적과 성취로 함께 성장하는 것을 지켜보십시오.

말씀	"주님께서 성을 지키지 아니하시면 파수꾼의 깨어 있음이 헛된 일이다."(시 127:1)
불씨	우리가 한 세대를 구원하는 데는 오직 한 세대 밖에 없습니다.
참고성경	시 127:1
성경읽기	아침 – 대상 18, 약 5 / 저녁 – 욘 2, 눅 7

11월 24일

빛으로 뛰어 들기
Leap into the Light

우리는 매일, 낯선 사람, 음식, 의자, 전자 제품과 같은 수많은 모든 것들을 믿는 연습을 합니다. 이것은 자연스러운 일입니다. 우리는 "지금 나는 이 버스에 올라탈 만한 충분한 믿음이 있는가?" 혹은 "나는 이 운전자를 믿고 조용히 앉아 있을 수 있을까?"라고 생각하며 머뭇거리지 않습니다. 우리는 그저 끝까지 믿으며 살아갑니다. 마음 한구석에 약간의 믿음이 숨어있는지 자신을 늘 점검하는 것은 어리석은 일입니다. "너는 마음을 다하여 여호와를 신뢰하고 네 명철을 의지하지 말라 너는 범사에 그를 인정하라 그리하면 네 길을 지도하시리라"(잠 3:5~6, 개역개정). 당신은 믿음을 실제로 "느끼지" 않습니다. 적어도 믿음과 느낌은 항상 함께 있지는 않습니다. 하나님이 당신을 도와주지 않는다면 성공할 수 없다는 것을 잘 알고 있을 때 당신은 그냥 해야 하는 것을 합니다. "믿음은 바라는 것들의 실상이요 보이지 않는 것들의 증거니"(히 11:1, 개역개정).

믿음은 어둠이 아니라 빛 가운데로 뛰어드는 것입니다. 믿음은 알려지지 않은 것에서 알려진 것으로, 그리스도 예수를 알지 못하는 것에서 예수님 그분을 아는 것입니다. 믿는다는 것은 아버지가 자기를 붙잡아 주려고 기다리고 있는 것을 알기 때문에 아무 두려움도 없이 안전하지도 않은 곳에 서 있는 어린아이와 같은 것입니다. 아이는 잡히려고 일부러 뛰어내립니다.

> 능히 너희를 보호하사 거침이 없게 하시고 너희로 그 영광 앞에 흠이 없이 기쁨으로 서게 하실 이 곧 우리 구주 홀로 하나이신 하나님께 우리 주 예수 그리스도로 말미암아 영광과 위엄과 권력과 권세가 영원 전부터 이제와 영원토록 있을지어다 아멘 (유 1:24~25, 개역개정)

우주의 모든 별들보다 우리 각 사람은 하나님께 중요합니다. 그분은 우리가 그분을 절대적으로 신뢰하기를 바라십니다. 그분은 우리를 만드셨으며 우리의 아픔을 함께 아파하십니다. 믿음은 우리가 그분 안에서 안식할 때까지 그분이 우리가 겪는 것을 보시도록 허락하는 것입니다.

> 그러므로 내가 너희에게 말한다. 목숨을 부지하려고 무엇을 먹을까 또는 무엇을 마실까 걱정하지 말고, 몸을 감싸려고 무엇을 입을까 걱정하지 말아라. 목숨이 음식보다 소중하지 아니하냐? 몸이 옷보다 소중하지 아니하냐?… 오늘 있다가 내일 아궁이에 들어갈 들풀도 하나님께서 이와 같이 입히시거든, 하물며 너희들을 입히시지 않겠느냐? 믿음이 적은 사람들아!(마 6:25, 30)

말씀	"너의 마음을 다하여 주님을 의뢰하고, 너의 명철을 의지하지 말아라. 네가 하는 모든 일에서 주님을 인정하여라. 그러면 주님께서 네가 가는 길을 곧게 하실 것이다."(잠 3:5~6)
불씨	믿음은 어둠 속으로의 도약이 아니라 빛으로의 도약입니다.
참고성경	잠 3:5~6, 마 6:25~30, 히 11:1, 유 1:24~25
성경읽기	아침 – 대상 19~20, 벧전 1 / 저녁 – 욘 3, 눅 8

예수님보다 더 크다고?
Greater than Jesus?

11월 25일

왕국에 대한 숨 막히는 장면이 우리에게 보였습니다. "내가 진실로 진실로 너희에게 이르노니 나를 믿는 자는 내가 하는 일을 그도 할 것이요 또한 그보다 큰 일도 하리니 이는 내가 아버지께로 감이라"(요 14:12, 개역개정). "더 크다"라는 뜻의 그리스어 "메조나"는 어떤 정도를 나타내는지, 즉 수적, 질적, 양적인 구별이 없습니다. 이것은 성경을 공부하는 많은 학생들에게 문제가 되어 왔습니다. 죽은 나사로를 살리는 것처럼 예수님의 고유한 전능하심에서 행하신 기적을 능가할 더 큰 기적은 없습니다! 그러나 누군가는 그리스도보다 더 큰 일을 할 수 있다는 의미도 있습니다.

첫째는 수적으로 더 많은 경우이고, 둘째는 더 넓은 지역으로 확산되는 것입니다. 둘 다 사도들이 선교 여행을 떠났을 때 일어났습니다. 그분은 하나님의 아들이시므로 그분이 하신 어떤 일들은 우리는 결코 할 수 없습니다. 그분만이 속량자이십니다. 그분만이 온 세상의 죄를 위해 죽으실 수 있습니다. 그분이 언급하신 일들은 자비를 베풀고, 구출해 내고, 치유하고, 돕는 일들입니다.

인쇄술과 근대의 기술의 발달 이래로 수 세기 동안 예수님도 이 마을, 저 도시에 계셨을 때 불가능했던 일들이 훨씬 거대하게 일어날 수 있었습니다. 그분은 육체적으로는 한계가 있었지만 능력에는 한계가 없었습니다! 그분은 더 많은 손과 목소리와 자신을 확대할 필요가 있었습니다. 이것이 우리가 그리스도의 몸의 지체가 된 이유입니다. 우리는 우리의 손, 우리의 발, 우리의 입을 그분의 복음을 펴는 데 사용합니다만 이 모든 것들은 그분의 것입니다. 이것은 오직 성령의 능력을 통해서만 가능합니다. 예수님은 이것을 강조적으로 반복해서 말씀하셨습니다.

> 내가 진실로 진실로 너희에게 이르노니 나를 믿는 자는 내가 하는 일을 그도 할 것이요 또한 그보다 큰 일도 하리니 이는 내가 아버지께로 감이라 … 그러나 내가 너희에게 실상을 말하노니 내가 떠나가는 것이 너희에게 유익이라 내가 떠나가지 아니하면 보혜사가 너희에게로 오시지 아니할 것이요 가면 내가 그를 너희에게로 보내리니(요 14:12, 16:7, 개역개정)

이것이 성령의 은사들에 대한 우리의 기초입니다. 오늘 성령님께서 당신을 사용하도록 허락하십시오.

말씀	"나를 믿는 사람은 내가 하는 일을 그도 할 것이요, 그보다 더 큰 일도 할 것이다. 그것은 내가 아버지께로 가기 때문이다."(요 14:12)
불씨	우리는 그분의 복음을 전파하기 위해 우리의 손, 우리의 발, 우리의 입을 사용하지만 이 모든 것들은 그분의 것입니다.
참고성경	요 14:12, 16:7, 롬 12:4~5, 고전 6:15, 12:12, 18, 27, 엡 5:30
성경읽기	아침 - 대상 21, 벧전 2 / 저녁 - 욘 4, 눅 9

11월 26일

옛날의 믿음
Ancient Faith

우리는 원하는 것을 얻기 위해 살지만, 얻은 것으로 살아갑니까? 과거에 비해서 조건들은 환상적입니다. 우리는 환상적으로 더 만족하며 성취감을 느낍니까? 모르는 것이 그렇게 많을 때에도 가장 좋은 포도주를 즐기듯이 영원히 살 수 없는 생활을 즐겼던 에녹, 아브라함, 사무엘 같은 환상적인 영적 거장들이 있었습니다. 세상의 지식을 찾아서 인터넷을 넘나들지 않았지만, 그들은 실재의 깊은 곳까지 내려갔었습니다. 깊은 이해로 그들의 눈은 불탔습니다. 우리가 이런 엄청난 사람들 중에 한 사람을 만난다면, 우리는 그들의 위대함 앞에서 열등감을 느끼게 될 것입니다.

"믿음의 명예의 전당"에 있는 사람들은 누구일까요? 아벨, 에녹, 노아, 아브라함, 사라, 이삭, 야곱, 요셉, 모세, 여호수아, 라합, 기드온, 바락, 삼손, 입다, 다윗, 사무엘과 모든 선지자들, 그들은 하나님을 알았던 옛날 사람들입니다. 그들은 마음의 상태를 가리켜 "믿음"이란 말을 사용하지 않았습니다. 그들은 하나님과 함께 걷는 것, 섬기는 것, 두려워하는 것, 순종하는 것, 가까이 하는 것과 같이 실제적인 용어로만 생각을 했습니다. 그것이 믿음이었으며, 그래서 성경이 모든 면에서 우리의 안내자가 되어야 하는 이유입니다. 오늘날, 믿음은 우리의 심리적인 한 벽장 어딘가에 안전하게 쌓아둔 소유로 여겨지고 있습니다. 우리는 필요할 때만 믿음을 꺼내서 먼지를 털어버리고 보여줍니다.

> 믿음은 바라는 것들의 실상이요 보이지 않는 것들의 증거니 선진들이 이로써 증거를 얻었느니라 믿음으로 모든 세계가 하나님의 말씀으로 지어진 줄을 우리가 아나니 보이는 것은 나타난 것으로 말미암아 된 것이 아니니라(히 11:1~3, 개역개정)

옛날 믿음의 사람들은 옷을 입지 않고 하루를 살아가지 않듯이 믿음 없이는 하루를 살지 않았습니다. 믿음은 자신들이 편리한 때만이 아니라 그들이 숨 쉬는 공기였습니다. 지금 세상 사람들은 종교를 한 주제나 관행으로 인식합니다. 주일이 종교를 위한 날입니다. 이 위대한 사람들에게 하나님과의 관계는 깨어 있는 모든 시간에 필수적인 특성이었으며 하나님이 없다는 것은 생각할 수도 없었습니다. 당신도 이런 믿음을 가져야 합니다.

말씀	"믿음은 바라는 것들의 확신이요, 보이지 않는 것들의 증거입니다. 선조들은 이 믿음으로 살았기 때문에 훌륭한 사람으로 증언되었습니다."(히 11:1~2)
불씨	믿음은 하나님의 자녀에게는 생명의 피입니다.
참고성경	히 11:1~40, 12:1~29
성경읽기	아침 – 대상 22, 벧전 3 / 저녁 – 미 1, 눅 10

새로운 종류의 믿음
Faith of a New Kind

11월 27일

　고대의 세계는 아주 위험한 세상이었습니다. 국가는 질병, 전염병, 가뭄, 기근에 어떻게 대처해야 할지 몰랐습니다. 적들이 그들을 둘러싸고 있었습니다. 그러나 이스라엘은 하나님은 엘 샤다이, 모든 것에 풍족하신 분, 그들의 보호자, 구출해 내는 자, 치유자, 돕는 자, 견고한 성, "방패와 손 방패"(시 91:4, 개역개정)라고 배웠습니다. 다른 나라들은 그들의 신들을, 비가 필요하면 비를 오게 하는 신, 추수를 위해서는 다산의 신으로 바라보았습니다. 신들의 도움을 바랄 때면 그들의 신전에 뇌물로 희생 제사를 드렸습니다. 이것이 신들이 원하는 모든 것이었으며, 사람들은 신들을 잊어버렸습니다. 이교도들은 하나님의 끊임없는 관심이라는 지속적인 느낌 자체가 없었습니다. 오직 이스라엘만 이것을 누렸습니다. 이스라엘에게는 하나님은 하나님의 신실하심을 확신할 수 있도록 선지자들을 보내 주셨습니다. 하나님은 그들의 목자였으며, 그들은 그의 목장의 양들이었습니다. 이것은 이방인들의 생각과는 너무나 거리가 멀었습니다. 소크라테스와 아리스토텔레스 같은 가장 위대한 이교도들조차도 이런 하나님에 대한 인식이 없었습니다. 이스라엘 사람들은 하나님의 백성이었습니다. 그러나 예를 들면 에베소 사람들이 에베소인들의 다이아나에게 영광을 돌리고 있었지만, 그들이 다이아나의 사람들은 아니었으며, 단지 그들은 다이아나를 후원했을 뿐이었습니다.

　신약성경에서 옛 선지자들이 전한 신뢰는 지속되고 있지만, 신뢰는 물리적인 언약을 넘어서, 선지자들 자신들이 이해했던 것보다 더 많은 것을 받아들입니다. 그리스도께서 소개하신 것은 이곳의 삶뿐만 아니라 다음 생까지도 포함하고 있습니다. 예수님은 육체적인 위험이 그다지 중요한 것이 아니고 우리의 물질적인 형통함도 그렇게 중요하지 않다는 것을 보여 주셨습니다. 우리의 진정한 자아, 우리의 영혼의 상태가 가장 중요한 것이며 유일한 문제라는 것을 우리에게 보여 주셨습니다. 몸은 죽을 것이지만 영혼이 멸망하는 것은 훨씬 더 나쁜 것입니다.

　　몸은 죽여도 영혼은 능히 죽이지 못하는 자들을 두려워하지 말고 오직 몸과 영혼을
　　능히 지옥에 멸하실 수 있는 이를 두려워하라(마 10:28, 개역개정)

　에스겔은 "범죄하는 그 영혼은 죽을 것이다."(겔 18:4)라고 했지만 예수님은 죄를 지은 영혼은 이미 죽었다고 하셨습니다. 그분은 부활과 생명으로 오십니다.

말씀	"나는 부활이요 생명이니, 나를 믿는 사람은 죽어도 살고, 살아서 나를 믿는 사람은 영원히 죽지 아니할 것이다."(요 11:25~26)
불씨	그 안에서 나는 살며 움직이며 존재합니다.
참고성경	겔 18:4, 마 10:28, 요 11:25, 행 17:28, 벧전 1:10~12
성경읽기	아침 – 대상 23, 벧전 4 / 저녁 – 미 2, 눅 11

11월 28일

첫 걸음, 둘째 걸음
Step One, Step Two

믿음에는 다양한 단계가 있습니다. 우리는 "오 하나님, 나를 도와 주세요!"라는 한 마디 기도나 우리가 하나님을 신뢰하고 싶은 제한된 비전으로 시작해도 됩니다. 나는 여러분이 여러분의 상황에서 점점 더 넓은 영역에서 하나님을 바라보며, 계단을 올라가듯이 한 걸음씩 올라가도록 도와주고 싶습니다. 여러분의 믿음은 아래와 같은 과정을 따르게 될 것입니다.

첫 걸음: 어떤 것이 진실이라고 믿는 것. 야고보는 한 분 하나님을 믿는 사람들에게, 격려가 되는 말은 아니지만, 귀신들도 같은 것을 믿고 있다고 강조하고 있습니다! 마르다는 마지막 날에 부활할 것을 믿었지만, 그리스도께서는 그곳에서 부활로 뛰어드는 믿음을 원하셨습니다. 이와 비슷하게 유대인들은 그들은 자신들의 종교가 한 번도 실천된 적이 없으므로 그들에게 실제로는 별로 도움이 되지 못했지만 진실이라는 것을 믿었습니다. 이것은 오늘날도 마찬가지입니다. 믿음은 진리에 대한 한 문장에 동의하는 것이거나 지적인 동의에 지나지 않을 뿐입니다. 하나님이 존재한다는 것을 믿는 것은 명왕성이라 부르는 위성이 존재한다는 것을 믿는 것과 마찬가지로 구원하는 믿음이 아니지만 이런 믿음은 필수적인 출발점입니다.

둘째 걸음: 어떤 사람이 진실하다는 것을 믿는 것. 니고데모는 "당신은 하나님으로부터 오신 선생님입니다."(요 3:2, 개역개정)라고 말했습니다. 예수님은 선생님으로서 존경받는 것보다는 더 높은 믿음을 원하셨습니다. 그분은 니고데모에게 그가 한 번도 생각해 보지 못한 한 새로운 방법으로 믿는 것에 대해서 말씀하셨습니다. 많은 사람들은 니고데모처럼 예수님이 착하고 진실한 사람이라고 믿었습니다. 그분이 착하시다면 그분은 거짓말쟁이는 아닙니다. 그런데 그분은 자신이 하나님의 아들이라고 주장하셨습니다. 그것이 진실이 아니라면 착한 사람은 그런 주장을 하지 않았을 것입니다. 만일 그렇지 않다면 그는 하나님을 모욕하는 자였을 것입니다. 그러므로 그분이 착한 사람이었다면, 그분은 자신이 주장한 대로 그리스도, 세상의 구원자였음에 틀림이 없습니다!

말씀	"하나님께서 세상을 이처럼 사랑하셔서 외아들을 주셨으니, 이는 그를 믿는 사람마다 멸망하지 않고 영생을 얻게 하려는 것이다."(요 3:16)
불씨	의인은 믿음으로 말미암아 살 것입니다.
참고성경	요 3:2, 16, 11:17~27, 갈 3:11, 약 2:19
성경읽기	아침 – 대상 24~25, 벧전 5 / 저녁 – 미 3, 눅 12

셋째 걸음, 넷째 걸음
Step Three, Step Four

11월 29일

우리가 평생 믿음으로 살아가면서 성숙하고 발전할 때 우리는 어린 아이에서 성인으로 나아갑니다.

> 형제들아 내가 신령한 자들을 대함과 같이 너희에게 말할 수 없어서 육신에 속한 자 곧 그리스도 안에서 어린아이들을 대함과 같이 하노라 내가 너희를 젖으로 먹이고 밥으로 아니하였노니 이는 너희가 감당하지 못하였음이거니와 지금도 못하리라 (고전 3:1~2, 개역개정)

우리의 믿음이 어떻게 성장하는지 살펴보겠습니다.

셋째 걸음: 선지자처럼 영감을 받은 사람으로 예수님을 믿는 것. 제자들은 사람들이 그렇게 믿고 있다고 그리스도께 말했습니다. "더러는 침례 요한, 더러는 엘리야, 어떤 이는 예레미야나 선지자 중의 하나라 하나이다"(마 16:14, 개역개정). 예루살렘에 들어가시니, "무리가 이르되 갈릴리 나사렛에서 나온 선지자 예수라 하니라"(마 21:11, 개역개정). 그들은 박수를 치며 환호했지만, 예수님은 예레미야처럼 우셨습니다. 그들은 너무 멀리까지 갔지만, 그분이 그들을 그분의 날개 아래에 품고 구원하도록 허락하지 않았습니다. 크리스토퍼 렌 경(영국의 건축가, 1632-1723)을 건축가라고 말하는 것과 같은 방식으로 그분이 선지자라고 말할 수 없습니다. 선지자는 들어주어야 하고, 그리스도의 말씀을 듣는 것은 우리에게는 머나먼 길입니다.

넷째 걸음: 하나님의 능력을 믿는 것. 예루살렘에서 모든 사람들은 그분의 능력을 믿었습니다. 많은 신자들도 그리스도의 능력을 믿습니다. 그분이 치유의 능력이 있다는 것, 그분이 기적을 행하셨다는 것을 믿고 심지어 그들은 그분을 왕으로 모시고 싶어했습니다. 그들은 자신들이 본 것은 의심하지 않았습니다. 그러나 그리스도께서는 더 넓은 믿음을 원하십니다. 그들은 그분의 물리적인 힘을 믿었지만, 그분을 그분이 있어야 할 자리인 주님과 구원자로 여기지는 않았습니다. 그들은 그분께 기적을 요구했지만, 그분은 놀라운 일을 사랑하는 그들을 만족시키는 것 대신에 다른 생각을 가지고 있었습니다. 그분을 오직 치유자로서 믿는 것은 어떤 사람을 의사나 운전사나 심지어 배관공으로 믿는 것보다 조금 더 나을 뿐입니다.

우리는 의사를 의사로서만 믿지 매일 도와주는 분으로 신뢰하지는 않습니다. 그리스도는 한두 번의 기적이 아니라 모든 일에 신뢰할 만한 분입니다.

말씀	"너희는 썩어 없어질 양식을 얻으려고 일하지 말고, 영생에 이르도록 남아 있을 양식을 얻으려고 일하여라. 이 양식은, 인자가 너희에게 줄 것이다. 아버지 하나님께서 인자를 인정하셨기 때문이다."(요 6:27)
불씨	그리스도는 한두 번의 기적이 아니라 모든 일에 신뢰할 만한 분입니다.
참고성경	마 16:14, 21:11, 요 2:23~25, 6:36, 고전 3:1~2
성경읽기	아침 - 대상 26~27, 벧후 1 / 저녁 - 미 4, 눅 13

11월 30일

다섯째 걸음, 여섯째 걸음
Step Five, Step Six

사도 바울은 그의 가르침을 받은 새로운 그리스도인들이 성숙하는 것에 대해 매우 관심이 많았습니다.

> 이는 우리가 이제부터 어린 아이가 되지 아니하여 사람의 속임수와 간사한 유혹에 빠져 온갖 교훈의 풍조에 밀려 요동하지 않게 하려 함이라 오직 사랑 안에서 참된 것을 하여 범사에 그에게까지 자랄지라 그는 머리니 곧 그리스도라(엡 4:14~15, 개역개정)

일생 동안 믿음의 걸음을 걸으면서 당신은 이런 발걸음을 딛게 될 것입니다.

다섯째 걸음: 신뢰함으로 믿는 것. 이것은 믿음을 개인적인 신뢰로 바꿉니다. 우리는 우리의 부모님을 신뢰하듯이 사람들을 신뢰합니다. 그들은 우리를 알고 있고, 우리는 그들이 우리를 실망시키지 않을 것이라고 느낍니다. 이것이 하나님께서 우리가 그분을 신뢰하기 원하는 개인적인 "믿음"입니다. 그분이 마치 우리의 거실에 앉아 계시듯이 우리의 삶은 그분께 공개되어 있습니다. 우리가 우리의 죄를 고백하는 것이 좋은 것은 그분이 어쨌든 알고 계시기 때문입니다. 우리가 산속 절벽에 끼어있고 전문 구조자가 온다면 우리가 아무리 똑똑하고 부자이고 강하고 어리석더라도 우리의 삶을 그의 손에 맡겨야 할 것입니다.

여섯째 걸음: 그리스도를 믿는 것. 이것이 진정한 믿음입니다. 우리는 친한 친구조차도 결코 믿지 않는 방식으로 그리스도를 신뢰합니다. 친구들은 우리를 실망시킬 수 있습니다. "내가 믿는 나의 소꿉동무, 나와 한 상에서 밥을 먹던 친구조차도, 내게 발길질을 하려고 뒤꿈치를 들었습니다."(시 41:9) 우리 조상들이 우리를 실망 시킬 수도 있습니다. "나의 아버지와 나의 어머니는 나를 버려도, 주님은 나를 돌보아 주십니다."(시 27:10) 그것은 우리 삶의 모든 영역을 그분이 장악하시도록 하는 항복을 의미합니다. 그분이 당신의 머리를 물 위로 유지하려면 그는 당신을 완전히 붙잡아야 합니다.

이것이 바울의 그의 회심자들에게 원하는 상태였습니다. "평화의 하나님께서 친히, 여러분을 완전히 거룩하게 해 주시고, 우리 주 예수 그리스도께서 오실 때에 여러분의 영과 혼과 몸을 흠이 없이 완전하게 지켜 주시기를 빕니다."(살전 5:23) 그리스도께서는 우리가 그분께 드린 것만 구원할 수 있습니다. 영, 혼, 몸 모든 것을 그분께 넘겨서 항상 그분의 전적인 보호 아래 있게 하십시오. 그러면 그분이 우리를 위해서 무언가를 하실 것입니다. 그분은 우리를 단편적으로 구원하기를 원하지 않습니다. 사탄은 우리에게 굶주려 있어서 우리를 "삼키려고" 하며 소유하려고 하는 유일한 경쟁자입니다. 그러나 당신이 "믿음으로 충만함"을 가지고 있다면 당신은 하나님의 것입니다.

말씀	"믿음으로 말미암아 그리스도를 여러분의 마음속에 머물러 계시게 하여 주시기를 빕니다. 여러분이 사랑 속에 뿌리를 박고 터를 잡아서 … 하나님의 온갖 충만하심으로 여러분이 충만하여지기를 바랍니다."(엡 3:17, 19)
불씨	나는 그리스도와 함께 십자가에 못 박혔습니다. 이제 살고 있는 것은 내가 아닙니다. 그리스도께서 내 안에서 살고 계십니다. 내가 지금 육신 안에서 살고 있는 삶은, 나를 사랑하셔서 나를 위하여 자기 몸을 내어주신 하나님의 아들을 믿는 믿음 안에서 살아가는 것입니다.
참고성경	시 27:10, 41:9, 갈 2:20, 엡 4:14~15, 살전 5:23
성경읽기	아침 – 대상 28, 벧후 2 / 저녁 – 미 5, 눅 14

예수의 피는 우리 주변에 2천 년이나 가까이 있었습니다.
예수의 피가 그렇게 강력하다면 왜 세상에는 죄 짓는 사람들이 아직도 이렇게 많을까요?
이것은 마치 비누 공장 안에서 걷는 것과 같아서, 당신이 비누에 둘러 쌓여 있어도,
당신의 몸에 비누를 바르지 않으면, 당신은 여전히 더럽습니다.

선포되지 않은 복음은 복음이 아닙니다.

품위는 성령의 열매가 아니고, 기쁨이 성령의 열매입니다.

불신앙이 용서받을 때는 언제인가?
When Is Unbelief Forgivable?

12월 1일

하나님에 대한 불신앙은 사람들이 하나님에 관해서 무지하다면 용서받을 수 있습니다. "들은 적이 없는 분을 어떻게 믿을 수 있겠습니까?"(롬 10:14) 그러나 무지는 용서가 필요합니다. 서구 사회에서 복음을 듣지 않는 것은 용서받을 수 없는 편협함입니다. 자기 아들이 그들을 위해 죽은 후에도 들으려 하지 않는 사람들을 하나님께서 어떻게 용서할 수 있겠습니까?

"그러므로 우리는 들은 바를 더욱 굳게 간직하여, 잘못된 길로 빠져드는 일이 없어야 마땅하겠습니다 … 하물며 우리가 이렇게도 귀중한 구원을 소홀히 하고서야, 어떻게 그 갚음을 피할 수 있겠습니까?"(히 2:1, 3) 우리가 그리스도의 진리 없이 "진리"를 가졌다면, 우리는 용서에 대한 진리 없이 죽습니다.

한 주교가 아주 말이 많은 이발사에게 머리를 깎으러 갔습니다. 교인을 15분 동안 꼼짝 못하게 그의 의자에 붙잡아 두고, 그는 단호하게 자기는 불신자라고 말했습니다. 주교는 그에게 "성경은 읽어 보았나요?"라고 물었습니다. "내가 성경을 읽는다고요? 물론 안 읽지요. 나는 믿지 않는 사람이니까요." "그러면 기독교에 관해 쓴 책은 읽나요?" "제가 그따위 쓰레기 책을 읽는 것을 볼 수는 없을 겁니다. 나는 불신자라고 말했잖아요." "그러면 교회에 가거나, 하나님에 관한 TV나 라디오를 들어 본 적은 있나요?" "물론 없지요!" "당신에게 자기들의 종교적 체험에 관해 말해준 그리스도인 친구들이 있나요?" "없습니다!" "종교 장사꾼들은 나를 알아요. 그들은 이제 우리 집을 두 번 다시 노크하지도 않습니다!" 주교는 미소를 띠고 기다렸습니다. "이제 아시겠습니까?"라고 이발사가 물었습니다. "완전히 알았습니다!" 주교는 대답했습니다. "내가 말하건대, 당신은 불신자가 아닙니다." 주교가 대답했습니다. "당신은 불신자가 될 수 없습니다. 당신은 자신이 믿지 않는 것이 무엇인지 모르고 있습니다. 당신은 자신이 들은 적도 없는 것을 믿을 수는 없습니다. 당신이 어떤 사람인지 내가 말해 주겠습니다. 당신은 저주받은 바보입니다." 이발사가 대답했습니다. "주교님, 그런 막말을 하는 것을 들으니 나도 놀랐습니다." 주교는 대답했습니다. 나는 당신을 저주하는 것이 아닙니다. 나는 성경을 인용하고 있습니다. 성경이 이렇게 말하고 있습니다. "어리석은 사람은 마음속으로 '하나님이 없다' 하는구나."(시 14:1) 그리고 "하나님께서는 미혹하게 하는 힘을 그들에게 보내셔서, 그들로 하여금 거짓을 믿게 하십니다. 그것은 진리를 믿지 않고 불의를 기뻐한 모든 사람들에게 심판을 내리시려는 것입니다."(살후 2:11~12) 당신은 하나님에 대해서 무식한 사람이며, 알고 싶어하지 않는 어리석은 사람입니다. 당신은 이미 심판을 받았습니다!

말씀	"그러므로 우리는 들은 바를 더욱 굳게 간직하여, 잘못된 길로 빠져드는 일이 없어야 마땅하겠습니다."(히 2:1)
불씨	우리가 그리스도의 진리 없이 "진리"를 가졌다면, 우리는 용서에 대한 진리 없이 죽습니다.
참고성경	시 14:1, 롬 10:14, 살후 2:11~12, 히 2:1, 3
성경읽기	아침 – 대상 29, 벧후 3 / 저녁 – 미 6, 눅 15

12월 2일 하나님의 기름부음 – 사람의 확인
God's Anoin – Man's Confirmation

하나님은 아무에게도 두 번 기름을 부으신 적이 없습니다. 다윗은 사무엘을 통하여 주님의 기름부음을 받고, 후에 이스라엘의 장로들이 두 번째 기름을 부어서, 그의 왕으로서의 권위와 하나님의 기름부음을 받아들인다는 것을 확인했습니다. 예수님은 하나님으로부터 기름부음을 받고, 후에는 여자들이 그에게 기름을 부었는데, 예수님은 이것은 그의 장례를 위한 것이라고 말씀하셨으며, 이 장례는 아버지와 인류를 위한 예수님의 매우 특별한 섬김의 한 부분이었습니다. "하나님께서 나사렛 예수에게 성령과 능력을 부어 주셨습니다. 이 예수는 두루 다니시면서 선한 일을 행하시고 마귀에게 억눌린 사람들을 모두 고쳐 주셨습니다. 그것은 하나님께서 그와 함께 하셨기 때문입니다."(행 10:38) 이런 예를 제외하면, 제사장이나 왕들은 그들의 직무를 시작할 때 처음 기름부음을 받을 뿐이었습니다.

어떤 사람들은 새로운 기름부음을 위해 노래하고 또 다른 오순절을 위해 기도합니다. 그러나 처음 것이 사라진 것처럼 "또 다른" 혹은 "새로운" 기름부음에 대한 전체 개념은 영원한 성령님에 대한 신약의 사상에는 낯선 것입니다. 기름부음은 스스로 새롭게 하는 것으로써, 기름부음이 우리를 새롭게 하지, 우리가 기름부음을 새롭게 하는 것이 아닙니다. 성령님은 새로움의 영입니다. "여러분으로 말하자면, 그가 기름 부어 주신 것이 여러분 속에 머물러 있으니"(요일 2:27) 출애굽기에는 이런 말씀이 있습니다. "너는 아론과 그의 아들들에게 그 기름을 발라서, 그들을 거룩하게 구별하고, 나를 섬기는 제사장으로 세워라." (출 30:30) 사무엘하는 "용사들의 방패"(삼하 1:21, 개역개정)를 말하면서, 전쟁을 위해 기름부음을 받았다고 하고 레위기에서는 거룩하게 구별된 섬김과 거룩함을 위한 기름부음을 우리에게 말하고 있습니다. 우리는 우리의 친구들에게 손을 얹을 수 있으며, 하나님의 능력과 축복을 달라고 기도하지만, 충만함이 말라버렸다는 가정 하에, 매번 어떤 사람을 성령으로 충만하게 할 수 있다고 생각해서는 안 됩니다. 성령님은 증발해 버리지 않습니다! 우리가 하나님께서 우리에게 하라고 하신 일을 하고 있다면, 기름부음은 전혀 줄어들지 않고 우리 위에 머물러 있습니다. 이는 마치 "영생"과 똑같은 방식으로, 끊임없는 강물에 의해 폭포에 물이 공급되듯이 우리는 순간순간 영생을 받습니다. 필요한 모든 것은 우리가 그분의 이름으로 일함으로써 그분의 에너지를 풀어 놓는 것입니다. 오늘 당신 자신을 하나님의 강에 완전히 잠기게 하십시오.

말씀	"여러분이 질서 있게 살아가는 것과 그리스도를 믿는 여러분의 믿음이 굳건한 것을 보고 기뻐하고 있습니다. 그러므로 여러분이 그리스도 예수를 주님으로 받아들였으니, 그분 안에서 살아가십시오. 여러분은 그분 안에 뿌리를 박고, 세우심을 입어서, 가르침을 받은 대로 믿음을 굳게 하여 감사의 마음이 넘치게 하십시오."(골 2:5~7)
불씨	그분으로부터 받은 기름부음이 내 안에 거하고 나는 그분 안에 거합니다.
참고성경	출 30:30, 40:15, 신 8:1~13, 삼하 1:21, 행 10:38, 골 2:5~7, 요일 2:27
성경읽기	아침 – 대하 1, 요일 1 / 저녁 – 미 7, 눅 16

십자가의 복음
The Gospel of the Cross

12월 3일

　제자들이 나가면서 선포한 복음은 하나님의 나라의 복음, 곧 왕국이 그들에게 가까이 왔다는 기쁜 소식이었습니다. 그러나 그들은 침례 요한이 사용한 말이 아니라, 예수님께서 친히 쓰시던 말로 복음을 선포했습니다. 그들이 전한 왕국 복음은 십자가에 못 박힌 그리스도의 말로 선포되었습니다. 다른 복음이 아니라 하나님의 왕국에 관한 가장 중요한 사실인 십자가라는 엄청난 새로운 사실을 포함하고 있었습니다. 예수님께서 전에 십자가를 언급하셨을 때, 베드로는 심지어 예수님께 항변하기까지 했습니다. 처음에 제자들에게 너무나 충격적으로 보였던 것이(나중에 그들이 깨닫게 되었듯이) 왕국을 위해서 왕이 스스로를 희생한, 너무도 중요한 왕국의 신비였습니다. 왕국은 아주 거대한 전쟁과 그리스도의 승리로 세워졌습니다. 그분의 피가 왕국의 기초를 표시하였습니다. 갈보리는 복음을 이끄는 힘의 핵연료이며, 모든 성령의 은사들과 하나님의 속량의 역동성의 근원입니다.

　현대의 종교인들은 갈보리를 피해가는 길들을 만드느라 바쁩니다. 우리가 사는 세상에서는 누구나 피에 대해서 비위가 상하는 것처럼, 성경의 복음이 피의 복음으로 풍자되고 있습니다! 갈보리를 피해서 가는 길들은 어떤 곳도 가지 못합니다. 뒤돌아 가는 길도 없습니다. 하나님의 왕국은 검문소와 국경 경비가 있는데 바로 십자가가 있는 그곳입니다. 갈보리를 거치지 않은 사람들은 불법 이민자처럼 이류 시민으로 살아갑니다. 여권과 입국 허가서는 회개와 그리스도 예수에 대한 믿음입니다. 그러면 우리는 시민권자의 모든 특권을 가지고 들어갑니다. 더 이상 "외국 사람이나 나그네가 아니요, 성도들과 함께 시민이며 하나님의 가족입니다."(엡 2:19) "약속의 언약들"(12절)이 우리의 것입니다. 우리는 영화롭게 된 성인들에게 몇 가지 도움을 보내 달라고 구걸하는 거지들이 아닙니다. 우리는 그들의 거룩함의 일부나 은혜가 우리에게 좀 묻어나서 우리의 공로가 되기를 바라면서 그들의 **뼈**를 수집할 필요가 없습니다. 믿는 자들은 **뼈**를 수집하는 사람들이 아닙니다. 사도들이 했던 일을 우리도 행한다면 우리도 같은 은혜의 조건 위에서, 같은 성령으로 말미암아, 같은 아버지로부터 사도들이 받았던 것을 받게 될 것입니다.

말씀	"여러분은 외국 사람이나 나그네가 아니요, 성도들과 함께 시민이며 하나님의 가족입니다. 여러분은 사도들과 예언자들이 놓은 기초 위에 세워진 건물이며, 그리스도 예수가 그 모퉁잇돌이 되십니다."(엡 2:19~20)
불씨	내가 사도들이 했던 것을 한다면 나도 사도들이 받았던 것을 받게 될 것입니다.
참고성경	엡 2:12, 19
성경읽기	아침 – 대하 2, 요일 2 / 저녁 – 나 1, 눅 17

12월 4일

금식과 믿음
Fasting and Faith

하나님께서 응답하실 때까지 죽기까지 금식을 하겠다는 사람들도 있습니다. 대단해 보입니다만 이것이 하나님께 영향을 미치겠습니까? 금식이 하나님께서 말씀하실 것이라는 그들의 인내의 표시입니까? 아니면 교묘한 위협으로 하나님의 손을 강요하려는 것입니까? 하나님은 어떠한 감정적인 압력에도 굴복하지 않으십니다. 하나님의 팔을 비틀기 위해서 금식하는 것은 잘못된 것입니다. 금식은 하나님을 큰 소리로 부르거나 지속적으로 부르는 것과 같이 우리가 급하다는 것을 표현하는 방법일 뿐입니다. 이교도들은 그들의 부단한 노력, 피를 흘리는 것, 또 다른 수고로 그들의 신들을 어떻게 강요할 수 있다고 생각했습니다. 그러나 하나님은 제우스, 아폴로, 바알과 같지 않습니다. 자녀들의 음성을 듣는 것이 하나님의 기쁨이며, 우리들은 소란을 떨며 과시를 할 필요가 없습니다. 기도는 우리가 하나님의 일, 하나님의 특별한 일에 참여하고 있을 때에 효과적입니다.

예수님은 하나님의 계명을 실천할 것을 강조하시면서 금식에 관해 가르치셨습니다. 제자들의 사명이 "하나님의 나라를 전파하며 병든 자를 고치는 것"(눅 9:2, 개역개정)이기 때문에 기도와 금식은 사역에 결정적인 요소라는 것을 설명하는 것이 적절했습니다. "[예수께서] 악한 귀신을 꾸짖어 말씀하셨다. '벙어리와 귀머거리가 되게 하는 귀신아, 내가 너에게 명한다. 그 아이에게서 나가라. 그리고 다시는 그에게 들어가지 말아라.' 그러자 귀신은 소리를 지르고서, 아이에게 심한 경련을 일으켜 놓고 나갔다 … 제자들이 따로 그에게 물어보았다. '왜 우리는 귀신을 쫓아내지 못했습니까?' 예수께서 그들에게 대답하셨다. '이런 부류는 *기도로 쫓아내지 않고는, 어떤 수로도 쫓아낼 수 없다.'" *다른 고대 사본들에는 '기도와 금식으로' (막 9:25~26, 28~29) 다시 말하지만, 하나님의 계시된 뜻이 이행되는 데 금식은 그들의 초점과 능력을 하나님을 설득하는 것이 아니라 하나님께 순종하는 데 기여합니다.

우리가 구할 때 하나님을 믿기 위해서는 우리는 우리의 기도를 들으신 것과 우리가 그분의 말씀과 그분의 계시된 뜻에 따라 구하고 있다는 것을 알아야만 합니다. 예수님은 이렇게 말씀하셨습니다. "하늘에 계신 아버지께서야 구하는 사람에게 성령을 주시지 않겠느냐?"(눅 11:13) 이런 말씀도 하셨습니다. "너희는 위로부터 오는 능력을 입을 때까지, 이 성에 머물러 있어라."(눅 24:49) 우리는 치유와 영적 은사들을 구하고, 서로를 위하여, 회중 가운데 죄를 짓는 사람들을 위하여, 왕들과 통치자들을 위하여 구해야 합니다. 이런 모든 것들은 세상의 속량이라는 하나님의 가장 큰 목적 다음으로 부수적인 요구들입니다. 당신의 기도가 효과적이 되도록 말씀으로 기도하십시오.

말씀	"그래서 우리는 금식하면서, 안전하게 귀국할 수 있도록 보살펴 주시기를 하나님께 간절히 기도드렸으며, 하나님은 우리의 기도를 들어주셨다."(스 8:23)
불씨	너는 금식할 때에, 머리에 기름을 바르고, 낯을 씻어라. 그리하여 금식하는 것을 사람들에게 드러내지 말고, 보이지 않게 숨어서 계시는 네 아버지께서 보시게 하여라. 그리하면 남모르게 숨어서 보시는 네 아버지께서 너에게 갚아 주실 것이다.
참고성경	스 8:23, 시 119:105, 마 6:16~18, 막 9:25~29, 눅 4:18~19, 9:2, 11:13, 24:49
성경읽기	아침 – 대하 3~4, 요일 3 / 저녁 – 나 2, 눅 18

눈에 띄지 않게, 그냥 변했다
Not Conspicuous, Just Changed

12월 5일

기름부음은 요셉이 입고 있었던 여러 가지 색깔의 겉옷처럼 우리를 눈에 띄도록 만들지 않습니다. TV 광고에서 감기에 걸린 젊은 여성이 후각을 잃고 점점 더 많은 향수를 자신에게 뿌리고 있었습니다. 그녀를 사모하는 사람이 문을 열자, 그녀의 향기가 그를 압도하여 뒤로 넘어지게 했습니다! 인간은 누구나 느낄 수 있는 영향력으로 압도적인 능력을 가지고 싶어 합니다. 침례자 요한은 눈에 띄는 거친 옷을 입고 특이한 음식을 먹었는데 이는 그가 거룩한 선지자라는 것을 나타냈습니다. 예수님은 그렇지 않았습니다. 예수님은 눈에 띄는 옷을 입지 않으셨고 앞에 놓은 음식은 어떤 것이든지 드셨습니다. 많은 사람들이 주님 앞에서 경외감을 느꼈지만, 그것은 압도적인 힘을 과시해서가 아니라, 남자와 여자를 향한 사랑과 관심으로 나타내셨을 뿐입니다. 이것이 그들이 엎드려서 그분을 경배한 이유입니다.

선지자 이사야는 하나님의 기름부음을 받는 것에 관해 우리에게 가르쳐 주고 있습니다.

> 나는 부르짖었다. "재앙이 나에게 닥치겠구나! 이제 나는 죽게 되었구나! 나는 입술이 부정한 사람인데, 입술이 부정한 백성 가운데 살고 있으면서, 왕이신 만군의 주님을 만나 뵙다니!" 그때에 스랍들 가운데서 하나가, 제단에서 타고 있는 숯을, 부집게로 집어, 손에 들고 나에게 날아와서, 그것을 나의 입에 대며 말하였다. "이것이 너의 입술에 닿았으니, 너의 악은 사라지고, 너의 죄는 사해졌다."(사 6:5~7)

하나님의 기름부음은 우리를 변화시킵니다.

죄 많고 제한된 우리 자신 안에서 우리는 성령의 성전이 되기에 완전히 부적합하지만 이제는 적합하게 되었습니다. 우리는 경이롭게 여기며 경배를 합니다. 강력한 성령이 우리 안에 거하시게 되면, 우리의 겉 사람 위에 기름이나 손이나 다른 모든 것들은 그분의 내주하시는 위대함에 대한 상징일 뿐입니다. 기름부음과 함께, 또 다른 성령의 상징들이 있습니다. 기름부음은 단지 지식으로 배울 수 있는 것이 아니며, 반드시 심령에 들어가야 하고 삶에서 표현되어야 합니다. 기름부음은 반드시 "땅 아래로 깊이 뿌리를 내리고, 위로 열매를 맺을 것입니다."(사 37:31) 그리스도 예수의 기름부음이 당신 안에서 중요한 생명력이 되도록 허락하십시오.

말씀	"흙으로 빚은 그 사람의 형상을 우리가 입은 것과 같이, 우리는 또한 하늘에 속한 그분의 형상을 입을 것입니다."(고전 15:49)
불씨	하나님의 기름부음이 우리를 변화시킵니다.
참고성경	사 6:5~7, 37:31, 고전 15:49
성경읽기	아침 – 대하 5~6:11, 요일 4 / 저녁 – 나 3, 눅 19

12월 6일

왕국의 능력
Kingdom Power

예수님께서 눈먼 사람을 만났을 때 그분은 이렇게 말씀하셨습니다. "때가 아직 낮이매 나를 보내신 이의 일을 우리가 하여야 하리라"(요 9:4, 개역개정). 이로써 그분은 눈먼 사람을 회복시키는 것이 그분의 아버지의 일이라는 것을 보여 주셨습니다. 왕국의 자비는 예수님께서 세상에 계시는 한은 지속되었습니다. 그뿐만 아니라, 그들은 마침내 그분이 가신 뒤에도 다시 시작했습니다. 예수님은 그의 제자들에게 이렇게 말씀하셨습니다. "밤이 오리니 그때는 아무도 일할 수 없느니라" 그는 자신이 곧 십자가에 못 박히실 것이며, 밤이 될 것이고, 시력을 회복하는 눈먼 사람들도 없게 될 것이란 뜻으로 하신 말이었습니다. 그분은 제자들에게 이렇게 말씀하셨습니다. "나를 떠나서는 너희가 아무것도 할 수 없음이라"(요 15:5, 개역개정). 그들은 오랫동안 할 수 없었습니다. 후에 그들은 그분이 약속하셨던 성령의 능력을 받았습니다!

왕국의 능력이 성령이라면, 왕국의 능력은 오순절날 교회에 주어졌습니다. 이것은 능력과 권세 이상입니다. 중요한 말씀 가운데, 그리스도께서는 그를 따르는 사람들에게 알려 주셨습니다. "너희 아버지께서 그 나라를 너희에게 주시기를 기뻐하시느니라"(눅 12:32, 개역개정). 믿는 자들은 왕국을 몽땅 물려받았습니다. 그리스도 예수 위에 머물렀던 왕국의 능력은 실제로 표적과 기사로 나타났고, 같은 성령이 같은 왕국의 목적을 위해서 하나님의 왕국 안에 있는 사람들에게 주어집니다. 침례자 요한이 나타내었듯이 말입니다. "성령이 내려서 누구 위에든지 머무는 것을 보거든 그가 곧 성령으로 침례를 베푸는 이인 줄 알라"(요 1:33, 개역개정). 성령은 예수님께 주어졌고, 그의 사람들에게도 같은 능력으로 주어졌습니다.

그리스도와 그분을 따르는 사람들 간에는 다른 점이 있는 데 이는 크게 드러납니다! 차이란 먼저 그분이 누구인가입니다. "우리의 입술에 있는 그리스도의 말씀은 그리스도의 입술에 있는 말씀과 똑같다"라고 말하는 사람들은 이것을 기억해야 합니다. 문제는 말씀이 아니라 그 말씀을 말하는 사람이라는 것입니다. 우리는 입양된 하나님의 아들들일 수 있지만, 그분은 하나님이 낳으신 영원하고 유일한 분입니다. 두 번째 다른 점은 성령은 그분으로부터 나온다는 것입니다. 그분이 근원입니다. 우리는 근원이 아니고 그분의 충만함이 흐르도록 전달하는 통로이며 강의 밑바닥입니다. 그분이 당신의 삶에 자유롭게 들어가시도록 당신의 통로의 문을 넓게 여십시오.

말씀	"예수를 죽은 사람들 가운데서 살리신 분의 영이 여러분 안에 살아 계시면, 그리스도를 죽은 사람들 가운데서 살리신 분께서, 여러분 안에 계신 자기의 영으로 여러분의 죽을 몸도 살리실 것입니다."(롬 8:11)
불씨	그리스도 예수 위에 머물렀던 왕국의 능력은 실제로 표적과 기사로 나타나고, 똑같은 성령이 하나님의 왕국 안에 있는 사람들에게 주어집니다.
참고성경	눅 12:32, 요 1:33~34, 9:3~4, 15:5, 롬 8:11
성경읽기	아침 – 대하 6:12~42, 요일 5 / 저녁 – 합 1, 눅 20

돈을 벌까 역사를 만들까?
Makers of Money – Or History?

12월 7일

사사기에 있는 드보라의 이야기를 우리가 살고 있는 세상과 비교한다면, 누가 단 지파를 상징합니까? 단은 하나님의 가족에 속한 그리스도인들로서 그들을 향한 하나님의 요구를 알고 그분의 부르심을 듣지만 응답하지 않는 사람들입니다. 하나님께서 "먼저 하나님의 나라를 구하라"(마 6:33, 개역개정)라고 하시는데 그는 자기 배의 가게에 남아 있습니다. 계산대의 동전 소리, 회심하지 않은 사람들의 박수, 가족과 친구들의 의견이 살아계신 하나님의 부르심에 귀를 먹게 했습니다. 단은 "언젠가는 만날 것을 기약하는 아름다운 해변의 달콤한 안녕"에 대해 노래하고 있지만, 그 배가 해변에 도착할까요, 아니면 인생의 바다에서 그냥 허우적거리고 있을까요? 이럴 수 있을까요? 사람들이 잘못된 우선순위를 선택함으로 말미암은 난파된 삶을 보십시오. 가장 슬픈 사람들 중에 어떤 사람들은 그들의 눈을 하나님께 두지 않아서 마지막에는 아주 끔찍하게 잘못된 경우도 있습니다. 성공은 재로 변하였고, 인기도 사라졌습니다. 그들은 단 지파들처럼 배 안에서 장사하는 기회를 선택하였으며, 그들은 다른 사람들이 그리스도를 따라 추수할 밭, 전쟁 터, 선교 현장으로 가도록 했습니다. 끝에 가서 그들은 그들의 기쁨과 만족이 비극으로 변하는 것을 보았습니다. "여름철이 다 지났는데도, 곡식을 거둘 때가 지났는데도, 우리는 아직 구출되지 못하였습니다."(렘 8:20)

드보라의 병사를 모집하는 편지를 가지고 간 전령은 그가 스불론과 납달리 지파에게 이르렀을 때는 더 나은 반응을 기대했습니다. 두 사람이 들에서 일을 하면서 그날의 끝과 그들의 아내들과 자녀들의 기쁨을 기다리고 있습니다. 그들은 그 전령 주변에 옹기종기 모여서 섬기라는 드보라의 부름을 듣고 생각합니다. 그들은 어떻게 해야 되겠습니까? 오직 하나의 선택, 즉 가는 것만 있습니다! "주님을 찬양합시다" 그들은 외쳤습니다. "하나님께서 우리를 이끌도록 누군가에게 기름을 부으셨습니다. 야빈과 그의 일당들의 끊임없는 교란을 우리가 끝냅시다. 드보라로 인하여 하나님께 감사드립시다! 우리는 최대한 그녀를 도울 것입니다. 그녀에게 우리가 가고 있다고 말해 주십시오!" 스불론과 납달리는 그들의 나뭇가지를 자르는 가위들을 창으로 바꿨습니다. 자녀들을 껴안아 주고, 우는 아내들과 입을 맞추고, 그들은 전쟁터의 먼지 속으로 전진해 들어갔습니다. "스불론은 죽음을 무릅쓰고 생명을 아끼지 않고 싸운 백성이요, 납달리도 들판 언덕 위에서 그렇게 싸운 백성이다."(삿 5:18) 이것이 당신이 하나님으로부터 듣기 바라는 찬양, 최고의 찬양입니다.

말씀	"이스라엘의 영도자들은 앞장서서 이끌고, 백성은 기꺼이 헌신하니, 주님을 찬양하여라."(삿 5:2)
불씨	그분은 주중에 주요, 왕 중에 왕입니다. 그분과 함께 있는 자는 부름받아, 선택된 신실한 자들입니다.
참고성경	삿 4:1~24, 5:1~31, 렘 8:20, 마 6:33, 계 17:14
성경읽기	아침 – 대하 7, 요이 1 / 저녁 – 합 2, 눅 21

12월 8일

두 종류의 사람들
Two Kinds of People

이스라엘 사람들과 가나안 사람들의 싸움에서 이긴 후에, 사사 드보라는 단을 방문하려고 부둣가에 도착해서 "왜 단은 배에 남아 있었는가?"라고 그의 기를 죽이는 질문을 했습니다. 단은 불안하게 손가락으로 동전을 더듬거리며 말없이 앉아 있었습니다. 그는 성령으로 기름 부음 받은 하나님의 여자를 보려고 눈을 들 수 없었습니다. 그녀의 질문은 그의 남은 평생 동안 그의 뇌리에서 떠나지 않았으며, 그 질문은 단과 우리 모두가 우리의 삶에 대해서 설명을 드려야 하는 그때 하나님의 보좌 앞에서 다시 듣게 될 것입니다. 단은 뭐라고 대답할지 몰라서 혼란한 머리를 늘어뜨리고서 너무나 부끄러워할까요 아니면 주님을 쳐다볼까요? 스불론과 납달리는 단과 같이 사업에 밝은 눈을 가지고 있지 않았습니다. 단은 돈을 만들었지만, 스불론과 납달리는 오늘날까지 이야기하고 있는 전쟁에서 이스라엘을 구한 싸움이라는 역사를 만들었습니다. 그들은 들의 높은 장소에서 싸우면서 그들의 생명까지 포함하여 모든 것을 위태롭게 하였습니다. 단은 아무것도 걸지 않았고 어떤 위험도 무릅쓴 적도 없었습니다. 단이 죽었을 때, 그는 그 나라에서 가장 부자였습니다. 그의 영혼이 그의 몸을 떠날 때, 단은 아마도 가져 가려고 자기의 금을 움켜쥐었을 것입니다. 죽음의 천사는 웃으면서 그를 쓸어 버렸을 수도 있습니다. "너는 너의 돈을 쌓아 두었지만, 이제 어떤 다른 사람이 그것을 다 쓸 것이다!"

하나님의 부르심은 오늘날에도 스불론과 납달리 사람들에게는 여전히 들리지만 단 사람들에게는 들리지 않습니다. 교회들은 하나 또는 다른 종류로 구성되어 있습니다. 단 사람들은 하나님의 일보다 그들의 사업을 더 중요하게 생각하고, 잃어버린 영혼들을 위한 천국보다 자기 집을 더 중요하게 생각하고, 영혼 구원보다는 돈을 저축하는 것을 더 편리하게 생각하는 사람들입니다. 어떤 목사나 자기 회중들 가운데 누가 단이고 누가 스불론과 납달리 같은 사람인지를 당신에게 말할 수 있을 것입니다. "반응하고, 주고, 일하는 사람들은 언제나 똑같습니다. 그들이 없었다면 이 교회는 문을 닫았을 것입니다." 어떤 사람들은 무슨 일이 있어도 순종하지만, 어떤 사람들은 하나님을 위하여 단 5센트의 위험도 무릅쓰지 않습니다. 스불론과 납달리는 하나님을 위한 전쟁터에서 죽었습니다. 예수님은 이렇게 말씀하셨습니다. "자기 목숨을 얻으려는 사람은 목숨을 잃을 것이요, 나를 위하여 자기 목숨을 잃는 사람은 목숨을 얻을 것이다."(마 10:39) "죽도록 충성하여라. 그리하면 내가 생명의 면류관을 너에게 주겠다."(계 2:10) 이런 종류의 죽음에는 고귀함이 있으며, 지금 우리가 지상에서 인정하고 존경하는 모든 것을 줄 준비가 되어있습니다. 그러나 주님께서 자신의 손으로 번쩍이는 생명의 면류관을 그 사람의 머리 위에 얹어 놓으실 때 주님께서 친히 인정하실 것입니다. 단 사람들에 관해서는 "자기 목숨을 얻으려는 사람은 목숨을 잃을 것이요"(마 10:39, 개역개정)라고 예수님이 말씀하셨습니다. 오늘 당신도 선택하십시오!

말씀	"당신들이 어떤 신들을 섬길 것인지를 오늘 선택하십시오."(수 24:15) "너희가 섬길 자를 오늘 택하라."(수 24:15, 개역개정)
불씨	유혹을 견디는 사람은 복이 있습니다. 왜냐하면 그가 인정받은 후에는 주께서 그를 사랑하는 사람에게 약속하신 생명의 면류관을 받게 될 것이기 때문입니다.
참고성경	삿 4:1~24, 5:1~31, 마 10:39, 약 1:12, 계 2:10
성경읽기	아침 – 대하 8, 요삼 1 / 저녁 – 합 3, 눅 22

선물이 아니라 주는 분
The Giver, Not the Gift

12월 9일

　성령님은 "그것"이 아니라 "그분"이라는 것을 배우는 것이 절대적으로 중요합니다. 성령은 비인격적인 힘이 아닙니다. 하나님의 기름부음은 단지 능력이나 은사가 아니라 성령님 자신입니다. 방언을 말하는 사람들이 현대 역사에 처음으로 발을 들여 놓았을 때, 그 경험을 반대하던 많은 사람들은 그들을 "방언을 말하는 사람들"과 비슷한 이름으로 불렀습니다. 실제로 그때 사람들의 기억은 여전히 우리 가운데 있습니다. 그들은 눈에 띄는 사건들이 아니라 섬김으로써 동기가 부여되었으며, 선물이 아니라 주신 분을 구했습니다. 그들은 예수님을 더 잘 알고 그리스도와 같아지기를 바랐습니다. 그들은 능력 자체를 위해서 능력을 구하지 않았습니다. 그들의 매일의 소망은 곧 그리스도 예수께서 보여주신 태도입니다. "여러분 안에 이 마음을 품으십시오. 그것은 곧 그리스도 예수의 마음이기도 합니다. 그는 하나님의 모습을 지니셨으나, 하나님과 동등함을 당연하게 생각하지 않으시고, 오히려 자기를 비워서 종의 모습을 취하시고, 사람과 같이 되셨습니다. 그는 사람의 모양으로 나타나셔서, 자기를 낮추시고, 죽기까지 순종하셨으니, 곧 십자가에 죽기까지 하셨습니다."(빌 2:5~8) 많은 사람들이 하나님을 위하여 자기 목숨을 바쳤습니다.

　예수님께서 병든 자들을 고치셨을 때, 그분이 사용한 것은 순수한 전력 같은 것이 아니라, 그분의 정복하는 사랑의 힘을 보여주셨습니다. 그분은 채찍에 맞음으로 병든 사람들을 고치셨습니다. 이것이 그분의 기름부음의 비밀스런 경이로움입니다. 그분의 병고침이 사람들로 하여금 자신을 죽이는 음모를 꾸미게 했음에도 불구하고 그분은 팔을 펴지 못하는 사람을 고치셨습니다. 그분은 모든 것을 걸었고 고통받는 사람들을 위해서 십자가까지 갈 것입니다. 고통과 치유의 사역은 이상하게도 연결되어 있습니다. 우리가 기꺼이 "그의 고난에 참여함"(빌 3:10, 개역개정)을 알고자 한다면, 우리는 예수님께서 가지셨던 똑같은 사랑의 기름부음을 느낄 수 있을 것입니다. 만일 우리가 자신을 잊어버리는 것과 같은 가슴 아픈 동정심을 가졌다면, 예수님께서 그러셨던 것처럼 고통받는 사람을 위해 어떤 희생이라도 치를 것입니다. 그러면 고통받는 사람들과 우리를 똑같이 여기며 그들의 고통을 덜어주기 위해서 그들과 고통을 함께 나눌 것입니다. 예수님이 지셨던 것처럼 우리가 만일 [그들의] 연약함을 짊어진다면"(마 8:17, 개역개정), 우리는 이 말이 무슨 뜻인지를 깨닫게 될 것입니다. "한 지체가 고통을 당하면, 모든 지체가 함께 고통을 당합니다. 한 지체가 영광을 받으면, 모든 지체가 함께 기뻐합니다."(고전 12:26) 그렇게 된다면 아마도 치유받지 못한 채 집으로 돌아가는 사람들이 더 줄어들 것입니다. 나는 부자가 되거나, 자신의 이름을 널리 알리거나, 자기가 휘두르는 권력이 주는 만족감을 위해서, 예수 이름으로 병든 자를 고치는 것보다 더 하나님을 모욕하는 것은 없다는 것을 알고 있습니다. 우리가 가질 수 있는 가장 귀한 것은 하나님이 주시는 선물이 아니라 그분 자신입니다. 오늘 주시는 그분을 찾으십시오.

말씀	"내가 바라는 것은, 그리스도를 알고, 그분의 부활의 능력을 깨닫고, 그분의 고난에 동참하여, 그분의 죽으심을 본받는 것입니다. 그리하여 나는 어떻게 해서든지, 죽은 사람들 가운데서 살아나는 부활에 이르고 싶습니다."(빌 3:10~11)
불씨	예수님은 자신이 채찍에 맞음으로써 병든 자를 고치셨습니다. 그분의 기름부음의 비밀스런 경이로움은 동정심이었습니다.
참고성경	사 53:5, 마 8:17, 고전 12:26, 빌 2:5~8, 3:10~11, 히 4:15
성경읽기	아침 – 대하 9, 유 1 / 저녁 – 습 1, 눅 23

12월 10일

가장 중요한 일
The Most Important Job

예전에 달을 숭배하던 족속이 있었습니다. 그들은 그 이유를 이렇게 설명하였습니다. 그들은 어두워서 빛이 필요한 밤에 달이 빛을 낸다고 말했습니다. 그러나 어리석은 늙은 해는 빛이 많은 낮에만 빛나기 때문이라는 것입니다. 이런 말도 안되는 이유가 어디 또 있겠습니까? 물론 해가 빛나기 때문에 낮에는 빛이 있고, 복음의 빛이 비치기 때문에 여기 미국에는 빛이 있습니다. 그러나 이 세계에는 매우 어두운 곳이 많습니다. 나는 달처럼 지구의 어두운 곳에 빛을 비추게 하려고 했었던 것 같습니다. 바울이 드로아에서 밤새도록 설교를 하고 있었을 때 유두고는 졸았습니다. 성경은 이렇게 말하고 있습니다. 바울이 말하고 있는 그 곳 즉 "우리가 모인 위층 방에는, 등불이 많이 켜져 있었다."(행 20:8) 오늘날 미국에는 빛나는 등불들이 많습니다. 여러분들은 "흠이 없고 순전하여 어그러지고 거스르는 세대 가운데서 하나님의 흠 없는 자녀로 세상에서 그들 가운데 빛들"(빌 2:15, 개역개정)입니다. 여러분은 "말 아래에 두는 등불(마 5:15, 개역개정)"이 아닙니다.

어떤 사람들은 지성적으로 빛나서 훌륭하게 이야기를 합니다. 나는 단지 복음 전하는 자일 뿐입니다. 내게서 빛나는 부분이 있다면 성령님과 하나님의 말씀으로부터 온 것임에 틀림없습니다. 나의 소망은 약속에 있습니다. "지혜 있는 사람은 하늘의 밝은 빛처럼 빛날 것이요, 많은 사람을 옳은 길로 인도한 사람은 별처럼 영원히 빛날 것이다."(단 12:3) 나의 자연스러운 플랫폼은 아프리카의 어떤 곳의 들판이지 대학이 아닙니다. 나에게 있어서는 복음 전도자의 일이 세상에서 가장 중요합니다.

사람들은 하나님이 교회에 하시는 말씀이 무엇인지 묻습니다. 하나님은 그분이 늘 하시던 말씀을 하십니다. "만민에게 복음을 전파하라"(막 16:15, 개역개정). 마지막 심판 전인 이 마지막 날에 만일 예수님 스스로 나의 자리를 차지하신다면, 그분은 제자들에게 그분이 마지막으로 하셨던 말씀을 반복하실 것입니다. "성령이 너희에게 내리시면, 너희는 능력을 받고, 예루살렘과 온 유대와 사마리아에서, 그리고 마침내 땅끝에까지 이르러 내 증인이 될 것이다."(행 1:8) 이 일을 마칠 때까지, 그분은 더 이상 우리에게 지시사항이 없습니다. 주의해서 잘 들으십시오.

말씀	"그러나 성령이 너희에게 내리시면, 너희는 능력을 받고, 예루살렘과 온 유대와 사마리아에서, 그리고 마침내 땅끝에까지 이르러 내 증인이 될 것이다."(행 1:8)
불씨	명령은 지금도 동일합니다. 나를 증거하라!
참고성경	단 12:3, 마 5:15, 막 4:21, 16:15, 눅 11:33, 행 1:8, 20:8, 빌 2:15
성경읽기	아침 – 대하 10, 계 1 / 저녁 – 습 2, 눅 24

교회의 목표
The Aim of the Church

12월 11일

　교회가 그들을 받아들일 준비가 될 때까지 더 많은 회심자들을 교회로 데리고 오는 일을 중단해야 한다고 주장하는 사람들이 있었습니다. 그리스도의 명령을 어기면서 어떻게 우리가 알맞게 되기를 기대할 수 있습니까? 그분의 위대한 명령은 회심자들을 데려오라는 것입니다. 훈련이 중요하기는 하지만 우리가 가장 중요하게 여기는 영적인 초점을 우리 자신의 거룩함으로 집중하는 것은 우리를 다른 사람들에게 복음을 가지고 다가가는 데 알맞도록 만들어 주지 못할 것입니다. 성화는 숨어 지내면서 일어나는 일이 아니며, 거룩함은 영적으로 잃어버린 사람들을 향하여 밖을 바라보는 것입니다. 거룩은 시험에 통과하거나 논문을 쓰려고 학문적으로 공부할 주제가 아니라, 이보다 훨씬 큰 것으로서, 바로 하나님 자신의 일입니다.

　다른 사람들을 그리스도께로 인도하는 것보다 더 좋은 영성을 발전시키는 방법을 나는 알지 못합니다. 복음을 가지고 사람들에게 나아갈 때, 우리는 진정성이 있어야 합니다. 교회 이사회에서 복음 전도를 제거한다면, 어떻게 교회를 침체와 불임으로부터 지킬 수 있겠습니까? 사람들이 그들의 목적이 사람들을 그리스도께로 인도하는 것이라는 것을 보지 못한다면, 그들은 듣기만 하는 사람들, 설교만 맛보는 사람들, 성가대를 비판하는 사람들, 리더십에 대해서 판단하는 사람들이 되고 말 것입니다. 교회는 강단에서 나온 음식의 맛을 식별하는 미각을 개발하는 영적 미식가들을 위한 레스토랑이 아닙니다. 모든 교회의 예배, 기도회, 성경 공부, 청년들의 모임, 성가대 연습, 주님의 만찬의 주요 목표는 복음 전파가 목적이어야 합니다. 왜 모든 예배를 외부인들을 위해 드려서는 안됩니까? 특별히 빵과 포도주의 상징을 먹는 성찬식에서는 확실하게 교회를 하나님을 믿지 않는 사람들로 가득 채우도록 해야 합니다! 붉은 포도주를 담은 컵은 세상에서 가장 위대한 설교자입니다! 이것은 컵에 담긴 복음이며, 잃어버린 죄인들에게 십자가의 희생을 받아들이도록 초청하는 기회입니다. 어떤 교회들은 외부 사람들을 포함하려는 수고를 하지 않습니다. 이 얼마나 좋은 기회를 놓치는 것인가요! 예수님의 고귀한 피는 모든 죄로부터 우리를 깨끗하게 합니다. 어떤 교회가 복음을 전파하려고 해도 실패했다면, 어떤 노력들을 했는지 심각하게 평가해 보아야 할 때입니다. 복음 전도는 가장 집중적인 사고를 요구합니다. 재정위원회가 하는 일은 영혼을 구원하는 일이지 돈을 절약하는 것이 아닙니다. 모든 남는 자금은 세상을 구원하는 교회의 참된 일에 쓰여져야 합니다. 헌신된 영혼 구원자가 되십시오.

말씀	"그분이 어떤 사람은 사도로, 어떤 사람은 예언자로, 어떤 사람은 복음 전도자로, 또 어떤 사람은 목사와 교사로 삼으셨습니다. 그것은 성도들을 준비시켜서, 봉사의 일을 하게 하고, 그리스도의 몸을 세우게 하려고 하는 것입니다."(엡 4:11~12)
불씨	사람들이 그들의 전반적인 목적이 사람들을 그리스도께로 인도하는 것이라는 것을 보지 못한다면, 그들은 듣기만 하는 사람들, 설교만 맛보는 사람들, 성가대를 비판하는 사람들, 리더십에 대해서 판단하는 사람들이 되고 말 것입니다.
참고성경	엡 4:11~16
성경읽기	아침 – 대하 11~12, 계 2 / 저녁 – 습 3, 요 1

12월 12일

단순하고 참된 믿음
Simple, True Faith

믿음은 그리스도와 나 사이에 상호작용을 하도록 합니다. 믿는 것은 당신이 한 번도 만난 적이 없는 당신의 큰 이모와의 관계와 같지 않고, 그리스도와 당신 자신 모두에게 영향을 끼치는 살아있는 생동하는 관계입니다. 우리는 우리 자신들을 그분께 드리고, 그분은 그분 자신을 우리에게 주십니다. 우리는 "하나님의 성품에 참여하는 사람"(벧후 1:4)이 됩니다. 사도 바울은 놀라운 표현을 사용하였습니다. "누구든지 그리스도 안에 있으면, 그는 새로운 피조물입니다"(고후 5:17, 개역개정). "그러므로 그리스도 예수 안에 있는 사람들은 정죄를 받지 않습니다"(롬 8:1, 개역개정). 그리스도에 대한 단순한 믿음은 이런 놀라운 효과가 있습니다. X의 값을 찾기 위해 대수학이 필요하지 않습니다. 가장 단순한 사람도 가장 지혜로운 사람과 똑같은 효과를 누립니다.

"그리스도 안"에 있는 유익을 열거하면 깁니다! 그리스도를 믿는 것은 의, 화평, 사랑, 순종, 확신, 하나 됨을 가져옵니다. 이것은 당신을 하나님의 자녀로서 자라고, 의롭게 되고, 살아 있게 만들어 주며, 당신이 모험을 하도록 하고, 위대한 사람들 앞에서 말을 하고, 전 세계적으로 유명한 사람이 되게도 하고, 그리고도 더 많이 있습니다.

> 그뿐만 아니라, 내 주 예수 그리스도를 아는 지식이 가장 고귀하므로, 나는 그 밖의 모든 것을 해로 여깁니다. 나는 그리스도 때문에 모든 것을 잃었고, 그 모든 것을 오물로 여깁니다. 나는 그리스도를 얻고, 그리스도 안에 있는 사람으로 인정받으려고 합니다 … 내가 바라는 것은, 그리스도를 알고, 그분의 부활의 능력을 깨닫고, 그분의 고난에 동참하여, 그분의 죽으심을 본받는 것입니다. (빌 3:8~9, 10)

바울은 이런 유익이 모든 것의 가치가 있다고 결단했습니다!

예수님은 보통 사람들은 이해도 못 하는 서기관들의 모든 종교적인 용어들을 들었습니다. 그러나 일반인들은 예수님의 말씀을 즐겁게 들었습니다. 그분은 믿음에 관해 이야기하셨지만, 다른 방식으로 말씀하셨습니다. "내게로 오라." "나를 사랑하라." "내 안에 거하라." "나를 따르라." 믿음은 한 특별한 종교적 행위가 아닙니다. 믿음은 우리가 가진 자원이 한계가 있을 때, 한 사람의 삶에 대한 책임을 하나님께 완전히 맡기는 것입니다. 믿음은 우리를 그리스도와 하나로 영적으로 합치는 것입니다. 믿음은 아주 단순해 보이는데 사실 단순합니다. 그렇지만 그리스도께서 십자가 위에서 성취하신 모든 것을 얻는 다른 방법은 없습니다. 이것보다 더 큰 것이 무엇입니까? 당신은 믿음으로 구원받았습니다!

말씀	"내가 바라는 것은, 그리스도를 알고, 그분의 부활의 능력을 깨닫고, 그분의 고난에 동참하여, 그분의 죽으심을 본받는 것입니다."(빌 3:10)
불씨	진정한 믿는 자들로서 우리는 모두 그리스도 예수에 대한 믿음을 통해서 하나님의 아들이 되었습니다.
참고성경	롬 8:1, 고후 5:17, 갈 3:26, 빌 3:8~10, 벧후 1:4
성경읽기	아침 – 대하 13, 계 3 / 저녁 – 학 1, 요 2

되돌린 바벨
Babel Reversed

12월 13일

성경을 처음부터 읽으면, 마치 하나님은 오직 유대인들의 하나님이며, 작은 땅과 작은 나라에 국한된 관심을 가진 것처럼, 한 책 한 책 오직 이스라엘에 관해서만 말씀하고 있다는 것을 우리는 발견합니다. 그러나 신약성경을 펴자마자, 경계가 무너지고, 넓은 세상이 눈에 보입니다. 맞습니다. 예수님은 (자신의 사역에 대해서) 이렇게 말씀하셨습니다. "나는 오직 이스라엘 집의 길을 잃은 양들에게 보내심을 받았을 따름이다."(마 15:24) 그렇지만 나사렛에서 그분은 엘리야의 도움을 받았던 외국인 과부에 관해 말씀하셨습니다. 인종차별에 반대하는 그분의 말씀은 회중들을 화나게 하였지만, 그는 나중에 가나안 지방으로 가서, 이스라엘에 속하지 않은 한 소녀를 고쳐 주셨습니다. 그리스도의 부활 이후에, 제자들은 그들의 새로운 믿음은 오직 이스라엘에만 속한 것이라고 생각하면서 오랫동안 유대인의 겉모습을 지니고 있었습니다. 그리스도께서 승천하기 직전에 그들은 이렇게 물었습니다.

"주님, 주님께서 이스라엘에게 나라를 되찾아 주실 때가 바로 지금입니까?" 예수께서 그들에게 말씀하셨다. "때나 시기는 아버지께서 아버지의 권한으로 정하신 것이니, 너희가 알 바가 아니다. 그러나 성령이 너희에게 내리시면, 너희는 능력을 받고, 예루살렘과 온 유대와 사마리아에서, 그리고 마침내 땅끝에까지 이르러 내 증인이 될 것이다."(행 1:6~8)

사람들은 하나님보다 한 수 앞서려고 노력했었습니다. 하나님은 그들의 언어를 혼잡하게 만들었으며, 그들이 더 이상 효과적으로 함께 일할 수가 없게 만들어서, 그들이 온 땅 위에 흩어져 살게 하셨습니다. "처음에 세상에는 언어가 하나뿐이어서, 모두가 같은 말을 썼다."(창 11:1) 주님은 땅의 언어들을 혼잡하게 하셨습니다. "주님께서 거기에서 그들을 온 땅으로 흩으셨다. 그래서 그들은 도시 세우는 일을 그만두었다."(창 11:8)

오순절 날, 그분은 자신의 영을 쏟아부으셔서, 하나님에 대한 지식과 하나님의 선하심에 대한 이해를 매우 다양한 사람들에게 전하셨습니다. 성령이 임했을 때, 그들은 여러 나라의 방언을 말하면서 성령의 민족적 관심사를 나타냈습니다.

> 그들은 모두 성령으로 충만하게 되어서, 성령이 시키시는 대로, 각각 방언으로 말하기 시작하였다. 예루살렘에는 경건한 유대 사람이 세계 각국에서 와서 살고 있었다. 그런데 이런 말소리가 나니, 많은 사람이 모여와서, 각각 자기네 지방 말로 제자들이 말하는 것을 듣고서, 어리둥절하였다.(행 2:4~6)

그리고 그분은 당신의 언어로도 말씀하십니다!

말씀	"우리는 저들이 하나님의 큰 일들을 방언으로 말하는 것을 듣고 있소."(행 2:11)
불씨	아버지, 하늘과 땅의 주님, 이런 것들은 지혜 있고 똑똑한 사람들에게는 감추시고 어린아이들에게는 드러내어 주셔서 감사합니다.
참고성경	창 11:1~9, 왕상 17:8~24, 마 15:24, 눅 4:25~27, 행 1:6~8, 2:4~6, 11
성경읽기	아침 – 대하 14~15, 계 4 / 저녁 – 학 2, 요 3

12월 14일

예정과 복음 전파
Predestination and Evangelism

예정론은 고등 신학적 논쟁의 학술적 주제입니다. 나는 이론에 얽매이지 않고, 복음 전도자의 일을 하기 위해 설명을 하겠습니다. 이 논쟁에 대한 나의 대답은 신학적인 개념들의 여러 층을 뚫고 행동으로 옮기는 것입니다. 사람들이 "택함받은 자"에 속하든 그렇지 않든, 나는 확실하게 하고 싶습니다. 나는 영혼의 영원한 운명을 어떤 교리적 추론이나 이론의 위험에 걸지 않을 것입니다. 신약성경에는 우리가 복음을 전하지 말아야 된다는 말도, 사람들을 왕국으로 인도하도록 설득하기 위해 우리의 최선을 다해서는 안 된다는 말도 없습니다.

그래서 나는 이렇게 합니다. 하늘나라에 가야만 우리는 진리를 알게 될 것입니다. 천국에서 내가 발견한 모든 사람이 예정되었던 사람이라면 좋습니다. 하늘나라에서 어떤 사람이 내게 이렇게 말하는 위험을 나는 절대로 원하지 않습니다. "당신은 내가 선택된 사람이었다는 것을 확실히 알았습니까? 왜 당신은 나에게 복음을 전해주지 않았습니까? 당신은 당신의 생각이 옳다는 데다 도박을 했고 나의 영혼과 주사위 놀이를 했습니다. 나는 여기 오는 대신 지옥에 있을 수도 있었습니다."

왜 복음 전도자인 내가 북아메리카와 서양 "문화"에 와야 합니까? 여기는 인도, 이집트, 베닌보다 더 많은 빛이 이미 있지 않습니까? 글쎄요. 거기도 빛은 있습니다. 서양은 복음을 가지고 있습니다. 모든 도시와 마을에, TV와 라디오, 기독교 서점의 확산 속에는 빛이 있습니다. 이미 빛이 있는 곳에 내가 또 빛을 가져 오고 있습니까? 북아메리카에는 빛이 있지만, 빛을 비추는 그리스도인들이 여기 있기 때문에 빛이 있습니다. 모든 빛은 그들로부터 나옵니다. 예수님은 "너희는 세상의 빛이라."(마 5:14, 개역개정)라고 말씀하셨습니다. 그래서 나는 서양 사람들과 함께 빛을 비추므로 행복합니다, 우리는 항상 더 많은 빛으로 행할 수 있습니다. 그리스도인들이 없이는, 서양에는 밤이 임할 것입니다. 무신론자들, 자유주의자들, 불가지론자들은 그들이 원하는 길을 갈 것이지만, 그들은 자신들이 뿌렸던 것들을 곧 거두게 될 것입니다. 안내하는 빛이 없으면, 무정부 상태가 될 것입니다. 당신의 빛을 비추십시오!

말씀	"어둠에 앉아 있는 백성이 큰 빛을 보았고, 그늘진 죽음의 땅에 앉은 사람들에게 빛이 비치었다."(마 4:16)
불씨	주님의 말씀을 열면, 거기에서 빛이 비치어 우둔한 사람도 깨닫게 합니다.
참고성경	시 119:130, 마 4:16, 5:14
성경읽기	아침 – 대하 16, 계 5 / 저녁 – 슥 1, 요 4

복음 전파는 나라들을 강하게 합니다

12월 15일

Evangelism Strengthens Nations

사람들은 기독교 없이도 괜찮은 삶을 살 수 있다고 말합니다. 우리는 바로 품위라는 것이 기독교에서 나온다는 것을 너무도 쉽게 잊어버릴 수 있습니다. 우리는 숨을 쉬지 않고도 잠깐 살 수 있고, 음식과 물이 없이는 조금 더 살 수 있고, 빛이 없어도 당분간 살 수 있지만, 영원히 살 수는 없습니다. 이전의 세대의 믿는 자들이 서구에 투자했던 기독교 자본은 결국은 바닥이 날 것입니다. 우리는 과거 세대들이 투자해 놓은 영적인 자본으로 살 수는 없습니다. 우리는 영적인 부, 믿음의 부요함을 창조하는 자들이 되어야 합니다. 구원할 수 있는 분은 오직 그리스도이지 소크라테스나 플라톤이 아닙니다. 자유의 조건은 영원한 감시지만, 하나님에 대한 믿음이 없이 감시만으로는 실패할 것입니다. 자유는 경건함의 부수 효과입니다. 원인이 없이는 결과도 없고, 당신이 하나님에 대한 믿음이 없이는 자유를 가질 수 없습니다.

내가 방문한 많은 나라들은 그들의 정책을 수립할 기독교 전통을 가지고 있지 않았습니다. 더 나은 질서를 시작한 사람은 아브라함이었습니다. 그는 터를 가지신 하나님이 만들고 지으신 도시를 바라보았습니다. 성경의 믿음으로 강화된 기초가 나라들이 구별되게 하며, 이를 저버리면 나라도 소멸됩니다. 이와 비슷한 일이 나의 나라인 독일에서 있었습니다. 수세기 동안 자유주의자들과 이성주의적 사고와 성경 비평학이 그리스도인의 믿음을 묽어지게 했습니다. 물처럼 약하고 불안정하여서, 야곱이 르우벤에 대해 말한 것과 같이 독일은 뛰어날 수 없었습니다. 이런 조건들 아래서는 비기독교 정부가 주도하기가 쉽습니다. 히틀러와 제3제국의 정책은 어떤 도덕적 저항도 만나지 않았습니다. 18세기 동안, 그리스도 없는 나라의 실험이 프랑스에 2백만 명을 살해하는 "공포"를 가져다 주었습니다. 영국은 이를 피해 갔는데 주 원인은 웨슬리와 윗필드의 부흥 운동의 영향 때문이었습니다. 러시아가 70년간 강요했던 무신론에서 회복하는 데는 적어도 한 세대는 걸릴 것입니다. 아마도 더 나쁜 것은 알아볼 수도 없이 부패하고 사지가 절단된 기독교의 모양입니다. 그들은 믿지 않는 이론들이나 기괴한 미신과 우상 숭배로 복음의 가치를 떨어뜨렸습니다. 그들은 가지고 있지 않았으므로 어떤 자유도 전해주지 못했습니다. 이런 이유로 완전한 피로 물든 복음 전도가 절대적으로 필요합니다!

말씀	"믿음으로 아브라함은, 부르심을 받았을 때에 순종하고, 장차 자기 몫으로 받을 땅을 향해 나갔습니다. 그런데 그는 어디로 가는지를 알지 못했지만, 떠난 것입니다 … 그는 하나님께서 설계하시고 세우실 튼튼한 기초를 가진 도시를 바랐던 것입니다."(히 11:8, 10)
불씨	이것이 내 고난 중에 나를 위로하니, 주의 말씀이 내게 생명을 주셨음이니이다.
참고성경	창 49:3, 시 119:50, 히 11:8, 10
성경읽기	아침 – 대하 17, 계 6 / 저녁 – 슥 2, 요 5

12월 16일

아브라함
Abraham

　역사가들은 세상을 변화시킨 가장 큰 10개의 전쟁을 언급했지만, 가장 위대한 전쟁은 아브라함의 마음속에 있었던 전쟁이라고 해야 맞는 말입니다. 누구든지 아브라함을 오직 성경의 인물로 생각한다면, 그들은 그들이 살고 있는 세상을 이해하는 시작조차 하지 않은 것입니다. 성경은 아브라함을 309번 언급하지만, 그의 믿음 때문에, 그의 이름은 중동 전역에 새겨져 있으며, 오늘날까지 세계 역사에 기록되어 있습니다. 그는 "믿음의 순종"으로 유명한 최초의 사람입니다. 그의 삶은 그의 믿음과 일치했습니다. "아브라함이 하나님을 믿으니, 하나님께서 그를 의롭다고 여기셨다."(롬 4:3) 믿음으로 말미암은 것은 영원합니다.

　믿음은 사람을 변화시키고, 사람은 세상을 변화시킵니다. 아브라함은 그리스인들과 로마인들보다 천오백 년 전에 문명화 과정을 시작한 사람이었습니다. 아브라함보다 천 년 전에 파라오는 이집트에 살았으며, 아브라함 이후에도 2천 년 동안 지속되었지만, 그들은 아브라함보다 세상에 영향을 끼치지 못했습니다. 파라오는 아무 도덕적 흔적도 남기지 않았으며, 자기들의 욕심을 위해서 거대한 기념물들로 사막을 채웠을 뿐입니다. 아브라함은 우리가 볼 수 있도록 단 하나의 물질적인 흔적도 남기지 않았지만, 종교적이거나 아니거나, 오늘날 우리 모두의 삶은 그 사람 때문에 달라졌습니다.

　아브라함은 "깊이 종교적인" 사람은 아니었습니다. 그는 현대적 의미로는 전혀 "종교적인" 사람이 아니었습니다. 그는 신조, 찬송가, 성경, 형상, 신학이 없었습니다. 아마도 하나님에 관해서도 실제로는 많이 알지 못했지만, 그는 개인적으로 하나님을 알되 아주 잘 알았습니다. 그는 하나님과 함께 걸었습니다. 이 족장에게 하나님은, 삶의 남은 한 모퉁이에 밀어 넣는, 한 주에 한 번 교회에 가는 의무가 아니었으며, 참석할 교회도 없었습니다. 그는 단지 전통에 충실하려고 하나님을 믿지 않았으며, 전통도 없었습니다. 하나님은 그의 삶의 방식이었습니다. 아브라함에게 하나님은 오늘날 대부분의 세상에 돈, 스포츠나 섹스와 같았습니다. 당신과 나는 아브라함이 가졌던 큰 믿음을 가지려고 노력해야 합니다!

말씀	"아브라함이 하나님을 믿으니, 하나님께서 그를 의롭다고 여기셨다."(롬 4:3)
불씨	그리스도께서 율법의 저주에서 우리를 속량하셔서, 그리스도 예수 안에서 아브라함의 복이 우리에게(이방인) 미치게 하고 또 우리로 하여금 믿음으로 말미암아 성령의 약속을 받게 하셨습니다.
참고성경	갈 3:13~14, 롬 4:1~3
성경읽기	아침 – 대하 18, 계 7 / 저녁 – 슥 3, 요 6

왜 믿는가?
Why Believe?

12월 17일

아브라함은 자기 영혼을 구원하려고 믿지는 않았습니다. 그의 믿음은 즐겁게 천국에 가는 티켓이나 지옥을 벗어나는 보험이 아니었습니다. 우리는 그가 죽음 후에 관해서 무슨 생각을 했었는지 모릅니다. 그는 갈대아 우르 출신으로서 그들의 이교도 신화들을 알고 있었지만 아브라함은 새로운 배움의 과정을 시작했습니다. 그의 가정교사는 주님이었습니다. 나라들은 스스로 거칠고 잔인한 미신을 발전시켰지만, 아브라함은 자신을 하나님께 던졌습니다. 하나님이 없이 계속하는 것은 그가 생각하는 삶이나 죽음이 아니었습니다.

> 믿음으로 아브라함은, 부르심을 받았을 때에 순종하고, 장차 자기 몫으로 받을 땅을 향해 나갔습니다. 그런데 그는 어디로 가는지를 알지 못했지만, 떠난 것입니다. 믿음으로 그는, 약속하신 땅에서 타국에 몸 붙여 사는 나그네처럼 거류하였으며, 같은 약속을 함께 물려받을 이삭과 야곱과 함께 장막에서 살았습니다. 그는 하나님께서 설계하시고 세우실 튼튼한 기초를 가진 도시를 바랐던 것입니다.(히 11:8~10)

아브라함은 두 가지 이유로 하나님을 믿었습니다. 첫째, 그는 살아계신 하나님이 있다는 것을 발견하였습니다. 둘째, 유일한 분별 있는 행동은 하나님께서 말씀하신 것을 행하는 것이었습니다. 그의 믿음은 미래를 변화시켰지만, 그래서 그가 믿은 것은 아닙니다. 그는 그런 사명을 꿈도 꾼 적이 없었습니다. 실제로, 그는 세상을 버리고 그가 갈 수 있는 한 가장 멀리까지 갔습니다. 그는 세상을 떠남으로써 미래를 변화시켰습니다. 단순히 하나님이 거기 계셨기 때문에 그는 하나님을 믿었습니다. 이것은 아직도 누구나 할 수 있는 가장 이성적인 것임에 틀림없습니다.

우주비행사 닐 암스트롱은 1969년 7월 20일 달에 발을 내딛고서, 그의 작은 발걸음은 인류를 위한 거대한 도약이었다고 말했습니다. 인류에게 이보다 훨씬 큰 한 걸음은 아브라함이 갈대아 우르를 떠날 때 디딘 것이었습니다. 그는 하나님을 믿으며 살아가는 개척자였습니다. 아브라함은 부요한 갈대아 우르에서 살기를 시작하였으며, 여전히 비옥한 초승달 모양의 땅 안에 있는 하란으로 이동하였습니다. 그 후에 그는 자기가 살던 좋은 거처를 희생하고 네게브 사막 광야 지역 야생 덤불에 검은 염소 가죽으로 만든 천막에 살았습니다. 베두인 족장처럼, 그는 그의 가족, 목자들, 소몰이꾼들과 함께 이동했습니다. 그는 비밀스럽게 자기 마음속에 이상적인 새로운 삶의 방식을 키우며 살았습니다. 아브라함의 하나님은 오늘 당신의 살아 계신 하나님입니다!

말씀	"아브라함은 하나님께서 설계하시고 세우실 튼튼한 기초를 가진 도시를 바랐던 것입니다"(히 11:10)
불씨	아브라함은 단순히 하나님이 그곳에 계셨기 때문에 하나님을 믿었습니다.
참고성경	히 11:8~10
성경읽기	아침 – 대하 19~20, 계 8 / 저녁 – 슥 4, 요 7

12월 18일

하나님의 손가락
God's Finger

바울은 빌립보 사람들에게 그리스도의 겸손의 아름다움에 관해서 편지에 쓰면서, 이어서 불화하고 있는 순두게와 유오디아라는 두 여자를 언급했습니다. 그리고 나서 그는 아주 재치 있게 빌립보 사람들에게 그들이 최근에 보여준 친절에 대해서 감사를 하며, 이를 "향기로운 [그리스어로 유오디아] 제물"(빌 4:18)이라고 묘사했는데, 이것은 유오디아란 그 여자를 부드럽게 암시하는 것이었습니다. 우리 영은 안에 있는 영적인 근원을 물질적인 지표로 밖으로 드러냅니다. 단지 자랑하고 싶어서 능력을 원하는 것은 향기가 아니라 부패해서 냄새를 풍깁니다. 진짜 하나님의 능력은 오직 그리스도의 생명과 그분의 은혜로움이 얼마나 사랑스러운지를 나타내는 성령과 함께 옵니다.

성령과 성령의 은사를 받는 것은 많은 혁신적이고 고상한 접근 방법들로 인하여 손상되었습니다. 이것은 하나님의 말씀에 맞도록 조정이 필요합니다. 은사는 요령이나, 기술이나, 우리가 다른 사람들을 잘 관찰함으로써 배울 수 있는 능력이 아닙니다. 하나님께서 자신의 영을 부어주시며, 그분은 단순히 은사를 모방할 필요가 없습니다. 이것은 바른 접근 방법을 배우고, 이겨서 얻는 상처럼 은사들을 얻으려고 노력할 문제가 아닙니다. 은사는 영적인 선수들만을 위한 것이 아닙니다. 은사가 이겨서 얻어야 할 상이라면 선물이 아닐 것입니다. 은사는 하나님의 왕국에 있는 사람들을 위한 것입니다. 은사는 거기 속한 것입니다. 이스라엘의 축복은 이스라엘 연방과 언약되어 있습니다. 그리스도께서 새로운 그리스도인들의 연방에 경이로움을 연결하셨습니다. "내가 하나님의 능력을 힘입어 귀신들을 내쫓으면, 하나님 나라가 너희에게 이미 온 것이다."(눅 11:20)

베드로가 우리에게 말한 것처럼 하나님의 손가락은 성령입니다. "하나님께서 나사렛 예수에게 성령과 능력을 부어 주셨습니다. 이 예수는 두루 다니시면서 선한 일을 행하시고, 마귀에게 억눌린 사람들을 모두 고쳐 주셨습니다. 그것은 하나님께서 그와 함께 하셨기 때문입니다."(행 10:38) 성령의 능력보다 더 큰 능력은 없습니다. 이것은 왕국의 능력이며, 어떤 다른 능력도 비교가 안 됩니다. 성령으로, 그분은 그분의 사역을 그분이 선택하는 사람들에게 나누어 주십니다. 당신이 다른 사람들을 인도하도록, 그분의 손가락이 당신을 위해 그 길을 가리키도록 허락하십시오.

말씀	"그러나 내가 하나님의 능력을 힘입어 귀신들을 내쫓으면, 하나님 나라가 너희에게 이미 온 것이다."(눅 11:20)
불씨	영적 은사는 영적인 선수들만을 위한 것이 아닙니다.
참고성경	눅 11:20, 행 10:38, 빌 4:2, 18
성경읽기	아침 – 대하 21, 계 9 / 저녁 – 슥 5, 요 8

지성주의
Intellectualism

12월 19일

아브라함은 지식인은 아니었지만, "주님을 경외하는 것이 지혜의 근본입니다."(시 111:10, 잠 9:10) 천재들은 먼 미래에 세계 무대에 등장할 것입니다. 그들은 지식과 이해를 추구하면서, 그들의 사고의 그물들을 멀리 그리고 넓게 던질 것입니다. 그들은 새로운 삶의 방식과 도시들을 다스릴 새로운 방법들을 발명해 냅니다. 그러나 그들은 아브라함이 알았던 것을 결코 모르게 되어 있습니다. 그들의 탐구는 하나님을 아는 것이라는 궁극적인 발견을 놓칩니다. 바울은 말했습니다. "이 세상은 그 지혜로 하나님을 알지 못하였습니다."(고전 1:21) 그들이 실패했다는 고백은 아테네의 돌로 만든 제단 위에 "알지 못하는 신에게"(행 17:23)라고 새겨져 있습니다.

하나님은 자신이 모른 바 되기를 바라신 적이 없습니다. 아브라함은 "믿음"이라고 적혀있는 황금으로 된 열쇠를 집어 들었습니다. 그것으로 그는 하늘을 열었습니다. 특별한 재능이 있는 사람들은 여름철의 고드름처럼 드뭅니다. 아브라함은 그런 사람이 아니었습니다. 하나님은 지성인들만 모이는 클럽의 회장은 아니지만, 그분은 누구에게나 문을 열어 놓고 계십니다. 그분은 백만 명 중에 한 사람 있는 영재를 택하려고 결코 백만 명의 사랑을 빼앗기지 않을 것입니다.

> 하나님의 아들이 오셔서, 그 참되신 분을 알 수 있도록, 우리에게 이해력을 주신 것을 우리는 압니다. 우리는 그 참되신 분 곧 하나님의 아들 예수 그리스도 안에 있습니다. 이분이 참 하나님이시요, 영원한 생명이십니다.(요일 5:20)

지성인들이 믿지 않으면 우리도 믿어서는 안 된다는 생각은 매우 지성적이지 못한 생각입니다. 배움의 미로를 통해서 하나님을 발견해야만 한다면, 하나님 주변에는 매우 적은 사람들만 있을 것입니다. 거대한 사람의 무리의 사랑을 받기 위해서는 다른 방법이 있어야 했습니다. 하나님은 어린아이와 같은 희망으로 그분을 쳐다보는 사람들에게 자신을 알려 주십니다. 하나님을 알고 사랑하기 위해서는 꼭 지성적이지 않아도 됩니다. 당신은 믿음으로 단순하게 그분을 사랑합니다.

말씀	"예수가 그리스도이심을 믿는 사람은 다 하나님에게서 태어났습니다. 낳아주신 분을 사랑하는 사람은 다 그분이 낳으신 이도 사랑합니다."(요일 5:1)
불씨	하나님은 어린아이와 같은 소망으로 그분을 쳐다보는 사람들에게 자신을 알려 주십니다.
참고성경	시 111:10, 행 17:23, 고전 1:21, 요일 5:1~20
성경읽기	아침 – 대하 22~23, 계 10 / 저녁 – 슥 6, 요 9

12월 20일

단단한 땅
Solid Ground

아브라함은 하나님을 신뢰하는 것을 배웠으며, 이는 그에게 평안한 길을 밝혀 주었습니다. 그가 살던 시대에는 도시들은 군대의 힘으로 존재했으며, 흘린 피 위에 세워졌습니다. 하나님은 아브라함에게 새로운 비전을 주셨는데, 평안의 도시, "하나님께서 설계하시고 세우실 튼튼한 기초를 가진 도시"였습니다. 그의 눈은 실제로 먼 지평선을 살폈습니다. 그는 처음으로 사막과 "바다의" 길과 의의 길을 구별해낸 사람이었습니다. 의와 평안의 길이 발견되었습니다. 그 길은 표시되어 알려졌습니다. 사용하든 그렇지 않든, 그 길은 결코 잊히지 않을 것이며, 모든 사람에게 무료도로로 열려 있습니다. 많은 나라들이 그 길을 따른다고 주장했지만, 그것은 미약할 뿐이었습니다. 우리가 그들을 거슬러 올라가면, 그들은 우리를 아브라함의 장막으로 데려갈 것입니다. 하나님은 그에게 말씀하셨습니다. "너는 내 앞에서 행하여 완전하라"(창 17:1, 개역개정).

히브리서는 아브라함이 살았던 삶을 이렇게 요약했습니다. "그는 하나님께서 설계하시고 세우실 튼튼한 기초를 가진 도시를 바랐던 것입니다."(히 11:10) 그 당시에는 아무도 영적인 기초란 것을 몰랐습니다. 통치자들은 오직 자기들의 유익만을 위해서 다스렸습니다. 아브라함 이전에는 사람들의 머리는 어떤 목적이나 계획도 없었습니다. 아무도 왜 자기가 이 땅 위에 있는지를 도무지 몰랐습니다! 바울은 아테네에서 불가지론자들과 스토아 철학자들을 만나 이렇게 말했습니다. "하나님께서는 무지했던 시대에는 눈감아 주셨지만, 이제는 어디에서나 모든 사람에게 회개하라고 명하십니다."(행 17:30) 그러므로 그는 디모데에게 이렇게 편지를 썼습니다. "그리스도께서는 죽음을 폐하시고, 복음으로 생명과 썩지 않음을 환히 보이셨습니다."(딤후 1:10) 바울은 또한 "스스로 지혜가 있다고 주장하지만, 실상은 어리석은 사람"(롬 1:22)에 관해서 말하고 있습니다. 우리는 가장 가까운 별까지의 거리나, 원자의 비밀을 모르고 살 수도 있지만, 하나님의 비밀이 없이는 진짜 인생이 전혀 존재하지 않습니다. 우리는 시작도 하기 전에 길을 잃어버렸습니다. 불가지론은 완전히 재앙입니다. 우리는 믿음으로 살거나, 아니면 살지 않는 것입니다. 예수님은 이렇게 말씀하셨습니다. "아들을 믿는 사람에게는 영생이 있다. 아들에게 순종하지 않는 사람은 생명을 얻지 못하고, 도리어 하나님의 진노를 산다."(요 3:36) 믿음이 없는 삶은 생명이 없는 삶입니다. 아브라함은 자기가 살고 있는 세상에 관해서 별로 아는 것이 없었지만, 그는 삶이 모두 어떤 것인지는 알았습니다. 하나님께서는 첫 사람 아담과 첫 번째 문명화된 사람 아브라함을 만드셨습니다. 하나님 안에 사십시오.

말씀	"그러므로 그대는 우리 주님에 대하여 증언하는 일이나 주님을 위하여 갇힌 몸이 된 나를 부끄러워하지 말고, 하나님의 능력을 힘입어 복음을 위하여 고난을 함께 겪으십시오. 하나님께서 우리를 구원해 주시고, 거룩한 부르심으로 불러주셨습니다. 그것은 우리의 행실을 따라 하신 것이 아니요, 하나님의 계획과 은혜를 따라 하신 것입니다. 이 은혜는 영원 전에 그리스도 예수 안에서 우리에게 주신 것입니다."(딤후 1:8~9)
불씨	하나님의 비밀이 없이는 참된 삶이 없습니다.
참고성경	창 17:1, 요 3:36, 행 17:30, 롬 1:22, 딤후 1:10, 히 11:10
성경읽기	아침 – 대하 24, 계 11 / 저녁 – 슥 7, 요 10

불가능한 임무를 완성하기

12월 21일

Accomplishing Mission Impossible

그리스도를 소개한, 하나님이 보내신 선구자인 침례자 요한은 새로운 시대를 선포하였습니다. "회개하여라. 하늘나라가 가까이 왔다."(마 3:2) 그의 선포 가운데 핵심은 성령으로 침례를 베풀 메시아였습니다. 이것은 이스라엘의 위대함을 회복하는 것보다 훨씬 큰 것으로서, 우주적 변화와 같았습니다. 요한은 물이 아니라 불의 강을 보여주면서, 미래의 지도를 펼쳐 보였습니다! 요한은 땅에 있는 물을 사용했지만, 그리스도는 하늘에서 온 하늘의 불로 침례를 베푸십니다!

예수님도 같은 말씀을 하셨습니다. "요한은 물로 침례를 주었으나, 너희는 여러 날이 되지 않아서 성령으로 침례를 받을 것이다."(행 1:5) 예수님께서는 땅 위에 계시는 동안에는 아무도 침례를 주지 않았지만, 자기 제자들이 이 중요한 일을 하도록 철저하게 준비하셨다는 사실을 우리는 주목해야 합니다. 그들이 먼저 불이 붙어야만 다른 사람들에게 불을 붙일 것입니다.

이것이 예수님의 제자들이 그들에게 주어진 짧은 인생 동안에 그 시대의 고대 세계를 복음화하는 유일한 방법이었습니다. 이 갈릴리에서 온 평범한 어부들이 예수 그리스도의 대사명을 성취하는 것은 "불가능한 임무"처럼 보였음에 틀림없습니다. 그러나 모든 기대와는 달리 이것은 "성취한 임무"가 되었습니다. 어떻게? 그들은 하나님께서 개인적으로 표적과 기사로 그들과 함께 일하신다는 새로운 비밀로 앞으로 나갔습니다.

그뿐만 아니라, 그분은 그들의 단순한 말을 책망의 가시가 돋친 말로 바꾸어서 마치 골리앗의 머리로 날아간 다윗의 돌처럼 강력하게 듣는 사람들의 심령을 찌르도록 하였습니다. 개인적인 은사 없이 그들은 하나님의 은사를 덧입었습니다. 그들의 "비밀"은 무엇입니까? 성령의 불이었습니다!

세상은 영적인 삶과 죽음 사이를 맴돌고 있기 때문에, 소중한 사람들의 운명을 안전하게 지켜 줄 수 있는 것이면 무엇이든지 최대한 고려해야만 합니다. 불로 침례를 받은 교회가 그 열쇠입니다!

말씀	"내 뒤에 오시는 분은 나보다 더 능력이 있는 분이시다. 나는 그의 신을 들고 다닐 자격조차 없다. 그는 너희에게 성령과 불로 침례를 주실 것이다."(마 3:11)
불씨	주, 예수여! 나는 주님이 불로 주시는 침례가 필요합니다.
참고성경	마 3:2, 행 1:5
성경읽기	아침 – 대하 25, 계 12 / 저녁 – 슥 8, 요 11

12월 22일

가족 계획
Family Planning

　크리스마스는 실제로는 그리스도의 탄생을 축하하는 생일 파티 날입니다. 우리는 실제로 예수님의 생년월일을 모르지만, 그것이 문제가 되지 않습니다. 12월 25일은 다른 날과 마찬가지로 좋습니다. 우리가 성인, 전쟁, 승리를 위한 국경일을 가질 수 있다면, 우리는 당연히 역사상 가장 위대한 분의 탄생을 기뻐해야만 합니다! 위대한 선지자 이사야는 그리스도가 태어나기 750년 전에 이렇게 말했습니다. "한 아기가 우리를 위해 태어났다. 우리가 한 아들을 모셨다. 그는 우리의 통치자가 될 것이다. 그의 이름은 '놀라우신 조언자', '전능하신 하나님', '영존하시는 아버지', '평화의 왕'이라고 불릴 것이다."(사 9:6) 이 모든 것은 예수님이 오셨을 때 성취되었습니다. 매번 크리스마스 때마다 우리는 "우리가 한 아들을 모셨다."라고 말할 수 있습니다. 이것이 크리스마스에 대한 전부입니다.

　그분은 참으로 큰 아들이셨습니다. 다른 누구도 그분처럼 태어나지 않았습니다. 나는 지금 처녀가 출산한 것만을 생각하는 것이 아닙니다. 예수 그리스도는 자신이 태어나고 싶어서 태어나셨습니다. 우리 같은 사람은 이런 선택을 할 수가 없기 때문에 아무도 태어나기를 선택하지 않았습니다. 예수님은 가족계획의 결과가 아니었습니다. 그분은 하늘나라에서 아버지와 함께 자신의 탄생을 계획하셨습니다. 그러나 그분은 자신의 피로 말미암을 속량을 포함한 하나님의 가족을 계획하셨습니다. 하나님의 아들은 우리와 함께 하는 삶이 어떤 것인지 아셨지만 우리와 함께 하기를 원하셨습니다. 그분은 기본적인 음식과 고된 노동, 거친 시대의 원시적인 가정으로 오셨습니다. 그분은 자기가 잔인하게 처형당하게 될 것도 아셨습니다. 도대체 그분은 왜 이 땅에 오셔서, 그런 삶을 참고 고통받기를 원하셨을까요? 해답은 그분이 우리의 속량자가 되고 싶어 했기 때문입니다. 그분은 어떤 값을 치르더라도 인류에 합류하기로 결단하셨습니다. 그분은 자신을 인류와 동일시하면서, 스스로를 오직 하나의 타이틀 "인자"(마 20:28)라고만 부르셨습니다. 이사야의 말 "한 아기가 우리를 위해 태어났다"(사 9:6)는 우리와의 연대를 나타냅니다. 그뿐만 아니라, 예수님은 "범죄자 중 하나로 헤아림을 받음"(사 53:12, 개역개정)으로써 전적으로 참여하셨습니다. 반복해서 성경은 "우리를 위하여"라는 두 단어를 사용합니다. 그분은 자기가 얻을 것은 아무것도 없이, 자기 유익을 위해서 태어나기를 선택하지 않으셨습니다. 그분이 어떤 분이며 그분이 할 수 있었던 모든 것은 오직 그분의 가족을 위한 것이었습니다. 그분은 가족인 우리를 위해서 숨을 쉬셨습니다. 그분은 당신이 이번 크리스마스에 가지고 있는 가장 위대한 선물입니다!

말씀	"우리의 대제사장은 우리의 연약함을 동정하지 못하시는 분이 아닙니다. 그는 모든 점에서 우리와 마찬가지로 시험을 받으셨지만, 죄는 없으십니다."(히 4:15)
불씨	예수 그리스도는 태어나기를 원하셨기 때문에 태어나셨습니다.
참고성경	사 9:6, 53:12, 마 20:28, 히 4:15
성경읽기	아침 – 대하 26, 계 13 / 저녁 – 슥 9, 요 12

얼마나 놀라운 아들인가!
What a Wonderful Son!

12월 23일

마태복음은 그리스도를 "아브라함의 자손"과 "다윗의 자손"이라고 부르면서 시작합니다. 아브라함과 다윗은 모두 매우 특별한 아들을 두었지만, 그들은 실망스러웠습니다. 아브라함의 진정한 아들은 이삭이 아니라 예수님이며, 다윗의 진정한 아들은 압살롬이나 솔로몬이 아니라 예수님입니다. 이분은 실망시키는 아들이 아닙니다. 이 아들을 제외하고는 아버지도 실패하고 그들의 아들도 역시 실패했습니다. 그분은 인간의 가족을 새로운 수준으로 끌어올리려고 오셨습니다. 예수님은 심리학자나 상담자에게 갈 필요가 없었습니다. 그분은 진퇴양난에 빠진 적이 없었습니다. 예수님은 결코 지치지 않았고, 신경쇠약에 걸리거나, 트라우마로 고통을 받거나, 탈진한 적이 없었습니다. 예수님은 한 번도 사과를 한 적이 없으며, 어떤 죄도 고백한 적이 없고, 회개할 필요도 없었습니다. 그분은 모든 상황에 절대적인 침착함과 완전한 대응을 하셨습니다. 얼마나 자랑스러워 할 만한 아들이십니까! 우리는 그분께 매달릴 수가 있습니다. 그분은 "우리를 위한" 아들이 되셨습니다. 그분이 그렇게 사셨기 때문에, 우리도 살 수 있습니다! 우리는 부스러기나 주우며, 힘겹게 노를 저으며, 끝까지 고군분투하는 것이 아니라 우리는 전력으로 항해할 수 있습니다. 이런 아들과 함께라면 곡을 좋아하지 않을 때도 우리는 음악을 마주할 수 있습니다. 예수님은 "내가 살아 있고 너희도 살아 있겠음이라"(요 14:19, 개역개정)고 말씀하셨습니다. 예수님은 "우리를 위해서" 돌아오십니다. 그리스도 예수는 인간 가족으로부터 떠나지 않으셨습니다. 그분은 어린 아기 때부터 이곳에서 태어나 성장하신 영원한 인자이십니다. 그분은 언제든지 다시 그분이 태어났던 곳인 집으로 곧 오십니다. 얼마나 멋진 귀향일까요! 그분은 자신의 가족인 이 사람의 가족을 사랑하십니다. 그분은 우리와 함께 있고 싶어 하시며, 그분이 속한 곳인 남녀의 세상으로 돌아오고 싶어 하십니다.

크리스마스 때 가족이 함께 모이는 것은 멋진 시간이지만, 이것은 장차 올 것에 대한 그림일 뿐입니다. 인자인 예수님이 집에 오시면, 어떤 재회가 이루어질까요! 어떤 잔치, 어떤 기쁨! 거기 속한 사람은 한 사람도 빠지지 않을 것입니다. 하나님의 모든 거듭난 자녀는 모든 아들들의 아들을 얼굴을 마주하고 만날 것입니다. 축하는 영원히 계속될 것입니다. 너무나 많은 사람들이 이것을 잊어 버렸습니다. 그들은 인자가 땅에 오셨지만 오래전에 하늘로 사라져 버렸다고 생각합니다. 크리스마스는 그분에 대한 기억을 생생하게 지켜줍니다. 사람들은 예수님과 그분이 어떤 분이었는지에 관해서 성경을 읽지만, 그분이 돌아오신다는 것을 잊었습니다. 그분은 당신을 위해서 오십니다!

말씀	"보아라, 내가 곧 가겠다. 나는 각 사람에게 그 행위대로 갚아 주려고 상을 가지고 간다. 나는 알파며 오메가, 곧 처음이며 마지막이요, 시작이며 끝이다."(계 22:12~13)
불씨	아들 예수님이 집에 오실 때 어떤 재회가 이루어질까요!
참고성경	마 1:1, 요 14:19, 계 22:12
성경읽기	아침 – 대하 27~28, 계 14 / 저녁 – 슥 10, 요 13

| 12월 24일 |

추신을 읽으십시오
Read the Post-script

어떤 가족이 외국 땅에서 군 복무 중인 군인 아들로부터 편지를 받았습니다. 그들은 모두 너무 바빴고, 편지는 매우 길었기 때문에, 그들은 편지를 절반 정도만 읽었습니다. 일을 마친 후에 앉아서 나머지를 모두 읽을 생각이었습니다. 조금 후에 어떤 사람이 문을 두드렸는데 … 거기 그들의 아들이 서 있었습니다! 그들은 놀라서 이렇게 말했습니다. "너 여기서 뭐하고 있니? 우리는 방금 네가 전에 있던 곳에서 보내온 편지를 받았단다!" 아들은 "편지를 아직도 안 읽었나요?"라고 말했습니다. 그들은 그가 집으로 오고 있다는 편지 끝에 있는 추신까지는 읽지 않았습니다.

천사가 또 나에게 말하였습니다. "이 말씀은 믿음직하고 참되다. 예언자들에게 영을 내려 주시는 주 하나님께서 자기의 종들에게 곧 일어날 일들을 보여 주시려고, 자기의 천사들을 보내셨다. '보아라, 내가 곧 오겠다' 하신 주님의 말씀을 기억하여라." 이 책에 기록된 예언의 말씀을 지키는 사람들은 복이 있습니다. 이 모든 것을 듣고 본 사람은 나 요한입니다 … 그가 나에게 말하였습니다 … "때가 가까이 왔으니, 이 책에 적힌 예언의 말씀을 봉인하지 말아라" … "보아라, 내가 곧 가겠다. 나는 각 사람에게 그 행위대로 갚아 주려고 상을 가지고 간다. 나는 알파며 오메가, 곧 처음이며 마지막이요, 시작이며 끝이다. 생명 나무에 이르는 권리를 차지하려고, 그리고 성문으로 해서 도성에 들어가려고, 자기 겉옷을 깨끗이 빠는 사람은 복이 있다."(계 22:6~8, 10, 12-14)

성경에 있는 하나님의 추신을 읽을 시간입니다. 이 위대한 책은 예수님의 말씀으로 마무리합니다. "내가 곧 가겠다!"(계 22:20) 예수님은 다시 오실 것입니다. 우리는 2천 년이 넘도록 기다렸습니다. 그분이 처음 오셨을 때 사람들은 이보다 훨씬 오래 기다렸었지만 그분은 오시는 것을 잊지 않으셨습니다. 그분은 두 번째로 오실 것인데 잊지 않을 것입니다. 그가 사랑하는 가족이 여기 이 땅 위에 있는 동안은 그분은 결코 쉬지 않으실 것입니다. "두 번째로는 죄와는 상관없이, 자기를 기다리고 있는 사람들에게 나타나셔서 구원하실 것입니다."(히 9:28) 우리는 지금 두 번째로 오시는 데 2천 년이나 더 가까이 있습니다. 첫 번째 오심으로 크리스마스의 기쁨을 우리에게 주셨듯이, 두 번째 오심은 하늘나라의 기쁨을 가지고 오실 것입니다. "아멘. 오십시오, 주 예수님!" 이것을 오늘 당신의 노래로 만드십시오!

말씀	"생명 나무에 이르는 권리를 차지하려고, 그리고 성문으로 해서 도성에 들어가려고, 자기 겉옷을 깨끗이 빠는 사람은 복이 있다."(계 22:14)
불씨	우리는 지금 재림이 2천 년 더 가깝습니다.
참고성경	히 9:28, 계 22:6~8, 12~14, 20
성경읽기	아침 – 대하 29, 계 15 / 저녁 – 슥 11, 요 14

누가복음 2:1-20
Luke 2:1-20

12월 25일

"그때에 아우구스투스 황제가 칙령을 내려 온 세계가 호적 등록을 하게 되었는데, 이 첫 번째 호적 등록은 구레뇨가 시리아의 총독으로 있을 때에 시행한 것이다. 모든 사람이 호적 등록을 하러 저마다 자기 고향으로 갔다. 요셉은 다윗 가문의 자손이므로, 갈릴리의 나사렛 동네에서 유대에 있는 베들레헴이라는 다윗의 동네로, 자기의 약혼자인 마리아와 함께 등록하러 올라갔다. 그때에 마리아는 임신 중이었는데, 그들이 거기에 머물러 있는 동안에, 마리아가 해산할 날이 되었다. 마리아가 첫 아들을 낳아서, 포대기에 싸서 구유에 눕혀 두었다. 여관에는 그들이 들어갈 방이 없었기 때문이다.

그 지역에서 목자들이 밤에 들에서 지내며 그들의 양떼를 지키고 있었다. 그런데 주님의 한 천사가 그들에게 나타나고, 주님의 영광이 그들을 두루 비추니, 그들은 몹시 두려워하였다. 천사가 그들에게 말하였다. "두려워하지 말아라. 나는 온 백성에게 큰 기쁨이 될 소식을 너희에게 전하여 준다. 오늘 다윗의 동네에서 너희에게 구주가 나셨으니, 그는 곧 그리스도 주님이시다. 너희는 한 갓난아기가 포대기에 싸여, 구유에 뉘어 있는 것을 볼 터인데, 이것이 너희에게 주는 표징이다." 갑자기 그 천사와 더불어 많은 하늘 군대가 나타나서, 하나님을 찬양하여 말하였다. "더없이 높은 곳에서는 하나님께 영광이요, 땅에서는 주님께서 좋아하시는 사람들에게 평화로다."

천사들이 목자들에게서 떠나 하늘로 올라간 뒤에, 목자들이 서로 말하였다. "베들레헴으로 가서, 주님께서 우리에게 알려주신 바, 일어난 그 일을 봅시다." 그리고 그들은 급히 달려가서, 마리아와 요셉과 구유에 누워 있는 아기를 찾아냈다.

그들은 이것을 보고 나서, 이 아기에 관하여 자기들이 들은 말을 사람들에게 알려 주었다. 이것을 들은 사람들은 모두 목자들이 그들에게 전해준 말을 이상히 여겼다. 마리아는 이 모든 말을 고이 간직하고, 마음속에 곰곰이 되새겼다. 목자들은 자기들이 듣고 본 모든 일이 자기들에게 일러주신 그대로임을 알고, 돌아가면서 하나님께 영광을 돌리며 그를 찬미하였다."(눅 2:1~20)

말씀	"마리아가 아들을 낳을 것이니, 너는 그 이름을 예수라고 하여라. 그가 자기 백성을 그들의 죄에서 구원하실 것이다."(마 1:21~23)
불씨	예수님은 우리가 하나님과 평화를 누릴 수 있도록 하려고 태어나셨습니다.
참고성경	마 1:18~24, 2:1~18, 눅 2:1~20
성경읽기	아침 – 대하 30, 계 16 / 저녁 – 슥 12~13:1, 요 15

[12월 26일]

마지막 시간
The Last Hour

최근에 내 마음의 주제는 "지금은 마지막 때라"(요일 2:18)라는 매우 간단한 말씀입니다. 어떤 사람들은 마치 음울하게 살아온 한 해를 만회하려는 것처럼 정신없이 파티에 참석하며 연말을 축하합니다. 다른 사람들은 또 한 해가 지나가고 있다는 것을 깨닫고서, 살아온 결과를 보여 줄 것이 별로 없다고 느끼고 우울해집니다. 어떤 낙관적인 사람들은 오는 새 해를 위한 새로운 목표를 세우고 결심을 하면서 한 해의 마지막 시간을 사용합니다. 새 천년에 대한 인식에 관해서, 국제적인 리더들은 서기 2000년에는 놀라운 새로운 시대가 시작될 것이라는 낙관론을 불러 일으키려고 수백만 달러를 썼습니다.

다른 모든 것들과 마찬가지로 그리스도인들의 관점은 다릅니다. 매년 연말과 새 천년의 시작을 알림은 예수님의 재림을 기다리며 나를 돌아보게 합니다. 서기 2000년이 자동적으로 어떤 영향을 끼치리라고 주장하는 것은 매우 비이성적입니다. 시간은 어떤 힘을 가지고 있지도 않고 "황금 시대"를 만들 마술도 아닙니다. 그런 일이 일어나려면, 사람의 본성에 급진적인 변화가 필요할 것입니다. 서기 2000년 1월 1일은 어떤 사람을 단 하루 동안이라도 성도로 만들지 못했습니다. 새해 결심이란 것도 결심할 때 그랬던 것처럼 항상 그렇게 빨리 증발해 버립니다. 보건 당국에서 사람들이 과체중이 되어 심장 질환과 다른 문제들을 경고하고 있다고 보고하므로 사람들은 새해에 운동을 시작하지만 곧 포기하고 맙니다. 6개월이라도 지속하는 사람은 거의 없습니다.

땅 위에는 오직 하나의 능력만이 우리 안에 근본적인 변화를 가져올 수 있는데, 그것은 바로 복음입니다. 하나님의 나라는 하나님께서 달력을 보신다고 해서 오지 않을 것입니다. 니고데모는 이스라엘이 솔로몬 때의 왕국의 영광을 회복할 것인지 물어보려고 예수님께 왔습니다. 예수님은 이렇게 대답하셨습니다. "누구든지 다시 나지 않으면, 하나님 나라를 볼 수 없다."(요 3:3) 예수님은 니고데모와 이스라엘 모두를 의미하셨습니다. 로마를 없애고 정치적인 변화를 가져온다고 놀라운 새로운 질서를 가져 오는 데는 아무런 도움이 되지 않을 것입니다. 그러나 거듭나게 되면 하나님의 나라를 가까이 오게 합니다! 당신은 하나님의 나라에 있습니다!

말씀	"부모의 마음을 자녀에게로 돌아오게 하고 거역하는 자들을 의인의 지혜의 길로 돌아서게 해서, 주님을 맞이할 준비가 된 백성을 마련할 것이다."(눅 1:17)
불씨	나는 그리스도의 복음을 부끄러워하지 않습니다. 왜냐하면 복음은 모든 믿는 사람을 구원에 이르게 하는 하나님의 능력이기 때문입니다.
참고성경	눅 1:17, 요 3:3, 7, 요일 2:18
성경읽기	아침 – 대하 31, 계 17 / 저녁 – 슥 13:2~9, 요 16

믿음의 마지막 시험
Faith's Final Test

12월 27일

　하나님은 아브라함을 우호적이지 않은 광야에 심으셨습니다. 하나님은 또한 아브라함과 같은 목적으로 교회를 우호적이지 않은 세상에 심으셨습니다. 예수님께서 그분의 제자들을 보내실 때, 그분은 그들에게 지구 위의 모든 땅으로 들어갈 수 있는 하나님의 여권을 주셨습니다. "너희는 온 세상에 나가서, 만민에게 복음을 전파하여라."(막 16:15) 그리스도께서는 아브라함에게 표현하셨던 그분의 아버지의 뜻을 따르고 있었습니다. "내가 … 너에게 복을 주어서 … 너는 복의 근원이 될 것이다 … 땅에 사는 모든 민족이 너로 말미암아 복을 받을 것이다."(창 12:2~3) 그들은 자신들의 구원은 잊어버릴 수 있었는데, 하나님께서 돌봐 주실 것이기 때문입니다. 그들의 관심은 반드시 인류를 구원하는 것이어야 합니다. 대사명이 우리를 그리스도의 사명에 전념하도록 합니다. 오직 자신에게만 관심을 가지면, 그런 교회는 하나님이 보시기에는 목적도 없고, 지옥에도 해가 되지도 않습니다. 믿음은 그분의 목적과 연결되어 있을 때만 작동합니다. 그중 첫 번째 목적은 지상의 모든 가족들을 축복하는 것입니다.

　아브라함의 삶 가운데 가장 이상한 사건은 이삭을 희생제물로 드리라는 그분의 부르심이었습니다.

　　아브라함은 시험을 받을 때에, 믿음으로 이삭을 바쳤습니다. 더구나 약속을 받은 그가 그의 외아들을 기꺼이 바치려 했던 것입니다. 일찍이 하나님께서 아브라함에게 말씀하시기를 "이삭에게서 네 자손이라 불릴 자손들이 태어날 것이다" 하셨습니다. 하나님께서는 이삭을 죽은 사람들 가운데서도 되살리실 수 있다고 아브라함은 생각했던 것입니다. 그러므로 비유하자면, 아브라함은 이삭을 죽은 사람들 가운데서 되받은 것입니다.(히 11:17~19)

　아브라함이 사람으로 제물을 드린다는 것에 대해 생각을 했다는 것만으로도 우리에게는 충격이지만, 4천 년의 간격은 우리가 그 시대의 한 사람을 이해하는 것이 불가능합니다. 사람을 제물로 드리는 것은 흔했지만 오늘날은 (여전히 아직도 행해지고 있기는 하지만) 그렇게 일반적이지 않습니다. 아브라함은 하나님을 믿는 믿음을 배우며 시작하는 사람이었습니다. 사람들이 영적인 교훈들을 이해하는 데는 매우 오랜 시간이 걸립니다.

　하나님은 이삭을 희생제물로 삼으려는 것이 아니라 아브라함을 그가 사는 문화의 수준에서 시험하려는 것이었습니다. 그때는 이런 행위가 극단적인 종교적 헌신의 표현이었습니다. 실제로 아브라함은 하나님께서 사람의 피를 드리는 것을 원하지 않는다는 것을 알게 되었습니다. 하나님의 목적은 피 흘림이 없는 그런 새로운 문화를 만드는 것이었습니다. 하나님께서 아브라함에게 새로운 언약을 가르친 것에 대해 우리는 감사합니다! 하나님께서 우리가 오늘날 언약의 충만함 가운데 살아갈 수 있도록 허락하신 것에 우리는 감사합니다.

말씀	"그리스도께서 우리를 위하여 저주를 받은 사람이 되심으로써, 우리를 율법의 저주에서 속량해 주셨습니다. 기록된 바 '나무에 달린 자는 모두 저주를 받은 자이다' 하였기 때문입니다. 그것은, 아브라함에게 내리신 복을 그리스도 예수 안에서 이방 사람에게 미치게 하시고, 우리로 하여금 믿음으로 말미암아 약속하신 성령을 받게 하시려는 것입니다."(갈 3:13~14)
불씨	갈보리의 희생제물은 궁극적인 희생제물입니다.
참고성경	창 12:2~3, 막 16:15, 히 11:17~19
성경읽기	아침 – 대하 32, 계 18 / 저녁 – 슥 14, 요 17

12월 28일 복음 전파는 모든 그리스도인들을 위한 것
Evangelism Is for All Christians

어떤 복음 전도자도 대사명을 언급하지 않고는 자신의 삶을 살아갈 수 없습니다. 그리스도의 입술에서 나온 이 사명은 사복음서와 사도행전에서 다양한 형태로 나타납니다. 매번 강조하는 것은 구원받지 못한 무리들인 온 세상 나라들에 있습니다. 마태복음은 이렇습니다. "그러므로 너희는 가서, 모든 민족을 제자로 삼아서, 아버지와 아들과 성령의 이름으로 침례를 주고"(마 28:19) 마가는 이렇게 말했습니다. "너희는 온 세상에 나가서, 만민에게 복음을 전파하여라."(막 16:15) 그리고 무슨 일이 일어났습니까? "그들은 나가서, 곳곳에서 복음을 전파하였다. 주님께서 그들과 함께 일하시고, 여러 가지 표징이 따르게 하셔서, 말씀을 확증하여 주셨다."(막 16:20) 누가복음은 이렇습니다. "그의 이름으로 죄사함을 받게 하는 회개가 모든 민족에게 전파될 것이다."(눅 24:47) 요한은 그분이 그분의 아버지께 말하던 그리스도의 가장 성스러운 순간을 기록했습니다. "아버지께서 나를 세상에 보내신 것과 같이, 나도 그들을 세상으로 보냈습니다 … 그래서 아버지께서 나를 보내셨다는 것을, 세상이 믿게 하여 주십시오."(요 17:18, 21) 예수님은 이렇게 말씀하셨습니다. "그러나 성령이 너희에게 내리시면, 너희는 능력을 받고, 예루살렘과 온 유대와 사마리아에서, 그리고 마침내 땅끝까지 이르러 내 증인이 될 것이다."(행 1:8)

어떤 사람들은 복음 전도자를 부흥사라고 여깁니다. 즉, 일 년에 한 번씩 교회를 흔들어 깨우는 사람입니다. 복음 전도자의 일은 잠자는 그리스도인들에게 설교를 하거나 죽은 교회들을 살려내는 것이 아니라 사람들을 그리스도에게로 구원하는 것입니다! 복음 전도자의 사역이 하나님의 성도들을 상대로 한다면 방향이 잘 못 된 것입니다. 사도행전 이후로 신약성경에서 복음 전도는 그리스도를 따르는 모든 사람들의 자연스러운 일입니다. 복음 전도는 그리스도를 따르는 것으로서, 그분이 주로 하셨던 일이었습니다. 빛이 태양에 속한 것처럼 복음 전도는 그리스도교의 일부입니다. 믿는 자들은 다른 선택을 할 수 없습니다. 그는 다른 사람들에게 자신의 믿음에 관해 말하거나, 다른 방법으로도 이 일을 하고 있어야만 합니다. 증거하는 것은 그리스도인의 믿음의 일입니다. 교회는 "복음을 전파하는 사회적 집단"입니다. 교회는 처음 시작할 때, 매우 위험한 일이었지만 사람들은 증인이 될 것을 기대하면서 교회와 함께 하기로 했습니다. 모든 종교에는 신성한 의무가 있습니다. 시크교도들은 터번을 써야만 하고, 힌두교도들은 동물의 기름을 피해야만 하고, 무슬림들은 그들의 성스러운 기도를 반복합니다. 그리스도인은 그리스도를 증거하는 성스런 임무에 그 뿌리를 두고 있습니다. 증거하는 것은 우리의 믿음에 필수적인 부분입니다. 오늘 당신의 삶에서 이것을 활성화하십시오.

말씀	"그의 이름으로 죄사함을 받게 하는 회개가 모든 민족에게 전파될 것이다 … 너희는 이 일의 증인이다."(눅 24:47~48)
불씨	복음 전도자의 일은 잠자는 그리스도인들에게 설교를 하거나 죽은 교회들을 살려내는 것이 아니라 사람들을 그리스도께로 구원하는 것입니다!
참고성경	마 28:19, 막 16:15, 20, 눅 24:47~48, 요 17:18~21, 행 1:8
성경읽기	아침 - 대하 33, 계 19 / 저녁 - 말 1, 요 18

초점의 변화
Change of Focus

12월 29일

　회심하기 이전에도 바울은 증거하는 것이 믿는 사람이 해야하는 일이라는 것을 알고 있었습니다. 그는 자기가 해야 마땅한 것을 했기 때문에 너무나 많은 어려움 겪었습니다. 사도로서 그는 하나님께서 복음을 그에게 맡기셨다는 매우 용납할 만한 자연스러운 자부심을 나타냈습니다. 그는 언제나 이것을 가장 기대하지 않았던 행운이었던 것처럼 말했습니다! 교회가 성장해야 한다는 것은 신약성경 전체에 내재되어 있고 또한 명시되어 있기도 합니다. "보내심을 받지 않았는데, 어떻게 선포할 수 있겠습니까? 성경에 기록한 바 "기쁜 소식을 전하는 이들의 발걸음이 얼마나 아름다우냐!" 한 것과 같습니다."(롬 10:15)

　신약성경에서 히브리인들의 성경과 그리스도인의 성경 간의 한 가지 두드러진 차이점은 세상에 초점을 맞춘다는 것입니다. 구약성경은 우리를 이스라엘의 실망스러운 역사 안에 가두어 둡니다. 이는 좁히고 내부만 들여다보게 하여서, 구약성경의 관점은 오직 "내부를 보는 것" 뿐입니다. 그 가장 높은 소망은 민족주의입니다. 신약성경에서는 전체의 그림이 바뀝니다. 거기에는 이스라엘 사람들이 세상을 여행하는 사람들로서 가는 곳마다 주님의 이름을 선포하는 흥분과 부산함이 있습니다. 그들을 보내신 분이 바로 예수님이었다는 것이 분명합니다. "나에게는 이 우리에 속하지 않은 다른 양들이 있다. 나는 그 양들도 이끌어 와야 한다. 그들도 내 목소리를 들을 것이며, 한 목자 아래에서 한 무리 양떼가 될 것이다." (요 10:16)

　예수님은 목양과 추수에 관해서 말씀하셨지만, 물고기를 잡는 것에 대해서도 말씀하셨습니다. 물가를 걸으시던 어느 날, 그분은 일하고 있는 어부들을 보셨습니다. 시몬과 안드레는 그물을 던지고 있었습니다. 요한과 야고보는 그들의 그물을 고치고 있었습니다. 그들 중에 어떤 이는 십 대를 갓 넘은 나이였습니다. 예수께서 그들에게 말씀하셨습니다. "나를 따라오너라. 나는 너희를 사람을 낚는 어부로 삼겠다."(마 4:19) 그들이 양과 같은지 물고기와 같은지는 중요하지 않습니다. 그리스도께서는 사람들을 그분께로 불러 모으기를 원하셨습니다. 이것은 지금도 그분의 위대한 목적이며, 우리들의 목적이 되어야 마땅합니다. 오늘 이것을 당신의 목적으로 삼으십시오!

말씀	"성경은 '그를 믿는 사람은 누구나 부끄러움을 당하지 않을 것이다' 하고 말합니다. 유대 사람이나, 그리스 사람이나, 차별이 없습니다. 그는 모든 사람에게 똑같이 주님이 되어주시고, 그를 부르는 모든 사람에게 풍성한 은혜를 내려주십니다. '주님의 이름을 부르는 사람은 누구든지 구원을 얻을 것입니다'"(롬 10:11~13)
불씨	그리스도께서는 사람들을 자기에게로 불러 모으기를 원했으며 이것은 여전히 그분의 위대한 목적입니다.
참고성경	마 4:19, 요 10:16, 롬 10:11~15
성경읽기	아침 – 대하 34, 계 20 / 저녁 – 말 2, 요 19

12월 30일

왕국의 우선순위
Priorities of the Kingdom

예수님을 아는 사람들에게 한 해가 지나가는 것은 "아무도 일할 수 없는 밤이 곧 온다." (요 9:4, 개역개정)라는 말씀을 강하게 기억하게 해 줍니다. 그동안에 우리는 주님의 권고를 따라서, "그가 오실 때까지"(고전 11:26, 개역개정) 일반적인 일을 계속합니다. 예수님의 교회의 긴 역사를 추적해 본 사람들은 한 가지를 알게 될 것입니다. 수평선에 먹구름이 몰려오면, 종말이 임박한 것처럼 보일 때마다, 하나님을 믿는 남녀들이 화롯가를 떠나서 차가운 어둠 속으로 복음의 소망이란 횃불을 들고 들어가도록 사람들을 자극했습니다.

로마의 길을 걸어서 여행 중이던 사도 바울이라는 작은 사람은 수천 가지의 믿음을 머릿속에 가지고 있는 이교도들의 무리 속에 섞여서 눈에 띄지도 않았습니다. 그가 유럽 역사의 문을 활짝 열어 놓을 사람이라는 것을 그들은 깨닫지 못했습니다. 제국의 모든 힘은 그를 저항할 수 없었습니다. 그는 음탕한 신들의 추종자들을 회심시켰으며, 그들에게 이렇게 말했습니다. "때가 얼마 남지 않았으니, 이제부터는 아내 있는 사람은 없는 사람처럼 하고 … 세상을 이용하는 사람은 그렇게 하지 않는 사람처럼 하도록 하십시오. 이 세상의 형체는 사라집니다."(고전 7:29, 31) 시간의 한계 때문에 우리의 우선순위는 하나님의 왕국의 우선순위와 같아야 한다는 말이었습니다.

그리스도인의 목적은 여전히 동일합니다. 어두운 세상으로 복음의 빛을 가지고 들어가는 것이지, 영광을 추구하거나, 우리의 성공을 생각하거나, 예배당의 좌석을 채우는 것이 아닙니다. 교회는 사업이 아닙니다. 왜 바울은 복음을 전파하는 데 그렇게 헌신했을까요? 왜냐하면 그는 그리스도께서 모든 사람들을 위해서 죽으셔서, 모든 사람이 살 수 있게 되었다는 것을 확신하였으며, 하나님의 사랑이 그를 강권하였기 때문이었습니다. 최고의 복음 전도자인 바울은 남녀의 영원한 운명이라는 단 하나의 우선순위를 가지고 있었습니다. 이것은 모든 관심들을 물리쳤습니다. 그는 모든 것을 바쳤으며 다른 사람들도 똑같이 하기를 기대했습니다. 그러나 수 세기 동안 교회는 오직 로마 세계에 관심을 국한시켰고, 8세기가 되어서야 그들의 관심을 그들의 국경을 넘어서 "야만인들"에게로 돌려, 복음과 함께 순교를 할 수도 있는 지역으로 모험을 떠났습니다. 당신은 복음으로 세상을 바꿀 수 있습니다!

말씀	"그리스도의 사랑이 우리를 휘어잡습니다. 우리가 확신하기로는, 한 사람이 모든 사람을 위하여 죽으셨으니, 모든 사람이 죽은 셈입니다."(고후 5:14)
불씨	그리스도인의 목적은 여전히 똑같이 어두운 세상으로 복음의 빛을 가지고 들어가는 것입니다.
참고성경	눅 19:13, 요 9:4, 고전 7:29, 31, 11:26, 고후 5:14
성경읽기	아침 – 대하 35, 계 21 / 저녁 – 말 3, 요 20

당신의 최우선 목표
Your Primary Goal

12월 31일

　19세기의 신자들은 20세기가 그리스도를 돌아오시게 할 것이라고 믿고, 땅 위의 모든 족속과 나라들에게 복음을 전할 힘을 달라고 기도했습니다. 이렇게 헌신된 남녀들의 기도가 응답되어서, 열방을 위한 그리스도Christ for All Nations의 10/40창(유럽, 아시아, 아프리카의 북위 10~40도 사이에 있는 지역)으로 들어가는 추진력에 분명히 나타났듯이, 하나님의 능력은 알려졌던 모든 것을 능가하고 있습니다. 최근의 우리의 전도집회 중에 한번은 예수 그리스도를 위해서 긍정적인 반응을 보인 사람만 7백만 명이 넘었습니다! 세 번째 천 년에서 기술 시대가 만들어낸 가장 최고의 수단인 새로운 수단을 사용하여 더 강력하게 밀어붙일 것을 목표로 계속하고 있습니다. 이것이 우리보다 앞서 일했던 사람들보다 우리가 가진 하나의 이점입니다. 추수는 무르익어 준비되어 있으며 새 천년은 새로운 수준으로 우리의 사역을 뛰어오르게 하여 한 전도집회에서 수십만 명이 구원받는 것이 아니라, 나이지리아의 라고스의 경우와 같이 한 번 집회에서 백만 명의 영혼이 구원받는 것을 볼 수 있습니다. 하나님께서는 추수에 더 빠른 속도를 내고 계십니다. "주님께서 하시는 말씀이다. "그때가 되면, 농부는 곡식을 거두고서, 곧바로 땅을 갈아야 한다."(암 9:13)

　또 다른 유익도 있는데 오늘날 그리스도인들 가운데 있는 풍요함은 한 세기 전에는 꿈도 못 꾸던 것이었습니다. 하나님께서 부를 사용할 수 있게 해 주셔서, 주려고 하는 사람들에게 주십니다. 땅의 조건은 땅의 방법과 돈이 필요합니다. 하나님의 백성들은 이것을 다룰 수는 있지만, 오직 예수님만이 그 능력을 주실 수 있으며, 그것이 바로 "더욱 풍성히"(요 10:10)입니다. 어떤 사람들은 그들이 이미 성취한 것에 만족하면서, 그리스도의 임박한 재림을 바라보며 기다리고 있지만 우리는 감히 그럴 수 없습니다. 그분이 우리를 데리러 오셨을 때 우리는 들에서 일을 하고 있다가 발견되어야만 합니다! 그분이 살던 시대에, 바울은 온 세상과 로마 제국이 그를 반대했음에도 불구하고, 그는 이렇게 말했습니다. "보십시오, 지금이야말로 은혜의 때요, 지금이야말로 구원의 날입니다."(고후 6:2) 그 당시 적대적인 조건 아래서 그때가 "구원의 날"이었다면, 수천 개의 열린 문과 수백만 명의 열린 팔과 마음으로 복음의 메시지를 껴안을 준비가 되어 있는 귀하고 사랑스러운 사람들이 있는 오늘날은 무슨 날입니까?

　예수님이 다시 오실 때까지, 우리의 결심은 복음이 필요한 사람들에게 복음을 전할 어떤 기회도 놓치지 않는 것입니다. 그리스도에 대해 알지 못하는 단 한 사람을 지상에서 발견하는 한 우리 주님의 명령은 남아 있습니다. 가장 마지막 순간에 가장 마지막 한 사람에게 "너희는 온 세상에 나가서, 만민에게 복음을 전파하여라."(막 16:15) 우리는 바로 이것을 할 것입니다. 이것을 다음 해에 당신의 최우선 목표로 하십시오.

말씀	"우리는 하나님과 함께 일하는 사람으로서 여러분에게 권면합니다. 하나님의 은혜를 헛되이 받지 않도록 하십시오. 하나님께서 말씀하시기를 '은혜의 때에, 나는 네 말을 들어주었다. 구원의 날에, 나는 너를 도와주었다' 하셨습니다. 보십시오, 지금이야말로 은혜의 때요, 지금이야말로 구원의 날입니다."(고후 6:1~2)
불씨	우리의 결심은 복음이 필요한 사람들에게 복음을 가지고 갈 어떠한 기회도 놓치지 않는 것입니다.
참고성경	암 9:3, 막 16:15, 요 10:10, 고후 6:1~2
성경읽기	아침 – 대하 36, 계 22 / 저녁 – 말 4, 요 21

날짜별 목차

1월

1월 1일	하나님 먼저		우선순위
1월 2일	사는 이유		전도, 우선순위
1월 3일	완벽하게 확실한		그리스도인의 삶, 구원
1월 4일	구원은 추측하는 것이 아닙니다		그리스도인의 삶, 구원
1월 5일	영적 필요		그리스도인의 삶, 전도
1월 6일	세상의 필요		그리스도인의 삶, 전도
1월 7일	오직 예수		예수 그리스도를 높임
1월 8일	예수님은 결코 변하지 않습니다		예수 그리스도를 높임
1월 9일	믿음 요인		그리스도인의 능력, 믿음
1월 10일	믿음의 퓨즈		그리스도인의 능력, 믿음
1월 11일	예수님의 손		그리스도인의 능력, 예수의 피
1월 12일	예수님은 정말로 계십니다		그리스도인의 삶, 믿음
1월 13일	하나님의 보편적 건강 보험		치유하는 믿음
1월 14일	사막에 있는 강물		그리스도인의 능력, 성령
1월 15일	하나님을 찾는 것		그리스도인의 삶, 하나님 아버지
1월 16일	하나님의 정체성		하나님 아버지, 전도
1월 17일	부흥은 일이다		그리스도인의 삶, 부흥
1월 18일	조용한 별		그리스도인의 삶, 기도
1월 19일	우리는 모든 다른 사람들과 예수의 피만큼 다릅니다		그리스도인의 능력, 예수의 피
1월 20일	하나님의 혈액형		그리스도인의 능력, 예수의 피
1월 21일	증명된 표적		그리스도의 재림, 우선순위
1월 22일	기적의 영역		그리스도인의 삶, 기적
1월 23일	기적의 조건		그리스도인의 삶, 기적
1월 24일	아픈 것은 하나님의 계획이 아닙니다		그리스도인의 삶, 치유
1월 25일	과거의 실수를 피하십시오		그리스도인의 지식, 재림
1월 26일	아멘. 오십시오, 주 예수님!		그리스도의 재림, 구원
1월 27일	황금 선물		예수 그리스도를 높임, 믿음
1월 28일	현재 시제의 믿음		그리스도인의 삶, 믿음
1월 29일	성령님의 여러 면		그리스도인의 능력, 성령
1월 30일	하나님의 무한한 피		그리스도인의 능력, 삼위일체
1월 31일	하나님을 아는 것		그리스도인의 삶, 하나님 아버지

2월

2월 1일	능력의 원리들		그리스도인의 삶, 능력
2월 2일	하나님의 명령		전도, 우선순위

날짜	제목	주제
2월 3일	빛의 반사경들	그리스도인의 삶, 우선순위
2월 4일	열려져 있는 문들	그리스도인의 삶, 구원
2월 5일	무서운 진실	그리스도인의 삶, 속량
2월 6일	성경을 읽으십시오	그리스도인의 삶, 기도
2월 7일	하나님의 핵심 관심사	하나님 아버지, 전도
2월 8일	우리는 구원자가 필요합니다	그리스도인의 삶, 예수 그리스도
2월 9일	왕이신 예수님	그리스도, 하나님의 왕국
2월 10일	돌파하는 믿음	그리스도인의 삶, 믿음
2월 11일	실제적인 믿음	그리스도인의 삶, 믿음
2월 12일	부흥의 비밀	그리스도인의 삶, 부흥
2월 13일	그 빛에 대한 한 증인	그리스도인의 삶, 믿음
2월 14일	빛 대 어둠	그리스도인의 삶, 전도
2월 15일	성령님은 누구인가	그리스도인의 삶, 성령
2월 16일	그리스도의 비밀 무기	그리스도인의 능력, 성령
2월 17일	흔치 않은 기적의 조건	그리스도인의 삶, 능력
2월 18일	우리는 모두 기적이 필요합니다	그리스도인의 능력, 하나님 아버지
2월 19일	하나님을 갈망하는 것	그리스도인의 삶, 하나님 아버지
2월 20일	왕과 그의 왕국	그리스도인의 삶, 하나님의 왕국
2월 21일	당신의 낙하산을 사용하기	그리스도인의 삶, 믿음
2월 22일	확신의 충만함	그리스도인의 삶, 구원
2월 23일	일과 함께 오는 능력	그리스도인의 능력, 전도
2월 24일	약속된 능력	그리스도인의 능력, 성령
2월 25일	왕의 행동	하나님의 왕국, 예수 그리스도를 높임
2월 26일	그분의 능력의 최고봉	예수 그리스도를 높임, 능력
2월 27일	하나님의 깃발	그리스도인의 삶, 하나님 아버지
2월 28일	참된 깃발	예수 그리스도를 높임, 전도
2월 29일	각 세대에게	전도, 사명

3월

날짜	제목	주제
3월 1일	21세기의 죄	그리스도인의 삶, 예수 그리스도
3월 2일	세계에 만연한 죄	그리스도인의 삶, 구원
3월 3일	세상은 우리에게 달렸습니다	그리스도인의 삶, 구원
3월 4일	그치지 않는 빛	그리스도인의 삶, 능력
3월 5일	피의 능력	그리스도인의 삶, 구원
3월 6일	호소력 있는 확신	그리스도인의 삶, 구원
3월 7일	선두주자	예수 그리스도를 높임, 믿음
3월 8일	전략적 무기	그리스도인의 능력, 기도
3월 9일	새로운 산 길	예수 그리스도를 높임, 기도

3월 10일	시간의 절정	예수 그리스도의 재림
3월 11일	되사다	그리스도인의 삶, 구원
3월 12일	핏 자국	그리스도인의 삶, 예수의 피
3월 13일	전형적인 부흥	그리스도인의 가르침, 부흥
3월 14일	모든 기도	그리스도인의 삶, 기도
3월 15일	능력으로 구비되었다	그리스도인의 능력, 구원
3월 16일	오순절은 우리에게 열쇠들을 주었습니다	그리스도인의 능력, 성령
3월 17일	하나님 자신의 깃발과 활	그리스도인의 능력, 하나님 아버지
3월 18일	하나님의 영	그리스도인의 삶, 구원
3월 19일	성경 폭약	그리스도인의 능력, 예수 그리스도
3월 20일	어제, 오늘, 영원토록	그리스도인의 삶, 예수 그리스도
3월 21일	하나님께 알지 반응을?	그리스도인의 능력, 구원
3월 22일	의심을 쫓아내는 법	그리스도인의 삶, 믿음
3월 23일	예수님의 명령들	전도, 우선순위
3월 24일	우리의 가장 높고 고상한 과제	그리스도인의 삶, 전도
3월 25일	요한의 문제	그리스도인의 삶, 전도
3월 26일	증가하는 믿음	그리스도인의 삶, 믿음
3월 27일	삼위 하나님의 비서	그리스도인의 능력, 성령
3월 28일	성령님을 이해하기	그리스도인의 가르침, 성령
3월 29일	우리의 사명은 긍휼입니다	전도, 우선순위
3월 30일	공격을 받고 있습니다	그리스도인의 능력, 전도
3월 31일	고전적인 부흥	그리스도인의 가르침, 부흥

4월

4월 1일	하나님의 반격	그리스도인의 삶, 능력
4월 2일	참된 중보기도자가 되는 법	그리스도인의 삶, 기도
4월 3일	하나님의 재산	그리스도인의 삶, 예수의 피
4월 4일	가족은 하나님의 목적입니다	그리스도인의 삶, 하나님 아버지
4월 5일	우리의 일의 목표	그리스도인의 삶, 전도
4월 6일	어둠 속에서 찾기	그리스도인의 능력, 우선순위
4월 7일	믿음은 모험입니다	그리스도인의 삶, 믿음
4월 8일	동기부여	그리스도인의 삶, 믿음
4월 9일	일용할 빵	기도, 그리스도인의 삶
4월 10일	하나님은 기도를 들으십니다	기도, 하나님 아버지
4월 11일	성령님은 동경하십니다	믿음, 성령
4월 12일	능력	성령침례, 간증
4월 13일	피를 바르십시오	그리스도인의 능력, 예수의 피
4월 14일	하나님의 변치 않은 마음	그리스도인의 삶, 하나님 아버지

4월 15일	삼손과 그리스도	그리스도인의 삶, 구원
4월 16일	아들에게 키스하라	그리스도인의 삶, 재림
4월 17일	미리 쓰는 역사	재림, 우선순위
4월 18일	하나님의 영광을 위해 창조되고 구원받았습니다	그리스도인의 가르침, 믿음
4월 19일	"불가능한" 예수님	그리스도인의 삶, 예수 그리스도
4월 20일	하나님이 주신 우리의 권리	그리스도인의 삶, 재림
4월 21일	중보기도는 결과가 있습니다	그리스도인의 능력, 기도
4월 22일	걱정하는 마음에 감동되다	그리스도인의 삶, 기도
4월 23일	기적을 못 보는 신자들	그리스도인의 능력, 믿음
4월 24일	별난 세상	그리스도인의 삶, 하나님 아버지
4월 25일	하나님은 가족을 만드셨습니다	그리스도인의 삶, 능력
4월 26일	집중적인 돌봄	그리스도인의 능력, 하나님 아버지
4월 27일	예수: 하나님과 사람	예수 그리스도, 기도
4월 28일	실제 세상에서 예수	예수 그리스도, 구원
4월 29일	빛 가운데 있는 성도들	그리스도인의 삶, 구원
4월 30일	그리스도의 대사명	성령침례, 전도

5월

5월 1일	하나님의 살아 있는 돌	그리스도인의 삶, 능력
5월 2일	초인들이라고 할 수 없습니다	그리스도인의 능력, 기도
5월 3일	가기 싫어했던 복음 전도자 요나	그리스도인의 가르침, 전도
5월 4일	내려가기	그리스도인의 능력, 전도
5월 5일	기도의 법칙 일곱 가지	그리스도인의 능력, 기도
5월 6일	완전한 지혜	그리스도인의 삶, 기도
5월 7일	당신의 가족을 준비하십시오	그리스도인의 삶, 구원
5월 8일	첫 세대	그리스도인의 삶, 구원
5월 9일	하나님의 사랑의 로고	예수 그리스도, 구원
5월 10일	하나님의 능력을 풀어놓기	그리스도인의 능력, 예수 그리스도
5월 11일	따끔거리는 자극	성령침례, 간증
5월 12일	성령님이 오실 때	그리스도인의 능력, 성령침례
5월 13일	이해하기 쉽게 한 믿음	그리스도인의 가르침, 믿음
5월 14일	성품 시험	그리스도인의 삶, 믿음
5월 15일	기적과 회의주의	그리스도인의 삶, 믿음
5월 16일	여기 부흥이 있습니다	그리스도인의 삶, 부흥
5월 17일	하나님께 맞추다	그리스도인의 능력, 성령
5월 18일	믿음은 소망을 고정시켜 줍니다	그리스도인의 삶, 믿음
5월 19일	보이지 않는 것을 보는 눈	그리스도인의 능력, 믿음

5월 20일	변화시키는 힘	그리스도인의 삶, 믿음
5월 21일	사랑의 목소리	그리스도인의 삶, 예수 그리스도
5월 22일	어떻게 죄를 지었나	그리스도인의 삶, 믿음
5월 23일	경건한 가정	그리스도인의 삶, 기도
5월 24일	제로에서 텐까지	그리스도인의 능력, 예수 그리스도
5월 25일	변호인들이 아니라 증인들	그리스도인의 능력, 믿음
5월 26일	두개의 선물	그리스도인의 삶, 성령
5월 27일	예수님이 오실 때	그리스도인의 가르침, 믿음
5월 28일	하나님의 자녀가 되기	그리스도인의 가르침, 구원
5월 29일	새로운 길	그리스도인의 삶, 기도
5월 30일	왜 하나님은 말씀하셨는가	그리스도인의 삶, 믿음
5월 31일	하나님이 일하신다	그리스도인의 능력, 삼위일체

6월

6월 1일	믿는 이유	그리스도인의 능력, 믿음
6월 2일	믿음이냐 혼돈이냐?	그리스도인의 능력, 믿음
6월 3일	놀라운 지식	그리스도인의 능력, 전도
6월 4일	진리와 진리를 나타내는 사람들	그리스도인의 능력, 전도
6월 5일	우리 아버지	그리스도인의 능력, 기도
6월 6일	하나님은 특이하십니다	그리스도인의 능력, 가르침
6월 7일	끊임없는 약속	그리스도인의 삶, 하나님 아버지
6월 8일	이기는 자들	그리스도인의 가르침, 믿음
6월 9일	믿음은 결단입니다	믿음, 구원
6월 10일	믿음의 크기	그리스도인의 가르침, 믿음
6월 11일	의분과 바른 우선순위	그리스도인의 삶, 구원
6월 12일	우리를 위한 그리스도	그리스도인의 삶, 예수 그리스도
6월 13일	정복하는 사랑	그리스도인의 능력, 구원
6월 14일	나타난 능력	그리스도인의 삶, 구원
6월 15일	세계 비전	전도, 우선순위
6월 16일	복음 전파는 하나님이 주도하십니다	전도, 우선순위
6월 17일	낮은 저항	그리스도인의 능력, 믿음
6월 18일	믿는 것	그리스도인의 능력, 믿음
6월 19일	한 잔	그리스도인의 능력, 성령
6월 20일	기적으로 확인되다	그리스도인의 능력, 치유
6월 21일	오늘의 사도행전	그리스도인의 삶, 능력
6월 22일	하나님은 죽은 자를 살리십니다	그리스도인의 능력, 전도
6월 23일	우리가 어디에서 달리고 있는 지는 관계없습니다	그리스도인의 삶, 전도

6월 24일	참된 복음 전파의 영	그리스도인의 능력, 전도
6월 25일	개인적인 임재	그리스도인의 삶, 능력
6월 26일	부흥의 방아쇠를 당기기	그리스도인의 능력, 전도
6월 27일	창조하시는 하나님	그리스도인의 가르침, 하나님 아버지
6월 28일	좋으신 하나님	그리스도인의 삶, 하나님 아버지
6월 29일	요나의 문제	그리스도인의 가르침, 전도
6월 30일	우리의 궁극적인 목표	그리스도인의 삶, 전도

7월

7월 1일	미래의 복음 전파	그리스도인의 우선순위, 전도
7월 2일	현대인	그리스도인의 삶, 능력
7월 3일	믿음의 격언들	그리스도인의 삶, 믿음
7월 4일	어디나 있는 능력	그리스도인의 능력, 믿음
7월 5일	한 단어로: 동정심	예수 그리스도, 동기부여
7월 6일	주는 분 그리스도	그리스도인의 삶, 예수 그리스도
7월 7일	부활–불가능한 속임수인가?	그리스도인의 삶, 능력
7월 8일	중생과 부활	예수 그리스도, 구원
7월 9일	교향악단에 참여하십시오!	그리스도인의 삶, 능력
7월 10일	하나님은 어떤 사람들이 생각하는 그런 분이 아닙니다	그리스도인의 삶, 예수 그리스도
7월 11일	탄약!	그리스도인의 삶, 성령
7월 12일	기도를 즐기기	그리스도인의 삶, 기도
7월 13일	말하는 피	그리스도인의 삶, 전도
7월 14일	아버지 하나님께 영광을	그리스도인의 삶, 구원
7월 15일	열방의 바다에 있는 물고기	그리스도인의 능력, 전도
7월 16일	열방의 바다에 주님	그리스도인의 능력, 전도
7월 17일	부인할 수 없는 증거	그리스도인의 삶, 구원
7월 18일	영원한 표시	구원, 예수 그리스도
7월 19일	믿음에서 믿음으로	그리스도인의 능력, 믿음
7월 20일	완성된 믿음	그리스도인의 삶, 믿음
7월 21일	그리스도는 우리의 집입니다	그리스도인의 삶, 예수 그리스도
7월 22일	어린 양의 영광	예수 그리스도를 높임, 능력
7월 23일	강물들	그리스도인의 능력, 성령
7월 24일	십자가와 왕국의 기적들	그리스도인의 능력, 예수 그리스도
7월 25일	미래를 두려워하지 마십시오	그리스도인의 삶, 능력
7월 26일	얘들아 똑바로 해라!	그리스도인의 능력, 전도
7월 27일	예수님은 우리의 잘못을 고쳐주십니다	그리스도인의 삶, 능력
7월 28일	우리는 벗어날 수 없습니다	예수 그리스도, 구원

7월 29일	멍에는 오염된 진리입니다	그리스도인의 가르침, 삶
7월 30일	믿음의 도약들	그리스도인의 삶, 믿음
7월 31일	믿음의 포옹	그리스도인의 능력, 믿음

8월

8월 1일	이와 똑같은 예수님	살아계신 예수 그리스도를 높임
8월 2일	성장할 시간!	그리스도인의 삶, 능력
8월 3일	역동적인 능력의 근원	그리스도인의 삶, 능력
8월 4일	구원을 확증함	그리스도인의 삶, 구원
8월 5일	비판자들은 알지 못합니다	그리스도인의 능력, 성령
8월 6일	성령의 차이	그리스도인의 삶, 성령
8월 7일	귀신의 공포	그리스도인의 능력, 재림
8월 8일	구원의 확신	그리스도인의 능력, 구원
8월 9일	불을 켜십시오!	그리스도인의 능력, 성령
8월 10일	생명의 피	그리스도인의 삶, 예수의 피
8월 11일	값진 기름	그리스도인의 삶, 능력
8월 12일	헌신	그리스도인의 삶, 성령
8월 13일	오직 하나님만이 하나님을 계시할 수 있습니다	그리스도인의 능력, 하나님 아버지
8월 14일	하나님의 약속들	그리스도인의 삶, 능력
8월 15일	믿음이란 황금 선물	그리스도인의 삶, 믿음
8월 16일	세 가지 시제의 믿음	그리스도인의 능력, 믿음
8월 17일	기름의 근원	그리스도인의 능력, 성령
8월 18일	어딘가 가기	그리스도인의 삶, 능력
8월 19일	갑작스러운 홍수!	그리스도인의 능력, 전도
8월 20일	기적은 왕국의 특성입니다	그리스도인의 능력, 성령
8월 21일	그분의 가장 큰 일	그리스도인의 삶, 전도
8월 22일	흉내가 아닙니다	그리스도인의 삶, 능력
8월 23일	그리스도 안에서만 자랑하십시오	예수 그리스도를 높임, 구원
8월 24일	이런 종이라!	예수 그리스도를 높임, 구원
8월 25일	전선들	그리스도인의 삶, 능력
8월 26일	플러그로 접속되어 있다	그리스도인의 삶, 능력
8월 27일	환영하는 믿음의 얼굴	그리스도인의 삶, 믿음
8월 28일	말씀으로부터 순수하게	그리스도인의 가르침, 믿음
8월 29일	성령에 의해 살아나다	그리스도인의 능력, 성령침례
8월 30일	중보기도	그리스도인의 삶, 기도
8월 31일	그리스도와 같은 동정심	기도, 동기부여

9월

9월 1일	인내	그리스도인의 삶, 능력
9월 2일	불지르기가 범죄가 아닐 때	그리스도인의 능력, 성령침례
9월 3일	전염성이 있는 믿음	구원, 전도
9월 4일	가족 구원	구원, 그리스도인의 우선순위
9월 5일	그분의 뜻을 이루기	그리스도인의 삶, 능력
9월 6일	행동을 나타내는 단어들	그리스도인의 삶, 믿음
9월 7일	예수의 증거	예수 그리스도를 높임, 능력
9월 8일	그리스도의 정복	그리스도인의 삶, 전도
9월 9일	믿음에 대한 기적의 도전	예수 그리스도를 높임, 능력
9월 10일	믿음의 돌파	그리스도인의 삶, 믿음
9월 11일	레이저 광선	그리스도인의 능력, 전도
9월 12일	중보기도의 특별함	그리스도인의 삶, 기도
9월 13일	하나님과 그분의 자녀들	그리스도인의 삶, 기도
9월 14일	상호의존적인	그리스도인의 능력, 기도
9월 15일	점화 장비	그리스도인의 능력, 성령
9월 16일	두 법정의 드라마	그리스도인의 능력, 구원
9월 17일	무죄하게 됨!	그리스도인의 가르침, 구원
9월 18일	가족 구원	그리스도인의 삶, 구원
9월 19일	다른 대안은 없다	그리스도인의 삶, 구원
9월 20일	믿음에 관한 경고	그리스도인의 능력, 믿음
9월 21일	하나님의 행동 원리	그리스도인의 능력, 믿음
9월 22일	하나님은 언제 어디서든지 말씀하십니다	하나님 아버지, 기도
9월 23일	지혜의 세 기둥	그리스도인의 삶, 하나님 아버지
9월 24일	새 질서의 능력	그리스도인의 삶, 능력
9월 25일	백만 촛불의 빛	그리스도인의 삶, 전도
9월 26일	큰 바다의 사업	그리스도인의 삶, 전도
9월 27일	영웅들의 이전과 이후	그리스도인의 삶, 믿음
9월 28일	눈을 열어주는 기도	그리스도인의 삶, 기도
9월 29일	불의 시대	예수 그리스도를 높임, 능력
9월 30일	재결합되다	예수 그리스도를 높임, 능력

10월

10월 1일	불에 타버리다	그리스도인의 능력, 성령침례
10월 2일	믿음 돌파	그리스도인의 삶, 믿음
10월 3일	믿음의 거인들	그리스도인의 능력, 믿음
10월 4일	거듭남	그리스도인의 삶, 능력

10월 5일	나의 첫 선교의 노력		전도, 개인간증
10월 6일	침략!		그리스도인의 능력, 전도
10월 7일	자연적인 법칙과 영적인 법칙		그리스도인의 삶, 믿음
10월 8일	하나님이 말씀하시는 것		그리스도인의 삶, 능력
10월 9일	하나님의 생각을 떠오르게 하기		그리스도인의 삶, 능력
10월 10일	아무도 "시시한 사람"이 아닙니다		그리스도인의 삶, 하나님 아버지
10월 11일	보고 믿으십시오!		그리스도인의 삶, 믿음
10월 12일	도끼와 교향악단		그리스도인의 삶, 믿음
10월 13일	찾고 있는 복음 전도자들!		그리스도인의 삶, 전도
10월 14일	오직 한 마음		전도, 믿음
10월 15일	복음이 아닌 것		그리스도인의 삶, 전도
10월 16일	행진 명령		그리스도인의 삶, 전도
10월 17일	그리스도의 권세		살아계신 예수 그리스도를 높임
10월 18일	불은 믿음으로 옵니다		그리스도인의 능력, 성령침례
10월 19일	성경적인 기름부음		그리스도인의 능력, 성령침례
10월 20일	참된 기름부음		그리스도인의 능력, 가르침
10월 21일	지옥은 얼마나 클까요?		구원, 재림
10월 22일	공포탄		그리스도인의 능력, 성령침례
10월 23일	"미친 듯한 기쁨"		그리스도인의 능력, 성령침례
10월 24일	요한계시록의 계시		살아계신 예수 그리스도를 높임
10월 25일	조심해서 읽어 보십시오		그리스도인의 삶, 능력
10월 26일	참 믿음		그리스도인의 삶, 기도
10월 27일	진정한 기름부음		그리스도인의 능력, 성령침례
10월 28일	조지 제프리와 나		그리스도인의 능력, 개인간증
10월 29일	사탄의 체스 게임		그리스도인의 삶, 능력
10월 30일	예수님 안에 있는 하나님의 불		살아계신 그리스도를 높임
10월 31일	파라클레토스		그리스도인의 삶, 성령

11월

11월 1일	죽어 있고 지루한 그리스도인들		그리스도인의 삶, 능력
11월 2일	인간 경험의 최고봉		그리스도인의 우선순위, 전도
11월 3일	실탄		그리스도인의 삶, 전도
11월 4일	영원한 목적들		그리스도인의 능력, 전도
11월 5일	경배와 찬양		그리스도인의 삶, 기도
11월 6일	믿음과 아는 것		그리스도인의 삶, 믿음
11월 7일	거짓된 믿음들		그리스도인의 삶, 가르침
11월 8일	기름부음과 임명하기		그리스도인의 삶, 능력
11월 9일	전투하는 은사들		그리스도인의 삶, 전도

11월 10일	마지막 때의 젊은이와 늙은이	그리스도인의 삶, 동기부여
11월 11일	회오리바람	그리스도인의 능력, 전도
11월 12일	말씀은 믿음을 가져 옵니다	그리스도인의 삶, 믿음
11월 13일	믿음과 약속들	그리스도인의 삶, 믿음
11월 14일	당신의 마지막 시간	그리스도인의 삶, 동기부여
11월 15일	마지막 시간의 논리	그리스도인의 능력, 전도
11월 16일	하나님으로부터 나온 아름다움	예수 그리스도를 높임, 능력
11월 17일	시급으로 받기	그리스도인의 삶, 전도
11월 18일	믿음의 목표들	그리스도인의 삶, 믿음
11월 19일	하나님의 파도	그리스도인의 능력, 성령침례
11월 20일	하나님의 진짜 음성	그리스도인의 삶, 능력
11월 21일	많은 부르심들	그리스도인의 삶, 능력
11월 22일	단의 배 위의 상점	우선순위, 전도
11월 23일	죽는 것들을 위한 죽지 않는 일	그리스도인의 삶, 능력
11월 24일	빛으로 뛰어 들기	그리스도인의 삶, 능력
11월 25일	예수님보다 더 크다고?	그리스도인의 능력, 성령침례
11월 26일	옛날의 믿음	그리스도인의 삶, 믿음
11월 27일	새로운 종류의 믿음	그리스도인의 삶, 믿음
11월 28일	첫 걸음, 둘째 걸음	그리스도인의 가르침, 믿음
11월 29일	셋째 걸음, 넷째 걸음	그리스도인의 가르침, 믿음
11월 30일	다섯째 걸음, 여섯째 걸음	그리스도인의 가르침, 믿음

12월

12월 1일	불신앙이 용서받을 때는 언제인가?	그리스도인의 삶, 구원
12월 2일	하나님의 기름부음–사람의 확인	그리스도인의 능력, 성령
12월 3일	십자가의 복음	그리스도인의 삶, 성령
12월 4일	금식과 믿음	그리스도인의 삶, 기도
12월 5일	눈에 띄지 않게, 그냥 변했다	그리스도인의 삶, 성령
12월 6일	왕국의 능력	그리스도인의 삶, 능력
12월 7일	돈을 벌까 역사를 만들까?	그리스도인의 삶, 전도
12월 8일	두 종류의 사람들	전도, 우선순위
12월 9일	선물이 아니라 주는 분	그리스도인의 삶, 하나님 아버지
12월 10일	가장 중요한 일	그리스도인의 삶, 전도
12월 11일	교회의 목표	그리스도인의 삶, 전도
12월 12일	단순하고 참된 믿음	그리스도인의 삶, 믿음
12월 13일	되돌린 바벨	그리스도인의 능력, 성령침례
12월 14일	예정과 복음 전파	그리스도인의 가르침, 전도
12월 15일	복음 전파는 나라들을 강하게 합니다	그리스도인의 삶, 전도

12월 16일	아브라함	그리스도인의 삶, 믿음
12월 17일	왜 믿는가?	그리스도인의 삶, 믿음
12월 18일	하나님의 손가락	그리스도인의 삶, 능력
12월 19일	지성주의	그리스도인의 삶, 믿음
12월 20일	단단한 땅	그리스도인의 삶, 믿음
12월 21일	불가능한 임무를 완성하기	전도, 믿음
12월 22일	가족 계획	성탄절, 그리스도인의 삶
12월 23일	얼마나 놀라운 아들인가!	성탄절, 예수 그리스도를 높임
12월 24일	추신을 읽으십시오	성탄절, 그리스도인의 삶
12월 25일	누가복음 2:1-20	성탄절, 그리스도인의 가르침
12월 26일	마지막 시간	그리스도인의 삶, 재림
12월 27일	믿음의 마지막 시험	그리스도인의 삶, 믊
12월 28일	복음 전파는 모든 그리스도인들을 위한 것	그리스도인의 삶, 전도
12월 29일	초점의 변화	그리스도인의 삶, 전도
12월 30일	왕국의 우선순위	그리스도인의 삶, 전도
12월 31일	당신의 최우선 목표	그리스도인의 삶, 전도

주제별 목차

그리스도인의 삶의 원리들

1월 5일 영적 필요
1월 6일 세상의 필요
1월 12일 예수님은 정말로 계십니다
1월 15일 하나님을 찾는 것
1월 17일 부흥은 일이다
1월 22일 기적의 영역
1월 23일 기적의 조건
2월 1일 능력의 원리들
2월 3일 빛의 반사경들
2월 4일 열려져 있는 문들
2월 11일 실제적인 믿음
2월 13일 그 빛에 대한 한 증인
2월 20일 왕과 그의 왕국
3월 1일 21세기의 죄
3월 3일 세상은 우리에게 달렸습니다
3월 4일 그치지 않는 빛
3월 22일 의심을 쫓아내는 법
3월 25일 요한의 문제
4월 3일 하나님의 재산
4월 5일 우리의 일의 목표
4월 7일 믿음은 모험입니다
4월 23일 기적을 못 보는 신자들
4월 24일 별난 세상
5월 1일 하나님의 살아 있는 돌
5월 6일 완전한 지혜
5월 7일 당신의 가족을 준비하십시오
5월 15일 기적과 회의주의
5월 16일 여기 부흥이 있습니다
5월 22일 어떻게 죄를 지었나
6월 11일 의분과 바른 우선순위
7월 7일 부활–불가능한 속임수인가?
7월 9일 교향악단에 참여하십시오!
7월 11일 탄약!
7월 25일 미래를 두려워하지 마십시오
7월 27일 예수님은 우리의 잘못을 고쳐주십니다
7월 30일 믿음의 도약들
8월 2일 성장할 시간!
8월 11일 값진 기름
8월 14일 하나님의 약속들
8월 18일 어딘가 가기
8월 22일 흉내가 아닙니다
9월 1일 인내
9월 5일 그분의 뜻을 이루기
9월 24일 새 질서의 능력
9월 25일 백만 촛불의 빛
10월 2일 믿음 돌파
10월 8일 하나님이 말씀하시는 것
10월 12일 도끼와 교향악단
10월 15일 복음이 아닌 것
11월 1일 죽어 있고 지루한 그리스도인들
11월 8일 기름부음과 임명하기
11월 9일 전투하는 은사들
11월 14일 당신의 마지막 시간
11월 20일 하나님의 진짜 음성
11월 21일 많은 부르심들
11월 24일 빛으로 뛰어 들기
11월 27일 새로운 종류의 믿음
12월 1일 불신앙이 용서받을 때는 언제인가?
12월 3일 십자가의 복음
12월 4일 금식과 믿음
12월 5일 눈에 띄지 않게, 그냥 변했다
12월 6일 왕국의 능력
12월 17일 왜 믿는가?
12월 18일 하나님의 손가락
12월 29일 초점의 변화
12월 30일 왕국의 우선순위
12월 31일 당신의 최우선 목표

복음 전파와 부흥

1월 2일 사는 이유
2월 2일 하나님의 명령
2월 12일 부흥의 비밀
2월 14일 빛 대 어둠
2월 29일 각 세대에게

3월 13일	전형적인 부흥		12월 21일	불가능한 임무를 완성하기
3월 23일	예수님의 명령들		12월 28일	복음 전파는 모든 그리스도인들을 위한 것
3월 24일	우리의 가장 높고 고상한 과제			
3월 29일	우리의 사명은 긍휼입니다			
3월 31일	고전적인 부흥			
5월 3일	가기 싫어했던 복음 전도자 요나		**하나님 아버지**	
5월 4일	내려가기			
6월 3일	놀라운 지식		1월 16일	하나님의 정체성
6월 4일	진리와 진리를 나타내는 사람들		1월 31일	하나님을 아는 것
6월 16일	복음 전파는 하나님이 주도하십니다		2월 7일	하나님의 핵심 관심사
6월 23일	우리가 어디에서 달리고 있는 지는 관계없습니다		2월 19일	하나님을 갈망하는 것
			2월 27일	하나님의 깃발
			3월 17일	하나님 자신의 깃발과 활
6월 24일	참된 복음 전파의 영		4월 4일	가족은 하나님의 목적입니다
6월 29일	요나의 문제		4월 14일	하나님의 변치 않은 마음
6월 30일	우리의 궁극적인 목표		4월 26일	집중적인 돌봄
7월 1일	미래의 복음 전파		6월 7일	끊임없는 약속
7월 13일	말하는 피		6월 28일	좋으신 하나님
7월 15일	열방의 바다에 있는 물고기		8월 13일	오직 하나님만이 하나님을 계시할 수 있습니다
7월 16일	열방의 바다에 주님			
8월 19일	갑작스러운 홍수!		9월 22일	하나님은 언제 어디서든지 말씀하십니다
9월 8일	그리스도의 정복			
9월 11일	레이저 광선		9월 23일	지혜의 세 기둥
9월 26일	큰 바다의 사업		10월 10일	아무도 "시시한 사람"이 아닙니다
10월 5일	나의 첫 선교의 노력		12월 9일	선물이 아니라 주는 분
10월 6일	침략!			
10월 13일	찾고 있는 복음 전도자들!			
10월 14일	오직 한 마음			
10월 16일	행진 명령		**예수 그리스도**	
11월 2일	인간 경험의 최고봉			
11월 3일	실탄		1월 7일	오직 예수
11월 4일	영원한 목적들		1월 8일	예수님은 결코 변하지 않습니다
11월 15일	마지막 시간의 논리		1월 11일	예수님의 손
11월 17일	시급으로 받기		1월 19일	우리는 모든 다른 사람들과 예수의 피만큼 다릅니다
12월 7일	돈을 벌까 역사를 만들까?			
12월 8일	두 종류의 사람들		1월 20일	하나님의 혈액형
12월 10일	가장 중요한 일		1월 21일	증명된 표적
12월 11일	교회의 목표		1월 26일	아멘. 오십시오, 주 예수님!
12월 14일	예정과 복음 전파		1월 27일	황금 선물
12월 15일	복음 전파는 나라들을 강하게 합니다		2월 8일	우리는 구원자가 필요합니다
			2월 9일	왕이신 예수님

2월 25일	왕의 행동		10월 30일	예수님 안에 있는 하나님의 불
2월 26일	그분의 능력의 최고봉		11월 16일	하나님으로부터 나온 아름다움
2월 28일	참된 깃발		12월 26일	마지막 시간
3월 7일	선두주자			
3월 9일	새로운 산 길			
3월 10일	시간의 절정			
3월 12일	핏 자국			
3월 19일	성경 폭약		1월 14일	사막에 있는 강물
3월 20일	어제, 오늘, 영원토록		1월 29일	성령님의 여러 면
4월 13일	피를 바르십시오		2월 15일	성령님은 누구인가
4월 16일	아들에게 키스하라		2월 16일	그리스도의 비밀 무기
4월 17일	미리 쓰는 역사		2월 24일	약속된 능력
4월 19일	"불가능한" 예수님		3월 16일	오순절은 우리에게 열쇠들을 주었습니다
4월 20일	하나님이 주신 우리의 권리			
4월 27일	예수: 하나님과 사람		3월 27일	삼위 하나님의 비서
4월 28일	실제 세상에서 예수		3월 28일	성령님을 이해하기
5월 9일	하나님의 사랑의 로고		4월 12일	능력
5월 10일	하나님의 능력을 풀어놓기		4월 30일	그리스도의 대사명
5월 21일	사랑의 목소리		5월 11일	따끔거리는 자극
6월 12일	우리를 위한 그리스도		5월 12일	성령님이 오실 때
7월 5일	한 단어로: 동정심		5월 17일	하나님께 맞추다
7월 6일	주는 분 그리스도		5월 26일	두개의 선물
7월 8일	중생과 부활		6월 19일	한 잔
7월 10일	하나님은 어떤 사람들이 생각하는 그런 분이 아닙니다		7월 23일	강물들
			8월 5일	비판자들은 알지 못합니다
7월 21일	그리스도는 우리의 집입니다		8월 6일	성령의 차이
7월 22일	어린 양의 영광		8월 9일	불을 켜십시오!
7월 24일	십자가와 왕국의 기적들		8월 12일	헌신
7월 28일	우리는 벗어날 수 없습니다		8월 29일	성령에 의해 살아나다
8월 1일	이와 똑같은 예수님		9월 2일	불지르기가 범죄가 아닐 때
8월 7일	귀신의 공포		10월 1일	불에 타버리다
8월 10일	생명의 피		10월 18일	불은 믿음으로 옵니다
8월 23일	그리스도 안에서만 자랑하십시오		10월 19일	성경적인 기름부음
			10월 23일	"미친 듯한 기쁨"
8월 24일	이런 종이라!		10월 27일	진정한 기름부음
9월 7일	예수의 증거		10월 31일	파라클레토스
9월 29일	불의 시대		11월 19일	하나님의 파도
9월 30일	재결합되다		11월 25일	예수님보다 더 크다고?
10월 17일	그리스도의 권세		12월 13일	되돌린 바벨
10월 24일	요한계시록의 계시			

성령님

은사들 : 구원, 치유

1월 3일	완벽하게 확실한
1월 4일	구원은 추측하는 것이 아닙니다
1월 13일	하나님의 보편적 건강 보험
1월 24일	아픈 것은 하나님의 계획이 아닙니다
2월 5일	무서운 진실
2월 22일	확신의 충만함
3월 2일	세계에 만연한 죄
3월 5일	피의 능력
3월 6일	호소력 있는 확신
3월 11일	되사다
3월 15일	능력으로 구비되었다
3월 18일	하나님의 영
3월 21일	하나님께 알리지 반응을?
4월 15일	삼손과 그리스도
4월 29일	빛 가운데 있는 성도들
5월 8일	첫 세대
5월 28일	하나님의 자녀가 되기
6월 13일	정복하는 사랑
6월 14일	나타난 능력
7월 14일	아버지 하나님께 영광을
7월 17일	부인할 수 없는 증거
7월 18일	영원한 표시
8월 4일	구원을 확증함
8월 8일	구원의 확신
9월 3일	전염성이 있는 믿음
9월 4일	가족 구원
9월 16일	두 법정의 드라마
9월 17일	무죄하게 됨!
9월 18일	가족 구원
9월 19일	다른 대안은 없다
10월 21일	지옥은 얼마나 클까요?

믿음과 기도

1월 9일	믿음 요인
1월 10일	믿음의 퓨즈
1월 18일	조용한 별
1월 28일	현재 시제의 믿음
2월 6일	성경을 읽으십시오
2월 10일	돌파하는 믿음
2월 21일	당신의 낙하산을 사용하기
3월 8일	전략적 무기
3월 26일	증가하는 믿음
4월 8일	동기부여
4월 11일	성령님은 동경하십니다
4월 18일	하나님의 영광을 위해 창조되고 구원받았습니다
4월 23일	기적을 못 보는 신자들
5월 5일	기도의 법칙 일곱 가지
5월 13일	이해하기 쉽게 한 믿음
5월 14일	성품 시험
5월 18일	믿음은 소망을 고정시켜 줍니다
5월 19일	보이지 않는 것을 보는 눈
5월 20일	변화시키는 힘
5월 23일	경건한 가정
5월 25일	변호인들이 아니라 증인들
5월 27일	예수님이 오실 때
5월 29일	새로운 길
5월 30일	왜 하나님은 말씀하셨는가
6월 1일	믿는 이유
6월 2일	믿음이냐 혼돈이냐?
6월 5일	우리 아버지
6월 8일	이기는 자들
6월 9일	믿음은 결단입니다
6월 10일	믿음의 크기
6월 18일	믿는 것
7월 3일	믿음의 격언들
7월 4일	어디나 있는 능력
7월 12일	기도를 즐기기
7월 19일	믿음에서 믿음으로
7월 20일	완성된 믿음
7월 31일	믿음의 포옹
8월 15일	믿음이란 황금 선물
8월 16일	세 가지 시제의 믿음
8월 27일	환영하는 믿음의 얼굴
8월 28일	말씀으로부터 순수하게

8월 30일	중보기도		5월 2일	초인들이라고 할 수 없습니다
8월 31일	그리스도와 같은 동정심		5월 24일	제로에서 텐까지
9월 6일	행동을 나타내는 단어들		5월 31일	하나님이 일하신다
9월 10일	믿음의 돌파		6월 6일	하나님은 특이하십니다
9월 12일	중보기도의 특별함		6월 17일	낮은 저항
9월 13일	하나님과 그분의 자녀들		6월 20일	기적으로 확인되다
9월 14일	상호의존적인		6월 25일	개인적인 임재
9월 21일	하나님의 행동 원리		7월 2일	현대인
9월 27일	영웅들의 이전과 이후		7월 26일	얘들아 똑바로 해라!
10월 3일	믿음의 거인들		8월 3일	역동적인 능력의 근원
10월 7일	자연적인 법칙과 영적인 법칙		8월 17일	기름의 근원
10월 11일	보고 믿으십시오!		8월 20일	기적은 왕국의 특성입니다
10월 26일	참 믿음		8월 25일	전선들
11월 5일	경배와 찬양		8월 26일	플러그로 접속되어 있다
11월 6일	믿음과 아는 것		9월 9일	믿음에 대한 기적의 도전
11월 12일	말씀은 믿음을 가져 옵니다		9월 15일	점화 장비
11월 13일	믿음과 약속들		9월 20일	믿음에 관한 경고
11월 18일	믿음의 목표들		10월 4일	거듭남
11월 26일	옛날의 믿음		10월 9일	하나님의 생각을 떠오르게 하기
11월 28일	첫 걸음, 둘째 걸음		10월 20일	참된 기름부음
11월 29일	셋째 걸음, 넷째 걸음		10월 22일	공포탄
11월 30일	다섯째 걸음, 여섯째 걸음		10월 25일	조심해서 읽어 보십시오
12월 12일	단순하고 참된 믿음		10월 28일	조지 제프리와 나
12월 16일	아브라함		10월 29일	사탄의 체스 게임
12월 19일	지성주의		11월 11일	회오리바람
12월 20일	단단한 땅		11월 23일	죽는 것들을 위한 죽지 않는 일
12월 27일	믿음의 마지막 시험		12월 2일	하나님의 기름부음-사람의 확인
			12월 22일	가족 계획
			12월 23일	얼마나 놀라운 아들인가!

그리스도인의 지식과 능력

1월 1일	하나님 먼저
1월 25일	과거의 실수를 피하십시오
1월 30일	하나님의 무한한 피
2월 17일	흔치 않은 기적의 조건
2월 18일	우리는 모두 기적이 필요합니다
2월 23일	일과 함께 오는 능력
3월 30일	공격을 받고 있습니다
4월 1일	하나님의 반격
4월 6일	어둠 속에서 찾기

계절에 알맞은 말씀

1월 1일	하나님 먼저
12월 22일	가족 계획
12월 23일	얼마나 놀라운 아들인가!
12월 24일	추신을 읽으십시오
12월 25일	누가복음 2:1-20

믿음의말씀사 출판물

구입문의 : 031-8005-5483 http://faithbook.kr

■ 케네스 해긴의 「믿음 도서관」 책들
- 새로운 탄생
- 재정 분야의 순종
- 나는 지옥에 갔다 왔습니다
- 하나님의 처방약
- 더 좋은 언약
- 예수의 보배로운 피
- 하나님을 탓하지 마십시오
- 네 주장을 변론하라
- 셀 모임에서 성령인도 받기
- 안수
- 치유를 유지하는 법
- 사랑은 결코 실패하지 않습니다
- 하나님께서 내게 가르쳐 주신 형통의 계시
- 왜 능력 아래 쓰러지는가?
- 다가오는 회복
- 잊어버리는 법을 배우기
- 위대한 세 단어
- 하나님의 은사와 부르심
- 그 이름은 "놀라우신 분"
- 우리에게 속한 것을 알기
- 성령을 받는 성경적인 방법
- 하나님의 영광
- 은혜 안에서의 성장을 방해하는 다섯 가지
- 사랑 가운데 걷는 법
- 바울의 계시: 화해의 복음
- 당신은 당신이 말하는 것을 가질 수 있습니다
- 그리스도 안에서
- 말
- 방언기도의 능력을 풀어 놓으라
- 옳은 사고방식 틀린 사고방식
- 속량 – 가난, 질병, 영적 죽음에서 값 주고 되사다
- 네 염려를 주께 맡겨라
- 예언을 분별하는 일곱 단계
- 절망적인 상황을 반전시키기
- 당신의 믿음을 풀어 놓는 법
- 진짜 믿음
- 믿음이란 무엇인가
- 그리스도께서 지금 하고 계시는 일
- 충분하고도 넘치는 하나님 엘 샤다이
- 금식에 관한 상식
- 하나님의 말씀 : 모든 것을 고치는 치료제
- 가족을 섬기는 법
- 조에
- 당신이 알아야 하는 신유에 관한 일곱 가지 원리
- 여성에 관한 질문들
- 인간의 세 가지 본성
- 몸의 치유와 속죄
- 크게 성장하는 믿음
- 하나님 가족의 특권
- 기도의 기술
- 나는 환상을 믿습니다
- 병을 고치는 하나님의 말씀
- 영적 성장
- 신선한 기름부음
- 믿음이 흔들리고 패배한 것 같을 때 승리를 얻는 법
- 믿음의 선한 싸움을 싸우는 법
- 하나님의 계획과 목적과 추구
- 예수 열린 문
- 믿음의 계단
- 당신을 향한 하나님의 계획
- 역사하는 기도
- 기름부음의 이해
- 내주하시는 성령 임하시는 성령
- 재정적인 번영에 대한 성경적 열쇠들
- 어떻게 하나님의 영으로 인도받을 수 있는가?
- 마이더스 터치
- 치유의 기름부음
- 그리스도의 선물
- 방언
- 믿는 자의 권세(생애기념판)
- 믿음의 양식
- 승리하는 교회

■ E. W. 케년
- 십자가에서 보좌까지 무슨 일이 일어났는가?
- 두 가지 의
- 놀라우신 그 이름 예수
- 하나님 아버지와 그분의 가족
- 나의 신분증
- 두 가지 생명
- 새로운 종류의 사랑
- 그분의 임재 안에서
- 속량의 관점에서 본 성경
- 두 가지 지식
- 피의 언약
- 숨은 사람
- 두 가지 믿음
- 새로운 피조물의 실재

■ 스미스 위글스워스
- 스미스 위글스워스의 천국
- 스미스 위글스워스의 매일묵상
- 위글스워스는 이렇게 했다
- 스미스 위글스워스의 능력의 비밀

■ T. L. 오스본
- 행동하는 신자들
- 기적 – 하나님 사랑의 증거
- 새롭게 시작하는 기적 인생
- 좋은 인생
- 성경적인 치유
- 능력으로 역사하는 메시지
- 100개의 신유 진리
- 24 기도 원리 7 기도 우선순위
- 하나님의 큰 그림
- 긍정적 욕망의 힘
- 당신은 하나님의 최고의 작품입니다

■ 잔 오스틴
- 믿음의 말씀 고백기도집
- 하나님의 사랑의 흐름
- 견고한 진 무너뜨리기
- 초자연적인 흐름을 따르는 법
- 당신의 운명을 바꿀 수 있습니다
- 어떻게 하나님의 능력을 풀어놓을 수 있는가?

■ 크리스 오야킬로메
- 여기서 머물지 말라
- 이제 당신이 거듭났으니
- 당신의 인생을 재창조하라
- 이 마차에 함께 타라
- 그리스도 안에 있는 당신의 권리
- 성령님과 당신
- 성령님이 당신 안에서 행하실 일곱 가지
- 성령님이 당신을 위해 행하실 일곱 가지
- 기적을 받고 유지하는 법
- 하나님께서 당신을 방문하실 때
- 올바른 방식으로 기도하기
- 당신의 믿음을 역사하게 하는 법
- 끝없이 샘솟는 기쁨
- 기름과 겉옷
- 약속의 땅
- 하나님의 일곱 영
- 예언
- 시온의 문
- 하늘에서 온 치유
- 효과적으로 기도하는 법
- 어떤 질병도 없이
- 주제별 말씀의 실재
- 마음의 능력

■ 앤드류 워맥
- 당신은 이미 가졌습니다
- 은혜와 믿음의 균형 안에 사는 삶
- 하나님의 참 본성
- 하나님은 당신이 건강하기 원하십니다
- 영·혼·몸
- 전쟁은 끝났습니다
- 믿는 자의 권세
- 새로운 당신과 성령님
- 노력 없이 오는 변화
- 하나님의 충만함 안에 거하는 열쇠
- 더 좋은 기도 방법 한 가지
- 재정의 청지기 직분
- 하나님을 제한하지 마라
- 하나님의 뜻을 발견하고 따라가며 성취하라
- 하나님의 참 본성
- 하나님의 최선 안에 사는 법

■ 기타「믿음의 말씀」설교자들
- 성령의 삶 능력의 삶
- 복을 취하는 법
- 주는 자에게 복이 되는 선물
- 믿음으로 사는 삶
- 붉은 줄의 기적
- 당신이 말한 대로 얻게 됩니다
- 예수–치유의 길 건강의 능력
- 성령 안의 내 능력
- 존 G. 레이크의 치유
- 믿음과 고백
- 임재 중심 교회
- 성령충만한 그리스도인의 지침서
- 열정과 끈기
- 제자 만들기
- 어떻게 교회를 배가하는가
- 운명
- 모든 사람을 위한 치유
- 회복된 통치권
- 그렇지 않습니다
- 당신의 자녀를 리더로 훈련하라
- 오순절 운동을 일으킨 하나님의 바람
- 주일 예배를 넘어서
- 신약교회를 찾아서
- 내가 올 때까지
- 매일의 불씨

■ 김진호·최순애
- 왕과 제사장
- 새로운 피조물의 실재
- 믿음의 반석
- 새 언약의 기도
- 새로운 피조물 고백기도집(한글판/한영대조판)
- 성령 인도
- 복음의 신조
- 존중하는 삶
- 성경의 세 가지 접근
- 말씀 묵상과 고백
- 그리스도의 교리
- 영혼 구원
- 새로운 피조물
- 믿음의 말씀 운동의 뿌리
- 1인 기업가 마인드
- 내 양을 치라
- 새사람을 입으라